Michael Hofsäss · Dirk Engel

PRAXISHANDBUCH

Mediaplanung

Forschung, Studien und Werbewirkung

Mediaagenturen und Planungsprozess

Mediagattungen und Werbeträger

Cornelsen

Verlagsredaktion: Erich Schmidt-Dransfeld
Technische Umsetzung und Abbildungen: Holger Stoldt, Düsseldorf

Cornelsen online http://www.cornelsen-berufskompetenz.de

1. Auflage Druck 4 3 2 1 Jahr 06 05 04 03

Druck: CS-Druck CornelsenStürtz, Berlin

ISBN 3-464-48976-0

Bestellnummer 489760

Gedruckt auf säurefreiem Papier, umweltschonend
hergestellt aus chlorfrei gebleichten Faserstoffen.

Danksagung

Das vorliegende Praxishandbuch Mediaplanung ist das Ergebnis aus jahrelanger Berufserfahrung auf der einen Seite und die Frucht von vielen Lehrveranstaltungen und Seminaren auf der anderen Seite. Es zu schreiben war nur möglich, weil die Autoren in ständigem Kontakt mit vielen Menschen in der Mediabranche stehen. Mediaplanung ist Teamwork, das Gleiche lässt sich über das Schreiben dieses Buches sagen. Deshalb wollen wir einigen Kolleginnen und Kollegen danken, die maßgeblich zum Erscheinen dieses Werkes beigetragen haben.

Als Erstes möchten wir H. Dieter Arndt danken, der als langjähriger Leiter der Frankfurter Akademie für Marketing-Kommunikation den Anstoß gab, dieses Buch zu schreiben und der die Autoren mit dem Verlag zusammenbrachte.

Alfred Müller, einer der Gründerväter der deutschen Mediaplanung und Mediaforschung, sei nicht nur für sein freundliches Geleitwort gedankt – viele der Standards der Planung und Forschung wurden von ihm mitgeschaffen, von der langjährigen Zusammenarbeit mit ihm haben beide Autoren profitiert. Sein Einfluss ist im ganzen Buch zu bemerken.

Erich Schmidt-Dransfeld betreute mit viel Geduld und Sachkunde das Buchprojekt. Ihm und seinen Kolleginnen und Kollegen vom Cornelsen-Verlag sei besonders auch deswegen gedankt, dass sie sich an unser agenturtypisches Arbeiten „auf dem letzten Drücker“ gewöhnt haben.

Den Mediaplanern in Deutschland wird eine sehr große Menge an Daten bereitgestellt – von Verlagen, Sendern, Vermarktern, Marktforschungsinstituten und anderen Organisationen. Diese Daten flossen selbstverständlich auch in dieses Buch mit ein. Dafür wollen wir uns bedanken, auch wenn wir hier aus Platzgründen nicht alle einzeln aufzählen können.

Viele Mitarbeiter von Universal McCann haben direkt oder indirekt zum Gelingen des Buches beigetragen. Besonders zu erwähnen ist unser Team der Abteilung UM Knowledge: Moni Merz-Hornung, Dalia Renaux, Heike Hauser, Christian Börner und viele andere. Inhaltliche Beiträge kamen auch von Marion Farwick, Klaus Form, Martin Rieß, Albert Buch, Thomas Sumyk, Torsten Gebauer, Oliver Potdevin , Anke Fabian und vielen anderen. Unserem Geschäftsführer Werner Reineke möchten wir ebenfalls für seine Unterstützung danken. Im Grunde haben die ganze Agentur und ihre Kunden indirekt den Inhalt des Praxishandbuchs mitgestaltet.

Das didaktische Konzept leitete sich aus unseren Erfahrungen in der internen und externen Weiterbildung ab. Den vielen Studierenden, Zuhörern und Seminarteilnehmern, mit denen wir in vielen Jahren zusammentrafen, sei ebenfalls gedankt – ihre kritischen Fragen schärften den Unterrichtsstoff und dessen Präsentation, was beides Einfluss auf dieses Buch hatte.

Die hier Genannten sind natürlich nicht für mögliche Fehler, Ungenauigkeiten und Missverständnisse verantwortlich zu machen. Die Autoren freuen sich selbstverständlich über Richtigstellungen, Kritik, Anregungen und Ergänzungen.

Michael Hofsäss
Dirk Engel

Frankfurt am Main, im August 2003

Die Autoren

Michael Hofsäss (geb. 1956),
Diplom-Kommunikationswirt

In Berlin schloss Michael Hofsäss sein Studium der Gesellschafts- und Wirtschaftskommunikation an der HdK ab. Die erste Station im Berufsleben war Nürnberg, wo er als Assistent beim Gong-Verlag arbeitete. Danach ging er als Mediaberater zur Burda GmbH nach Offenburg. Mittlerweile ist Michael Hofsäss seit 15 Jahren als Mediaforscher bei Universal McCann in Frankfurt am Main beschäftigt und ist als Client Service Director Knowledge & Connections verantwortlich für Forschung und strategische Planung. Ebenfalls seit dieser Zeit ist er Mitglied der Technischen Kommission der ag.ma, wo er seit 1995 auch als gewählter Marktforscher die Agenturen im Arbeitsausschuaa vertritt. Außerdem ist er Dozent an der Frankfurter Akademie für Media und hält regelmäßig Seminare ab.

Korrespondenzadresse:
Universal McCann, Großer Hasenpfad 44-46,
60598 Frankfurt am Main
michael.hofsaess@universalmccann.de

Dirk Engel, M.A. (geb. 1969)

Dirk Engel absolvierte ein Studium der Publizistikwissenschaft, Psychologie und Soziologie an der Johannes Gutenberg-Universität Mainz und einen Nachdiplomstudiengang Betriebswirtschaft und Marketing (Universität Basel), Nach dem Studium war er Lokaljournalist beim Wiesbadner Kurier; seit September 1996 ist er Mediaforscher bei Universal McCann in Frankfurt. 2001 bis 2002 war er für die Agentur in London tätig, wo er u.a. die internationale Studie „Media in Mind" betreute. Seit 2002 ist Dirk Engel Head of Research & Marketing Services bei Universal McCann Frankfurt. Er ist ferner Dozent an der Akademie für Marketing-Kommunikation in Frankfurt am Main.

Korrespondenzadresse:
Universal McCann, Großer Hasenpfad 44-46,
60598 Frankfurt am Main
dirk.engel@universalmccann.de

Inhaltsverzeichnis

Zu diesem Buch

Das vorliegende Buch folgt, im Kontext der (Praxis-)Handbuchreihe stehend, in der es erscheint, dem bewährten Konzept, eine breitere und praxisnahe Einführung ins Thema zu bieten und zugleich als Nachschlagewerk zu dienen. Es ist also als Arbeitshilfe für den immer bedeutender werdenden Bereich der Mediaplanung gedacht. Dabei wird Mediaplanung aber nicht auf Rezepte verkürzt, denn erfolgreiche Praxis erfordert gerade in der Mediaplanung auch theoretische Kenntnisse, die mit diesem Handbuch in einer verständlichen Form vermittelt werden sollen.

Als Leserinnen und Leser dieses Handbuchs werden in erster Linie Menschen angsprochen, die schon in einer Mediaagentur arbeiten und ihre Kenntnisse vertiefen oder auffrischen wollen, sowie Mitarbeiterinnen und Mitarbeiter bei Werbungtreibenden und Medienanbietern, die sich von der „anderen Seite" her mit dem Thema befassen. Sie erfahren hier zugleich das Wesentliche zu Struktur und Arbeitsweisen von Agenturen und können diese besser verstehen.

Weiterhin richtet sich dieses Handbuch selbstverständlich auch an Auszubildende, Berufsschüler, Studierende und Teilnehmer an anderen Fortbildungsveranstaltungen, die einen detaillierten Einblick in die Arbeit einer Mediaplanung bekommen möchten, der sowohl systematisch und zugleich nahe an der Alltagspraxis ist. Hier sind auch die zahlreichen Quereinsteiger mit angesprochen, die man typischermaßen oft in Agenturen antrifft, sowie junge Menschen, die noch auf der Suche nach einem interessanten Beruf sind und dabei eine Karriere in der Mediaplanung in Betracht ziehen.

Der Aufbau des Werks berücksichtigt diese verschiedenen Zielgruppen:

- Kapitel 1 und 2 geben einen Überblick über die Bedeutung der Mediabranche, das Agenturgeschäft und Berufe in einer Mediaagentur.
- Kapitel 3 und 4 erläutern detailliert, aber immer noch für Anfänger verständlich, Grundlagen der Mediaplanung und Mediaforschung.
- Daran schließt Kapitel 5 über Werbewirkung an, das auf eine eher unakademische Weise in dieses komplexe Thema einführt.
- Als eine Art Repetitorium und Nachschlagewerk dient Kapitel 6, das Begriffe und Zusammenhänge, die in anderen Kapiteln bereits erläutert wurden, noch einmal konzentriert wiederholt und Definitionen griffbereit hält.
- Über die unterschiedlichen Werbeträger informiert Kapitel 7 und darin werden in Form von SWOT-Analysen auch die Vor- und Nachteile der Medien übersichtlich zusammengestellt.
- Das letzte Kapitel 8 weist in die Zukunft und zeigt, wie sich der Beruf des Mediaplaners ändern muss, um der wandelnden Medienumwelt noch gerecht werden zu können.

Der Gesamtaufbau wie auch die Struktur der einzelnen Kapitel verdanken viel der Erfahrung aus langjähriger Lehrtätigkeit. Dabei haben wir viele unterschiedliche Gruppen mit den Begriffen und Zusammenhängen der Mediaplanung und Mediaforschung vertraut gemacht – Studierende an Universitäten und Fachhochschulen, Auszubildende, Kunden, Mitarbeiter bei Medienunternehmen, unsere Kolleginnen und Kollegen aus der Agentur, Experten und Laien und vor allem die Teilnehmer der Akademie für Media in Frankfurt am Main.

Bei dem wachsenden Medienangebot und der Flut von Werbebotschaften, mit der wir heute alle konfrontiert sind, drängte sich beim Schreiben dieses Buches zwischenzeitlich die Frage auf: Besteht denn die Notwendigkeit eines zusätzlichen Buches zum Thema Mediaplanung?Dass Sie dieses Buch jetzt in Händen halten, zeigt, dass wir diese Frage mit einem klaren Ja beantwortet haben.

Wer einen schnellen Überblick über das Medienangebot und die Mediaplanung sucht, findet diesen auf dem Buchmarkt. Das kompakteste Bändchen, das problemlos in jede Hosentasche passt, ist „Barbara Hertwig: Werbung und Mediaplanung“ (siehe Literaturverzeichnis). TV-Sender und Verlage liefern Broschüren zum Thema, viele Informationen findet man auf ihren Internet-Seiten. In den meisten betriebswirtschaftlichen Lehrbüchern zu Marketing und Marketing-Kommunikation/Werbung finden sich ebenfalls mehr oder weniger ausführliche Kapitel. Diese Informationen sind jeweils für bestimmte Zielgruppen bzw. spezifische Situationen zugeschnitten – sei es eine schnelle Lösung singulärer Probleme oder die Vorbereitung auf eine Prüfung an der Hochschule. Die Relevanz für die Berufspraxis interessiert die Studierenden im letzteren Fall verständlicherweise oft wenig (aber leider teilen manchmal auch Professoren und Lehrbuchautoren dieses Desinteresse).

Kurz und gut: Gegen erstens knappe und zweitens theoretische Abhandlungen zur Mediaplanung grenzt sich das vorliegende Handbuch durch hinreichende Ausführlichkeit und hohe Praxisnähe ab.

Neben diesem breiten Angebot an Einführungsliteratur gibt es natürlich Spezialliteratur. Sie reicht von umfangreichen Publikationen der Sender und Verlage zu Einzelthemen der Mediaplanung bis hin zu hoch spezialisierten Artikeln und Büchern über die Methoden der Media- und Medienforschung, die sich an Spezialisten wenden und oft erhebliche wissenschaftliche Vorkenntnisse erfordern. Im Literaturverzeichnis findet sich solche weiterführende Literatur.

Auch dagegen grenzt sich das vorliegende Handbuch ab – es hat einen einführenden Charakter, ist aber soweit ausgeführt, dass es die notwendige Hilfe für die typischen Problemstellungen der Praxis bietet.

Zusammenfassend: Wir möchten mit dem vorliegenden Buch keines der vorhandenen Werke ersetzen, sondern hoffen, eine sinnvolle Ergänzung zu bieten und vor allem die bestehende Lücke zwischen den beiden skizzierten „Lagern" zu schließen.
Im Einzelnen haben wir dabei folgende Ziele:
- Die Darstellung der Mediabranche in ihrer Breite,
- die Erklärung der wichtigsten Zusammenhänge und Fachbegriffe aus den Bereichen Medienkunde, Mediaforschung und Kommunikationsplanung,
- die Skizzierung der Arbeitsabläufe bei der Mediaplanung, von der Situationsanalyse bis zur Kontrolle der Medialeistung,
- die Vorstellung der wichtigsten Werbemedien und ihre planungsspezifischen Merkmale.

Man muss sich bewusst sein, dass Mediaplanung in umfassende Zusammenhänge eingebettet ist und zahlreiche Schnittstellen aufweist. Zur Eingrenzung des Buchinhalts sollten sowohl grundlegende Marketing- als auch vertiefende Media-Aspekte, die in der vorhandenen Literatur hinreichend behandelt werden, nicht noch einmal aufgegriffen werden. Vielmehr verweisen wir auf die entsprechende Literatur.

So wird die Rolle der Mediawerbung im Marketing- und Kommunikationsmix in zahlreichen Marketing-Lehrbüchern recht erschöpfend behandelt und im vorliegenden Buch verzichten wir fast völlig auf eine eigene Darstellung.

Das Gleiche gilt für die Grundlagen der empirischen Sozialforschung, die in Form der Mediaforschung die Grundsäule jeder Mediaplanung ist. Hier geben wir wieder Hinweise auf geeignete Literatur (die zumeist auch ohne tiefere Kenntnisse der Wissenschaftstheorie und Mathematik verständlich ist, doch dazu mehr im Anhang). Wir beschränken uns auf die Besonderheiten der Mediaforschung, wobei wir uns um eine verständliche Darstellung bemühen, die auch Nicht-Akademikern ein Grundverständnis der angewendeten Methoden vermittelt.

Viele Menschen interessieren sich zwar für diesen Teilaspekt, werden aber von der Dominanz von Zahlen, Statistiken und quantitativen Methoden in der Mediaplanung abgeschreckt. Hier möchten wir Sie vorab beruhigen: Um zu verstehen, wie die Mediaforschung ihre Daten erhebt und wie dann die Mediaplanung diese Daten anwendet, reichen für den normalen Gebrauch wenige mathematische Vorkenntnise. Der gesunde Menschenverstand ist nach wie vor das wichtigste Werkzeug der Mediaplaner, und jeder, der die unnötige Scheu vor Zahlen verliert, kann sich schnell und einfach die Grundbegriffe der Mediawelt aneignen. Man muss allerdings damit beginnen, sich für Zahlen zu interessieren.

Um genauer zu sein, und das ist abschließend noch ein sehr wichtiger Hinweis: Nicht die Zahlen sind das Interessante, sondern die Phänomene, die durch diese Zahlen ausgedrückt werden.

Wenn Sie, liebe Leserinnen und Leser, Ihr Sparbuch in der Hand haben, sind es auch nicht die Zahlen als solche, die Sie beschäftigen, sondern die vielen Dinge, die Sie mit dem Geld anfangen können zu kaufen oder sich evtl. noch nicht leisten können. Hinter jeder Abbuchung verbirgt sich eine Geschichte, die in diesem Beispiel vielleicht nur für Sie selbst bedeutsam ist. Dieses Bild an sich können wir aber auf die Sozial-, Markt- und Mediaforschung übertragen: Jede Zahl verweist auf ein konkretes Phänomen in der wirklichen Welt, auf Menschen und Ideen, Erfolg und Misserfolg, Strategien und Geschäfte. In der Mediaplanung kommt es darauf an, die Zahlen so zu lesen und zu nutzen, dass sich die dahinter liegende reiche Erfahrungswelt entsprechend erschließt.

Geleitwort

Das Erscheinen dieses Buches möchte ich zum Anlass nehmen, einmal einen Blick auf die Entwicklung der Mediabranche in Deutschland zu werfen. Ihre Professionalisierung ist eng verbunden mit den Fortschritten in der Forschung. Mit dem ersten Erscheinen der Leseranalyse Publikumszeitschriften der Arbeitsgemeinschaft Leseranalyse (AGLA) im Jahre 1954 und der Initialisierung der IVW im Jahre 1970 waren die Grundsteine für eine moderne Mediaplanung in Deutschland gelegt. Sie bildeten die Ausgangsbasis für alle folgenden Erscheinungsformen syndikalisierter Forschung bei uns. Mit ihrer Organisationsform, welche die Mitbestimmung und Mitwirkung aller beteiligten Marktpartner (Werbungtreibenden, Werbeagenturen und Medienanbietern) gewährleistet, war die ideale Voraussetzung für die notwendige Konsensbildung gefunden. Trotz immer wieder beklagter langwieriger Entscheidungsprozesse ist es stets gelungen, einvernehmlich anerkannte Standards zu finden, die unsinnige Rechtsstreitigkeiten zwischen Medienanbietern weitgehend verhinderten und zu einer vorbildlichen Transparenz im Mediageschäft führten. In der Zwischenzeit haben sich die damals intendierten Instrumente der Forschung und Bewertung kontinuierlich weiterentwickelt und mit ihnen die gesamte Mediaplanung. Während vor mehreren Jahrzehnten meist nur die Zeitschriften- und Tageszeitungsplanung involviert waren, erstreckt sich heute das geforderte Know-how über alle Medienbereiche.

An der Entwicklung der Arbeitsgemeinschaft Media-Analyse, die aus der AGLA hervorging, sind diese Trends genau abzulesen. Das gilt für die Weiterentwicklung der Methoden der Forschung ebenso wie für die Einbeziehung der unterschiedlichen Medien; das geht von der einfachen Ermittlung des Kennzahl Leser pro Nummer bis zur komplizierten Bildung von Nutzungswahrscheinlichkeiten, von der Kontaktdefinition im Bereich des Plakatanschlags bis hin zur Stichprobenbildung für das Medium Internet.

Entsprechend diesen vielfältigen Entwicklungstendenzen im Forschungssektor haben sich auch die Arbeitsmethoden und Instrumente der Mediaplanung weiter entwickelt. Hinzu kommt, dass die explosionsartig zunehmende Zahl der zu verarbeitenden Daten bewältigt werden musste. Das führte zu einer zunehmenden Computerisierung im Planungsbereich und damit zu einer Vielzahl angebotener Verarbeitungsprogramme; hierbei hat sich aber die Steuerungsfunktion der ökonomischen Intelligenz außerordentlich bewährt; zu aufwendige und nur marginale Verbesserungen versprechende Instrumente sind schnell wieder verschwunden. Als Beispiel hierfür seien die konstruierenden Optimierungsprogramme der 70er Jahre des vorigen Jahrhunderts angeführt. Diese Programme zur Zeitschriftenplanung (mit so geheimnisvoll klingenden Namen wie MOSES oder GIWOS) konstruierten Pläne, die schon nach wenigen Iterationen nur noch kleine bis kleinste Veränderungen und nur noch innerhalb der Schwankungsbreiten Verbesserungen erbrachten. Ihr eigentlicher Wert bestand darin, dass die versierten Planer anhand der mit den Programmen gewonnenen Erkenntnisse schnell lernten, Ausgangspläne per Hand zu konstruieren, die nicht mehr verbesserungsfähig waren. Es erwies sich zudem, dass die Weiterentwicklung der vorhandenen Rangreihen- und Evaluierungsprogramme sinnvoller war. Sie führte zu anwenderfreundlicher Planungssoftware, die sich im Alltag bewährt hat und heute jedem Planer ein machtvolles Arbeitswerkzeug an die Hand gibt.
Das so in den letzten fünfzig Jahren gewachsene Planungswissen hat in dem vorliegenden Werk seinen Niederschlag gefunden. Es ist zu wünschen, dass noch viele Planergenerationen davon Gebrauch machen und daraus Nutzen ziehen werden. Gewähr dafür bieten nicht nur das begrüßenswerte und anspruchsvolle Gesamtprogramm des Cornelsen-Verlages, in das sich das „Praxishandbuch Mediaplanung" perfekt einfügt, sondern auch die fachliche Qualität und die durch ihre Dozententätigkeit an der Akademie für Media der Frankfurter Akademie für Marketing-Kommunikation ausgewiesenen didaktischen Fähigkeiten der Autoren.

Alfred Müller — Frankfurt am Main, im August 2003

Alfred Müller (geb. 1930), Diplom-Soziologe, begann seine über 40 Jahre andauernde Karriere 1956 bei McCann-Erickson in Frankfurt. Er war als Marktforscher, Medialeiter und Geschäftsführer bei verschiedenen Agenturen und Instituten tätig, zuletzt wieder bei Universal McCann. Von 1981 bis 1998 war er Vorstandsvorsitzender der Arbeitsgemeinschaft Media-Analyse (ag.ma), heute ist er Ehrenmitglied. Außerdem war er Herausgeber der Fachzeitschrift „Media Spectrum" und Mitglied in zahlreichen Gremien und Fachkommissionen. Er veröffentlichte zahlreiche Aufsätze in der Fachpresse und ist nach wie vor als Berater und Dozent an der Akademie für Media in Frankfurt aktiv.

Kapitel 1

Medien und Werbung in Deutschland

Vorschau auf das Kapitel:

Rekapitulation des Kommunikationsbegriffs

Mediaplanung erfolgt mit dem Ziel, Kommunikationsmaßnahmen zu planen. Kommunikation will – allgemein gesprochen – Botschaften an die richtigen Empfänger vermitteln. Wir beginnen deshalb mit einer kurzen Erörterung kommunikationstheoretischer Grundlagen – als Rekapitulation oder, für die mit diesem Thema noch nicht so vertrauten Leserinnen und Leser, als Anstoß, so etwas Selbstverständliches wie die Kommunikation aus einem anderen, professionellen Blickwinkel zu betrachten.

Einführung in Planung und Verortung im Mix

Wir betrachten dann die Mediaplanung als einen Teil des Marketings, führen in sehr knapper Form in die planerischen Grundlagen ein und verorten Mediaplanung im Marketing-Mix.

Trends bei der Mediennutzung, die zur steigenden Bedeutung von Mediaplanung führen

Warum gewinnt Mediaplanung aber immer mehr an Bedeutung? Dies hängt mit Trends im Medienangebot und in der Mediennutzung zusammen, die ebenfalls kurz erläutert werden. Das kontinuierlich zunehmende Medienangebot hat in den letzten Jahren auch zu einer stärkeren Fragmentierung der Mediennutzerschaften geführt, wobei sich das Nutzungsverhalten je nach Mediengattung unterschiedlich verändert hat. Dass dies letztendlich auch Einfluss auf den Werbemarkt hat, zeigen wir dann am Schluss des Kapitels.

1.1 Was ist Kommunikation?

Die im folgenden Abschnitt behandelten Modelle der Kommunikationswissenschaft sollen helfen, Kommunikationssituationen klar zu beschreiben und zu analysieren. Einige wichtige Fachbegriffe werden dabei erklärt.

Ganz allgemeiner Kommunikationsbegriff

ALLGEMEIN GILT: KOMMUNIKATION IST DER PROZESS DER INFORMATIONSÜBERTRAGUNG.

Die Teilnehmer an diesem Prozess haben bestimmte Gemeinsamkeiten:

1. eine materielle oder energetische Verbindung zur Übertragung von Signalen (z.B. eine Telefonleitung),
2. eine durch Erwartungen gekennzeichnete Beziehung (z.B. Arbeitnehmer und Vorgesetzter, Fahrgast und Schaffner, Kollegen in der Mittagspause),
3. bestimmte übereinstimmende Kognitionen (d.h. Wissen, Erfahrungen, Bewertungen etc.; z.B. eine gemeinsame Sprache, geteilte Vorlieben und Meinungen), durch die den Signalen Bedeutung verliehen wird,
4. bestimmte Absichten, die durch den Kommunikationsprozess erreicht werden sollen (z.B. Genehmigung einer Gehaltserhöhung, Informationen über Fahrplan erhalten, Unterhaltung zum Zeitvertreib).

1.1.1 Das allgemeine Kommunikationsmodell

Das folgende grundsätzliche Modell wurde von dem Informationstheoretiker Claude E. SHANNON erarbeitet. Es sollte die Gemeinsamkeiten der unterschiedlichen Kommunikationsvorgänge auf einer abstrakten Ebene beschreiben. Der Autor arbeitete für eine Telefongesellschaft und beschäftigte sich hauptsächlich mit den technischen Problemen der Informationsübertragung.

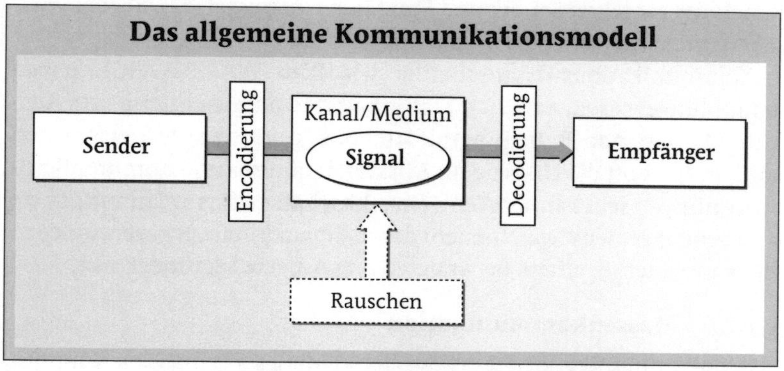

Abb. 1.1: Das allgemeine Kommunikationsmodell nach SHANNON

Abwechselnder Rollentausch von Sender und Empfänger

Die Teilnehmer an einem Kommunikationsprozess tauschen abwechselnd die Rollen von Sender und Empfänger. Der Sender sendet eine Botschaft (Informationen) zum Empfänger, dazu benötigt er einen Kanal bzw. ein Medium zur Informationsübertragung (z.B. Luft, die Schallwellen weiterleitet, Telefonleitung, einen per Post versandten Brief, ein über Satelliten übertragenes Rundfunksignal etc.; die Unterscheidung zwischen Kanal und Medium ist nicht immer klar zu ziehen). Um die Botschaft übertragen zu können, muss sie in eine Form gebracht werden, die sich den jeweiligen Kanälen und Medien anpasst (z.B. Schriftzeichen, Morsezeichen, elektrische Impulse). Diese Umwandlung nennt man Encodierung. Das so codierte Signal muss vom Empfänger wieder decodiert werden. Dies kann nur funktionieren, wenn es Regeln der De- und Encodierung (Code) gibt, die von Sender und Empfänger geteilt werden. In gewissem Sinne kann auch die Sprache als ein Code bezeichnet werden. Störungen beeinflussen und verändern die übertragenen Signale (Rauschen).

Eine Code ist notwendig

Mit dem für die Telefongesellschaft Bell entwickelten Modell wurden die Grundlagen für die moderne Nachrichtentechnik und Informationsverarbeitung geschaffen, außerdem entwickelte sich daraus eine neue Wissenschaft, die Kybernetik. Shannons Ziel war es, ein abstraktes Modell der Kommunikation zu entwickeln, das die verschiedensten Phänomene der Informationsübertragung beschreiben kann, von der technischen Nachrichtenübertragung bis zur zwischenmenschlichen Kommunikation und der Signalsprache im Tierreich.

Das Ausgangsmodell war abstrakt und entsprechend breit

Die psychologische Weiterentwicklung führte dazu, Eigenschaften von Sender, Empfänger und ihrer Beziehung mit zu betrachten

Psychologen griffen dieses Modell auf, entwickelten es aber weiter. Sie wiesen darauf hin, dass eine Botschaft vier Aspekte für die Teilnehmer des Kommunikationsprozesses haben kann. Neben dem eigentlichen Sachinhalt sagt der Sender auch etwas über sich selbst aus (Selbstoffenbarung oder Selbstdarstellung) und fordert den Empfänger auf, sich in einer bestimmten Art und Weise zu verhalten (Appell). In der Art und Weise, wie die Botschaftsübermittlung abläuft, wird auch etwas über die Beziehung zwischen Sender und Empfänger ausgesagt, z.B. über die zwischen ihnen herrschenden Machtverhältnisse.

Sachinhalt und Beziehungsinformation können sich widersprechen

Kommunikationswissenschaftler wie Paul WATZLAWICK haben darauf hingewiesen, dass sich Sachinhalt und die gleichzeitig zum Ausdruck kommende Beziehungsinformation gegenseitig widersprechen können (was oft die Ursache für Missverständnisse und Kommunikationsstörungen sein kann). Wenn eine Botschaft anders ankommt, als sie vom Sender gemeint war, braucht das nicht am Inhalt zu liegen, sondern dies kann auch in einem der anderen drei Aspekte begründet sein.

1.1.2 Massenkommunikation

Massenkommunikation ist ein Sonderfall dieses allgemeinen Kommunikationsprozesses. Während in der interpersonalen Kommunikation zwischen Menschen die Teilnehmer sowohl Sender wie auch Empfänger sind, wendet sich in der Massenkommunikation ein Sender (Kommunikator) an eine große Anzahl von Empfängern (Rezipienten), die ein disperses (= verstreutes) Publikum bilden, und die kaum die Möglichkeit haben, selbst zum Sender zu werden.

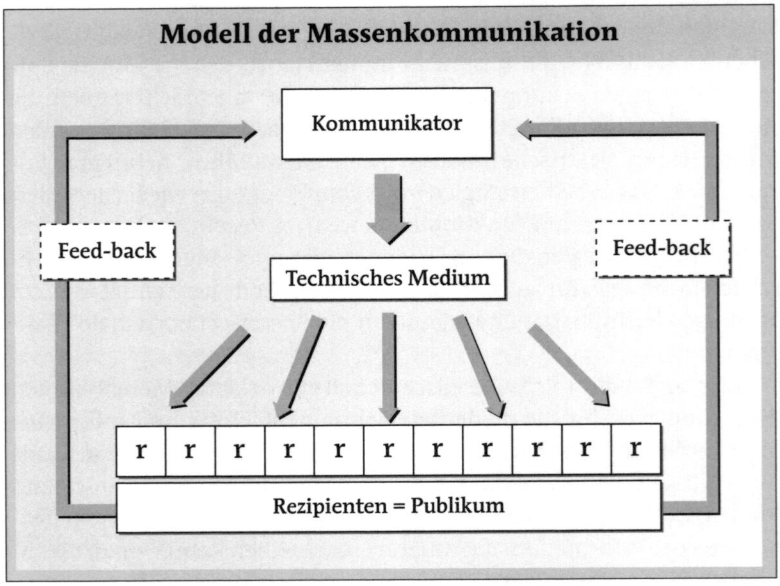

Abb. 1.2: Modell der Massenkommunikation

Trotzdem gibt es verschiedene Rückkopplungs-Möglichkeiten (Feedback), die auf die Sender einwirken (Leserbriefe, Einschaltquoten, Auflagenzahlen, richtige und falsche Vorstellungen über die Empfänger).

Es gibt auch Rückkopplung bei der Massenkommunikation

UM EIN GROSSES PUBLIKUM ZU ERREICHEN, SIND IN DER REGEL TECHNISCHE MEDIEN NOTWENDIG (Z.B. TV, RADIO, MASSENPRESSE).

1.1.3 Wirtschafts- bzw. Marketing-Kommunikation

Wirtschaftskommunikation bezeichnet ganz allgemein die Kommunikation zwischen einem Unternehmen und seinen Kunden (z.B. Endverbraucher, Handel). Wer ist hier der Sender und wer der Empfänger?

Ein Unternehmen kommuniziert immer in erster Linie durch seine Produkte (Produktqualität, Verpackung, Preis, Corporate Identity) bzw. seine Mitarbeiter (wenn diese direkten Kundenkontakt haben, z.B. bei Banken, Versicherungen und Handelsunternehmen). Diese Art von Kommunikation ist in der Regel bedeutsamer als die medienvermittelte Kommunikation. Letztere lässt sich grundsätzlich differenzieren in

Unternehmen kommunizieren direkt (Produkte, Mitarbeiter) und indirekt (über Medien)

- bezahlte Kommunikation, die in Eigenverantwortung des Unternehmens erscheint, also die Mediawerbung und
- Berichterstattung der Medien über Produkte und Unternehmen; hier hat das Unternehmen nur indirekt die Möglichkeit (durch Öffentlichkeitsarbeit/Public Relations) Einfluss auf die Inhalte zu nehmen.

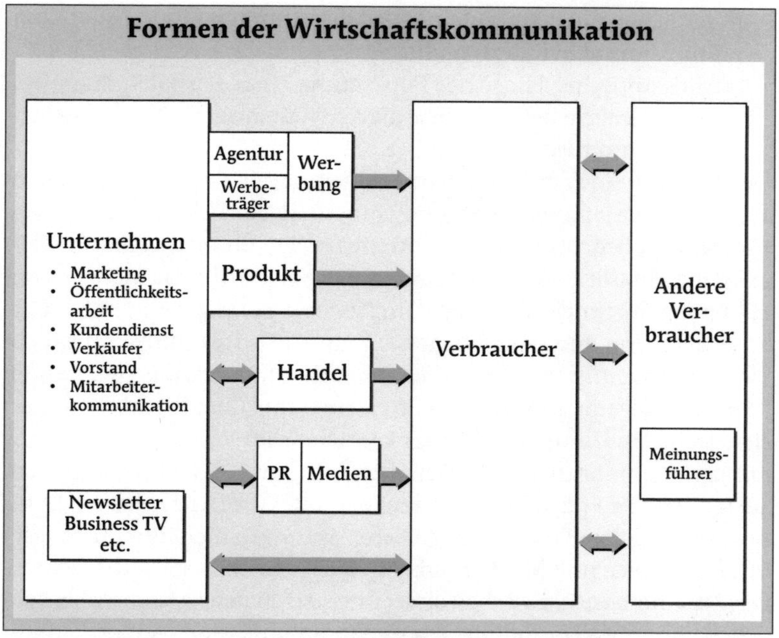

Abb. 1.3: *Formen der Wirtschaftskommunikation*

Kommunikation durch zwischengeschaltete Stufen

Bei vielen Produkten steht der Hersteller kaum in direktem Kontakt mit dem Endverbraucher, da der Handel zwischengeschaltet ist. Hier sind auch die Kommunikation zum Handel bzw. gemeinsame Aktionen mit dem Handel (Verkaufsförderung/Sales Promotion) wichtig. Bei der Marketing-Kommunikation sollte versucht werden, alle Kommunikationskanäle zu nutzen und, wenn möglich, ein einheitliches Bild der Marke bzw. des Unternehmens zu kommunizieren.

Forderung nach einheitlicher Außenwirkung (Corporate Identity)

DIESES BEMÜHEN WIRD IN DER MARKETING-WISSENSCHAFT ALS INTEGRIERTE KOMMUNIKATION BEZEICHNET.

Definition der integrierten Kommunikation

Der Marketing-Professor Manfred BRUHN definiert sie wie folgt: „Integrierte Kommunikation ist ein Prozess der Analyse, Planung, Organisation, Durchführung und Kontrolle, der darauf ausgerichtet ist, aus den differenzierten Quellen der internen und externen Kommunikation von Unternehmen eine Einheit herzustellen, um ein für die Zielgruppen der Unternehmenskommunikation konsistentes Erscheinungsbild über das Unternehmen zu vermitteln." (BRUHN 1997, S. 96). Durch integrierte Kommunikation soll die Wirkung der einzelnen Kommunikationsinstrumente gesteigert werden (nach dem alten Grundsatz der Gestaltpsychologie: „Das Ganze ist mehr als die Summe seiner Teile."). Integrierte Kommunikation kann sich auswirken

- in gestalterischer Hinsicht (einheitliches Design, Werbekonzept etc.),
- in zeitlicher Hinsicht (aufeinander abgestimmtes Timing aller Kommunikationsaktivitäten) und
- organisatorischer Hinsicht (Einrichtung einer zentralen Planungsstelle im Unternehmen, welche die Aktivitäten aller beteiligten Abteilungen koordiniert).

Integrierte Kommunikation schließt die Mitarbeiter ein

Um das Ziel eines einheitlichen Erscheinungsbildes zu erreichen, ist auch die interne Kommunikation (innerhalb des Unternehmens) von strategischer Bedeutung. Der wichtigste Teil der internen Kommunikation ist die Mitarbeiterkommunikation, mit deren Hilfe das Management mit seinen Arbeitnehmern kommuniziert (via „Schwarzes Brett", Mitarbeiterzeitungen, Intranet, Business-TV etc.). Je besser alle Mitarbeiter in Ziele, Inhalte und Timing der externen Kommunikation (die sich an Kunden, Endverbraucher, Geschäftspartner und Öffentlichkeit richtet) eingeweiht sind, umso glaubhafter können sie ihr Verhalten in Einklang mit den kommunizierten Botschaften bringen. Schließlich muss man auch noch den Endverbraucher genauer unter die Lupe nehmen: Er informiert sich über Produkte und Dienstleistungen nicht nur durch eigene Erfahrungen und Medien, sondern auch von anderen Verbrauchern. Das Zusammenspiel zwischen dieser interpersonalen (zwischenmenschlichen) Kommunikation und Massenkommunikation wird im Zusammenhang mit der Diffusionsforschung genauer betrachtet.

Die Lasswell-Formel

Am prägnantesten fasste der Sozialwisschenschaftler Harold LASSWELL den Forschungsgegenstand der Kommunikationswissenschaft zusammen:

Kommunikation lässt sich mit fünf W-Fragen umreißen

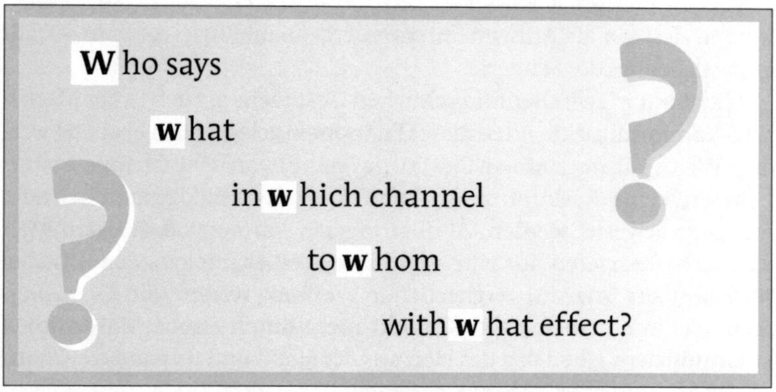

Abb. 1.4: Lasswell-Formel (Harold LASSWELL*)*

Übersetzt und mit den betreffenden Instanzen versehen:

WER	=	Sender, Kommunikator (Werbungtreibender, Journalist)
sagt WAS	=	Signal, Botschaft, Medieninhalt (Werbebotschaft, Nachricht)
in WELCHEM KANAL	=	Kanal, Medium
zu WEM	=	Empfänger, Rezipient, Publikum
mit WELCHEN WIRKUNGEN	=	Reaktion, individuelle oder gesellschaftliche Wirkungen

Marketing-Kommunikation strebt immer eine Wirkung an

Marketing-Kommunikation zielt immer auf eine Wirkung ab: Die Rezipienten sollen

a) Wissen erwerben, etwas lernen (dass es eine bestimmte Marke gibt, dass ein Produkt bestimmte Eigenschaften hat, dass ein Unternehmen bestimmte Produkte oder Dienstleistungen anbietet),
b) ein Urteil bilden oder verändern (dass ein Produkt z.B. gut und günstig ist, dass ein Unternehmen soziale Verantwortung wahrnimmt, eine Marke sympathisch ist),
c) ein bestimmtes Verhalten zeigen (z.B. ein Produkt kaufen).

Für die Marketing-Kommunikation sind vor allem das „WEM“ (Rezipienten, Zielgruppen) und die „WIRKUNG“ interessant.

„Man kann nicht nicht-kommunizieren" (Paul WATZLAWICK)

In diesem Zusammenhang sei noch auf das in der Überschrift erwähnte Zitat von Paul Watzlawick hingewiesen. Nicht die Intention des Senders bestimmt oft den Verlauf einer Kommunikation, sondern die Erwartungen der Empfänger. Auch Schweigen oder missverständliche Reaktionen werden deshalb als Antwort interpretiert, unabhängig von den wirklichen Absichten des Senders.

Schweigen führt in der Marketing-Kommunikation meist zu negativen Folgen

Nicht nur in zwischenmenschlichen Gesprächen, auch in der Marketing-Kommunikation muss dieses Phänomen gelegentlich beachtet werden: Wenn z.B. nach einem Störfall das verantwortliche Chemie-Unternehmen keine Reaktion zeigt, kann dies als Schuldgeständnis oder Arroganz gewertet werden. Ähnlich negativ können z.B. Absatzmittler das Nicht-Reagieren auf eine aggressive Werbekampagne eines neuen Mitbewerbers bzw. auf vergleichende Werbung werten. Ein Unternehmen, das in einem solchen Konflikt nicht durch eigene Maßnahmen kommuniziert, gibt dabei das Heft aus der Hand und verpasst die Chance, die Meinungen von Kunden, Geschäftspartnern und Öffentlichkeit aktiv zu beeinflussen.

1.2 Mediaplanung und Werbung

Werbung wird zwar oft ein schlechter Ruf zugeschrieben, sie stellt sich aber de facto differenzierter dar

Die Werbung hat in Deutschland, glaubt man diversen Umfragen, einen schlechten Ruf. Fernsehzuschauer sehen sie als Störung, Verbraucherschützer als Manipulation und viele Kulturkritiker als eine insgesamt recht fragwürdige Branche. Beobachtet man aber die Menschen und ihren tatsächlichen Umgang mit Werbung, so zeigt sich ein differenzierteres Bild: Hausfrauen nutzen Werbung oft gezielt als Informationsquelle für den Einkauf, Fernsehwerbung wird auch als Unterhaltung gesehen, Sendungen mit witzigen Werbespots erzielen hohe Einschaltquoten, auch suchen viele junge Menschen in der Werbebranche ihren Traumberuf.

> DIE WERBEAKZEPTANZ IN DEUTSCHLAND IST BESSER ALS IHR RUF. MARKEN UND PRODUKTE HELFEN DEN MENSCHEN, IHRE BEDÜRFNISSE ZU BEFRIEDIGEN UND IHRE INDIVIDUALITÄT AUSZUDRÜCKEN.

Werbung hat (Kunden-) Nutzen, was nur durch Kommunikation erreichbar ist

Dies ist nur durch Kommunikation möglich. Werbung und andere Kommunikationsinstrumente schaffen durchaus einen Wert, auch wenn es den Einzelnen vielleicht nicht immer bewusst ist. Eine gezielte Mediaplanung kann dabei helfen, die jeweiligen Verbraucher mit der für sie relevanten Werbung in Kontakt zu bringen.

Aber auch im Management deutscher Firmen gibt es Missverständnisse rund um die Mediawerbung. Sie wird nicht selten in erster Line als Kostenfaktor gesehen, auch wird an den Werbeinvestitionen gespart, wenn die Geschäfte nicht so laufen, wie sie sollen. Gerne wird der Satz zitiert: „Die Hälfte der Werbeausgaben ist zum Fenster rausgeschmissen, wir wissen aber nicht, welche." Dieses leichtfertig hingesagte Bonmot enthält sicherlich einen Körnchen Wahrheit, da sich die Wirkungsweisen von Anzeigen und Spots nicht auf allgemein gültige Gesetze vereinfachen lassen. Doch wird dieser Spruch dem gegenwärtigen Stand der Mediaplanung nicht gerecht.

Dass Werbung zur Hälfte vergeblich sei, wird dem Stand der Mediaplanung längst nicht mehr gerecht

Heutzutage stehen den Agenturen und Werbungtreibenden eine Vielzahl von Datenquellen und Instrumenten zur Verfügung, die helfen, die Werbegelder der Kunden effizient einzusetzen. Für Zielgruppendefinition, Budgetbestimmung, strategische Planung und Mediaselektion haben wir eine Vielzahl von Hilfsmitteln, die den neuesten Stand der Forschung widerspiegeln und Mediaplanern helfen, ihre Entscheidungen im Sinne der Marketing-Ziele des Kunden zu treffen. Ob die Gelder richtig eingesetzt wurden und die Mediaplanung die Leistung gebracht hat, die von der Agentur versprochen wurde, können wir heute anhand von umfangreichen Daten überprüfen. Moderne Systeme für Einkauf und Abrechnung ermöglichen Kunden jederzeit detaillierten Einblick, was mit ihrem Geld bewerkstelligt wurde.

Doch das wichtigste Tool eines Mediaplaners ist nach wie vor in seinem Kopf zu finden: Erst die Vernunft, Kreativität und Urteilskraft jedes einzelnen Mitarbeiters führen dazu, dass die zur Verfügung stehenden Daten und Systeme richtig eingesetzt werden. Mediaplanung hängt von Menschen ab und das wird auch immer so bleiben.

Die wichtigste Resource der Mediaplaner ist die Human Resource

Einige Begriffe, die wir innerhalb der Branche tagtäglich mit Selbstverständlichkeit verwenden, sollten erklärt werden. **Werbeagenturen** sind Unternehmen, die sich auf die Konzeption, Kreation und Realisierung von Werbekampagnen spezialisiert haben. Primäre Aufgabe ist die kommunikative Markenführung und Gestaltung von Werbemitteln in kontinuierlicher Absprache mit dem Kunden. Den Part der Werbeträgerauswahl für den Werbemittel-Einsatz übernehmen heute immer mehr **Mediaagenturen**, die sich meist aus Full Service-Werbeagenturen verselbstständigt haben. Sie haben sich auf den Werbemittel-Transport mittels Werbeträger spezialisiert. Dazu gehört primär, die richtigen Medien für spezielle Zielgruppenansprachen auszuwählen und Fläche (bei Print) bzw. Zeit (bei elektronischen Medien) für die Werbemittel-Präsenz bei den Medienanbietern einzukaufen. Als **Mediaplanung** bezeichnet man die (Teil-)Aufgabe der zielgruppenspezifischen Auswahl optimaler Medien oder Werbeträger zur Übermittlung von Werbebotschaften.

Mediaplanung = Auswahl der richtigen Medien und Einkauf von Kontakten mit den Zielpersonen

Im Einzelnen umfasst dies die Aufgabe, eine spezielle Botschaft mit einem bestimmten **Media-Budget** an bestimmte Personen zielgerecht, im richtigen Zeitraum und in einem bestimmten Gebiet, mit den richtigen Medien, genügend oft und ökonomisch zu übermitteln. Damit will man bestimmte, zuvor definierte, markenspezifische kommunikative Ziele erreichen. Einige der wichtigsten Kommunikationsziele sind Aufbau

Wichtige Kommunikationsziele sind Bekanntheit, Einstellungsänderung, Imageaufbau

und Veränderung des Bekanntheitsgrades, die Veränderung von Einstellungen oder Images, Aktualisierung und Promotion. Bezahlte Mediawerbung ist dabei nur ein Instrument im **Kommunikations-Mix**. Im klassischen Marketing umfasst dieser Mix auch noch die Instrumente Verkaufsförderung, Direktmarketing und Public Relations (PR), die der Übermittlung markenspezifischer Informationen an die Zielpersonen dienen. Inzwischen werden auch weitere Aktivitäten und Maßnahmen zum Kommunikations-Mix gezählt, deren Einsatz u.a. erst in den letzten Jahren werbekommunikativ möglich wurde, wie z.B. Sponsoring, Product Placement oder Online-Marketing.

Aktuell bestimmender Ansatz: Integrierte Kommunikation

Aktuell bestimmt der Begriff der integrierten Kommunikation die Diskussion im Agenturbereich. Integrierte Kommunikation meint hier die ganzheitliche Betrachtung der Kommunikationsinstrumente und damit die optimale Vernetzung der einzelnen kommunikativen Maßnahmen zur Erzielung synergetischer Effekte. Analog wird **Markenführung** zunehmend in diesem Kontext gesehen und entsprechend umfassend entwickelt.

Eine Marke braucht USP und dieser muss kommuniziert werden

Eine **Marke** benötigt generell ein Produkt oder ein Angebot, das die generischen Nutzenerwartungen der Verwender erfüllt und vor allem einen speziellen Vorteil aufweist. Diesen Vorteil, der mit speziellen Erwartungen und Motiven der Verbraucher zusammenhängen muss, nennen wir oft Benefit oder Unique Selling Proposition (USP). So liegt der Grundnutzen jedes Haarshampoos darin, damit die Haare zu waschen, während der USP z.B. darin liegen kann, dass ein bestimmtes Shampoo die Haare besonders gut pflegt oder coloriertes Haar speziell aufgefrischt wird. Also:

> WENN WIR EINE MARKE ETABLIEREN WOLLEN, MÜSSEN WIR DEN GENERISCHEN NUTZEN UND VOR ALLEM DEN USP BEKANNT MACHEN UND KOMMUNIZIEREN.

Kommunikation in der Markenführung zielt auf Verhaltensbeeinflussung

Was Kommunikation ist, haben wir bereits abstrakt erörtert, hier kommen wir jetzt auf zielgerichtete Kommunikation zu sprechen, die der Beeinflussung von Verhaltensdispositionen von Zielpersonen dient. Im Falle der Werbung geschieht das mithilfe von technischen Massenmedien. Diese Medien muss der Mediaplaner kennen, damit er dafür sorgen kann, dass seine Botschaft auch die richtigen Empfänger erreicht. Man könnte also zusammenfassend formulieren:

> MEDIA SORGT DAFÜR, DASS DIE RICHTIGEN PERSONEN ZUM RICHTIGEN ZEITPUNKT MIT DEN JEWEILS OPTIMALEN KOMMUNIKATIONSMITTELN IN KONTAKT KOMMEN.

Diese Aufgabe ist heute aber gar nicht so einfach, da wir in einer ungeheuer komplexen Medienumwelt leben.

1.3 Medien und Mediennutzung

Betrachten wir die aktuelle Angebots- und Nutzungssituation der Medien, so zeigt sich, dass eine ganzheitliche Perspektive zunehmend wichtig wurde, um erfolgreich Marken zu schaffen, aufzubauen und zu pflegen.

Das Medienangebot nimmt zu

Auf der einen Seite haben wir ein kontinuierlich zunehmendes Medien-Angebot. Immer mehr Medien und Werbeträger konkurrieren um die Aufmerksamkeit der Nutzer. Auf der anderen Seite haben diese Nutzer nur ein stagnierendes Zeit-Budget. Auch das Geld, das ein Haushalt für Kommunikation aufwenden muss, lässt sich nicht beliebig steigern. Aktuell geben die Deutschen für ihre Mediennutzung sehr viel mehr aus als in den 80er-Jahren. Neue Mediendienste wie das Internet oder Pay-TV werden künftig für weitere finanzielle Aufwendungen sorgen, die sich nicht jeder Konsument leisten kann oder leisten will.

In der Folge kommt es zu differenzierterem Nutzungsverhalten

Die Folge ist eine zunehmende Differenzierung des Nutzungsverhaltens. Dieser Gesamttrend bestimmt den Umgang mit Medien auf allen Ebenen.

Die Angebote differenzieren sich

Auf der obersten Makro-Ebene macht sich das in einer Fragmentierung der Nutzerschaften von Werbekommunikation deutlich: Es gibt zum Beispiel im TV mehr und mehr Spartenkanäle und Special-Interest-Umfelder und immer weniger wirkliche Massen-Programme. Dadurch wird es für den Werbungtreibenden immer schwieriger, mit seiner Botschaft zu dem Konsumenten zu gelangen. Es wird auch immer teurer, die gewünschte Medialeistung und Werbewirkung zu bekommen. Viele Werbungtreibende müssen schon seit einiger Zeit kontinuierlich ihre Budgets erhöhen, um die gewohnte Leistung zu gewährleisten.

Die individuelle Nutzung differenziert sich

Aber auch auf der Mikro-Ebene hat sich die Nutzung verändert. Dem Individuum stehen immer mehr Wahlmöglichkeiten zur Verfügung. D.h., auch der Nutzungsvorgang selbst wird fragmentiert: Es wird geblättert, gesurft und gezappt. Die Fernbedienung macht jeden Zuschauer zum eigenen Programmdirektor. Wie und warum er sich wann für welches Programm entscheidet, können wir nicht bei jedem Einzelnen in Erfahrung bringen,

> Aber wir brauchen einen Eindruck davon, was bei den Nutzern vorgeht. Dieser Blickwinkel ist wichtig, denn hinter den Zahlen und Daten der Mediaplaner stehen immer Menschen. Zu diesen Menschen möchte man einen Kontakt herstellen, nicht nur rein quantitativ Kontakte einkaufen.

Ein Blick zurück macht verständlich, warum früher stärker die Kreation im Vordergrund stand. Es gab bekanntlich nur wenige Massen- und Zielgruppen-Medien und deshalb war der Entscheidungsspielraum bei der Mediaplanung eher begrenzt. Dennoch gab es schon immer Experten, die eine wichtige Arbeit auf hohem Niveau verrichteten.

Media galt anfänglich als Anhängsel und Kreation stand im Vordergrund

Als es erst zwei TV-Sender gab, ging es mehr um die Frage, ob TV überhaupt zum Einsatz kommt. Damals war es auch einfacher, an den Adressaten mit der Werbebotschaft heranzutreten. Denn Massenmedien konnten tatsächlich noch Massen erreichen. Die Konsequenz war, dass bei der Werbung die Kreation im Vordergrund stand, denn Media war kein besonders kritischer Punkt, über den man sich viele Gedanken machen musste. Die Kunden beschäftigten sich deshalb bevorzugt mit kreativen Fragen und Media war eher nur ein Anhängsel des Werbegeschäfts.

Heute muss die Medienlandschaft differenziert in Entscheidungen einbezogen werden

Heute herrscht das, was man einmal als die „große Unübersichtlichkeit“ bezeichnet hat. Der zeitgenössische Mediaplaner muss überprüfen, welche Umfelder passen oder nicht passen, ob Sonderformen wie Sponsoring oder Product Placement einzusetzen sind, ob es sich um Direct Response TV handelt, ob Teletext ergänzend eingesetzt werden kann und und und... Die Frage „Wie erreiche ich meine Zielgruppe“ tritt deshalb immer näher ins Zentrum bei der Marketing-Planung.

1.4 Entwicklung des Angebots und des Medien-Nutzungsverhaltens

Die unterschiedlichen Enzwicklungstendenzen der einzelnen Mediengattungen führten insgesamt dazu, dass sich der Mediennutzer heute mit einem deutlich größeren Medienangebot konfrontiert sieht, als dies noch vor einigen Jahren der Fall war.

So kann ein durchschnittlicher Haushalt heute ca. 30 deutschsprachige und national verbreitete TV-Sender empfangen. Je nach Empfangsquelle (Satellit, Kabel oder terrestrischer Empfang) kommen noch weitere ausländische Kabel- und Satellitensender dazu. Im Vergleich dazu konnten vor der Einführung der privaten Sender in 1985 lediglich die öffentlich-rechtlichen Sender ARD, ZDF und die dritten Programme empfangen werden.

Steigende Zahl empfangbarer TV-Sender, aber fragmentierte Nutzung

Die zunehmende Verbreitung der Privatsender führte zu einer kontinuierlichen Steigerung der durchschnittlichen Sehdauer, die sich aktuell auf dem höchsten Niveau der Fernsehgeschichte befindet. Während in 1985 nur durchschnittlich 130 Min. pro Tag ferngesehen wurde, waren es 10 Jahre später schon 186 Min. (1995). Im Jahr 2002 lag der Fernsehkonsum bei durchschnittlichen 215 Min. pro Tag.

DIESE ENTWICKLUNG FÜHRTE PARALLEL ZU EINER ZUNEHMENDEN FRAGMENTIERUNG DER SEHERSCHAFTEN UND VORAUSSICHTLICH ZU MEHR UND MEHR BEILÄUFIGEM FERNSEHKONSUM.

Eine ähnliche Entwicklung ist auch im Hörfunkbereich zu beobachten. Lediglich 13 Radioprogramme (12 ARD-Landessender und der Privatsender Radio Luxemburg) waren in 1985 verbreitet.

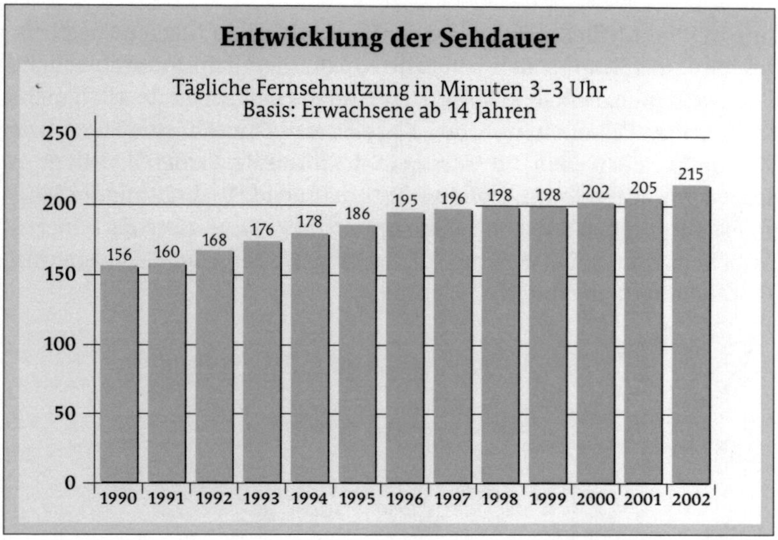

Abb. 1.5: Entwicklung der Sehdauer (Quelle: AGF/GFK-Fernsehforschung)

Stark gestiegene Zahl der Radiosender

Heute sind es rund 60 öffentlich-rechtliche Programme und fast 190 Privatsender, die in Deutschland entweder landesweit oder regional/lokal zu empfangen sind. Die Hördauer entwickelte sich entsprechend von 156 Min. pro Tag in 1990 auf 179 Min. in 1999 (der daran anschließende Sprung auf 209 Minuten im Jahr 2000 ist übrigens primär auf eine Methoden-Umstellung beim Ermitteln der Radio-Hörer zurückzuführen, aber dazu später mehr).

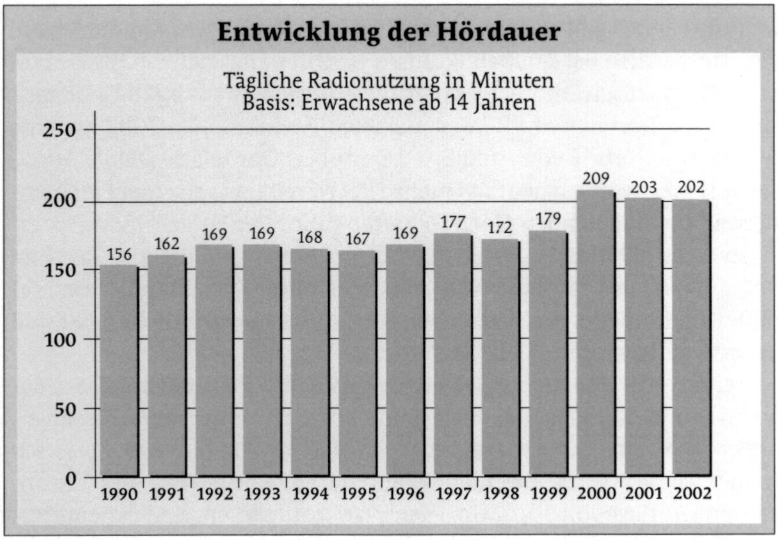

Abb. 1.6: Entwicklung der Hördauer (Quelle: MA)

Kinobesuche schwanken je nach Filmangebot

Kino ist ein Medium der jungen Zielgruppen

Eine weitere Mediengattung, die den elektronischen Medien zugerechnet wird, das Kino, erzielt von Jahr zu Jahr ziemlich unterschiedliche Reichweiten. Je nach dem konkreten Filmangebot gehen deutlich mehr oder weniger Personen ins Kino – beispielsweise Blockbuster-Filme (wie „Titanic") ziehen eben die Massen in die Kinosäle. Generell sieht es in den letzten Jahren so aus, als hätte die zunehmende Verbreitung der Multiplex-Kinos mit zahlreichen Sälen unter einem Dach zu etwas höheren Besucherzahlen geführt. Kino, so zeigt sich, ist auf jeden Fall weiterhin das Medium für die jungen Zielgruppen.

Abb. 1.7: Entwicklung Kinogänger pro Woche (Quelle: MA)

Die Gesamtauflage der Publikumszeitschriften steigt leicht, die Anzahl der Kernleser nimmt ab

Im Printbereich gibt es zwei unterschiedliche Tendenzen, was die Anzahl der Titel betrifft. Bei den Publikumszeitschriften hat sich die Titelanzahl bis 2002 drastisch erhöht, während die Auflagen nur marginal gestiegen sind. 20 % Prozent mehr IVW-gemeldeten Titeln stand in 2002 nur eine Auflagensteigerung von rund 3 % gegenüber. Das relativ stabile Auflagenvolumen wird auf deutlich mehr Titel verteilt, was zu einer Fragmentierung der bestehenden Nutzerschaften führt. Die Entscheidung für eine spezielle Publikumszeitschrift wird zunehmend am Point of Sale (am Verkaufsort, also am Kiosk oder im Lebensmittel-Einzelhandel, etc.) gefällt. Und immer mehr Titel weisen zunehmend gelegentliche Leser und immer weniger regelmäßige Kernleser auf.

Anzahl und Auflagenhöhe bei Zeitungen sinken

Zeitungen – und hier vor allem regionale Abo-Zeitungen – gibt es dagegen immer weniger. Das korrespondiert gleichzeitig mit Auflagenverlusten und dem Problem der Zeitungen, dass sie von jüngeren Personen immer weniger gelesen werden. Während 1991 insgesamt 442 Zeitungen eine Auflage von 30,7 Mio. Exemplaren aufwiesen, sind es heute nur noch 409 Zeitungen bei einer durchschnittlichen Auflage von 29,6 Mio. Exemplaren pro Erscheinungsintervall.

Publikumszeitschriften in Deutschland
IVW gemeldete Titel

Zeitraum	Anzahl Titel	Index 1994 = 100	Verbr. Auflage (Mio.)	Index 1994 = 100
1994	**686**	**100**	**134,8**	**100**
1995	**683**	**99**	**135,3**	**100**
1996	**724**	**105**	**139,7**	**104**
1997	**765**	**111**	**142,7**	**106**
1998	**770**	**112**	**140,9**	**105**
1999	**823**	**120**	**143,7**	**107**
2000	**844**	**123**	**144,2**	**107**
2001	**815**	**119**	**141,4**	**105**
2002	**820**	**120**	**139,8**	**103**

Abb. 1.8: Publikumszeitschriften in Deutschland (Quelle: IVW)

Zeitungstypen

	1991	**2003**
regionale/lokale Abonnement-Zeitungen	390	367
überregionale Abonnement-Zeitungen	8	10
Kaufzeitungen	11	8
Wochenzeitungen	28	25
Sonntagszeitungen	5	7
Gesamt	**442**	**417**

Abb. 1.9: Zeitungstypen (Quelle: IVW)

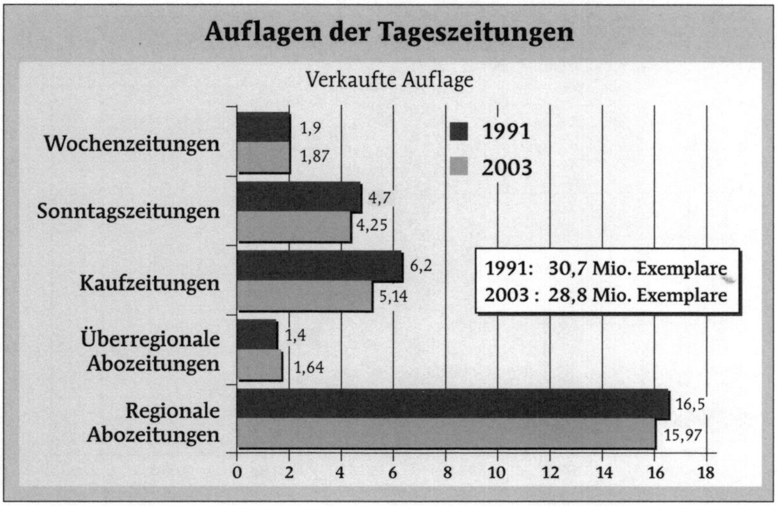

Abb. 1.10: Auflagen der Tageszeitungen (Quelle: MA)

Außenwerbung weist den höchsten Stand ihrer Historie auf

Eine weitere klassische Mediengattung, nämlich das Plakat bzw. die Außenwerbung, weist aktuell das größte Angebot in seiner Historie auf. Der weitere Aufbau von so genannten City Light Postern und die zunehmende Tendenz zu großformatigen City Light Boards führen dazu, dass immer mehr Plakatstellen be- oder hinterleuchtet sind. Großflächen werden zwar zum Teil abgebaut, dies betrifft aber nur die sehr schlechten Stellen. Weitere Sonderformen wie Video Boards und Blow ups (Riesenposter) sind auf dem Vormarsch.

Viele sprechen schon von einem „Mediendschungel“, in dem es immer schwieriger wird, sich zurecht zu finden. Mehr Medien bedeutet aber andererseits auch mehr Werbung.

1.5 Entwicklung des Werbemarktes

Als Werbeaufwendungen bezeichnet man die Brutto-Ausgaben für Werbung, die in Deutschland von Nielsen S+P erhoben und ausgewertet werden. Die Werbeaufwendungen werden generell in Bruttobeträgen dargestellt, da Nielsen S+P die kundenindividuellen Rabatte bei Einschaltungen in den Medien nicht kennen kann (siehe auch Abschnitt 3.4.2). Erhoben und ausgewiesen werden Anzeigen und Werbespots in den Mediengattungen TV, Hörfunk, Publikumszeitschriften, Tageszeitungen, Fachzeitschriften und Plakat.

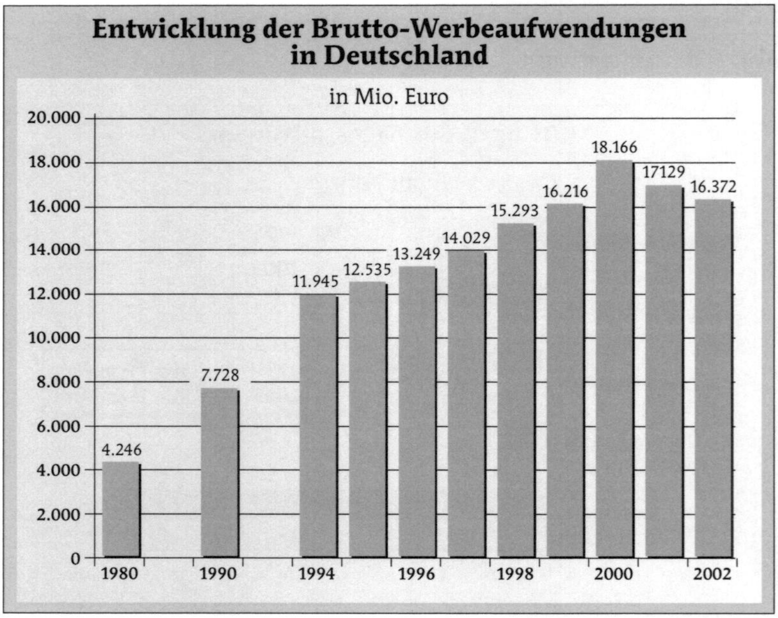

Abb. 1.11: Brutto-Werbeaufwendungen (Quelle: A.C. Nielsen S+P)

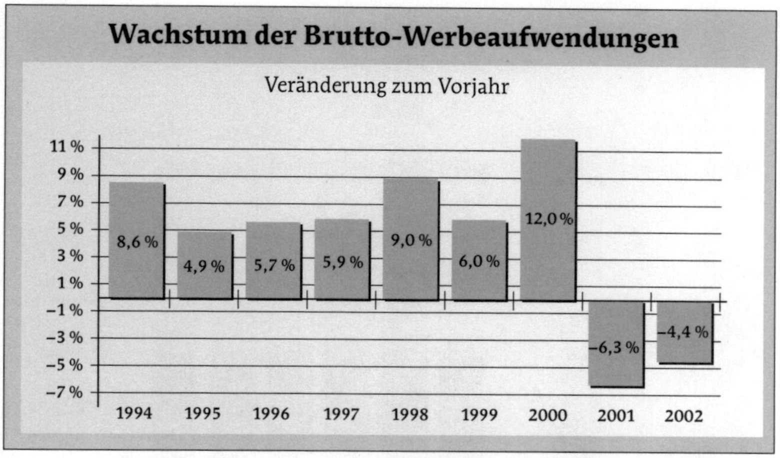

Abb. 1.12: Wachstumsquoten (Quelle: A.C. Nielsen S+P)

Betrachtet man den Verlauf der Entwicklung in den letzten Jahren, so zeigen sich bis zum Jahr 2000 kontinuierlich zunehmende Brutto-Werbeaufwendungen über alle Gattungen. Ein Minimum von ca. plus 5% zum Vorjahr war so gut wie immer festzustellen, teilweise bewegte sich die Marge bei über 10 % Steigerung.Erst in 2001 und 2002 sind Rückgänge zu vermelden. Dies wird voraussichtlich auch 2003 (dem Jahr der Drucklegung dieses Buches) der Fall sein und korrespondiert mit einer gewissen wirtschaftlichen Rezession in Deutschland.Dabei hat es die eine oder andere Mediengattung zwar stärker betroffen, insgesamt betrachtet steht aber heute kein Medium besser da als im Jahr 2000.

Die eklatante Veränderung der gattungsspezifischen Werbeaufwendungen war übrigens schon früher, mit der Zulassung und Etablierung privater Rundfunkanbieter (TV, Hörfunk) ab 1985, festzustellen. So generierte TV schon im Jahr 1990 25% der Werbeaufwendungen, während es in 1980 (ARD und ZDF!) nur 17% waren. Heute liegt TV bei einem Anteil von 44%, wobei die Printmedien Publikumszeitschriften und (Tages-)Zeitungen, relativ betrachtet, die höchsten Marktanteilsverluste hinnehmen mussten (Abb. 1.13 auf der folgenden Seite).

WERBUNG IN DEUTSCHLAND HAT AUCH EINEN EINDEUTIG SAISONALEN VERLAUF.

Wir reden in diesem Zusammenhang z.B. vom Sommerloch. Meist liegen die Werbeaufwendungen am Anfang eines Jahres auf niedrigstem Niveau und werden zum Sommer hin kontinuierlich hochgefahren. Von Juni bis Ende August dauert das Sommerloch. Ab September sind wieder deutlich höhere Werbeaufwendungen festzustellen, die bis Ende November/Anfang Dezember weiter steigen. Nach dem Höhepunkt vor Weihnachten beginnt wieder eine Werbeflaute bis ca. Ende Januar.

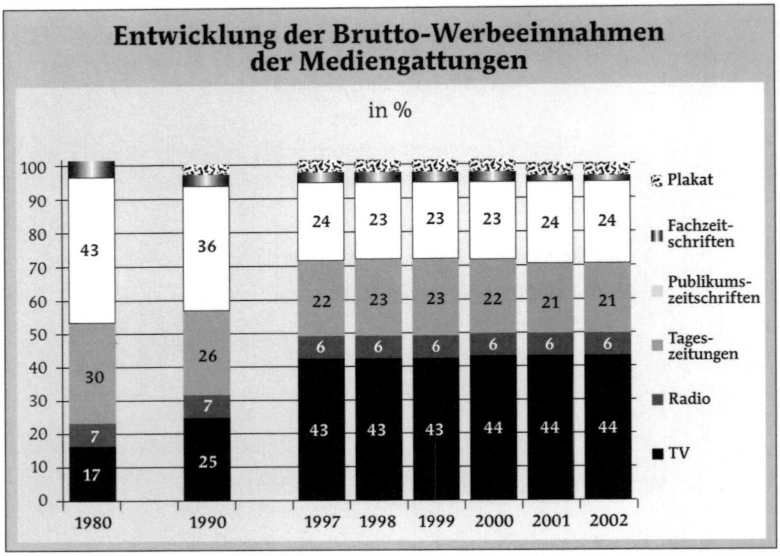

Abb. 1.13: Entwicklung nach Mediengattungen (Quelle: A.C. Nielsen S+P)

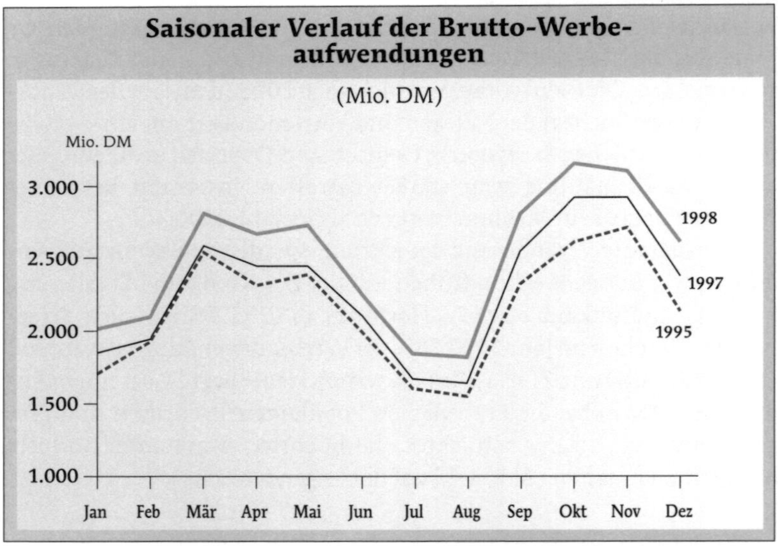

Abb. 1.14: Saisonaler Verlauf der Brutto-Werbeaufwendungen (Quelle: A.C. Nielsen S+P)

Betrachtet man die Entwicklung der gesamten Werbeinvestitionen, so ergibt sich eine ähnliche Tendenz wie bei den (Brutto-)Werbeaufwendungen. Die Gesamtinvestitionen für Werbung, also die Werbeaufwendungen (d.h. die Einnahmen der Medien) und die Kosten für Honorare, Werbemittelgestaltung und Produktion, belaufen sich auf fast das Doppelte der Werbeaufwendungen.

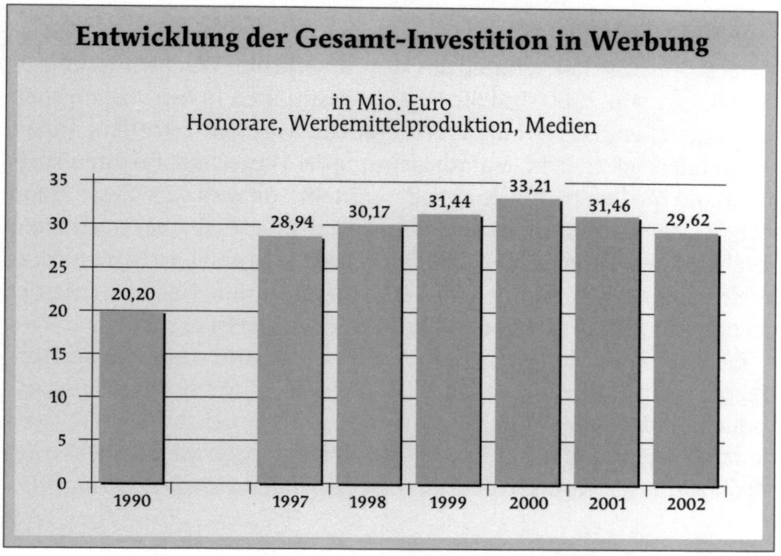

Abb. 1.15: Entwicklung der Gesamt-Investitionen in Werbung (Quelle: ZAW)

Das Verhältnis von Werbeinvestitionen zum gesamten deutschen Brutto-Inlandsprodukt (BIP) betrug im Jahr 2002 ca. 1,4%. D.h., 1,4% des gesamten Brutto-Inlandsprodukts entfielen auf die Werbeindustrie.

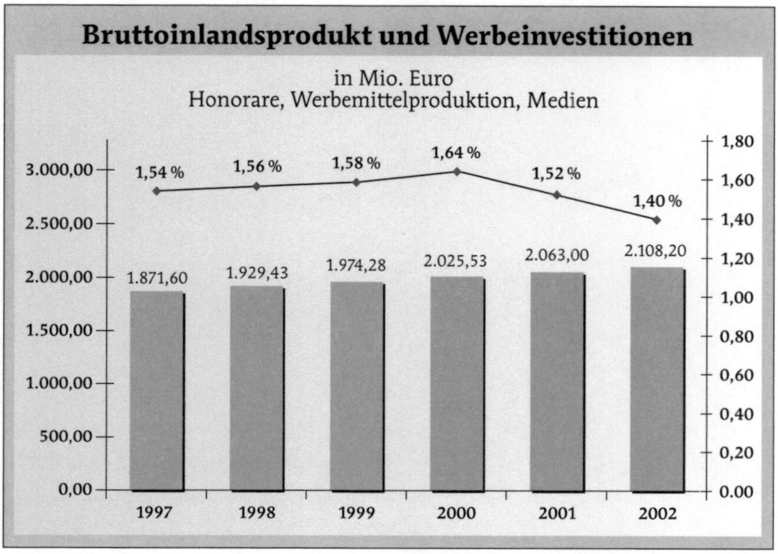

Abb. 1.16: Bruttoinlandsprodukt und Werbeinvestitionen (Quelle: ZAW)

Zusammenfassend

Nach Jahren und Jahrzehnten des kontinuierlichen Wachstums und einem Boom-Jahr 2000 sind die Werbeinvestitionen in den vergangenen Jahren gefallen. Das hat die Werbebranche zwar hart getroffen, ändert aber tendenziell an der Gesamtbedeutung der Wirtschaftsfaktoren Werbung und Medien nichts. Kurz- oder mittelfristig wird sich dieser Trend wohl wieder umkehren, was bei Drucklegung dieses Buches noch nicht absehbar war. Die einzelnen Quellen bei den Schaubildern in diesen Kapiteln ermöglichen es Ihnen als Leser/innen, zum Beispiel im Internet der betreffenden Institutionen nach aktuellen Daten zu suchen.

Deutlich geworden ist: In der Werbebranche wird vonseiten der Auftraggeber eine hohe Gesamtsumme ausgegeben und die Werbungtreibenden brauchen die Hilfe von Experten, um ihre beachtlichen Investitionen effizient und effektiv anzulegen. Bildlich gesprochen arbeiten die Mediaplaner als Scouts in dem zu verzeichnenden „Mediendschungel“.

Kapitel 2

Die Mediaagentur in Zusammenarbeit mit Kunden, Medien und weiteren Institutionen

Mediaagenturen sind die zentralen Akteure im Mediageschäft. Die Mitarbeiter von Mediaagenturen geben die Empfehlungen und Beratungsleistungen, die über den Erfolg der großen, oft millionenschweren Werbekampagnen mit entscheiden und damit auch über das Wohl und Wehe von Medienanbietern und ihren Werbeträgern. Über die Schreibtische und Systeme der Agenturen fließen der größte Teil der rund 17 Milliarden an Werbegeldern, die jedes Jahr in Deutschland in Werbung investiert werden.

Das vorliegende Kapitel will eine Übersicht über Struktur und Aufgabe einer Mediaagentur geben. Außerdem werden die wichtigsten Marktpartner vorgestellt. Das ist für folgende Lesergruppen dieses Buches von Interesse:

- Das Kapitel gibt allen, die professionell in Mediaplanungsprozesse involviert sind, den Überblick über das Zusammenwirken der daran **beteiligten Partner** und liefert Informationen über die jeweils „anderen". Es wird deutlich werden, dass und wie **erfolgreiche Zusammenarbeit** zwischen den Beteiligten funktionieren kann.
- Die meisten **Jobs** in der Mediabranche finden sich in Agenturen, und für **Einsteiger und Karrierewillige** ist es unerlässlich, sich das „Gebilde Mediaagentur" genauer anzuschauen. Dazu wird in diesem Kapitel auch gezeigt, welche Berufe es in Mediaagenturen gibt, welche Ausbildungswege dorhin führen und welche Eigenschaften eigentlich einen guten Mediaplaner ausmachen.
  Damit richtet sich dieses Kapitel auch an **junge Menschen**, die nach einem interessanten Beruf suchen und vielleicht überlegen, einen Job in einer Mediaagentur anzunehmen. Im Rahmen dieses Handbuchs kann das für eine solche berufliche Orientierung nur ein erster Einblick in die Mediabranche und das Agenturwesen sein und wer sich ernsthaft für einen Beruf in einer Mediaagentur interessiert, sollte die nachfolgenden Tipps beachten.

Tipp für Einsteiger

a) Suchen Sie sich unbedingt weiter führende Informationen! Es gibt zahlreiche Berufs- und Studienführer, die sich unter anderem auch mit Medien- und Werbeberufen beschäftigen (siehe dazu auch die Literaturempfehlungen im Anhang).
b) Doch Papier ist geduldig und vieles, was man über die Mediabranche lesen kann, vermittelt nur ein oberflächliches, wenn nicht sogar ein falsches Bild. Der beste Weg, sich mit dem Berufsbild eines Mediaplaners (oder anderer Funktionen innerhalb einer Mediaagentur) vertraut zu machen, ist der direkte Kontakt. Sprechen Sie einfach mit Menschen, die in Agenturen arbeiten – oft sind sie gerne zu solchen Gesprächen bereit, da jede Agentur prinzipiell ein Interesse daran hat, geeigneten Nachwuchs zu rekrutieren.
c) Noch besser ist es jedoch, ein Praktikum in einer Mediaagentur zu absolvieren, denn nur so lernt man den konkreten Agenturalltag kennen.

- Leser/innen, die im weiteren Umfeld des Mediageschäfts tätig sind und aus breiterem Interesse zu diesem Buch gegriffen haben, sollten sich nicht ausgeschlossen fühlen. Die Darstellung der Agentur in ihrem Verhältnis zu den Auftraggebern/Kunden einerseits und den Medien andererseits, einschließlich der damit verbundenen grundlegenden Aufgaben (vor allem der Mediaforschung), ist zugleich **eine Einführung in den Gesamtprozess**, woran die folgenden Kapitel dann anküpfen.

Als Überblick fällt dieses Kapitel etwas aus dem Rahmen der übrigen. Es ist zwangsläufig weniger systematisch oder faktenorientiert, enthält Standpunkte und möchte auch zur Diskussion über Sichtweisen anregen.

2.1 Die Mediaagentur und ihre Marktpartner

Mediaplanung geschieht im Spannungsfeld dreier Akteure: Dem Werbungtreibenden (also dem Kunden der Mediaagentur), der Mediaagentur und den Medien (also den Besitzern und Vermarktern der Werbeträger). Mit den Ecken dieses Dreiecks wollen wir uns nun genauer beschäftigen.

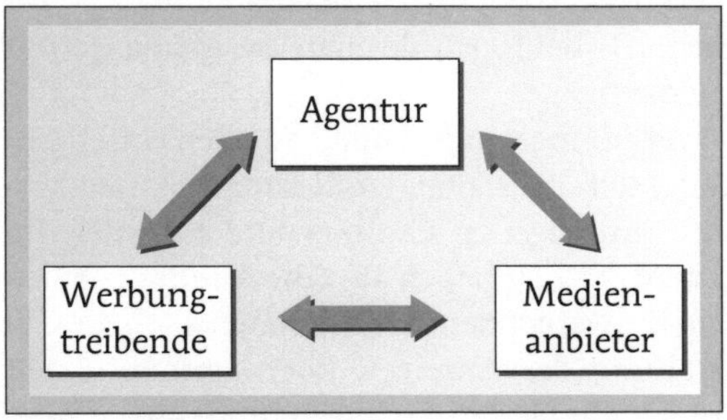

Abb. 2.1: Die Marktpartner

2.1.1 Die Mediaagentur

Der zentrale Akteur innerhalb des Mediaprozesses ist die Mediaagentur. Was ist eine Mediaagentur und wie unterscheidet sie sich von ihrer großen Schwester, der Werbeagentur?

Außenbild und Realität: Der Traum vom Agenturleben?

Werfen wir als kleinen Exkurs einen Blick auf das Außenbild: Viele Spielfilme und Fernsehserien spielen im Milieu von „Werbeleuten" und Werbeagenturen. Warum hat diese Branche so eine Faszination? Werbeagenturen sind an der Schnittstelle von Kunst und Kommerz und sie vereinen die besten Teile von beiden:

- Kreativität und Individualität einerseits,
- Strategie, Schnelligkeit, Erfolg andererseits.

Dieses Bild wird zumindest von vielen Drehbuchautoren gepflegt – es schmeichelt aber auch den Menschen, die in einer Agentur arbeiten, weshalb sie gerne dieses Klischee auch selbst nach außen tragen.

Es ist wahrscheinlich auch nicht ganz falsch: Wo kann man schon mit seinen Talenten, seinem Witz und seiner Kreativität Geld verdienen, wenn nicht in Werbeagenturen?

Der Agenturalltag sieht oft weniger glanzvoll aus: Werbung besteht eben nur zu einem kleinen Teil aus Intuition und kreativen Arbeiten, vieles andere ist Routine: Organisation und Koordination von internen und externen Abläufen, enger Kontakt zu Kunden und anderen Geschäftspartnern, kaufmännische Tätigkeiten und Kostenkontrolle, viel Büroarbeit und nicht enden wollende Meetings, und natürlich jede Menge Überstunden – das zeichnet das Leben und Arbeiten in einer Werbeagentur aus.

Kreativ-, Full-Service- und Mediaagenturen

Die Agenturlandschaft ist heutzutage extrem ausdifferenziert:

> FÜR SPEZIELLE AUFGABEN GIBT ES SPEZIALAGENTUREN.

Man findet aber auch immer noch die Generalisten, die ihren Kunden einen Rundum-Service bieten (Full-Service-Agentur). Diese kümmern sich um alles, was mit Werbung zu tun hat: Von der Strategie, über die kreative Idee, bis zu Umsetzung, Produktion, Durchführung und Abwicklung einer Kampagne. Früher war Mediaplanung ein Teil dieser Aufgaben und wurde deshalb von einer Abteilung innerhalb einer Full-Service-Agentur durchgeführt – eigene Mediaagenturen gab es kaum. Heute gibt es die Full-Service-Agenturen noch immer, doch ihre Mediaabteilungen sind oft eigenständige Firmen geworden, Spezialisten für **Mediaplanung** und **Mediaeinkauf**. Deshalb ist es auch nicht unüblich, dass ein Unternehmen mit zwei (oder mehr) Agenturen zusammenarbeitet: Die eine Agentur ist für Strategie und Kreation der Werbung zuständig (man bezeichnet sie deshalb oft auch als **Kreativ-Agentur**, auch wenn sie selbstverständlich eine umfassende strategische Beratung bietet und nicht nur die bloße Gestaltung von Werbemitteln), für die Schaltung der klassischen Werbung ist eine eigenständige **Mediaagentur** verantwortlich.

Am Rande: Unser Bild von der Werbebranche, wie es in den bereits erwähnten Fernsehserien und Filmen gepflegt wird, stammt aus dem Milieu der Kreativagenturen (zu deren Spitzenkräften jene Künstler und Texter gehören, die mit Claudia Sch. in die Südsee fliegen, um einen millionenschweren 30-Sekunden-Spot zu drehen oder die in Cannes für eine besonders künstlerische oder witzige Kampagnenidee den Gewinn eines goldenen Löwen, den angesehensten internationalen Kreativpreis, mit Champagner feiern). Von diesem Glanz fällt nur wenig auf die Mitarbeiter einer Mediaagentur ab.

Mediaagenturen sind quasi die „Buchhalter“ der Werbebranche: Sie sorgen dafür, dass die kreative Werbung auch die richtigen Leute erreicht, dass die entsprechenden Rechnungen bezahlt werden und die Gelder der Kunden möglichst effizient und effektiv eingesetzt werden. Trotzdem stehen sie deutlich im Schatten der Kreativagenturen. Wie hat sich diese Arbeitsteilung eigentlich historisch entwickelt?

Von der Annoncenexpedition zur Full-Service-Agentur

Vielen ist diese Tatsache nicht bewusst, aber historisch gesehen haben sich die Kreativ- und Full-Service-Agenturen aus den Mediaagenturen entwickelt und nicht etwa umgekehrt. Werbung gab es in gewisser Weise schon immer, auch viele Merkmale des modernen Werbegeschäfts kann man schon in den vergangenen Jahrhunderten finden, selbst antike Quellen liefern hier Material für eine Geschichte der Werbung. Eine Professionalisierung der Branche kam aber erst im 19. Jahrhundert auf. Hier haben sich zum ersten Mal Unternehmen gebildet, die für die Zeitungen (damals das einzige Massenmedium) Anzeigenkunden gesucht und gefunden haben. Solche Annoncen-Vermittler wurden von den Zeitungen dadurch belohnt, dass sie einen bestimmten Prozentsatz der Anzeigenkosten, die der Werbungtreibende an die Zeitung bezahlte, als Provision erhielten. Prinzipiell hat diese Art der Honorierung bis heute überlebt, in Form der so genannten AE-Provision oder Agenturprovision. Diese Anzeigenvermittler hießen damals „Annoncenbüro“ oder „Annoncenexpedition“ (daher auch die Abkürzung AE-Provision), heute würde man sie Mediaagentur nennen.

Werbung wurde damals von den Unternehmen selbst gestaltet, große Unternehmen hatten ihre eigenen Grafiker und Künstler. Im Laufe der Zeit haben aber die Annoncenbüros für die werbenden Unternehmen auch die Gestaltung der Anzeigen übernommen. Mehr und mehr Dienstleistungen rund um die Werbung kamen hinzu. So wurden aus den Annoncen-Vermittlern die modernen Werbeagenturen, die ihre Kunden umfassend beraten und ihre Werbung unabhängig vom Werbeträger gestaltet und gestreut haben.

In der ersten Hälfte des 20. Jahrhunderts entwickelten sich einige dieser Full-Service-Agenturen zu großen Beratungsunternehmen, die mit ihren Kunden (den großen Markenartikelherstellern) und den neuen Medien (Zeitschriften, Radio, Film und Fernsehen) mitgewachsen sind. Und je internationaler das Geschäft der Kunden wurde, desto internationaler wurden auch die Agenturen. Sie eröffneten Niederlassungen in allen Ländern, in denen ihre Kunden Geschäfte machten. So entstanden die großen internationalen Werbenetworks. Einige dieser Unternehmen gibt es noch heute.

Von der Full-Service-Agentur zur Spezialisierung

Einige der großen amerikanischen Werbeagenturen eröffneten auch Filialen in Deutschland, hinzu kamen ortsansässige Agenturen. Doch richtig los ging es erst nach dem Ende des 2. Weltkrieges. Mit dem Wirtschaftswunder kam auch eine ausdifferenzierte Werbe- und Medienlandschaft. Mediaplanung war integraler Bestandteil der Leistung der Werbeagenturen und wurde seit den 50er-Jahren auf hohem Niveau verrichtet. Da immer größere Budgets in Mediawerbung investiert wurden, stieg auch die Nachfrage nach validen Daten für die Mediaplanung. So wurde die erste Leseranalyse 1954 ins Leben gerufen, aus der sich schon bald die Media-Analyse der AG.MA herauskristallisierte. Die Allensbacher Werbeträgeranalyse lieferte zusätzlich grobe Daten über das Konsumverhalten der Deutschen, es folgten in den 60er- und 70er-Jahren weitere Markt-Media-Studien und die aufwändige Erhebung der TV-Einschaltquoten. Im Kapitel 3 dieses Buches wird auf diese Entwicklung genauer eingegangen.

Bereits in den 70er-Jahren gab es die ersten unabhängigen Mediaagenturen, die nicht Teil einer Full-Service-Agentur waren und deren Angebot sich allein auf die Planung und den Einkauf von Mediawerbung beschränkte. Es zeigte sich, dass es durchaus Unternehmen gab, die ihre Mediaplanung lieber an eine Experten-Agentur übergaben, als sie der Mediaabteilung ihrer Full-Service-Agentur zu überlassen. Hinzu kam, dass sich die ganze Agenturlandschaft weiter aufsplittete: Große Unternehmen gaben ihren gesamten Werbeetat nicht mehr nur einer großen Agentur, sondern verschiedene Marken, Kampagnen und Aufgaben wurden an unterschiedliche Agenturen vergeben. Agenturen für spezielle Aufgaben wurden ins Leben gerufen: PR-Agenturen für Öffentlichkeitsarbeit, Spezialagenturen für Direktmarketing, Verkaufsförderung oder Sponsoring, Spezialisten für Pharma-Werbung usw.

Außerdem gab es gravierende Veränderungen in der Medienlandschaft: Seit Mitte der 80er-Jahre war privater, also werbefinanzierter Rundfunk in Deutschland möglich. Die Werbemöglichkeiten nahmen stark zu, die Budgets stiegen, die Datenlage wurde immer komplexer und die Anforderungen der Werbungtreibenden immer höher. In dieser Zeit gliederten die großen Full-Service-Agenturen ihre Mediaabteilungen aus und machten aus ihnen eigenständige Unternehmen. Diese waren in der Lage, auch den Mediaetat von Unternehmen zu betreuen, die ihre kreative Werbung von einer konkurrierenden Full-Service-Agentur besorgen ließen. Die so neugegründeten Mediaagenturen hatten meist immer noch eine starke Anbindung an ihre Mutteragentur, doch waren die Kundenlisten nicht mehr deckungsgleich. Damals wurden die Grundsteine für die heutige Agenturlandschaft gelegt: Es gab eine große Anzahl von Spezialagenturen für Media – neben den großen Mediaagenturen mit Network-Anbindung auch zahlreiche inhabergeführte, unabhängige Agenturen, die mitunter erfolgreich waren und mit den Network-Agenturen mithalten konnten. Dazu kamen noch einige kleine Agenturen, die sich auf Spezialaspekte (z.B. Werbung in Adressbüchern oder Stellenanzeigen, später auch Online-Werbung) spezialisierten. Da die Werbeinvestitionen in Deutschland immer mehr stiegen, schien hier reichlich Platz für eine reichhaltige Agenturszene zu sein.

Seit Ende der 90er wurde der Wettbewerb härter: Immer mehr Daten führten zu immer höheren Kosten für Datenbezug und Analyse-Software. Viele Unternehmen sahen Vorteile, ihre Mediabudgets bei großen Agenturen zu bündeln. Die Folge ist ein Konzentrationsprozess, der bis heute anhält. Kleine Agenturen werden von großen Agenturen aufgekauft, Agentur-Networks fusionieren, alte Agenturnamen verschwinden, neue Agenturmarken werden ins Leben gerufen, Einkaufsgemeinschaften bündeln das Mediavolumen verschiedener Agenturen, um eine größere Marktmacht gegenüber den Medienanbietern auszuspielen. Die meisten unabhängigen Agenturen sind mittlerweile in der einen oder anderen Weise im „Schoß" einer großen Network-Agentur. Der Abstand der großen Agenturen, wie Medicom, HMS & Carat, Media edge: CIA, OMD, Mindshave oder Universal Mc Cann, zu dem Mittelfeld wird ständig größer. Doch noch immer ändert sich fast monatlich das Feld der Mitspieler, da es immer noch Fusionen und Übernahmen gibt. Wer einen aktuellen Überblick über die Agenturlandschaft bekommen möchte, muss schon die aktuelle Fachpresse verfolgen – Fachzeitschriften wie w&v und Horizont, Informationsdienste wie New Business, Der Kontakter und Kress Report berichten regelmäßig über den Agenturmarkt, der immer in Bewegung ist.

Die Aufgaben einer Mediaagentur

Jede Agentur ist anders, deshalb ist es schwer, allgemeingültige Aussagen über die Struktur und das Leistungsangebot von Mediaagenturen zu geben. Es gibt nach wie vor kleine Spezialagenturen, die sich nur mit wenigen Aspekten des Mediageschäfts beschäftigen, etwa Online-Planung oder Direct Response-Werbung (also Werbung, die darauf abzielt, Konsumenten dazu zu bringen, eine Telefonnummer zu wählen oder ein Angebot zu bestellen). Trotz dieser Spezialisten überwiegen jedoch die Generalisten, die man – in Anlehnung an die großen Werbeagenturen – auch als Full-Service-Mediaagenturen bezeichnet. Die Arbeitsbereiche sind oben rechts im Kasten als Übersicht zusammengestellt.

Der Bereich Mediaplanung ist das Kernthema dieses Buches, deshalb wird in Kapitel 4 detailliert der Planungsprozess beschrieben. Die anderen Aufgaben einer Mediaagentur in gleicher Weise zu beschreiben, würde den Rahmen dieses Buches sprengen. Deshalb werden diese Themen nur gestreift, und zwar im Zusammenhang mit den konkreten Berufen in einer Mediaagentur. Darüber berichten wir später in diesem Kapitel.

Funktionen der Full-Service-Mediaagentur

- Beratung der Kunden in allen mediarelevanten Fragen
- strategische Mediaplanung und Detailplanung für alle Mediagattungen (meist inklusive Online-Planung)
- Optimierung von laufenden Kampagnen (besonders im TV)
- übergeordnete Einkaufsstrategien und Verhandlungen mit Medienanbietern
- Mediaeinkauf und Abrechnung
- Post-Buying-Reporting, Controlling und Erfolgskontrolle
- Beratung in Fragen der Werbewirkungskontrollen und der Mediaforschung
- Koordination aller Mediaaktivitäten
- gegebenenfalls internationale Mediaplanung und Mediakoordination
- Beratung und Durchführung von Sonderwerbeformen (z.B. Programming)

Honorierung

Das System der Honorierung von Agenturen durch eine Provision, die von den Medienanbietern an die Agenturen gezahlt wird und die einen bestimmten Prozentsatz des Schaltvolumens beträgt, hat sich im 19. Jahrhundert entwickelt und existiert heute noch. Doch lange sind die Zeiten vorbei, da ganze 15 % der Werbeinvestitionen automatisch in die Kassen der Agenturen flossen. Heute bleibt den Agenturen nur noch ein weit geringerer Prozentsatz, der je nach Vertrag und Größe des betreuten Etats in der Regel zwischen 5 % und 0,5 % schwanken kann – da solche Verträge vertraulich sind, gibt es mit Ausnahme der Empfehlungen des Interessenverbandes der Werbeagenturen (GWA) keine Anhaltspunkte zu genauen Konditionen. Hinzu kommen jedoch noch ergänzende Vereinbarungen: Für besondere Aufgaben (Forschung, Online-Planung, etc.) werden auch Stunden- oder Pauschalho-

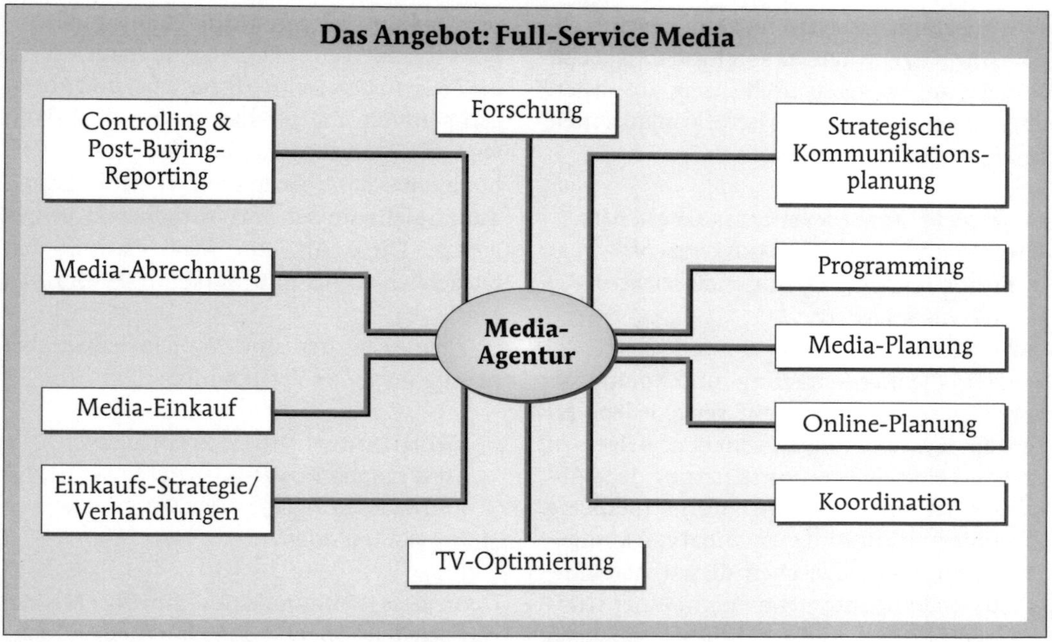

Abb. 2.2: Angebotspalette der Full-Service-Mediaagentur

norare gezahlt, außerdem gibt es ausgeklügelte Boni-Systeme, die erfolgsabhängig sind. Erfolg kann dabei unterschiedlich definiert sein: Es gibt sowohl eine Bewertung der Agenturleistung durch ihre Kunden, die bei guten Noten zu zusätzlichen Boni führen, wie auch knallharte Kriterien für den Erfolg von TV-Optimierung und günstigen Einkaufskonditionen. Letzteres ist nicht unerheblich, da sich eine Agentur, die für ihre Kunden möglichst günstig und effizient Werbeplatz und Sendezeit einkauft, eigentlich selbst schaden würde, wenn ihr Honorar ausschließlich von dem tatsächlich investierten Schaltvolumen abhängen würde. Diese unterschiedlichen Honorierungssysteme führen zu entsprechend komplexen Agenturverträgen.

Die Zusammenarbeit zwischen Agenturen

Ein Werbungtreibender kann heute eine Vielzahl von Agenturpartnern beschäftigen. Dazu gehören die schon erwähnten Agenturen für Spezialdisziplinen außerhalb der klassischen Mediawerbung: Public Relations, Verkaufsförderung, Sponsoring, Event-Marketing, Online-Marketing und Website-Gestaltung, Direktmarketing (heute oft auch Relationship Marketing genannt), Entwicklung von Markennamen und Corporate Design. Dafür stehen vielfach Etats zusätzlich zum klassischen Werbeetat bereit, der an eine Full-Service-Agentur geht.

Wenn ein Unternehmen mehrere Marken hat, wird nicht selten der Kreativetat pro Marke an eine andere Agentur vergeben, sodass viele Werbungtreibende mehrere Full-Service-Agenturen verpflichten. International agierende Firmen trennen manchmal nationale und internationale Kampagnen. Wenn dann auch noch die Mediaetats separat vergeben werden, so kann sich die Zahl der Agenturpartner noch einmal erhöhen. Spätestens hier stellt sich die Frage, wie die einzelnen Agenturen zusammenarbeiten müssen.

Eine Zusammenarbeit ist nicht immer einfach, da einige Agenturen zwar einträchtig beim Kunden am Konferenztisch sitzen, ansonsten aber im Agenturmarkt als harte Konkurrenten agieren.

In der Regel kann man aber sagen, dass die Struktur und Organisation des Kunden sich in den Agenturbeziehungen widerspiegelt.

Kunden, die ihre Marketing- und Kommunikationsaufgaben intern auf verschiedene eigenständige Abteilungen verteilen, neigen zu einer dezentralen Agentursteuerung. Jede Abteilung hat ihre eigenen Agenturpartner, eine Zusammenarbeit wird manchmal von Kompetenzstreitigkeiten zwischen diesen Abteilungen behindert. Unternehmen mit einer straffen, zentralistischen Ausrichtung bevorzugen oft auch dem entsprechende Networks, in denen die notwendigen Spezialagenturen integriert sind, oder sie haben eine Lead-Agentur, der eine Schlüsselrolle zukommt und die auch die Arbeit mit anderen Agenturen koordiniert.

Wünschenswert ist auf jeden Fall eine enge Zusammenarbeit aller für die Marketing-Kommunikation zuständigen Abteilungen und Agenturen.

Nur, wenn alle relevanten Personen von Anfang an gemeinsam am Tisch sitzen, kann eine effektive und integrierte Arbeit zu Stande kommen. Mediaagenturen sollten dabei eine Schlüsselrolle einnehmen, leider haben sie das oft aber nicht.

Mediaplanung ist Marketing-Planung

Dieser Satz ist noch nicht selbstverständlich, weil es im Marketing immer noch die Position gibt, Media mit „Streuung" gleichzusetzen und die Mediaagentur als „Schaltagentur" zu bezeichnen. Wo dies so gesehen wird, werden die Betreffenden ihre Mediaagentur erst im späteren Stadium der Marketing-Planung mit ins Boot holen: Wenn die Strategie festgelegt ist, die Zielgruppen definiert, die Spots und Anzeigen gestaltet und produziert sind. Erst dann wird die Mediaagentur beauftragt, die Werbung unter das Volk zu bringen. Ihr Entscheidungsspielraum ist von vorneherein eingegrenzt. Diese Art von Mediaplanung hat tatsächlich nichts mit Marketing-Planung zu tun.

Viele Agenturen und Kunden haben aber heute ein anderes Verständnis:

Mediaplanung muss sich mit allen Aspekten der Kommunikation zwischen Unternehmen und Konsumenten beschäftigen.

Denn diese Kommunikation wird über Medien vermittelt, und der Umgang mit Medien ist die Profession der Mediafachleute. Marketing ohne Medien ist heute wie ein Fußballspiel ohne Ball: Es funktioniert nicht.

Wenn man den klassischen Planungs-Dreiklang (bestehend aus Strategie, Kreation und Media) betrachtet, so standen früher Strategie und vor allem Kreation im Zentrum des Interesses. Media war gestern noch ein Anhängsel, bewegt sich aber heute mehr und mehr von der Peripherie ins Zentrum. Damit wird es ein gleichberechtigter Teil neben Fragen der Strategie und Kreation, in einigen Fällen vielleicht sogar wichtiger als die Kreation (man denke nur an die Direct Response-Spots im TV, die nicht immer durch ihre Kreation beeindrucken und die nur erfolgreich sind, wenn sie richtig platziert werden).

Was haben Mediaexperten zu bieten, das „Marketing-Generalisten" nicht schon wissen oder sogar besser können? Die wesentlichen Punkte, die das Spezifische der Qualifikation von Mediaplanern bzw. -agenturen ausmachen, sind im folgenden Kasten anschaulich zusammengefasst.

Spezifische Mediaqualifikationen

1. Mitarbeiter in Mediaagenturen kennen die immer unübersichtlichere Medienlandschaft. Sie erfahren als Erste, wenn ein neuer Werbeträger auf den Markt gebracht werden soll. Sie sind immer informiert, welche Entwicklungen sich bei den Medien abzeichnen. Sie kennen nicht nur die Titel und Sendungen, sondern auch die Inhalte, denn sie lesen selbst mehr als andere Menschen, schauen aufmerksamer fern und nutzen ihr Netzwerk (Kollegen, Freunde), um über Medien zu sprechen .
2. Durch diesen engen Kontakt mit Medien erfahren sie frühzeitig von Trends und Entwicklungen, die eine größere gesellschaftliche und wirtschaftliche Tragweite haben. Auch wenn nicht alle Zeitschriften und Zeitungen gelesen werden können, hat man als Mediaplaner einen guten Überblick. Während Marketing oft auf den eigenen Produktbereich spezialisiert ist, erfahren Mediaplaner im Idealfall auch viel über andere Branchen.
3. Für Mediaexperten ist der Umgang mit Zahlen Tagesgeschäft., dazu gehört Tabellen lesen, Statistiken interpretieren, Daten anschaulich aufbereiten. Außerdem sind sie Experten für Forschung. Mediaforschung ist einer der am weitesten entwickelten Bereiche der empirischen Sozialforschung. Wer sich damit auskennt, versteht auch Marktforschungsergebnisse und Wirtschaftsdaten besser.
4. Doch bei all dem verlieren Mediaexperten nie die „Bodenhaftung“. Sie sind „Korrektiv“ für die „Kreativen“, verlieren die Kosten und die Leistung nicht aus dem Blick. Nur so können Mediaagenturen treuhänderisch mit den Geldern ihrer Kunden umgehen

2.1.2 Der Kunde

Der Kunde ist König – dieses Grundgebot jedes Dienstleisters gilt erst recht für eine Mediaagentur.

> AUFGABE DER MEDIAAGENTUR IST ES, DIE WERBEGELDER DES KUNDEN TREUHÄNDERISCH EINZUSETZEN, UM DIE MARKETING-ZIELE DES KUNDEN ZU VERWIRKLICHEN.

Deshalb steht der Kunde im Mittelpunkt jeder Mediaplanung und aller Aktivitäten einer Agentur. Kundenberatung und -betreuung ist deshalb der eigentliche Job jeder Mitarbeiterin und jedes Mitarbeiters einer Mediaagentur – angefangen bei der Geschäftsführung bis hinunter zu jedem Assistenten. Eine Agentur muss sich auf die Bedürfnisse und die Struktur des Kunden einstellen. Da jeder Kunde anders ist, setzt das ein Höchstmaß an Flexibilität voraus. Im Folgenden werden einige Aspekte der Beziehung von Kunde und Agentur beleuchtet.

Wer sind die Kunden der Mediaplaner?

In Deutschland werden aktuell mehr als 40.000 einzelne Marken beworben. Die Werbestatistik von A.C. Nielsen zählt rund 5.000 werbetreibende Unternehmen auf. Deren Größe kann sehr unterschiedlich sein, vom kleinen Mittelständler, der nur wenige Tausend Euro im Jahr für Werbung investieren kann, bis zu großen Konzernen, die Millionen Euro aufwenden. Dabei muss die Unternehmensgröße nicht automatisch mit einem großen Werbeetat zusammenhängen.

Konzerne, die sich kaum oder gar nicht an Endverbraucher richten, geben naturgemäß deutlich weniger Geld für Werbung aus als Markenartikler im Konsumgütermarkt. Handelsunternehmen kommunizieren wöchentlich ihr Angebot, während andere Unternehmen nur alle paar Jahre eine Imagekampagne fahren. Früher waren die Kunden der großen Mediaagenturen oft auch große Markenartikler, während man die Kunden im Business-to-Business-Bereich eher den kleinen, inhabergeführten Agenturen überließ. Im Zuge der Konzentration und des harten Wettbewerbs auf dem Agenturmarkt hat sich die Lage verändert: Die großen Network-Agenturen betreuen heute sowohl einige wenige Großkunden als auch eine Reihe mittlerer und kleinerer Kunden. Deshalb müssen sich die Agenturen heute mit den unterschiedlichsten Planungsaufgaben beschäftigen – von großer Kampagne über aufwändige regionale Mediasteuerung bis zur spezifischen Fachtitelplanung. Sowohl die Kommunikation mit Endverbrauchern (Business to Consumer/B-to-C) als auch mit Geschäftskunden (Business to Business/ B-to-B) gehört zum Repertoire der Mediaagenturen.

Erwartungen der Kunden im Überblick

Ein Werbetreibender erwartet Folgendes von seiner Mediaagentur:

- Sie soll ihn beim Erreichen der gesteckten Marketing- und Unternehmensziele unterstützen.
- Sie muss die ihr anvertrauten Werbegelder treuhänderisch verwalten und effizient und effektiv einsetzen.
- Sie muss dem Kunden über die eingekaufte Medialeistung Rechenschaft abgeben.
- Sie liefert Zahlen (Werbeaufwendungen, Leistungswerte der eigenen Mediapläne und der Konkurrenzpläne), die ein umfassendes Controlling ermöglichen.
- Sie ist Berater in allen mediarelevanten Fragen und manchmal auch darüber hinaus (z.B. kanalübergreifende strategische Kommunikationsplanung, Betreuung von Forschungsprojekten etc.).
- Sie soll vertrauensvoll mit allen relevanten Instanzen auf Kundenseite, bei Agenturpartnern (Kreativ-Agentur, Spezialdisziplinen) zusammenarbeiten.
- Sie ist ein Vermittler zwischen den Kundeninteressen und den Medien.

Eine solche Zusammenarbeit setzt ein großes Maß an Vertrauen voraus. Deshalb machen sich die Unternehmen die Auswahl der richtigen Mediaagentur nicht einfach. Während es im vergangenen Jahrhundert nicht unüblich war, jahrzehntelang mit derselben Agentur zusammenzuarbeiten, so ist heutzutage die Partnerschaft von Agentur und Kunden erheblich lockerer.

Viele Unternehmen überprüfen in regelmässigem Abstand ihre Agenturbeziehungen. Sie veranstalten dann einen so genannten Pitch.

Ein Pitch ist eine Wettbewerbspräsentation, bei der mehrere Agenturen unabhängig voneinander aufgefordert werden, ihre Leistung (oft anhand einer konkreten Planungsaufgabe) zu demonstrieren. Solche Pitches werden heutzutage oft mit einem großen Aufwand betrieben. Es gibt ein mehrstufiges Verfahren, bei dem auf jeder Stufe die Anzahl der infrage kommenden Agenturen reduziert wird, bis nur noch eine, nämlich die beste Agentur, übrig bleibt.

Bei einem Pitch wird eine Mediaagentur in ihrer Gesamtheit geprüft und ihre Leistung bewertet. Es ist also nicht so wie bei einer Ausschreibung, bei der lediglich der günstigste Anbieter ermittelt werden soll. Allerdings ist das Agenturhonorar selbstverständlich nicht unwichtig bei der Wahl einer neuen Agentur. Der Konkurrenzkampf zwischen den Mediaagenturen führt zu immer mehr und immer härteren Pitches. Jede Agentur versucht, neue Kunden zu gewinnen, genauso wie auch jeder Kunde versucht, seine Agenturbeziehungen zu optimieren.

Die Arbeit an Pitches und der Neukundengewinnung (auch als „New Business" bezeichnet) nimmt deshalb einen nicht unerheblichen Teil der Zeit einzelner Mitarbeiter einer Mediaagentur ein.

Ansprechpartner

Das normale operative Geschäft, also der Alltag der Mediaplanung und Mediaabwicklung, vollzieht sich weit abseits der Vorstandsetagen. Die Unternehmensleitung wird mit der Mediaagentur oft nur bei der Auswahl einer neuen Agentur konfrontiert oder einmal im Jahr, wenn die Jahresplanung der Agentur präsentiert wird. Nur in kleineren Unternehmen, wo Kommunikation Chefsache ist, wird auch öfters vor der Geschäftsführung präsentiert. Ansonsten sind die direkten Ansprechpartner die Marketing-Verantwortlichen im Unternehmen. Da jedes Unternehmen eine eigene Struktur hat, die von ihrer Organisationsform, der Branche und der Unternehmensgröße abhängt, ist es nicht möglich, hier allgemein gültige Aussagen zu treffen.

Große Unternehmen neigen dazu, eine sehr ausdifferenzierte Hierarchie zu haben. Eventuell gibt es Personen, die verantwortlich sind für Kommunikationsaufgaben: Werbeleiter, Kommunikations-Referenten oder sogar spezielle Media-Beauftragte oder Media-Koordinatoren. Gibt es solche Experten nicht, dann sind Marketing-Leiter und die darunter angeordneten Hierarchie-Ebenen (z.B. Produktmanager etc.) die Ansprechpartner der Agentur. Oft gibt es auch enge Kontakte zu anderen Abteilungen beim Kunden, etwa der Marktforschung, dem Controlling oder der Finanzabteilung. Hier wird die Kommunikation eher durch spezielle Aufgaben geprägt, etwa die Bereitstellung von Daten und Zahlen.

Der Kontakt zu den Marketing-Abteilungen ist hingegen umfassender, oft wird täglich telefoniert, um sicherzugehen, dass alle Kampagnen reibungslos funktionieren.

Zumindest bei großen Unternehmen mit hohen Werbeinvestitionen kann man einen Trend hin zu professionellen Media-Koordinatoren beobachten. Sie kommen nicht selten selbst von Agenturen und kennen das Mediageschäft sehr genau, weshalb sie kompetente Ansprechpartner für Agenturen und Medien sind. Besonders bei diversifizierten Unternehmen mit vielen Marken ist es sinnvoll, auf Unternehmens- oder Konzernebene einen Mediaexperten zu haben, der intern die Aktivitäten der einzelnen Unternehmensteile oder Marken-Verantwortlichen koordiniert und steuert.

Kommunikation zwischen Agentur und Kunde

Ein wichtiges Instrument zur Steuerung der Kommunikation zwischen Agentur und Kunde ist das Briefing, bei dem die Eckpunkte einer Kampagne zusammengefasst werden und das die Basis für die weitere Mediaplanung bildet. Wie ein solches Briefing aussehen sollte und wie wichtig es ist, wird im Kapitel 4, im Zusammenhang mit dem Planungsprozess, erörtert.

EINE WEITERE WICHTIGE KOMMUNIKATIONSFORM IST DIE PRÄSENTATION, BEI DER DIE AGENTUR IHRE PLANUNG MÖGLICHST SYSTEMATISCH UND DETAILLIERT HERLEITET UND DARSTELLT.

Dabei gibt sie konkrete Empfehlungen ab, die mit dem Kunden diskutiert und gegebenenfalls modifiziert werden. Solche Präsentationen können einmal im Jahr, je nach Aufgabenstellung oder in regelmäßigen Abständen (monatlich, mitunter auch häufiger) stattfinden. Solche Meetings, oft auch als Statusmeeting oder „Jour Fix“ bezeichnet, sind notwendig, damit der Kunde wichtige Entscheidungen mit der Agentur fällt, z.B. die Freigabe von Mediaplänen. Die Agentur liefert mitunter auch regelmäßig schriftliche Statusberichte oder so genannte Reportings ab, in denen sich die aktuelle Entwicklung der Kampagnen (inklusive der Konkurrenzaktivitäten) widerspiegelt. Doch der Kontakt zwischen den Mediaverantwortlichen auf Kundenseite und den zuständigen Mediaplanern und Kundenberatern auf Agenturseite kann noch enger sein. Im günstigsten Fall wird die Mediaagentur in alle wichtigen Entscheidungen und Meetings mit einbezogen, seien es die Abstimmungen mit anderen Agenturen oder interne Planungsmeetings, bei denen die Marketing-Ziele und Unternehmensstrategien entwickelt oder vorgestellt werden. Natürlich wird eine Full-Service-Mediaagentur auch mit anderen Aufgaben abseits der eigentlichen operativen Planung betraut, etwa der Koordination, Durchführung oder Bewertung von Forschungsvorhaben oder der Schulung von neuen Mitarbeitern, um sie mit den Grundlagen der Mediaplanung vertraut zu machen. Je enger und intakter die Partnerschaft zwischen Kunde und Agentur ist, desto umfassender sind die Aufgaben, mit denen die Mediaplaner betraut werden.

2.1.3 Sonderfall Inhouse-Agentur

Eine besondere Situation liegt vor, wenn ein Unternehmen eine eigene Werbe- oder Mediaabteilung unterhält, die alle oder einige Planungsaufgaben übernimmt. Oft werden diese Abteilungen aus rechtlichen Gründen als eigenständige Agenturen geführt, die jedoch vollständig dem werbungtreibenden Unternehmen gehören. Solche Inhouse-Agenturen waren im vorigen Jahrhundert gang und gäbe, einige der großen Werbeagenturen sind sogar aus solchen Inhouse-Agenturen entstanden. Für ein Unternehmen kann sich eine Inhouse-Agentur dann rechnen, wenn es für sie ausreichend Arbeit das ganze Jahr über gibt, etwa bei großen Handelsunternehmen, die wöchentlich ihre Angebote an die Verbraucher kommunizieren müssen.

Inhouse-Agenturen habe eine sehr wechselvolle Konjunktur: In manchen Phasen werden zunehmend welche gegründet, um sich unabhängig von externen Dienstleistern zu machen, in anderen Phasen werden sie hingegen wieder aufgelöst, um Personalkosten zu sparen.

Oft arbeiten solche Inhouse-Agenturen auch mit „richtigen" Mediaagenturen zusammen. Beispielsweise kann die Tageszeitungsplanung inhouse erledigt werden, während die begleitende TV-Werbung über eine große Agentur abgewickelt wird.

Wie sind nun Hausagenturen zu beurteilen? Ihr Vorteil liegt sicherlich in einer klaren Identifikation der Agentur mit dem Kunden, da beide ja zum gleichen Unternehmen gehören. Der Kunde muss sich die Agentur mit niemandem anderen teilen, es gibt also keine Konkurrenzkonflikte. Es gibt jedoch auch Argumente, die dafür sprechen, dass viele Unternehmen mit einer externen Agentur genauso, wenn nicht sogar besser bedient wären.

Die Neutralität der Mediaagenturen besteht darin, dass sie die optimale Lösung für den Kunden suchen, empfehlen und realisieren, unabhängig von irgendwelchen anbieterspezifischen Interessen der Medien. Der beste Mediamix, die zielsetzungsspezifisch optimale Mediengattung und jeder einzelne Werbeträger werden auf Basis „objektiver" quantitativer und qualitativer Leistungsbeiträge selektiert.

Hausagenturen von Werbungtreibenden tendieren voraussichtlich zur Präferenz monetärer Aspekte und zu eindimensionaler Betrachtung. Je höher der Rabatt bei einem Medienanbieter ist, umso eher wird er bevorzugt. Auch wenn diese Vorgehensweise unter Kosten-Leistungs-Aspekten und/oder qualitativen Gesichtspunkten wirkungsspezifisch eher von Nachteil sein kann. Meist beschäftigt man sich nur mit den Mediengattungen, mit denen man schon immer zu tun hatte und die man entsprechend kennt. Andere Gattungen kommen dann oft erst gar nicht infrage.

EIN GROSSER VORTEIL DER MEDIAAGENTUREN LIEGT SOMIT AUCH IM UMFASSENDEN MEDIA-KNOW-HOW

Dies ist gegeben durch die Beschäftigung mit allen Mediengattungen, Werbeträgern und medialen Kommunikations-Angeboten, die erst durch ein breites Kunden-Portfolio ermöglicht wird. Das heißt, Mediaagenturen bieten unabhängige und gleichzeitig umfassende Beratung zum strategischen und taktischen Einsatz von Werbeträgern. Beide Aspekte können Hausagenturen in diesem Umfang nicht abdecken. Es ist deshalb zu erwarten, dass sich solche Inhouse-Agenturen auf Dauer nicht weiter durchsetzen werden, wahrscheinlich werden sie sogar mehr und mehr zurückgedrängt.

2.1.4 Die Medienanbieter

Medien bestimmen heute einen großen Teil unseres Alltags, sie füllen unsere Freizeit, versorgen uns mit Informationen für unsere Geschäfte, formen unsere Weltsicht. Medienkonzerne spielen heute eine wichtige Rolle im Wirtschaftsleben. Als Mediaplaner hat man allerdings eine **eingeschränkte Sicht auf Medien**: Sie sind **in erster Linie Werbeträger**, dazu da, die Werbebotschaft des Kunden an seine Zielgruppe zu transportieren. Zeitschriften und Zeitungen sind Werbeträger, Fernsehsendungen Werbeumfelder. In diesem Abschnitt werden wir uns nur mit diesem begrenzten Blickwinkel dem Phänomen Medien nähern.

Werbung und andere Erlösquellen

Medien agieren gleichzeitig auf zwei Märkten:
- dem Vertriebs- oder Rezipientenmarkt und
- dem Werbemarkt.

Sie müssen ihr Produkt sowohl an den einzelnen Nutzer bringen und stellen gleichzeitig Werbemöglichkeiten zum Verkauf. Ihr redaktionelles Angebot finanziert sich also überwiegend aus zwei Quellen: aus Vertriebs- und aus Werbeerlösen.

Vertriebserlöse ergeben sich aus dem direkten Verkauf von Medienprodukten (Abonnements, Einzelverkauf von Heften und Zeitungen, Gebühren für Nutzung). Werbeerlöse werden durch den Verkauf von Werbemöglichkeiten (Anzeigenplatz, Werbezeiten) an Werbungtreibende erzielt.

Bei unterschiedlichen Medien ist das Verhältnis von Vertriebs- und Werbeerlösen verschieden. Bei einem Buch ist der Verkaufsanteil meist 100 %. Bei Tageszeitungen hat der Vertrieb einen Anteil von einem Drittel an den Erlösen, Werbung einen von zwei Dritteln (Privatanzeigen, Rubrikenwerbung, lokale Werbung, Kleinanzeigen und Stellenanzeigen). Beispielsweise die BILD-Zeitung erwirtschaftet ihre Erlöse zur einen Hälfte aus dem Verkauf, zur anderen Hälfte aus Werbung. Bei Publikumszeitschriften sind die Anteile je nach Gattung unterschiedlich: Große Titel wie Stern und SPIEGEL haben eine ähnliche Erlösstruktur wie Tageszeitungen. Es gibt reine Vertriebsobjekte (z.B. Rätsel- und Strickzeitschriften) ohne Werbung, doch oft überwiegt der Anteil der Werbeerlöse.

Doch gibt es auch Medien, die sich vollständig aus Werbeeinnahmen finanzieren, wie z.B. kostenlose Stadtillustrierte, Anzeigenblätter und das private Fernsehen. Beim Letzteren gibt es zwar noch andere Einnahmequellen, etwa aus der Zweitvermarktung von TV-Produktionen, dem Verkauf von Lizenzen für Merchandising oder Einkünfte durch Telefondienstleistungen (bei jeder telefonischen Bewerbung bei einer Quizsendung kassiert neben der Telefongesellschaft der Sender automatisch mit). Ein Sonderfall sind die öffentlich-rechtlichen TV- und Radiosender, die sich überwiegend aus den Rundfunkgebühren finanzieren.

DER REZIPIENTEN- UND DER WERBEMARKT SIND ALLERDINGS NICHT UNABHÄNGIG VONEINANDER.

Dies hat die Zeitungswissenschaft bereits im vergangenen Jahrhundert festgestellt und unter dem Begriff der **Anzeigen-Leser-Spirale** zusammengefasst. Ein hochwertiges redaktionelles Angebot kostet Geld, ist aber auch der Grund, warum Menschen eine Zeitung lesen. Nur, wenn die Auflagen hoch genug sind, wird eine Zeitung als Werbeträger für Werbungtreibende attraktiv. Je höher also die Auflagen- und Leserzahlen sind, desto mehr Geld wird durch Werbung erwirtschaftet. Je mehr Geld durch Werbung eingenommen wird, desto mehr kann in das redaktionelle Produkt investiert werden. Je mehr in das redaktionelle Produkt investiert wird, desto mehr Leser können gewonnen werden, was wiederum zu höheren Werbeeinnahmen führt. Diese Spirale macht es zum einen schwierig, ein neues Medium auf den Markt zu bringen. Zum anderen wird klar, dass jedes Medium sich um seine Nutzer bemühen muss, da nur Erfolge im Rezipientenmarkt Werbeeinahmen nach sich ziehen.

Vermarkter und Repräsentanten

Die Vermarktung von Werbezeiten und Anzeigenplatz ist bei den verschiedenen Medienanbietern unterschiedlich organisiert. Sie erfordert Spezialisten, die nicht jedes Unternehmen im eigenen Hause beschäftigen kann oder will.

Große Verlage haben eigene Vermarktungsspezialisten, sowohl an zentraler Stelle am Verlagssitz, wie auch vor Ort in den großen Agenturstädten (so genannte Verlagsbüros). Es gibt Personen, die für einzelne Zeitschriftentitel zuständig sind oder zentrale, titelübergreifende Aufgaben haben.

Kleinere Zeitschriftenverlage wie auch Zeitungsverleger können sich einen solchen großen Stab nicht leisten. Sie übergeben deshalb einige oder alle Vermarktungsaufgaben an externe Partner, z.B. **Verlagsbüros**, die in einem bestimmten Gebiet den Verlag repräsentieren. Solche Verlagsbüros betreuen meist eine ganze Reihe von Verlagen, ihr Vorteil ist die Präsenz vor Ort.

Bei den TV-Sendern hat sich mit der Zeit, ähnlich wie bei den Verlagen, eine Bündelung der Vermarktungsaktivitäten durchgesetzt.

Es existieren auch Vermarkter, die überregional agieren, etwa die GWP, die verschiedene Wirtschaftstitel und überregionale Zeitungen vertreten. Es gibt für die Privatsender zwei große Vermarkter. Die **IP Deutschland** vermarktet die Sender der RTL-Gruppe (früher waren sogar Radiosender und Zeitschriften wie Bravo und Playboy im Vermarktungs-Portfolio), **SevenOneMedia** die Sender der Pro7-Sat.1-Gruppe. ARD und ZDF vermarkten die eigenen Werbezeiten selbstständig. Im Radiomarkt existiert außerdem der **Radio Marketing Service RMS**, der die meisten privaten Sender vermarktet.

Bei Online-Angeboten gibt es eine Vielzahl von Vermarktungsformen, manchmal in Zusammenarbeit mit einem Offline-Muttermedium, zumeist aber auch über Website-übergreifende Vermarktungsunternehmen.

> DER VORTEIL EINER BÜNDELUNG VON VERMARKTUNGSAKTIVITÄTEN LIEGT AUF DER HAND: ES SPART PERSONAL, VERBESSERT DEN SERVICE UND FÜHRT ZU SYNERGIE- UND CROSS-SELLING-EFFEKTEN.

Planungshilfen wie Markt-Media-Studien oder auch Planungssoftware können so finanziert und verbreitet werden. Generell lassen sich die Medienanbieter ihre Vermarktungsaktivitäten einiges kosten: Neben dem Personal am Stammsitz oder vor Ort wird Geld für Studien, Planungshilfen, Verkaufsbroschüren, Schulungen und Seminare für Mediaplaner und eine Vielzahl von Events und Veranstaltungen ausgegeben.

In den großen Agenturstädten vergeht kaum eine Woche, ohne dass ein Medienanbieter oder Vermarkter zu einem Vortrag, einer Party oder einem Sport- oder Musik-Event einladen. Einige dieser Veranstaltungen haben schon Kult-Status, wie etwa der Bauer Agency Cup – ein aufwändiges Fußball-Turnier für Werbeagenturen, zu dem jährlich der Heinrich Bauer-Verlag einlädt. Solche Events dienen eher der Geselligkeit und Kontaktpflege, während die wichtigen Informationsveranstaltungen bei speziellen Präsentationen in Konferenzräumen und in den Agenturen stattfinden. Deshalb geben sich die Repräsentanten der Medien in den großen Mediaagenturen die Klinke in die Hand – eine Medienpräsentation jagt die andere. Hinzu kommt bei den Fernsehsendern auch noch die so genannte Telemesse, eine Veranstaltung, die jährlich im Juli stattfindet und bei der nahezu alle Fernsehsender das Programm des nächsten Jahres vorstellen.

Das Service-Angebot der Vermarkter, Sender und Verlage findet man auch auf den entsprechenden Internet-Auftritten. Eine Link-Liste der wichtigsten Websites findet sich im Anhang dieses Buches.

Werbevermarktung bei Medien

Medien beschäftigen eine Vielzahl von Menschen, die sich um die Entwicklung, Produktion und Distribution ihrer Medienprodukte kümmern. Mitarbeiter aus Mediaagenturen haben jedoch nur Kontakt zu jenen Mitarbeitern der Kundenfirmen, die direkt mit der Vermarktung der Werbemöglichkeiten zu tun haben. Funktionen und Jobbezeichnungen sind natürlich von Medium zu Medium unterschiedlich, grob kann man jedoch die folgenden Aufgaben identifizieren:

- **Anzeigen- bzw. Werbezeiten-Disponenten**: Sie verwalten den Anzeigenplatz oder die Werbezeiten, nehmen Aufträge entgegen und bearbeiten sie. Sie sind die direkten Ansprechpartner von Mediaeinkäufern und TV-Optimierern.
- **Key Account-Betreuer**: Große Kunden und Agenturen haben auf Medienseite oft Kundenbetreuer oder Repräsentanten, die sich überwiegend oder ausschließlich um sie kümmern. Sie halten den Kontakt, liefern Informationen und laden zu informativen oder geselligen Events ein. Sie sind im engsten Kontakt mit den Kundenverantwortlichen, den Mediaplanern der Agenturen und allen, die Verantwortung für Kundenetats haben.
- **Media-Service**: Die Mitarbeiter des Media-Services versorgen die Mediaplaner mit Zählungen und Daten aus den verlagseigenen Markt-Media-Studien und den gängigen Daten der AGF/GfK-Fernsehforschung bzw. der Media Analyse. Mitunter helfen sie auch bei der Planung oder liefern sogar fertige Planungen an Kunden ohne Agentur oder kleine Kreativ-Agenturen ohne Anbindung an eine Mediaagentur.
- **Mediaforschung**: Große Verlage und Sender führen eigene Forschungsprojekte und Studien durch, dementsprechend haben sie Forschungsabteilungen mit erfahrenen Mitarbeitern. Auch werden mitunter kundenspezifische Studien durchgeführt, zum Beispiel Copy-Tests. Ihre Ansprechpartner auf Agenturseite sind in erster Linie die dortigen Mediaforscher.
- **Anzeigenleiter, Objektleiter, Key Account Manager**: Die höheren Hierarchieebenen sind natürlich auch im engen Kontakt mit den etatverantwortlichen Mediadirektoren und der Agenturleitung. Je größer das Kundenbudget ist, desto höherrangige Personen kümmern sich um die verantwortlichen Manager und Planer.

Verkaufsargumente versus objektive Informationen

Bei allen guten Kontakten zu den Medienanbietern muss man immer bedenken, dass es die Aufgabe des Vermarktungspersonals ist, Anzeigen und Werbezeiten zu verkaufen.

> ALLE INFORMATIONEN VON MEDIENANBIETERN MÜSSEN DESHALB IMMER KRITISCH ÜBERPRÜFT WERDEN.

Das gilt auch für die Studien, Planungshilfen und Präsentationen der Medien. Ein Mediaplaner sollte sich trotz aller engen und persönlichen Kontakte zu einem Verlag oder dessen Repräsentanten niemals in seiner objektiven Urteilsfähigkeit beeinträchtigen lassen.

> EIN HEIKLER PUNKT IN DER BEZIEHUNG ZWISCHEN AGENTUREN UND MEDIEN IST DER DIREKTE KONTAKT ZWISCHEN MEDIEN UND KUNDEN.

Medienrepräsentanten versuchen durchaus, ihre Leistungen direkt dem Kunden anzupreisen, unter Umgehung der Agentur. Bei kleinen Anzeigenaufkommen und Kunden, die keine Mediaplanung in Anspruch nehmen, sondern einfach „nur“ Anzeigen schalten, ist dies üblich und funktioniert auch. Ist aber „echte“ Mediaplanung gefragt, ist ein solches Vorgehen meist nicht von Erfolg gekrönt: Auch wenn der Kunde erst einmal positiv reagieren sollte, so wird er doch in den meisten Fällen alle Angebote noch einmal seiner Agentur zur Beurteilung vorlegen – wenn er nicht von Anfang an seine Mediaplaner mit einbezieht. Früher oder später landet jedes Angebot also sowieso bei der Agentur.

2.1.5 Sonstige Marktpartner

Neben Werbungtreibenden, Agenturen und Medien gibt es noch weitere Marktpartner, die in Teilgebieten eine gewisse Bedeutung innerhalb der Mediabranche haben. Sie sollen hier kurz vorgestellt werden.

2.1.5.1 Spezialmittler

Für die Medien Kino und Plakat gibt es eine besondere Situation: Die eigentlichen Besitzer der Werbeträger (nämlich die Plakatpächter und Filmtheater) sind keine großen Verlage oder Sender, sondern eine Vielzahl von kleinen und kleinsten mittelständischen Unternehmern. Die Buchung von einzelnen Plakatstellen und Filmtheatern ist deshalb eine extrem aufwändige Sache, hinzu kommen rein technische Schwierigkeiten: Plakate müssen gedruckt und geklebt werden, Filmspots in die Filmrollen vor Ort hineingeschnitten werden.

Eine Agentur wäre mit der Planung einer nationalen Kampagne völlig überfordert, wenn es hier nicht Unternehmen gäbe, die hier helfen. Man nennt sie Spezialmittler, da sie eine vermittelnde Funktion zwischen Agentur und Kinobesitzern (bei Kinowerbung) bzw. Plakatpächtern (bei Außenwerbung) einnehmen. Sie helfen bei der Planung und Selektion der geeigneten Theater und Stellen, buchen diese, wickeln die Abrechnung ab, kontrollieren die korrekte Ausstrahlung bzw. den ordnungsgemäßen Aushang und liefern außerdem relevante Planungsdaten und Planungshilfen.

Auch wenn es sowohl bei den Plakatpächtern wie bei den Filmtheaterbesitzern eine Entwicklung zur Konzentration gibt, wird man auch in Zukunft auf Spezialmittler nicht verzichten können. Bei der Plakatwerbung gibt es auch Plakatanbieter und Agenturen, die eigene Spezialmittler besitzen.

2.1.5.2 Marktforschungsinstitute

Mediaplanung basiert auf Daten – über Mediennutzung, Werbeträgerverbreitung und Werbeaufwendungen. Darüber wird im Kapitel 3 dieses Buches ausführlicher berichtet. Diese Daten werden von Marktforschungsinstituten erhoben, deshalb sind sie auch wichtige Geschäftspartner für Werbungtreibende, Medien und Agenturen. Die großen Institute, allen voran die **Gesellschaft für Konsumforschung (GfK)** und **A.C.Nielsen**, haben eine Vielzahl von **Standarduntersuchungen** und Instrumente, die dem Mediaplaner an den verschiedensten Stellen begegnen. Der Kontakt kann vielfältig sein: Mal liefert der Kunde Marktforschungsdaten eines Instituts, mal präsentiert ein Verlag eine Studie, die von einem bestimmten Institut durchgeführt wurde, mal gibt eine Agentur selbst einen Kampagnentest in Auftrag.

2.1.5.3 Interessenorganisationen

Die unterschiedlichen Marktpartner im Mediageschäft haben alle ihre eigenen Interessenvertreter. Hinzu kommen gemeinsame Einrichtungen und Organisationen, die bestimmte Aufgaben im partnerschaftlichen Einvernehmen organisieren sollen. Viele dieser Organisationen und Vereinigungen liefern wichtige Daten für den Alltag der Mediaplanung, weshalb es sinnvoll ist, sie hier kurz vorzustellen:

Interessenvertreter der Marktpartner

- **Zentralverband der deutschen Werbewirtschaft**: Der ZAW ist ein übergeordneter Zusammenschluss der verschiedenen Interessenvertretungen der Marktpartner. Er soll in der Öffentlichkeit die Interessen der Werbewirtschaft vertreten und unterhält einige zentrale Einrichtungen. Am bekanntesten ist der **Deutsche Werberat**, bei dem Konsumenten sich über Werbung beschweren können. Der Werberat kann Rügen erteilen und Unternehmen auffordern, zu Recht beanstandete Werbung aus dem Verkehr zu ziehen. Er verabschiedet Richtlinien für methodisch saubere und vergleichbare Werbeträgeranalysen (ZAW-Rahmenschema). Er informiert über rechtliche Veränderungen, betreibt Lobby-Arbeit in der deutschen Politik und bei der EU, führt eine Stellenstatistik und ermittelt jedes Jahr die Netto-Werbeinvestitionen durch eine Erhebung bei seinen Mitgliedern. Diese Daten werden jährlich im ZAW-Jahrbuch „Werbung in Deutschland" veröffentlicht, das über den ZAW zu beziehen ist (näheres dazu im Anhang).
- **Organisation der Werbungtreibenden im Markenverband**: Der OMW ist die Interessenorganisation der Werbungtreibenden. Er entsendet die Vertreter der Kunden in die wichtigen gemeinschaftlichen Gremien und ist Ansprechpartner für die Interessenverbände der Medien und Agenturen. Zuletzt machte er von sich reden, weil er mit den Agenturen den so genannten „Code of Conduct" verabschieden will, der für verbindliche Standards in den Agenturbeziehungen sorgen soll.
- **Gesamtverband Kommunikationsagenturen GWA**: Wie die Abkürzung GWA noch verrät, hieß der Verband früher Gesamtverband Werbeagenturen, doch mit der Ausdifferenzierung des Agenturgeschäfts wurden aus Werbeagenturen Kommunikationsagenturen. Der GWA vertritt die Interessen der Werbeagenturen, veröffentlicht Honorarempfehlungen als Orientierung für Kunden und Mitglieder und besetzt die Agenturvertreter in wichtigen gemeinsamen Gremien. Außerdem veröffentlicht er Fachpublikationen und veranstaltet Seminare und Konferenzen für seine Mitglieder.
- **Organisation Mediaagenturen im GWA**: Früher nur eine Abteilung des GWA, ist der OMG heute die eigenständige Interessenorganisation der Mediaagenturen. Zu den vielfältigen Aufgaben gehört die Erhebung und Überprüfung der Agenturumsätze mit Agentur-Ranking, das jährlich in der Fachpresse veröffentlicht wird.
- Die **Medien** haben ebenfalls **gattungsbezogene Interessenvertreter,** die im Folgenden nur kurz aufgelistet werden. Beachten Sie deren Websites, sie liefern viele Daten und Statistiken, Listen von eigenen Publikationen, Terminkalender für eigene Veranstaltungen und Seminare und weitere Informationen (Webadressen im Anhang):
  - Rundfunk (Radio und Fernsehen): Verband Privater Rundfunk und Telekommunikation (VPRT), Radio Marketing Service (RMS),
  - Zeitungen: Bundesverband Deutscher Zeitungsverleger (BDZV),
  - Zeitschriften: Verband Deutscher Zeitschriftenverleger (VDZ),
  - Kino: FDW Werbung im Kino,
  - Online-Medien: Deutscher Multimedia Verband (DMMV),
  - Außenwerbung: Fachverband Außenwerbung (FAW),
  - Anzeigenblätter: Bundesverband Deutscher Anzeigenblätter (BVDA),
  - Direktmarketing (inklusive Haushaltsdirektwerbung): Deutscher Direktmarketing Verband (DDV)
  - Sonstige: Fachverband Kalender und Werbeartikel, Fachverband für Sponsoring und Sonderwerbeformen (FASPO), Verband Deutscher Auskunfts- und Verzeichnismedien

Gemeinschaftliche Organisationen:

Zu einer partnerschaftlichen Durchführung von Studien haben sich Organisationen gegründet, in denen die Marktpartner Vertreter aussenden, die gemeinsam über Konzeption und Methoden dieser Untersuchungen sorgen. Die wichtigsten sind:

- **Arbeitsgemeinschaft Media-Analyse**: Die ag.ma gibt die Media-Analyse (wichtigste Datenquelle der Mediaplanung) heraus.
- **Arbeitsgemeinschaft Fernsehforschung** (AGF): Auftraggeber für die gemeinschaftliche Erhebung der TV-Nutzungsdaten, auch als Einschaltquoten bekannt; im Auftrag der AGF erhebt die GfK diese Daten.
- **Informationsgemeinschaft zur Feststellung der Verbreitung von Werbeträgern** (IVW): Die IVW kontrolliert und veröffentlicht Auflagenzahlen in Print und prüft stichprobenartig die korrekte Ausstrahlung von Werbung in elektronischen Medien.

Eine genauere Beschreibung der Vereinigungen und die Vorstellung der Studien finden sich in Kapitel 3.

2.2 Berufe in einer Mediaagentur

Die Organisationsstruktur ist in jeder Mediaagentur im Einzelnen unterschiedlich. Es gibt Agenturen, die sehr arbeitsteilig mit vielen Spezialabteilungen organisiert sind. Andere Agenturen (oft kleinere) sind weniger ausdifferenziert, sodass dieselbe Person verschiedene Aufgaben erfüllen muss, die in anderen Agenturen auf mehrere Personen oder Abteilungen verteilt sind. Noch mehr Freiheitsgrade gibt es bei den Titeln und Jobbezeichnungen: Ein Mediadirektor ist in der einen Agentur ein Geschäftsführer, in der zweiten ein Abteilungs- oder Unit-Leiter, in der dritten ein Planer ohne Personalverantwortung. Dennoch gibt es bestimmte Gemeinsamkeiten, die sich aus den Aufgaben einer Agentur ableiten.

Front- und Backoffice

In Mediaagenturen werden oft die auch anderwärtig üblichen Begriffe Frontoffice und Backoffice verwendet.

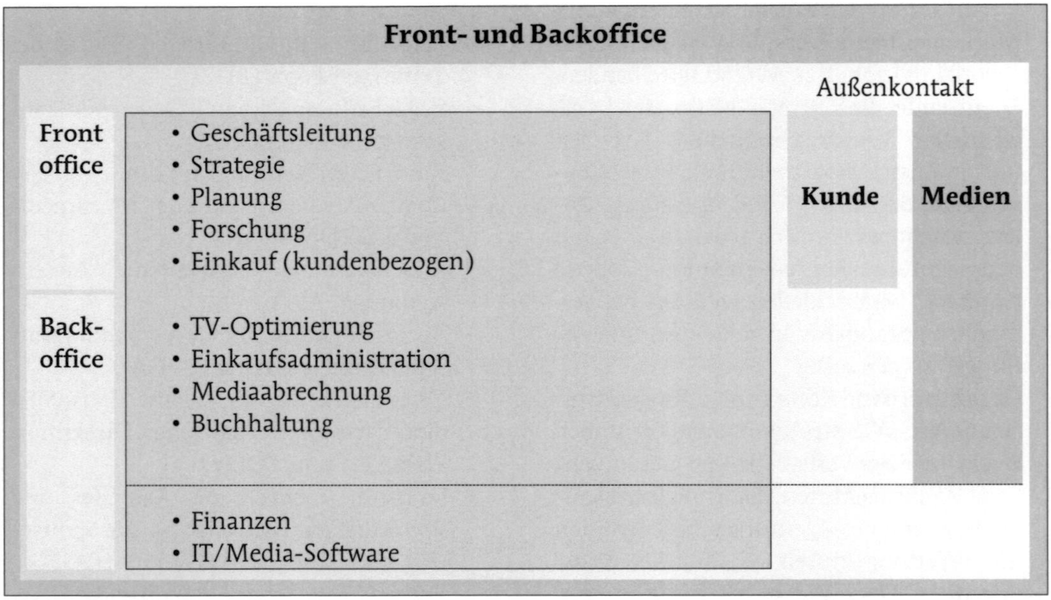

Abb. 2.3

Frontoffice meint auch hier alle Stellen in der Agentur, die mit einem direkten **Kundenkontakt** verbunden sind. Mediaplaner, Kundenberater und Geschäftsführer gehören eindeutig zum Frontoffice.

Zum **Backoffice** gehören jene Mitarbeiter, die in der Regel keinen Kundenkontakt haben, sondern in erster Linie interne Serviceleistungen erbringen – dazu gehören die Funktionen, die es in allen Unternehmen gibt, von der Poststelle bis zum Hausmeister. Aber auch Abrechner und die Mitarbeiter des Marketing- oder Media-Services werden in der Regel dem Backoffice zugerechnet.

Schwieriger ist die Zuordnung von Einkäufern, Forschern und TV-Optimierern – in einigen Agenturen haben sie auch mehr oder weniger oft einen direkten Kundenkontakt und Kundenverantwortung. In der Regel haben sie aber auf jeden Fall den Außenkontakt zu den Medien.

Wir umreißen in den nachfolgenden Unterabschnitten die einzelnen beruflichen Funktionen.

2.2.1 Mediaplaner

Eine Schlüsselfunktion haben die Mediaplaner: Sie halten den Kontakt zum Kunden, beraten ihn in allen Bereichen der Strategie und des Budgets, selektieren die Werbeträger und verhandeln mit Medien.

Es gibt unter den Mediaplanern Spezialisten und Generalisten. **Generalisten** kennen sich mit allen Mediengattungen aus und beraten einen Kunden sowohl in der strategischen wie in der operativen Planung. In jeder Agentur gibt es Generalisten, während die Spezialisten eher in großen Agenturen zu finden sind. **Spezialisten** sind auf eine Mediengattung spezialisiert: Sie sind also entweder Printplaner, TV-Planer, Radioplaner oder Zeitungsplaner. Man findet sie in jenen Agenturen, die einen hohen Grad an Arbeitsteilung aufweisen. In solchen Agenturen gibt es zwar auch Generalisten, aber sie sind eher für die strategische, gattungsübergreifende Beratung zuständig. Es sind eher Kundenberater als Mediaplaner. Das operative Geschäft, also die Detailplanung, wird den Planungs-Spezialisten übergeben.

> DER KUNDENBERATER (AUCH MEDIA DIRECTOR ODER DIRECTOR CLIENT SERVICE GENANNT) GIBT DIESE PLANUNG IN AUFTRAG, ÜBERWACHT SIE UND PRÄSENTIERT SIE DEM KUNDEN.

Er/sie hält den Kontakt zum Kunden (und ähnelt damit dem Kontakter in einer klassischen Werbeagentur).

Die operativen Mediaplaner, die für die Detailplanung verantwortlich sind, haben hingegen wenig oder gar keinen direkten Kontakt zum Kunden, dafür aber ein spezialisiertes Wissen über Werbeträger. In einigen Agenturen gibt es ganze Planungsabteilungen für jede Mediengattung: TV-Planer beschäftigen sich ausschließlich mit Fernsehwerbung, Radioplaner mit Hörfunk und so weiter. In anderen großen Agenturen überwiegen aber immer noch die Generalisten: Jeder Planer sollte alle Medien so gut wie möglich kennen und nur in Ausnahmen auf das Spezialwissen von anderen Kollegen zurückgreifen.

Paradoxerweise fördert die derzeitige Entwicklung der Mediabranche sowohl das Generalisten- wie das Spezialistentum. Die Medien differenzieren sich immer mehr aus, was Spezialkenntnisse erfordert. Aber der Kunde erwartet eine umfassende Beratung, die alle Medien und Kommunikationskanäle einschließt, was wiederum eine generalistische Herangehensweise nötig macht. Natürlich reagieren die einzelnen Agenturen sehr unterschiedlich auf diese beiden Entwicklungen. In der Regel gibt es sowohl Generalisten wie Spezialisten, zwischen denen es einen ständigen Erfahrungsaustausch gibt.

Die Aufgaben eines Mediaplaners sind der eigentliche Inhalt dieses Buches. Ein genaues Bild liefert das Kapitel 4, das den Planungsprozess Stufe für Stufe vorstellt. Aber der Job eines Mediaplaners reicht meistens über die eigentliche Planungsarbeit hinaus. Weitere Aufgaben neben der strategischen und operativen Planung sind:

- **Kundenpflege**: Dazu gehören nicht nur Präsentationen vor dem Kunden und Beratung. Vielmehr ist man Ansprechpartner in allen Fragen (nicht nur der operativen Planung).
  Wie jeder gute Kundenbetreuer versucht man dabei auch, ein möglichst enges, mitunter auch persönliches Vertrauensverhältnis zum Kunden aufzubauen. Dazu kann es auch gehören, den Kunden auf Verlagsparties zu begleiten oder ihm Einladungen zu Medienveranstaltungen (z.B. Musikkonzerten) zu besorgen. Da auf den meisten Medienveranstaltungen auch die Vertreter anderer Agenturen dabei sind, die nur darauf warten, einen möglichen Neukunden zu umgarnen, muss ein guter Mediaplaner seinen Kunden auch gegen die Konkurrenz abschirmen.
- **Etatkontrolle**: Mediadirektoren müssen darauf achten, dass sich ein Mediaetat für die Agentur rechnet. Sie müssen Aufwand und Ertrag in Einklang bringen, eine Kostenkontrolle durchführen und somit die Leistung der Agentur steuern. Damit berichten sie direkt an die Geschäftsführung oder den Finanzchef der Agentur.
- **Gesamtverantwortung gegenüber dem Kunden**: Mediadirektoren und leitende Mediaplaner sind gegenüber dem Kunden für die gesamte Agenturleistung verantwortlich. Sie müssen ihren Kopf hinhalten, wenn es Probleme im Einkauf oder in der Abrechnung gibt. Deshalb müssen sie auch Kontrollaufgaben gegenüber anderen Abteilungen der Agentur übernehmen, solange sie den eigenen Kunden betreffen.
- **Verhandlungen mit Medien**: Mediaplaner treten auch gegenüber den Medien als Verhandlungspartner auf. Sie müssen dann im Namen des Kunden (meist zusammen mit diesem) die optimalen Konditionen herausholen. Diese Konditionen (z.B. Rabatte) sind oft an ein bestimmtes Schaltvolumen gebunden, auf das sich Kunde, Agentur und Medienanbieter einigen. Intern müssen die Mediaplaner wiederum dafür Sorge tragen, dass diese Vereinbarungen dann auch in der Detailplanung berücksichtigt werden.
- **Personalverantwortung**: Mediadirektoren und Leiter von Media-Units müssen auch – wie alle Abteilungs- und Team-Leiter – ihre Mitarbeiter führen.

Wenden wir uns nun der zweitwichtigsten Funktion in einer Agentur zu, die eher im Schatten der Mediaplanung steht.

2.2.2 Mediaeinkäufer

Mediaeinkäufer besorgen die kaufmännischen Aufgaben: Sie verschicken die Buchungen, versuchen, die besten Platzierungen zu bekommen, kontrollieren nach Erscheinen die Werbung.

Unerfahrene Berufsanfänger, oft mit Hochschulabschluss, unterschätzen nicht selten die Bedeutung des Mediaeinkaufs für ihr Geschäft.

> MEDIAEINKÄUFER UND -EINKÄUFERINNEN BILDEN QUASI DAS HERZ EINER MEDIA-AGENTUR.

Übrigens arbeiten überwiegend Frauen in dieser Position. Ohne die Sorgfalt, Gewissenhaftigkeit, Marktkenntnisse und das Verhandlungsgeschick der Mediaeinkäufer/innen wären viele Kampagnen undurchführbar, ließe sich so manche kreative Mediaidee nicht verwirklichen und mancher Kundenwunsch bliebe unerfüllt. Oft ist es ihr Engagement, ihre Hartnäckigkeit oder die guten Beziehungen zu Medienanbietern, die auch noch kurzfristige Änderungen jenseits aller Buchungs- und Stornofirsten möglich machen.

DIE QUALITÄT DER ARBEIT EINER MEDIAAGENTUR WIRD OFT AN DEN ERGEBNISSEN IHRER EINKAUFSABTEILUNG GEMESSEN.

Wie gut sind die Rabatte, wie akkurat die Durchführung, wie viele Kundengelder wurden gespart? Auch wenn viele Einkäufer kein Studium absolviert haben, verdienen sie es nicht, dass Planer auf sie herunterschauen. Sie sollten stattdessen in engstem Kontakt mit den Planern und den Kunden arbeiten und in alle wichtigen Entscheidungen mit einbezogen werden. Oft werden aus Einkäufern gute Mediaplaner, deren solide kaufmännische Erfahrung ein Teil ihres beruflichen Erfolges ist.

Eine Einführung in den Mediaeinkauf, die alle kaufmännischen Besonderheiten berücksichtigt, würde hier zu weit führen, wir können die Aufgaben des Mediaeinkaufs nur kurz zusammenstellen.

Hauptaufgaben des Mediaeinkaufs

- Archivierung und Pflege der Tarifunterlagen der Werbeträger
- Auftragserteilung an die Medien
- gegebenenfalls Versendung der Druckunterlagen
- Einhaltung von Buchungs-, Storno- und Druckunterlagen-Fristen
- Ausnutzung und Überprüfung von Rabattmöglichkeiten
- Verwirklichung der Vorgaben aus Jahresverhandlungen
- Kontrolle der Schaltung anhand von Belegexemplaren
- Einpflegen aller Buchungsvorgänge in das agentureigene Einkaufs- und Buchhaltungssystem

In der Regel haben Einkäufer/innen nur wenig direkten Kundenkontakt. Ihre Ansprechpartner sind die Disponenten und Anzeigenverkäufer auf Medienseite.

2.2.3 TV-Optimierer

Für die TV-Werbung gibt es noch einen eigenen Berufsstand, die so genannten TV-Optimierer. Sie sind spezialisiert auf das Medium Fernsehen und agieren an der Schnittstelle zwischen Planung und Einkauf, indem sie tagtäglich dafür sorgen, dass die Spots der Kunden immer in den besten Werbeblöcken und Programmumfeldern ausgestrahlt werden.

Da sich Programmangebot, Einschaltpreise und Reichweiten mitunter täglich ändern, ist hier im Gegensatz zu den Printmedien eine kontinuierliche Arbeit notwendig. Grundlage ihrer Arbeit sind die Daten über das Fernsehverhalten der Bevölkerung, die im TV-Panel der GfK täglich erhoben und den Sendern und Agenturen zur Verfügung gestellt werden. Bisher gibt es für keine andere Mediengattung tagesaktuelle Daten, aber eine effektive Mediaplanung wäre ohne eine kontinuierliche Beobachtung der TV-Nutzung fast unmöglich (das Gleiche ließe sich über die Programmplanung der Sender sagen: Nur mithilfe der GfK-Daten können die Sender ihr Programmangebot zielgerichtet auf die Bedürfnisse und Wünsche des Publikums einstellen).

TV-Optimierer müssen deshalb versiert sein im Umgang mit den GfK-Daten und der Software zur deren Analyse. Hinzu kommen die Programme zur Online-Buchung und agentureigene Planungs-, Prognose- und Einkaufsprogramme.

Doch neben allen Zahlen müssen TV-Optimierer auch eine qualitative Bewertung der geeigneten Umfelder liefern. Sie müssen also das Programmangebot der Sender genau kennen. Welche Genres laufen gerade gut, welche nicht? Was wird mit der erfolgreichen Sitcom passieren, wenn sie auf einen anderen Sendeplatz verschoben wird? Welche der Spielfilme, die ein Sender im Laufe des Jahres bringt, wird eine überdurchschnittliche Zuschauerbeteiligung erreichen? Wie wird das neue Format (d.h. die neue Sendung) des beliebten Talk-Show-Stars laufen? Bei welcher TV-Sendung lohnt sich ein langfristiges Engagement als Programm-Sponsor? Die Aufgaben der TV-Optimierer sind mannigfaltig. In einigen Agenturen werden ihnen spezialisierte TV-Planer zur Seite gestellt, die über Sender- und Zeitschienen-Mix entscheiden, während die Feinplanung den Optimierern überlassen wird.

Andere Jobs rund ums Fernsehen, die sich bei einigen Agenturen finden lassen, sind die TV-Analysten und TV-Einkäufer. Letztere entlasten die TV-Planer und -Optimierer von den eigentlichen Buchungsvorgängen (in vielen Agenturen bleibt das jedoch in den Händen der Optimierer). TV-Analysten sind hingegen Mediaforscher, die den TV-Markt beobachten und die GfK-Daten hoch und runter analysieren.

2.2.4 Media- und Marketing-Service

In den meisten Agenturen gibt es außerdem noch Service-Abteilungen, die routinemäßig Reportings für die Kunden erstellen oder Daten für die Kollegen in der Agentur aufbereiten. Oft sind diese Aufgaben auch der Abteilung Mediaforschung zugeordnet. Die wichtigsten Reporting-Arten, die (monatlich oder in größeren Intervallen) dem Kunden zur Verfügung gestellt werden, sind:

- **Wettbewerbs-Analysen**: Basierend auf den Zahlen der Werbestatistik von A.C.Nielsen (S+P) wird gezeigt, was der Kunde und seine relevanten Mitbewerber in Werbung investiert haben und welche Gattungen eingesetzt wurden. Bei Bedarf können konkrete Mediapläne der Wettbewerber rekonstruiert werden.
- **Rating-Kontrollen** (auch Post-Buying-Controlling genannt): Bei TV-Kampagnen ist es möglich, nach der Ausstrahlung der Werbung anhand der AGF/GfK-Zahlen genau zu ermitteln, wie viele Personen in der Zielgruppe Kontakt mit der konkreten Kampagne hatten. Rating-Kontrollen können auch für Fremdpläne durchgeführt werden, da die A.C.Nielsen-Daten uns die Nachbildung der Konkurrenz-Pläne ermöglichen.
- Diese Informationen werden oft nicht nur den Marketing- und Media-Verantwortlichen auf Kundenseite geliefert, sondern fließen auch direkt in die Systeme des Finanz-Controllings des Kunden.
- Im Idealfall werden diese Informationen auch mit Daten, die den Werbeerfolg und die Werbewirkung messen, in Beziehung gesetzt. Dies wird jedoch meist von der Forschungsabteilung erledigt und statistisch ausgewertet.

In arbeitsteilig arbeitenden Agenturen gibt es, wie oben schon erwähnt, gelegentlich auch eine Abteilung Media-Service, die medien- und branchenspezifische Daten sammelt und den Planern für ihre Situationsanalysen zur Verfügung stellt. In anderen Agenturen übernimmt die Forschungsabteilung diese Aufgaben oder der Planer sammelt die Informationen selbst.

2.2.5 Mediaforscher

MEDIAFORSCHER IN AGENTUREN SORGEN DAFÜR, DASS IMMER DIE AKTUELLSTEN UND BESTEN DATENQUELLEN ZUR VERFÜGUNG STEHEN.

Ihre Aufgaben sind vielfältig und am schwersten auf einen Nenner zu bringen.

Grundsätzlich lässt sich Forschung in Primärforschung und Sekundärforschung unterscheiden. Bei der Primärforschung werden selbst Untersuchungen durchgeführt oder in Auftrag gegeben. Bei der Sekundärforschung, auch Desktop-Research genannt (also Forschung, die man von seinem Schreibtisch aus erledigen kann), werden hingegen nur bereits vorhandene Daten analysiert. In Agenturen überwiegt naturgemäß Desktop-Research, wobei Marktforschungsdaten vom Kunden sowie die Daten der Media- und Markt-Media-Studien verwendet werden. Diese Daten und ihre Entstehung werden im Kapitel 3 vorgestellt.
Hier nur einige der weiteren Funktionen von Mediaforschern in Agenturen:

- **Beratung bei Forschungsprojekten**: Das Forschungs-Know-how von Agentur-Forschern führt dazu, dass sie oft vom Kunden als Ansprechpartner, Berater und Gutachter bei der Durchführung und Interpretation eingesetzt werden.
- **Agentureigene Primärforschung**: Agenturen führen mitunter auch eigene Forschungsprojekte durch. Das kann von einer kleinen Gruppendiskussion bis zu einer multi-nationalen Repräsentativerhebung reichen. Beispiele für Agentur-Forschung liefert wieder Kapitel 3.
- **Schulungen**: Mediaforscher bieten oft Schulungen und Trainingsveranstaltungen für die eigenen Mitarbeiter, aber auch für neue Mitarbeiter auf Kundenseite an.
- **Beurteilung von Studien**: Die Vielzahl an allgemeinen (z.B. Markt-Media-Studien) und kundenspezifischen (z.B. Copytests) Studien, die von Verlagen zur Verfügung gestellt werden, erfordern eine kritische Überprüfung. Wurden die Daten korrekt erhoben, sind die Interpretationen zulässig. Hier ist Forschungs-Know-how unterlässlich. Zwar sollte jeder Mediaplaner ein Grundverständnis der Methoden und Probleme der empirischen Sozialforschung haben, doch verfügt nahezu jede Agentur über Experten, deren Wissen noch weiter in die Tiefe geht.
- **Gremienarbeit**: Agenturen schicken ihre Vertreter in die wichtigen Gremien von ag.ma und AGF, damit sie dort die Interessen der Anwender bei der Konzeption und Durchführung der wichtigen Studien vertreten. Dazu mehr im Kapitel 3.
- **Bereitstellung von Daten**: In vielen Agenturen ist die Forschungsabteilung dafür verantwortlich, dass immer die aktuellsten Daten bezogen und in die hauseigenen Systeme eingespeist werden.
- **Bereitstellung von Software**: Forschungsabteilungen überprüfen, kaufen und pflegen die notwendige Software. Sie geben bei Bedarf auch eigene Programmierungen in Auftrag, in nicht wenigen Agenturen werden auch eigene Programmierer beschäftigt. In großen Agenturen gibt es jedoch eigene IT-Abteilungen, die aber oft mit der Forschung eng zusammenarbeiten.
- **TV-Prognosen**: Jede Agentur benötigt bei der TV-Planung Prognosen. Auf Basis der Vergangenheitsdaten wird vorhergesagt, welches Rating bei einem bestimmten Werbeblock zu erwarten ist. Große Agenturen haben dafür eigene Software und eigene TV-Abteilungen, in anderen Agenturen ist diese Aufgabe in der Forschungsabteilung angesiedelt.
- **Situationsanalysen**: Mediaforscher helfen den Mediaplanern bei der Situationsanalyse, d.h. der Sammlung, Aufbereitung und Interpretation von Markt-, Zielgruppen- und Werbemarktdaten.

Über die Bedeutung der Forschung als Basis der Mediaplanung wird im nächsten Kapitel noch ausführlich berichtet.

2.2.6 Strategische Planung/ Kommunikationsplanung

Der Begriff Strategische Planung (oder: Strategic Planning, bzw. auch kurz nur „Planning" genannt) kommt von den klassischen Full-Service-Agenturen. Leider werden unter strategischer Planung sehr unterschiedliche Dinge verstanden.

In der Betriebswirtschaftslehre meint man unter strategische Unternehmensplanung die zielorientierte Steuerung der Unternehmensaktivität, zumeist in Beziehung zum Wettbewerb. Strategische Mediaplanung ist Teil des Mediaplanungsprozesses und wird von jedem Mediaplaner ausgeführt, was in Kapitel 4 genau beschrieben wird. In einer Kreativ-Agentur versteht man aber noch etwas anderes unter „Strategic Planning": Planner sind die Anwälte des Konsumenten, die bei allen Kommunikationsaktivitäten die Sicht des Rezipienten in den

Vordergrund rücken sollen. Sie führen z.B. Gruppendiskussionen durch, um die Markenwahrnehmung und die Bedürfnisse der Verbraucher aufzuspüren. Daraus entwickeln sie eine Strategie, die als **Leitfaden für alle Kommunikationsmaßnahmen** dienen soll und auch den Kreativen die Richtung vorgeben soll. Einige Mediaagenturen haben den Begriff des „Strategic Planning" übernommen und bieten ihren Kunden eine **strategische Kommunikationsberatung** an, die über Mediaplanung im engeren Sinne hinausgeht.

Auch das Zusammenspiel aller Kommunikationskanäle kann im Zusammenhang mit der Zielgruppe und den Marketing-Zielen von strategischen Planern gesteuert werden. Diese Funktion steckt jedoch, was Mediaagenturen betrifft, noch in den Kinderschuhen, kommt aber der Forderung der Werbungtreibenden nach integrierten Kommunikationslösungen entgegen.

Die Zukunft wird zeigen, ob sich diese Disziplin in Mediaagenturen etablieren wird. Unsere Meinung zu diesem Thema, die der strategischen Kommunikationsberatung eine zentrale Rolle im zukünftigen Mediageschäft zuweist, wird am Ende dieses Buches erörtert.

2.2.7 Abrechnung/Buchhaltung

Noch mehr unterschätzt als die Mediaeinkäufer werden die Mediaabrechner (gelegentlich werden sie auch als Mediaabwickler bezeichnet). Sie sorgen dafür, dass alle Rechnungen bei den Medien bezahlt werden. Diese rein kaufmännische und buchhalterische Tätigkeit sollte auch niemand unterschätzen, schließlich ist es streng genommen das Kerngeschäft einer Mediaagentur, die Werbegelder der Kunden treuhänderisch und verantwortungsvoll einzusetzen.

> FRISTEN, ZAHLUNGSZIELE UND SKONTOMÖGLICHKEITEN BEDEUTEN FÜR EINE MEDIAAGENTUR UND IHRE KUNDEN BARES GELD.

Ihre Nichtbeachtung kann zu beträchtlichen Verlusten führen. In Zeiten, in denen bei werbetreibenden Unternehmen die **Controller** mehr und mehr das Sagen haben, ist außerdem die Transparenz des gesamten Abrechnungssystems von immenser Wichtigkeit. Im Zweifelsfall muss die Agentur jederzeit nachweisen können, was mit jedem einzelnen Cent der Mediaetats passiert ist.

> EINE LEISTUNGSFÄHIGE SOFTWARE IST DESHALB GENAUSO ÜBERLEBENSWICHTIG WIE EIN UMFASSENDES MEDIENWIRTSCHAFTLICHES KNOW-HOW.

Auch ist es wichtig, das Mediaabrechner/innen (auch hier gibt es ähnlich wie beim Mediaeinkauf deutlich mehr Frauen als Männer) in den gesamten Mediaprozess involviert sind: Sie müssen die Planungsziele kennen, aber auch die Unternehmenskultur und Organisationsstruktur der Kunden genau kennen und gegebenenfalls flexibel auf Änderungen eingehen können.

2.2.8 Online-Planer/Online-Berater

Die Planung von Online-Werbung unterscheidet sich stark von der Planung anderer Mediagattungen. Deshalb gibt es in vielen Agenturen (nicht nur in Mediaagenturen, sondern auch bei Online-Agenturen, die sich um Gestaltung und Technik von Websites kümmern) eigene Online-Mediaplaner oder Online-Berater.

Die technischen Möglichkeiten der Online-Werbung führen u.a. zu einem umfassenden Reporting, das einen wichtigen Teil der Arbeitszeit eines Online-Planers in Anspruch nimmt. Der Online-Planungsprozess als solcher mit seinen Besonderheiten wird im Kapitel 7 (im Abschnitt über Online-Medien) ausführlicher erörtert. Aus den dortigen Ausführungen wird auch die Arbeit eines Online-Planers transparent.

2.2.9 Sonstige Jobs und Funktionen

Wie schon gesagt, gibt es auch in einer Mediaagentur Jobs und Funktionen, wie sie sich in jedem beliebigen Unternehmen zentral finden, darauf muss hier nicht eingegangen werden.

Allerdings wollen wir an dieser Stelle noch auf die Bedeutung der **IT-Abteilung**, also der Betreuung von Computer-Hardware und -Software eingehen. Da Mediaagenturen mit einer Vielzahl von Daten, Planungs- und Analyse-Programmen und Datenbanken arbeiten, hat IT (Information Technology, früher auch als EDV = Elektronische Datenverarbeitung bekannt) eine herausragende Stellung. Zum Teil muss agentureigene Software entwickelt werden. Auch wenn dies an externe Dienstleister vergeben wird, benötigt man doch zum Projektmanagement ein immenses IT-Know-how. Viele Agenturen beschäftigen auch eigene Programmierer. Media- und agenturerfahrene IT-Experten sind rar und begehrt, weshalb ihre Bedeutung in einer Agentur gar nicht unterschätzt werden kann, auch wenn wir hier nicht weiter darauf eingehen können.

2.3 Aus- und Weiterbildung für Mediaberufe

Die Werbebranche erschien jahrelang als ein attraktiver Arbeitsmarkt mit stetigen Wachstumsraten. Nach dem Boomjahr 2000 gingen die Werbeaufwendungen und damit auch die Neueinstellungen allerdings deutlich zurück. Das spiegelt sich in der Statistik der Stellenangebote wider, die vom ZAW jährlich geführt wird (Abb. 2.4).

Seit 2001 wurden auch bei Mediaagenturen nicht nur weniger Personen neu eingestellt, sondern auch Arbeitsplätze abgebaut. Trotzdem ist der Anteil von Mediaexperten in der Werbebranche immer noch hoch und es erfolgen weiterhin Neueinstellungen. Den Anteil zeigt Abb. 2.5 (folgende Seite).

Auch wenn kaum absehbar ist , wie sich die Werbekonjunktur in den nächsten Jahren entwickelt, bietet die Mediabranche immer noch ein interessantes Berufsfeld. Ein Problem besteht darin, dass es bisher kaum einen geregelten Ausbildungsgang für Mediaplaner gibt.

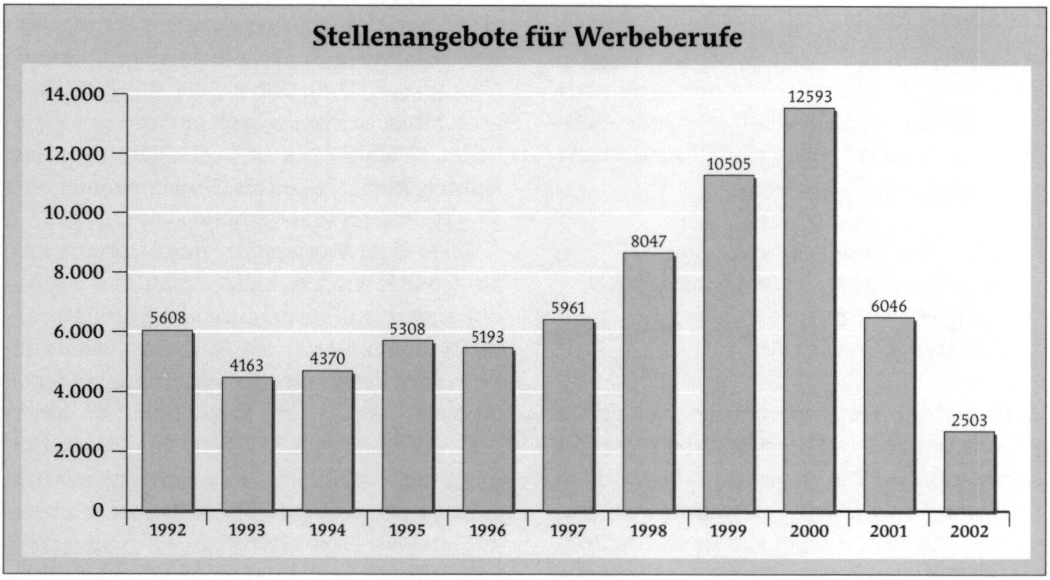

Abb. 2.4: Entwicklung der Stellenangebote (Quelle: ZAW)

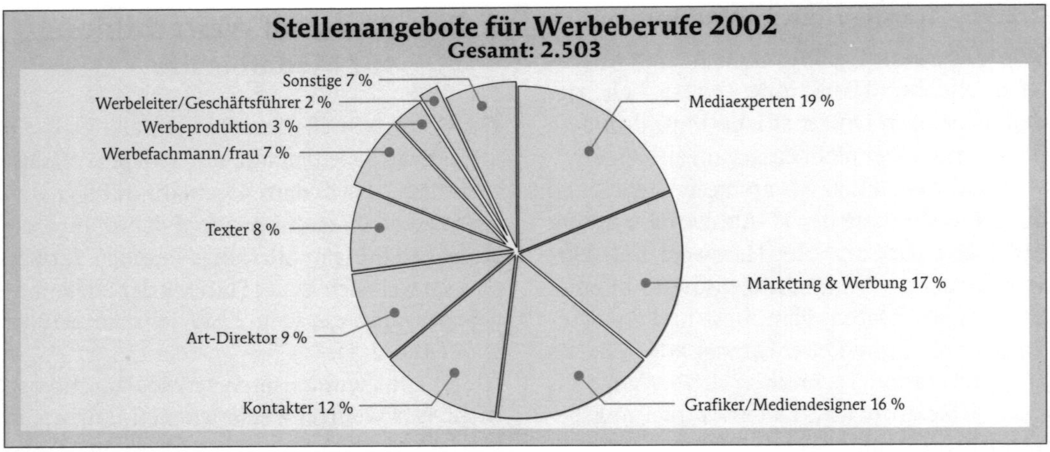

Abb. 2.5: Verteilung der Stellenagebote nach Sparten (Quelle: ZAW)

2.3.1 Aus- und Weiterbildungsmöglichkeiten

In diesem Abschnitt sollen die vorhandenen Wege der Aus- und Fortbildung kurz dargestellt werden. Genauere Informationen liefern Berufs- und Studienführer, die bei den Literaturempfehlungen im Anhang zu finden sind.

Training on the job

In der Mediabranche gibt es, wie überhaupt in der ganzen Werbebranche, viele Quereinsteiger, also Menschen, die einen ganz anderen Beruf erlernt haben und eher zufällig zur Mediaplanung kamen.

> VIELE AGENTUREN GEBEN DER PRAKTISCHEN BERUFSERFAHRUNG EINEN WESENTLICH HÖHEREN STELLENWERT ALS EINER FORMALEN AUSBILDUNG.

Deshalb werden es Quereinsteiger hier leichter als in vielen anderen Berufen haben. Wer erst einmal in einer Mediaagentur arbeitet, kann auch ohne spezifische Ausbildung durchaus Karriere machen, solange er oder sie bestimmte Eigenschaften besitzt, die für die Mediaplanung nützlich sind. Eine Liste dieser Eigenschaften wird im Anschluss an diesen Abschnitt vorgestellt. Anfänger starten in vielen Mediaagenturen mit einem Praktikum oder einer Aushilfstätigkeit, die dann in eine Festanstellung als Planungsassistent oder Juniorplaner führt. Mit einigen Jahren Berufserfahrung kann man dann zum Mediaplaner befördert werden.

Seniorplaner werden in der Regel nur Mitarbeiter mit langjähriger Berufserfahrung, weitere Schritte auf der Karriereleiter können Grouphead, Unit-Leiter oder Mediadirektor sein. Einige wechseln auch aus anderen Tätigkeiten in einer Agentur in die Planung, so begannen etliche Planer als Mediaeinkäufer oder TV-Optimierer ihre Karriere.

Dass viele Mediaplaner quasi „on the job" ausgebildet werden, heißt nicht, dass Ausbildungswege und Fortbildung völlig bedeutungslos sind. Im Gegenteil: Auch von Mediaplanern wird heutzutage ein lebenslanges Lernen erwartet, weshalb ein Engagement in inner- und außerbetrieblicher Fort- und Weiterbildung mehr und mehr an Bedeutung gewinnt (auch wenn während der aktuellen Werberezession viele Agenturen sparen). Auch gibt es Tätigkeiten innerhalb einer Agentur, bei der eine bestimmte Ausbildung wünschenswert, wenn nicht sogar notwendig ist.

Ausbildung als Werbekaufmann/-frau

Der klassische Weg in nicht-kreative Werbeberufe ist sicherlich eine Ausbildung als Werbekaufmann bzw. Werbekauffrau. Gerade die kaufmännischen Grundlagen sind in Mediaagenturen wichtig, nicht nur bei den kaufmännischen Tätigkeiten in Mediaeinkauf und Abrechnung. Auch Planer profitieren von soliden kaufmännischen Kenntnissen. Mediarelevante Kenntnisse werden zwar allen Azubis in der Berufsschule vermittelt, deren Tiefe und Qualität hängt jedoch davon ab, ob man im Ausbildungsbetrieb praktisch mit Mediaplanung und Mediaeinkauf in Berührung kommt.

In großen Full-Service-Werbeagenturen durchläuft man in der Regel automatisch auch den Bereich Media, in kleineren Agenturen ist dies nicht selbstverständlich. Die Ausbildungsplätze für Werbekaufleute sind begehrt, die Nachfrage übersteigt das Angebot um ein Vielfaches, weshalb die Auswahl der Bewerber auch hart sein kann. Abitur ist in den meisten Fällen die Grundvoraussetzung, das Vorweisen von Praktika und Fremdsprachenkenntnisse kann von Vorteil sein.

Wer es geschafft hat, einen der raren Ausbildungsplätze zu bekommen, steht aber immer noch am Anfang der Karriere. Jahrelange Berufspraxis und Fort- und Weiterbildungsaktivitäten sind meist notwendig, um verantwortungsvolle Positionen in einer Mediaagentur zu erlangen. Nicht wenige Kaufleute beginnen nach dem Ende ihrer Lehre doch noch ein Studium. Neben Werbekaufleuten qualifizieren sich natürlich auch andere Kaufleute für Jobs in Mediaplanung, Mediaeinkauf und Mediaabrechnung, allen voran Verlagskaufleute, die ihre Ausbildung in einem Medienunternehmen gemacht haben.

Universität und Fachhochschule

Einige Agenturen stellen nur Hochschulabsolventen ein, da sie glauben, Mediaplanung erfordere eine gewisse akademische Ausbildung. Doch zeigt die Erfahrung, dass auch Nicht-Studierte oder Studienabbrecher durchaus Chancen haben können. Genau genommen gibt es keine Studiengänge, die automatisch in die Mediaplanung führen.

Hilfreich ist sicherlich ein **BWL-Studium**, eventuell mit **Schwerpunkt** Marketing, Marktforschung oder Controlling. Viele Entscheider auf Kundenseite haben diesen Ausbildungsweg absolviert, deshalb sind Marketing-Grundkenntnisse für Mediaplaner oft notwendig, um mit ihnen auf der gleichen Ebene zu kommunizieren. Mittlerweile gibt es auch eine Vielzahl kommunikations- und medienwissenschaftlicher Studiengänge, die für die Mediaplanung wichtige Kenntnisse über Medienstruktur, Mediennutzung, Medienökonomie und Wirkungsforschung vermitteln. Vielfach wird in der BWL und auch in der Kommunikationswissenschaft Mediaplanung vernachlässigt, obwohl hier attraktive Berufschancen für Absolventen bestehen.

Hilfreich für alle Mediafachleute, aber besonders für Mediaforscher, sind **Kenntnisse der empirischen Sozialwissenschaft**. Diese werden nicht nur in BWL und Kommunikationswissenschaften vermittelt, sondern auch in anderen Sozialwissenschaften (Soziologie, Politikwissenschaft, Psychologie etc.).

Aus sozialwissenschaftlichen Fächern rekrutieren sich viele Mediaplaner und -forscher. Wirtschaftsstudiengänge gibt es sowohl an den Universitäten wie an Fachhochschulen, wobei Letztere durch ihre Praxisnähe bei vielen Abiturienten und Arbeitgebern hoch im Kurs stehen. Eine besondere Stellung hat die **Universität der Künste in Berlin**, die einen sehr praxisnah ausgerichteten Studiengang „Wirtschafts- und Gesellschaftskommunikation" anbietet, der viele für die Kommunikations- und Mediaplanung wichtige Kenntnisse vermittelt.

Interessant sind auch einige neue Studienangebote wie Medienwirtschaft und Medienmanagement, die in den vergangenen Jahren eingeführt wurden.

Berufsbegleitende Fortbildung

Viele Experten in der Werbebranche haben sich ihr Fachwissen in berufsbegleitenden Fortbildungsangeboten angeeignet. In den großen Agentur- und Medienstandorten gibt es zahlreiche Ausbildungseinrichtungen, die sich auf Werbeberufe spezialisiert haben. Die wichtigsten finden Sie im Anhang.

Die angebotenen Ausbildungsgänge unterscheiden sich stark in Aufbau, Inhalt und den zu erwerbenden Abschlüssen. Bevor jemand eine Ausbildung beginnt, sollte er oder sie sich sehr genau informieren. Am besten ist es, das Angebot von „Schnupper-Vorlesungen" wahrzunehmen und mit Absolventen und derzeitigen Teilnehmern zu reden. Studien- und Berufsführer bieten zwar eine Übersicht über Anbieter und Angebote, können aber oft keinen wirklichen Vergleich liefern. Oft entscheidet mehr der Studieninhalt oder das Renommee einer Ausbildungsinstitution als der formale genaue Wortlaut des Abschlusses über die resultierenden beruflichen Chancen.

Es gibt aber Vorteile von berufsbegleitenden Ausbildungsgängen, die allen Angeboten eigen sind:

- Absolventen zeigen, dass sie bereit sind zu lernen und ihren Horizont zu erweitern.
- Während einer Ausbildung können Kontakte zu Dozenten und Kommilitonen geknüpft werden, die neue Karrierechancen eröffnen.
- Der Besuch von Lehrveranstaltungen am Abend oder am Wochenende erfordert viel Disziplin und Engagement, das von Arbeitgebern in der Regel sehr positiv aufgenommen wird.

Allen diesen Ausbildungsgängen ist aber auch ein offenkundiger Nachteil (aus Sicht der Mediaagenturen!) gemein: Sie vermitteln breite Kenntnisse aus allen Bereichen der Marketing-Kommunikation (Werbung, PR, Verkaufsförderung, Messen etc.), aber nur oberflächliche Kenntnisse in Mediaplanung und Werbeträgerkunde. Lässt man das Angebot eines Fernstudienanbieters (der Studiengemeinschaft Darmstadt SGD) außer Acht, über dessen Wert es in der Praxis noch zu wenig Erfahrung gibt, so existiert in Deutschland bisher nur ein Ausbildungsgang, der sich ausschließlich und umfassend auf Media spezialisiert hat.

Die Akademie für Media in Frankfurt

Die Akademie für Marketing-Kommunikation in Frankfurt bietet seit vielen Jahren neben einer zweijährigen Ausbildung zum staatlich geprüften Kommunikationsfachwirt auch einen eigenen Ausbildungsgang für kommende Mediaexperten an. Die Akademie für Media dauert ein Jahr und vermittelt an zwei Abenden in der Woche umfassende Kenntnisse in den Bereichen Marketing, Mediaforschung, Werbeträgerlehre und Mediaplanung. In Gruppenarbeiten werden die Erkenntnisse praktisch angewendet. Am Ende steht ein Abschluss als geprüfter Mediaberater bzw. geprüfte Mediaberaterin. Nähere Informationen zur Akademie findet man auf der entsprechenden Website (Adresse im Anhang). Die Dozenten rekrutieren sich aus renommierten Agenturen und Unternehmen. Auch die Autoren dieses Buches gehören zum Lehrkörper der Akademie für Media.

Weiterbildung

Unabhängig von der Erstausbildung bietet es sich an, sich auch im weiteren Berufsleben kontinuierlich weiterzubilden. In Sachen Marketing und Management gibt es dabei zahlreiche Anbieter, von der örtlichen IHK, über Volkshochschulen, bis hin zu kommerziellen Veranstaltern von Management-Seminaren. Die großen Verlage und TV-Sender bieten für Anfänger in Agenturen und Unternehmen viele Einführungsseminare (meist kostenlos) an. Davon unabhängig helfen auch allgemein bildende Veranstaltungen (in erster Linie Rhetorik, Fremdsprachen, Präsentationstechniken und IT-Kurse) dem beruflichen Fortkommen in Mediaagenturen. Verantwortungsvolle Mediaagenturen bieten auch Inhouse-Seminare für ihre Mitarbeiter an oder unterstützen sie finanziell bei dem Besuch von externen Ausbildungsangeboten.

2.3.2 Was zeichnet einen guten Mediaplaner aus?

Wie schon angedeutet, gibt es Eigenschaften, die einem bei einer Karriere in der Mediaplanung helfen. Die nach unserer Meinung wichtigsten haben wir hier aufgezählt. Diese Liste erhebt weder Anspruch auf Vollständigkeit, noch ist es notwendig, alle diese Eigenschaften aufzuweisen, um den Job eines Mediaplaners zu erfüllen.

Gefühl für Zahlen: Das ist durchaus eine kritische Eigenschaft, ohne die es in einer Mediaagentur schwer werden kann. Mediaplaner gehen jeden Tag mit Zahlen um, sie dürfen also vor ihnen keine Angst haben. Ein Gefühl für Zahlen bedeutet nicht, dass man sich mit Mathematik auskennen muss. Tatsächlich reichen die Grundrechenarten und ein eher allgemeines Verständnis von statistischen Zusammenhängen aus. Wem es aber überhaupt keinen Spaß macht, mit Zahlen zu arbeiten, der ist wahrscheinlich in einer Mediaagentur nicht am richtigen Platz. Viele Menschen haben Berührungsängste mit Statistik und Zahlen, die oft unbegründet sind. Wer ohne Scheu sich auf die Zahlenspiele der Mediaplanung einlässt, wird zumeist ohne Schwierigkeiten damit zurechtkommen.

Kaufmännische Grundkenntnisse: Sie sind sicherlich sinnvoll. Wer nicht ohnehin eine kaufmännische Lehre oder ein entsprechendes Studium absolviert hat, tut gut daran, sich beizeiten mit den wichtigsten Begriffen und Zusammenhängen vertraut zu machen.

Kontaktfreude: Media ist ein so genanntes „People Business" – der Umgang mit Menschen ist zentraler Bestandteil eines Agenturjobs und nur, wer gut mit anderen kommunizieren und arbeiten kann, wird dabei erfolgreich sein. Sicherlich ist Kontaktfreude bei Jobs im Frontoffice wichtiger als im Backoffice. Kontaktfreude geht auch mit der Fähigkeit einher, mit Kritik von anderen gut umgehen zu können.

Teamarbeit: Mediaplaner arbeiten immer in einem Team. Oft besteht das Team nicht nur aus den Kollegen aus der eigenen Abteilung oder Firma, sondern schließt auch den Kunden und Vertreter anderer Agenturen ein. Man muss sich also schnell und flexibel auf neue Teams einlassen und auch selbst in der Lage sein, ad hoc ein Team zu bilden. Wer lieber Einzelkämpfer ist, wird sich dabei schwer tun.

Entscheidungsstärke: „Mediaplanung ist zunächst eine Entscheidungsdisziplin, keine Naturwissenschaft." Dieses Zitat stammt von Christian Cuntz, der viele Jahre Geschäftsführer der Mediaagentur Optimedia war. Tatsächlich müssen Mediaplaner ständig Entscheidungen treffen oder vorbereiten. Dazu muss man Argumente abwägen, aber sich nicht endlos im „Sowohl als auch" verlieren. Die eigene Empfehlung muss auch mit Überzeugung gegenüber dem Kunden vertreten werden. Unentschlossenheit ist da fehl am Platz.

Analytische Fähigkeiten: Mediaplaner müssen Situationen klar analysieren, verstehen und Ableitungen daraus treffen. Solche analytischen Fähigkeiten werden zumeist in einer akademischen Ausbildung gelernt, doch auch Nicht-Akademiker können sie sich aneignen. Dazu gehört auch kritisches Denken.

Souveränes Präsentieren: Präsentationen, meist mithilfe des Programms Powerpoint, sind mit das wichtigste Kommunikationsmittel in Mediaagenturen. Mediaplaner müssen sicher präsentieren und vortragen können, sei es vor einem Auditorium von 50 Leuten, sei es alleine vor dem Vorstandsvorsitzenden des Kunden. Präsentieren lernt man am besten, indem man es möglichst häufig macht. Deshalb sollte man jede Gelegenheit dazu nutzen – sei es bei Referaten im Studium, bei internen Vorträgen oder Rhetorik-Seminaren. Wer unsicher ist, tut gut daran, diese Schwäche durch ständige Übung auszugleichen.

Fremdsprachen und PC-Kenntnisse: Der Umgang mit dem PC ist heute eine Grundbedingung für fast alle modernen Berufe. In der Mediaplanung muss man sich oft auf neue Software einstellen. Da viele Agenturen zu internationalen Networks gehören, sind Englisch-Kenntnisse eigentlich ein Muss, weitere Fremdsprachen von Vorteil.

Interesse für Medien: Wer nie Zeitschriften liest, nie fernsieht und selten ins Kino geht, wird es nicht ganz leicht haben, ständig neue Medienangebote beurteilen zu müssen. Deshalb sollten Mediaplaner sich für Medien interessieren, und sie nicht nur professionell als Werbeträger sehen, sondern sich auch mit ihren Inhalten beschäftigen und mit anderen über Medien sprechen. Allerdings kommt dies meistens von selbst, da man in einer Mediaagentur mit ausreichendem Lesestoff versorgt wird.

Und last, but not least – **Kreativität**: Kreativität und Mediaplanung – das scheint für viele Werbeleute ein Widerspruch in sich zu sein. Medialeute haben den Ruf, biedere Erbsenzähler zu sein, ganz im Gegensatz zu den Kreativen, die in anderen Agentursparten arbeiten. Unnötig zu sagen, dass dies nur Vorurteile sind. Auch Medialeute müssen kreativ sein. Die einen sagen, Kreativität ist angeboren und kann nicht erlernt werden, weshalb es auch unsinnig sei, Bücher darüber zu lesen oder Kreativitätstechniken anzuwenden. Andere wiederum wissen, dass kreatives Arbeiten durchaus auch aus Handwerk besteht und geübt werden muss. Bücher können dafür hilfreich sein, doch lesen müssen sie nur diejenigen, die ständig kreativ sein müssen – Grafiker, Texter, Art-Direktoren. Beide Sichtweisen sind etwas kurzsichtig: Eine systematische Beschäftigung mit Grundsätzen kreativer Lösungen in der Werbung hilft sicherlich, auch unter Termindruck gute und überraschende Ideen zu produzieren. Und die Produktion von guten Ideen wird durch ein Arbeitsklima gefördert, das Kreativität nicht nur zulässt, sondern geradezu stimuliert. Auch die nicht-kreativen Berufe rund um die Werbung – Berater, Kontakter, strategische Planer, Marketing-Entscheider und nicht zuletzt auch Mediaplaner – sie alle müssen Kreativität ankurbeln, fördern, beurteilen und absegnen. Literatur zum Thema Kreativität und Kreativitätstechniken findet sich im Anhang.

Kapitel 3

Forschung als Grundlage für den Planungsprozess

Überblick über dieses Kapitel

Generell stellt Forschung eine wichtige Basis für jede Entscheidung im Marketing-Prozess dar.
Dieses Kapitel beginnt zunächst mit einer kurzen **Differenzierung der einzelnen Forschungsbereiche**, die uns über verschiedene Zusammenhänge informieren. Das Hauptthema des Kapitels stellt jedoch die **Werbeträgerforschung** dar, die für die Mediaplanung unverzichtbar ist und zu Recht als Grundlage des gesamten Planungsprozesses angesehen werden kann.

In diesem Zusammenhang muss auch ein basales Verständnis für einige wesentliche **Grundlagen der empirischen Sozialforschung** geschaffen werden, wobei wir uns auf die für die Werbeträgerforschung relevanten Themen fokussieren.

Ein wichtiger Teil unserer Ausführungen ist der Darstellung der **wichtigsten deutschen Intermedia-Studie, der Media-Analyse (MA)** der Arbeitsgemeinschaft Media-Analyse (ag.ma), gewidmet. Dabei wird besonders das printspezifische Erhebungsmodell behandelt, das die Frage beantwortet: „Wie wird umfragetechnisch festgestellt, dass eine x-beliebige Person regelmäßiger Leser einer bestimmten Zeitschrift ist?"

Daran anschließend wird kurz auf die **Problematik der Kontaktdefinitionen** eingegangen, die bis heute in der deutschen Mediabranche nicht konsensfähig gelöst ist. Dem folgt ein Überblick der Vielzahl bestehender Untersuchungen, die neben der MA bestehen und für die Situationsanalyse und primär für die Printplanung zur Verfügung stehen. Spezielle Forschungsansätze, die für die Mediengattungen TV, Hörfunk und Außenwerbung zur Verfügung stehen, komplettieren die Ausführungen zur Werbeträgerforschung.

Anschließend wird noch kurz auf zwei weitere wichtige Bereiche innerhalb der Mediaforschung eingegangen, der **Werbestatistik** und der **Werbewirkungsforschung** (wobei der immer wichtiger werdende Bereich der Werbewirkungsforschung noch einmal gesondert und ausführlich in Kapitel 5 „Die Erforschung und Kontrolle der Werbewirkung" dargestellt wird).

Die meisten der in diesem Kapitel beschriebenen Datenquellen stehen in Deutschland allen Marktpartnern zur Verfügung. Am Schluss soll aber auch noch einmal kurz ein Schlaglicht auf die **agentureigene Forschung** geworfen werden. Denn neben den Standardstudien, die von allen Marktpartnern gemeinsam bzw. von einzelnen Medienanbietern herausgegeben werden und deshalb dem gesamten Markt zur Verfügung stehen, betreiben Mediaagenturen auch eigene Forschungsprojekte, deren Ergebnisse exklusiv ihren Kunden vorbehalten sind. Deren Zweck und Bedeutung wird am Schluss des Kapitels erörtert.

3.1 Aufgabe und Differenzierung der Forschung

In der Betriebswirtschaftslehre wird zwischen Markt- und Marketing-Forschung unterschieden – auch wenn diese Unterscheidung in der Praxis oft vergessen wird und man pauschal meist nur von Marktforschung oder „Mafo" spricht. Tatsächlich ist aber die Marktforschung nur ein Teilgebiet der Marketing-Forschung. Manfred BRUHN definiert Marketing-Forschung wie folgt: „Marketing-Forschung umfasst die Gewinnung, Auswertung und Interpretation von Informationen über jetzige und zukünftige Marketing-Situationen und -Entscheidungen einer Unternehmung." (BRUHN 1999, S. 89). Zu ihren Aufgaben gehört es...

Marktforschung ist ein Teilgebiet der Marketing Forschung

- Anregungen für Innovationen im Marketing zu finden,
- Prognosen für den Erfolg von Marketing-Maßnahmen zu erstellen,
- Entscheidungsoptionen zu bewerten,
- den Erfolg von Marketing-Maßnahmen zu kontrollieren,
- die Diagnose der Ursachen, die zu einer bestimmten Marketing-Situation geführt haben.

Unter dem generellen Überbegriff **Marktforschung** versteht man die analysierende Beschäftigung mit Märkten, auf Basis empirisch gewonnener Daten. Dabei differenziert man zwischen Primärforschung und der Analyse von sekundärstatistischem Material, sowie zwischen quantitativer und qualitativer Forschung.

Marktforschung differenziert sich in Primär- und Sekundärforschung

Bei **Primärforschung** handelt es sich um eine Untersuchung, die speziell für den Auftraggeber konzipiert wurde, um spezielle Hypothesen zu überprüfen und spezielle Sachverhalte festzustellen

Als **Sekundärforschung** bezeichnet man hingegen die Auswertung von statistisch erhobenem und vorhandenem Material. Man nennt Sekundärforschung oft auch Desktop Research – also Forschung, die man am eigenen Schreibtisch betreibt.

Unter **quantitativer Forschung** versteht man Untersuchungen auf Basis repräsentativer Methoden, die eine Hochrechnung ermöglichen und statistische Analysen zulassen. Dazu zählen alle Media- und Markt-Media-Studien in Deutschland, auf die wir noch ausführlich eingehen werden. **Qualitative Forschung** hingegen sind Untersuchungen auf Basis qualitativer Methoden, wie z.B. Tiefeninterviews, Gruppendiskussionen, oder ähnlichen Vorgehensweisen, die dazu dienen, Menschen und ihr Verhalten, ihre Motive und ihre Sicht der Welt besser zu verstehen. Dabei werden keine quantifizierbaren Daten erhoben, die Erkenntnisse basieren im Gegensatz zur quantitativen Forschung nur auf der Befragung weniger Personen. Qualitative Analysen werden oft zur Hypothesenbildung herangezogen, die dann innerhalb quantitativer Studien überprüft werden können. Allerdings ist sie auch durchaus in der Lage, eigene Forschungsfragen zu beantworten, die durch quantitative, standardisierte Befragungen auf Grund der geringen Informationstiefe nicht

Quantitative Forschung beruht auf Repräsentativität

Qualitative Forschung zielt auf Verstehen

abgedeckt werden können. Qualitative Methoden gewinnen in der Mediaforschung deshalb mehr und mehr an Bedeutung. Das hängt vor allem damit zusammen, dass qualitative Aspekte in der Mediaplanung ein tieferes Verständnis des Mediennutzers erfordern und in der Situation von fragmentiertem Medienverhalten immer wichtiger werden. Man spricht dabei auch von **Consumer Insights**, auf die wir am Ende dieses Kapitels genauer eingehen werden.

Marktforschung beschafft Informationen für die Situationsanalyse

Marktforschung, als Teilgebiet der Marketing-Forschung, hat die Aufgabe, marktrelevante Informationen für die Situationsanalyse innerhalb der Marketingplanung zu beschaffen. Dazu gehören Informationen über das Verhalten von Konkurrenzunternehmen (z.B. Marktanteile) und Absatzmittlern (z.B. Distribution im Handel) ebenso wie die Feststellung, was im Werbemarkt passiert und wie sich der kampagnenspezifische Medieneinsatz verändert. Doch die wichtigste Form der Marktforschung beschäftigt sich mit dem Verbraucher: Welche Produkte und Marken verwenden die Konsumenten, wie oft wird ein Produkt verwendet oder gekauft, welche Mengen werden konsumiert, wie wird die Entscheidung getroffen? Eine Vielzahl dieser Fragen können heute so genannte Markt-Media-Studien, die detaillierte, repräsentative Daten zum Konsumverhalten für breite Produktpaletten erheben, beantworten, die im entsprechenden Teil dieses Kapitels näher beschrieben werden.

Mediaforschung als Teilgebiet der Marktforschung erhebt Daten zur Mediennutzung

Wir müssen hier auf eine weiter führende Darstellung der Marketing- und Marktforschung verzichten, da dies eigene Bücher erfordern würde (glücklicherweise sind solche Bücher aber bereits geschrieben, Näheres dazu bei den Literaturhinweisen im Anhang). Hier konzentrieren wir uns auf die Mediaforschung, die für die Werbebranche relevante Daten über Mediennutzung erhebt. Trotzdem muss noch kurz erwähnt werden, dass es zahlreiche Überschneidungen von Marketing-, Markt- und Mediaforschung gibt und sich deshalb für jeden Mediaplaner empfiehlt, sich ein gewisses Grundwissen über alle diese Bereiche anzueignen:

- Innerhalb der Situationsanalyse werden alle vorhandenen relevanten Informationen über den Markt und die Konsumenten verwendet, um daraus Marketing- und Kommunikationsziele abzuleiten. Hierbei werden Ergebnisse der Marktforschung selbstverständlich verwendet.
- Prognosen über Markt- und Kommunikationserfolg sind ein Teil der Marketingforschung, der immer häufiger auch in den Aufgabenbereich von Mediaagenturen fällt (siehe dazu mehr in dem Kapitel 5 über Werbewirkungsforschung).
- Einige Datenquellen, etwa die Werbebeobachtung oder Konsumenteninformationen aus Markt-Media-Studien, sind sowohl für die Mediaplanung als auch für die generelle Marketing-Situationsanalyse notwendig. Eine strikte Trennung von Markt- und Mediaforschung ist deshalb in der Praxis oft weder möglich noch sinnvoll.

Betrachten wir nun die **Mediaforschung**. Sie kann insofern von der Marktforschung differenziert werden, als sie sich ausschließlich mit dem Umgang mit Medien beschäftigt und dabei Informationen der werbungtreibenden Wirtschaft bereitstellt. Mediaforschung ist deshalb nicht automatisch mit Medienforschung gleichzusetzen. Medienforschung beschäftigt sich umfassend mit Medien und Mediennutzung, unabhängig von ihrer Funktion als Werbeträger. Sie geht damit weit über die Mediaforschung hinaus, umfasst auch redaktionelle Forschung und die wissenschaftliche Beschäftigung mit Medien, Massenkommunikation und öffentlicher Meinung. Mediaforschung ist ein Teilgebiet der Medienforschung und beschränkt sich darauf, den Marktpartnern auf dem Werbemarkt verlässliche Informationen über Werbeträger und Werbewirkung zu liefern. Daten, wie etwa die Einschaltquoten des Fernsehens, dienen dabei zugleich der redaktionellen Programmforschung der Sender, wie auch der Mediaplanung der Werbungtreibenden und Agenturen.

Mediaforschung ist nicht mit Medienforschung gleichzusetzen

Das Tätigkeitsfeld der Mediaforschung lässt sich am besten über die drei grundlegenden Stufen der Werbekommunikation skizzieren.: Eine Werbung (man spricht hier genauer vom Werbemittel)muss gestaltet werden, die Zielpersonen müssen Kontakt mit der Werbung haben (was durch den Einsatz von Werbeträgern als Transporteure des Werbemittels passiert) und sollen die Werbebotschaft lernen und ggf. zu weiterem Handeln (Kauf des beworbenen Produktes) veranlasst werden.

Mediaforschung beschäftigt sich mit Werbemittel-Forschung, Werbeträger-Forschung und Werbewirkungsforschung

Analog dazu beschäftigt sich die Mediaforschung mit drei Disziplinen: die Werbemittel-Forschung, die Werbeträger-Forschung und der Werbewirkungsforschung, siehe Abb. 3.1.

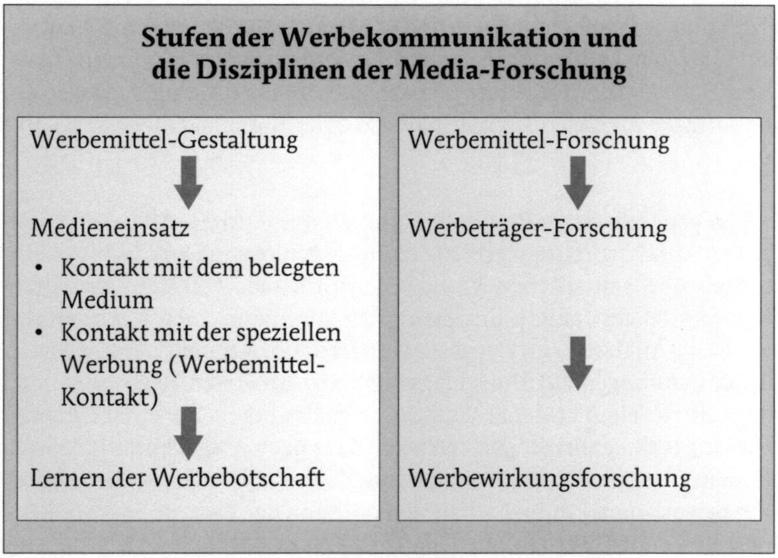

Abb. 3.1: Drei Stufen der Werbekommunikation

Was versteht man nun unter diesen drei Disziplinen im Einzelnen?

Pretest zur Abschätzung von Wirkung

Werbemittel-Forschung beschäftigt sich vor allem mit Pre- und Posttests. **Pretests** stellen im Bereich Werbung einen Untersuchungsansatz dar, über den im Vorhinein festgestellt werden kann, wie der geplante Werbemitteleinsatz bei der Zielgruppe wirkt. Pretests werden vor allem zur Feststellung der voraussichtlichen zielgruppenspezifischen Gestaltungswirkung und damit zur Optimierung des Werbemittels eingesetzt. Bei Pretests werden sowohl qualitative Methoden (z.B. Gruppendiskussionen und Tiefeninterviews) angewandt, wie auch experimentelle Studien. Bei solchen wird das Werbemittel nur einem Teil der Befragten gezeigt, während die restlichen als Kontrollgruppe fungieren.

Posttest zur Eruierung von Erinnerung

Copytest zur Wahrnehmung

Bei **Posttests** wird im Nachhinein eruiert, an welche Werbung und Inhalte sich die Befragungspersonen erinnern können. Dabei geht es hier nicht nur um die Werbeerinnerung also solche (die z.B. über Tracking-Studien erhoben werden kann), sondern um die Feststellung, welche Elemente des Werbemittels besser oder schlechter beachtet wurden. Ein wichtiges Verfahren der Werbemittelforschung ist der **Copytest**. Über Copytests werden z.B. Zeitschriften durchgeblättert und die Probanden aufgefordert, die Anzeigen und Anzeigenelemente zu nennen, die sie beachtet haben. Viele Verlage führen regelmäßig Copytests unter den Lesern ihrer Zeitschriften durch, um ihren Werbekunden Anhaltspunkte über die Wahrnehmung ihrer Anzeigen an die Hand zu geben. Copytests ermitteln somit durchschnittliche Beachtungswerte von Anzeigen im redaktionellen Umfeld. Die Ergebnisse aus Copytests geben Mediafachleuten aber auch generalisierte Informationen über die Wirkung unterschiedlicher Platzierungen in einem Heft (z.B. rechte vs. linke Seite; vorderes vs. hinteres Heftdrittel; Umschlagseiten vs. Platzierung im Heft) und unterschiedlicher formaler Merkmale (z.B. Schwarz-Weiß vs. Farbe; größere vs. kleinere Formate). Außerdem lassen sich daraus titelspezifische Platzierungsstrategien ableiten, indem über alle Anzeigen einer Ausgabe Aussagen zur optimalen Platzierung gemacht werden können.

Meta-Analysen generalisieren über das einzelne Werbemittel hinaus

Solche generalisierten Resultate kommen durch **Meta-Analysen** einer großen Anzahl von Copytests zu Stande. Mithilfe von Durchschnittsbildungen und statistischen Verfahren wird gerade von dem einzelnen Werbemittel abstrahiert, um etwas über allgemeine Faktoren zu erfahren. Meta-Analysen von Copytest-Daten erlauben zumeist Aussagen wie die, dass Anzeigen auf Umschlagseiten oder im ersten Heftviertel oder auf rechten Seiten besser beachtet werden als andere. Vor einer Generalisierung ist hier allerdings zu warnen, da je nach Aufgabenstellung und Werbeträger gerade spezielle redaktionelle Umfelder, die eine Beziehung zum beworbenen Produkt aufweisen oder von der Zielgruppe besonders intensiv genutzt werden, die Chance zu einer optimalen zielgruppenspezifischen Platzierung bieten.

Aufgabe der **Werbeträger-Forschung** ist die Erhebung spezieller Mediennutzerschaften (Leser, Hörer, Seher) und die damit korrespondierende Bereitstellung von Leistungsbeiträgen (Reichweiten) der Medien. Für die Werbewirtschaft wird dadurch die Transparenz der Werbeträger gewährleistet. Im Einzelnen geht es darum festzustellen...

Transparenz der Werbeträger gewährleisten

- wie viele Personen von einem Werbeträger erreicht werden – Reichweite,
- wie sich dieser Personenkreis strukturell zusammensetzt – Struktur,
- wie häufig dieser Personenkreis bei Mehrfachbelegung erreicht wird – Kumulation,
- wie sich der Kontakt in Richtung Werbemittel-Wahrnehmung qualifiziert – Kontaktqualität (vgl. HESS, Eva-Maria, 1981, S. 9 ff.).

Diese Aufgabe erfüllen unterschiedliche Media-Studien für die verschiedenen Mediengattungen. Dabei gilt der Grundsatz, dass jedes Medium so optimal wie möglich erhoben werden sollte, um das faktische Nutzungsverhalten realitätsgerecht abzubilden. Weitere wesentliche Anforderungen an Media-Studien beziehen sich auf die Validität (=Gültigkeit) der Daten, d.h., es ist zu überprüfen, ob wirklich das gemessen wurde, was tatsächlich gemessen werden soll. Ebenso wichtig ist die Mediengerechtigkeit der Erhebungsmethode: Innerhalb einer Studie darf kein Werbeträger (oder Medium) methodisch benachteiligt werden.

Grundsätzliche Anforderungen an Media-Studien

Werbewirkungsforschung beschäftigt sich damit, ob und wie Werbung auf die Rezipienten wirkt. Können sie sich an die Werbebotschaft erinnern? Hat sich ihre Beurteilung des beworbenen Produktes verändert? Wurde das Produkt als Folge der Werbekampagne mehr gekauft? Innerhalb dieses Buches existiert ein eigenständiges Kapitel zur Werbewirkung, da die Beschäftigung mit der Erforschung und Kontrolle der Werbewirkung für Media-Agenturen und werbungtreibende Unternehmen von zentraler und wachsender Bedeutung ist (siehe dazu mehr in Kapitel 5).

Wirkt Werbung und wie?

Schließlich gibt es noch die **Werbestatistik**. Sie beschäftigt sich ausschließlich mit der Erfassung numerischer Quantitäten und kann nach der Erhebung der Werbeaufwendungen und der Werbeträgerstatistik differenziert werden. Daten über Werbeaufwendungen liefern Informationen über das Werbeverhalten der Konkurrenz und sind für die gesamte Marketing-Planung unerlässlich (z.B. für die Festsetzung des Werbebudgets). Die Zahlen der Werbeträgerstatistik werden genau wie die Daten der Werbeträgerforschung für die Mediaplanung gebraucht.

Bevor wir uns weiter mit speziellen Aufgaben, Methoden und Problemen der Mediaforschung beschäftigen, müssen wir einige Basisinformationen voranstellen. Auch wenn hier nicht genug Platz für eine umfassende Darstellung der empirischen Umfrageforschung ist, müssen wir versuchen, einige ihrer Grundlagen zu vermitteln.

3.2 Einige Grundlagen der empirischen Umfrageforschung

Eingesetzt werden Methoden der empirischen Sozialforschung

Genauso wie die Markt- und Meinungsforschung und akademische Fächer wie Soziologie oder Kommunikationswissenschaft, wendet die Mediaforschung die Methoden der empirischen Sozialforschung an. Deshalb kommen wir nicht darum herum, einen kurzen Abriss der wichtigsten Begriffe und Methoden zu geben.

Diese Darstellung ist sehr knapp und sollte durch die Lektüre entsprechender Lehrbücher ergänzt werden (siehe dazu auch die Literaturhinweise im Anhang). Bei der Mediaforschung handelt es sich nicht um ein Spezialthema, das man getrost den Experten überlassen kann. Mediaplanung basiert auf Daten und ein kritisches Verständnis dieser Daten ist Voraussetzung dafür, dass Mediaplanung erfolgreich betrieben werden kann.

> SICHERLICH BENÖTIGT EIN MEDIAPLANER, MEDIA-EINKÄUFER ODER DER FÜR MEDIA ZUSTÄNDIGE MARKETING-EXPERTE NICHT UNBEDINGT EINE DETAILLIERTE KENNTNIS DER SOZIALFORSCHUNG MIT ALLEN IHREN METHODEN, THEORIEN UND PROBLEMEN. ABER ER BENÖTIGT UNBEDINGT EIN GRUNDVERSTÄNDNIS DER MEDIAFORSCHUNG.

Das heißt, er/sie muss eine Vorstellung davon haben, wie die von ihm/ihr verwendeten Daten zu Stande kommen, wie man sie analysieren und interpretieren kann und welche Fallstricke sich mitunter in den Tabellen und Zahlen verbergen.

Das betrifft auch komplexe Verfahren der Datenanalyse, wie etwa Cluster- und Faktoren-Analysen. Man muss diese natürlich nicht im Detail kennen, geschweige denn ihre mathematischen Grundlagen verstehen und anwenden. Aber man muss wissen, wozu und warum solche Verfahren angewandt werden. Werbeträgerforschung ist die Basis jeder Mediaplanung, ihre Kenntnis gehört für jeden, der in der Mediabranche arbeitet, zum Handwerkszeug.

Primäre Aspekte: Wer wird befragt und Wie wird befragt?

Zwei primäre Aspekte sind bei der Methode von Umfragen zu beachten:
- Die Auswahl der Befragten (Wer wurde befragt?) und
- die Art und Weise der Datenerhebung (Wie wurde befragt?).

Zur Beantwortung dieser Fragen und weiterer Aspekte, die die Qualität von Umfragen beeinflussen, gibt es das **ZAW-Rahmenschema**, das entsprechende Anweisungen enthält.

Wir werden uns hier im Folgenden auf einige wesentliche Einflussfaktoren beschränken, die notwendig und ausreichend sind, um die Zusammenhänge zu verstehen. Dabei wird im Einzelnen auf folgende Punkte zu den methodischen Anforderungen an Werbeträger-Analysen eingegangen:

- Definition der Grundgesamtheit(Personen, Institutionen, Nutzerschaften),
- Auswahlverfahren(Random vs. Quota),
- Ausschöpfung (bei Random),
- Stichprobengröße und Hochrechnung,
- Transformation,
- Redressement,
- Proportionalisierung.

Grundgesamtheit

Als Grundgesamtheit bezeichnet man die Anzahl der Personen oder Untersuchungselemente, die von einer Stichprobe repräsentiert werden sollen. In der Markt- und vor allem Werbeträgerforschung ist die Grundgesamtheit oft definiert als deutsch sprechende Personen ab 14 Jahren in Privathaushalten. Das forscherische Problem mit der Grundgesamtheit hat damit zu tun, dass jedes Element, jede Person der Grundgesamtheit dieselbe Auswahlchance haben muss, in die Stichprobe zu gelangen. Und eine Stichprobe benötigen wir, da wir aus Kosten- und zeitlichen Gründen nicht alle Personen der Grundgesamtheit befragen können.

Vollerhebung

Stichprobe

Würden alle Angehörigen der Grundgesamtheit befragt, handelte es sich um eine Vollerhebung. Allerdings kommen solche Vollerhebungen nur selten vor, da die untersuchten Grundgesamtheiten meistens viel zu groß sind, um alle Angehörigen befragen zu können. Deshalb wird nur eine Teilgruppe der Grundgesamtheit befragt, d.h., es wird eine Stichprobe gezogen. Die Ergebnisse, die bei der Stichprobe erhoben wurden, werden dann unter bestimmten Voraussetzungen auf die Grundgesamtheit übertragen (= Hochrechnung). Dies ist allerdings nur möglich, wenn die Stichprobe ein genaues Abbild der Grundgesamtheit darstellt. Es gibt zwei Methoden der Stichprobenauswahl (=Stichprobenziehung), die eine korrekte Hochrechnung zulassen: Die Random- und die Quoten-Stichprobe.

Die beiden Auswahlverfahren (Random und Quota)

1. Möglichkeit der Stichprobenbildung: Zufallsauswahl

Bei der **Zufallsauswahl (Random)** wird eine Stichprobe zufällig aus der Grundgesamtheit gezogen. Zufällig bedeutet: Jedes Element der Stichprobe muss die gleiche Chance haben, in die Stichprobe zu gelangen. Dieses Verfahren ist notwendig, wenn über die Grundgesamtheit keine oder nur wenige Informationen bereits vorhanden sind. Nach der mathematischen Theorie (Wahrscheinlichkeitsrechnung, „Gesetz der großen Zahl“ von Carl Friedrich Gauß) ist nur dann ein Schluss von der Stichprobe auf die Grundgesamtheit zulässig, wenn eine echte Zufallsauswahl vorliegt. Es gibt allerdings einige Probleme:

Nicht immer ist es leicht, eine tatsächliche Zufallsauswahl zu gewährleisten. Idealbild ist die Ziehung der Lottozahlen: Alle Elemente der Grundgesamtheit (nämlich die 49 Kugeln) sind in einer Trommel, wer-

Mehrstufige Auswahl einer Zufallsstichprobe

Um in Deutschland eine bevölkerungsrepräsentative Zufallsstichprobe zu bekommen, gibt es verschiedene Verfahren. Die zwei wichtigsten heißen

- Random Route und
- Adressen-Random.

Bei beiden Vorgehensweisen werden zunächst „Sample Points" gezogen, von denen aus der Interviewer agieren muss. Sample Points sind nichts anderes als präzise definierte geografische Punkte innerhalb eines Ortes (z.B. eine Kreuzung oder der Platz vor dem Bahnhof).

Adressen-Random

Die folgenden Vorgehensweisen wurden von der ag.ma und dem Arbeitskreis Deutscher Markt- und Sozialforschungsinstitute (ADM) gemeinsam entwickelt. Sie wird kurz **ADM-Stichprobe** genannt. Dabei geht man von den faktisch vorhandenen Wahlbezirken (Bundestagswahl) aus, da man exakt weiß, wie viele wahlberechtigte Personen ab 18 Jahren, in jedem Wahlbezirk wohnen.

1. In einer ersten Stufe wird aus allen 80.000 Wahlbezirken in Deutschland eine reine Zufallsstichprobe gezogen. So werden z.B. für die Media-Analyse der Arbeitsgemeinschaft Media-Analyse (ag.ma) rund 6.000 Bezirke gezogen.
2. Im zweiten Schritt wird der Bezirk in vergleichbare, geografische Teilgebiete unterteilt. Auch aus diesen Gebieten wird zufällig eines ausgesucht, das dann den relevanten Sample Point beinhaltet.

Ausgehend vom Sample Point muss der Interviewer nun in einer zufällig ausgewählten Straße 50 Adressen auflisten. Die Zufallsauswahl wird dabei dadurch garantiert, dass man dem Interviewer keine Straße vorgibt, sondern Angaben zur Wegstrecke macht, die er zurückzulegen hat. Befindet sich ein Sample Point z.B. vor dem Bahnhof, so kann die Angabe für den Interviewer wie folgt lauten: „Gehen Sie vom Sample Point (= Bahnhof) zunächst nach links und da geradeaus bis zur zweiten Straße, die rechts abbiegt. Innerhalb dieser Strasse listen Sie bitte 50 Adressen ab dem ersten Haus auf der linken Seite auf."

Der Interviewer sammelt also erst einmal Adressen und führt keine Interviews durch (weshalb die Bezeichnung Interviewer hier vielleicht etwas fehl am Platz ist). Von diesen 50 Adressen pro Sample Point werden anschließend im Institut fünf Adressen per Zufall gezogen. Damit erhält man zunächst eine **Haushaltsstichprobe**. So weiß man, welche Haushalte zu befragen sind.

Das gesamte Verfahren nennt man Adressen-Random, weil letztlich Adressen qua Zufall für die Befragung gezogen werden.

Random-Route-Verfahren

Eine ähnliche, aber einfachere Vorgehensweise stellt das Random Route-Verfahren dar. Bei diesem Verfahren werden keine Adressen aufgelistet und später im Institut gezogen, sondern nur Angaben gemacht, in welchem Haus welcher Haushalt befragt werden soll.

1. Analog dem eben beschriebenen Vorgehen bekommt der Interviewer innerhalb der Straße im Sample Point z.B. eine Anweisung, wie etwa: „Befragen sie innerhalb der Straße den Haushalt, der sich im fünften Haus rechts in der zweiten Etage links befindet."
   Der Interviewer ermittelt die Adressen also selbst und führt auch gleich die Befragung durch. Die zusätzliche Ziehungsstufe im Institut wird dadurch gespart, was die Vorgehensweise günstiger als das Adressen-Random macht.
2. Die zu befragenden Haushalte sind nun definiert. In einem weiteren Schritt geht es nun noch um die Bestimmung der Befragungsperson. In vielen Haushalten leben mehr als eine Person, es soll aber im Normalfall pro Haushalt jeweils nur eine Person befragt wird. Gleich dasjenige Haushaltsmitglied zu befragen, welches die Tür öffnet, würde zu einer Verzerrung führen: Personen, die häufig zuhause anzutreffen sind – z.B. die Hausfrau, die nicht außer Haus arbeitet – hätten dann eine größere Chance befragt zu werden als etwa der berufstätige Ehemann. Dann würde es sich aber nicht mehr um eine reine Zufallsauswahl handeln.
   Deshalb muss die Befragungsperson im Haushalt anders ausgewählt werden. Dafür gibt es den so genannten **Schwedenschlüssel**, der wiederum per Zufall festlegt, welche Person an der Umfrage teilnimmt. Je nach der Anzahl der Haushaltsmitglieder definiert der Schwedenschlüssel für jeden einzelnen Haushalt ob z.B. die älteste Person oder die zweitjüngste Person in der Grundgesamtheit (meist ab 14 Jahren) interviewt werden soll. Erst dadurch wird nun definiert, wer befragt wird, und zwar unabhängig davon, ob die Person gerade anwesend ist oder nicht.
   Der Begriff „Schwedenschlüssel" hat seinen Ursprung darin, dass ein schwedisches Marktforschungsinstitut diesen Schlüssel als erstes einsetzte und ihn dabei unter Marktforschern als taugliches, aber sehr einfaches Instrument populär machte.
   Eine zweite Auswahlmöglichkeit, die für den Interviewer einfacher zu handhaben ist, stellt noch die **Last Birthday-Methode** dar. Bei dieser Vorgehensweise wird einfach die Person im Haushalt interviewt, die zuletzt Geburtstag hatte.

den gemischt und es wird eine Stichprobe (6 Kugeln) zufällig gezogen. In der Realität lässt sich dies in der Regel nicht bewerkstelligen, Befragte kann man so nicht unmittelbar auswählen, sie lassen sich gewissermaßen nicht in eine Lostrommel stecken. Auch mit Adressen oder Telefonnummern ist dies schwierig, zumal oft nicht einmal Adressen zur Verfügung stehen. Es gibt verschiedene Verfahren, mit denen man eine Zufallsauswahl ermöglichen kann. Das Wichtigste ist die Stichprobenziehung nach dem ADM-Verfahren, was iim Kasten auf den Seiten 76 und 77 im Überblick dargestellt wird.

Nicht alle Befragten, die in die Stichprobe gelangt sind, werden Zuhause angetroffen bzw. nicht alle möchten sich befragen lassen. Nur ein bestimmter Prozentsatz der geplanten Interviews lässt sich also realisieren (man spricht von der Ausschöpfungs-Quote = der Prozentsatz der Stichprobe, mit dem tatsächlich ein vollständiges Interview geführt wurde). Bei schlechter Ausschöpfungs-Quote darf die Stichprobe nicht nachträglich um Adressen erweitert werden. Über den Teil der Stichprobe, der nicht befragt wurde, weiß man eigentlich nichts. Trotzdem werden die Stichproben-Ergebnisse auf die gesamte Grundgesamtheit hochgerechnet (zumindest, wenn die Ausschöpfungs-Quote einen bestimmten Wert nicht unterschreitet). Bei Media-Analysen wird in der Regel eine sehr hohe Ausschöpfung von mindestens 70 % erwartet. Man kann eine höhere Ausschöpfung erhalten, indem jede Adresse mehrmals aufgesucht wird.

Da die Adressenermittlung und das mehrmalige Aufsuchen einen gewissen Aufwand erfordern, sind Random-Stichproben teurer als die zweite Auswahlmethode, das Quota-Verfahren.

2. Möglichkeit der Stichprobenbildung: Grundgesamtheit nach Kriterien nachbilden

Das zweite Verfahren ist das so genannte **Quota-Verfahren** (auch Quoten-Auswahl genannt).

Dieses Verfahren kann nur angewendet werden, wenn bereits sichere Informationen über die Grundgesamtheit vorliegen (in der Regel Informationen über ihre soziodemografische Struktur: Geschlechts- und Altersverteilung etc.). Dann wird bei der Auswahl der Befragten darauf geachtet, dass die Stichprobe die gleichen Strukturmerkmale aufweist: Wenn in der Grundgesamtheit 53 % Frauen und 47 % Männer sind, dann muss bei den Befragten das gleiche Verhältnis zu finden sein. Erreicht wird dies durch genaue Vorgaben (so genannte Quotenvorgaben) an alle Interviewer.

Doch das Quota-Verfahren birgt einige zusätzliche Probleme in sich: Es gibt bisher noch keine mathematische Theorie, die erklären könnte, wieso eine Stichprobe, die nur in wenigen vorher definierten Merkmalen der Grundgesamtheit gleicht, auch in allen anderen Merkmalen ein getreues Abbild der Grundgesamtheit sein muss. Studien, die Zufalls- und Quota-Verfahren miteinander verglichen haben, zeigen aber, dass beide Verfahren zuverlässige und ähnliche Ergebnisse liefern.

Allerdings besteht die Gefahr, dass Interviewer dazu tendieren, nur jene Menschen zu befragen, die ihnen in irgendeiner Weise ähnlich, sympathisch oder die leicht erreichbar sind. Hier ist eine sorgfältige Interviewer-Schulung notwendig, um solche Verzerrungen bei der Auswahl der Befragten auszuschließen.

BEI MARKT-MEDIA-STUDIEN WERDEN IN DER REGEL RANDOM-VERFAHREN EINGESETZT.

Ausnahmen sind u.a. die Allensbacher Werbeträger Analyse (AWA) und die Leseranalyse Entscheidungsträger (LAE), die ein kombiniertes Verfahren anwendet.

Wie groß ist die Stichprobe?

Hinreichend große Stichprobe erforderlich

Wichtiges Kriterium für die Bewertung einer Studie ist die Anzahl der tatsächlich realisierten Interviews (Anzahl der Fälle). Je kleiner die Fallzahl bei einer repräsentativen Stichprobe ist, desto ungenauer sind die erhobenen Ergebnisse (Schwankungsbreiten).

ALLERDINGS IST AB EINER GEWISSEN STICHPROBENGRÖSSE DER ZUGEWINN AN GENAUIGKEIT DURCH EINE AUFSTOCKUNG DER FALLZAHL NUR NOCH GERING UND STEHT IN KEINEM VERHÄLTNIS ZU DEN ENTSTEHENDEN KOSTEN.

Übrigens ist die notwendige Fallzahl nicht automatisch von der Größe der Grundgesamtheit abhängig: Größere Grundgesamtheiten benötigen nicht unbedingt auch größere Fallzahlen. Wenn ich jedoch auch noch sichere Aussagen über kleine Segmente der Grundgesamtheit machen will (z.B. über die Leser einer Regionalzeitung, wie es bei der MA der Fall ist), dann benötige ich eine größere Gesamtfallzahl, um auch noch im besagten Segment ausreichend Fälle zu haben.

Hochrechnen von der Stichprobe auf die Grundgesamtheit

Die **Hochrechnung** bezeichnet dann die Verrechnung von Stichprobenergebnissen auf die Grundgesamtheiten. Sind z.B. 10% der Befragungspersonen einer Stichprobe regelmäßige Käufer von CDs, so werden diese auf den absoluten Anteil in der Grundgesamtheit (z.B. Bevölkerung ab 14 Jahre) hochgerechnet. Der Hochrechnungsfaktor entsteht aus dem Verhältnis von Grundgesamtheit zu Anzahl der Befragungspersonen. Repräsentiert z.B. eine Stichprobe mit 10.000 Befragungspersonen eine Grundgesamtheit von 60 Mio. Personen, so erhält jede Befragungsperson den Hochrechnungsfaktor 1 : 6.000. D.h., jeder Interviewte repräsentiert 6.000 Personen der Grundgesamtheit.

Übrigens: Das ZAW-Rahmenschema schreibt für Reichweiten-Analysen mindestens 500 Fälle vor.

Beispiel: Stichprobengröße und Hochrechnungsfaktoren der MA-Stichproben MA 2002 II bzw. 2003 I (Hörfunk)

- Pressemedientranche: 26.069 Fälle (1:2.465)
- Elektronische Medientranche: 61.629 Fälle (1:1.043)
- Tageszeitungsdatensatz: 129.439 Fälle (1:496) (Zusammenfassung der Daten aus etwa drei Kalenderjahren)

Begriff der Auschöpfung

Bei Random-Stichproben ist die Ausschöpfung zu beachten, nämlich der prozentuale Anteil der Personen, unter allen ausgewählten Personen, der bei einer Random-Stichprobe faktisch befragt werden konnte. Das ZAW-Rahmenschema schreibt für Random-Stichproben einen Mindest-Ausschöpfungsgrad von 70% vor, um die Repräsentativität der Stichprobe zu gewährleisten. Für Ausfälle gibt es unterschiedliche Gründe: wiederholte Nichtantreffbarkeit der Befragungspersonen, Interview-Verweigerung, keine Person der Grundgesamtheit im Haushalt vorhanden.

Beispiel zur Ausschöpfung bei Random-Stichproben

	absolut	%
Brutto-Ansatz (Adressen)	15.010	100,0
Qualitätsneutrale Ausfälle	305	2,0
• Straße/Haus-Nr. nicht auffindbar	0	0,0
• Wohnung unbewohnt	2	0,0
• keine Person der Grundgesamtheit im Haushalt	75	0,5
nicht bearbeitete Adressen	228	1,5
Bereinigte Stichprobe	14.705	100,0

Anforderung ZAW: Ausschöpfung 70 %

Systematische Ausfälle im Haushalt	3600	24,5
• trotz viermaligem Besuch niemand angetroffen/ Haushalt verreist	621	4,2
• Haushalt verweigert Auskunft	1.153	7,8
• Zielperson trotz viermaligem Besuch nicht angetroffen	372	2,5
• Zielperson verreist, Urlaub	101	0,7
• Zielperson krank, nicht in der Lage, dem Interview zu folgen	130	0,9
• Zielperson verweigert Interview	1.183	8,0
• Zielperson verweigert schriftliches Interview	40	0,3
Durchgeführte Interviews	11.105	75,5
Nicht auswertbare Interviews	40	0,3
Ausgewertete Interviews	11.065	75,2

Abb. 3.2

Bei Abweichungen von der Soll-Struktur werden die befragten Personen entsprechend gewichtet. Vereinfacht kann man sich das so vorstellen, dass z.B. bei einem Überhang von Personen in bestimmten demografischen Gruppen, diese heruntergewichtet werden und umgekehrt, Personen, die schlecht erreicht wurden, hochgewichtet werden. Dieses Verfahren nennt man **Redressement**.

Die Ergebnisse einer Stichprobe müssen anschließend aus unterschiedlichen Gründen gewichtet werden. Man unterscheidet folgende Gewichtungsverfahren: Transformation, Redressement und Proportionalisierung.

Gewichtungsverfahren

Transformation: Auswahlverfahren führt in der ersten Stufe zu einer Haushalts-Stichprobe. D.h., jeder Haushalt hat die Chance, ausgewählt zu werden, nicht jedoch jede Person. Deshalb Umwandlung der Haushalts- in eine Personen-Stichprobe.

Redressement: Ausfälle führen zu soziodemografischen Verschiebungen gegenüber der Realität. Nicht erfasste Anteile werden über Personen-Gewichte kompensiert = Anpassung an die amtliche Statistik.

Proportionalisierung: Bei disproportionalen Studien erhalten die Teilstichproben ein Gewicht, das ihnen bezogen auf die Grundgesamtheit zukommt.

Die Standardabweichung der Zufallsstichprobe

Stichprobenergebnisse streuen im Rahmen der Normalverteilung

Vorausetzung einer repräsentativen Stichprobe ist, dass jedes Element der Grundgesamtheit die gleiche Auswahlchance hat, in die Stichprobe zu gelangen. Unter dieser Vorraussetzung ist es möglich, von der Stichprobe auf die Grundgesamtheit zu schließen. Würde man nun eine unendliche Zahl von Stichproben ziehen, so würden sich die Ergebnisse, bezogen auf einen bestimmten Sachverhalt, in Form der Gaußschen Normalverteilung verteilen, d.h., eine Vielzahl der ermittelten Werte würde identisch sein und dem Mittelwert entsprechen, während andere mehr oder weniger davon abweichen würden, und zwar genauso über wie unter dem Mittelwert.

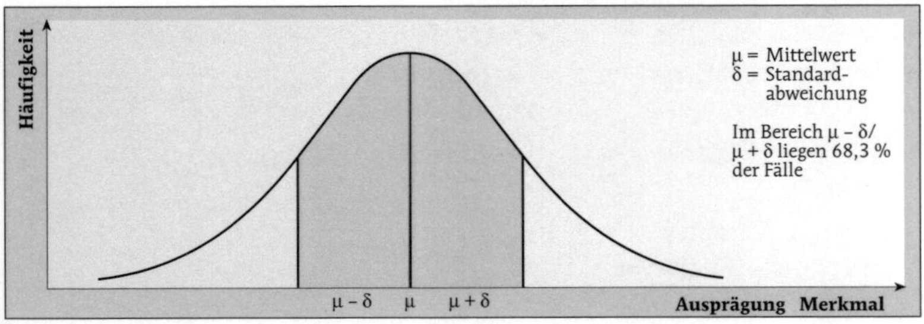

Abb. 3.3: Gaußsche Normalverteilung

Maß für die Streuung ist die Standardabweichung

Ein Maß für den Mittelwert der negativen wie positiven Abweichungen gibt die Standardabweichung σ. Die Standardabweichungen sind durch die jeweilige Fläche definiert, die sie in der Normalverteilung einnehmen. So liegen z.B. zwischen $-1 \cdot \sigma$ und $+1 \cdot \sigma$ 68,3 % der Fläche, d.h., bei unendlich vielen Stichproben würden 68,3% der Ergebnisse, bezogen auf einen bestimmten Sachverhalt (z.B. das durchschnittliche Haushaltsnettoeinkommen), plus/minus σ um den wahren Mittelwert streuen. Uns interessiert nun aber die Umkehrung. Wir wollen wissen, mit welcher Sicherheit wir mit dem in einer Stichprobe ermittelten Wert p auf den wahren Wert P schließen können. Dabei sind die Flächen in der Normalverteilung wie folgt definiert:

$+/-1{,}00 \cdot \sigma = 68{,}3\,\%$
$+/-1{,}64 \cdot \sigma = 90{,}0\,\%$
$+/-1{,}96 \cdot \sigma = 95{,}0\,\%$
$+/-2{,}00 \cdot \sigma = 95{,}5\,\%$

Üblicher Sicherheitsfaktor der Mediaforschung 95 %

Innerhalb der Markt- und Mediaforschung arbeiten wir meist mit dem Sicherheitsfaktor t = 95%. Dies lässt dann folgende Aussage zu: Der in einer Stichprobe gefundene Wert p würde in 95 von 100 Fällen (=95 von 100 Stichproben) in dem ermittelten Schwankungsbereich liegen. Die Formel zur Ermittlung der Standardabweichung bzw. der Schwankungsbreite in diesem Zusammenhang ist im unten stehenden Kasten angegeben, zusammen mit einem Beispiel.

Im Ergebnis bedeutet dies, dass in 95 von 100 Stichproben mit der Stichprobengröße 10.000 die ermittelten Werte zwischen 9,4% und 10,6% schwanken würden. Oder anders formuliert: mit 95-prozentiger Wahrscheinlichkeit liegt der wahre Wert P zwischen 9,4% und 10,6%.Wobei n je nach Zielgruppe bzw. Teilgesamtheit variiert werden muss. Bezieht sich der ermittelte Wert z.B. nur auf die Teilgruppe Männer oder 14- bis 29-jähriger Erwachsene, dann bezieht sich n auch nur auf die Anzahl der Befragungspersonen in dieser Teilgruppe.

Formel für die Schwankungsbreite	Bedeutung der Formelzeichen	beispielsweise:	Beispielrechnung
$P = p +/- t \cdot \sqrt{\frac{p \cdot q}{n}}$	p = ermittelter Stichprobenwert q = 100 – p (Gegenwert) n = Anzahl befragter Personen (Stichprobengröße) t = Sicherheitsfaktor	p = 10 % (d.h. 10 % lesen den Titel X) q = 100 – 10 = 90 n = 10.000 t = 95 % / 1,96	$10 +/- 1{,}96 \cdot \sqrt{\frac{10 \cdot 90}{10.000}}$ = 10 +/– 0,6

Auf Grund der mehrstufigen StichprobenanaLye der Media- und Markt-Media-Analysen wird zusätzlich ein Korrekturfaktor „Wurzel aus 2" einbezogen, der zu noch etwas größeren Schwankungen führt. Die Formel wird entsprechend durch die Wurzel aus 2 ergänzt und lautet:

$$P = p +/- t \cdot \sqrt{\frac{p \cdot q}{n}} \cdot \sqrt{2}$$

IN DER MEDIAPLANERISCHEN PRAXIS KANN AUF DERARTIGE SCHWANKUNGEN NORMALERWEISE KEINE RÜCKSICHT GENOMMEN WERDEN, D.H. MAN ARBEITET MIT DEN FAKTISCH ERMITTELTEN WERTEN.

Wichtig ist nur, dass man an diese Zusammenhänge denkt, wenn es z.B. um die Bewertung von medien- oder zielgruppenspezifischen Entwicklungstendenzen geht. So äußert man sich oft irritiert über einen Werbeträger, der nachweislich Auflage verloren hat, innerhalb der MA aber marginal an Reichweite gewann. Das Rätsels Lösung liegt ganz einfach in der statistischen Schwankungsbreite und der wahre Wert P, der liegt irgendwo dazwischen.

Bei Auswertungen immer an die statistische Schwankungsbreite denken

Erhebungstechniken

Je nach vorliegenden Informationen und Stichprobenansatz gibt es unterschiedliche Erhebungstechniken mit jeweils Vor- und Nachteilen.

Dateiauswertung

- Dateiauswertung: Mit einer Empfängerstruktur-Analyse werden vorhandene Informationen aus der Abonnentendatenbank systematisch ausgewertet, z.B. wie verteilen sich die Abonnenten einer Fachzeitschrift auf Branchen, Berufe, etc. Da aber Abonnenten nicht mit Lesern gleichgesetzt werden können (ein Exemplar kann ungelesen in den Papierkorb wandern oder von mehr als einer Person gelesen werden) kann man durch solche Analysen nie Rückschlüsse auf die gesamte Leserschaft ziehen.

Mündliches Interview

- Mündliches Interview (Face-to-face): Der Interviewer besucht den Befragten zu Hause und stellt ihm Fragen, wobei er einem Fragebogen folgt und darin die Antworten notiert. Der Befragte gibt nur mündlich Antwort und füllt den Fragebogen in der Regel nicht selbst aus. Mündliche Interviews ermöglichen eine korrekte Random-Auswahl, eine klare Identifikation der Untersuchungsobjekte (z.B. Zeitschriftentitel durch visuelle Erinnerungshilfen) und eine gute Ausschöpfung.

Schriftliche Befragung

- Schriftliche Befragungen (paper & pencil): Der Fragebogen wird bei dem Befragten nur abgegeben bzw. per Post zugestellt. Der Befragte füllt den Fragebogen ohne Hilfe des Interviewers alleine aus. Ein Problem ist dabei der Rücklauf oder Response (die Zahl der Fragebögen, die ausgefüllt zurückgegeben werden = Ausschöpfung). Außerdem kann man nicht verhindern, dass bestimmte Fragen nicht beantwortet werden (= Ausfälle bei einzelnen Fragen).

Telefonische Befragung (CATI)

- Telefonische Befragung (CATI = Computer aided Telephone Interview): Es handelt sich um eine mündliche Erhebung über Telefon. Der Interviewer folgt einem Fragebogen, den er auf einem Bildschirm sieht, und gibt die Antworten direkt in den PC ein. Telefoninterviews sind schneller und oft günstiger, haben aber in der Mediaforschung die Nachteile der korrekten Werbeträger-Identifikation ohne visuelle Hilfsmittel und der nur kurzen Interviewdauer. Sie werden aber z.B. bei Coincidental Checks angewendet (d.h., es wird durch ein kurzes Telefoninterview überprüft, ob die Befragungsperson zur Zeit des Anrufes gerade TV oder Radio genutzt hat) und bei der MA Radio.

Computergestützte Interviews

- Computergestützte mündliche Interviews (CASI = Computer aided Selfinstructed Interview): Es handelt sich im Grunde um eine Face-to-Face-Situation, jedoch liest der Interviewer die Fragen nicht vor und schreibt keine Antworten auf. Stattdessen liest der Befragte die Fragen selbst auf einem mitgebrachten Laptop und „kreuzt" die Antworten mit einem elektronischen Stift direkt auf dem Bildschirm an. Vorteil dieser Methode ist die Reduzierung von Interviewer-Effekten, d.h. einer bewussten oder unbewussten Beeinflussung des Antwortverhaltens durch den Interviewer (z.B. würde nicht jeder Mann einem weiblichen Interviewer gegenüber zugeben, dass er den Playboy regelmäßig liest). Der umfassende Einsatz der CASI-Methode bei der MA-Erhebung wird zurzeit noch von der ag.ma geprüft.

Technische Beobachtung und Messgeräte

- Technische Beobachtung und Einsatz von Messgeräten (Bsp. GfK-Telemeter, Beobachtung von Lesevorgängen via Video). Nutzungsvorgänge werden nicht durch Interviews, d.h. als Selbstauskunft des Befragten, erhoben, sondern weit gehend ohne sein Zutun apparativ gemessen. Das passiert z.B. bei der TV-Forschung: Ein Telemeter registriert alle Umschaltvorgänge eines Fernsehgeräts. Eine passive Messung der Radionutzung durch ein in einer Armbanduhr eingebautes Messgerät wird bereits in der Schweiz angewandt. Auch für das Internet gibt es verschiedene technische Nutzungsmessungen.

Kombinationen

- Kombination mündlich/schriftlich: So wird z.B. vor oder nach einem mündlichen Interview noch zusätzlich ein Haushaltsbuch (zur Messung der Einkäufe, z.B. bei der Verbraucher Analyse) oder ein Tagebuch (zur Erhebung von Aktivitäten und Mediennutzung im Tagesablauf) abgegeben. Die so erhobenen Daten werden dann mit den Fragebogeninformationen in einem Datensatz zusammengespielt.

Reliabilität und Validität

Die Güte einer Untersuchung wird anhand von zwei Kriterien beurteilt: Die Zuverlässigkeit (= Reliabilität) und die Gültigkeit (Validität).

Zuverlässigkeit der Erhebung

Die **Reliabilität** beantwortet die Frage: War die Erhebungsmethode zuverlässig, d.h. wurden alle Daten auf die gleiche Weise erhoben? Das Ideal ist: Bei einer Wiederholung der Untersuchung durch andere Forscher müssten die gleichen Ergebnisse zu Tage treten.

Die **Reliabilität** wird beeinträchtigt durch schlecht geschulte oder unmotivierte Interviewer, mehrdeutige Instruktionen für Interviewer, Fehler bei der Datenerfassung, unsystematische Codierung von Antworten auf offene Fragen.

Bei der Validität gibt es zwei Arten: Die interne Validität (d.h. ich habe das gemessen, was ich messen wollte) und die externe Validität (d.h. meine Messungen haben etwas mit der Realität, die ich untersuchen wollte, zu tun). Dieses Problem stellt sich vor allem bei „künstlichen" Situationen wie Laborexperimenten oder Copytests. Validität wird beeinträchtigt durch:

Gültigkeit der Erhebung

- falsche Stichprobenziehung,
- falsche Auswahl der relevanten Indikatoren,
- falsch gestellte Fragen (Problem für interne Validität),
- künstliche Erhebungssituationen (Problem für externe Validität).

Wie wurden die Fragen gestellt?

Neben der Stichprobenziehung ist das Untersuchungsinstrument, also der Fragebogen, eine wichtige Voraussetzung für valide und reliable Daten. Wie man eine Frage stellt, entscheidet oft darüber mit, welche Antworten man bekommt. Da man die Realität möglichst unbeeinflusst erfassen will, versucht man Verzerrungen durch Wortwahl und Reihenfolge der Fragen bzw. der Antwortvorgaben möglichst zu minimieren.

Fragebogenentwicklung

Nicht alle relevanten Punkte bei der Fragebogengestaltung können hier erörtert werden (für eine vertiefende Beschäftigung empfiehlt sich das Buch „Alle, nicht jeder" von Elisabeth Noelle-Neumann). Einige wichtige Aspekte werden hier jedoch noch einmal kurz erläutert:

Kriterien für Fragebögen

- Art der Fragen (offen versus geschlossen),
- Reihenfolge-Effekte,
- Ausstrahlungseffekte,
- Wortlaut der Fragen,
- Anzahl der Antwortvorgaben,
- Anzahl der Skalenpunkte.

Offene versus geschlossene Fragen

Geschlossene Fragen bieten dem Befragten bereits vorgefertigte Antwortmöglichkeiten an (z.B. „stimme zu", „stimme nicht zu", „weiß nicht"). Dadurch werden dem Befragten auch Antworten nahe gelegt, auf die er von selbst vielleicht nicht gekommen wäre.

Bei offenen Fragen werden dem Befragten keine Antwortvorgaben gegeben. Er muss selbst seine Antwort formulieren. Dies benachteiligt Befragte, die sich schlechter artikulieren können. Außerdem ist die Datenerfassung aufwändiger (die Antworten müssen erst in Kategorien zusammengefasst werden). Es gibt aber auch Fragen, die zwangsläufig offen sein müssen, z.B. die Abfrage der ungestützten Marken- bzw. Werbeerinnerung.

Wurden Reihenfolge oder Ausstrahlungseffekte ausgeschlossen?

Auch die Reihenfolge von Fragen und Antwortvorgaben beeinflusst das Antwortverhalten.

Reihenfolge-Effekte: In einer vorgegebenen Liste werden die Items am Anfang und am Ende häufiger gewählt als die Items in der Mitte. Lösung: Reihenfolge rotieren lassen (z.B. Kartenspiel)

Ausstrahlungseffekte: Die vorhergehende Frage beeinflusst die Beantwortung der folgenden Fragen (Befragter will übereinstimmende Antworten geben; Frage wird in einem anderen Zusammenhang gesehen.) Lösung: Sorgfältige Anordnung der Fragen im Fragebogen

Wie ist der Wortlaut der Fragen?

Die Wortwahl beeinflusst das Antwortverhalten in starkem Maße, das haben zahlreiche Studien gezeigt. Deshalb muss auf die Formulierung der Fragen besondere Sorgfalt verwandt werden. Hier sind einige wenige Punkte aufgeführt, die man bei der Frageformulierung beachten sollte:

Wenn in der Frage bereits eine Antwortalternative genannt wird, wird oft diese Antwort bevorzugt. Zum Beispiel: „Sind Sie für eine Aufhebung der Ladenschlussgesetze?“ Lösung: Auch die Gegenposition in die Frage mit aufnehmen: „Sind Sie für die Aufhebung der Ladenschlussgesetze oder sind Sie dagegen?“

Bewertende oder missverständliche Formulierungen müssen unbedingt vermieden werden. Ebenso Fremdwörter oder eine umständliche Bürokratensprache.

Die Anzahl der Antwortvorgaben beeinflusst die Antworten. Je mehr Antwortvorgaben vorliegen, desto geringer kann die Häufigkeit jeder einzelnen Antwort sein. Bei drei Antwortvorgaben hätte jede Antwort eine zufällige Chance von 33 %, bei fünf Vorgaben liegt die Zufallschance nur bei 20 %. Natürlich werden Antworten nicht zufällig gegeben, aber Studien haben gezeigt, dass die Antworten bei unterschiedlicher Anzahl von Antwortvorgaben unterschiedlich streuen, auch wenn dies den Befragten gar nicht bewusst ist. (Beispiel für unterschiedliche Antwortvorgaben und ihre Auswirkungen: Media-Abfrage in MA und AWA).

Die Anzahl der Skalenpunkte beeinflusst die Antworten. Wenn der Befragte seine Zustimmung zu einer Aussage auf einer Skala von 5 Punkten angeben soll (1= „stimme voll und ganz zu“; 5 = „stimme überhaupt nicht zu“), so hat er die Möglichkeit, die neutrale Mitte zu wählen (3 = „weder noch“). Stehen ihm nur 4 Skalenpunkte zur Verfügung, muss er sich für eine positive oder negative Beurteilung entscheiden, ob er will oder nicht.

Dies sind natürlich nur einige Punkte, die bei der Umfrageforschung zu beachten sind.

Welche Analyseverfahren sind mit den Daten möglich?

Grundlegende Einheit der Datenanalyse ist die Variable

Die grundlegende Einheit einer Datenanalyse ist die Variable. Eine Variable ist ein Merkmal, das die Elemente eines Datensatzes gemeinsam haben.

Beispiele für Variablen sind Geschlecht, Alter, Haushalts-Einkommen, Interesse an Sport, Cerealien-Verwendung, etc. Wie die Beispiele zeigen, besitzen Variablen verschiedene Ausprägungen. Die Zahl der Ausprägungen ist von Variable zu Variable unterschiedlich.

Beispiele: Geschlecht: Zwei Ausprägungen (männlich und weiblich); Interesse an Sport: vier Ausprägungen (großes Interesse, mittleres Interesse, geringes Interesse, gar kein Interesse).

Die Anzahl von Variablen und deren Ausprägungen wird durch die Erhebungsmethode (Fragebogen) bestimmt.

Skalenniveaus für Variable

Nicht alle weiter gehenden Analyseverfahren sind auf alle Variablen anwendbar. Die Variablen können auf unterschiedlichen Messniveaus (= Skalenniveaus) vorliegen. Insgesamt differenziert man vier verschiedene Skalenniveaus:

- Nominalskalen,
- Ordinalskalen,
- Intervallskalen und
- Metrische Skalen.

Nominale Daten: Eine Variable wird klassifiziert. Eine Befragungsperson ist entweder männlich oder weiblich. In einem Datensatz wird ihr ein Zahlenwert zugeordnet, der für diese Merkmalsausprägung steht (z.B.: männlich = 1, weiblich = 2). Auch wenn es sich um Zahlen handelt, können keine Rechenoperationen vorgenommen werden. Zum Beispiel ist es unzulässig (und sinnlos), einen Mittelwert zu berechnen.
Ordinale Daten: Die Ausprägungen liegen in einer Reihenfolge vor, die bedeutsam ist. Allerdings können die Abstände zwischen den Elementen einer Reihenfolge unterschiedlich sein. Beispiel: Klausurnoten (Die Note Eins ist besser als die Note Fünf, aber der Abstand zwischen den Noten Eins und Zwei kann anders sein als der Abstand zwischen den Noten Vier und Fünf).
Intervall-skalierte Daten: Die Ausprägungen liegen in einer klaren Abstufung vor, wobei jede Stufe den gleichen Abstand zur nächsten hat. Beispiel: Intelligenz-Quotient.
Metrische Daten: Hier gilt das Gleiche wie für die intervall-skalierten Daten, jedoch gibt es einen eindeutigen absoluten Nullpunkt (Beispiele sind Temperatur und Alter: ein 4-Jähriger ist doppelt so alt wie ein 2-Jähriger, und alle beginnen bei der Geburt mit 0 Jahren).

VIELE HÖHERE ANALYSEVERFAHREN ERFORDERN MINDESTENS INTERVALL-SKALIERTE DATEN (Z.B. MULTIPLE REGRESSION).

Dies wird bei der Darstellung der Analyseverfahren an späterer Stelle noch weiter ausgeführt. Wird ein falsches Verfahren angewendet, kann es zu falschen oder sinnlosen Ergebnissen kommen.

Ein **Sonderfall** sind **skalierte Antworten**: Oft werden in Fragebögen den Befragten skalierte Antwortmöglichkeiten gegeben: „Stimme der Aussage stark zu" = 1; „Stimme der Aussage gar nicht zu" = 5. Auch wenn diese Daten streng genommen nicht auf Intervall-Skalenniveau sind (da jeder Befragte die Abstände zwischen den Skalenpunkten anders sehen kann), werden sie oft trotzdem als solche behandelt.

Fazit

Wir hoffen, dass wir mit diesem Überblick die notwendige Basis für das Verständnis der Methoden und Ergebnisse der Werbeträgerforschung gelegt haben. Weitere allgemein-methodische Exkurse finden sich an anderen Stellen in diesem Buch im Zusammenhang mit Typologien und der Erforschung der Werbewirkung.
Wenden wir uns nun wieder unserem eigentlichen Thema dieses Kapitels zu, der Werbeträger-Forschung.

3.3 Werbeträger-Forschung

Wie schon erläutert, benötigen Mediaplaner Daten, um ihren Job machen zu können: Zum einen, um im Vorfeld die richtige Auswahl von Mediengattungen, Werbeträgern und redaktionellen Umfeldern treffen zu können. Zum anderen, um ihre Leistung gegenüber ihren Auftraggebern nachzuweisen: Wird der notwendige Werbedruck mit dem vorhandenen Budget und dem entsprechendem Mediaplan erreicht? Hat denn die TV-Kampagne tatsächlich so viel Haushaltsführende zwischen 20 und 49 Jahren erreicht, wie es der ursprüngliche Mediaplan versprochen hat? Diese Daten liefert die Werbeträger-Forschung. Sie ist ein Spezialgebiet innerhalb der empirischen Sozialforschung, aber eines der professionellsten und kommerziell erfolgreichsten. Vier Aufgaben hat die Werbeträger-Forschung:

Aufgabenkatalog

1. Sie soll ermitteln, wie groß die Nutzerschaft eines Werbeträgers ist, d.h., sie misst seine Reichweite.
2. Mediaforschung soll Aufschluss darüber geben, wie sich die Nutzerschaft von Werbeträgern zusammensetzt. Wie sieht die Struktur der Leser- und Zuschauerschaften aus? (z.B.: Wie hoch ist der Anteil junger Frauen unter der Leserschaft des STERN?)?
3. Wie viele Personen innerhalb der Zielgruppe werden mit einem Mediaplan wie oft erreicht? (Reichweiten- und Kontaktkumulation)?
4. Wie ist der Kontakt mit dem Medium im Vergleich zu anderen Medien zu bewerten? (Kontaktqualität und intermediale Vergleichbarkeit)?

Diese Funktionen der Forschung werden in diesem Abschnitt erläutert anhand der wichtigsten Datenquelle für die Mediaplanung in Deutschland: Der Media-Analyse, auch kurz MA genannt. Sie liefert valide Nutzungsdaten für Printmedien, Radio, Kino und Lesezirkel. Auf die Plakat-Media-Analyse, die inzwischen unter dem Dach der ag.ma erhoben wird, werden wir ebenfalls näher eingehen. Daneben stellen wir die Arbeitsgemeinschaft Fernsehforschung und die von der AGF/GfK Fernsehforschung erhobenen TV-Daten ausführlich dar.

Mediaforschung ermöglicht heutzutage eine sehr differenzierte Zielgruppenanalyse. Mit den von der Mediaforschung erhobenen Daten lassen sich Zielgruppen definieren, die eine Vielzahl relevanter Merkmale berücksichtigen. Psychografische oder Lebensstil-basierte Typologien sind mittlerweile gängige Praxis in der Mediaplanung. Wie solche Typologien zu Stande kommen und welche Aufgabe sie in der Mediaplanung haben, ist ein weiteres Thema dieses Kapitels.

3.3.1 Media-Analysen und Markt-Media-Analysen

Media-Analyse betrifft Mediennutzung, Markt-Media-Analyse bezieht Konsumverhalten mit ein

Media-Analyse und Markt-Media-Analysen sind insofern zu differenzieren, dass es den ersteren eindeutig darum geht, die individuelle Mediennutzung so optimal, valide und mediengerecht wie möglich zu erheben, während die Aufgabe der Markt-Media-Analysen darin besteht, Informationen zur Mediennutzung und gleichzeitig differenzierte Konsum- und Verbraucherinformationen zur Verfügung zu stellen.

In Anbetracht der maximal möglichen Interviewlänge, von z.B. rund einer Stunde pro Face-to-face-Interview, bedeutet dies, dass eine Media-Studie wie die MA sehr stark auf die Medienabfrage fokussieren kann, während innerhalb der Markt-Media-Analysen diese Abfrage verkürzt vorkommen muss.

Media- und Markt-Media-Studien im Vergleich

Media-Studien	Markt-Media-Studien
Aufgabe ist die optimale, valide und mediengerechte Erhebung der individuellen Mediennutzung	Aufgabe ist die Erhebung differenzierter Konsuminformationen und der Mediennutzung über eine (!) Studie
Beispiele • Media-Analyse der ag.ma • Fernsehpanel der TV-Forschung • CATI-Erhebung Hörfunk (AG.MA) • Plakat-Media-Analyse (PMA)	Beispiele: • Verbraucher-Analyse (VA) • VuMA für Hörfunk/TV • Typologie der Wünsche Intermedia (TdW I) • Allensbacher Werbeträger-Analyse (AWA)

Abb. 3.4

Um aber trotzdem auf valide Reichweiten zu kommen, stellt im Print- und Hörfunkbereich die ag.ma auch mit den MA-Reichweiten die Standardwährung bereit, die von den Markt-Media-Studien via Anpassung übernommen wird.

Anpassung bedeutet in diesem Zusammenhang, dass die Markt-Media-Studien durch die Gewichtung wichtiger demografischer Merkmale (Geschlecht, Alter, Ortsgrößenklassen) versuchen, in diesen Teilgruppen identische Leistungswerte (Reichweiten und Strukturen) auszuweisen. Dies geht sehr gut in breiteren Zielgruppen-Segmenten, führt aber auch dazu, dass in kleinen definierten Zielgruppen die Potenziale von Studie zu Studie abweichen. Deshalb sollte man sich bei der Arbeit mit Markt-Media-Studien für eine entscheiden. Ein Planer sollte jene Studie verwenden, die seinen methodischen und inhaltlichen Anforderungen am ehesten gerecht wird.

Kriterium für das Heranziehen einer der Studien

Allerdings sollte man möglichst nur gleichzeitig mit einer Studie arbeiten, da es trotz gleicher Fragestellung zu Unterschieden bei mehreren Studien kommen kann. Wie sich die Potenziale mit zunehmender Differenzierung der Zielgruppen-Definition verändern, zeigt das folgende Beispiel, bei dem die MA, die Verbraucher Analyse und die BRIGITTE Kommunikations-Analyse verglichen wird.

Warum man immer nur mit einer Studie arbeiten sollte (I)

Vergleich der Potenziale

	MA	VA	KA
Frauen	33,31	33,31	–
Frauen 14-64	25,55	25,54	25,53
Frauen 20-49	15,43	15,45	15,32
Frauen 14-64, die Vichy als pflegende Gesichtskosmetik verwenden	–	1,57	2,41
Frauen 20-49, die Vichy als pflegende Gesichtskosmetik verwenden	–	1,04	1,55

Abb. 3.5: Potenzialvergleich (Quellen: Media-Analyse (MA), Verbraucher Analyse (VA), BRIGITTE Kommunikationsanalyse (KA)

Die dargestellten Potenziale basieren auf ähnlichen und damit vergleichbaren Erhebungszeiträumen der Studien. Schon bei der Verknüpfung von Geschlecht und Alter (Frauen 20 – 49 Jahre) gibt es erhebliche Abweichungen zwischen der MA und der BRIGITTE Kommunikationsanalyse (KA). Betrachtet man die konsumspezifischen Zielgruppen, so liegen die Potenziale der KA ca. 50 % höher als bei der Verbraucher Analyse. Der Vergleich von Lippenstift-Verwenderinnen nach Verwendungsintensität weist noch extremere Abweichungen auf.

Warum man immer nur mit einer Studie arbeiten sollte (II)

Vergleich der Potenziale nach Verwendungsintensitäten (Mio)

Frauen 20-49 Jahre, die Lippenstift oder Lipgloss... verwenden

	VA	KA
täglich, fast täglich	4,15	4,42
mehrmals pro Woche	3,12	3,69
ca. 1 mal pro Woche	1,24	0,70
mehrmals/1-2-mal pro Monat	1,16	0,47
nur zu besonderen Anlässen/seltener	3,43	1,43
gar nicht/nie, so gut wie nie	2,35	3,56

Abb.3.6: Vergleich von Potenzial nach Verwendung (Quellen VA, KA)

Wie gesagt, die in diesem Beispiel gezeigten Potenziale basieren auf absolut identischer Fragestellung! So beunruhigend diese Feststellung zunächst wirkt, muss ausdrücklich betont werden, dass die Ergebnisse der einzelnen Studien in sich meist konsistent sind. Die Abweichungen kommen primär dadurch zu Stande, dass in den beiden Untersuchungen unterschiedliche Segmente der Grundgesamtheit in der Stichprobe unterrepräsentiert sind, wodurch unterschiedliche Gewichtungen notwendig wurden. In der VA müssen evtl. eher jüngere Personen hochgewichtet werden, während dies bei der Kommunikations-Analyse eher berufstätige Frauen mit leitenden Funktionen sein können.

3.3.1.1 Die Media-Analyse der ag.ma

Die MA gilt als wichtigste Intermedia-Studie

Die Media-Analyse (MA) gilt als wichtigste Intermedia-Studie in Deutschland und liefert Basisdaten für die Bewertung folgender Mediengattungen: Publikumszeitschriften, Zeitungen, Hörfunk, Kino und Lesezirkel (wobei hier die Werbung auf den Umschlägen von Lesezirkel-Zeitschriften gemeint sind).

Im Bereich Publikumszeitschriften liefert die MA die Standard-Währung für fast alle Markt-Media-Studien (z.B. VA oder TdWI). Die Print-Tranche der MA erscheint zweimal jährlich und bietet Reichweiten und Strukturen nach ausschließlich soziodemografischen Merkmalen.

Das Prinzip der Gemeinschaftsuntersuchung verschiedener Mediengattungen ist insofern vorbildlich, da alle Marktpartner, nämlich Werbungtreibende, Agenturen und Medienanbieter gemeinsam am Tisch sitzen und konsensfähige Methoden entwickeln.

Gremien der ag.ma

Entscheidungsbildende Gremien der ag.ma sind:

- Mitgliederversammlung (Werbeagenturen und Werbungtreibende halten 34% der Stimmen),
- Vorstand (7 Personen), jeweils ein Vorstand pro Mediengattung bzw. Mitgliedergruppe (TV, HF, PZ, TZ, Plakat, GWA, OWM),
- Arbeitsausschuss (39 Personen),
- Technische Kommission (sieben gewählte Marktforscher plus neun berufene Mitglieder).

Mit dieser Stimmenverteilung können die Nutzer der ag.ma, also die Werbungtreibenden und Agenturen, zwar nichts gegen die Interessen der Medien innerhalb der ag.ma durchsetzen, aber alles verhindern. Laut ag.ma-Satzung bedarf es einer Zwei-Drittel-Mehrheit, um eine Veränderung der ag.ma Konzeption zu erwirken.

Steckbrief: Media-Analyse Pressemedien 2002 II (MA)

Art der Untersuchung: Multi-Media-Analyse

Herausgeber: Arbeitsgemeinschaft Media-Analyse e.V. (ag.ma)

Erscheinungsweise: 2 x jährlich

Durchführende Institute: IFAK, INRA, IPSOS, MEDIA MARKT ANALYSEN, MARKTPLAN, NFO Infratest

Grundgesamtheit: Deutsche Bevölkerung in Privathaushalten am Ort der Hauptwohnung in der BRD ab 14 Jahren

Erhebungszeitraum:
PT 2002 Welle 1: 25.03.2001 – 14.07.2001 und 26.08.2001 – 29.09.2001
PT 2002 Welle 2: 30.09.2001 – 15.12.2001 und 06.01.2002 – 23.02.2002

Untersuchungsgegenstand: Struktur der dt. Bevölkerung ab 14 Jahre – Reichweiten und Strukturen von klassischen Werbeträgern – Werbeträger-/Werbemittelkontaktchance – Besitz von Gebrauchsgütern, Wohnsituation, Hobby-, Freizeittätigkeiten, Tiere im HH, Einkaufsgewohnheiten, Online-Nutzung

Einbezogene Medien: PZ, Wochenzeitungen, Supplements, Kaufzeitungen, Tageszeitungen, Stadtillustrierte, Lesezirkel, Kino

Form der Veröffentlichung: Bände + CD-ROM- Berichtsband Pressemedien- Generalübersicht Bevölkerung- Erläuterungen und Dokumentationen (Kodeplan, Datensatz Grundzählung, -Pressemedien, Einzeldarstellung).

Alle Mediengattungen zusammen erreichen nur 66%, während umgekehrt die Nutzer zusammen mit einer Mediengattung (Elektronisch oder Print) die Zwei-Drittel-Mehrheit erreichen können. Dabei ist es Usus, dass nicht mit einer betroffenen Mediengattung gegen die andere Gattung votiert wird.

Wie sehen nun genau die Befragungen der ag.ma aus, d.h. wie kommen die Reichweiten, die so gerne als Währung bezeichnet werden, eigentlich zu Stande? Das soll im folgenden Abschnitt ausführlicher dargestellt werden.

3.3.1.1.1 Das MA-Erhebungsmodell

Beschreibung des Erhebungsmodells exemplarisch für Publikumszeitschriften

Das Erhebungsmodell der Media-Analyse wird nachfolgend am Beispiel der Publikumszeitschriften dargestellt, da diese Vorgehensweise aus unserer Sicht am einfachsten darzustellen und nachzuvollziehen ist. Für die Print-Tranche werden als Erhebungstechnik mündliche, persönliche Interviews (Face-to-face) eingesetzt. Die Stichprobe wird durch eine Zufallsauswahl (Random) gezogen. Ziel dieser Untersuchung ist es, neben der Erhebung allgemeiner soziodemografischer Informationen über den Befragten und seinen Haushalt, herauszufinden, welche von ca. 180 Zeitschriften von dem Befragten gelesen werden. Wie wird ein Befragter nun zum Leser? Grundlage ist ein methodischer Ansatz, der als „Recent Reading"-Modell bezeichnet wird. Das bedeutet, im Interview wird gefragt, ob und wann eine bestimmte Zeitschrift zuletzt gelesen wurde.

Filterführung

Leseridentifikation durch Filterführung

Unter Filterführung versteht man die Fragen im Fragebogen, mit deren Hilfe festgestellt wird, ob ein Befragter nun ein Leser einer speziellen Zeitschrift ist oder nicht. Die Befragungspersonen bekommen zunächst so genannte Titelkarten vorgelegt. Titelkarten sind kleine visuelle Erinnerungshilfen im Spielkartenformat (siehe Abb. 3.7 auf der folgenden Seite). Für jede Zeitschrift gibt es eine Titelkarte, auf der das Logo und/oder der Schriftzug des jeweiligen Titels in Original-Farben abgebildet sind. Alle Titelkarten werden gemischt, bevor sie dem Interviewpartner in die Hand gegeben werden. Damit verhindert man Reihenfolge-Effekte, wie sie im Abschnitt über Fragebogengestaltung erläutert wurden. Gegenwärtig gibt es rund 180 Karten.

Titelkarten

Die Karten müssen nun von den Befragten auf drei Stapel sortiert werden, und zwar danach, ob die Zeitschrift...
- überhaupt nicht bekannt ist,
- nur dem Namen nach bekannt ist,
- oder ob man sie schon mal in der Hand hatte, um darin zu lesen oder zu blättern.

Dieses Vorgehen ist in Abb. 3.8 veranschaulicht.

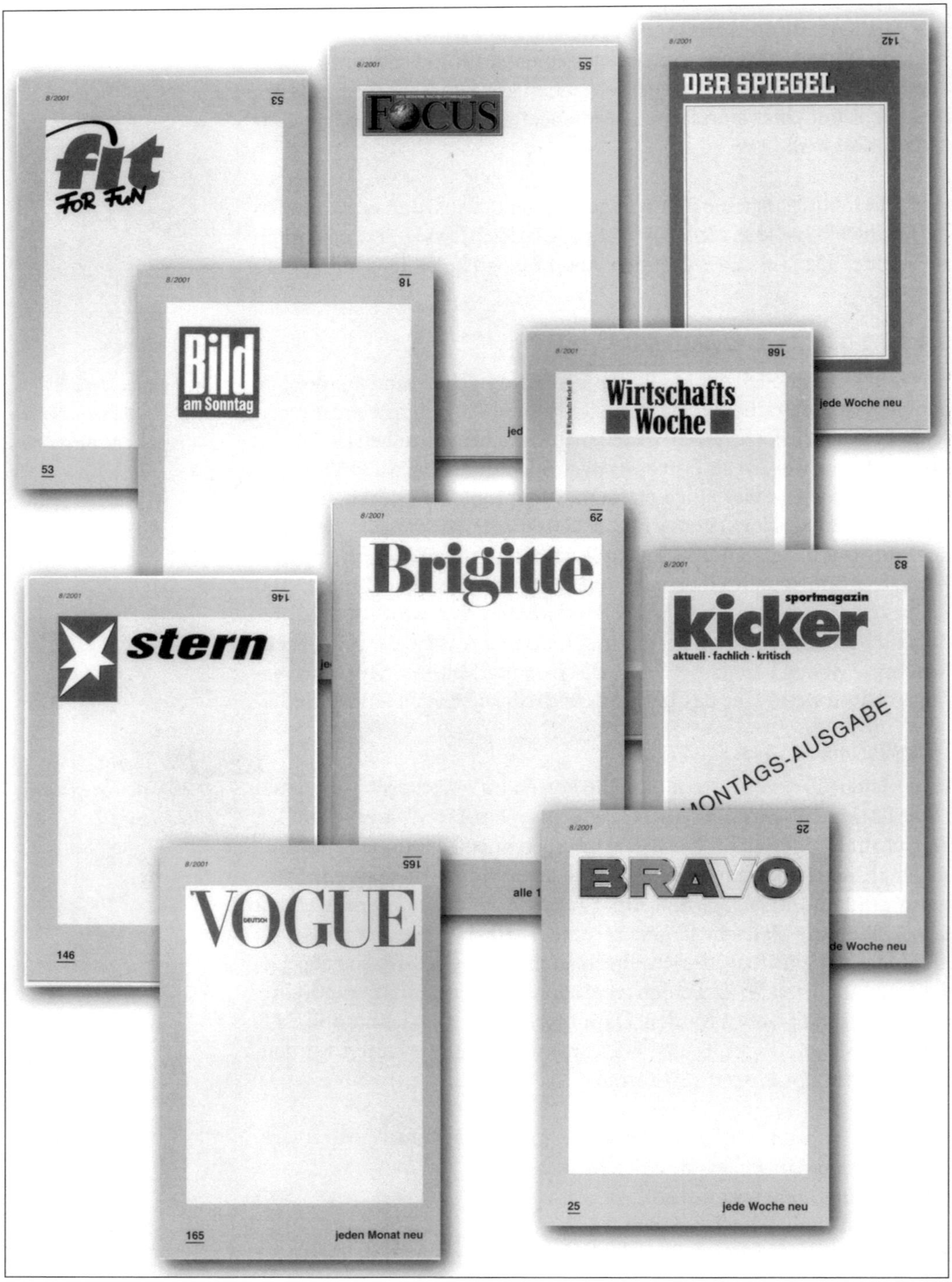

Abb. 3.7: Beispiele für Titelkarten

Befragungsbeispiel Publikumszeitschriften
Generalfilter

Diese Zeitschriften
kenne ich überhaupt nicht

Diese Zeitschriften sind mir
nur dem Namen nach bekannt

In diesen Zeitschriften habe ich
schon mal geblättert oder gelesen → Großer Zeitfilter

Abb. 3.8: Befragungsbeispiel Pulbikumszeitschriften, Generalfilter

Diesen ersten Filter nennt man **Generalfilter**, da er zunächst die Vielzahl von Titelkarten auf die Anzahl reduziert, die von der Befragungsperson schon einmal genutzt wurde.

Der nächste Filter ist der so genannte **große Zeitfilter**, der sich je nach titelspezifischer Erscheinungsweise auf unterschiedlich zurückliegende Zeiträume bezieht. Das ag.ma-Modell geht dabei von 12 zurückliegenden Erscheinungsintervallen aus, in denen man einen Titel gelesen haben sollte. Die Zahl Zwölf erscheint hier leicht nachvollziehbar, da eine monatliche Zeitschrift eben gerade zwölfmal pro Jahr erscheinen kann. Übrigens werden in anderen Ländern sehr oft auch nur sechs Erscheinungsintervalle abgefragt.

Basis sind immer 12 zurückliegende Erscheinungsintervalle

Zur Feststellung des „Lesens" innerhalb der zwölf zurückliegenden Erscheinungsintervalle werden die Titelkarten zunächst vom Interviewer nach Erscheinungsintervall sortiert. Die Befragungsperson macht daraufhin Angaben zum letzten Lesen des jeweiligen Titels, und zwar beginnend mit den monatlichen Titeln.

Großer Zeitfilter

Beispiel: monatliche Titel

In dieser Zeitschrift habe ich zuletzt geblättert und gelesen

- in den letzten 12 Monaten ← WLK
- ein bis zwei Jahre her
- länger her

Abb. 3.9: Großer Zeitfilter – WLK ist definiert über Nutzung innerhalb der letzten 12 Erscheinungsintervalle

Analog den monatlichen Zeitfiltern werden 14-tägig erscheinende Zeitschriften mit einer Skala abgefragt, die folgende Skalenpunkte hat: „in den letzten 6 Monaten“, „ein halbes Jahr bis ein Jahr“, „länger her“. Bei wöchentlichen Titeln umfasst die Skala die Punkte „in den letzten 3 Monaten“, „3-6 Monate“ und „länger her“.

Weitester Leserkreis

Alle Personen, die einen Titel innerhalb der letzten zwölf Erscheinungsintervalle genutzt haben, gehören nun qua Definition zum ‚Weitesten Leserkreis’ (WLK). Mit dieser Information wissen wir bisher nur, wie viele Personen mindestens in einer Ausgabe von insgesamt zwölf Ausgaben in dem zurückliegenden Zeitraum geblättert oder gelesen haben. Zur Bestimmung präziser Reichweiten benötigen wir aber zwei weitere Informationen:

- Wann wurde zuletzt gelesen oder geblättert (LpN)?
- Wie viele Ausgaben von insgesamt zwölf wurden (schätzungsweise) genutzt (Frequenz)?

Der **Leser pro Nummer (LpN)** ist definiert als Leser im letzten Erscheinungsintervall, d.h., je nach Erscheinungsweise geht es um die letzten 7 Tage (bei wöchentlich erscheinenden Titeln) bis zu den letzten 4 Wochen bei monatlichen Publikationen.

LpN Leser pro Nummer

Lesen im letzten Erscheinungsintervall

Weitere Frage (für monatl. Titel):
Diese Zeitschrift erscheint jeden Monat neu.
Wann haben Sie zuletzt in TITEL geblättert oder gelesen?

in den letzten 4 Wochen ← LpN
1 bis 2 Monate her
2 bis 3 Monate her
länger her

Abb. 3.10: LpN – Leser pro Nummer

DER LPN LIEFERT NUN DIE EIGENTLICHE REICHWEITE DES TITELS.

Denn, wenn z.B. 1.000 von 20.000 Personen im Erhebungszeitraum angeben, im LpN zu sein, dann müsste der Titel eine Reichweite von 5% aufweisen (da 1.000 von 20.000 Personen = 5%).

Da die Befragung ja nicht zu einem bestimmten Zeitpunkt stattfindet (bzw. aus erhebungstechnischen Gründen auch nicht stattfinden kann), ergibt sich aus der jeweiligen LpN-Angabe im Zeitverlauf (z.B. 4-6 Monate) ein entsprechender Durchschnittswert.

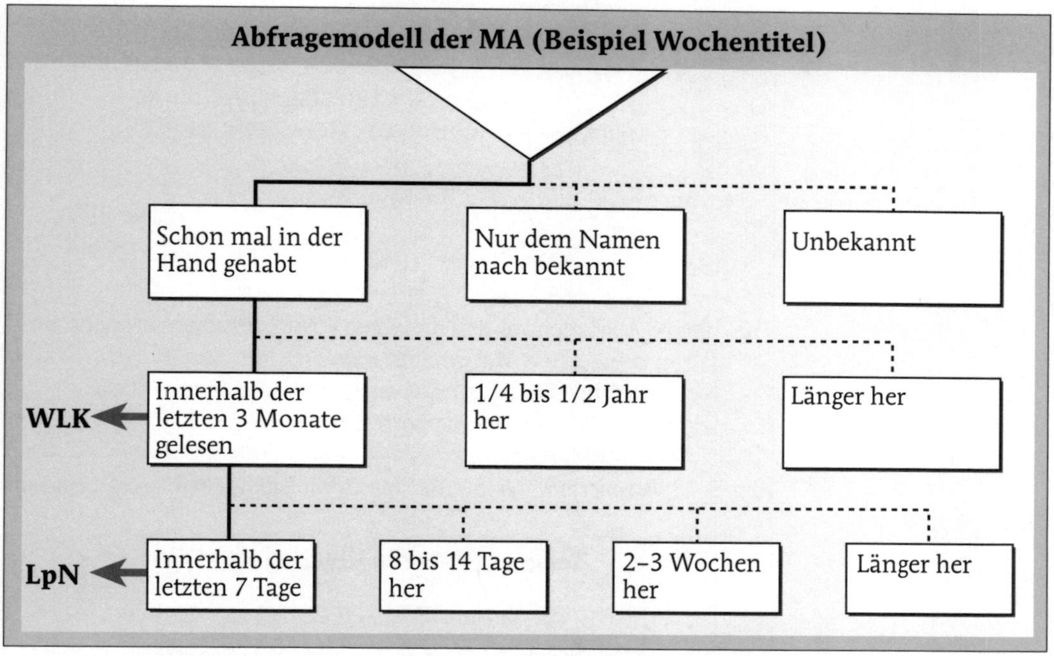

Abb. 3.11: Abfragemodell der MA

Jetzt belegen wir aber unter dem Aspekt Werbung eine Zeitschrift öfter als einmal. Gleichzeitig wissen wir, dass bestimmte Zeitschriften nicht immer wieder von denselben Personen gelesen werden. Jeder Titel hat ebenso regelmäßige wie gelegentliche Leser, die ihn nur ganz selten am Kiosk kaufen. Je nach Anteil gelegentlicher, durchschnittlicher und regelmäßiger Leser erreicht somit ein Titel entweder fast immer in etwa dieselben Personen oder mit jeder Ausgabe ganz neue Leser.

Wir sprechen in diesem Zusammenhang von Reichweiten- und Kontakt-Kumulation.

Reichweiten- und Kontakt-Kumulation

Würde ein Titel immer dieselben Personen erreichen, so ergäbe sich z.B. nach 12 Ausgaben dieselbe Reichweite wie nach einer Ausgabe, alle Personen hätte man aber 12 mal erreicht. Abb. 3.12 auf der folgenden Seite zeigt im Beispiel die Kumulation für diesen Fall.

Würde andererseits ein Titel mit jeder Ausgabe eine ganz andere Leserschaft erreichen, so hätte man nach 12 Ausgaben zwölfmal so viele Leser wie nach der ersten erreicht, aber jeden nur einmal. Abb. 3.13 veranschaulicht, wie sich dann die Kumulation darstellen würde.

Beide dargestellten Kumulationsverläufe gibt es in der Realität nicht. Faktisch bewegt man sich irgendwo dazwischen. Dabei gibt es Unterschiede zwischen den Zeitschriftengattungen, bei Programmzeitschriften z.B. eher in Richtung regelmäßige Leserschaft, bei anderen Titeln eher in die andere Richtung.

Beispiel (Netto-) Reichweite (I)

am Beispiel DER SPIEGEL (LpA)
= 6 Mio. Leser (=10 % von GG 60 Mio. Leser)

6 Mio. = 10 %	6 Mio. = 10 %	6 Mio. = 10 %	= regelmäßige Leserschaft

... nach 3 Ausgaben werden dieselben 6 Mio. Personen erreicht, die schon beim ersten Mal erreicht wurden.
... Netto-Reichweite nach drei Ausgaben: 6 Mio. Pers. = 10 %
... wie oft werden die Personen erreicht? 3-mal

Abb. 3.12: Beispiel zur (Netto-)Reichweite im Fall regelmäßiger Leserschaft

Beispiel (Netto-) Reichweite (I)

am Beispiel DER SPIEGEL (LpA)
= 6 Mio. Leser (=10 % von GG 60 Mio. Leser)

6 Mio. = 10 %

6 Mio. = 10 %

= (sehr) gelegentliche Leserschaft

6 Mio. = 10 %

... mit jeder Ausgabe werden jeweils 6 Mio. verschiedene Personen erreicht, die jeweils nur eine Ausgabe gelesen haben.
... Netto-Reichweite nach drei Ausgaben: 18 Mio. Pers. = 10 %
... wie oft werden die Personen erreicht? 1-mal

Abb. 3.13: Beispiel zur (Netto-)Reichweite im Fall sehr gelegentlicher Leserschaft

Durch den LpN wissen wir nur, wie viele Personen durchschnittlich eine Ausgabe genutzt haben, aber nicht, was nach mehreren Ausgaben passiert. Wir brauchen also noch eine Angabe zur Lesehäufigkeit, um eine Aussage über die so genannte Netto-Reichweite nach mehreren Ausgaben zu ermöglichen. Deshalb gibt es noch eine Frequenzfrage pro Titel im weitesten Leserkreis (WLK), welche lautet:

> *Frage (Bsp. monatl. Titel): „Von dieser Zeitschrift erscheinen in 12 Monaten 12 verschiedene Ausgaben. Wie viele von diesen 12 verschiedenen Ausgaben haben Sie in den letzten 12 Monaten durchgeblättert oder gelesen? Schauen Sie bitte auf dieses Blatt und sagen Sie mir, was für diese Zeitschrift zutrifft."*

Somit erfahren wir nun auch, wer einen speziellen Titel regelmäßig und wer ihn nur ab und zu liest.

Wie können wir diese Information entsprechend berücksichtigen? Die Antwort: Wir wandeln die Informationen zur Lesefrequenz in Wahrscheinlichkeitswerte um, wobei einzelne Frequenzklassen zusammengefasst werden, da es sich ja eher um eine Schätzung der Befragungsperson handelt (wobei übrigens p für das englische probability steht, also die Wahrscheinlichkeit):

Frequenzfrage
Berechnung der p-Werte

	Verrechnung	Wahrscheinlichkeit (p-Wert)
1 Ausgabe	= 1/12	= 0,083
2 - 3 Ausgaben	= 2,5/12	= 0,208
4 - 5 Ausgaben	= 4,5/12	= 0,375
6 - 7 Ausgaben	= 6,5/12	= 0,542
8 - 9 Ausgaben	= 8,5/12	= 0,709
10 - 11 Ausgaben	= 10,5/12	= 0,875
12 Ausgaben	= 12/12	= 1,000

Abb. 3.14: Frequenzfrage Berechnung der p-Werte

Eine Wahrscheinlichkeit von 0,5 würde nun bedeuten, dass die Person eine Frequenzangabe von 6 von 12 Ausgaben gemacht hat. Das heißt, die Person nutzt jede zweite Ausgabe des betreffenden Titels. Stellen wir uns nun vor, dass insgesamt 200 Personen diese Angabe gemacht haben. Dann würde dies wahrscheinlichkeitstheoretisch bedeuten, dass die eine Hälfte (= 100 Personen) die eine Ausgabe nutzt und die andere Hälfte die jeweils nächstfolgende Ausgabe. Die Ausgaben würden also von den 200 Personen immer alternierend genutzt werden. Demzufolge müssten aber auch 100 dieser 200 Personen eine LpN-Angabe gemacht haben, da sie ja im letzten Erscheinungsintervall gelesen haben. Daraus müsste folgen, dass die Summe der LpN pro Titel mit der Addition der Nutzungswahrscheinlichkeiten (p-Werte) übereinstimmt. In der Realität ist dies allerdings nicht so eindeutig, doch gibt es in etwa Übereinstimmung.

Und da man den LpN für die verlässlichere Angabe hält, werden LpN und Frequenzangaben so justiert, dass der LpN die neue Währung determiniert. Die neue Währung nennt man Leserschaft pro durchschnittliche Ausgabe (LpA) und sie bildet die Planungsbasis für alle Media- und Markt-Media-Studien, die mit Printmedien zu tun haben.
Abb. 3.15 gibt dazu noch ein einfaches Beispiel

Befragungs-personen	LpN Angaben	Frequenz-	LpA (P-Wert)
1	X		0,4
2	-	alle	0,4
3	-	6/12	0,4
4	-	=0,5	0,4
5	X	(p-Wert)	0,4
6	X		0,4
7	-		0,4
8	-		0,4
9	X		0,4
10	-		0,4
Summe	4	60/12=5	4

Erläuterung

Da nur 4 von 10 Personen im LpN sind, obwohl alle 10 Befragungspersonen eine Frequenz von 6/12 angaben, erhalten die Personen im LpN und LpA nun nicht den p-Wert 0,5 sondern nur 0,4. Die Reichweite wäre entsprechend 4/10 = 40%.

Wichtig ist aber vor allem auch, dass es einen neuen p-Wert für die Kumulation gibt.

Hier ist darauf hinzuweisen, dass dies nur ein vereinfachtes Beispiel ist. In der Realität gibt es alle Frequenz-Angaben von 1/12 bis 12/12 und innerhalb der Frequenzen unterschiedlichste LpN-Angaben. Des Weiteren werden die Originär-Angaben transformiert, redressiert und segmentiert.

Abb. 3.15: Beispiel: LpN, Frequenzabfrage und LpA

Leistungs-Kumulation

Neben der nun präziseren Definition der p-Werte über die Korrektur durch den LpN ermöglichen die p-Werte auch die Berechnung der Reichweiten-Kumulation. Dies geschieht nach dem Binominal-Modell für jede Person und jeden Titel nach folgender Formel:

FORMEL Binominal
$1 - (1 - p)^n$, mit p Wahrscheinlichkeitswert und n = Anzahl Ausgaben

Setzen Sie nun als p-Wert 0,5 und n=1, so ergibt sich 0,5. Nach zwei Ausgaben ergibt sich dann 0,75, was bedeutet, dass die Wahrscheinlichkeit mit jeder zusätzlichen Ausgabe ansteigt, dass diese Person über den Titel erreicht wird.

Angenommen, 10% aller Interviewten wären Leser eines Titels und hätten p = 0,5 nach einer Ausgabe, dann hätte dieser Titel eine Reichweite von 5% und nach zwei Ausgaben von 7,5%.

Diese Vorgehensweise der Berechnung von Leistungswerten für Medien findet in allen Media- und Markt-Media-Analysen in ähnlicher Weise statt. Auf Besonderheiten, z.B. bei der Messung von TV-Reichweiten, wird später noch eingegangen.

Fassen wir kurz zusammen: Letztlich geht es darum festzustellen, wer in einem bestimmten Zeitraum, wie häufig z.B. einen bestimmten Titel genutzt hat, um daraus abzuleiten, mit welcher Nutzung in der Zukunft zu rechnen ist. Die hohe Stabilität der MA-Daten verweist darauf, dass dies mit dem dargestellten Verfahren offensichtlich gelingt. Mit der dargestellten Filterführung und den nachfolgenden Berechnungen können wir nun klar die Leser einer Zeitschrift identifizieren. Doch das Lesen einer Zeitschrift sagt noch wenig darüber aus, ob ein Rezipient auch mit einer Anzeige in Kontakt gekommen ist. Vielleicht blättert jemand nur einen kleinen Teil einer Zeitschrift auf der Suche nach einem Kreuzworträtsel durch, dann kommt er mit Anzeigen in den nicht durchgeblätterten Teilen gar nicht in Berührung. Hier muss also genauer gefragt und gerechnet werden.

3.3.1.1.2. Der Werbemittel-Kontakt in der MA

In der Werbeträger-Forschung differenziert man drei unterschiedliche Kontaktbegriffe, den **Werbeträger-Kontakt**, die **Werbemittel-Kontaktchance** und den **Werbemittel-Kontakt**. Diese Unterscheidung entwickelte sich historisch durch die immer stärker artikulierte Forderung der Werbungtreibenden, Kontakte so „hart" wie möglich zu erheben und zu definieren. Während Medien mitunter dazu neigen, möglichst hohe Reichweiten haben zu wollen, brauchen die Werbungtreibenden und Agenturen möglichst genaue und wahre Daten. Reicht dann die Frage aus, ob der Befragte eine betreffende Zeitschrift in der Hand hatte, um darin zu lesen oder zu blättern? Ein so ermittelter Leser könnte ebenso eine Person sein, die einen Titel von vorne bis hinten ausführlich studiert, wie auch jemand, der nur einige Seiten darin durchgeblättert hat. Wörtlich genommen könnte sogar ein Analphabet, der sich nur Bilder in einem Heft angeschaut hat, über diese Fragestellung als „Leser" identifiziert werden. Werbungtreibende und Agenturen waren deshalb in der Vergangenheit immer bestrebt, diesen eher „weichen" Kontakt stärker in Richtung Anzeigenkontakt bzw. Anzeigenkontaktchance zu qualifizieren. Wir sprechen deshalb in diesem Zusammenhang auch von

Werbungtreibende und Agenturen wollen „harte" Reichweiten

Kontaktqualität. Die aktuelle Differenzierung der Kontaktebenen bei den Printmedien ist wie folgt definiert:

Kontaktebenen bei Print

- **Werbeträger-Kontakt (LpA)** = Personen, die die betreffende(n) Ausgabe(n) eines Titels in der Hand hatten, um darin zu blättern oder zu lesen.
- **Werbemittel-Kontaktchance (Leser pro Seite = LpS)** = Die Wahrscheinlichkeit, in einer Ausgabe eines Titels eine durchschnittliche Seite aufzuschlagen, um darauf zu schauen oder zu lesen (Lesemenge Gesamt-Heftbeachtung wird berücksichtigt).
- **Werbemittel-Kontakt (Leser pro Werbung führende Seite** = LpwS) Die Wahrscheinlichkeit, in einer Ausgabe eines Titels eine durchschnittliche Anzeigenseite aufzuschlagen, um sie zu lesen (Lesemenge Anzeigen).

Am Beispiel Print ist nachvollziehbar, dass die Werbeträger-Definition („Titel in der Hand gehabt, um darin zu blättern oder zu lesen“) relativ wenig mit dem tatsächlichen Anzeigenkontakt zu tun haben kann.

Vom Werbeträger- zum Werbemittelkontakt
Kontakt-Definitionen in der Werbeträger-Forschung

Kontaktebenen	TV	Hörfunk	Print
Werbeträger -Kontakt	Mind. 1 Min. in der 1/2 Std. TV gesehen	Hörer pro Stunde	Heft in der Hand gehabt, um darin zu blättern oder zu lesen
Werbemittel-Kontaktchance	durchschn. 1/2 Stunde	Hörer pro durchschn. 1/4 Stunde	Lesemenge (Redaktion + Anzeigen)
Werbemittel -Kontakt	Werbeblock-Ratings	(Reichweite Werbeblock)	Lesemenge (Anzeigen)

Abb. 3.16: Vom Werbeträger- zum Werbemittelkontakt

In den 80er-Jahren wurde die Forderung nach kontaktqualifizierenden Merkmalen deshalb immer lauter, unter anderem auch deshalb, weil mit dem Werbeblock-Kontakt der Fernsehforschung in der Gattung TV auch ein „härterer“ Kontakt zur Verfügung stand, der genau genommen mit den Kontakten anderer Mediengattungen (auf Werbeträger-Niveau) nicht vergleichbar war. Die einzelnen Verlage überboten sich in dieser Zeit regelrecht mit originellen Erfindungen zur Kontakt-Qualifizierung. Leider hatten diese Bemühungen oft den Nachteil, dass das jeweils von einem Verlag angebotene Merkmal zunächst primär dessen eigene Titel besser (!) qualifizierte – was natürlich die Validität der jeweils angewandten Methode ins Zwielicht setzte. Verschiedene Validierungsstudien führten aber letztlich zur Präferenz der Lesemenge als das kontaktqualifizierende Merkmal. Gemessen wird die Lesemenge wie folgt:

Messung der Lesemenge

Lesemengenskala: „Aufgeschlagene Seiten, um dort irgendetwas anzusehen und zu lesen?"
- (fast) keine
- nur wenige
- ungefähr ein Viertel
- ungefähr die Hälfte
- ungefähr drei Viertel
- (fast) alle

Dabei wurden die Angaben der Leser zur Lesemenge zunächst wörtlich übernommen, d.h. sagte jemand „ungefähr ein Viertel gelesen", wurde dies mit 0,25, sagte jemand „fast alle Seiten gelesen", mit 1,0 verrechnet. Überprüfungen ergaben, dass dies falsch ist und faktisch Personen mit hohen Lesemengen ihre Lesemenge überschätzen, während Personen mit geringen Lesemengen zur Unterschätzung tendieren. Die Lesemenge musste also kalibriert, d.h. geeicht werden.

Kalibrierung

Basis der Kalibrierung bildete die Beobachtung der Lesevorgänge in einer Laborsituation, die mit den Lesemengen-Angaben und den Angaben in einem Copytest verglichen wurden. Im Einzelnen wurde wie folgt vorgegangen: Versuchspersonen wurden in ein Studio eingeladen, in dem sie auf das „vorgegebene" tatsächliche Interview warten mussten. Während der Wartesituation bestand die Möglichkeit, eine Zeitschrift zu lesen, wie z.B. im Wartezimmer beim Arzt. Die Versuchspersonen wurden dabei via Video beobachtet, wobei die Lesevorgänge gezielt abgebrochen werden konnten (z.B. nach einigen Seiten, nach der Hälfte des Heftes, etc.). Einen Tag später wurden die Personen zu dem Lesevorgang befragt, und sie mussten eine Angabe zur Lesemenge machen. Danach wurde ein Copytest mit ihnen durchgeführt, d.h. das Heft wurde Seite für Seite durchgegangen, und die Leser mussten angeben, was sie tatsächlich beachtet bzw. gelesen hatten und was nicht. Über den Copytest konnte nun erneut überprüft werden, ob die Annahmen der Unter- und Überschätzung von Lesevorgängen bei den Lesemengen-Angaben noch stimmten, was der Fall war. Der Copytest seinerseits konnte durch die Ergebnisse der Beobachtung überprüft werden. Dabei zeigte sich, dass die Copytest-Angaben zur Nutzung redaktioneller Seiten und Anzeigenseiten mit mindestens 50% Seitenanteil mit der Beobachtung weit gehend übereinstimmten. Somit wurden die Lesemengen-Angaben (z.B. das halbe Heft gelesen) über den Copytest validiert (z.B. bedeutet „das halbe Heft gelesen" faktisch 56% des Heftes gelesen zu haben) und die Copytests durch die Beobachtung bestätigt. Inzwischen bezieht sich die Copytest-Angabe nur noch auf die Anzeigen-Nutzung, um dem Werbemittel-Kontakt näher zu kommen. Diese Vorgehensweise wurde allerdings von den TV-Sendern problematisiert und infrage gestellt.

Leser pro Werbung führende Seite

Der über die Copytest-Kalibrierung ermittelte LpwS-Wert(Leser pro Werbung führende Seite), mit dem inzwischen neben LpA geplant werden kann, stellt auf jeden Fall eine härtere Währung für die Printplanung dar. Dabei spielt es aus unserer Sicht gegenwärtig keine Rolle, ob dieser eins zu eins mit dem Werbeblock-Kontakt der GfK Fernsehforschung verglichen werden kann. Forschungsspezifisch betrachtet, benötigen die Anwender (Werbungtreibende und Agenturen) generell „harte" Werte, die eine Vergleichbarkeit mit anderen Mediengattungen zulassen. Wenn mit den Währungen LpwS und Werbeblock geplant wird, sollten diese Währungen auch für intermediale Vergleiche zur Verfügung stehen. Bei Drucklegung dieses Buches wurde innerhalb der ag.ma weiter über intermedial gültige Definitionen für die einzelnen Kontakt-Ebenen verhandelt. Es ist zu hoffen, dass möglichst schnell ein Konsens gefunden wird und für Mediaplaner eine Intermedia-Datei mit den jeweils härtesten Währungen etabliert wird.

3.3.1.2. Markt-Media-Analysen

Informationen über Mediennutzung und Konsum-/Verbraucherverhalten

Im Unterschied zu Media-Analysen bieten Markt-Media-Analysen inhaltlich den Vorteil, dass sie neben der Mediennutzung auch umfassende Konsum- und Verbraucherinformationen enthalten.

Genau genommen vereinen Markt-Media-Studien zwei Informationskomplexe, die früher in separaten Studien erhoben wurden: Informationen zu den einzelnen Produktbereichen oder Märkten (früher nur in produktspezifischen Marktforschungsstudien erhältlich) mit Informationen zum individuellen Mediennutzungsverhalten. Da beide Informationskomplexe bei denselben Befragungspersonen erhoben werden, spricht man bei dieser Art von Untersuchungen auch von Single Source-Studien, d.h., alle Informationen werden gleichzeitig aus einer Quelle (d.h. bei denselben Befragten) erhoben.

Aufbau einer Markt-Media-Studie Single Source	
Markt-Studie	Media-Studie
Diffenzierte Produktinformationen zu Marktsegmenten	Mediennutzung nach einheitlichen methodischen Standards

Abb. 3.17: Aufbau einer Markt-Media-Studie

Unterschiedliche Markt-Media-Studien setzen auch unterschiedliche Schwerpunkte. Einige fokussieren sich konsumspezifisch auf eine Vielzahl von Produktbereichen, bei Beschränkung auf wenige wichtige Daten pro Bereich. Andere bieten eine größere Informationstiefe bei gleichzeitiger Beschränkung auf wenige Produktbereiche, siehe Abb. 3.18.
Die beispielhafte Darstellung von bestimmten Studien nach den vier Feldern aus Abb. 3.18 ist in Abb. 3.19 dargestellt.

Typologie der Markt-Media-Studien am Beispiel Publikumszeitschriften

Produktbereiche	Media-Informationen resp. Grundgesamtheit	
	Breite	Schmal
Informationsbreite, bei Beschränkung auf wichtige Infos pro Produktbereich	1) VA, TdW, AWA, Markenprofile, PMA	3) Kids VA
Informationstiefe, bei Beschränkung auf wenige Produktbereiche	2) Prozente, Outfit, Soll und Haben, Dialoge, Kommunikationsanalyse	4) LAE, LAC

Abb. 3.18

Beispiel Typologie der Markt-Media-Studien

Studie:	VA	Studie:	Kids VA
Grundgesamtheit:	Pers. ab 14 Jahre	GG:	Schüler/Jugendliche 6-13 Jahre
Medien:	„Alle" Publikumszeitschriften	Medien	„relevante" Titel
Produktbereiche:	Generell alle werblich relevanten	Produktbereiche:	Alle zielgruppenspezifisch relevanten
Infos:	Generell zum Produktbereich	Infos:	Generell zum Produktbereich
Studie:	Soll und Haben	Studie:	LAE
Grundgesamtheit:	Pers. 14-64 Jahre	GG:	Entscheidungsträger in Wirtschaft und Verwaltung
Medien:	„Alle" Publikumszeitschriften	Medien:	„relevante" Titel
Produktbereiche:	Alle im Bereich Geld/Banken/Versicherungen	Produktbereiche:	Alle zielgruppenspezifisch relevanten, geschäftlich und privat
Infos:	Speziell, also vertiefende Infos zum Segment	Infos:	Speziell, also vertiefende Infos zur Zielgruppe und zu den Produktbereichen

Abb. 3.19

Unterstützung der Zielgruppendefinition

Interessant und relevant sind sie im Mediabereich primär für die Zielgruppen-Definition, der ein umfassender Analyseprozess vorausgehen kann. Verwender oder Käufer des gesamten Produktbereichs können nach soziodemografischen, psychografischen und einer Vielzahl weiterer Merkmale untersucht werden. Dasselbe gilt für spezielle Markenverwender, Verwender substituierender Produktbereiche oder Marken (z.B. Mineralwasser vs. Fruchtsäfte) und die Feststellung von Entwicklungstendenzen.

Weitere situationsspezifisch relevante Aspekte sind in der Analyse und Darstellung werberelevanter Marktverhältnisse (z.B. Markendreiklang = Bekanntheit/ Sympathie/Verwendung) zu sehen und in der Feststellung konsumentenspezifischer Vorlieben und Abneigungen. Im Kontext Marketing und Kommunikation bieten Markt-Media-Studien insofern Anhaltspunkte zum Markt und den Verbrauchern.

Anforderungen

Voraussetzung für die Planungsrelevanz einer Markt-Media-Studie ist die methodische Durchführung nach generell anerkannten Standards (wie unter 3.2. beschrieben), ein ausreichendes Spektrum an enthaltenen Media-Informationen, intra- und intermediale Mediengerechtigkeit und die Verfügbarkeit wesentlicher Zielgruppenmerkmale. Je nach Produktbereich ist auch auf die Aktualität der Studie zu achten, da gerade Studien mit Informationstiefe, wie z.B. Outfit oder Prozente, nicht jährlich erscheinen.

Veröffentlichung

Publikationsformen: Berichtsbände und …

Ergebnisse von Markt-Media-Studien werden in gedruckten Berichtsbänden veröffentlicht, die den Werbekunden und Agenturen von den Herausgebern (in der Regel Verlage) kostenfrei zur Verfügung gestellt werden. In den meisten Agenturen liegen die Daten für die meisten Untersuchungen aber auch elektronisch vor, d.h., mit eigenen Zählprogrammen (z.B. MDS oder MediMach) können Mediaplaner selbst Auswertungen am eigenen PC durchführen. Zumeist kleinere Agenturen oder Kunden haben diese Möglichkeit nicht, sie können aber auch Zählungen via Internet mit MDS-Online durchführen (dazu mehr im Anhang). Jeder größere Verlag hat außerdem einen Media- oder Zählservice, der schnell und in der Regel kostenfrei Auswertungen mit Markt-Media-Studien aus dem eigenen Haus durchführt. Die gängige Auswertungs-Software wird an anderer Stelle noch einmal vorgestellt. Im Kapitel 4 wird im Rahmen des Planungsprozesses genauer der praktische Umgang mit Markt-Media-Studien demonstriert.

Auswertungsmöglichkeiten am eigenen PC

Spezielle Erhebungsmerkmale

Spezielle Erhebungsmerkmale gehen über die normalerweise erhobenen Fragestellungen hinaus und bieten die Möglichkeit, Märkte und/oder

Zielgruppen detaillierter oder umfassender beschreiben zu können. So erheben z.B. verschiedene Studien den so genannten Marken-Dreiklang „Bekanntheit, Sympathie, Verwendung“. Fragebatterien dienen oftmals der Verdichtung der Informationen zu einer Typologie. Da gerade in jüngster Zeit immer mehr über Typologien diskutiert und mit ihnen gearbeitet wird (allen voran die so genannten SINUS-Milieus®), soll nachfolgend auf diese Möglichkeit der Zielgruppen-Definition etwas näher eingegangen werden.

3.3.1.2.1 Verfahren der Zielgruppenanalyse und Typologien

Ein Datensatz (eine Befragung) mit einer Vielzahl von erhobenen Variablen liegt vor. Wir möchten die Elemente des Datensatzes (die Befragten) in Gruppen einteilen, die für unser Erkenntnisinteresse relevant sind. Wir haben dabei verschiedene Möglichkeiten, vorzugehen. Welche Möglichkeit wir wählen, hängt von folgenden Fragen ab:

Grundansatz: Gruppeneinteilung

- Kennen wir alle relevanten Variablen?
- Wie viele Variablen sind für uns relevant?
- Welches Datenniveau haben die relevanten Variablen?

Die klassische Zielgruppendefinition

Wenn wir nur wenige relevante Variablen haben, die uns bekannt sind, dann gehen wir wie bei der klassischen Zielgruppendefinition vor. Ein Beispiel: Cerealien-Verwender werden eingeteilt in Nicht-Verwender, Heavy-User („Esse Cerealien mindestens einmal die Woche“), Light-User („Esse Cerealien seltener als einmal die Woche“). Früher wurden bei der Mediaplanung oft nur soziodemografische Zielgruppendefinitionen verwendet (z.B. Geschlecht und Alter), da die konsumspezifischen Daten aus Markt-Media-Analysen nicht zur Verfügung standen.

Typologien

Bei Typologien werden viele Variablen zur Gruppenbildung verwendet. Ziel ist es, Personen zu Gruppen zusammenzufassen. Dabei sollen die Personen innerhalb einer Gruppe möglichst homogen, d.h. so ähnlich wie möglich sein. Personen aus unterschiedlichen Gruppen sollen wiederum so heterogen wie möglich sein, d.h., die Personen der einen Gruppe sollen sich so stark wie möglich von denen aus allen anderen Gruppen unterscheiden. Je besser das gelingt, desto trennschärfer ist die Typologie.

Variablen werden zur Gruppenbildung verwendet

Bei einem umfangreichen Datensatz wie einer Markt-Media-Studie können unmöglich alle Variablen zur Typologie-Bildung herangezogen werden. Deshalb muss man jene Variablen aussuchen, die für die Typenbildung relevant sind (= aktive Variablen). Nur sie werden für die Errechnung der Typen herangezogen. Die restlichen Variablen werden als passiv bezeichnet. Sie können zusätzlich zu den aktiven Variablen zur Beschreibung der Typen verwendet werden, haben aber nichts zur Typenbildung beigetragen.

Relevante Variable = aktive Variable

Wo begegnen uns Typologien bei der Mediaplanung?
Oft werden bei Marktforschungsstudien und Markt-Media-Analysen Typologien gebildet.
Bekanntheit erlangt haben z.B. die Life-Style-Typologie der Agentur Conrad & Burnett (Typen-Beispiele: „Erika – die aufgeschlossene Häusliche“, „Tim und Tina – die fun-orientierten Jugendlichen“, „Erwin – der Bodenständige“), die Typologie der sozialen Milieus des Heidelberger Marktforschungsinsituts SINUS, die Euro Socio Styles der GfK (Beispiel: „Free Thinkers“, „Reformers“, „Gamblers“ etc.).

Gemeinsame Merkmale der Typologien

Gemeinsam ist diesen Typologien, dass
- ihre Entwickler behaupten, dass die Aussagekraft der Typen stärker ist als eine normale Einteilung nach soziodemografischen Merkmalen,
- sie eine Vielzahl von Variablen verwenden: psychografische, konsumspezifische oder medienspezifische Merkmale,
- die Entstehung der einzelnen Typen meist nicht einfach und oft gar nicht nachvollziehbar ist und
- die einzelnen Typen mit klingenden Namen, typischen Eigenschaften und manchmal sogar mit einem charakteristischen Aussehen versehen werden. Dadurch werden diese Typologien zwar anschaulicher, doch lenkt die Darstellung oft von den tatsächlichen Daten ab. Die Grenze zwischen Empirie und Dichtung verschwimmt dabei leicht.

Es stehen aber auch eine Vielzahl von Typologien bereit, die zum Teil schon als Merkmale in Markt-Media-Studien eingearbeitet sind. Die Zugehörigkeit zu einem Typ kann dann z.B. in MDS wie jedes andere Merkmal behandelt werden. VA, Typologie der Wünsche (TdW) und die Allensbacher Werbeträger Analyse (AWA) enthalten verschiedene Typologien.

Einige wichtige Typologien im Überblick

Einige der wichtigsten dieser Typologien sind:
- Stellung im Lebenszyklus (Einsteiger, Gründer, Familienphase, etablierte Senioren), vgl. VA,
- Lebensphase (Junge Singles, Junge Doubles ohne Kinder, Junge Doubles mit Kindern etc.), vgl. VA,
- werbliche Ansprechbarkeit (TV-Werbemuffel, TV-Werbefan etc.), vgl. VA,
- Zugehörigkeit zu Erlebnis-Milieus (Unterhaltungs-Milieu, Selbstverwirklichungs-Milieu, etc.), vgl. VA,
- RISC-Typologie (Europäisches Trendmodel: Die moralischen Wegweiser, die mobilen Networker, etc.); diese Typologie war einige Zeit in der TdWI zählbar, mittlerweile ist dies nicht mehr möglich.
- Die sozialen Milieus: Die Einteilung der deutschen Gesellschaft in Zugehörigkeit zu bestimmten sozio-kulturellen Milieus, die sich deutlich in Wertorientierungen und Lebensstil unterscheiden, ist eine der am besten entwickelten und erfolgreichsten Typologien. Erläuterungen zu den sozialen Milieus finden sich mittlerweile in vielen Lehrbüchern.

Auch wenn sich der Lebensstandard in Deutschland bei den meisten Bevölkerungsteilen angeglichen hat und es keine Schichtung im klassischen Sinne mehr gibt, haben sich jedoch Unterschiede zwischen Bevölkerungsgruppen nicht völlig aufgehoben.

Heute unterteilt sich die Gesellschaft in eine Vielzahl sozialer Gruppen, die sich nicht nur im sozialem Status unterscheiden, sondern auch durch Wertorientierungen und Lebensweisen (Lifestyles). Soziologen und Marktforscher haben versucht, diese komplexe Milieubildung zu beschreiben und zu verstehen (vgl. HARTMANN 1999). Pionier war hier der französische Soziologie Pierre Bourdieu. Auf seinen Arbeiten beruhen viele Typologien, die die Gesellschaft in Lebensstilgruppen einordnen.

Wertorientierungen und Lifestyles

Besonders erfolgreich ist das Sinus Modell der Sociovison GmbH (Heidelberg). Die darin unterschiedenen so genannten sozialen Milieus kombinieren Wertorientierungen und sozialen Status (vgl. Abb. 3.20a). Nach außen hin unterscheiden sich die Milieus z.B. in Freizeitverhalten, Wohnungseinrichtungen und Lebenszielen. Auch für die Mediennutzung sind diese Modelle relevant: Medien dienen heute als ein Mittel, seinen Lifestyle zu zelebrieren und sich damit von anderen abzugrenzen. Durch das immer breiter werdende Medienangebot kommt es mitunter zu milieutypischem Mediennutzungsverhalten (siehe als Beispiel Abb. 3.20b).

Soziale Milieus im SinusModell®

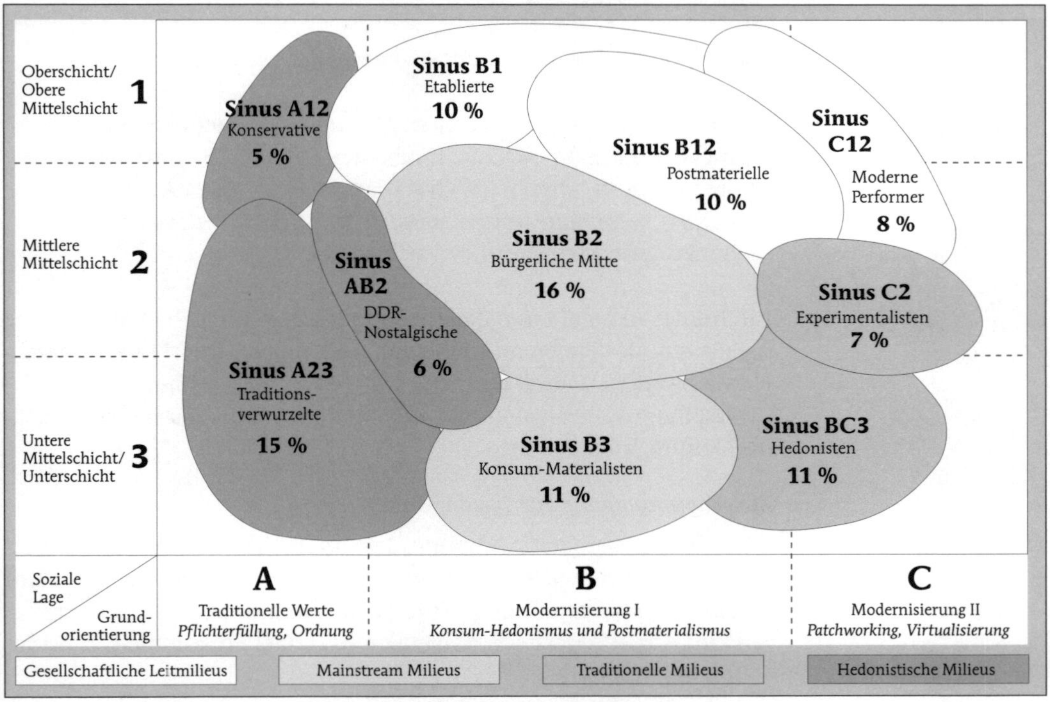

Abb. 3.20a: SINUS-Milieu®-Modell (abgedruckt nach Sinus Sociovison GmbH, Heidelberg, s. als Quelle auch www.sinus-milieus.de)

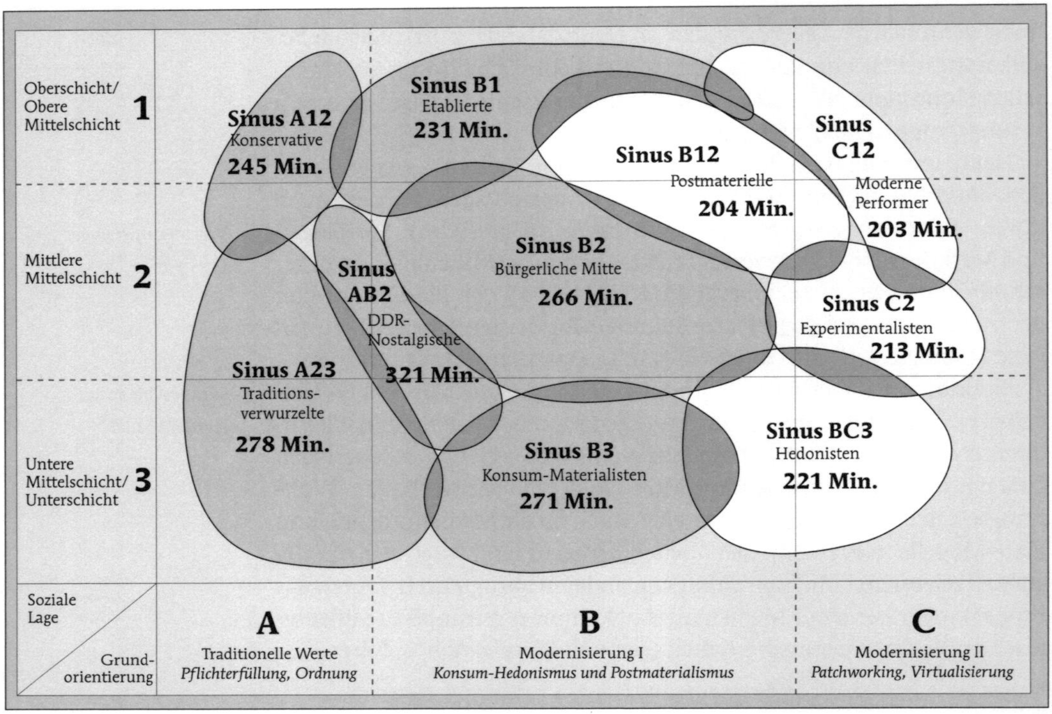

Abb. 3.20b: Verteilung des Fernsehkonsums nach den Sinus-Milieus®

MITTLERWEILE SIND DIE SOZIALEN MILIEUS IN DEN WICHTIGSTEN STANDARD-MARKT-MEDIA-STUDIEN INTEGRIERT (Z.B. „TYPOLOGIE DER WÜNSCHE", DEM AGF/GFK-FERNSEHPANEL, DER VA UND DER VUMA), WODURCH SIE EINE ZUNEHMENDE BEDEUTUNG IN DER MARKETING- UND MEDIAPLANUNG BEKOMMEN.

Mit immer ausgefeilteren Zielgruppenmodellen versuchen Medien und Agenturen, der Fragmentierung von Zielgruppen und Nutzerschaften Herr zu werden. Durch den Siegeszug der sozialen Milieus in den Planungsalltag werden heutzutage hochkomplexe theoretische Modelle für die Planung fruchtbar gemacht.

Zielgruppenplanung mit Typologien?

Diese Typologien (mit Ausnahme der sozialen Milieus und RISC) wurden von Medienanbietern entwickelt. Zielsetzung ist es meistens, eine Anzahl von Typen zu finden, die folgende Voraussetzungen erfüllen:

- Hohe Attraktivität der Typen (z.B. jung, hohes Einkommen, konsumfreudig etc.) und
- hohe Affinität bei den wichtigsten Objekten des Verlages.

Bei der Mediaplanung muss daher grundsätzlich überprüft werden, ob diese Typen eine Aussagekraft für unsere Zielsetzung haben (oder nur ein

Verkaufsargument für den Verlag darstellen). Zusätzlich können die folgenden Probleme auftreten:
- Die Fallzahlen bei einzelnen Typen sind zu gering, um sichere Aussagen machen zu können.
- Die Typen sind nicht trennscharf (dh., es gibt eine zu große Ähnlichkeit zwischen den Gruppen).
- Hinsichtlich der Produktverwendung und Mediennutzung unterscheiden sich die Gruppen nur wenig.

OB EINE TYPOLOGIE FÜR DIE MEDIAPLANUNG RELEVANT IST, MUSS IN JEDEM EINZELFALL GEPRÜFT WERDEN.

Die Zugehörigkeit zu einer Gruppe kann aber auch als beschreibendes Merkmal dienen. Dann können Typologien helfen, die Media-Zielgruppen zu beschreiben und dadurch anschaulicher zu machen.

Multivariate Verfahren zur Bildung von Typologien

Parallel zu vordefinierten Typologien besteht die Möglichkeit, einen Datensatz zu verwenden, um eigene Typologien zu entwickeln. Der einfachste (aber durchaus brauchbare) Weg ist es, die relevanten Merkmale nach inhaltlichen Überlegungen zu suchen und dann anhand der verschiedenen Ausprägungen Zielgruppen zu definieren. Wenn man diese Gruppendefinitonen plausibel erläutern kann, können solche „handgestrickten" Typologien durchaus hilfreich sein, um Verwenderpotenziale zu identifizieren oder eine breite soziodemografische Media-Zielgruppe in qualitativ unterschiedliche Segmente aufzuteilen, die eventuell eine unterschiedliche werbliche Ansprache benötigen.

Einfaches Vorgehen durch inhaltliche Überlegungen

Eine anspruchsvollere Vorgehensweise ist es, rechnerische Verfahren anzuwenden. So entstanden auch die Typologien von Instituten und Verlagen.

Rechnerische Verfahren

ZAHLREICHE GROSSE VERLAGE BIETEN MEDIAPLANERN DEN SERVICE AN, ENTSPRECHENDE RECHENVERFAHREN BEI DEN ROHDATEN DER VORHANDENEN MARKT-MEDIA-STUDIEN ANZUWENDEN.

Man muss kein Mathematiker oder Sozialwissenschafter sein, um eine solche Analyse in Auftrag zu geben und zu interpretieren. Aber man benötigt ein Grundverständnis der angewendeten Verfahren. Dies soll im Folgenden vermittelt werden.

3.3.1.2.2 Multivariate Verfahren zur Zielgruppenanalyse

Mit den folgenden Ausführungen soll ein kritisches Grundverständnis für komplexe Verfahren zur Datenanalyse vermittelt werden. Dabei kommt es weder auf die mathematischen Grundlagen an, noch auf eine genaue Kenntnis der einzelnen Verfahren und ihrer Durchführung. Viel

wichtiger ist es, ein Gefühl dafür zu bekommen, was man mit Datensätzen machen kann und welche Risiken und Fehler bei einer Analyse bestehen. Auch ein Mediaplaner, der kein Forscher ist, muss den kritischen Umgang mit Daten aus der Forschung tagtäglich praktizieren. Dabei kommt man nicht drum herum, sich in diesen Bereich weiter zu informieren und Fachliteratur zum Thema Markt- und Sozialforschung in die Hand zu nehmen. Geeignete Literatur wird im Anhang genannt.
Drei mathematische Verfahren sollen hier beschrieben werden:

- Segmentationsanalyse.
- Cluster-Analyse und
- Faktoren-Analyse.

Verdichtung großer Datenmengen

Ihre Aufgabe ist es, große Datenmengen zu verdichten und somit relevante Informationen zu gewinnen. Die so gewonnenen Erkenntnisse waren zuvor in dem Wust von Daten und Variablen nicht zu erkennen gewesen. Zwei der drei hier behandelten Verfahren dienen dazu, Befragte in Gruppen einzuteilen: Die Segmentation und die Cluster-Analyse. Das dritte Verfahren ist die Faktorenanalyse, die keine Befragten gruppiert, sondern Variablen verdichtet. Faktorenanalysen werden oft dazu verwendet, die vielen Fragen, die in einer großen Markt-Media-Studie erhoben wurden, auf wenige, grundlegende Variablen zu reduzieren. Beginnen wir aber mit den Verfahren zur Gruppenbildung.

Segmentationsanalyse

Folgender Fall liegt vor: Wir möchten die Verwender eines bestimmten Produktes über TV und Print erreichen. Die Produktverwendung ist zwar in der VA abgefragt, steht aber in den Daten der AGF/GfK Fernsehforschung nicht zur Verfügung. Wir müssen nun die Verwender-Zielgruppe in eine soziodemografische Media-Zielgruppe überführen, die auch in den GfK-TV-Daten zählbar ist. Dabei kann uns eine Segmentation helfen.

> BEI EINER SEGMENTATION WERDEN DIE BEFRAGTEN SCHRITTWEISE IN GRUPPEN (=SEGMENTE) EINGETEILT, DIE SICH NACH EINEM VORHER DEFINIERTEN AUSSENKRITERIUM UNTERSCHEIDEN (Z.B. PRODUKTVERWENDUNG).

Aufteilung nach (soziodemografischen) aktiven Variablen

Die Aufteilung erfolgt anhand von vorher ausgewählten, in der Regel soziodemografischen Variablen (aktive Variablen). Diese aktiven Variablen werden immer auf zwei Ausprägungen reduziert (z.B. Alter = bis 29 Jahre versus ab 30 Jahre). Es wird die Variable gesucht, die am besten die Grundgesamtheit in zwei Gruppen aufteilt, wobei bei der einen Gruppe das Außenkriterium überdurchschnittlich vertreten ist, bei der anderen unterdurchschnittlich. Dieses Verfahren wird für beide Gruppen getrennt fortgesetzt. Nach einigen Stufen erhält man eine Vielzahl von

Gruppen, von denen einige eine weit überdurchschnittliche Ausprägung des Außenkriteriums vorweisen, andere eine weit unterdurchschnittliche. Sinkt die Fallzahl in einer Gruppe unter einen kritischen Wert, wird diese nicht weiter aufgespalten. Die Gruppen lassen erkennen, welche Merkmale relevant für das Außenkriterium sind. Wir können nun versuchen, Media-Zielgruppen zu definieren, die jene Merkmalskombinationen widerspiegeln („Soziodemografischer Analogieschluss").

Voraussetzungen zur Durchführung einer Segmentation

- Definition des Außenkriteriums (z.B. „Verwender von Sekt-/Champagner-Premiummarken ab 8 € mindestens 1x im Monat"),
- Auswahl der aktiven Variablen,
- Angaben zur Verrechnung jeder aktiven Variable (sortiert oder unsortiert). Eine Sortierung kann sinnvoll sein, wenn wir bereits eine Vorstellung über die Wichtigkeit der einzelnen Variablen haben.

Cluster-Analyse

Angenommen, wir möchten Befragte in Gruppen einteilen, die sich im Hinblick darauf unterscheiden, wie sie mit handwerklichen Tätigkeiten und Do-it-yourself-Geräten umgehen. Im Datensatz sind zahlreiche, unserer Ansicht nach relevante Variablen. Uns ist aber nicht klar, welche davon wichtiger sind als andere. Hier bietet sich eine Cluster-Analyse an.

> DIE CLUSTER-ANALYSE IST EIN RECHNERISCHES VERFAHREN, DAS DIE ELEMENTE EINES DATENSATZES (IN DIESEM FALL BEFRAGTE) MITHILFE EINER ZUVOR DEFINIERTEN ANZAHL VON VARIABLEN (AKTIVE VARIABLEN) IN GRUPPEN MIT MAXIMALER HOMOGENITÄT (ÄHNLICHKEIT) INNERHALB DER GRUPPE UND MAXIMALER HETEROGENITÄT (UNTERSCHIEDLICHKEIT) ZWISCHEN DEN GRUPPEN EINTEILT.

Der Forscher definiert die aktiven Variablen. Es dürfen nur solche Variablen verwendet werden, die mindestens auf intervall-skaliertem Niveau oder als binäre Daten vorliegen. Wenn relevante Daten nur auf nominalem oder ordinalem Niveau vorliegen, müssen sie zuvor in binäre Daten überführt werden. Bei dieser Überführung werden aus einer Variablen mehrere binäre Variablen neu geschaffen.

Voraussetzung sind intervall-skalierte oder binäre Daten

Beispiel zur Überführung in binäre Daten

- Die ursprüngliche Variable = Berufstätigkeit (12 Ausprägungen: Landwirt, Angestellter etc.)
- wird zu 12 binären Variablen (V1 = Landwirt: Ja/Nein; V2 = Angestellter: Ja/Nein; etc.)

Es besteht die Gefahr, dass durch diese Umwandlung einer Variablen im Rechenprozess eine größere Bedeutung bekommt, als ihr inhaltlich zusteht. Deshalb sollte man genau überlegen, welche Variablen als aktive ausgewählt werden.

Grundsätzliches Vorgehen: Ähnlichkeiten hinsichtlich aktiver Variablen untersuchen

Es gibt verschiedenste mathematische Verfahren, um eine Cluster-Analyse durchzuführen, die wir hier jedoch nicht behandeln können. Bei allen wird jedes Element (d.h. jeder Befragte) auf seine Ähnlichkeit zu allen anderen Elementen anhand der ausgewählten aktiven Variablen untersucht. Als Ergebnis werden verschiedene Lösungsvorschläge mit unterschiedlicher Anzahl von Gruppen präsentiert.

Passive Variable hinzuziehen

Anhand der aktiven Variablen und zusätzlicher beschreibender Merkmale (passive Variablen) muss nun geprüft werden, welche Lösung die plausibelste ist. D.h., bei welcher Anzahl von Clustern (Cluster = Gruppe, Haufen) sind die Cluster aussagekräftig und trennscharf?

Cluster werden mit klangvollen Namen versehen

Hat man sich für eine Lösung entschieden, kann man die Cluster benennen. Viele Forscher neigen dazu, den Typen klangvolle und anschauliche Namen zu geben. Dabei muss man aber immer aufpassen, dass die Bezeichnung auch tatsächlich mit der Struktur der relevanten Merkmale in der Gruppe übereinstimmt.

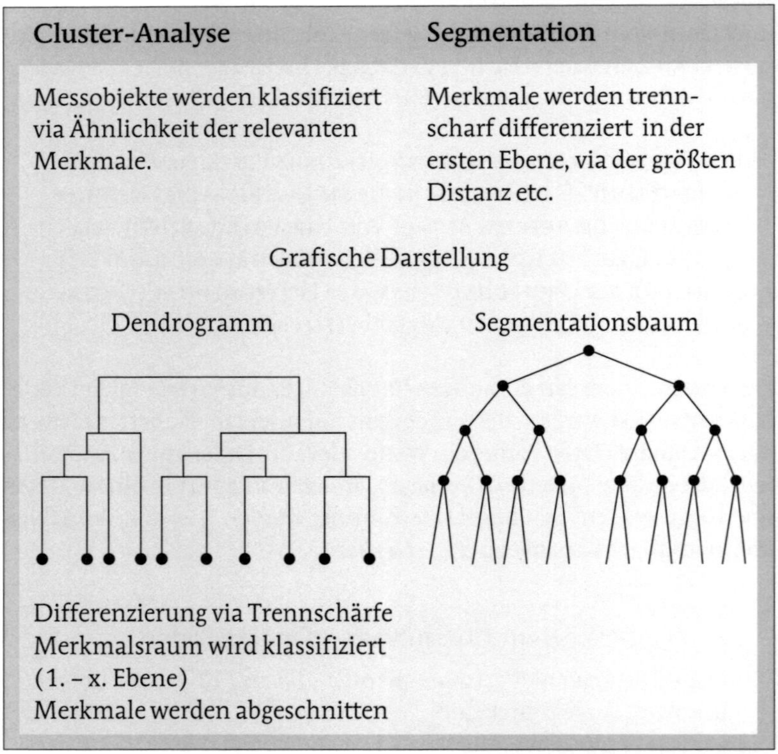

Abb. 3.21: Prinzipien von Cluster-Analyse und Segmentation

Um noch einmal auf das Beispiel aus dem Eröffnungsabsatz zurückzukommen: Die Cluster-Analyse mit den Heimwerker-relevanten Variablen hat zu vier Clustern geführt:

1. Enthusiasten (Hobby-Heimwerker, die viel Zeit mit Do-it-yourself verbringen und viele Geräte besitzen)
2. Interessierte (die ab und zu gerne etwas basteln und einige Geräte besitzen)
3. Pflicht-Heimwerker (ihnen macht das Heimwerken keinen Spaß, deshalb greifen sie nur zur Bohrmaschine, wenn irgendetwas dringend repariert werden muss. Sie besitzen wenige Geräte oder leihen sie sich beim Nachbarn aus)
4. Desinteressierte (die gleich den Nachbarn für Reparaturen holen und selbst nichts machen.)

Faktorenanalyse

Eine weitere Methode zur Verdichtung von Daten ist die Faktorenanalyse. In vielen Datensätzen gibt es eine große Anzahl von Variablen (z.B. in einem Fragebogen erhobene Merkmale). Da dies oft sehr unübersichtlich ist, versucht man mithilfe geeigneter Analyseverfahren, die Anzahl der Variablen zu verdichten. Dazu dient die Faktorenanalyse. Angenommen, es werden in eine Befragung 200 verschiedene Fragen über Einstellungen und Meinungen aufgenommen. Mit einer Faktorenanalyse wird nun für jede Frage überprüft, ob es einen Zusammenhang zu allen anderen Fragen gibt.

Ziel ist die Verdichtung der Variablen

Die Fragen, die in einem bedeutsamen Zusammenhang stehen, werden zu einer neuen Variablen (= Faktor) zusammengefasst.

In der so genannten Faktoren-Matrix wird dann dargestellt, wie der Zusammenhang zwischen dem Faktor und jeder der 200 Ursprungsvariablen ist. Wenn es z.B. einen Zusammenhang zwischen dem Faktor1 und vielen Fragen gibt, die eher konservative Einstellungen und Meinungen zu vielen unterschiedlichen Sachverhalten zum Ausdruck bringen (man sagt, jene Fragen „laden" auf den Faktor), so kann man Faktor1 als Ausdruck einer konservativen Grundhaltung sehen und hat damit eine neue Variable geschaffen. Fast alle umfangreichen Studien arbeiten mit so gebildeten Faktoren (vgl. z.B. die VA oder die AWA). Voraussetzung für eine Faktorenanalyse sind (wie bei einer Cluster-Analyse) mindestens intervall-skalierte oder binäre Daten.

Darstellung in der Faktorenmatrix

Fragen isolieren, die auf den Faktor „laden"

Die Funktion, grosse Variablenmengen zu verdichten, teilt die Faktorenanalyse mit der Cluster-Analyse. Während jedoch bei der Cluster-Analyse Befragte in Gruppen eingeteilt werden, gruppiert man bei der Faktorenanalyse Variablen.

Dadurch bekommt das Verfahren der Faktorenanalyse seine Bedeutung für das Erstellen von Typologien. Denn oft ist es sinnvoll, bei der Cluster-Analyse auch Faktoren als aktive Variablen zu nutzen, die zuvor durch eine Faktorenanalyse ermittelt wurden. Doch gehen die Anwendungsmöglichkeiten darüber hinaus. Für Cluster- und Faktorenanalyse (sowie für fast alle anderen multivariaten Analyseverfahren) gilt im Übrigen: Die Qualität der Ergebnisse hängt davon ab, dass die richtigen Verfahren angewendet wurden und die Interpretation stichhaltig ist. Deshalb sind solche Resultate nur so gut wie die Theorien und Hypothesen, die dahinter stehen. Die Interpretation solcher Ergebnisse erfordert viel Sorgfalt, Vorsicht, Wissen und gesunden Menschenverstand.

Auch das „richtige“ Verfahren ist auf Qualität beim Input angewiesen

Nach diesem Exkurs über Typologien und den zu Grunde liegenden Analyseverfahren, wenden wir uns wieder den Markt-Media-Studien zu. Es werden nun beispielhaft die wichtigsten Studien dieser Kategorie vorgestellt.

3.3.1.3 Verbraucher-Analyse (VA)

Die Verbraucher-Analyse kann aktuell wegen ihres breiten Produktspektrums als die wichtigste Markt-Media-Studie im deutschen Markt angesehen werden.

> Die VA gehört zu den Studien, die versuchen, alle werberelevanten Produktbereiche so abzubilden, dass zumindest die wichtigsten Informationen enthalten sind.

Erscheinungsweise jährlich

Herausgegeben wird sie als Gemeinschaftsuntersuchung der Axel Springer Verlag AG und der Bauer Verlagsgruppe. Die Erscheinungsweise ist jährlich, basierend auf einem rollierenden Modell. Das bedeutet: pro Jahr werden rund 15.000 Personen befragt. Für einen Datensatz werden jeweils zwei Jahre zusammengefasst, sodass immer ca. 30.000 Fälle für die Grundgesamtheit Personen ab 14 Jahre zur Verfügung stehen. Damit können auch für sehr spezielle Zielgruppen (z.B. die Verwender einer bestimmten Marke) noch verlässliche Aussagen (d.h. basierend auf einer ausreichenden Anzahl von Interviews) getroffen werden. Allerdings kommen heute die Verlage dem Kundenwunsch nach immer aktuelleren Daten insofern entgegen, als auch die jeweilige aktuelle Welle mit nur 15.000 als gesonderter Datensatz zur Verfügung steht (VA-Trendwelle).

Umfangreich mit einer großen Zahl abgefragter Produktbereiche und Marken

Die Liste der abgefragten Produktbereiche und Marken ist lang. Hinzu kommen einige Informationen zum Freizeitverhalten und einige wenige psychografische Merkmale (Einstellungen gegenüber Marken, Preis und Werbung). Neben den Publikumszeitschriften werden auch Nutzungsinformationen zu anderen Mediengattungen erhoben und ausgewiesen. Ebenfalls sind Zählungen auf Basis verschiedener Typologien (z.B. nach Sinus-Milieus®) möglich.

3.3.1.4 Typologie der Wünsche Intermedia (TdWI)

Erscheinungsweise jährlich

Die Typologie der Wünsche Intermedia erscheint wie die VA jährlich und basiert auf einem rollierenden Modell. Herausgegeben wird sie vom Burda Verlag in Offenburg. Auf Grund der jährlichen Erscheinungsweise und des breiten Informationsangebots wird die TdWI ebenso wie die VA in den meisten Agenturen zur Analyse und Planung genutzt.

OFTMALS ENTSCHEIDET NUR DIE JEWEILS SPEZIELLE FRAGESTELLUNG ZU EINEM PRODUKT ODER EINER MARKE DARÜBER, WELCHE STUDIE PRÄFERIERT WIRD.

So gibt es z.B. Marktsegmente, in denen die eine Studie nach dem Kauf, die andere dagegen nach der Verwendung fragt. Ein Blick ins Inhaltsverzeichnis der Studie zeigt die Breite der abgefragten Produktbereiche.

EINE BESONDERHEIT DER TDWI IST IN DER VISUELL GESTÜTZTEN MARKENABFRAGE ZU SEHEN.

Besonderheit: Visuell gestützte Abfrage mit Packshots

Marken werden im Interview bei der Datenerhebung nicht nur genannt, sondern als Packshot vorgelegt. Die TdWI hat darüber hinaus schon sehr früh damit begonnen, Typologien in die Erhebung zu integrieren und war die erste Untersuchung im deutschen Markt, die die Typologie der sozialen Milieus anbot. Insgesamt bietet sie mehr psychografische Informationen als die VA.

3.3.1.5 MarkenProfile

MarkenProfile wird vom Verlag Gruner & Jahr herausgegeben und erscheint alle zwei bis drei Jahre.

GENERELL WIRD HIER ZWAR AUCH AUF EINE VIELZAHL VON PRODUKTBEREICHEN EINGEGANGEN, DABEI ABER EHER AUF HIGH INTEREST-BEREICHE FOKUSSIERT.

Schwerpunkt auf nicht alltäglichen, hochwertigeren Produkten

Der Schwerpunkt liegt also auf Produkten bzw. Angeboten, die man nicht einfach ad hoc kauft, sondern bei denen man sich ausführlich mit dem Angebot beschäftigt, bevor man eine Kaufentscheidung fällt. Dies sind z.B. Versicherungen, PKW, Telekommunikation und Computer. Andererseits werden z.B. Informationen zu schnell drehenden Konsumgütern (Fast Moving Consumer Goods = FMCG), wie sie in der VA und der TdWI vorhanden sind, komplett vernachlässigt.

Ermittelt wird der Marken-drei- bzw.-vierklang

Die in MarkenProfile enthaltenen Produktbereiche werden dagegen ausführlich dargestellt. So gibt es für alle Marktsegmente den so genannten Marken-Drei- oder Vierklang (Bekanntheit, Sympathie, Kaufbereitschaft/ Präferenz, Kauf/Verwendung). Diese markenspezifischen Informationen liefern wichtige Hinweise für die Situationsanalyse.

Darüber kann im Zeitverlauf u.a. festgestellt werden, wie sich markenspezifische Werbewirkungsindikatoren (z.B. Markenbekanntheit) verändern. Und dies selbstverständlich auch in den relevanten Zielgruppen(-segmenten). Ähnliche Daten liefert lediglich noch die Studie FAME der Verlagsgruppe Milchstraße, in der sehr detaillierte Informationen über die Marken bestimmter Produktbereiche zur Verfügung gestellt werden (z.B., ob eine Marke modern ist). Analog wurden Informationen über das Image von Werbeträgern erhoben. Allerdings hat FAME durch eine mangelnde Aktualisierung eine eher geringe Verbreitung unter Mediaplanern.

3.3.1.6 Allensbacher Werbeträger-Analyse (AWA)

Eine Besonderheit im deutschen Markt stellt die AWA dar, und das gleich in mehrfacher Hinsicht. Zum einen war die Allensbacher Werbeträger-Analyse die erste Markt-Media-Studie in Deutschland. Sie ist auch die einzige Studie, die nicht von einem Verlag herausgegeben wird, sondern von einem Marktforschungsinstitut. Das Institut für Demoskopie in Allensbach, das eng mit dem Namen von Elisabeth Noelle-Neumann verbunden ist und einen Schwerpunkt in Meinungs- und Wahlforschung hat, veröffentlicht die AWA jährlich.

Die AWA kann analog VA oder TdWI als breite Markt-Media-Studie bezeichnet werden. Sie umfasst nicht nur Informationen über Produkte (ohne auf spezielle Marken einzugehen) und Medien, sondern enthält auch viele psychografische Informationen (z.B. Meinungsführerschaft und Persönlichkeitsstärke), die in anderen Studien nicht vorliegen.

Nur Produkt, aber keine Markenabfrage, dazu Besonderheit psychografischer Merkmale

Ferner nicht Zufalls-, sondern Quotenverfahren

Auch methodisch hat die AWA eine besondere Stellung. Die AWA-Stichprobe wird nach dem Quotenverfahren ermittelt. Sie verwendet auch eine abweichende Filterführung bei der Ermittlung der Printreichweiten, wodurch die erhobenen Reichweiten von denen in der MA abweichen (eine Gewichtung anhand der MA-Daten wie bei den meisten anderen Studien findet nicht statt). Im Unterschied zu den anderen Markt-Media-Studien enthält die AWA auch eine Vielzahl von kleineren Titeln und Titel-Kombinationen, die in den anderen Studien nicht ausgewiesen werden können.

3.3.1.7 Weitere Markt-Media-Analysen

Dem deutschen Markt steht noch eine Vielzahl weiterer Markt-Media-Studien zur Verfügung, die spezielle zielgruppenspezifische, markt- oder medienspezifische Schwerpunkte aufweisen. Im Rahmen dieses Buches muss nicht zuletzt aus Platzgründen auf die relativ umfangreiche Darstellung aller Untersuchungen verzichtet werden, aber einige besondere Studien sollen noch erwähnt werden.

KidsVA

Abweichend von allen anderen Studien untersucht die KidsVA die Konsumgewohnheiten und Verhaltensweisen der Kids- und Teens-Zielgruppen im Alter von 6–19 Jahren.Mit der KidsVA steht also die einzige Untersuchung für Printmedien zur Verfügung, die Informationen über Kinder und jugendliche Personen enthält.

Zielgruppe Kids und Teens von 6 bis 19

Analog der VA wird die KidsVA vom Axel Springer Verlag AG und der Verlagsgruppe Bauer, allerdings hier in Kooperation mit der Verlagsgruppe Lübbe, herausgegeben.

Eine Besonderheit der KidsVA stellt die medienspezifische Abfrage des Leseverhaltens nach dem Titelseiten-Identifikations-Modell (TiM) dar. Über das TiM wird die Befragung insofern gestützt, dass die Befragungspersonen die verkleinerten Titelseiten aller 12 Ausgaben der enthaltenen Zeitschriften vorgelegt bekommen und die jeweils genutzten Ausgaben nennen müssen. Ein interessanter Ansatz, der die Nutzungsfrequenz und das Lesen im letzten Erscheinungsintervall (LpN) stützt und mit einer Frage erhebt.

Leseranalyse Entscheidungsträger (LAE)

Mit der LAE werden in der Regel alle zwei Jahre Daten zu einer speziellen Grundgesamtheit veröffentlicht – den Entscheidungsträgern in Wirtschaft und Verwaltung. Aktuell sind das insgesamt 2,1 Mio. Personen in Deutschland, die nach Branchen, Tätigkeitsbereichen und Kompetenzen analysiert werden können. Auftraggeber der Studie sind die beteiligten Verlage, die primär Wirtschaftstitel, Magazine zum Zeitgeschehen, überregionale Abo-Zeitungen und entsprechende Wochenzeitungen herausgeben. Diese Titel sind es auch, die in der LAE abgefragt werden.

Zielgruppe Entscheidungsträger in Wirtschaft und Verwaltung

> Die LAE kann in ihrer Bedeutung für die Mediaplanung kaum unterschätzt werden, da besonders im Business-to-Business-Bereich ohne ihre Daten keine Planung möglich wäre.

Im Gegensatz zu den meisten anderen Markt-Media-Studien basiert die LAE nicht auf einer Zufallsstichprobe, sondern verwendet ein Quota-Auswahlverfahren. Das ist notwendig, um eine repräsentative Stichprobe über alle Branchen und berufliche Positionen hinweg zu bekommen. Allerdings fehlen Informationen über Titel, die nicht mit Wirtschaft und Finanzen zu tun haben, ebenso Informationen zum Freizeitverhalten, z.B. für die Planung von gehobenen Zielgruppen im Konsumgüterbereich (z.B. Uhren, private Reisen, Autos etc.). Dafür eignen sich andere Studien, die ebenfalls gehobene Zielgruppen als Grundgesamtheit, aber einen breiteren Ansatz als die LAE haben. Das sind in erster Linie die AWA First Class des Instituts für Demoskopie in Allensbach, Gehobene Zielgruppen von Gruner+Jahr und Communication Networks des Burda-Verlags.

Quotaverfahren

BRIGITTE Kommunikationsanalyse (KA)

Zielgruppe Frauen von 14 bis 64

Eine weitere wichtige Studie vom Verlag Gruner+Jahr ist die BRIGITTE Kommunikationsanalyse (KA), die sich auf die Grundgesamtheit von Frauen im Alter zwischen 14 und 64 Jahren fokussiert hat. Diese Markt-Media-Studie beschäftigt sich entsprechend primär mit Themen und Produktbereichen, die für Frauen interessant sind. Analog der Studie MarkenProfile enthält sie ebenfalls den Marken-Dreiklang.

Weitere Monothematische Markt-Media-Studien

Der Spiegel-Verlag in Hamburg hat in der Vergangenheit immer wieder Studien veröffentlicht, die sich nur mit einem (sehr) speziellen Marktsegment beschäftigen. Dies waren u.a.

- Outfit: Thema Mode, Uhren, Schmuck,
- Soll + Haben: Thema Finanzdienstleistungen, Geldanlagen,
- Prozente: Thema alkoholische und nicht alkoholische Getränke,
- Auto, Verkehr und Umwelt: Thema Mobilität, Autos, Verkehrsmittel.

Als weitere monothematische Studie ist auch noch Dialoge (Gruner+Jahr) zu erwähnen, die allgemeine Einstellungen zu Politik, Wirtschaft und Zukunft erhebt und schon eher in den Bereich Meinungsforschung gehört, aber Mediainformationen enthält.

Auch noch zu erwähnen sind Spezialstudien, die sich ausschließlich mit dem Thema Computer (Hard- und Software) beschäftigen und besonders die Special Interest-Zeitschriften aus der Gattung der Computerpresse erheben. Hier gibt es zwei wichtige Studien: Die Leser-Analyse Computerpresse (LAC) und die Allensbacher Computer- und Telekommunikations-Analyse (ACTA).

3.3.2 Fernsehforschung

Fernsehforschung allgemein bildet die gesamte Komplexität ab

Fernsehzuschauerforschung hat die Aufgabe, die deutsche Fernsehlandschaft in ihrer gesamten Komplexität abzubilden. Im Gegensatz zur MA dient sie nicht nur der werbungtreibenden Wirtschaft. Auch in den Zeiten, als es nur öffentlich-rechtliches Fernsehen gab, das nur zum geringen Teil aus Werbegeldern finanziert wird, gab es eine genaue Messung des Fernsehverhaltens. Die Daten werden von den Sendern auch zur Programmplanung genutzt. In der Presse wird regelmäßig über die so genannten Einschaltquoten berichtet, oft sogar kritisch (man wirft den Sendern eine „Quotenfixierung" vor, die nur auf hohe Zuschauerzahlen zielt und die Qualität der Programme vernachlässigt). Einschaltquoten haben mittlerweile auch eine kartellrechtliche und somit politische Funktion – anhand von ihnen wachen Aufsichtsbehörden darüber, dass kein TV-Veranstalter eine marktbeherrschende Stellung bekommt. Für Leser/innen, die nicht genau wissen, wie Einschaltquoten zu Stande kommen, soll dies vorab kurz erläutert werden.

Kernstück sind die Einschaltquoten

Im Rahmen der deutschen Fernsehforschung wird jede Art der Fernsehnutzung über alle in Deutschland empfangbaren Sender in einer flächen- und bevölkerungsrepräsentativen Stichprobe erhoben, um eine einheitliche Verrechnungseinheit (man nennt sie auch „Währung") als Arbeitsgrundlage für Sender, Werbungtreibende und Werbeagenturen zu schaffen. Als Auftraggeber der TV-Nutzungsforschung fungiert die AGF (Arbeitsgemeinschaft Fernsehforschung). Die AGF ist der Zusammenschluss der großen Fernsehsender in Deutschland, bei der Werbungtreibende und Agenturen auch Mitbestimmungsrechte haben. Die AGF beauftragt ein Marktforschungsunternehmen mit der Erhebung der Fernsehnutzung. Seit vielen Jahren ist das die Gesellschaft für Konsumforschung in Nürnberg (GfK), weshalb oft auch einfach von den GfK-Zahlen gesprochen wird. Die Daten der AGF/GfK-Fernsehforschung werden über das GfK-Fernsehforschungspanel erhoben.

Zielstellung ist, Nutzungsdaten in eine „Währung" umzusetzen

Auftraggeber ist die AGF, die Durchführung liegt bei der GfK

Basisinformationen zum GfK-Fernsehforschungspanel

- Es handelt sich um ein Panel mit rund 5.640 Haushalten und ca. 13.000 Personen ab 3 Jahren, also Grundgesamtheit sind Personen ab 3 Jahre.
- Gemessen wird durch ein apparatives Verfahren: Ein so genanntes Telemeter-Gerät (auch „Peoplemeter") registriert die TV-Nutzung, Einschalt- und Umschaltvorgänge im Sekundentakt für alle Zuschauer, die sich über die Fernbedienung an- und abmelden müssen.
- Es gibt eine tägliche Berichterstattung; ab 9 Uhr morgens liegen vorläufige TV-Daten für bestimmte Zielgruppen vom Vortag vor (TV Quicks).
- Für die Teilnehmer des Panels liegen neben demografischen Merkmalen auch konsumspezifische Variablen vor, ähnlich den Markt-Media-Studien im Printbereich. Auch die Zuordnung zu SINUS-Milieus® ist seit einigen Jahren möglich (siehe auch noch einmal Abb. 3.20b). Diese Daten werden bei der Rekrutierung der Teilnehmer via Fragebogen erhoben und gelegentlich aktualisiert.

Was ist ein Panel?

Bei einer Panel-Befragung werden dieselben Befragten zu verschiedenen Zeitpunkten mehrmals befragt. Dadurch lassen sich Veränderungen bei den Befragten dokumentieren. Die Anzahl der Messzeitpunkte ist dabei von Studie zu Studie unterschiedlich: Es gibt Panel-Befragungen mit nur wenigen Messzeitpunkten, während die wichtigen Panels in der Markt- und Mediaforschung zum Teil kontinuierlich befragt bzw. beobachtet werden. Beispiele neben dem AGF/GfK-Fernsehpanel sind das Nielsen-Single-Source-Panel, das GfK-Haushaltspanel etc.). Der Nachteil von Panels liegt in den so genannten **Panel-Effekten**.

Panel = dieselben Befragten werden zu verschiedenen Zeitpunkten mehrmals befragt

Nachteilig sind Panel-Effekte

Es gibt hier zwei Effekte, die die Güte von Panel-Daten beeinträchtigen können:

- Von der **Panel-Mortalität** (= Panel-Sterblichkeit) spricht man, wenn während der laufenden Untersuchung Befragte nicht mehr für weitere Messungen zur Verfügung stehen. Deshalb reduziert sich die Teilnehmerzahl eines Panels immer mit der Zeit: Menschen verlassen ihren Wohnort, sterben oder haben einfach keine Lust mehr, sich weiter untersuchen zu lassen. Bei den großen kontinuierlichen Panels wie z.B. dem AGF/GfK-TV-Panel wird deshalb die Zahl der Teilnehmer kontinuierlich aufgestockt. Durch die Veränderungen im Panel leidet auch die Repräsentativität. In der Regel wird durch Aufstockungen und Gewichtungen anhand von Daten aus anderen Quellen die Repräsentativität sichergestellt.
- Ein anderer Panel-Effekt ist darin begründet, dass sich durch die wiederholte Befragung oder kontinuierliche Verhaltensbeobachtung **die Befragten selbst verändern**. Ihre Einstellungen, ihr Konsumverhalten oder ihre Mediennutzung werden durch den Akt der Messung verändert.
  Beispiel: Ein Befragter wird beim ersten Messzeitpunkt gefragt, ob er auch die Zeitschrift XY liest. Durch die Befragung auf die Zeitschrift aufmerksam geworden, kauft er sie sich und wird beim zweiten Messzeitpunkt als Leser geführt. Hätte es die Befragung nicht gegeben, wäre er nicht zum Leser geworden.

Generelle Panel-Nachteile kommen bei der Fernsehforschung kaum zum Tragen

Man geht davon aus, dass zumindest die Panel-Effekte bei der Messung der TV-Nutzung zu vernachlässigen sind, da die Messung durch das Telemeter-Gerät nicht-reaktiv (= passiv und ohne direkten Kontakt mit einem Interviewer) ist.

Was wird nun wie gemessen? Zur Beantwortung dieser Frage beschäftigen wir uns zunächst mit der Definition der TV-Nutzung.

Definition der TV-Nutzung

Eine Person sieht fern, wenn sie sich anmeldet und das TV-Gerät auf einem Programm oder auf AV steht und der Videorekorder auf Durchschleifbetrieb. Außer-Haus-Nutzung wird nicht erfasst.

Konkrete Durchführung apparativ mit dem GfK-Meter

Das GfK-Meter misst seit 1995 im Sekundentakt (davor im 30-Sekundentakt)

- Ein-, Um-, und Ausschalten,
- Anmeldung und Abmeldung von Personen und
- Videorekordernutzung

Das Telemeter-Gerät muss man sich als eine Art Dekoder zwischen dem Fernsehgerät und der Telefonleitung vorstellen. Es misst ab dem Moment, wo das Fernsehgerät angeschaltet wird, Sekunde für Sekunde, welches TV-Programm dabei läuft.

Abb. 3.22: Telemeter („GfK-Meter") mit Fernbedienung (Quelle: GfK)

Damit erhalten wir zunächst eine haushaltsspezifische Information („in dem Haushalt läuft der Fernseher"), die von sekundärem Interesse ist. Primär geht es um individuelle TV-Nutzung im Haushalt. Diese wird dadurch festgestellt bzw. gemessen, dass jede Person im Haushalt angehalten ist, sich zusätzlich über eine Art Fernbedienung anzumelden, wenn sie fernsieht. Erst darüber erfahren wir, wer im Haushalt wirklich TV nutzt.

Die Messung erfolgt sekundengenau

Der Fernsehtag ist übrigens im GfK Panel von 3 bis 3 Uhr definiert, sodass z.B. auch aktuell, d.h. am nächsten Morgen, Informationen zum Spätabend und zu Programmen zur Verfügung stehen, die nach 24 Uhr noch gelaufen sind. Die sekundengenaue Messung wird tagtäglich verdichtet und den Agenturen und Werbungtreibenden so zur Verfügung gestellt, dass sie einerseits für jeden Programmteil und jeden Werbeblock eine durchschnittliche Reichweite erhalten und andererseits die Daten in Fünfminutenschritten erhalten.

Bezogen auf den Werbeblock, bedeutet dies, dass wir nicht die tatsächliche Reichweite eines einzelnen Werbespots erhalten (wie es in anderen Ländern möglich ist), sondern nur den Durchschnitt für den gesamten Werbeblock. Da heute im Fernsehen fast nur noch Unterbrecher-Werbeblöcke ausgestrahlt werden, ist entsprechend von einem U-förmigen Verlauf auszugehen.

Für Werbeblöcke werden aber nur Durchschnitte gebildet

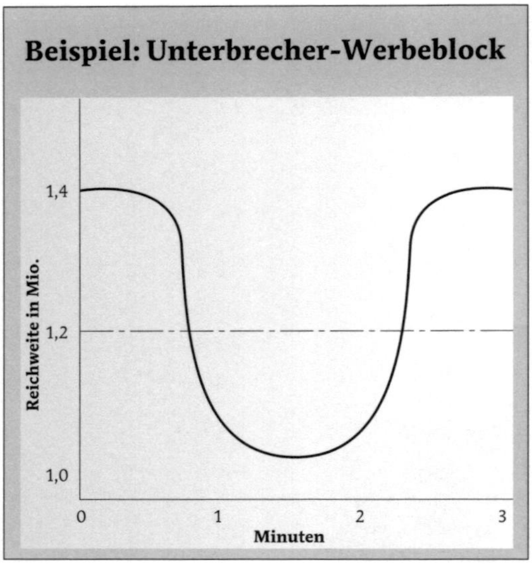

Abb. 3.23: Reichweite beim Werbeblock

Wie entstehen die TV-Einschaltquoten?

Einschaltquote % = Reichweite % = Rating %

$$= \frac{\text{Summe gesamte Sehdauer im Zeitraum}}{\text{Summe max. mögl. Sehdauer im Zeitraum}} \cdot 100$$

Gesamt
+
Zielgruppen

Beispiel:
Eine Person, die insgesamt 20 Minuten einer 40 Minuten langen TV-Serie sieht, erhält einen p-Wert von 0,5, da dieser p-Wert die Chance ausdrückt, die Hälfte der Serie zu sehen.
Bezieht man diese Vorgehensweise auf alle Personen im Fernsehpanel oder auf beliebige demografische oder konsumspezifische Teilgruppen, so ergibt sich die Reichweite wie in der obigen Formel angegeben.

Abb. 3.24: Formel für die Einschaltquote

Reichweitenproblematik von Unterbrecher-Werbeblöcken

Nehmen wir den in in Abb. 3.23 Grafik dargestellten Werbeblock als Beispiel. Wir arbeiten hier mit dem Durchschnittswert von 1,2 Mio. Personen, die den Werbeblock gesehen haben. Faktisch waren es aber am Anfang und am Ende des Werbeblocks ca. 1,4 Mio. Personen, während es in der Mitte nur noch rund 1 Mio. Personen waren. Die Spots, die am Anfang und am Ende eines Werbeblocks platziert sind, haben also oft eine höhere Reichweite als solche, die in der Mitte des Blocks gesendet werden.

Da wir den Verlauf nie exakt kennen, ihn aber analog obigem Beispiel annehmen können, versuchen die meisten Werbungtreibenden und Agenturen spezielle Platzierungen innerhalb des Werbeblocks zu erhalten, nämlich plausiblerweise die Erst- und Letzt-Platzierungen im Block.

Obwohl sekundengenau gemessen wird, ist es eine politische Entscheidung, den Werbungtreibenden nur Zugriff auf die Werbeblockreichweiten und nicht auf die Werbespotreichweiten zu geben. Dadurch wird den Kunden ein einheitlicher Preis für die Belegung eines Werbeblocks berechnet, unabhängig von der Position innerhalb des Blocks. In anderen Ländern wird von den Sendern für Erst- und Letzt-Platzierungen ein höherer Preis verlangt.

Berechnung der TV-Reichweiten

Die TV-Reichweiten, die im Übrigen oft nicht nur Einschaltquoten, sondern oder auch Ratings genannt werden, entstehen ähnlich den Print-Reichweiten über Nutzungswahrscheinlichkeiten (p-Werte). Im Unterschied zu den Printmedien wird hier aber nicht die Anzahl genutzter Ausgaben (z.B. „Wie viele von 12 Ausgaben")gemessen, sondern die genutzte Zeit im Verhältnis zur gesamtmöglichen Nutzungsdauer. Das erfolgt pro Person und wird für die betrachtete Gruppe kumuliert, siehe dazu Formel und Beispiel in Abb. 3.24.

Berechnungsbeispiel

Angenommen, ein TV-Werbeblock dauert 3 Minuten und es soll die Reichweite berechnet werden für alle Panel-Teilnehmer (also Personen 3 Jahre und älter), die insgesamt 11.000 Personen darstellen.
Dann addiert man zunächst die gesamte Sehdauer von allen 11.000 Personen auf dem bestimmten Sender in den exakten 3 Minuten, in denen der Werbeblock stattfand. Die Summe dividiert man durch 11.000 mal 3 Minuten, da unter der Voraussetzung, dass alle 11.000 Personen den gesamten Werbeblock gesehen hätten, es maximal 11.000 mal 3 gleich 33.000 Minuten sein könnten. Dies würde übrigens 100% Reichweite bedeuten.
Das prozentuale Ergebnis zeigt die Reichweite des Werbeblocks. Dabei ist es wahrscheinlichkeitstheoretisch gleichgültig, wie viele Personen ihn faktisch gesehen haben. Ausschlaggebend ist die Summe der gesamten Sehdauer in dem Werbeblock, also, genau genommen, die Addition der personenindividuellen p-Werte, bezogen auf den Zeitraum, in dem der Werbeblock ausgestrahlt wurde.

Werbeblockdauer:	3 Min.
Anzahl Personen:	11.000 (3 Jahre +)
TV-Nutzung/alle Personen im Werbeblock:	4.950 Min.

Einschaltquote % = Reichweite % = Rating %

$$= \frac{4.950 \text{ Min.}}{11.000 \text{ Personen} \cdot 3 \text{ Min.}} \cdot 100 = 15\%$$

IM UNTERSCHIED ZU DEN MEDIA- UND MARKT-MEDIA-STUDIEN FÜR ANDERE MEDIENGATTUNGEN DIENEN DIE AUSGEWIESENEN DATEN ZUNÄCHST NUR DER EX-POST-BETRACHTUNG, ALSO DER ANALYSE IM NACHHINEIN.

Wie viele Zuschauer haben gestern Abend Tatort gesehen und wie setzen sie sich nach den einzelnen Altersgruppen zusammen? Um tatsächlich damit planen zu können, haben sich die großen Agenturen spezielle Prognose-Software programmieren lassen, über die versucht wird, programmspezifische und damit auch werbeblockrelevante Einschaltquoten der Zukunft zu prognostizieren (unter Berücksichtigung von saisonalen Schwankungen und anderen Einflussfaktoren). Parallel dazu steht den Agenturen z.B. Plan-TV als Standardplanungsinstrument zur Verfügung.

3.3.3 Hörfunkforschung

Das Fernsehen ist das einzige Medium, für das tagesaktuelle Daten vorliegen (für das Internet wäre das zwar technisch möglich, doch ist man zurzeit noch weit davon entfernt, sich auf eine den AGF-Daten analoge Währung zu einigen). Auch das Radio ist wie das Fernsehen ein tagesaktuelles Medium, doch rechtfertigen die Werbeeinnahmen der Hörfunksender kein so aufwändiges Messverfahren, wie es sich die TV-Sender leisten. Das ist aber auch gar nicht notwendig, denn:

> RADIONUTZUNG UNTERSCHEIDET SICH DEUTLICH VON DER FERNSEHNUTZUNG. IM FERNSEHEN WERDEN EINZELNE SENDUNGEN EINGESCHALTET, WÄHREND IM RADIO DIE MEISTEN HÖRER ÜBER LANGE ZEIT BEI EIN UND DEMSELBEN SENDER BLEIBEN.

Zur Verfügung steht die Elektronik-Tranche der Media-Analyse der ag.ma

Deshalb fungiert als Standardinstrument zur Feststellung der Hörfunknutzung ebenfalls die Media-Analyse der ag.ma. Die so genannte Elektronik-Tranche erscheint mittlerweile ebenso wie die Print-Tranche zweimal im Jahr. Diese Daten werden ergänzt durch die VuMA (Verbrauchs- und Medienanalyse), eine Markt-Media-Studie speziell für die Medien Hörfunk und TV. Im Unterschied zu Zeitschriften und Zeitungen ergeben sich bei der Erhebung der Radionutzung einige spezielle Probleme, die aber größtenteils gelöst sind.

3.3.3.1 Probleme der Hörfunkforschung

Problem I: Präzise Erfassung der zeitgenauen Nutzung im Tagesverlauf und nach Wochentagen

Konkret erfragt wird die Hörfunknutzung „gestern"

Dies wird dadurch gelöst, dass die MA die Hörfunknutzung im Tagesablauf gestern erfragt und die Interviews gleichmäßig über die Wochentage verteilt werden. Die Befragungspersonen werden zunächst nach ihrem gestrigen Verhalten im Tagesablauf befragt: vom Aufstehen, Frühstücken, zur Arbeit Fahren, Einkaufen, usw. bis zum wieder ins Bett Gehen. Dabei fungieren die Tätigkeiten im Tagesverlauf hier als Erinnerungsstütze für den Medien-Konsum. Im Anschluss daran werden die Interviewpartner dann gefragt, wann sie ferngesehen und wann sie Radio gehört haben. Während es bei TV nur um die generelle Nutzung geht, sind beim Hörfunk noch zusätzlich Angaben zu den gehörten Sendern zu machen. Der gesamte Tag ist dabei in Viertelstunden-Abschnitte gegliedert.

Handling wird erleichtert, weil im Schnitt nur 1,5 Programme genutzt werden

Die Senderangaben bei der Hörfunkbefragung sind relativ einfach zu erheben, da durchschnittlich pro Person nur 1,5 verschiedene Programme im weitesten Hörerkreis genutzt werden, das heißt, jede Person nutzt normalerweise ein Hauptprogramm und ab und zu noch ein weiteres Programm. Zum weitesten Hörerkreis (WHK) eines Senders gehören übrigens alle, die diesen Sender in den letzten 14 Tagen gehört haben.

Anzahl Programme im Vergleich zu gehörten Programmen		
MA	Marktausweitung der einzelnen Programme	Programmbindung Anzahl der gehörten Programme
90	163	1,3
91	180	1,3
92	188	1,3
93	227	1,3
94	237	1,3
95	245	1,3
96	226	1,3
97	241	1,3
98	248	1,3
99	246	1,4
00	261	1,5.
01	263	1,5
02	282	1,5

Abb. 3.25: Angebot an Programmen und gehörte Programme (Quelle: MA Radio2002/I, eigene Berechnungen)

Die Erhebung über den Tagesverlauf hat sich bewährt, trotzdem wird immer wieder über eine Verbesserung der Reichweitenerhebung durch eine nicht-reaktive Messung nachgedacht. Dies ist möglich durch die so genannte Radio Watch, die in der Schweiz entwickelt wurde und dort in der Hörfunkforschung eingesetzt wird. Auch in Deutschland wurde das Schweizer Verfahren sehr genau beobachtet, doch eine mögliche Einführung hierzulande erst einmal zurückgestellt. Die Erfahrungen in der Schweiz haben aufgezeigt, dass sich von der Teilnehmeranwerbung über das Handling mit der Uhr bis zur Speicherung der Daten erhebliche Probleme ergeben.

Erhebung mittels Telefon (CATI)

Aktuell wird die Hörfunknutzung via CATI (Computer aided Telephone Interviews) erhoben. CATI konnte die noch vor wenigen Jahren eingesetzten persönlichen Face to face-Interviews vor allem deshalb ablösen, weil bei der Radio-Erhebung keine Titelkarten (wie bei Print) vorgelegt werden müssen und jede Person, wie bereits gesagt, nur durchschnittlich 1,5 verschiedene Programme nutzt. Die Umstellung der Messung von Face to face auf CATI hat übrigens zu höheren Reichweiten geführt. Es ist ein gutes Beispiel, dass die Erhebungstechnik einen Einfluss auf die ermittelten Werte hat. Die hohen Reichweiten wurden dadurch erklärt, dass über Telefoninterviews solche Befragungspersonen leichter erreicht werden, die mobil sind und deshalb bei Face to face-Interviews eine schlechtere Chance haben, in die Befragungsstichprobe zu gelangen.

Problem II: Lokale Verbreitung des Hörfunks in einigen Bundesländern

Hörfunk wird in den Bundesländern Baden-Württemberg, Bayern und Nordrhein-Westfalen lokal ausgestrahlt. Das hat historische Gründe: In diesen Ländern wurde als Erstes das Rundfunkrecht liberalisiert und lokale private Hörfunksender zugelassen. Seit dieser Zeit gibt es zum Teil selbst in kleineren Orten einen Hörfunksender. Um die Nutzung in diesen Städten erheben und mit einer gewissen statistischen Sicherheit ausweisen zu können, muss die national angelegte Stichprobe in diesen Städten aufgestockt werden (Dasselbe gilt übrigens auch für kleinere Bundesländer wie Saarland und Bremen). Man spricht in diesem Zusammenhang von einer disproportionalen Aufstockung der Stichprobe. Nehmen wir dazu das Beispiel Bremen: Die nationale Stichprobe der Hörfunk-MA basiert Netto auf rund 27.000 Interviews. Überträgt man diesen Ansatz auf ein kleines Bundesland wie Bremen, in dem insgesamt 0,52 Mio. Personen ab 14 Jahren wohnen, so ergäbe sich eine zu erwartende Fallzahl von ca. 200-220 Befragungspersonen in Bremen. Da diese Fallzahl für Bremen als nicht ausreichend betrachtet wird, um statistisch sichere Aussagen zu machen, erhöht man die Fallzahl auf rund 500 Personen, das heißt, zu den 200 bis 220 Personen aus der nationalen Stichprobe kommen noch rund 300 Personen auf Basis der disproportionalen Stichprobe hinzu.

Disproportionale Aufstockung der Stichprobe

Insgesamt werden neben den 27.000 Personen aus dem proportionalen (= nationalen) Ansatz weitere rund 26.000 Personen auf Grund der Disproportionalität befragt, sodass die MA-Stichprobe für den Hörfunk auf ca. 53.000 Interviews basiert.

Problem III: Definition der Grundgesamtheit im Verbreitungsgebiet

Zur Erhebung und Hochrechnung der Daten muss die Grundgesamtheit (Erwachsene ab 14 Jahre) für jedes Verbreitungsgebiet eines Senders so präzise wie möglich definiert werden. Denn nur, wenn man weiß, in welchen Städten und Gemeinden der Sender zu empfangen ist (man spricht hier auch von der technischen Reichweite), kann man entsprechend befragen und hochrechnen. Daraus ergeben sich beim Hörfunk über 100 Splitgebiete in Deutschland, in denen jeweils andere Sender und Programme gestützt abgefragt werden müssen. Hier liegt ein Vorteil des CATI-Verfahrens, da der Telefoninterviewer immer die richtigen Sender auf seinem Computerbildschirm ablesen kann.

Heranziehen auch der technischen Reichweite

Problem IV: Definition des Werbemittelkontakts

Der Werbemittelkontakt, der aktuell definiert ist, als Leser pro Werbung führende Seite (LpWS) bei den Printmedien und Werbeblock-Reichweite bei TV, kann über die Tagesablauf-Befragung beim Hörfunk nicht ermittelt werden. Die kleinste Zeiteinheit, die Viertelstunde, ist deshalb gegenwärtig als Werbemittel-Kontaktchance festgelegt.

Werbemittel-Kontaktchance über kleinste Zeiteinheit: der Viertelstunde

Definition der Kontakte			
Kontaktebenen	**TV**	**Hörfunk**	**Print**
Werbeträger-Kontakt	mind. 1 Min. in der 1/2 Std. TV gesehen	Hörer pro Stunde	Heft in der Hand gehabt (blättern und lesen)
Werbemittel-Kontakt-Chance	durchschnittliche 1/2 Std.	Hörer pro durchschnittliche 1/4 Std.	Lesemenge (Redaktion + Anzeigen)
Werbemittel-Kontakt	Werbeblock-Ratings	Reichweite Werbeblock	Lesemenge (Anzeigen)

Abb. 3.26

Die Einschränkung der Viertelstunde auf die tatsächliche Nutzung der Radiowerbung kann eventuell zukünftig über Ansätze mit der Radio Watch oder über Coincidental Checks erfolgen. Ein konkreter Lösungsansatz besteht derzeit jedoch nicht.

Problem V: Zusätzliche Berücksichtigung der national empfangbaren Kabel- und Satellitensender

In Deutschland ist die Radiolandschaft regional, in einigen Bundesländern sogar lokal organisiert. Nationale empfangbare Sender gab es in der Vergangenheit so gut wie gar nicht. Mittlerweile gibt es jedoch Hörfunksender, die national über das Kabelnetz oder Satelliten empfangen werden können. Diese Sender müssen generell im Tagesablauf berücksichtigt werden, wobei sie in der Regel ungestützt abgefragt werden. Eine gestützte Abfrage (durch Nennung des Sendernamens) wird nur dann in den Splitgebieten angewandt, wenn die betreffenden Sender auch in der vorhergehenden Befragung bereits genügend ungestützte Nennungen aufwiesen. Hier stellt sich die Frage, ob diese Kabel- und Satellitensender nicht bei der Reichweitenerhebung benachteiligt werden.

Ergänzend ungestützte Abfrage...

Problem VI: Radio-Nutzung via Internet

Ein vielleicht zukünftig noch gewichtigeres Problem besteht in den Radiosendern, die über das Internet gehört werden. Schon jetzt ist es nichts Ungewöhnliches mehr, z.B. am Arbeitsplatz ein Radioprogramm direkt aus dem Internet am PC abzuhören. Gegenwärtig ist bestenfalls davon auszugehen, dass bei der Reichweitenerhebung im Tagesablauf ungestützte Nennungen erfolgen und berücksichtigt werden. Hier muss über neue Forschungsmethoden nachgedacht werden, wobei apparative Messung mit der Radio Watch vielleicht doch die Lösung sein könnte.

...ebenso für den Empfang via Internet

Filterführung

Der gesamte Ablauf der Hörfunkbefragung, vom Generalfilter bis zum Tagesablauf gestern, zeigt ganz deutlich:

> DIE ERHEBUNG BEIM RADIO LEHNT SICH METHODISCH ENG AN DIE PRINTBEFRAGUNG AN UND DIE VERRECHNUNG DER DATEN ERFOLGT ANALOG.

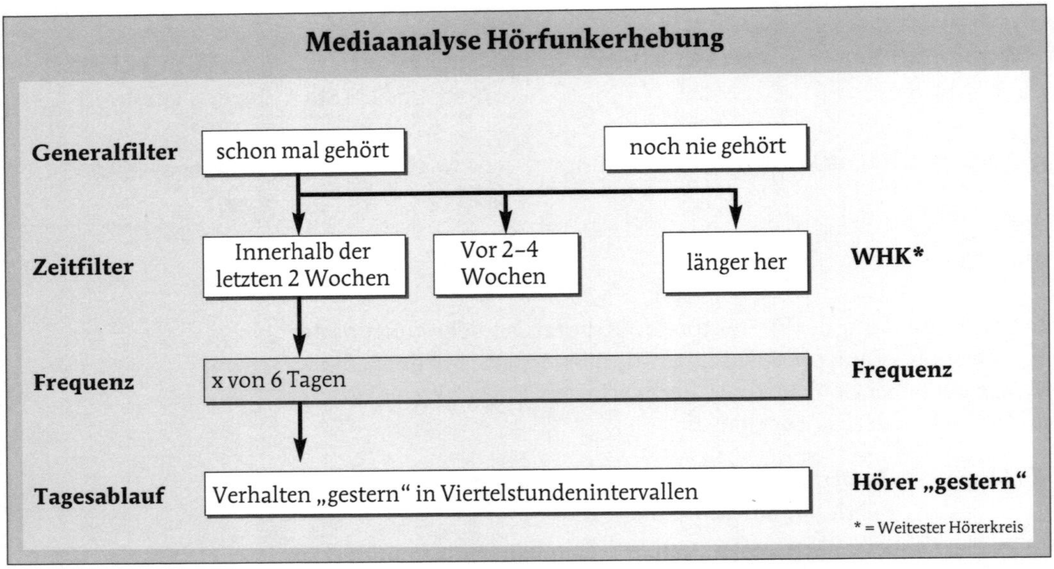

Abb. 3.27: Media-Analyse Hörfunk im Überblick

3.3.3.2 Daten zur Hörfunkplanung

Welche Daten stehen nun für die Hörfunkplanung zur Verfügung? Generell werden in der MA die Hörfunk-Reichweiten zwischen 6 und 18 Uhr ausgewiesen, was auch in etwa der faktisch nennenswerten Hörfunknutzung im Tagesverlauf entspricht. Wie bereits erwähnt, werden die Daten nach Viertelstunden-Abschnitten erhoben. Dies stellt die kleinste Zeiteinheit dar. Für jede einzelne Stunde von 6 bis 18 Uhr werden nun die Hörer pro Viertelstunde kumuliert, sodass sich eine Netto-Reichweite pro durchschnittlicher Stunde ergibt . Diese Reichweite pro Stunde ist qua Definition der Werbeträger-Kontakt im Hörfunk.

Werbeträgerkontrakt als Reichweite pro Stunde

Die Werbemittel-Kontaktchance ist dagegen definiert als durchschnittliche Viertelstunde innerhalb der betreffenden Stunde. Die Reichweiten der einzelnen Viertelstunden werden dabei addiert und durch vier dividiert. Beim folgenden Beispiel wäre die Reichweite der durchschnittlichen Viertelstunde 11%, während die Reichweite pro Stunde sich auf 18% beläuft. Jede Person, die in der betreffenden Stunde mindestens eine Viertelstunde Radio genutzt hat, geht in die Netto-Reichweite pro Stunde ein.

Ermittlung Werbeträger-Kontakt und Werbemittel-Kontaktchance Hörfunk

Reichweite/Viertelstunde		„Neue" Hörer
1. Viertelstunde	14 %	14 %
2. Viertelstunde	8 %	2 %
3. Viertelstunde	10 %	1 %
4. Viertelstunde	12 %	1 %
Summe	44 %	18 %

ø Viertelstunde = 11 % (Werbemittel-Kontaktchance)
ø Stunde = 18 % (Werbeträger-Kontakt)
= Netto-Reichweite/Std. über die Reichweiten-Kumulation/Std.

Abb. 3.28

Verbraucher- und Medienanalyse (VuMA)

Auch wenn in den großen Markt-Media-Studien wie der Typologie der Wünsche die Radionutzung grob erhoben wird, haben sie jedoch nicht die gleiche Qualität wie die Daten zur Printnutzung. Deshalb wurde eine eigene Markt-Media-Studie ins Leben gerufen, die mehr den Bedürfnissen der Radio- und TV-Sender entspricht.

Die Verbraucher und Medienanalyse (VuMA) wird in Zusammenarbeit von ARD (Hörfunk und TV), RMS (Radio Marketing Service, der größte Privatradio-Vermarkter in Deutschland) und dem ZDF Werbefernsehen herausgegeben.

Die VuMA soll dabei die MA-Daten zum Hörfunk um Konsumdaten ergänzen und gleichzeitig Informationen für die Fernsehforschung liefern.

Diese werden in das AGF/GfK-Panel hineinfusioniert. Im Unterschied zur Radio-MA werden die VuMA-Daten weiterhin Face-to-face erhoben, da neben der Befragung zusätzlich ein vom Befragten selbst auszufüllender Fragebogen (Haushaltsbuch) hinterlassen werden muss. Die VuMA basiert analog vielen anderen Markt-Media-Studien auf einem rollierenden Modell und insgesamt rund 25.000 Befragungspersonen. Die von der VuMA erhobenen Hörfunkdaten werden (analog wie bei Markt-Media-Studien die Printreichweiten) an die Reichweiten der MA angepasst. Ähnlich wie die anderen großen Markt-Media-Analysen ist das abgefragte Produktspektrum breit, geht jedoch weniger in die Tiefe (was sich z.B. in der meist fehlenden Markenabfrage zeigt).

3.3.4 Plakatforschung

Die Plakatnutzungsforschung hinkte den Forschungsbemühungen anderer klassischer Mediengattungen lange Jahre hinterher. Während 1954 die erste Leser-Analyse erschien und seit 1963 die TV-Nutzung erhoben wird, lag die erste Reichweiten-Studie auf Basis einer Stichprobe 1994 vor. Die Plakat-Media-Analyse 1994 (PMA ‚94) enthielt zum ersten Mal Reichweiten für verschiedene Plakatanschlagsarten und die Möglichkeit, Teilbelegungen zu berechnen. Auftraggeber war damals der Fachverband Außenwerbung, während inzwischen (seit Ende 2001) die größten Plakatanbieter der ag.ma beigetreten sind und Plakatforschung unter deren Dach erfolgt. Bis dahin war es jedoch ein weiter Weg, der zunächst mit Passantenmessungen (in der so genannten „Plakatanschlagsanalyse" I und II) und der Verrechnung dieser Daten mit so genannten Sichtbarkeitsfaktoren (Visibility Indices) begann.

Erste Studie der PMA 1994

Das Medium Plakat stellte die Forschungsbemühungen allerdings auch vor neue, nicht unerhebliche Probleme. Denn im Unterschied zu den anderen klassischen Medien wird Plakat nicht gezielt konsumiert. Man geht aus dem Haus, um ein Ziel zu erreichen, nicht um Plakate zu sehen. Bei solchen Wegen hat man mitunter auch Kontakte mit dem Medium Plakat oder auch nicht.

Kernproblem ist, dass Plakate nicht gezielt konsumiert werden

- Mit welcher Methode misst man aber den Kontakt mit Plakaten, wenn dieser eher zufällig und flüchtig erfolgt?
- Ein weiteres Problem bestand darin, dass Personen zwar Zeitschriftentitel, TV- und Hörfunksender differenzieren können. Doch sie werden verständlicherweise unsicher, wenn es um die Zuordnung der verschiedenen Anschlagsarten geht, die nur der Experte unterscheiden kann und z.B. als Superposter, Großfläche, City Light Poster oder Ähnliches bezeichnet werden.
- Darüber hinaus galt es, die Dekade als Plakatbelegungszeitraum (10 oder 11 Tage) in den Griff zu bekommen. Es handelt sich ja um einen relativ abstrakten Erinnerungszeitraum, der etwas mit der Organisation der Plakatbranche zu tun hat, aber nichts mit den Lebensumständen der Befragten, die natürlich ihre Zeit in Tagen, Wochen oder Monaten einteilen. Eine Abfrage der Dekade erschien den Befragten nicht zumutbar.

Das Vorgehen der Plakat-Medie-Analyse 94

All diese Probleme wurden durch die PMA 1994 gelöst. Sie basiert auf einer Methode, die von der Marktforscherin Gunda Opfer entwickelt wurde und als „Plakat-Abfrage anhand erinnerter Wege" bezeichnet wird. Dabei werden die Befragungspersonen zunächst danach befragt, welche Strecken sie bei welchem Anlass (wie z.B. zur Arbeit fahren, zum Einkaufen gehen) in den letzten sieben Tagen gegangen sind. Die individuelle Erinnerungsleistung fokussierte also zunächst auf die zurückgelegten Wege. Daran anschließend werden die Personen aufgefordert,

Die Plakat-Methode: Abfrage erinnerter Wege

darüber nachzudenken, welche und wie viele Anschlagstellen es an den zurückgelegten Wegen gibt und welche davon gesehen wurden. Daraus ergab sich die Reichweite. Über die Frequenzfrage, welcher Weg in den 7 Tagen wie oft zurückgelegt wurde, wird dann die Anzahl der Kontakte mit den Plakatstellen ermittelt.

Das Problem der Differenzierung der Anschlagsarten wurde über visuelle Identifikationshilfen gelöst. Dabei handelt es sich um Karten, die typische Plakatstellen zeigen (siehe Abb. 3.28).

Differenzierung in Leistungswerte für verschiedene Anschlagsarten

Als Ergebnis erhielt man zunächst Leistungswerte für die verschiedenen Anschlagsarten Großfläche, City Light Poster, Ganzsäule und Allgemeinstelle, und zwar innerhalb einer Woche. Dabei wird von der Abstraktion einer Vollbelegung ausgegangen, dass die Reichweite sich auf eine Werbekampagne bezieht, die auf allen möglichen Stellen angeschlagen war. Eine solche Kampagne ist natürlich in der Realität quasi unmöglich, doch dient die Vollbelegung nur als theoretischer Bezugspunkt, um Reichweiten auszuweisen. Das Problem des Erinnerungszeitraums (Woche vs. Dekade) löste man insofern, dass man die Reichweitenwerte pro Woche auf die Dekade übertrug und gleichzeitig die Kontakte pro Woche mit 1,5 multiplizierte, was dann dem durchschnittlichen Dekadenzeitraum (10,5 Tage) entsprach. Das bedeutet, dass die Reichweite nur auf einer Woche basiert, während die Kontakte der tatsächlichen Anschlagsdauer entsprechen.
Damit liegen personenindividuell folgende Daten pro Anschlagsart vor:

- Anzahl verschiedener Stellen, die gesehen (also genutzt) wurden,
- Anzahl Kontakte pro Stelle,
- Gesamtkontakte über alle Stellen.

Abb. 3.29: Beispiele für Plakatkarten

Im Unterschied zu den anderen klassischen Mediengattungen, gibt es also bei Plakat den Mehrfachkontakt, da eine bestimmte Stelle zum Beispiel jeden Morgen beim Weg zur Arbeit gesehen werden kann. Im nächsten Schritt musste noch eine Lösung gefunden werden, um die Leistungswerte für jede x-beliebige Teilbelegung zu berechnen, d.h., die zunächst erhobene Reichweite bezog sich z.B. auf über 200.000 Großflächen, die es in Deutschland gab. In der Realität werden aber oft nur 10.000 dieser Flächen belegt. Wie schon gesagt: Niemand belegt alle Stellen, was einer Vollbelegung entspräche.

Berechnung personenindividueller Wahrscheinlichkeiten

Die Lösung bestand nun darin, dass man zunächst personenindividuelle Wahrscheinlichkeiten für x-beliebige Teilbelegungen berechnete, und zwar unter folgender Prämisse: Wenn z.B. eine Person insgesamt 20 oder mehr verschiedene Großflächen pro Dekade sieht, dann müsste sie, bei flächendeckender Belegung der 10.000 von insgesamt 200.000 Großflächen (= 5% Teilbelegung), mindestens eine Großfläche mit dem speziellen Kampagnenmotiv sehen. Das bedeutet bei diesem Beispiel, dass alle Personen, die 20 und mehr verschiedene Großflächen sehen, die Wahrscheinlichkeit 1,0 (analog dem p-Wert bei anderen Medien) erhalten und mit dieser Wahrscheinlichkeit in die Reichweite eingehen. Personen, die nur 10 verschiedene Großflächen sehen, erhalten analog die Wahrscheinlichkeit 0,5.

Leistungswerte für Teilbelegungen und Kampagnen

Über diese Vorgehensweise lässt sich nun eine Reichweite für jede x-beliebige Teilbelegung errechnen. Die PMA bietet insgesamt folgende Leistungswerte für Teilbelegungen bzw. spezielle Kampagnen:

- Reichweite pro Dekade
- Anzahl verschiedene Plakatstellen/Dekade und damit Mehrfachkontakte über verschiedene Stellen
  (Dies bedeutet, bezogen auf obiges Beispiel, dass z.B. Personen, die 40 verschiedene Großflächen sehen, zwei Kontakte mit zwei verschiedenen Stellen bei 5% Teilbelegung machen).
- Anzahl verschiedene Plakatstellen mal Kontakte pro Stelle/Dekade = Gesamtkontakte
  (Beispiel: Werden die 2 Stellen bei 5% Teilbelegung jeweils 10 Mal pro Dekade gesehen, ergeben sich insgesamt 20 Kontakte).

Die PMA basiert aktuell auf insgesamt rund 21.000 Fällen, wobei pro Jahr 7.000 Personen befragt und immer drei Jahre zusammengefasst werden. Dieser ziemlich lange Zeitraum kann bei einem relativ konstanten Medienangebot und stabilen Verhaltensweisen hingenommen werden. Die Daten der PMA liegen den Agenturen heute in elektronischer Form vor und können durch ein eigenes Analyse- und Planungsprogramm zielgruppenspezifisch ausgewertet werden (siehe www.dap-software.de).

Andererseits ergeben sich aber Probleme durch den verstärkten Aufbau neuer Anschlagsarten, wie z.B. City Light Boards (hinterleuchtete Großflächen), die eventuell vom Betrachter – zumindest tagsüber – gar nicht als besonders wahrgenommen werden und deshalb von den Befragten wahrscheinlich den Großflächen zugeordnet werden. Andere Außenwerbungsmöglichkeiten, wie Infoscreen (Bewegtbild-Leinwände in U-Bahnen) oder Riesenposter, können auf Grund der ungenügenden Verbreitung bisher gar nicht exakt erhoben werden.

Diesem Manko kann man aber über eine neue Erhebungsmethode entgehen, über die seit einiger Zeit im Rahmen der ag.ma nachgedacht wird. Das **Global Positioning System** (GPS), bekannt aus der Autonavigation, ist ein relativ neues satelliten-gestütztes Verfahren, mit dem man Passagen messen kann. Faktische Blickkontakte mit der Plakatstelle müssten dann noch zusätzlich über eine Methode beobachtet, gemessen oder über eine Befragung erinnert werden. Da diese Vorgehensweise gegenwärtig noch in den Kinderschuhen steckt, wird auf eine weitere Erläuterung an dieser Stelle verzichtet. Doch ist es nicht auszuschließen, dass in einigen Jahren nicht nur das Radio, sondern auch die Plakatwerbung mit elektronischen Mitteln erforscht werden kann.

Passagen messen

Der G-Wert

Da kein Plakatstandort dem anderen gleicht, wurde parallel zur PMA von den Marktforschern der GfK eine Methode entwickelt, welche die genaue Bewertung jeder einzelnen Stelle zulässt. Diese Methode ist unter dem Begriff G-Wert bekannt, wobei G für nichts anderes als Gesamt steht.

Genaue Bewertung der einzelnen Stelle

DER G-WERT ERMITTELT DEN STANDORTSPEZIFISCHEN ERINNERUNGSKONTAKT UND BASIERT AUF EINER GRUNDLAGENSTUDIE, BEI DER UNTERSCHIEDLICHE STANDORTQUALITÄTEN SIMULIERT WURDEN.

Mittels einer mobilen Großfläche wurde systematisch die Standortqualität experimentell variiert, um den Leistungsbeitrag einzelner Einflussfaktoren zu ermitteln. So wurde die Stelle z.B. parallel zur Straße bzw. dem Gehweg aufgestellt (= 0° Winkel), um festzustellen, wie viele Personen sich nach der Passage der Anschlagstelle an das tatsächlich plakatierte Motiv erinnern können. Dieser Winkel wurde nun systematisch verändert, um z.B. zu vergleichen, wie sich ein 0° Winkel von einer Aufstellung im 90° Winkel (also quer zur Geh- oder Fahrtrichtung) unterscheidet. Die Erinnerung der Personen, die sich auf die Großfläche hinzubewegten, war plausiblerweise deutlich höher als bei der parallelen Stellung. Passanten, die von der anderen Seite kamen, sahen dagegen nichts.

Nach diesem Prinzip wurde insgesamt eine Vielzahl von Einflussfaktoren verändert und gemessen, um letztlich den Wirkungsbeitrag jeder einzelnen Variablen isolieren zu können. Die so ermittelten wichtigsten Einflussfaktoren bzw. Variablen sind in Abb. 3.29 (folgende Seite) zusammengestellt.

Einflussfaktoren auf die Plakatwirkung

- Winkel (zur Verkehrsachse)
- Entfernung vom Verkehrsstrom
- Verdecktheit (z.B. durch Bäume und Sträucher)
- Kontaktchancen-Dauer
- Komplexität des visuellen Umfeldes
- Situationskomplexität
- Anzahl Anschlagstellen an einem Standort

Qualitative Variablen: Winkel

In welchem Winkel steht das Plakat zum jeweiligen Verkehrsstrom?

Beispiel 1: 90 °

Beispiel 2: 0 °

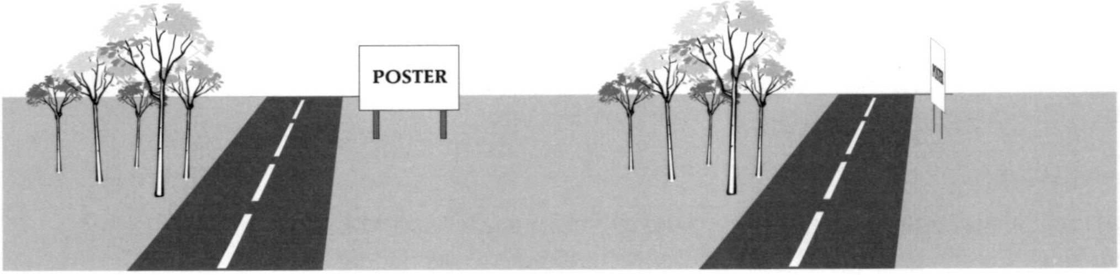

Qualitative Variablen: Entfernung

Wie weit ist das Plakat vom jeweiligen Verkehrsstrom entfernt?

Beispiel 1: < 5 m

Beispiel 2: > 50 m

Qualitative Variablen: Kontaktchancen-Dauer

Wie lange befindet sich ein durchschnittlicher Pasasant in der Kontaktchancen-Zone?

Beispiel 1: 2 Sekunden

Beispiel 2: 15 Sekunden

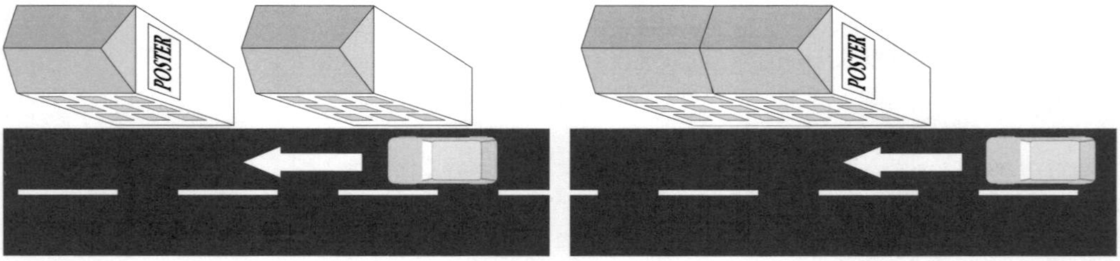

Abb. 3.30: Beispiele Plakatwirkung (nach JOST V. BRANDIS, Außenwerbung 2003, S. 38)

Als Ergebnis dieser Vorgehensweise ergaben sich je nach Standort-Konfiguration unterschiedliche Erwartungswerte bezogen auf die Erinnerungsleistung der passierenden Personen. Diese erwartbare Erinnerungsleistung musste noch mit der Passagefrequenz verrechnet werden.

ALS PASSAGEFREQUENZ WIRD DIE ANZAHL PERSONEN ANGESEHEN, WELCHE DIE PLAKATSTELLE IN EINEM BESTIMMTEN ZEITRAUM DURCHSCHNITTLICH PASSIEREN, WOBEI DER WERT AUF EINE DURCHSCHNITTLICHE STUNDE ÜBERTRAGEN WIRD.

G-Wert als Summe von Erinnerungsleistung und Passagefrequenz

Erinnerungsleistung und Passagefrequenz ergeben den G-Wert, der definiert wird als die Summe erwartbarer Erinnerer pro Stunde und Stelle. Die Multiplikation des G-Werts/Stunde mit 12 Stunden/Tag und 10,5 Tagen (Dekade), ergibt dann die Summe erwartbarer Erinnerer pro Stelle und Dekade. Im Markt wird mitunter auch mit den Werten 14 Stunden pro Tag und 9 Tagen (Dekade minus Wochenende) gerechnet, was allerdings zu demselben Ergebnis führt.

Diese Vorgehensweise bietet nun die Möglichkeit, dass alle Anschlagstellen über die Beschreibung der Standort-Konfiguration und die Zählung der Passagefrequenzen bewertet werden können. Die faktische Erhebung der Motiverinnerung entfällt, da diese durch die systematische Variation der Wirkungsbeiträge der Einflussfaktoren, wie sie bei der Simulation festgestellt wurde, theoretisch berechnet werden kann. In der Praxis werden die Stellen vor Ort eine bestimmte Zeit auf Video abgefilmt. Das Video wird dann elektronisch überspielt und am Computer kalibriert. Dann zählen geschulte Kodierer direkt am Bildschirm die Passagefrequenz. Trotz aller Standardisierung und technischer Hilfsmittel handelt es sich bei der G-Wertmessung immer noch um ein aufwändiges und teures Verfahren.

PMA und G-Wert liefern spezifische Informationen

Im Vergleich zur PMA liefert der G-Wert einen Kontaktwert, der bei ca. 25% der PMA-Leistung liegt. Gleichzeitig stellt der G-Wert qua Definition den härtesten Kontaktwert aller Mediengattungen dar, da hier zumindest die kurzfristige Erinnerung mit einfließt. Während man mit den Leistungswerten der PMA z.B. zielgruppenspezifische Reichweiten bei x-beliebiger Teilbelegung berechnen kann, ermöglicht der G-Wert die Selektion spezieller einzelner Stellen. Die Plakatpächter haben die Informationen des G-Werts dafür genutzt, Leistungsklassen einzuführen und Preise zu variieren.

PMA und G-Wert sind keine konkurrierenden Verfahren, sondern jede Methode liefert relevante Leistungswerte, die von der jeweils anderen nicht erbracht werden können. Doch in der Zukunft könnte mit GPS durchaus beides gelingen, nämlich die Erhebung zielgruppenspezifischer Leistungswerte von Plakatkampagnen und die Bewertung jeder einzelnen Stelle. Dies setzt natürlich voraus, dass sich der Einsatz von GPS bei der Plakatmessung im Test bewährt.

3.4 Werbestatistik

Unter dem Begriff Werbestatistik lassen sich zwei deutlich differenzierbare Bereiche subsumieren, nämlich die Werbeträgerstatistik und die Erhebung der Werbeaufwendungen.

3.4.1 Werbeträgerstatistik

Feststellung von Werbeträgerangeboten

Die Werbeträgerstatistik dient primär der Feststellung von Werbeträger-Angeboten im Werbemarkt und beschäftigt sich mit der Erfassung numerischer Quantitäten.

> Eine Vielzahl dieser quantitativen Informationen wird von der IVW, der Informationsgemeinschaft zur Feststellung der Verbreitung von Werbeträgern, bereitgestellt.

Erhebungs- und Kontrollinstanz IVW

Wie viele Exemplare von einer Zeitschrift oder Zeitung verkauft oder verbreitet werden, ist ein wichtiger Wert für die Mediaplanung. Damit kein Verlag höhere Auflagen veröffentlicht, als er tatsächlich unters Volk gebracht hat, gibt es seit 1949 IVW. Sie kontrolliert stichprobenartig die Verlagsangaben und die Zahlen.

> Ähnlich wie die AG.MA ist auch die IVW eine Einrichtung, die gemeinsam von allen Marktpartnern der Werbebranche getragen wird.

Auch sie hat Organe und Gremien, in denen sowohl die Medienanbieter bzw. Verlage wie auch Vertreter von Agenturen und Werbungtreibenden vertreten sind. Aufgabe der IVW ist es in erster Linie, verlässliche Daten über die Auflage und Verbreitung von Zeitungs- und Zeitschriftenexemplaren für den Werbemarkt bereitzustellen. Weitere Aufgaben (etwa die stichprobenartige Kontrolle, ob Radiospots korrekt ausgestrahlt wurden, oder die Bereitstellung von verlässlichen Zahlen über die Nutzung von Websites) haben eine geringere Bedeutung für die Mediaplanung, weshalb wir hier nur auf die Ermittlung von Printauflagen eingehen werden (nähere Informationen über die IVW kann man im ZAW-Jahrbuch oder auf der IVW-Website www.ivw.de nachlesen).

Die IVW liefert Daten zur Anzahl von Zeitungen, Publikumszeitschriften, Fachzeitschriften und Kundenzeitschriften, die es im deutschen Markt gibt. Allerdings werden nur Daten unter der Voraussetzung ermittelt und veröffentlicht, dass die Titel IVW-Mitglied sind und ihre Auflagen an die IVW melden. Diese Mitgliedschaft ist freiwillig und verlangt von den entsprechenden Verlagen eine große Transparenz und die Offenlegung aller relevanten innerbetrieblichen Zahlen. Deshalb ist die IVW-Mitgliedschaft auch eine Art Gütekriterium. Es besteht z.B. die Notwendigkeit, dass Publikumszeitschriften IVW-Mitglied sind, um bei der Media-Analyse erhoben zu werden. Fachzeitschriften, die nicht IVW-Mitglied sind, werden oft bei der Mediaplanung nicht berücksichtigt, da man dann den vom Verlag angegebenen Auflagen bzw. der Verbreitung nicht traut. Dass die Kontrollmechanismen der IVW funktionieren, hat sich in den vergangenen Jahren dadurch gezeigt, dass Unregelmäßigkeiten und Manipulationen bei der Auflagenmeldung aufgedeckt werden konnten (in einem Fall war sogar ein großer, angesehener Verlag betroffen; er wurde aus IVW und MA so lange ausgeschlossen, bis er wieder nachweisbar korrekte Zahlen lieferte).

Die Auflagen von Zeitungen, Publikumszeitschriften und Fachzeitschriften werden quartalsweise veröffentlicht. Dabei wird über alle Ausgaben eines Titels, die in dem untersuchten Quartal erschienen sind, ein Durchschnittswert gebildet – Rückschlüsse auf die Auflage einer bestimmten Nummer oder einer Zeitungsausgabe sind deshalb nicht möglich. Für die wichtigsten Publikumszeitschriften gibt es seit einigen Jahren neben den Quartalszahlen auch Auflagen für jedes erscheinene Heft (nachzulesen sind sie auch im Internet unter www.ivw.de oder www.pz-online.de, der Service-Website des Verbandes der Zeitschriftenverleger).

Unterscheidung von Auflagenbegriffen

Die Auflage wird unterschieden in

- Druckauflage,
- verbreitete Auflage und
- verkaufte Auflage.

Die Druckauflage umfasst alle Exemplare, die von einer Nummer gedruckt wurden, egal, ob sie den Weg zum Leser gefunden haben oder nicht, d.h., bei der Druckauflage sind auch noch die so genannten Remittenden dabei, die Exemplare also, die vom Einzelhandel nicht verkauft wurden.

Zur verbreiteten Auflage werden alle Exemplare gezählt, die zum Leser gelangt sind, d.h. zum einen die verkauften Exemplare (die man auch als verkaufte Auflage bezeichnet) wie auch Freistücke, d.h., Exemplare, die kostenfrei versandt werden. Letztere sind gerade bei Fachzeitschriften nicht zu unterschätzen, da hier der Verlag oft sein Heft kostenfrei verteilt, um eine höhere Verbreitung und dadurch auch mehr Werbeerlöse zu erreichen.

Die verkaufte Auflage wird noch einmal unterteilt in Abos und Einzelverkauf, außerdem wird auch noch erhoben, wie viel der Auflage ins Ausland geht oder in Deutschland bleibt (da viele Titel auch im deutschsprachigen Ausland gelesen werden, ist das durchaus eine wichtige Information).

Kerngröße sind Reichweiten, aber IVW-Auflagen helfen, wo diese nicht bekannt sind

Auflagenzahlen sagen nichts über die Leserschaft eines Titels aus, da jedes Exemplar sowohl ungelesen in den Papierkorb wandern wie auch von mehr als einem Leser gelesen werden kann. Deshalb werden Reichweiten betrachtet und für die wichtigsten Publikumszeitschriften stehen mit der MA verlässliche Daten über die Reichweite eines Titels zur Verfügung. Auflagenzahlen sind für die Mediaplanung noch von Interesse für solche Titel, die nicht in der MA sind, dazu zählen auch Fachzeitschriften sowie Neueinführungen. Hier sind die IVW-Auflagen oft die einzigen verlässlichen Zahlen, die vorliegen. Deshalb sind IVW-Zahlen nach wie vor wichtig und dienen als ein wichtiges, vergleichbares Selektionskriterium.

FÜR TAGESZEITUNGEN GIBT DIE IVW AUSSERDEM ALLE ZWEI JAHRE DIE UMFANGREICHE „VERBREITUNGSANALYSE TAGESZEITUNGEN" HERAUS.

Sie liefert zusätzliche Kennwerte, wie z.B. die Haushaltsabdeckung in einem definierten Gebiet. Die Zeitungs Marketing Gesellschaft (ZMG) gibt basierend auf diesen Daten auch einen „Verbreitungsatlas Tageszeitungen" heraus (Informationen dazu findet man auf der ZMG-Website www.zmg.de).

Weitere Zahlen der Werbeträgerstatistik

Darüber hinaus gibt es eine Vielzahl an Informationen, die unabhängig von der IVW sind, aber dem Werbemarkt zur Verfügung stehen und sich zur Charakterisierung der Medienlandschaft eignen. Dies sind beispielsweise Informationen über das Außenwerbungsangebot (z.B. Anzahl existierender Großflächen), die Besucherzahlen von Filmtheatern (interessant vor allem im Jahresverlauf) oder die Anzahl nationaler und pan-europäischer TV-Sender, die in Deutschland zu empfangen sind. Auch gibt es eine umfangreiche Pressestatistik im Auftrag des Bundespresseamtes. Einige der wichtigsten dieser Kennwerte können in dem jährlich erscheinenden Band „Basisdaten zur Mediensituation in Deutschland", der von der Fachzeitschrift Media Perspektiven herausgegeben wird, nachgelesen werden.

3.4.2 Werbeaufwendungen

Statistik der Werbeaufwendungen ist Orientierungshilfe für das Budget

Eine der wichtigen Aufgaben der Mediaplanung ist es, das Mediabudget zu überprüfen und eine Empfehlung abzugeben. Unter das Mediabudget fällt alles Geld, das innerhalb des Planungszeitraumes für die Schaltung von Mediawerbung investiert werden soll. In der Regel ist der Planungszeitraum das Kalender- oder Geschäftsjahr, es kann sich aber auch um kürzere Zeiträume handeln (z.B. die Planung zeitlich begrenzter Kampagnen). Produktionskosten für die Werbemittel sind ebenso wenig Teil des Mediabudgets wie Aufwendungen für andere Kommunikationsinstrumente (z.B. Verkaufsförderung). Die Methoden zur Definition des Mediabudgets werden an anderer Stelle erörtert.

Im vorliegenden Abschnitt kommen wir auf Vergleichswerte zu sprechen, die die Budgetplanung unterstützen. Mediaplaner wollen nicht nur wissen, wie ihre eigenen Kampagnen gelaufen sind, sondern sie benötigen auch Informationen über die Werbeaktivitäten der Konkurrenz. Erzielte Medialeistung lässt sich nur beurteilen, wenn es einen Vergleichsmaßstab gibt. Da wir uns in einer Wettbewerbssituation befinden, liefern die Mitbewerber die Vergleichswerte: Wenn diese mit weniger Mediabudget mehr Medialeistung bekommen haben als wir, dann hat die Agentur eindeutig etwas falsch gemacht, z.B. nicht die geeignetsten Werbeträger ausgewählt oder zu teuer eingekauft. Woher kommen nun die Informationen über die Mitbewerber? Unsere eigenen Kampagnen kennen wir, aber die Konkurrenz wird uns nicht den Gefallen tun und uns Einblick in ihre Mediapläne und Buchhaltung gewähren. Es gibt jedoch eine externe Quelle, die sehr genau ermittelt, wer in welchen Werbeträgern wie geworben hat, und diese Werbestatistik liefert in Deutschland heute nur ein Marktforschungsinstitut, nämlich Nielsen S+P.

Gesucht sind Vergleichswerte

Nielsen S+P liefert Angaben, wer in welchen Werbeträgern wie geworben hat

Die Aufgabe der Werbebobachtung ist eine möglichst lückenlose Erfassung aller marken- bzw. unternehmensspezifischen Werbemaßnahmen. Da eine wirklich lückenlose Erfassung kaum möglich ist, muss sichergegangen werden, dass die (werbe-)relevanten Märkte und alle wichtigen Werbeträger innerhalb der klassischen Mediengattungen in die Werbebeobachtung mit einbezogen werden. Folgende Werbeträger werden von Nielsen beobachtet:

- Zeitungen,
- Publikumszeitschriften,
- Fachzeitschriften,
- TV,
- Hörfunk und
- Außenwerbung.

Die Erfassung der Daten geschieht überwiegend durch Mitarbeiter der Nielsen Werbeforschung, d.h., sie basiert nicht auf Meldungen der Medienanbieter, sondern wird selbst erhoben.

Die Werbebeobachtung umfasst alle Konsum- und Dienstleistungsbereiche der Volkswirtschaft. Ausgewertet und dargestellt werden die Brutto-Werbeaufwendungen und die Seiten- bzw. Sekunden-Volumina.

Dabei stellt die Erfassung von Brutto-Werbeaufwendungen einerseits zwar einen Kompromiss dar. Nielsen kann selbstverständlich die noch erfolgenden Werbeeinschaltungen einer Marke nicht kennen und damit auch Rabatte im Vorhinein errechnen. Es werden aber auch im Nachhinein keine Netto-Daten zur Verfügung. gestellt. Andererseits ist aber gerade die Ausweisung von Brutto-Werbeaufwendungen eher als marktspezifischer Vergleichsmaßstab geeignet, als es bei Netto-Werbeaufwendungen der Fall wäre.

Basis sind die Bruttoaufwendungen

So führen z.B. 4 Mio. Euro Brutto in bestimmten Medien zu einem doppelt so hohen Werbedruck wie 2 Mio. Euro, vorausgesetzt, die Formate stimmen überein. Bei Netto-Werbeaufwendungen, also unter Berücksichtigung von Rabatten und möglichen Skonti und der Mittlervergütung, würde sich hier ein ganz anderes Verhältnis ergeben.

Aufgabe der Mediaplaner ist primär die Analyse und Darstellung von Entwicklungstendenzen bei den Werbeaufwendungen im jeweils markenspezifisch relevanten Produktbereich. Dabei können Tendenzen, nur mit einem geringen Timelag (einer Zeitverzögerung), kontinuierlich verfolgt werden. So ist prinzipiell die Rekonstruktion aller markenspezifischen Mediapläne möglich.

Die Daten werden meist mit dem entsprechenden Vorjahres-Zeitraum verglichen, um festzustellen, ob und wie sich die Werbeaufwendungen und die Medienpräferenzen im Produktbereich und unter den Marken verändert haben. Wenn etwa die meisten Marken im Produktbereich inzwischen deutlich mehr aufwenden als im Vorjahr, dann herrscht im Markt inzwischen ein härterer werblicher Wettbewerb, was zu der Empfehlung führt, dass auch die zu betreuende Marke sich dem höheren Werbedruck anschließen sollte. Als Hilfsgröße arbeitet man hier, analog dem Marktanteil bei Absatz- oder Umsatzzahlen, mit dem Share of Advertising (SoA), also dem relativen Werbeaufwendungs-Anteil im Produktbereich. Ein Beispiel: Eine Marke mit 5 Mio.EURO Brutto-Werbeaufwendungen innerhalb eines Produktbereichs, in dem 50 Mio.EURO aufgewendet werden, hat entsprechend einen SoA von 10%. Werden nun im Folgejahr insgesamt 70 Mio. Euro von allen Wettbewerbern aufgewendet, reduziert sich der SoA der Marke mit 5 Mio. Euro auf rund 7%. Die entsprechende Marke setzt sich damit der Gefahr aus, dass sie von weniger Personen wahrgenommen wird als im Vorjahr bzw. von den anderen Marken übertönt wird.

Kenngröße ist Share of Advertisung (SoA)

ALS FAUSTREGEL GILT FÜR VIELE BEREICHE DIE FESTSTELLUNG, DASS SICH SHARE OF MARKET UND SHARE OF ADVERTISING IN ETWA DIE WAAGE HALTEN SOLLTEN.

Deutlich höhere Werbeaufwendungen einer bestimmten Marke weisen darauf hin, dass die Marke über forcierte Werbeauftritte versucht, ihren Marktanteil auszubauen. Folgende medienspezifischen Informationen stehen über A.C.Nielsen zur Verfügung, sodass man jeden einzelnen Mediaplan nachvollziehen kann:

- Titel/Sender/Anschlagsart,
- Brutto-Einschaltkosten,
- Format und Farbe bzw. Spotlänge,
- Ausgabe bzw. Erscheinungsdatum und Uhrzeit,
- Platzierung und Heftumfang in Print,
- Platzierung und Werbeblocklänge in TV.

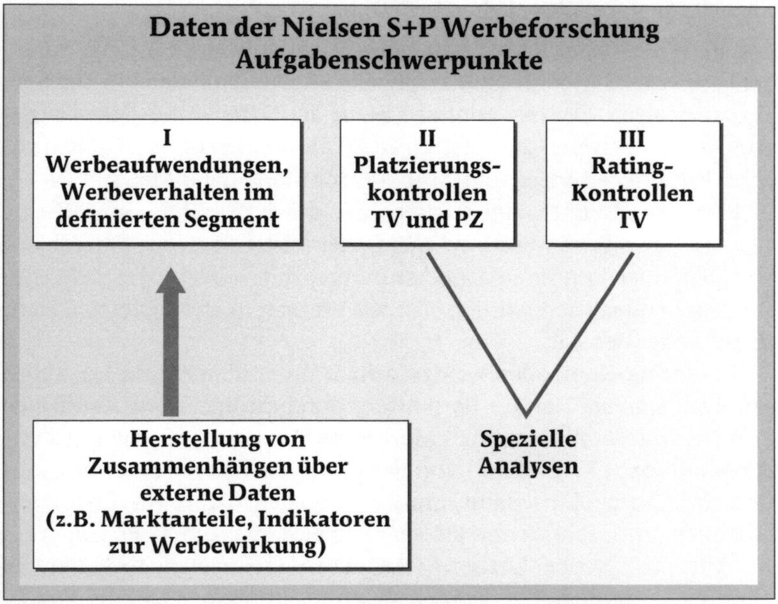

Abb. 3.31: Daten der Nielsen S+P Werbeforschung (Aufgabenschwerpunkte)

Die Daten über Werbeaufwendungen von Nielsen S+P liefern damit Anhaltspunkte zur Feststellung der Bedeutung einer Marke im Werbemarkt bzw. im definierten Produktbereich. Außerdem ermöglichen sie Rückschlüsse auf (media-) strategische Aspekte, wie z.B. Zielsetzung der Marke, Saisonalität, Werbedruck, Muster wie Pulsing/Flighting oder Kontinuität. Sie erlauben im Zusammenspiel mit anderen Daten, wie etwa Marktanteile oder Werbewirkungs-Indikatoren, Analysen zum Thema Werbedruck und Werbewirkung (die in dem Kapitel über Werbewirkung genauer behandelt werden).

Die Nielsen S+P Marktsystematik ist so definiert, dass einzelne Produkte zu Familien, dann zu Produktgruppen und letztlich zu Wirtschaftsgruppen zusammengefasst werden.

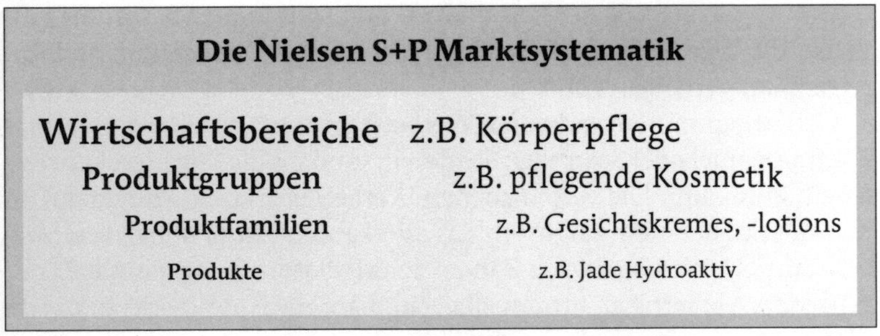

Abb. 3.32: Nielsen S+P Marktsystematik

Spezielle Analysen über Nielsen S+P-Daten

Nielsen S+P gestattet - bei elektronischem Datenbezug - spezielle Analysen

Da die Werbestatistik sehr genau erhebt, wann welche Anzeige wo erschienen ist, können zusätzlich spezielle Analysen mit den Nielsen S+P-Daten erfolgen. Der elektronische Bezug der Daten ermöglicht Platzierungskontrollen bzw. -auswertungen für die Medien TV und Publikumszeitschriften/Zeitungen und Rating-Kontrollen für das Medium TV.

Platzierungskontrollen erlauben z.B. die Feststellung, wie oft eine über TV beworbene Marke an erster oder letzter Stelle im Werbeblock war. Bei einer Printkampagne kann überprüft werden, wie viele Umschlagseiten realisiert wurden oder wie oft man in etwa im ersten Heftdrittel gestanden hat.

TV-Rating-Kontrollen werden primär unter dem Aspekt Leistungskontrolle im Vergleich zur Konkurrenz durchgeführt. Diese Kontrollen können zwar für die betreuten Marken mittels einer speziellen Auswertungssoftware (TV Control) von der Agentur selbst durchgeführt werden, da man die Einschalttermine der eigenen Kampagnen selbstverständlich umfassend kennt, jedoch nicht die entsprechenden Daten zur Konkurrenz. Erst über Nielsen S+P wird es auch möglich, die konkreten Termine der Mitbewerber kennen zu lernen, die dann ebenfalls über TV Control bewertet werden können. TV Control rechnet mit den Ratings aller TV-Werbeblöcke der Vergangenheit inklusive der zielgruppenspezifischen Einschaltquoten.

3.5 Aktuelle Trends in der Mediaforschung

Die institutionalisierte Mediaforschung in Deutschland kann mit Recht stolz auf ihre hohen Standards sein. Durch eine weit gehend partnerschaftliche Zusammenarbeit werden die Reichweiten für Zeitungen, Zeitschriften, Radio und Fernsehen auf methodisch höchstem Niveau erhoben. Im Rahmen der Media Analyse (MA) und des TV-Panels der Arbeitsgemeinschaft Fernsehforschung (AGF) werden so Zahlen ermittelt, die von allen Marktpartnern nicht hinterfragt werden und deshalb oft auch als „Währung“ bezeichnet werden (vgl. SCHELER 1996). Diese Bezeichnung ist nicht ganz falsch, die MA- und AGF-Zahlen bestimmen die Preise, die Werbeträger für die Bereitstellung von Werbezeiten und Anzeigenplatz verlangen können.

Grundphilosophie: Werbeträger verkaufen Zugangschancen zu einem Publikum

Genau genommen verkaufen Werbeträger aber keine Zentimeter auf Zeitungspapier oder Sekunden Sendezeit, sondern die Zugangschance zu einem Publikum. Die verschiedenen Werbeträger konkurrieren auf einem Markt, den man salopp als das „Verkaufen“ von Publika beschreiben kann. Dank der exakten Zahlen der Mediaforschung kann die Leistung der Werbeträger intramedial (und in etwas eingeschränkterem Maße auch intermedial) vergleichbar gemacht werden, das Publikum wird dadurch zu einem transparenten Produkt auf dem Werbemarkt.

3.5.1 Partnerschaftliche Modelle der Forschungsorganisation

Die Mediaforschung in der Bundesrepublik begann bereits im Jahr 1949 mit einer Leserstudie des Allensbacher Instituts für Demoskopie (vgl. SCHELER 1996, NOELLE-NEUMANN 1996). Ohne unbescheiden sein zu wollen, möchten wir erwähnen, dass der Auftraggeber kein Medienanbieter, sondern eine Werbeagentur war: McCann Erickson, aus der später auch Universal McCann hervorging. Es waren schon immer Werbungtreibende und Agenturen, die von den Verlegern und Fernsehsendern immer genauere und validere Daten einforderten. Die Medienanbieter kamen diesen Forderungen nach und bemühten sich (mehr oder minder notgedrungen), ihre Leistung möglichst differenziert darzustellen. Das hat dazu geführt, dass bei der Reichweitenerhebung immer mehr zusätzliche Informationen abgefragt wurden. Verwendung und Kauf von Produkten und Marken werden in den so genannten Markt-Media-Studien erhoben (z.B. Verbraucher-Analyse, Typologie der Wünsche), hinzu kommen Zusatzinformationen über Einstellungen, Freizeitverhalten und Lifestyle. Die Zeiten, in denen Agenturen ihre Media-Zielgruppen ausschließlich nach soziodemografischen Merkmalen definieren, sind lange vorbei.

Die umfassenden Anforderungen lassen sich am ehesten durch Partnerschaftsmodelle erfüllen

Die bisherige Entwicklung zeigt, dass die Anforderungen an Media-Untersuchungen am ehesten durch Partnerschaftsmodelle analog der Arbeitsgemeinschaft Media-Analyse (ag.ma) zu realisieren sind, in denen Werbungtreibende, Agenturen und Medienvertreter gemeinsam Aufgaben und Lösungsmöglichkeiten definieren, Methoden-Experimente durchführen, Studien realisieren und Ergebnisse diskutieren. Denn medienspezifische Standardwährungen, die intra- und intermediale Vergleichbarkeit ermöglichen, setzen einerseits Einflussnahme und andererseits Konsens der Marktpartner voraus. Methodische Anforderungen und entsprechende Konventionen müssen gemeinschaftlich definiert werden. Den Werbungtreibenden und Agenturen kommt hier auch eine Kontrollfunktion zu, indem sie darüber wachen, dass nicht jede Mediengattung oder sogar jedes Medium den für sie bzw. es positivsten Untersuchungsansatz wählt.

Die Partnerschaftsmodelle der Mediaforschung haben

Vorteile:
- Entwicklung konsensfähiger Methoden,
- gleiche Argumentationsbasis,
- hoher wissenschaftlicher Standard

Nachteile:
- zeitaufwändig auf Grund von Abstimmungen,
- Interessenkonflikte,
- teuer durch Forderungen nach Experimenten

Allerdings muss man auch zugeben, dass sich die Mediaforschung lange Zeit auf die dominanten Medien TV, Zeitschriften und Zeitungen konzentriert hat. Andere Mediengattungen wie etwa Plakat wurden dagegen lange vernachlässigt und bieten noch heute nicht die Transparenz, die eigentlich notwendig wäre. Dies trifft auf Fachzeitschriften ebenso zu wie auf vielfältige spezielle Medien und Sonderwerbeformen. Below the line-Maßnahmen wie (Event-) Sponsoring, Bandenwerbung oder Werbemöglichkeiten am POS werden eher „aus dem Bauch" entschieden als über brauchbare Leistungswerte und Kosten-Leistungs-Verhältnisse, da es für diese Werbeträger und Werbemittel präzise Leistungsinformationen gar nicht gibt.

Bestenfalls entwickeln einzelne große Unternehmen, Media- oder Spezial-Agenturen selbst Bewertungsmaßstäbe für ihren Hausgebrauch. Notwendig wäre aber eine öffentliche Fachdiskussion, die Artikulation gemeinsamer Anforderungen und die Bereitschaft der jeweiligen Medienanbieter oder Vermarkter, entsprechende Studien zu finanzieren und zu realisieren.

3.5.2 Künftige Trends in der Mediaforschung

Ein methodischer Trend wurde in anderem Zusammenhang bereits erwähnt. Die Aufnahme von immer mehr Printtiteln, Sendern, Werbemöglichkeiten und Zielgruppenmerkmalen haben dazu geführt, dass die Fragebögen bei Media- und Markt-Media-Studien immer dicker und die Interviews immer länger wurden. Dabei musste man erfahren, dass sich die Kooperationsbereitschaft des Befragten nicht unbegrenzt steigern lässt und deshalb nicht alles erhebbar und messbar ist, was sich Medienanbieter und Werbekunden wünschen. Aber auch Interviewer (die nicht selten spärlich bezahlt werden) können ein Interview steuern und somit die Reliabilität einer Untersuchung beeinträchtigen. So kann es passieren, dass methodische Vorgehensweisen, die gestern relevant waren, irgendwann überholt sind.

Tendenz zur apparativen Messung

Aktuell ist deshalb die Tendenz zur passiven, apparativen Messung auszumachen. Und manch einer träumt vom „gläsernen" Medienkonsumenten mit einer Art Mikrochip im Ohr, der das gesamte Medien- und Konsumverhalten festhält. Sieht man sich die Entwicklung in der TV-Nutzung an, die in den 50er-Jahren mit Interviews und schriftlichen Tagebüchern begann, so erscheint der Gedanke an nicht-reaktive Messtechniken plausibel. Vielleicht werden wir bald den Siegeszug von Radio Watch und Plakatmessung via GPS erleben.

Überhaupt sollte man den Einfluss von neuen Technologien auf die Mediaforschung gar nicht zu gering einschätzen. Die heutige PC-Technologie bietet immense Vorteile bei der Erhebung, Bereinigung und Auswertung der Daten. Pentop-Interviews könnten auch die schon sehr ausgereiften Methoden der Printforschung noch weiter verbessern. Ein weiteres Verfahren, das durch bessere und schnellere Datenverarbeitung erleichtert wird, ist die so genannte **Datenfusion**. Dabei werden Daten aus zwei getrennt erhobenen Untersuchungen so zusammengeführt, dass die Merkmale beider Studien zusammen analysierbar sind. In der deutschen Mediaforschung gibt es schon etliche fusionierte Datensätze, etwa den Intermedia-Datensatz der ag.ma, bei dem Daten der AGF/GfK-Fernsehforschung zusammen mit MA-Daten für Zeitschriften, Zeitungen und Radio fusioniert werden. Ein anderes Beispiel sind die Daten der VuMA, die mit denen der AGF/GfK-Fernsehforschung fusioniert werden. Dieser Ansatz wird sicherlich in Zukunft weiterverfolgt, da er aus dem Dilemma der überlangen Fragebögen heraushilft. Je mehr Medien und Kommunikationskanäle bei der ganzheitlichen Betrachtung des Kommunikationsmixes in den Fokus der Agenturen und damit auch der Media-Forschung geraten, werden Fusionen an Bedeutung gewinnen. Durch das Einbeziehen anderer kommunikativer Maßnahmen (wie z.B. Verkaufsförderung und Dialog-Marketing) in Markt-Media-Studien, gilt es, die Wirkungsbeiträge der einzelnen Instrumente zu lokalisieren, ihren Einsatz zu optimieren und letztlich die integrierte Kommunikation ganzheitlich zu bewerten. Gerade unter dem Aspekt der kommunikativen Effizienzsteigerung wird die Bedeutung der Media-Forschung in Zukunft noch deutlich zunehmen.

Datenfusion

3.5.3 Standard-Studien und agentureigene Forschung

Wenn man die Inhalte des bisher Gesagten Revue passieren lässt, wird etwas deutlich: Der Planer von heute muss mit einer Vielzahl von Daten umgehen, die allen Marktpartnern zur Verfügung stehen und somit für Transparenz im Mediageschäft sorgen. Wie kommt es dann, dass Agenturen selbst viele Gelder in zusätzliche Forschung investieren? Reichen denn die verfügbaren Daten nicht aus, um eine professionelle Mediaplanung zu gewährleisten?

Die Antwort ist ein deutliches Nein. Denn Mediaplaner können gar nicht zu viele Daten haben – jede weiter führende Information, die hilft, die Zielgruppe besser zu verstehen oder einen Werbeträger genauer einschätzen zu können, ist von Wert. Natürlich versuchen sich Agenturen auch mit eigenen Forschungsprojekten im harten Wettbewerb zu profilieren. Doch dies ist kein Selbstzweck, denn die Forscher in den Agenturen werden immer mehr mit der Forderung nach kundenspezifischen Erkenntnissen und Analyse-Tools konfrontiert. Hier ist eindeutig eine Entwicklung zu individuellen Erhebungen und Analysen zu beobachten. Einige der Aufgaben, die sich die Agenturforschung stellen muss, sind:

Entwicklung zu individuellen Erhebungen und Analysen

- Kundenspezifische Erhebung von Werbewirkungsindikatoren (so genannte Tracking-Studien),
- statistische Analyse dieser Daten, zusammen mit ökonomischen Werbeerfolgsindikatoren (z.B. Abverkäufe und Marktanteile), einschließlich der Entwicklung von Prognose-Modellen (sog. Modelling),

- die Bewertung nicht-klassischer Werbeträger und Sonderwerbeformen, von Ambient-Media bis hin zu Product Placement,
- Online-Forschung, d.h. sowohl Studien und Tools zur Planung von Online-Kampagnen, als auch Studien, die das Internet als Befragungsmedium verwenden,
- quantitative Inhaltsanalysen, mit denen Daten über die redaktionelle Themenstruktur und die inhaltliche Qualität von Zeitschriften erhoben werden, die dann zu statistischen Analysen zur Verfügung stehen,
- Studien (Befragungen, Copytests), die Aufschluss über die besten Platzierungen in einem Heft geben, besonders im Hinblick auf Rubriken und Themenumfelder,
- eigene Typologien und Segmentationen, bei denen Lebensstil, Mediennutzung und Konsumgewohnheiten berücksichtigt werden,
- experimentelle Studien zu einzelnen Variablen im Werbewirkungsprozess (z.B. wirken lange TV-Spots besser oder schlechter als mehrere kurze),
- qualitative Forschung (Tiefeninterviews, Gruppendiskussionen, Beobachtungen, internet-gestützte Online-Focusgroups), um Consumer Insights zu sammeln.

Einige der Punkte werden im Kapitel zur Werbewirkungsforschung genauer behandelt. Zum Thema Consumer Insights sind aber an dieser Stelle einige Anmerkungen sinnvoll.

Consumer Insights

Bedarf auch an weichen Daten

Neben den „harten" Zahlen der quantitativen Mediaforschung, wie sie in diesem Kapitel ausgiebig beschrieben wurden, benötigen Mediaplaner auch „weiche" Daten:

> Ein tiefer gehendes Verständnis der Beziehung von Marke, Medium und Konsument erschliesst sich nicht alleine aus Rangreihen und TV-Ratings, sondern hier runden qualitative Informationen das Bild ab.

Aus der Auswertung und sorgfältigen Interpretation von qualitativen und quantitativen Daten generieren Agenturen und Marktforscher Consumer Insights, also Erkenntnisse über den Verbraucher und Mediennutzer. Ein Insight liegt vor, wenn wir eine (mitunter altbekannte) Information in einem neuen Licht sehen, indem wir schlagartig ein besseres Verständnis eines Sachverhaltes erlangen oder eine neue Idee entwickeln. In einem beliebten Sprichtwort spricht man vom Tröpfchen, welches das Fass des Altbekannten zum Überlaufen bringt.

Consumer Insights können aus qualitativer Forschung wie auch aus der geschickten und kenntnisreichen Auswertung und Interpretation quantitativer Untersuchungen generiert werden. Markt-Media-Studien wie VA, TdWIund AWA können viele Antworten liefern, wenn man weiß, wie man die richtigen Fragen an einen Datensatz stellen muss. Als Beispiel für eine quantitative Untersuchung, die Consumer Insights liefert, werden wir kurz die Studie „Media in Mind“ von Universal McCann vorstellen. Dabei handelt es sich um eine agentureigene Studie, deren Ergebnisse nicht öffentlich zugänglich sind, sondern nur für Kunden von Universal McCann genutzt werden können. Trotzdem halten wir es für gerechtfertigt, sie hier zu erwähnen, zum einen als Beispiel für ein agentureigenes Forschungsvorhaben, zum anderen, weil wir einige Daten und Befunde aus „Media in Mind“ in einem späteren Kapitel verwenden werden, um die Nutzung verschiedener Mediengattungen darzustellen.

Media in Mind als Beispiel für ein agentureigenes Forschungsprojekt

Auch die Medien sind in diese kulturellen Praktiken des Alltags eingebunden. Die Eigenheiten eines Landes zeigen sich nicht nur in den jeweiligen nationalen Inhalten, sondern auch unabhängig davon in dem Umgang mit Medien. Dieser rückt mehr und mehr in den Fokus der Forscher. Nicht zuletzt deshalb haben in jüngster Zeit Tagesablaufsstudien in der Mediaforschung an Bedeutung gewonnen.

Universal McCann untersucht mit „Media in Mind“ wie Medien in Alltag eingebunden sind

Mediaexperten wollen heute genauer wissen, wie Medien in den Alltag der Menschen eingebunden sind, welche Funktionen sie erfüllen und wie ihre Nutzung mit anderen alltäglichen Aktivitäten in Wechselwirkung tritt. Universal McCann hat sich bereits vor sechs Jahren dieses Themas angenommen und eine eigene, von Medienunternehmen unabhängige Untersuchung ins Leben gerufen – die Studie „Media in Mind“.

Anders als bei vergleichbaren Studien war aber von Anfang an die Erforschung von interkulturellen Gemeinsamkeiten und Unterschieden in der Mediennutzung ein zentrales Anliegen.

Angelegt als internationales Forschungsprojekt

Deshalb wurde „Media in Mind“ als ein internationales Forschungsprojekt initiiert. Die erste Erhebung fand im Jahre 1997 statt, damals nur in zehn europäischen Ländern. Mittlerweile wurden in Europa sechs Wellen durchgeführt mit über 53.000 Befragten in 22 Ländern. Ergänzend fanden seit 1999 auch in anderen Teilen der Welt „Media in Mind“-Erhebungen statt. Mittlerweile existiert ein Datensatz von über 90.000 Interviews aus 52 Ländern.

Kernstück der Studie ist ein detailliertes Tagebuch, welches die Befragten eine Woche lang ausfüllen müssen.

Dadurch erhalten wir Informationen über alle Tätigkeiten im Tages- und Wochenablauf, den Ort der Aktivitäten, die Umfeldsituation (z.B., ob man alleine oder mit anderen zusammen war), den Medienkonsum, sowie die auf die Medien verwandte Aufmerksamkeit und die Stimmung, in der sich der Befragte befunden hat.

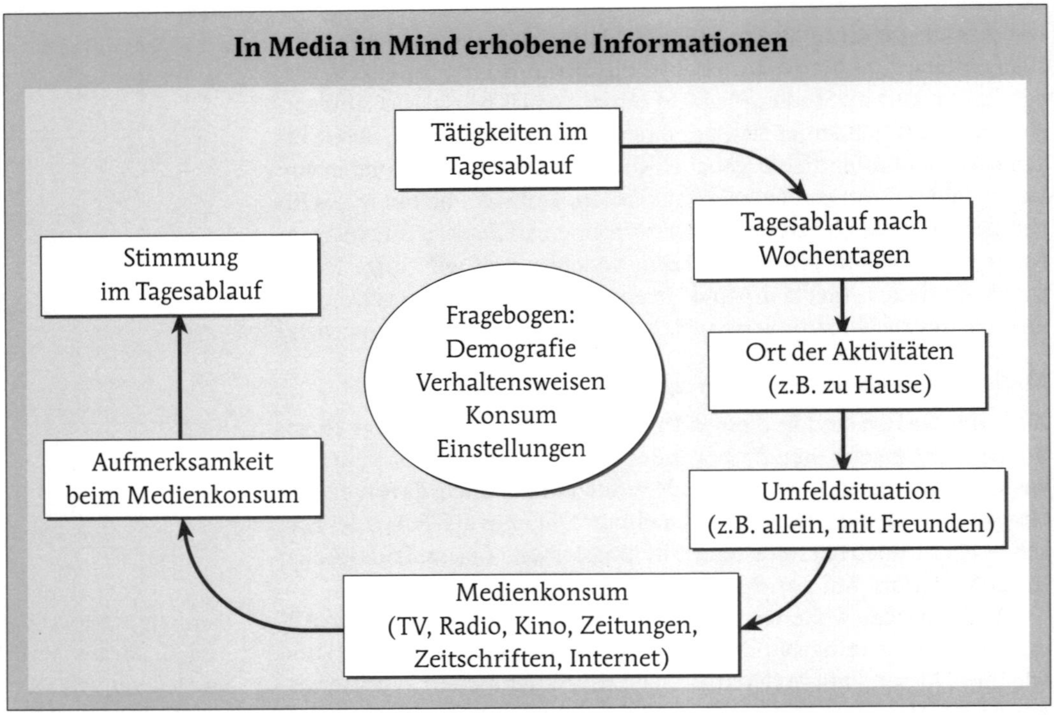

Abb. 3.33: In Media in Mind erhobene Informationen (Quelle: Universal McCann)

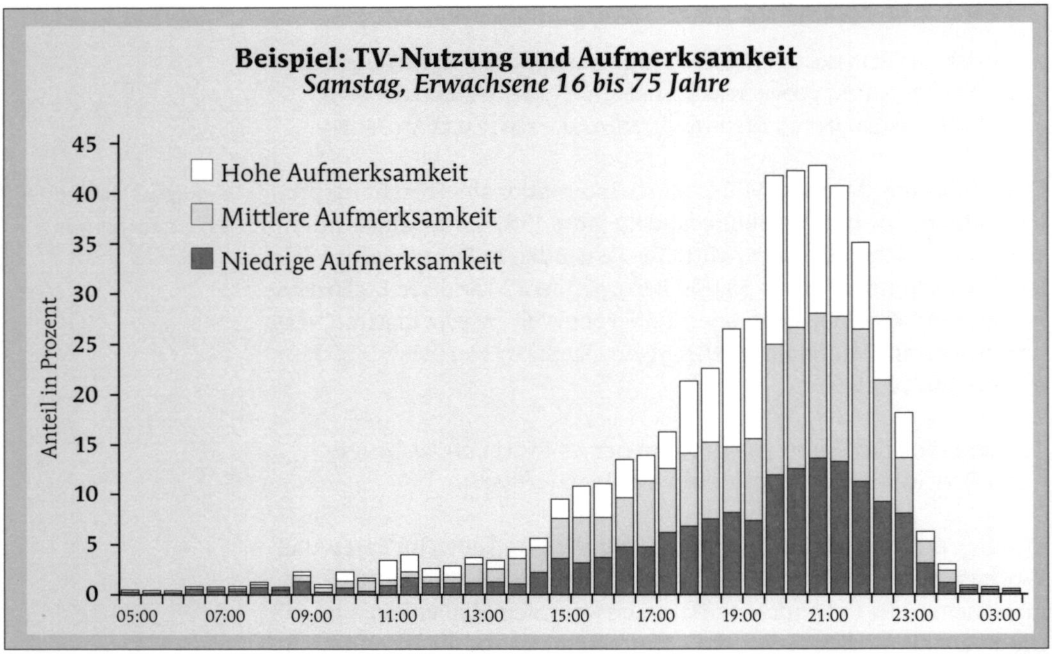

Abb. 3.34: Beispiel: TV-Nutzung und Aufmerksamkeit (Quelle: Universal McCann)

Diese Tagebuchdaten können mit Informationen aus einem Fragebogen über allgemeine Einstellungen (z.B. anhand der Messung von Wertorientierungen nach Milton ROKEACH, vgl. ROKEACH 1973, SCHRÖDER 1998), Mediennutzung, Konsum und Einkaufsverhalten verknüpft werden. Mit den im Fragebogen von „Media in Mind“ erhobenen Informationen lässt sich fast jede beliebige Zielgruppe definieren. Gerade die Informationen über Aufmerksamkeit sind etwas Neues. Bisher wurde Aufmerksamkeit meist nur in Laborexperimenten operationalisiert und gemessen. Durch „Media in Mind“ kann diese wichtige Variable erstmals für die Mediaplanung nutzbar gemacht werden.

Sieben Wellen seit 1997, die Veränderungen, aber auch Konstanzen aufgezeigt haben

Insgesamt gab es seit 1997 sieben Wellen von „Media in Mind“, die Feldarbeit wurde von Anfang an von dem Marktforschungs-Network NFO Infratest besorgt. Betrachtet man sich die Ergebnisse der einzelnen Wellen, so zeigen sich zwar etliche gesellschaftliche Veränderungen (z.B. ein kontinuierlich anwachsender Handybesitz), bei vielen Einstellungen und dem Tagesablauf ist aber eine starke Konstanz festzustellen. Deshalb können die Interviews der verschiedenen Wellen in einem Datensatz kumuliert werden, woraus eine höhere Fallzahl resultiert, die auch Auswertungen für kleinere Zielgruppen erlaubt.

Informationen die in „Media in Mind“ erhoben werden

Fragebogen:
- Einstellungen zu Konsum, Politik, Gesellschaft, Ernährung und Werbung
- Wertorientierungen (nach ROKEACH)
- Konsum von Lebensmitteln und anderen Verbrauchsgütern
- Nutzung von Finanzdienstleistungen
- Autobesitz- und Kauf
- Interessen und Freizeitverhalten
- Nutzung von Printtiteln und TV-Sendern
- Markenverwendung und -bekanntheit
- Soziodemografie

Tagebuch:
- Für jeden Wochentag und jede halbe Stunde des Tages:
- Aktivitäten (Essen, Schlafen, Trinken, Autofahren, Arbeit, Hausarbeit)
- Freizeit (Sport, sich Unterhalten, Besuch von Theater etc.)
- Ort (Zuhause, Arbeitsplatz, Schule, außer Haus unterwegs)
- Begleitung (Erwachsene, Kinder)
- Mediennutzung (TV, Radio, Zeitschriften, Tageszeitungen, Internet, Kino)
- Aufmerksamkeit bei der Mediennutzung (Hohe, mittlere oder niedrige Aufmerksamkeit)
- Stimmung, die in der jeweiligen halben Stunde vorgeherrscht hat (z.B. entspannt, gestresst, glücklich etc.)

Studien in 22 Ländern

Bisher wurde die Studie in 22 europäischen Ländern durchgeführt, mit insgesamt rund 52.000 Interviews. Nachdem Europa den Vorreiter gespielt hat, setzt Universal McCann „Media in Mind" auch in anderen Teilen der Welt ein: Aus den Vereinigten Staaten, Japan, Indien, China und mehreren ostasiatischen Ländern liegen bereits Daten vor, weitere werden in den nächsten zwei Jahren folgen. „Media in Mind" hat sich als Studie etabliert und ist fest in den Mediaplanungsprozess von Universal McCann verankert.

Der Tagesablauf für jede definierbare Zielgruppe kann in Halbstunden-Intervallen dargestellt werden, wodurch sich strategisch wichtige Situationen identifizieren lassen, in denen die Werbebotschaft für den Empfänger vermutlich besonders relevant ist (z.B. während oder kurz vor dem Einkauf). Wir nennen eine solche Situation den „Point of Relevance" in Anlehnung an den Point of Sale. Letztere ist ausschließlich räumlich definiert (nämlich der Laden, in dem der Kauf vollzogen wird), der Point of Relevance (abgekürzt P.O.R.) ist hingegen dem Konzept des Situationsinvolvement verbunden und hängt von Ort, Zeit und anderen kontextuellen Faktoren ab. Wir gehen von der Vorstellung aus, dass sich jenes Medium am besten für Werbung eignet, das während oder zeitlich nahe zum P.O.R. genutzt wird.

Die folgenden Fragestellungen lassen sich mithilfe der in „Media in Mind" erhobenen Daten beantworten:

Zusammenfassung der Fragestellungen, die sich beantworten lassen

- Flexibilität bei der konsumspezifischen und psychografischen Zielgruppendefinition; Merkmale zählbar, die in anderen Studien nicht zu finden sind (z.B. 30 Statements zum Thema Ernährung, Rokeach-Values)
- Erkenntnisse über die Zielgruppe und ihren Tagesablauf (Consumer Insights)
- Wie ist die Mediennutzung im Tagesablauf eingebunden? (z.B. eine detaillierte Analyse, welche Medien genutzt wurden, bevor die Zielperson einkauft oder ein Restaurant besucht)
- Welche Tage eignen sich besonders für Werbung? (Tagesreichweiten nach Wochentagen)
- Wann werden Medien aufmerksamer genutzt? Welche Zeitschienen eignen sich für TV- und Radiowerbung besser oder schlechter? (Hohe, mittlere oder niedrige Aufmerksamkeit in Halbstunden-Schritten; Nebentätigkeiten und parallele Mediennutzung)
- In welchen Situationen sind die Zielpersonen empfänglich für die Werbebotschaft? (Point of Relevance)
- Wann sind die Zielpersonen in einer Stimmung, die zur Marke passt oder bei der eine erhöhte Werbewirkung angenommen werden kann?
- Vergleich von verschiedenen Zielgruppen und Erstellen von umfassenden Zielgruppen-Profilen
- Interkulturell vergleichende Mediaforschung, europa- und weltweit.

Kapitel 4

Der Mediaplanungsprozess in der Agentur

Aufgabe ist die zielgruppenspezifische Auswahl von Medien

Generelle Aufgabe der Mediaplanung ist die zielgruppenspezifische Auswahl von Medien für den Werbemitteleinsatz. Die Medien fungieren dabei als Werbeträger, welche die Anzeigen oder Werbespots an die Zielpersonen übermitteln. Genau genommen, kaufen wir also keine leeren Seiten in Printmedien und keine Werbezeiten in elektronischen Medien, sondern Kontakte bzw. Kontaktchancen mit den Nutzern dieser Medien.

Wir kaufen im Prinzip Kontakte

Im Einzelnen geht es bei der Mediaplanung um folgende Aufgaben:

- Mit einem bestimmten Budget (Media-Budget)...
- die richtigen Zielpersonen (Media-Zielgruppe und Reichweite)...
- zielgerecht (Kommunikations-Ziel)...
- zum richtigen Zeitpunkt (z.B. vor dem Einkaufen)...
- im richtigen Zeitraum (zeitliche Schwerpunkte)...
- in einem bestimmten Gebiet (regionaler Werbedruck)...
- mit den relevanten Medien (Selektion Mediengattungen)...
- genügend oft (Kontakthäufigkeit)...
- mit einer bestimmten Botschaft (Kommunikations-Angebot)...
- so effektiv (Werbewirkung)...und
- so günstig wie möglich (Kosten-Leistungs-Verhältnis) anzusprechen.

Mediaplaner brauchen Kenntnis des Marktes

Um eine optimale Betreuung des Kunden zu gewährleisten, benötigen die Mediaplaner eine umfassende Kenntnis des jeweiligen spezifischen Marktes, in dem sich das Produkt oder die Dienstleistung des Auftraggebers bewegt. Sie bezieht sich sowohl auf Mitbewerber im Markt wie auf Einblicke in das Konsumentenverhalten (Käufer, Verwender, Kaufentscheidungsprozesse) und den jeweils relevanten Werbemarkt.

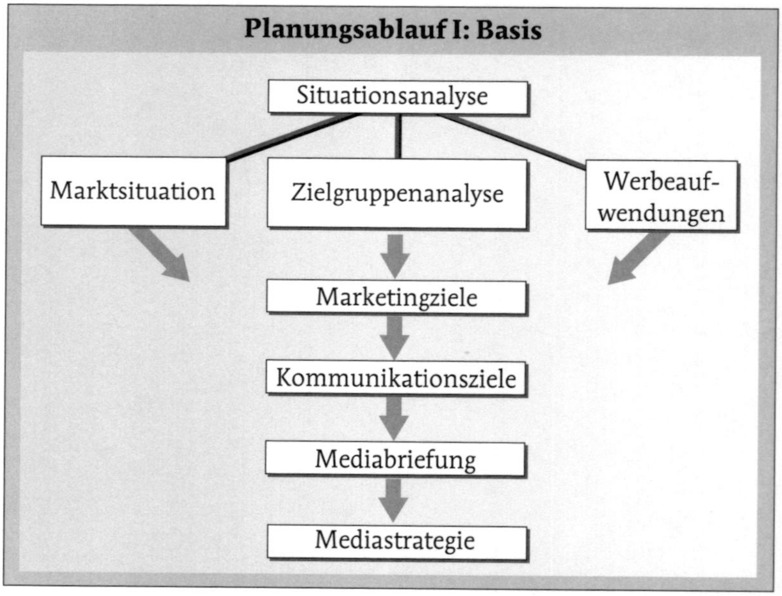

Abb. 4.1

Die Situationsanalyse dient als Wissensbasis für die Mediaplanung

Alle drei Bereiche können unter dem Begriff Situationsanalyse subsummiert werden. Die **Situationsanalyse** bildet einerseits die Wissensbasis für die Mediaplanung, wie sie andererseits unternehmensintern das Gerüst für zu definierende Marketing-Ziele und entsprechende Unterziele darstellt. Relevante Erkenntnisse aus der Situationsanalyse sollten deshalb Bestandteil des **Briefings** sein, welches an die Agentur geht, genauso wie **präzise definierte Marketing- und Kommunikations-Ziele**. Auf Grundlage des Briefings beginnt nun der eigentliche Planungsprozess mit der Media-Strategie (Abb. 4.2).

Zunächst sind die unterschiedlichen Aspekte der **Media-Strategie** zu bedenken, festzulegen, mit dem Kunden zu diskutieren und evtl. wieder zu überarbeiten, bis sie übereinstimmend definiert sind.

Zunächst werden die Mediengattungen für sich geplant …

und diese Planungen zuletzt zusammengeführt

Die gemeinsame Verabschiedung der Media-Strategie ermöglicht im nächsten Schritt die jeweils **intramediale Detailplanung**, das heißt, jede Mediengattung, die auf Basis der Media-Strategie eingesetzt werden soll, wird zunächst für sich geplant. Dabei werden qualitative Kriterien ebenso berücksichtigt wie quantitative Bewertungsmaßstäbe und formale Kriterien. Als Ergebnis werden Planvarianten erarbeitet, die auf der Basis identischer Budgets miteinander verglichen und bewertet werden. Bei der Berücksichtigung mehrerer Mediengattungen werden diese zuletzt zusammengeführt (Abb. 4.3).

Die Freigabe der Mediapläne durch den Kunden ermöglicht daran anschließend die Disposition der Werbeträger. Die eigentliche Arbeit des Mediaplaners ist im zeitlichen Ablauf damit beendet, Mediaeinkäufer und Mediaabrechner übernehmen und verwirklichen den Plan.

Planungsablauf II

Basis: Media-Briefing

↓

Media-Strategie
- Strategisches Grundprinzip und Ausprägungen
- Media-Budget
- Media-Zielgruppe
- Saisonalität und zeitliche Schwerpunkte
- Media-Ziel(e) bzw. Werbedruck/Zeit
  - Kontakte
  - Reichweite
  - Pulsing vs. Kontinuität
  - Konkurrenz
- Regionalität
- Mediengattungen

Abb. 4.2

Planungsablauf III

Basis: Media-Strategie

↓

Media-Detailplanung

Intramedial:	Rangreihen (TKP, Affinität, RW)
	Qualitative Bewertung
	Plan-Erstellung
	Plan-Evaluierung
	Plan-Bewertung
Intermedial:	Media-Mix

Abb. 4.3

Die Arbeit des Planers endet nicht mit dem Plan, er bleibt Ansprechpartner des Kunden

Der Planer selbst kann sich nun im Prinzip der nächsten Aufgabenstellung zuwenden. Tatsächlich endet die Verantwortung des Planers aber nicht nach der Fertigstellung des Planes. Er oder sie ist weiterhin gegenüber dem Kunden für die korrekte Durchführung des Einkaufs und der Abrechnung verantwortlich, muss gegebenenfalls kurzfristige Veränderungen vornehmen und am Ende die Leistung des Planes dem Kunden präsentieren. In diesem Kapitel beschränken wir uns jedoch auf die reine Planungsaufgabe und den Ablauf, wie wir ihn eben kurz dargestellt haben. Der Weg von der Situationsanalyse bis zum fertig gestellten Detailplan wird nun im Folgendem nochmals ausführlich dargestellt.

4.1 Situationsanalyse

Voraussetzung jeder Planung ist die Situationsanalyse, also die Untersuchung aktuell bestehender Markt- und Konkurrenzverhältnisse (Diagnose oder Ist-Situation) und die Einschätzung zukünftiger Entwicklungen (Prognose) im relevanten Marktbereich.

> Die Situationsanalyse im Marketing ist primär eine Stärken-Schwächen-Analyse der gegenwärtigen Unternehmenssituation und der Marktbedeutung der einzelnen Marken.

Sie umfasst die Untersuchung und Darstellung sämtlicher Marketing-Instrumente hinsichtlich ihrer Beiträge zu den unternehmens- und markenspezifischen Absatz- und Kommunikationserfolgen.

Situationsanalyse

Markt-Situation	Zielgruppen-Analyse	Werbeaufwendungen/ Werbewirkung
• Markt-Entwicklung • Marken-Positionierung • Markt-Struktur (Segmente) • Konkurrenz • Share of Market (SoM) • Trends	• Verwender, Käufer, Entscheider nach – sozio-demografischen – psychografischen – konsumspezifischen – typologischen Merkmalen Entwicklung und Status Quo	• Absolute Spendings • Share of Advertising (SoA) • Media-Mix • Zeiträume • Bekanntheit Werbeerinnerung Kenntnis Einstellung/Image Präferenzen

Abb. 4.4

Sie erfolgt selbstverständlich im Kontext der relevanten Marktbereiche bzw. spezieller Markt-Segmente und berücksichtigt den gesamten relevanten Wettbewerb.

Auf Basis der aktuellen Situation und bisheriger Tendenzen sind dann Einschätzungen zukünftiger Entwicklungen vorzunehmen. Diese Grundlagenarbeit bildet den Ausgangspunkt für die Festlegung zukünftiger Marketing- und Kommunikationsziele und die parallele Erarbeitung notwendiger Strategien, mit denen diese Ziele erreicht werden sollen. Innerhalb des Kommunikations-Instruments Werbung beschäftigt sich die Situationsanalyse mit der Untersuchung werbekommunikativer Faktoren, die den Erfolg und Absatz einer Marke mit beeinflussen. Von Interesse für die Mediaplanung sind vor allem situationsanalytische Informationen über

Auf Basis der akuellen Situation Einschätzung zukünftiger Entwicklungen vornehmen

- die Markt-Entwicklung und Konkurrenz-Situation (ökonomisch und kommunikativ),
- die Zielgruppen, also die Konsumenten und
- die Werbeaufwendungen und Werbedruck im Konkurrenzumfeld.

Eine Vielzahl der benötigten Informationen können wir aus Markt-Media-Studien entnehmen, je nach Aufgabenstellung und Teilbereich gibt es aber auch viele weitere Quellen, die im Laufe der Darstellung angesprochen werden.

Markt-Media-Studien sind eine wesentliche Informationsquelle

4.1.1 Marktsituation

Informationen zu ökonomischen Markt-Entwicklungen, meist in Form von Umsatz- oder Absatzzahlen und/oder entsprechenden Marktanteilen (Share of Market), werden in der Regel von den werbungtreibenden Unternehmen der Agentur zur Verfügung gestellt. Dasselbe gilt oft auch für Daten zu werbekommunikativen Wirkungsindikatoren wie Markenbekanntheit, Werbeerinnerung oder Markenpräferenzen. Basis für diese Daten bilden entweder von den Unternehmen selbst durchgeführte Marktforschungsstudien oder allgemein zugängliche kontinuierliche Erhebungen.

Herangezogen werden kundenindividuelle Informationen und...

Marktforschungsinstitute wie die GfK und A.C.Nielsen bieten so genannte Verbraucher- und Handelspanels zu allen größeren Produktbereichen an. Die Zielsetzungen dieser Untersuchungen liegen darin, Daten wie z.B. Absatzmengen, Marktanteile und Durchschnittspreise zu erheben. Bei den **Verbraucher-Panels** (auch Haushalts-Panels genannt) wird das Einkaufsverhalten einer repräsentativen Stichprobe von Haushalten kontinuierlich erhoben. Früher geschah dies mithilfe eines Haushaltsbuches, das die Mitglieder des untersuchten Haushaltes führen mussten. Heutzutage werden die Einkäufe elektronisch erhoben. Mithilfe eines Hand-Scanners müssen alle eingekauften Waren von den Panel-Teilnehmern registriert werden. Bei den so genannten **Handelspanels** wird eine repräsentative Stichprobe von Einzelhandelsgeschäften in regelmäßigen Abständen untersucht. Mitarbeiter des Marktfor-

Verbraucher- und Handelspanels

schungsinstituts führen bei diesen Geschäften quasi eine Inventur durch und erheben alle verkauften Waren und deren Preise. Die Daten der jeweiligen Panels werden dann elektronisch weiterverarbeitet und den Beziehern aufbereitet zur Verfügung gestellt.
Wichtige Marktdaten beziehen sich auf

Kategorien wesentlicher Marktdaten

- die generelle Markt-Entwicklung im relevanten Gesamtmarkt und in den einzelnen Markt-Segmenten (z.B. zunehmend, stagnierend, abnehmend),
- zukünftige Entwicklungstendenzen,
- Marktdaten bzw. Marktanteile im Konkurrenzumfeld,
- Positionierung der eigenen Marken und der Konkurrenzmarken (wichtig auch zur Definition spezieller Markt-Segmente im Produktbereich (z.B. exklusiv vs. preisgünstig).

Branchenreports

Innerhalb der Mediaplanung erhalten wir Marktdaten vor allem über Markt-Media-Studien und öffentlich zugängliche Branchenreports (z.B. regelmäßig in der Lebensmittel-Zeitung). Auch einige Verlage (z.B. Gruner+Jahr und der Axel-Springer-Verlag) veröffentlichen solche Branchenreports und stellen sie Mediaagenturen kostenfrei zur Verfügung. Sie bieten Informationen, wie z.B. Veränderungen der Käufer- und Verwenderschaften, die aus Markt-Media-Studien analysiert werden können, sowie Anhaltspunkte zum Marktgeschehen, auch Marktanteilsdaten. Generell sind alle marketing- spezifischen Daten auch für die Mediaplanung von Interesse.

Wichtige Informationsquellen zur Analyse der Marktentwicklung und Konkurrenz-Situation sind u.a.

Weitere Informationsquellen zur Marktsituation

- Statistisches Jahrbuch (zahlreiche allgemeine Wirtschaftsdaten),
- Handelspanels (GfK, Nielsen, etc.),
- Verbraucherpanels (GfK, Nielsen, etc.),
- unternehmensspezifische Daten aus der Marktforschung des Kunden,
- Veröffentlichungen in Branchendiensten, Branchenreports,
- Markt-Media-Studien (wie z.B. VA, TdWI, MarkenProfile).

4.1.2 Zielgruppenanalyse

Hauptinformationsquelle sind die Markt-Media-Analysen

Aufgabe der Zielgruppenanalyse ist, so viel wie möglich über die Verwender und Käufer der eigenen Marke und der Konkurrenzmarken herauszufinden, inklusive Einstellungen und Verhaltensweisen gegenüber der Marke. Informationen bieten auch hier vor allem die gängigen Markt-Media-Analysen. Der Vorteil dieser Studien liegt primär darin, dass sie allgemein verfügbar sind, sehr hohe Fallzahlen aufweisen und zum Teil sehr detaillierte Informationen zu Marken und markenspezifischen Zielgruppen enthalten. So ist in vielen Produktbereichen die Beschreibung von Käufern, Verwendern, Kaufentscheidern, Personen mit Kaufabsicht, Markenpräferenzen oder Markensympathie über Markt-Media-Studien möglich.

Markt-Media-Analysen ermöglichen in vielen Fällen die

Verfügbare Informationskategorien

- Darstellung von Markt- und Marken-Potenzialen (inklusive Trends),
- Darstellung der Struktur von Käufern, Verwendern, etc.,
- Beschreibung und Definition von Zielgruppen nach soziodemografischen, psychografischen bzw. konsumspezifischen Merkmalen,
- Entwicklung eigener Typologien und Segmentationen bzw. Anwendung bereits bestehender Typologien (z.B. soziale Milieus).

Die Zielgruppen-Analyse anhand von Markt-Media-Studien wird normalerweise von der Agentur durchgeführt und dem Kunden zur Verfügung gestellt. Die Ergebnisse der Zielgruppen-Analyse können einerseits als Feed-back für das Marketing von großem Interesse sein und bieten andererseits der Mediaplanung die Möglichkeit der Definition werberelevanter Zielgruppen und der entsprechenden Medienselektion über das zielgruppenspezifische Mediennutzungsverhalten.

Genereller Ablauf der Zielgruppenanalyse

Der generelle Ablauf der Zielgruppenanalyse erfolgt analog dem der Marktsituation, nur dass hier die notwendigen Informationen und Daten eher der Agentur vorliegen. Die größeren Agenturen arbeiten mit allen Markt-Media-Studien und können diese beliebig auswerten. Zunächst geht es aber darum, Informationen zu sammeln, zu sichten und auf ihre Relevanz zu prüfen.

Welche Markt-Media-Studien stehen für welche Informationsbereiche zur Verfügung? Ist die Fragestellung innerhalb der Studien für die Aufgabenstellung optimal?

Ablauf der Zielgruppen-Analyse

Sammeln relevanter Basis-Materialien bzw. Informationen
- Welche Informationen stehen vom Kunden zur Verfügung?
- Welche Infos aus Markt-Media-Analysen sind relevant?
- Welche Infos stehen aus anderen Quellen, wie z.B. Branchenreports, zur Verfügung?

↓

Festlegung relevanter Basisdaten zur Aufbereitung und Analyse über Selektion der wesentlichen Daten

↓

Datenanalyse:
- Marktbeschreibung
- Beschreibung Verwender,...

} Situationsanalyse

↓

Definition der werberelevanten (!) Zielgruppe

↓

Mediaplanung

Abb. 4.5

Käufer und Verwender sind zu unterscheiden

So können z.B. – je nach Aufgabenstellung – entweder die Käufer eines Produkts von Interesse sein oder eher die Verwender. Diese Unterscheidung ist wichtig. Als Beispiel nehmen wir einmal Babywindeln im Vergleich zu Shampoo: Während bei Windeln eindeutig der Käufer oder die Käuferin sich für eine Marke entscheidet und die Verwender (also die Babys) zu vernachlässigen sind, wird es bei Shampoo eher die Verwenderschaft sein, die ein bestimmtes Produkt präferiert, auch wenn es von einer anderen Person (wie z.B. der Haushaltsführenden) gekauft wird.

Die Markenverwender können mithilfe der Daten aus Markt-Media-Studien detailliert beschrieben werden. So kann z.B. festgestellt werden, welche soziodemografischen Schwerpunkte die einzelnen Marken in ihrer Verwenderschaft aufweisen und welchen Einfluss bestimmte Einstellungen haben. Auf Basis dieser markenspezifischen Verwenderdaten wird letztlich innerhalb der Media-Strategie die werberelevante Zielgruppe definiert.

Beispiel: Analyse Shampoo-Verwender

Wir betrachten als Beispiel die Zielgruppenanalyse für eine Shampoo-Marke eingehender. Shampoo-Verwender werden von der Verbraucher-Analyse (VA) erhoben. Dabei gibt es die Differenzierung nach Marken und Verwendungshäufigkeiten (verwende Shampoo täglich, mindestens 5 x pro Woche etc.).
Zur Analyse der verwenderspezifischen Schwerpunkte der einzelnen Marken wird z.B. über die Planungs- und Auswertungs-Software MDS eine Kreuztabelle erstellt. Die Merkmale der Variablen innerhalb der Kreuztabellen werden so definiert, dass im Kopf (horizontal) die Marken stehen und in den Spalten (vertikal) die zu analysierenden demografischen, psychografischen und andere konsumspezifische Merkmale. Zur Feststellung von Schwerpunkten wird in der ersten Spalte im Kopf immer eine Vergleichszielgruppe mit angelegt. Die Vergleichszielgruppe wird im Normalfall analog der Grundgesamtheit definiert (Personen 14 Jahre und älter). Nur, wenn es speziell um Frauen- oder Männerprodukte geht, vergleicht man auch entsprechend mit Frauen oder Männern gesamt.
Dabei kann die Tabelle so angelegt werden, dass eine Reihe wichtiger Informationen parallel zur Verfügung stehen.

1. Prozente horizontal oder Reichweite %

Die Zahlen in der Tabelle zeigen in der ersten Spalte, wie viele Personen es in der definierten Grundgesamtheit gibt (= Vergleichszielgruppe) und in den nächsten Spalten, wie viel Prozent der Personen die einzelnen Marken verwenden. Zum Beispiel verwenden 3,4% der Gesamtbevölkerung ab 14 Jahre „Guhl Men“ und 2,6% „Birkin“.

Struktur Shampoo-Verwender horizontale %
(VerbraucherAnalyse 2002/4)
Gesamtbevölkerung Potenzial:
100.0 %, 30547 Fälle, 64.25 Mio.

	Basis	Haarshampoo: Verwendete Marken	
		Guhl Men	Birkin
	Mio.	% hor.	% hor.
Basis	64,25	3,4	2,6
Geschlecht			
Männer	30,71	6,4	3,7
Frauen	33,54	0,6	1,6
Altersgruppen			
14 - 19 Jahre	4,95	2,9	1,0
20 - 29 Jahre	7,86	4,2	1,8
30 - 39 Jahre	11,86	4,2	2,1
40 - 49 Jahre	10,94	4,5	2,9
50 - 59 Jahre	9,56	3,2	3,0
60 - 69 Jahre	9,87	2,7	3,4
70 Jahre +	9,21	1,4	3,2

2. Prozente vertikal oder Zusammensetzung %

Als Ergebnis erhalten wir die prozentuale Zusammensetzung der im Kopf definierten Zielgruppe Gesamt, Verwender Guhl Men, Verwender Birkin nach den Spaltenmerkmalen.

Struktur Shampoo-Verwender vertikale %
VerbraucherAnalyse 2002/4
Gesamtbevölkerung Potenzial:
100.0 %, 30547 Fälle, 64.25 Mio.

	Basis		Haarshampoo: Verwendete Marken	
			Guhl Men	Birkin
	Mio.	% vert.	% vert.	% vert.
Basis	64,25	100,0	100,0	100,0
Geschlecht				
Männer	30,71	47,8	91,2	67,2
Frauen	33,54	52,2	8,8	32,8
Altersgruppen				
14 - 19 Jahre	4,95	7,7	6,6	3,1
20 - 29 Jahre	7,86	12,2	15,1	8,2
30 - 39 Jahre	11,86	18,5	23,2	14,8
40 - 49 Jahre	10,94	17,0	22,6	19,1
50 - 59 Jahre	9,56	14,9	14,2	17,2
60 - 69 Jahre	9,87	15,4	12,3	19,7
70 Jahre +	9,21	14,3	6,0	17,8

Quelle: VA 2002/4

3. Anzahl Personen in Mio. /Hochrechnung

Damit erhalten wir Informationen über die jeweiligen Potenziale in absoluten Zahlen (in der Regel dargestellt als Millionen) nach allen definierten Merkmalen im Kopf und in den Spalten. Zum Beispiel wird „Guhl Men" insgesamt von 2,16 Mio. Personen verwendet und „Birkin" von 1,68 Mio. Personen.

Struktur Shampoo-Verwender absolut (Mio.)
VerbraucherAnalyse 2002/4
Gesamtbevölkerung Potenzial:
100.0 %, 30547 Fälle, 64.25 Mio.

	Basis	Haarshampoo: Verwendete Marken	
		Guhl Men	Birkin
	Mio.	Mio.	Mio.
Basis	64,25	2,16	1,68
Geschlecht			
Männer	30,71	1,97	1,13
Frauen	33,54	0,19	0,55
Altersgruppen			
14 - 19 Jahre	4,95	0,14	0,05
20 - 29 Jahre	7,86	0,33	0,14
30 - 39 Jahre	11,86	0,50	0,25
40 - 49 Jahre	10,94	0,49	0,32
50 - 59 Jahre	9,56	0,31	0,29
60 - 69 Jahre	9,87	0,27	0,33
70 Jahre +	9,21	0,13	0,30

4. Affinitätsindex

Der Affinitätsindex zeigt auf Anhieb, in welcher Teilgruppe die Marke über- oder unterdurchschnittlich verwendet wird. Er stellt einen Maßstab dar, der das Vergleichen von jeweils zwei Zahlen erübrigt (nähere Erläuterungen siehe Kap. 6). Bei der Marke „Guhl Men" ist zu erkennen, dass sie überdurchschnittlich von Personen zwischen 20 und 49 Jahren verwendet wird, während „Birkin" andere Schwerpunkte aufweist, nämlich ältere Personen (Tabelle nächste Seite).

5. Gesamtübersicht

Normalerweise betrachtet man alle Informationen parallel in einer einzigen Tabelle, die man entsprechend ausdrucken kann.

Struktur Shampoo-Verwender Affinitätsindex
(VerbraucherAnalyse 2002/4)
Gesamtbevölkerung Potenzial: 100.0 %, 30547 Fälle, 64.25 Mio.

Basis		Haarshampoo: Verwendete Marken	
		Guhl Men	Birkin
	Mio.	Index	Index
Basis	64,25	100	100
Geschlecht			
Männer	30,71	191	141
Frauen	33,54	17	63
Altersgruppen			
14 - 19 Jahre	4,95	85	40
20 - 29 Jahre	7,86	123	67
30 - 39 Jahre	11,86	126	80
40 - 49 Jahre	10,94	133	112
50 - 59 Jahre	9,56	96	116
60 - 69 Jahre	9,87	80	129
70 Jahre +	9,21	42	124

Struktur Shampoo-Verwender Gesamtübersicht
(VerbraucherAnalyse 2002/4)
Gesamtbevölkerung Potenzial: 100.0 %, 30547 Fälle, 64.25 Mio.

	Basis		Haarshampoo: Verwendete Marken							
			Guhl Men				Birkin			
	Mio.	% vert.	Mio.	% vert.	% hor.	Index	Mio.	% vert.	% hor.	Index
Basis	64,25	100,0	2,16	100,0	3,4	100	1,68	100,0	2,6	100
Geschlecht										
Männer	30,71	47,8	1,97	91,2	6,4	191	1,13	67,2	3,7	141
Frauen	33,54	52,2	0,19	8,8	0,6	17	0,55	32,8	1,6	63
Altersgruppen										
14 - 19 Jahre	4,95	7,7	0,14	6,6	2,9	85	0,05	3,1	1,0	40
20 - 29 Jahre	7,86	12,2	0,33	15,1	4,2	123	0,14	8,2	1,8	67
30 - 39 Jahre	11,86	18,5	0,50	23,2	4,2	126	0,25	14,8	2,1	80
40 - 49 Jahre	10,94	17,0	0,49	22,6	4,5	133	0,32	19,1	2,9	112
50 - 59 Jahre	9,56	14,9	0,31	14,2	3,2	96	0,29	17,2	3,0	116
60 - 69 Jahre	9,87	15,4	0,27	12,3	2,7	80	0,33	19,7	3,4	129
70 Jahre +	9,21	14,3	0,13	6,0	1,4	42	0,30	17,8	3,2	124

Natürlich lassen sich weitere Merkmale heranziehen und Indices zum Beispiel auch zu Schulbildung und Einkommensstaffelung bestimmen (die betreffenden Zahlen sind hier nicht mehr abgedruckt). Generell lässt sich feststellen, dass die beiden Männershampoos „Guhl Men" und „Birkin" recht unterschiedliche Verwenderschaften aufweisen. „Guhl Men" wird eher von jüngeren Personen (20 bis 49 Jahre), Personen mit höherer Schulbildung (Mittlere Reife oder Abitur) und Personen in Haushalten mit hohem Nettoeinkommen (ab 2.000 Euro) verwendet. „Birkin" erreicht dagegen überdurchschnittlich Personen ab 40 Jahre, mit eher durchschnittlicher Schulbildung, also analog der Bevölkerungsverteilung(Ausnahme: Abitur ist leicht überdurchschnittlich), die außerdem in Haushalten mit Haushaltsnettoeinkommen bis 3.500 Euro leben.

Beispiel: Zielgruppen-Definition bestimmen

Wir gehen von folgender Marketing-Aufgabe aus: Unser Auftraggeber, ein Hersteller von Pflegeprodukten, möchte ein neues Shampoo in den Markt einführen, das sich in erster Linie an jüngere Männer richten soll, da man in diesem Segment eine Marktlücke vermutet. Es würden sich die folgenden drei Zielgruppendefinitionen anbieten.

Konsumspezifische Definition

Da es sich um ein neues Shampoo handelt, können in den vorhandenen Markt-Media-Studien natürlich keine Daten über die Verwenderschaft der neuen Marke vorliegen. Man kann sich aber an den Verwendern einer vorhandenen Marke, die ähnlich positioniert ist, orientieren. Die Verwenderschaft eines im Markt etablierten Männershampoos kann ganz einfach über die Marke definiert werden. In diesem Beispiel würden wir unsere Marke beispielsweise in Konkurrenz zu „Guhl Men“ definieren und die Zielgruppe gleichzeitig auf dasselbe Potenzial (= 2,16 Mio. Personen) beschränken. Selbstverständlich könnten wir die Definition auch noch weiter einschränken und nur Männer berücksichtigen (1,97 Mio. männliche „Guhl Men“-Verwender).

Eine andere Variante könnte noch darin liegen, dass man andere Marken, die überdurchschnittlich von Männern verwendet werden und gleichzeitig ähnliche Schwerpunkte wie „Guhl Men“ aufweisen, dazu definiert. Dafür käme „Birkin“ nicht infrage, da dieses Shampoo eine andere Verwenderschaft als die „neue“ angestrebte Zielgruppe erreicht (wie wir in unserem Strukturvergleich oben gesehen haben).

Soziodemografische Definition

Die demografischen Schwerpunkte der Verwender-Zielgruppe „Guhl Men“ werden zur neuen Zielgruppen-Definition herangezogen. Dabei geht man davon aus, dass die demografischen Merkmale, die schon mit der Verwendung eines hochwertigen Männershampoos korrelieren, auch die Personen beschreiben können, die generell dazu tendieren, ein derartiges neu eingeführtes Shampoo zu verwenden. In diesem Beispiel wäre eine angemessene soziodemografische Definition: Männer, 20 bis 49 Jahre, mit Mittlerer Reife oder Abitur, in Haushalten mit einem Haushaltsnettoeinkommen ab 2.000 Euro. Das Potenzial wird damit einerseits auf 6,19 Mio. Männer ausgeweitet, was aber andererseits bisherige „Guhl Men“-Verwender, die nicht unter diese demografische Definition fallen, abschneidet. Ein noch größeres Potenzial von 9,79 Mio. Personen würde sich ergeben, wenn man das Merkmal Haushaltsnettoeinkommen weglässt.

Kombinierte Definition

Will man sich auf eine sehr spitze Zielgruppe festlegen, kann man auch eine konsumspezifische Zielgruppe weiter mit soziodemografischen Merkmalen eingrenzen.

In unserem Beispiel werden generell die markenspezifischen Verwender definiert (hier: Verwender der Marke „Guhl Men“) und diese dann über die demografischen Schwerpunkte weiter eingeengt. Daraus ergibt sich die folgende kombinierte Definition: Männer 20 bis 49 Jahre mit Mittlere Reife oder Abitur, in Haushalten mit Haushaltsnettoeinkommen ab 2.000 Euro, die „Guhl Men“ verwenden. Dabei bleibt nur noch ein Potenzial von 0,69 Mio. Männern übrig, was auch auf Grund der Fallzahlen, die in der Studie dahinter stehen (n=289), eigentlich zu klein ist, um weiter damit zu arbeiten. Ohne Einkommensbeschränkung wären es 0,85 Mio. Personen, wobei die Hochrechnung immerhin schon auf 406 Befragten beruht.

Grundsätzliches zur Zielgruppen-Definition

Basis-Zielgruppe und Kern-Zielgruppe

Die Zielgruppen-Definition sollte sich letztlich daran orientieren, welches Potenzial man einerseits mit der Marke erreichen will und welche Absatz- bzw. Umsatzziele man mit diesem Zielgruppen-Potenzial erreichen will. Diese Zielgruppe sollte die **Basis-Zielgruppe** bilden. Eine weitere Einengung der Zielgruppe, auf die so genannte **Kern-Zielgruppe**, kann darüber hinaus für die Mediaplanung hilfreich sein, da mit ihr „spitzere" Werbeträger bzw. Werbeumfelder selektiert werden können.

Im Fall des Beispiels auf der vorstehenden Seite könnte als Basis-Zielgruppe z.B. die demografische Definition verwendet werden und als Kern-Zielgruppe die „Guhl Men"-Verwender.

4.1.3 Werbemarkt

Hauptinformationsquelle A.C. Nielsen S+P

Die Analyse und Situationsbeschreibung des Werbemarkts basiert primär auf der Darstellung der Werbeaufwendungen im Konkurrenzumfeld. Diese werbestatistischen Daten, die von A.C.Nielsen S+P bereitgestellt werden (vgl. Kapitel 3.3.2) liegen allen größeren Agenturen und Werbungtreibenden vor. Generell kann darüber festgestellt werden, welche Unternehmen für welche Marken in welchem Zeitraum welchen Werbeaufwand tätigten und in welchen Medien sie aktiv waren. Darüber hinausgehende Daten, die uns Anhaltspunkte zur Werbewirkung geben, erfordern eigene Untersuchungen, bei denen ein beauftragtes Marktforschungsinstitut spezielle Werbewirkungsindikatoren erhebt. Diese Befragungsdaten können dann mit den Werbeaufwendungen der Vergangenheit in Beziehung gesetzt werden (mehr darüber in dem Kapitel über Werbewirkung und Werbeerfolg). Auch die Beschäftigung mit speziellen Markt-Media-Studien (z.B. MarkenProfile) kann Informationen liefern, mit denen dann Zusammenhänge zwischen Werbedruck und Werbewirkung festgestellt werden können.

4.1.3.1 Werbeaufwendungen

Innerhalb der Situationsanalyse werden die Werbeaufwendungen im jeweils marken-spezifisch relevanten Marktsegment analysiert und dargestellt. Dabei geht es primär um Entwicklungstendenzen für die **Höhe der Werbeaufwendungen**, den **Einsatz der Mediengattungen** und den zeitlichen Werbedruck. Letztlich können über die Daten der Nielsen-Werbestatistik Mediapläne jeder einzelnen Marke rekonstruiert werden. Darüber kann dann auch im Nachhinein die Media-Strategie der jeweiligen Konkurrenten rekonstruiert werden.

Rekonstruktion von Mediaplänen ist möglich

Die Daten werden meist mit dem entsprechendem Vorjahreszeitraum verglichen, um festzustellen, ob und wie sich die Werbeaufwendungen und die Medienpräferenzen im Produktbereich und unter den Marken verändert haben. Wenn dabei festgestellt wird, dass die meisten Marken in einem speziellen Produktbereich inzwischen deutlich mehr aufwenden als im Vorjahr, so herrscht in diesem Segment zwischenzeitlich ein härterer (werblicher) Wettbewerb. Dies kann dann wiederum zu der Empfehlung führen, dass auch die betreute Marke mehr als bisher für Werbung ausgeben sollte. In diesem Zusammenhang arbeitet man auch mit einer wichtigen Kenngröße, dem so genannten **Share of Advertising** (SoA), dem relativen Anteil einer Marke an den gesamten Werbeaufwendungen in einem speziellen Marktsegment.

Kenngröße Share of Advertising

Beispiel

In einem Produktbereich mit fünf fast gleich starken Marken werden insgesamt 10 Mio. Euro aufgewendet. Jede Marke gibt 2 Mio. Euro pro Jahr (brutto) für Werbung aus. Das bedeutet, dass jede Marke einen Share of Advertising (SoA) von 20 % hat. Gehen wir weiter davon aus, dass alle Marken auch gleich viele Produkte verkaufen. Der Anteil einer Marke an allen im Marktsegment verkauften Produkten nennt man auch Marktanteil oder Share of Market (SoM). In unserem Beispiel wäre der Share of Market jeder Marke ebenfalls ca. 20 %. Was passiert, wenn nun eine Marke ihre Werbeaufwendungen verdoppelt? Es ist anzunehmen, dass diese Marke (wir nennen sie einfach Marke A) durch die Erhöhung der Werbeaufwendungen einen Ausbau des Marktanteils erreichen will. Im Gesamtmarktsegment werden jetzt 12 Mio. Euro für Werbung ausgegeben. Marke A hat nun aber einen SoA von 33% (4 Mio. Euro von 12 Mio. Euro), während die anderen vier Marken nur noch einen SoA von rund 17% aufweisen.

Zur Verhinderung etwaiger Marktanteilsverluste sollten die anderen Marken auf die Offensive von Marke A sofort reagieren.

ALS FAUSTREGEL GILT FÜR VIELE PRODUKTBEREICHE (UND BESONDERS FÜR DIE WERBEINTENSIVEN), DASS SICH SOM UND SOA IN ETWA DIE WAAGE HALTEN SOLLTEN.

SoA und SoM

- Annahme: Stabile Wettbewerbssituation bei SoA = SoM

↓

SoA > SoM

Wettbewerber versucht, Marktanteil auszubauen

Basis:

- Share of Advertising über Nielsen S+P Werbeaufwendungen
- Share of Market über Handelspanels (z.B. von A.C. Nielsen, GfK)

Beispiel: Konkurrenzverhalten SoA – SoM

	Share of Market (SoM) 2001	Share of Market (SoM) 2002	Share of Advertising (SoA) 2001	Share of Advertising (SoA) 2002
Marke A	12,2	11,6	10,5	10,5
Marke B	16,1	16,7	16,0	14,1
Marke C	14,7	16,2	11,4	12,9
Marke D	10,7	11,9	25,6	32,4
Marke E	11,2	10,6	8,8	10,5
Marke F	35,1	33,0	27,7	19,3
Gesamt	100,0	100,0	100,0	100,0

Abb. 4.6: Erläuterung zu SoA und SoM, mit Beispiel

4.1.3.2 Werbedruck und Werbewirkung

Ausgangspunkt ist die rückwärtige Auswertung

Dazu ist innerhalb der Situationsanalyse vor allem festzustellen, ob in der Vergangenheit die gesteckten Zielsetzungen mit den aufgewendeten Werbegeldern erreicht wurden. Man überprüft also den Mitteleinsatz (entweder Media-Budget bzw. Brutto-Werbeaufwendungen oder den Werbedruck/GRP) hinsichtlich der erzielten Ergebnisse (meist Werbeerinnerung oder Markenbekanntheit). Voraussetzung ist dann, dass Tracking-Daten (kontinuierlich erhobene Werbeindikatoren, wie z.B. Werbeerinnerung) zur eigenen Marke vorliegen.

Markendreiklang im Verhältnis zur Konkurrenz feststellen

Eine andere Vorgehensweise kann darin liegen, dass man über spezielle Markt-Media-Studien, die z.B. markenspezifische Indikatoren wie Bekanntheit, Sympathie und Kaufpräferenzen (den so genannten Markendreiklang) enthalten, überprüft, wie die eigene Marke sich im Konkurrenzumfeld in den letzten Jahren entwickelt hat.

Schmerzmittel-Übersicht

A Marken-Bekanntheit
B Marken-Sympathie
C Marken-Verwendung

Gesamt 14 bis 64 Jahre = 100 %	Gesamt			Männer			Frauen		
	A	B	C	A	B	C	A	B	C
• ABC-Salbe, -Pflaster	67	23	15	62	21	15	72	25	14
• Aktren	30	4	2	24	4	2	35	5	3
• Alka-Seltzer	49	12	8	46	12	9	52	12	7
• Aspirin	88	44	36	87	42	36	90	45	36
• Aspirin Direkt	47	13	8	42	11	7	53	14	8
• Aspirin Migräne	32	7	4	25	5	2	40	9	5
• Aspirin plus C	66	30	25	62	27	23	71	33	26
• ASS-ratiopharm	54	15	10	49	14	10	60	17	11
• ASS + C-ratiopharm	36	9	6	31	8	5	41	10	7
• ASS + C Hexal	18	3	1	15	3	1	22	3	1
• Dolormin	51	13	8	44	11	7	59	16	10
• Gyno-Neuralgin	7	1	1	5	0	0	10	2	1
• Mobilat	67	25	20	63	24	21	70	27	19
• Neuralgin	40	7	3	32	5	2	47	8	4
• Neuralgin-ASS-Vario	10	1	1	7	1	0	13	2	1
• Paracetamol ratiopharm	44	17	14	37	12	10	51	21	18
• Paracetamol stada	18	4	2	14	2	1	22	5	3
• Prontopyrin +	7	1	0	5	1	0	8	1	1
• Spalt	82	25	16	79	24	16	85	26	16
• Spalt liqua	23	4	1	19	3	1	27	5	2
• Thomapyrin	73	23	15	67	20	13	78	26	17
• Thomapyrin plus C	39	11	7	33	10	6	44	12	7

Abb. 4.7: Beispiel einer Tabelle aus MarkenProfile mit Daten zum Markendreiklang /Auszug (Quelle: Gruner + Jahr)

Darüber kann man zumindest grob feststellen, welcher Wettbewerber mit welchen Brutto-Werbeaufwendungen in etwa welche Indikatorenniveaus erzielt hat. Die eigentliche Beschäftigung mit dem Thema Werbedruck und Werbewirkung finden Sie in Kapitel 4.4.2 Media-Budget, da es an dieser Stelle darum geht, aus den generellen oder speziellen Erkenntnissen zum Thema entsprechende Media-Budgets abzuleiten.

4.2 Marketing- und Kommunikation-Ziele

Marketing-Ziele können als ökonomische Ziele nur über den Einsatz aller Elemente des Mix erreicht werden

Marketing-Ziele sind ökonomische Ziele und damit Absatz- und Umsatzziele, wobei die mengen- oder wertspezifischen Zielsetzungen auch als Marktanteilsziele innerhalb des Wettbewerbs definiert werden können. Betriebswirtschaftliche Zielsetzungen (wie Gewinnmaximierung, Return on Investment, Kostenminimierung) sind für den Bereich Kommunikation (mit wenigen Ausnahmen) von geringer Bedeutung und den Agenturen meist gar nicht bekannt. Ökonomische Ziele können je nach Markt- und Markensituation bedeuten:
- Partizipation am Marktwachstum,
- Ausbau der Marktführerschaft/des Marktanteils,
- Stabilisierung/Einhaltung der Marktposition.

Diese übergeordneten Ziele sind letztlich nur über den Einsatz aller Marketinginstrumente zu erreichen. Deshalb müssen sie sich auf alle Teilbereiche des Marketing beziehen und die Aufgaben und Zielsetzungen jedes einzelnen Marketing-Instrumentes definieren. Einige Beispiele aus den vier Marketing-Bereichen sind:

Beispiele für Marketing-Ziele

1. Produkt
- Markeneinführung (Launch/Relaunch)
- Produkt-Diversifikation
- Sortimentserweiterung
- Qualitative Profilierung

2. Preis/Kontrahierung
- Handelskonditionen
- Preisgestaltung, Sonderangebote

3. Distribution
- Ausweitung der Distribution
- Spezielle Distributionskanäle
- Regional ausgeglichene Distribution
- Optimiertes Vertriebsnetz
- Physische Distribution (Logistik)

4. Kommunikation
- Bekanntmachung (Marken-Einführung)
- Höhere Markenbekanntheit
- Spezielle Marken-Positionierung
- Gewinnung neuer Verwender/Käufer
- Qualitative Profilierung über Zusatznutzen (USP)
- Händlerunterstützung
- Goodwill bei Händlern und Verbrauchern
- Unterstützung aktueller Angebote
- Leistungs-Dramatisierung (Warenproben, Preisausschreiben)
- Markentreue

Vier wichtige werbekommunikative Ziele

Werbekommunikative Ziele können generell nach vier Aufgabenbereichen unterschieden werden:
1. **Marken-Bekanntheit** (z.B. bei Marken-Einführung, Relaunch, Ausweitung auf neue Verwender-Potenziale),
2. **Einstellungen zur Marke** (z.B. Veränderung negativer Einstellungen, Unterstützung von Präferenzen),

3. **Markenimage** (z.B. exklusive Markenpositionierung, Imageveränderung über Neupositionierung)
4. **Markenaktualisierung** (z.B. Schaffung von Anlässen, Erinnerungswerbung zur Stabilisierung kommunikativer und ökonomischer Faktoren, die gleichzeitig der Vermittlung markenspezifischer Wissensinhalte dient).

Unmittelbar ökonomische Werbeziele gibt es beim Direkt-Marketing

Ein weiterer Aufgabenbereich liegt in der Erzielung ökonomischer Erfolge (z.B. über Promotions), die aber immer im Kontext des Einsatzes der gesamten marketing-politischen Instrumente zu betrachten sind. Direkte ökonomische Erfolge über Werbemaßnahmen können am leichtesten im Bereich des Direkt-Marketing (z.B. Anzahl und Wert der Bestellungen, Anzahl neuer Besteller) gemessen werden.

4.3 Media-Briefing

Begriff

Der Begriff **Briefing** kommt aus dem militärischen Sprachgebrauch, wie übrigens viele andere Begriffe der Werbesprache (man denke nur an Kampagne = Feldzug). Unter einem Briefing versteht man eine kurze Einweisung oder Lagebesprechung.

In der Werbung ist das Briefing ein Gespräch zum Informationsaustausch über die Werbeidee zwischen Werbeagentur und Auftraggeber. Es stellt eine wesentliche und verbindliche Arbeitsgrundlage für die Agentur und die Mediaplanung dar.

Es wird vom werbungtreibenden Unternehmen erstellt, eventuell auch in Zusammenarbeit mit der betreuenden Werbeagentur, und sollte kurze, präzise Informationen zu folgenden Bereichen enthalten:

Checkliste

- Aufgabenstellung und Kommunikationsziele (z.B. Werbekonzeption zur Produkteinführung),
- Situationsdarstellung,
- Markenentwicklung und Entwicklungstendenzen,
- Konkurrenzumfeld und Markenpositionierung,
- Markenbeschreibung, Vor- und Nachteile, Positionierung,
- Herleitung u. Definition der Marketing- und Kommunikationsziele,
- Beschreibung der Marketing- und Kommunikationsstrategie, sowie der geplanten Maßnahmen,
- Zielgruppen,
- Werbezeitraum,
- Budget (aufgeteilt nach Media- und Produktionskosten),
- Media-Ziele,
- eventuelle Maßnahmen zur Werbeerfolgskontrolle,
- inhaltliche und gestaltungsspezifische Anhaltspunkte zum Kommunikations-Angebot.

Auf Basis des Briefings beginnt in der Regel die Arbeit des Mediaplaners, der sich allerdings meist im Vorfeld schon mit der Situationsanalyse beschäftigen muss, um den Markt und die Entwicklungstendenzen kennen zu lernen.

Komplettes Briefing erfolgt nur bei Neukunden

Die genannten Briefing-Elemente haben exemplarischen Charakter. Sie finden sich komplett zumeist nur bei neuen Kunden und Aufgabenstellungen in neuen, bisher unbekannten oder wenig bekannten Märkten und Marktsegmenten. Bei bestehenden Kunden und ihren Produkten sind einige Aspekte des Briefings daher im Laufe der Zeit bekannt, z.B. Produktzyklen, Wiederkaufsraten, Preisstellung, Absatzgebiete und Absatzschwerpunkte.

Bei bestehenden Kunden dürfen bereits vorhandene Informationen nicht aus dem Auge verloren werden

Dies heißt jedoch nicht, dass diese Faktoren auf Grund ihrer Bekanntheit außer Acht gelassen werden können. Vielmehr müssen sie stets auf ihre Relevanz überprüft und dann für eine entwicklungsgerichtete Strategie im Rahmen der Gesamtaktivitäten des Marktes im Auge behalten werden.

Auf Grund der Breite und Tiefe des heutigen Medienangebotes und der Vielschichtigkeit und Wandlung des Medienspektrums haben sich seit einigen Jahren auch medienspezifische Briefings und Aufgabenstellungen entwickelt. So sind spezifische Briefings für die Entwicklung einer generellen oder produktspezifischen TV-Empfehlung genauso an der Tagesordnung wie maßgeschneiderte Vorgaben zur Erstellung einer TV-Einkaufsstrategie.

DIE BEDEUTUNG DES BRIEFINGS KANN GAR NICHT UNTERSCHÄTZT WERDEN. NUR, WENN SICH AUFTRAGGEBER UND AGENTUR VORAB ÜBER DIE ZIELE EINIG SIND UND SICH GEGENSEITIG AUF DEN GLEICHEN WISSENSSTAND GEBRACHT HABEN, KANN EINE ERFOLGREICHE MEDIAPLANUNG ERFOLGEN.

Briefings immer mit großer Sorgfalt erstellen

Deshalb sollte jedes Briefing mit einer großen Sorgfalt erstellt werden. Leider ist dies nicht immer so: Aus Zeitmangel werden nicht selten unvollständige oder unklare Briefings abgegeben, bzw. das Briefinggespräch wird unzureichend schriftlich dokumentiert. In solchen Fällen besteht die Gefahr, dass es von Anfang an zu Missverständnissen kommt, was dann zu doppelter Arbeit oder sogar zu einem verminderten Kampagnenerfolg führen kann.

No brief, no plan!

In den USA haben Mediaplaner einen prägnanten Slogan: „No brief, no plan!“ Das bedeutet: Nur, wenn der Kunde ein vollständiges Briefing gibt, beginnen die Mediaplaner mit ihrer Arbeit. Es ist aber auch Aufgabe der Mediaagentur, alle notwendigen Informationen vom Kunden anzufordern. Deshalb sollten alle Briefing-Unterlagen gewisse Anforderungen erfüllen. Ein einheitliches Briefingformular hilft dabei, diese Anforderungen zu erfüllen.

4.3.1 Generelle Anforderungen an Briefing-Unterlagen

Nachfolgende Bedingungen sollte ein gutes Briefing erfüllen, um auf seiner Basis eine ebenso gute Media-Strategie entwickeln zu können.

Ein Briefing muss wie folgt sein:

- schriftlich fixiert, weil dann
- nachprüfbar und
- bestätigt,
- rechtzeitig,
- komplett,
- abgestimmt mit Input der Vorstufen (Marketing-Plan etc.),
- eventuelle Anlagen, Materialien beigefügt und
- am besten gemeinsam von Kunde und Agentur entwickelt.

Ein Ratschlag sei allen Mediaplanern und ihren Kunden auf den Weg gegeben:

> ENTWICKELN SIE LANGFRISTIG EINE BRIEFINGK-KULTUR, DIE DIESEN NAMEN VERDIENT, OHNE DABEI ZU FORMALISTISCH ZU WERDEN.

Das Briefing-Formular ist hilfreich und darf nicht zum bürokratischen Selbstzweck verkommen

Ein Briefing-Formular soll nur sicherstellen, dass keine wichtigen Aspekte vergessen werden. Es darf nicht zu einem bürokratischen Selbstzweck werden, wie der sprichwörtliche „Antrag auf Erteilung eines Antragsformulars". Nach wie vor kommt Briefing von brief – also kurz, knapp und aussagefähig. Dennoch sollten alle Unstimmigkeiten und Unsicherheiten vor Entwicklung der Strategie geklärt und ausgeräumt sein. Eventuell hilft auch ein so genanntes Re-Briefing einige Zeit nach dem eigentlichen Briefing. Ein Re-Briefing ist eine nochmalige Abstimmung und Vertiefung bzw. Rückkopplung der im Briefing dargestellten Vorgaben durch die Agentur bzw. die Durchführenden.

4.3.2 Das Briefing-Formular

Briefing-Formulare gibt es für alle Aufgaben, die eine Werbeagentur erfüllen muss (bekannt ist etwa das „creative brief", mit dem die Kreativen einer Agentur gesagt bekommen, was von ihnen erwartet wird).

Hier wollen wir ein Beispiel für ein Briefing-Formular darstellen, das speziell für die Mediaplanung entwickelt wurde. Es ist auf den folgenden Seiten abgedruckt.

Media-Briefing-Formular

I. Generelle und/oder spezielle Aufgabenstellung für die Agentur

II. Hintergrundinformationen zum Markt
„Bitte stellen Sie alle relevanten Informationen zum Status und den Entwicklungstendenzen dar"

1a. Situationsdarstellung Absatzmarkt
- Gesamtmarkt (evtl. incl. substituierender Bereiche)
- Marktstruktur und Marktsegmente
- Definition der Konkurrenzmarken
- Marktanteile
- Preisgestaltung
- Distribution und Distributionskanäle

1b. Marken-Positionierungen (im Konkurrenz-Umfeld)
- Produkt-/Markenbeschreibungen
- Vor- und Nachteile/Images/USP

1c. Spezielle Aspekte
(z.B. Markentreue, Kaufzyklen, etc.)

2. Situationsdarstellung Consumer
- Verwender, Käufer, Entscheider
- Markt-, segment- und markenspezifische Betrachtung
- Demografische, psychografische, konsumspezifische und evtl. typologische Merkmale über interne/externe Forschungsbefunde

3. Situationsdarstellung Kommunikation und Werbung
   - Werbeaufwendungen/SOA
   - Eingesetzte Medien/Mediamix
   - Werbemittel-Ausstattungen
   - Saisonale (Werbe-) Schwerpunkte
   - Werbewirkungs-Indikatoren
     (z.B. Marken-, Werbebekanntheit aus Tracking-Studien)
   - Spezielle Medien und Sonderwerbeformen
   - Verkaufsförderungsmaßnahmen
   - PR-Aktivitäten
   - Sonstiges (z.B. Messen, Events, etc.)

III. Marketing-Zielgruppe(n),-Ziel(e) und -Strategie(n)

1a. Definition der Markt-Potenziale und Beschreibung der Zielgruppe(n) (Source of business)

1b. Marketing-Ziele und -Strategien
   - Qualitative und quantitative Ziele
   - Kurzdarstellung Marketing-Strategie(n)

1c. Spezielle Marketing-Aspekte und –Maßnahmen (z.B. neues Verpackungsdesign, Veränderung der Distribution)

IV. Kommunikations-Zielgruppe(n),-Ziel(e) und –Strategie(n)

1a. Definition kommunikativer/werblicher Zielgruppe(n)

1b. Kommunikations-/Werbe-Ziel(e) und –Strategie(n)
- Kommunikative Ziele
- Strategischer Einsatz Kommunikations-Instrumente

______

______

______

______

1c. Spezielle Kommunikations-Aspekte und- Maßnahmen
(z.B. Spezielle Medien, Sonderwerbeformen und -Aktivitäten, Learnings aus früheren Maßnahmen, von denen wir profitieren können)

______

______

______

V. Media-strategische Vorgaben
„Bitte nennen Sie uns jetzt mögliche Vorgaben, die bei unserer Strategieempfehlung zu berücksichtigen sind"

1a. Media-Budget und Budget-Aufteilung
(z.B. nach Medien und Zeiträumen)
„Bitte geben Sie uns die Basis für das Budget an, z.B. Brutto, Agentur-Netto, Kunden-Netto, etc."

______

______

______

1b. Vorgaben zum Media-Ziel und zur Media-Zielgruppe

______

______

______

1c. Generelle Werbezeiträume und saisonale Schwerpunkte

______

______

______

______

1d. Regionalität/Einsatzgebiet(e)
(z.B. geografische Absatzschwerpunkte und entsprechende werbliche Zielsetzungen)

______

______

______

1e. Werbeträger-Präferenzen

1f. Werbemittel-Ausstattungen

1g. Gestaltungsspezifische Aspekte
(z.B. zentrale Botschaft, kreative Umsetzung, evtl. Anschauungs-material beilegen)

1h. Sonstige Vorgaben und Beschränkungen zur Detailplanung
(z.B. gewünschte TV-Sendezeiten und Programmumfelder, Print-Präferenzen und Platzierungen)

VI. Kriterien der Erfolgskontrolle

Dieses Briefing wurde

erstellt am: ______________________

ausgefertigt von: ______________________

Unterschrift ______________________

4.4 Media-Strategie

Was versteht man unter Strategie?

Auch der Begriff Strategie kommt aus dem militärischen Sprachgebrauch. Laut Wörterbuch wird Strategie auch mit „Kriegskunst" gleichgesetzt. Strategie ist ein genau geplantes Vorgehen oder: „Strategie ist die Kunst, zur rechten Zeit die richtigen Dinge zu tun. Für den Erfolg ist sie bedeutender als alle Arbeitsmethoden zusammen."

Was ist also die Aufgabe der strategischen Mediaplanung? Die Media-Strategie definiert das in der Mediaplanung zu berücksichtigende Grundgerüst für alle geplanten Maßnahmen einer Marke. Es ist ihre Aufgabe, die generellen Vorraussetzungen festzulegen, die bei der Mediaplanung zu beachten sind. Dabei zielt die Media-Strategie primär auf die gerichtete und ökonomische Erreichung der Zielgruppe durch Auswahl der geeigneten Kommunikationskanäle.

Skizzierung des planhaften Vorgehens zur Zielerreichung unter Beachtung der Voraussetzungen

Erinnern wir uns noch einmal an die berühmte Laswell-Formel, die wir in Kapitel 1 vorgestellt haben. „Who says what in which channel to whom with what effect?". Hier kommt der Media-Strategie und -planung somit die Beantwortung des Fragebestandteils „in which channel to whom" zu, wobei auch der Aspekt „with what effect" für Media immer wichtiger wird.

Laswell-Formel

Die Strategie skizziert und formuliert das planhafte Vorgehen zur Erreichung der definierten Ziele.

Dabei spielen unterschiedliche Aspekte innerhalb der Media-Strategie eine wichtige Rolle.

Die Media-Strategie umfasst...

- strategische Grundprinzipien und Ausprägungen,
- Media-Budget,
- Media-Zielgruppe,
- zeitliche Schwerpunkte (Saisonalität),
- Media-Ziele,
- zeitliche Werbedruckverteilung,
- regionalen Werbedruck,
- Selektion der Mediengattungen.

Voraussetzung für die Entwicklung einer Media-Strategie sind selbstverständlich eine gewisse Erfahrung und umfassende Kenntnisse über die Wirkmechanismen von Werbung, vor allem auch zu Werbedruck und Werbewirkung. Es sind vor allem die Mediaplaner, die an der Strategie-Entwicklung beteiligt sind. Sie sollten rechtzeitig in die Werbeplanung und -Konzeption einbezogen werden, da sie über ihre speziellen Kenntnisse wichtigen Input liefern können. Werden sie von Kunden und

Voraussetzung sind Erfahrungen und Kenntnisse der Wirkmechanismen von Werbung

Kreativagentur zu spät einbezogen, kann das problematisch werden, etwa, wenn zwar zielsetzungsadäquate Werbeträger selektiert werden können, dafür aber die falschen Werbemittel konzipiert wurden.

4.4.1 Strategische Grundprinzipien und Ausprägungen

Basis: Stärken-Schwächen-Analyse

Strategische Grundprinzipien sind generelle Vorgehensweisen, über die mittelfristig spezielle Ziele erreicht werden sollen. Als Basis fungiert eine ganzheitliche Stärken-Schwächen-Analyse, bei der das eigene Produkt, die Distribution, die Konsumenten, das entsprechende Kommunikations-Angebot (Werbemittel) und die dafür geeigneten Werbeträger im Vergleich zu den Konkurrenten bewertet werden.

Einfluss haben Produkt, Preis und Distribution

Der Einfluss des Produkts auf das strategische Grundprinzip kann z.B. darin liegen, dass der Umsatz, der mit diesem Produkt erzielt wurde, in der Vergangenheit kontinuierlich gestiegen ist, stagnierte oder sank. Je nachdem wird man sich werblich anders verhalten und das Werbebudget anpassen. Der Preis oder besondere Sonderpreisaktionen können ebenso eine Rolle spielen. In Abhängigkeit von der Distribution wird der regionale Werbedruck variiert. Je nach Zielsetzung müssen eher tagesaktuelle Medien, eventuell sogar zu bestimmten Zeiten im Tagesverlauf, oder eher längerfristig wirkende Werbeträger eingesetzt werden. Abhängig vom produktspezifischen Lebenszyklus geht es eher darum, verschiedene Zielgruppensegmente anzusprechen, die sich in ihrer Offenheit für Innovationen unterscheiden. Erkenntnisse zur Übernahme von Innovationen liefert die Diffusionsforschung, ein Spezialgebiet der Kommunikationswissenschaften. Da das Grundmodell der Diffusionsforschung für die Marketing- und Mediaplanung eine herausragende Bedeutung hat, ist es sinnvoll, an dieser Stelle etwas genauer darauf einzugehen.

4.4.1.1 Exkurs: Das allgemeine Diffusionsmodell

Zusammenspiel von Massenkommunikation und persönlicher Kommunikation

Die Diffusionsforschung beschäftigt sich mit dem Zusammenspiel von Massenkommunikation und persönlicher Kommunikation. Sie untersucht, wie sich die Akzeptanz und Übernahme von Innovationen (z.B. neue Produkte, neue Methoden, neue medizinische Therapien) in einer sozialen Gruppe ausbreitet. Untersucht wurde dies im vergangenen Jahrhundert bevorzugt an Innovationen in Landwirtschaft und Medizin.

> Es konnte jedoch ein Grundmuster der Diffusion entdeckt werden , das verbreitete Gültigkeit besitzt.

Fünf Phasen

Das Grundmuster, in Abb. 4.8. dargestellt, gliedert sich in fünf Phasen:

1. Anfänglich ist nur eine ganz kleine Minderheit risikofreudiger Menschen bereit, eine Innovation zu übernehmen (**Adaption**). Sie werden als **Innovatoren** bezeichnet. Für sie ist die Adaption mit zwei großen Risiken verbunden. Das objektive Risiko besteht darin, dass man zu dieser Zeit noch nicht weiß , ob die Innovation tatsächlich das hält,

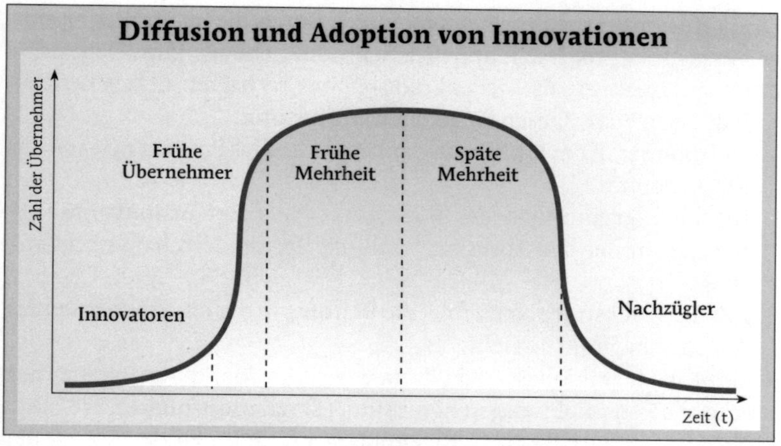

Abb. 4.8: Grundmuster der Diffusion

was sie verspricht (ob z.B. das neue Medikament wirkt oder das neue Saatgut tatsächlich höhere Erträge bringt). Es gibt aber auch ein soziales Risiko: Als Verwender der Innovation gehört man einer Minderheit an und steht entgegen der Mehrheit. Skepsis und Spott vonseiten der Mehrheit, bis hin zur sozialen Isolation, können die Folge sein.

2. Nach einiger Zeit wächst die Gruppe derjenigen, die eine Innovation annehmen, langsam an. Für diese **frühen Übernehmer** ist das objektive Risiko geringer als für die Innovatoren, da sie bereits deren Erfahrungen vor Augen haben. Trotzdem stehen sie immer noch in Opposition zur überwiegenden Mehrheit, die bisher der Innovation noch skeptisch gegenüber steht. Aber je mehr Übernehmer es gibt, desto größer ist der soziale Rückhalt bei der Adoption und desto schneller wächst die Zahl der neuen Übernehmer.
3. Nach weiterer Zeit sind dann die Übernehmer in der Mehrheit, wobei zwischen der **frühen Mehrheit** und der **späten Mehrheit** unterschieden wird.
4. Mitglieder der späten Mehrheit sind weniger risikofreudig und lassen sich eher durch den sozialen Druck, der von der großen Zahl der Übernehmer ausgeht, zur Übernahme drängen.
5. Eine kleine Gruppe lässt sich erst nach längerer Zeit überzeugen, die deshalb auch **Nachzügler** genannt werden. Diese Nachzügler sind in einer ähnlichen sozialen Situation wie die Innovatoren am Anfang der Diffusionskurve: Sie stehen in Opposition zur Mehrheit. In vielen Fällen wird es sogar einige resistente Skeptiker geben, die vielleicht niemals die Innovation übernehmen werden (z.B. die überzeugten Vinyl-Fans, die bis heute keinen CD-Player besitzen möchten). Sie befinden sich quasi außerhalb des Diffusionsmodells, das sich explizit nur auf diejenigen bezieht, die eine Innovation tatsächlich übernommen haben.

Diffussionskurve und Produktlebenszykluskurve ähneln sich

Die Diffusionskurve ähnelt einer anderen Kurve, die im Marketing eine wichtige Bedeutung hat, nämlich dem **Produktlebenszyklus**. Dabei wird davon ausgegangen, dass jedes Produkt nur eine begrenzte Lebensspanne hat, die in klare Phasen eingeteilt werden kann:

1. Sie beginnt mit der **Einführungsphase**, in der das Produkt neu auf den Markt kommt.
2. Darauf folgt eine Phase des Wachstums (auch **Expansionsphase** genannt), in der der Abverkauf und die Verwenderschaft stetig ansteigt.
3. Auf die Wachstumsphase folgt die **Reifung**, in der das Produkt seinen Absatzhöhepunkt erreicht.
4. Danach stagniert das Produkt, da es sich im Markt ausgebreitet hat und alle Potenziale ausgeschöpft sind. (**Stagnationsphase**).
5. Es folgt der Verfall (auch **Rückbildungsphase** genannt), in dem die Abverkäufe wieder sinken. Der Verfall kann bis zu dem Verschwinden im Markt führen.

Oft entscheidet sich jedoch das Schicksal einer Neueinführung bereits früher: Viele neue Marken und Produkte scheitern bereits in der Einführungsphase.

DAS DIFFUSIONSMODELL KORRESPONDIERT IN GEWISSER WEISE MIT DEN PHASEN DES PRODUKTLEBENSZYKLUS.

Schlüsselfunktion der Innovatoren bei der Produktneueinführung

In der Einführungsphase eines neuen Produktes ist es deshalb wichtig, als Erstes die risikofreudigen Innovatoren und frühen Übernehmer für sich zu gewinnen. Sie haben eine Schlüsselfunktion. Wenn eine bestimmte kritische Masse erreicht ist, kann erst die Mehrheit angesprochen werden. Die Planung einer Kampagne sollte deshalb auf den Diffusionsverlauf und den Produktlebenszyklus abgestimmt sein.

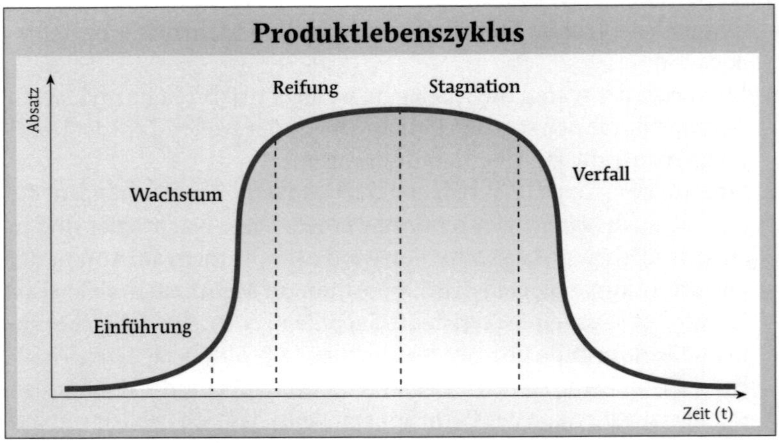

Abb. 4.9: Produktlebenszyklus

4.4.1.2 Strategische Grundprinzipien

Alle diese Informationen liegen aus der Situationsanalyse, dem Briefing, der kreativen Konzeption, den ersten Gedanken zur Media-Strategie und vor allem qua (Berufs-) Erfahrung vor.

Die gedankliche Zusammenfassung führt dann zur Festlegung des strategischen Grundprinzips und seiner Auswirkungen. Dabei kommt ein Großteil dieser Arbeit und vor allem die Entscheidung dem Kunden zu. Wobei in diesem Zusammenhang oft gar nicht über die hier erwähnten Begriffe „Strategische Grundprinzipien und Ausprägungen" geredet wird, sondern man agiert einfach entsprechend. Beispiele für strategische Grundprinzipien werden hier aufgelistet und später noch näher erläutert.

Strategische Grundprinzipien

- Advertising follows sales(saisonal und/oder regional).
- Advertising follows sales potential (saisonal und/oder regional).
- Die Werbung richtet sich direkt am Konkurrenzverhalten aus (me too).
- Die Werbung richtet sich nach unterschiedlichen Zielgruppen-Segmenten aus (z.B. Meinungsführer, die das Produkt weiterempfehlen können).
- Die Werbung orientiert sich an Akzeptanz-Niveau und -Chancen
- Die Werbung orientiert sich nach dem Medien-Verhalten der Zielpersonen.

Diese Grundprinzipien sind beliebig kombinierbar.

Ferner können diese Grundprinzipien nun unterschiedlich ausgeprägt angewendet werden.

Agiert man z.B. nach dem Prinzip „Advertising follows sales (saisonal)", so wird man das eigene Produkt immer dann stark bewerben, wenn auch mit hohem Absatz oder Umsatz zu rechnen ist (z.B. bei Parfüm vor Weihnachten, da in dieser Zeit die meisten Düfte als Geschenk gekauft werden).

Doch kann diese Strategie unterschiedliche Ausprägungen annehmen:

- Zum Beispiel kann man versuchen, dass man in diesem Zeitraum bestimmte Werbeträger einsetzt, die auch von der Konkurrenz belegt werden, aber mit höheren Frequenzen die Wettbewerbswerbung dominiert.
- Andererseits gibt es aber auch die Möglichkeit, bewusst andere Medien als der Wettbewerb einzusetzen und eine Ausweich-Strategie zu fahren. Weitere Beispiele für strategische Ausprägungen folgen in der nachfolgenden Übersicht.

Beispiele für strategische Ausprägungen

- Dominanz
  - Konkurrenz Gesamt
  - bestimmte Konkurrenten
  - Medien
  - Titel/Kommunikations-Angebote
- Konfrontation
  - Lücken
  - regionale Begrenzung (z.B. Ballungsraum)
  - zeitliche/saisonale Begrenzung
  - mediale Begrenzung
- Flucht-/Ausweichstrategie
  - andere Personen/Zielgruppen
  - andere Medien

- Besetzung spezieller Felder
- Events
- Spezielle Werbemittel-Ausstattung („Kreativität")
- Promotions

Eine einfache und plausible Darstellung unterschiedlicher Ausprägungen, die hier nur auf den Werbeträgereinsatz fokussieren, findet man im Handbuch Werbeträger (W. M. REITER 1994, S.85). Dort ist die Rede von:

- Wettbewerbsanaloge Strategie: Genutzt werden Medien, Regionen und Zeiträume, die auch von den Konkurrenten intensiv belegt sind.
- Konkurrenzausweichstrategie: Hierbei wird dem Wettbewerbsdruck medial, regional und saisonal bewusst aus dem Weg gegangen.
- Omnipräsenzstrategie: Im Verhältnis zum Etatvolumen werden vergleichsweise viele Medien genutzt. Die Frequenz je Medium oder Titel ist entsprechend niedrig.
- Konzentrationsstrategie: Im Verhältnis zum Etatvolumen werden vergleichsweise wenige Medien genutzt. Die Frequenz je Medium oder Titel ist entsprechend hoch.

4.4.2 Media-Budget

Die Definition von Media-Budgets wird in der in Deutschland vorhandenen Literatur eher vernachlässigt oder man weicht auf einzelne Aspekte aus (z.B. Verhältnis SoA zu SoM). Zu verzeichnen gibt es einen Trend hin zur kampagnenindividuellen Ableitung des Budgets mithilfe von ökonometrischen Analysen vorhandener Tracking- und Absatzzahlen (Stichwort Modelling), was in Kapitel 5 „Kontrolle des Werbeerfolgs" näher beschrieben wird.

Budgets werden letztlich vom Kunden definiert

Genau genommen werden Media-Budgets auch nicht von der Agentur, sondern vom Kunden innerhalb der Marketing-Strategie definiert.

Der Mediaplaner sollte die für spezielle Zielsetzungen festgelegten Media-Budgets aber überprüfen und eine Empfehlung dazu abgeben. Dabei gibt es in der Regel kein zu hohes Budget, aber eventuell ein (zumindest für die Zielsetzung) zu knapp bemessenes. Für den Mediaplaner ist es insofern wichtig, dass er Grundkenntnisse zum Thema Werbedruck und Werbewirkung besitzt.

Empfehlende Funktion des Mediaplaners

4.4.2.1 Exkurs: Werbedruck und Werbewirkung

Listenkonzept und Relevant Set

Es gibt unterschiedliche Werbewirkungsmodelle, die zum Teil differenziert die Werbewirkung auf Individualebene erklären. Ein einfacher, aber besonders für die Mediaplanung plausibler und nützlicher Ansatz ist das so genannte Listenkonzept (vgl. H.W. HOFFMANN, Zu wenig-Genug-Zuviel Kontakte, 1985), das im Zusammenhang mit den Begriffen Top of Mind und Relevant Set steht, die mit erläutert werden.

Das **Listenkonzept** geht davon aus, dass jede Person, bezogen auf die für sie relevanten Marktsegmente, eine Liste aller Konkurrenzprodukte gespeichert hat, die sie normalerweise präferiert oder zumindest dem Namen nach kennt. Da die Speicherkapazität mitunter begrenzt ist, können die meisten Menschen für die jeweiligen Marktsegmente insgesamt nicht viel mehr als drei oder vier gespeicherte Marken abrufen. Dies sind Marken, die man entweder selbst nutzt, genutzt hat oder die z.B. aus der aktuellen Werbung bekannt sind – sie sind für den Verbraucher also von gewisser Relevanz bei der Kaufentscheidung. Man spricht deshalb auch von dem **Relevant Set**. Im Relevant Set sind also die Marken, die bei einer Kaufentscheidung infrage kommen, da man sonst keine anderen Marken im Produktbereich aktiv erinnern kann. Die erste Marke, die einem Konsumenten für das jeweilige Marksegment einfällt, ist meistens die präferierte oder verwendete Marke. Da sie somit an erster Stelle im Relevant Set bzw. in der Liste steht, ist sie die **Top of Mind-Marke**.

Ausgangshypothese: Kunden haben Marken gespeichert, jedoch nur eine begrenzte Anzahl (Liste)

An oberster Stelle steht die Top-of-Mind-Marke

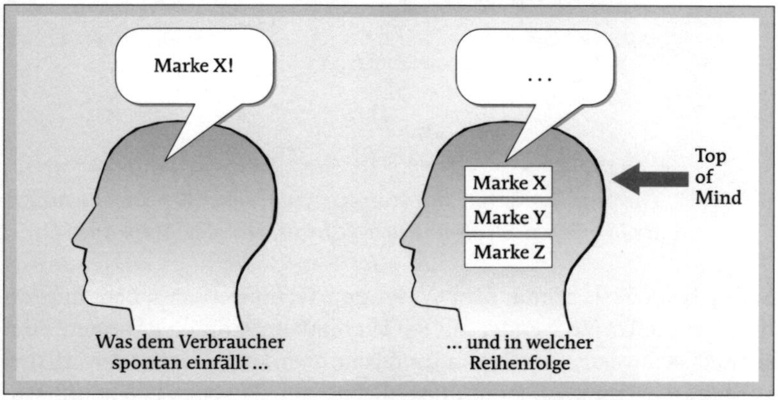

Abb. 4.10: Prinzip des Listen-Konzepts (Quelle: HOFFMANN 1985)

Werbung muss erreichen, dass die Marke in den Relevant Set gelangt, und zwar möglichst weit oben

Über diese Begriffe lassen sich nun die Zusammenhänge zum Thema Werbedruck und Werbewirkung verhältnismäßig einfach veranschaulichen. Angenommen, im Markt der Shampoos wird eine neue Marke eingeführt. Nun geht es in erster Linie darum, die richtigen Zielpersonen zu erreichen (das können z.B. die sein, die ein bestimmtes Konkurrenzprodukt schon verwenden) und die Marke via Einführungswerbung neu auf die mentale Liste dieser Konsumenten zu setzen. Angestrebt wird also zunächst die Etablierung im Relevant Set der avisierten Konsumenten. Im zweiten Schritt kann es darum gehen, dass man die Markenpräferenz erhöht, also die Marke in der individuellen Reihenfolge nach oben rückt – dann ist die Marke Top of Mind.

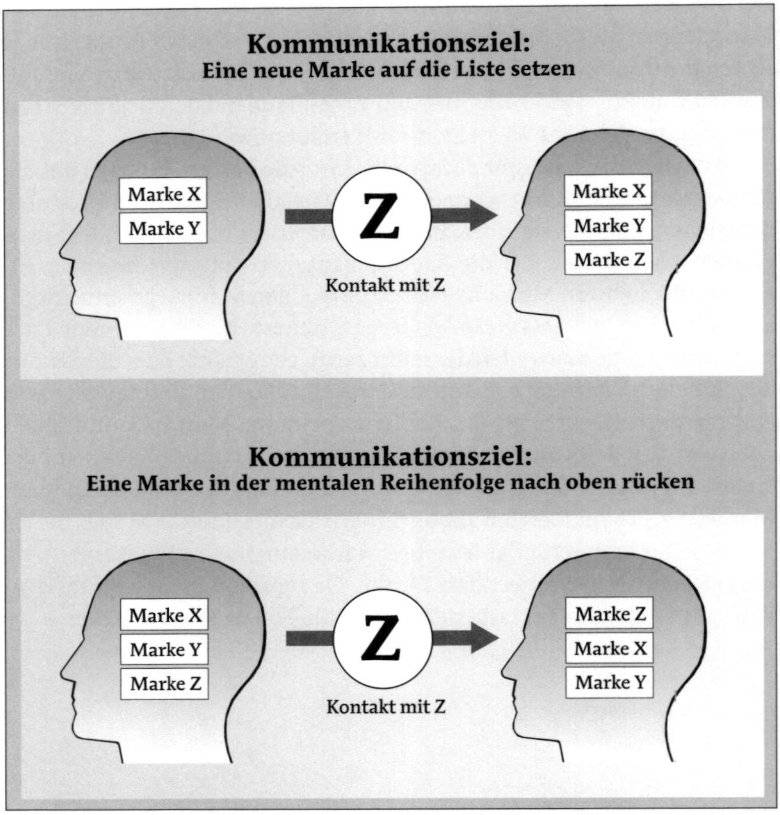

Abb. 4.11: Die neue Marke auf die Liste setzen und /oder sie in der mentalen Reihenfolge nach oben rücken (Quelle: HOFFMANN 1985)

Sofern beide Ziele primär über Werbung erreicht werden sollen, müssen die potenziellen Verwender mit der Werbung in Kontakt kommen. Hier schließt sich wieder der Kreis zum Zusammenhang Share of Advertising zu Share of Market: Angenommen, die meisten Personen haben nun wenige Kontakte mit der Einführungsmarke, aber viele mit den entsprechenden Konkurrenten, dann wird es schwer sein, die neue Marke im Relevant Set zu etablieren. Wird die Marke dagegen mit sehr hohem Werbedruck eingeführt (also mit einem höherem Share of Advertising) und die Zielpersonen werden häufig kontaktiert, ist die Chance relativ groß, dass viele erreichte Konsumenten Präferenzen für die neue Marke aufbauen und in diesem Fall zumindest einen Probierkauf des beworbenen neuen Shampoos tätigen. Dies ist auch einer der wichtigsten Gründe, weshalb neue Marken und Angebote oft mit sehr hohem Werbedruck in einen Markt eingeführt werden.

Höherer Werbedruck durch höheren SoA steigert die Chance zum Präferenzkauf seitens der Kunden

4.4.2.2 Werbedruck und Werbewirkung

Aufgabe der Analysen zu Werbedruck und Werbewirkung ist die Feststellung genereller und/oder spezieller Zusammenhänge zwischen den einzelnen Parametern.

Während Informationen zum Werbedruck entweder über die Werbeaufwendungen nach Nielsen S+P oder über kampagnenspezifisch erzielte Kontakte problemlos zu beschaffen sind, müssen die Werbewirkungsindikatoren über Marktforschungsinstitute erhoben werden. Dabei bieten einige Institute Standardinstrumente an (z.B. der GfK-Werbeindikator oder der NIKO-Werbeindex; mehr dazu im Kapitel 5). Man spricht in diesem Zusammenhang übergeordnet von **Tracking-Studien**. Die kontinuierliche Erhebung der Daten ermöglicht dabei die Darstellung von Zeitreihen und die Analyse werblicher Einflüsse, wie z.B. höherer Werbedruck versus Werbepausen, auf die Wirkungsverläufe.

Werbewirkungsindikatoren müssen individuell erforscht werden (Tracking-Studien)

Wesentliche Indikatoren der Werbewirkung

- Markenbekanntheit (ungestützt, gestützt),
- Werbeerinnerung (ungestützt, produktgruppengestützt, markengestützt),
- detaillierte Werbekenntnis (z.B. Slogan, Logo, Headline),
- Beurteilungen und Einstellungen zur Marke,
- Markenpräferenzen bzw. Kaufbereitschaft,
- Markenverwendung

Bei der Analyse werden entweder absolute Werbeaufwendungen bzw. relative Anteile (Share of Advertising) oder absolute Kontaktmengen bzw. relative Kontaktanteile (Share of Voice) zu den Werbewirkungsindikatoren ins Verhältnis gesetzt. Wobei je nach Aufgabenstellung andere Indikatoren relevant sein können. Zum Beispiel kann die Markenbekanntheit einer seit Jahren etablierten Marke als Indikator von geringem Interesse sein, während dieses Merkmal bei einer markenspezifischen Einführungskampagne wichtiger als z.B. die Werbeerinnerung sein kann. Im Idealfall ergeben sich lineare Zusammenhänge oder hohe posi-

Analyseansätze: Ausgangspunkte sind
a) absolute Aufwendungen
b) Kontaktmengen

Optimal ist eine Korrelation zwischen Werbedruck und -wirkung

tive Korrelationen zwischen Werbedruck und Werbewirkung. Mittelfristig können darüber markenspezifische Informationen gewonnen werden, die Aufschluss geben über den Mitteleinsatz (Werbeaufwand), die wirksamsten Medien (mono-bzw. multimedial), die optimale Dauer der Media-Flights, saisonale Einflüsse und vieles anderes mehr.

Weiterer Ansatz: Generelle Wirkung einer Mediengattung

Ein anderer Ansatz zum Thema geht nicht von der individuellen Sichtweise eines einzelnen Werbungtreibenden aus, sondern von den generellen Wirkungsmechanismen der jeweiligen Mediengattung: Wie viel Geld oder wie viele Kontakte sind in einem speziellen Medium notwendig, um bestimmte Wirkungswerte zu erzielen?

Hierzu gibt es eine Reihe von Grundlagenstudien, deren generalisierte Ergebnisse als Veröffentlichungen der Mediabranche zur Verfügung stehen. Solche Studien werden in der Regel von Medienunternehmen in Auftrag gegeben und publiziert.

Untersuchungen zur Wirkung von Mediengattungen

- „Qualitäten der Fernsehwerbung“ (Herausgeber: ARD und ZDF)
- „Qualitäten der Radiowerbung“ (Herausgeber: ARD und RMS)
- „Werbewirkungskompass“ (Herausgeber: IP Deutschland)
- „Ad Trend“ (Herausgeber: SevenOneMedia)
- „Wert der Werbung“ (Herausgeber: VDZ)

Diese Studien ermöglichen die generelle Ableitung notwendiger medialer Kontakte oder Geldmittel, um bestimmte Ziele zu erreichen, wie etwa stabile oder deutlich zunehmende Werbeerinnerung oder Marktanteile, und zwar meist unter Einbeziehung mehrerer Mediengattungen.

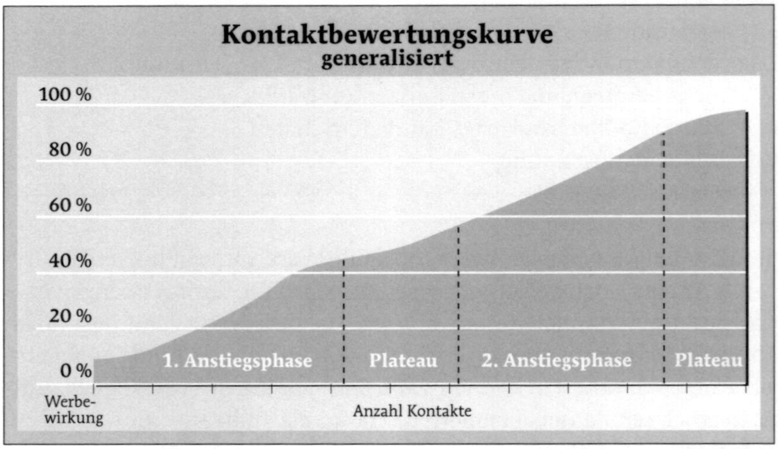

Abb. 4.12: Generalisierte Kontaktbewertungskurve (Quelle: Qualitäten der Fernsehwerbung)

Auch die oben erwähnte ARD/ZDF-Studie „Qualitäten der Fernsehwerbung" enthält beispielsweise nicht nur TV-Kampagnen, sondern auch Kampagnen, die zusätzlich in Hörfunk und Print stattfanden, also Mediamix-Kampagnen.

4.4.2.3 Möglichkeiten der (Media-) Budget-Definition

Es gibt keinen einfachen, eindeutigen Wirkungszusammenhang zwischen investierten Werbegeldern und tatsächlichen oder zukünftig vermuteten Verkaufsergebnissen. Das liegt nicht daran, dass Werbung nicht wirkt, sondern dass sie nur neben anderen Einflussfaktoren wirkt.

Werbewirkung ist nicht unmittelbar ökonomisch messbar und im Umkehrschluss sind Budgets nicht aus ökonomischen Wirkungen ableitbar

DER MARKTERFOLG IST VON ALLEN INSTRUMENTEN IM MARKETING-MIX UND IHREM ZUSAMMENWIRKEN ABHÄNGIG.

Werbung als Kommunikations-Instrument hat primär die kommunikative Aufgabe, eine Marke bekannt zu machen, Informationen zur Marke zu vermitteln, sie innerhalb der Zielgruppe zu aktualisieren und Einstellungen bzw. Images gegenüber einer Marke aufzubauen oder zu verändern. Lediglich dann, wenn das Verbraucherverhalten kaum von anderen Einflussgrößen als der Werbung abhängt, kann auch der ökonomische Erfolg bedenkenlos zum dominanten Wirkungskriterium erhoben werden. Dies ist z.B. der Fall bei den Response-Aktivitäten, bei denen es darum geht, dass die Zielpersonen etwas bestellen.

WERBUNG ERFORDERT TROTZDEM MARKTRELEVANTES VERHALTEN.

Denn, wenn alle Konkurrenten massiv Werbung betreiben und nur ein Unternehmen nicht, wird dessen Marke mit Sicherheit Marktanteile verlieren. Im Übrigen geht es bei Werbekommunikation oft um mehr als um reine Markenaktualisierung. Selbst eine Marke wie Coca-Cola, die jeder kennt und die kaum Konkurrenz zu fürchten hat, versucht über Kampagnen Anlässe zu schaffen, um einerseits bestimmte Personen, die schon lange keine Coke mehr getrunken haben, wieder zum Coca-Cola-Konsum zu bewegen oder die tatsächlichen Trinker dazu zu bringen, mehr Coca Cola zu konsumieren. Marktrelevantes Verhalten muss sich immer auch am Konkurrenzverhalten orientieren, und damit sind wir wieder bei den Kenngrößen Share of Advertising und Share of Market.

Unterdurchschnittliches Werben bringt Nachteile, als optimal gilt: SoA = SoM

Generell ist davon auszugehen, dass ein Share of Advertising, der in etwa dem Share of Market entspricht (SoA = SoM), dazu dient, Marktanteile zu halten. Deutlich höhere Werbeaufwendungen werden entweder bei Einführung einer Marke oder bei dem angestrebten Ausbau des Marktanteils getätigt. Niedrigere bis keine Werbeaufwendungen verweisen normalerweise darauf, dass sich die Marke am Ende des Produktlebenszyklus befindet (Stagnation, Verfall) und sich Investitionen nicht mehr lohnen.

Neben der Orientierung an der Konkurrenz werden Etats nach heuristischen Verfahren festgelegt

Neben dem Konkurrenzverhalten, das man in der Regel immer beachtet, gibt es eine Vielzahl weiterer Methoden, Media-Etats festzulegen. Diese Verfahren nennt man oft auch **heuristische Verfahren**, da ihnen keine wissenschaftlichen Modelle zu Grunde liegen. Trotzdem sind sie in der Praxis sehr verbreitet und können als Entscheidungshilfen nützlich sein, besonders, wenn nicht viele individuelle Daten zur Verfügung stehen.

Grundsätzliche Verfahren zur Budgetierung

- **Branchenüblicher Anteil am Umsatz**: Alle Unternehmen einer Branche investieren z.B. 2 Prozent ihres Umsatzes wieder in Werbung. Solche Faustregeln haben sich oft historisch entwickelt und lassen sich nicht forscherisch herleiten, werden oft aber auch nicht mehr hinterfragt.
- **Advertising to Sales-Ratio**: Es wird ermittelt, wie viele Werbeaufwendungen pro verkaufter Einheit in der Vergangenheit investiert wurden. Dieser Wert wird multipliziert mit dem Absatzziel, d.h. den Einheiten, die man in Zukunft absetzen will. Dieses Verfahren ist auch als Stückkostenrechnung bekannt.
- **Kampagnenziele**: Jede Mediaagentur und jedes Unternehmen verfügt über Erfahrung aus vergangenen Kampagnen. Deshalb verfügt man auch über Schätzwerte, wie viel Budget notwendig ist für eine durchschnittliche Einführungs-, Stabilisierungs- oder Erinnerungskampagne. Eine solche Planung „Pi mal Daumen" muss dabei nicht schlecht sein, da sie oft jahrelang auf persönlicher Erfahrung beruht.
- **Generalisierte Ergebnisse aus Wirkungsstudien**: Wie oben bereits erläutert, liefern frei zugängliche Ergebnisse aus Grundlagenstudien Anhaltspunkte über die notwendige Medialeistung, die wiederum automatisch zu einer Festsetzung des notwendigen Budgets führt.

Der letzte Punkt soll nun doch noch einmal genauer erläutert werden.

Notwendige Kontaktmenge

Mindestens bei Low-Involvement gilt, dass Werbewirkung eine Funktion der Kontaktdosis ist

Ein Teil der Grundlagen-Untersuchungen geht davon aus, dass Werbewirkung eine Funktion der Kontaktdosis ist. Es müsste also generell eine hohe Korrelation zwischen Werbeerinnerung, Markenbekanntheit und Kaufverhalten geben. Zumindest bei so genannten Low Interest- oder Low Involvement-Produkten (also in der Regel Konsumgütern, die nicht teuer sind, häufig gekauft werden und bei denen nur ein geringes Produktrisiko besteht) wurden diese Zusammenhänge oftmals bestätigt.

Die Theorie geht dabei von dem oben bereits erläuterten Listenkonzept aus, bei dem es darum geht, welche Marken jemandem einfallen und in welcher Reihenfolge. Die Marke, die Top of Mind ist (d.h., dem Verbraucher als Erstes einfällt), müsste theoretisch die größte Chance haben, bei einem Einkauf mitgenommen zu werden. Auch wenn der Werbewirkungsprozess wesentlich komplexer ist und die Wissenschaft differenziertere Modelle anbietet, reicht diese Annahme in der Mediapraxis durchaus aus, um Werbewirkung verständlich und planbar zu machen. Und auch die Alltagserfahrung zeigt uns die Relevanz des Listenkonzepts:

Verknüpfung mit Listenkonzept, das pragmatisch als hinreichende Grundlage genutzt wird

Ein kleines Beispiel: Wenn Sie einmal an Tütensuppen denken, welche Marke fällt Ihnen als Erstes ein? Vielleicht ist es Maggi, vielleicht aber auch Knorr. Und welche Marke haben Sie bei ihren vergangenen Einkäufen am häufigsten gekauft? Wahrscheinlich diejenige, die Ihnen auch als Erste einfiel. Welche werden Sie bei Ihrem nächsten Einkauf mitnehmen? Das kann niemand vorhersagen, aber mit einer gewissen Wahrscheinlichkeit könnte man schätzen, dass es wieder Ihre Top of Mind-Marke sein wird. Und haben andere Marken, die Sie nicht einmal mit Namen kennen, eine Chance, von Ihnen gekauft zu werden? Wahrscheinlich nur eine geringe, es sei denn, es gibt gewisse zusätzliche Randbedingungen, die Ihre Markenwahl beeinflussen.

Bestätigung auch in Alltagsbeispielen

Eine solche Randbedingung könnte der günstige Preis einer Konkurrenzmarke im Regal sein oder, dass alle Ihre Relevant Set-Marken nicht verfügbar sind. Bei der Planung einer Mediakampagne werden solche Randbedingungen erst einmal vernachlässigt und das Listenkonzept wird als grobe, aber ausreichende Annäherung an die Wirklichkeit des Werbewirkungsprozesses akzeptiert.

ANALYSIERT MAN DIE VORLIEGENDEN GRUNDLAGENSTUDIEN, KOMMT MAN IMMER ZU DEM ERGEBNIS, DASS ES EINER BESTIMMTEN KONTAKTMENGE BEDARF UM EINEN RELATIV HOHEN WIRKUNGSZUWACHS ZU ERZIELEN.

Ist dieser Wirkungszuwachs erreicht, benötigt man weitere, unverhältnismäßig hohe Kontaktdosen, um ein noch höheres Wirkungsniveau zu erzielen. Es gibt also einen abnehmenden Grenznutzen: Die Werbewirkung wächst nicht linear mit der Kontaktdosis, sondern am Schluss wird ein nur noch geringer Wirkungszuwachs mit einer hohen, ineffizienten Kontaktdosis erkauft. Dies ist in Abb. 4.13 (folgende Seite) für das Beispiel TV-Wirkung als Kurve dargestellt.

Ein Sockel bei der Kontaktdosis ist notwendig, aber der Grenznutzen nimmt stetig ab

Medienspezifisch können wir daraus ableiten, welche Kontaktdosen in einem definierten Zeitraum (z.B. pro Monat) notwendig sind, um stabile Wirkungsniveaus zu halten oder die Wirkung deutlich auszubauen. Da diese Untersuchungen in jeder Agentur durchaus anders analysiert und interpretiert werden, wird an dieser Stelle darauf verzichtet, entsprechende Ergebnisse darzustellen.

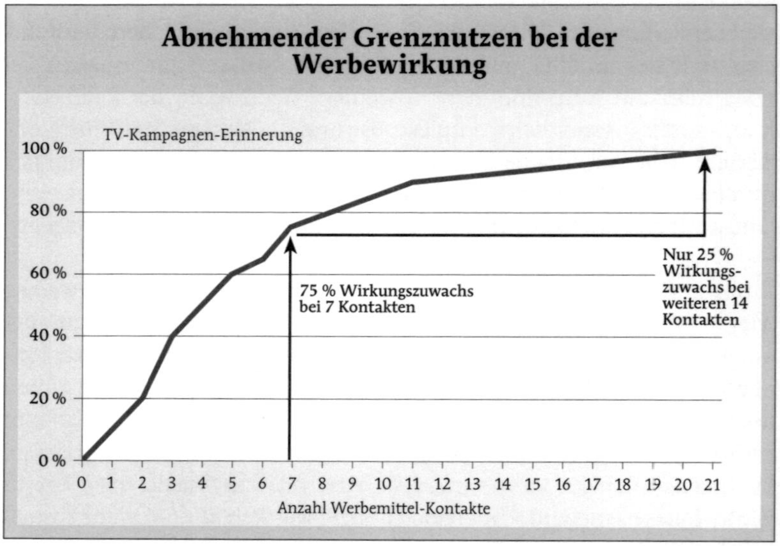

Abb. 4.13: Kurve des Wirkungszuwachses

ANDERE UNTERSUCHUNGEN VERZICHTEN AUF DIE DARSTELLUNG DER KONTAKTDOSEN UND SETZEN GLEICH DIE WERBEAUFWENDUNGEN IN RELATION ZUR WIRKUNG.

Dies ist z.B. beim Werbewirkungskompass der IP der Fall oder bei der Werbewert-Formel (Verband der Zeitschriftenverleger).

DIE INTERESSANTESTE METHODE BESTEHT IN DER KAMPAGNEN-BEGLEITENDEN WIRKUNGSFORSCHUNG ÜBER TRACKING-STUDIEN.

In der Praxis sind Tracking-Studien am hilfreichsten, aber es gibt nur wenige

Ein Werbungtreibender, der über Jahre hinweg Tracking-Daten erheben ließ, kann auf eine Fülle von interessanten Informationen zurückgreifen, die ihm auch ermöglichen, unterschiedliche Szenarios durchzuspielen und die daraus resultierende Wirkung optimal (aber natürlich niemals mit 100-prozentiger Sicherheit) zu prognostizieren. Außerdem können aus diesen Daten die optimalen Medien, aus dem besten Media-Mix strategische Vorgehensweisen (z.B. Flighting versus Kontinuität, Dauer der Flights) oder die Länge von Werbepausen abgeleitet werden. Leider sind diese Studien – zumindest dann, wenn man sie methodisch sauber und kontinuierlich durchführt – sehr teuer, sodass es in Deutschland nicht allzu viele Unternehmen gibt, die solche Daten erheben und vernünftig auswerten.

Modelling

Einen Schritt weiter geht das so genannte **ökonometrische Modelling.** Beim Modelling versucht man, weitere Einflussfaktoren einzubeziehen, die über die Parameter Werbedruck und Werbewirkung hinausgehen. Dabei werden über statistische Analysen (z.B. mehrdimensionale Regressionsanalysen) zusätzlich Faktoren berücksichtigt, wie Einfluss verschiedener Mediengattungen, Distribution der Marke, Preisgestaltung und Sonderpreise, Sonderpackungen und Verkaufsförderungsaktionen, etc. . So wird letztlich der Einfluss aller Maßnahmen (inklusive Werbung) auf den Absatz oder Umsatz berechnet. Diese Vorgehensweise erlaubt also nicht nur Aussagen über den optimalen Werbedruck in bestimmten Zeiträumen, sondern auch die Bewertung anderer marketing- und kommunikationsspezifischer Aktivitäten auf den Markterfolg. Auch der Return on Investment kann berechnet werden, also, wie viel mehr Umsatz bekomme ich für jeden in Werbung investierten Euro.

Weitere Faktoren werden oft mithilfe mathematischer Modelle (Regression) einbezogen

Fazit Bestimmung des Media-Budgets

Die optimale Vorgehensweise zur Bestimmung des (Media-)Budgets gibt es nicht. Dazu existieren zu viele Möglichkeiten, Störfaktoren und Unregelmäßigkeiten im Werbemarkt. Insofern sollten alle bekannten Analysen und Faktoren in die Budget-Definition einbezogen werden: Definition notwendiger Kontakte zur Erreichung bestimmter Ziele, Berücksichtigung des Konkurrenzverhaltens, weitere Anhaltspunkte aus allen relevanten generellen Studien und vor allem aus Ableitungen aus eigenen Tracking-Analysen und ökonometrischem Modelling.

Die Budgetableitung von der Wirkung her gestaltet sich differenziert …

Generell kann aber festgestellt werden, dass sich das notwendige Budget aus dem Media-Ziel ableiten sollte, und dies ergibt sich wiederum aus den Kommunikations- und Marketing-Zielen. Denn vom Kommunikations-Ziel ist es abhängig, wie viele Personen wir in welchem Zeitraum wie oft erreichen sollten, was letztlich zur Definition des notwendigen Werbedrucks (dargestellt in der Kenngröße GRP = Gross Rating Point) führt. Und über die gattungsspezifischen Kosten pro Gross Rating Point lassen sich dann auch problemlos die Budget-Anforderungen definieren.

aber das minimale Budget ergibt sich aus den Zielen und daraus resultierenden Kontakt- und Reichweite-anforderungen (Kenngröße GRP)

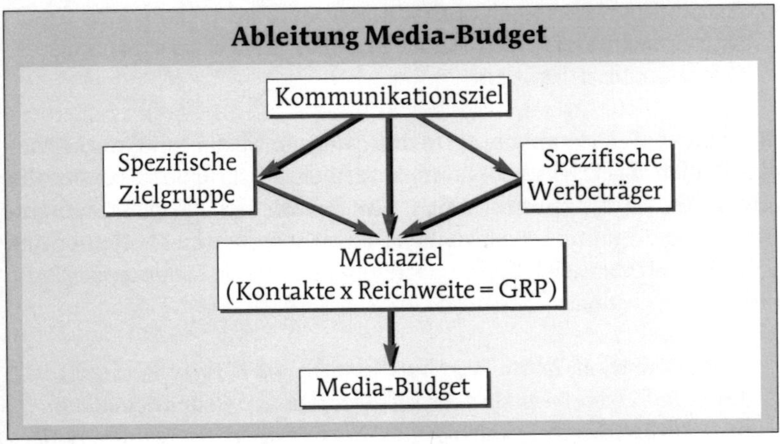

Abb. 4.14

Die heuristischen Vorgehensweisen, wie branchenüblicher Anteil am Umsatz oder die Stückkostenrechnung (Advertising of Sales-Ratio), sind zwar bei Werbungtreibenden verbreitet, vernachlässigen aber die oben aufgeführten Zusammenhänge. Dadurch ist es oft notwendig, dass ein von Kunden vorgegebenes Budget vom Mediaplaner überprüft werden muss.

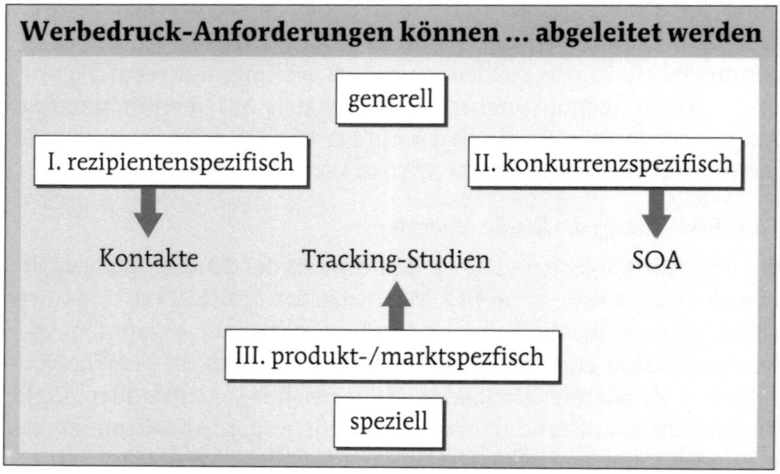

Abb. 4.15: Ableitung von Werbedruck-Anforderungen

4.4.3 Media-Zielgruppe

Marketing- und Media-Zielgruppe müssen nicht identisch sein

Eine wichtige Aufgabe innerhalb der Media-Strategie ist die Definition der Media-Zielgruppe, die oftmals nicht mit der Marketing-Zielgruppe gleichgesetzt werden kann.

Aufgabe der Mediaplanung ist es, die festgelegte Marketing-Zielgruppe in eine mehr oder weniger adäquate Media-Zielgruppe umzusetzen. Eine Media-Zielgruppe muss über zählbare Merkmale definiert sein.

Sie braucht also Merkmale, die in den gängigen Media- und Markt-Media-Studien abgefragt sind. Nur für eine solche Zielgruppe lassen sich die relevanten Leistungswerte zählen. Greifen wir das Beispiel Shampoo noch einmal auf und gehen wir dabei davon aus, dass die Marketing-Abteilung des werbetreibenden Unternehmens folgende Zielgruppen-Definition festgelegt hat:

Junge Männer, die hohen Wert auf Aussehen und Körperpflege legen, bereit sind, etwas mehr Geld für Shampoo auszugeben und deshalb ein spezielles hochwertiges Shampoo für Männer präferieren würden, weil es ihren Habitus unterstreicht.

Dieser Marketing-Zielgruppe mögen viele Analysen von quantitativen Daten und qualitativen Gruppendiskussionen vorausgegangen sein. Die Mediaplaner müssen nun prüfen, welche relevanten Merkmale in den unterschiedlichen Studien abgebildet werden. Bei der Umsetzung der vorgegebenen Zielgruppe haben wir unterschiedliche Möglichkeiten der Definition über verschiedene Markt-Media-Studien.

Je nach Aufgabenstellung können die Definitionsmöglichkeiten innerhalb einer Studie auch kombiniert werden.

Media-Strategie: Definition der Zielgruppe

Die Media-Zielgruppe kann nach folgenden Kriterien definiert werden:

• **soziodemografisch**	z.B. Männer, 20 bis 39 Jahre, höhere Schulbildung
• **psychografisch**	z.B. Männer, mit Qualitätsbewusstsein, die eher auf die Qualität als auf den Preis achten
• **konsumspezifisch**	z.B. Männer, die hochwertige Shampoos verwenden
• **typologisch**	z.B. Der „trendorientierte Modefan“

Abb. 4.16: Mögliche Definitionen der Media-Zielgruppe

Zunächst die Konsumzielgruppe betrachten

Im ersten Schritt wird man sich aber voraussichtlich die Struktur der konsumspezifischen Zielgruppe „Männer, die hochwertige Shampoos verwenden“ nach anderen Merkmalen (Demografie, Psychografie, andere Konsummerkmale) ansehen. Bestätigt die Analyse die anderen Merkmale, wie Alter 20 – 39 Jahre, höhere Schulbildung (Mittlere Reife, Abitur) und Qualitätsbewusstsein als überdurchschnittlich ausgeprägt, so besteht die Möglichkeit, es bei der Konsumzielgruppe zu belassen. In diesem Fall legt man sich theoretisch aber auf ein vorhandenes maximales Potenzial fest, nämlich die Männer, die schon hochwertige Shampoos verwenden.

Als Variante demografische Schwerpunkte zur Zielgruppendefinition heranziehen

Als Variante bietet sich an, die demografischen Schwerpunkte zur Definition zu verwenden, also Männer im Alter von 20 – 39 Jahren mit höherer Schulbildung. Das daraus resultierende Zielgruppenpotenzial kann deutlich größer oder kleiner sein als die Konsumzielgruppe. Das bedeutet aber, dass man sich darauf festlegen muss, was in dem konkreten Planungsfall wichtiger ist: Die Verwendung, wobei sich dann in der Zielgruppe auch Personen befinden, die z.B. älter sind als bei der demografischen Definition. Wenn die Demografie als wichtiger betrachtet wird und man eine entsprechende Zielgruppe definiert, werden dann allerdings auch jüngere Personen erreicht, die bisher keine hochwertigen

Shampoos verwendet haben. Beide Definitionsmöglichkeiten lassen Analogieschlüsse zu:

- Wir sprechen die an, die ähnliche Produkte schon verwenden, da diese am ehesten auch für unser Produkt infrage kommen (demografische Schwerpunkte, auch z.B. ältere Verwender).
- Wir sprechen die an, die überdurchschnittlich hochwertige Shampoos verwenden, und das sind die 20 – 39-Jährigen mit höherer Schulbildung (Konsum bei z.B. älteren Personen könnte als uninteressant angesehen werden, da man davon ausgehen könnte, dass jüngere Menschen, die noch kein hochwertiges Shampoo verwenden, trotzdem von unserer Marke überzeugt werden können).

Entscheidung nur durch Plausibilitätsüberlegungen oder…

Wir haben also nun zwei Möglichkeiten und müssen uns anhand von Plausibilitätsüberlegungen für eine entscheiden. Bisher gibt es keinen Ansatz, der uns einen wissenschaftlichen Ausweg aus diesem Dilemma zeigen könnte. Allerdings bietet sich eine dritte Möglichkeit, die das Dilemma auflösen kann, nämlich die Schnittmenge aus beiden Definitionen.

Verknüpfung der Merkmale

Wir verknüpfen die demografischen mit den konsumspezifischen Merkmalen und erhalten die Zielgruppe „Männer 20 – 39 Jahre mit Mittlerer Reife oder Abitur, die hochwertige Shampoos verwenden".

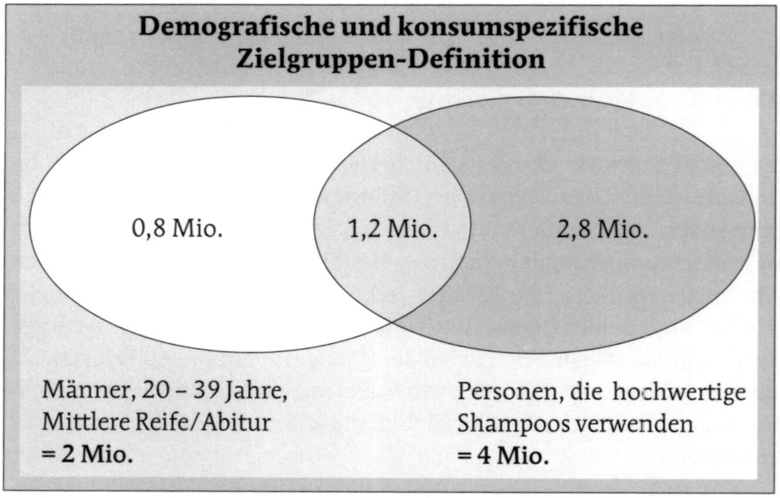

Abb. 4.17: Verknüpfung der Definitionen (Schnittmenge)

Dadurch spitze (= kleine), aber gut und speziell ansprechbare Zielgruppe

Das Zielgruppen-Potenzial wird dadurch zwar erheblich reduziert, ermöglicht aber auch eine spezielle Medienauswahl. Denn :

> Generell gilt, dass sich umso speziellere Medien qualifizieren, je spitzer (oder kleiner) eine Zielgruppe definiert wird. Eine spitze Zielgruppe hat ein klares Profil, auch in Bezug auf die Mediennutzung.

Dazu ein kleines Beispiel: Wollen wir die Gesamtbevölkerung über Publikumszeitschriften erreichen, eignen sich dafür die reichweitenstarken Programmzeitschriften von „TV Spielfilm" über „TV Movie" bis „Hörzu" – Zeitschriften also, die von vielen Menschen gelesen werden und inhaltlich nicht stark differenziert sind. Wird die Zielgruppe über höhere Schulbildung eingeschränkt, qualifizieren sich Titel mit einem klareren Profil wie „Focus", „Spiegel" und „Stern". Geht es um Entscheidungsträger, werden sich Wirtschaftsmagazine mit spezielleren Themen und einer weniger breiten Leserschaft mit höchster Affinität qualifizieren. Die Programmzeitschriften wären für eine solche spitze Zielgruppe ungeeignet, da sie zwar auch die Zielgruppe erreichen, aber ebenso viele andere Leser, die außerhalb dieser liegen – der **Streuverlust** wäre zu groß.

Veranschaulichung: Geeignete Printmedien bei zunehmend spitzer gehaltener Zielgruppe

Zurück zum Shampoo-Beispiel: Zur Definition der Marketing-Zielgruppe gehört das Qualitätsbewusstsein. Bei der hier vorgestellten Media-Definition taucht es nicht auf. Das ist deshalb nicht notwendig, weil wir es ja schon quasi indirekt über das Merkmal „Verwendung hochwertiger Shampoos" einbezogen haben. Wäre diese Differenzierung nicht möglich, dann würde die Einschränkung über das Qualitätsbewusstsein eher in Betracht kommen.

Qualitätsbewusstsein indirekt einbezogen

Zur typologischen Definition ist noch anzumerken, dass diese nur in Betracht kommt, wenn es den gesuchten Typus bereits in einer Markt-Media-Studie gibt. Über die Möglichkeiten, Relevanz und Probleme von Typologien in der Mediaplanung wurde im vorausgegangenen Kapitel ausführlicher berichtet.

IN DER PLANUNGSPRAXIS WIRD OFT NOCH ZWISCHEN DER SPITZEN KERN-ZIELGRUPPE UND DER BREITEREN, ERWEITERTEN ZIELGRUPPE DIFFERENZIERT.

Bei obigem Beispiel könnte die Kern-Zielgruppe die Kombination aus demografischen und konsumspezifischen Merkmalen sein, während die erweiterte Zielgruppe entweder als Männer, die hochwertige Shampoos verwenden, oder als Männer, 20 – 39 Jahre mit höherer Schulbildung, definiert wäre. Die Medien-Selektion erfolgt dann normalerweise anhand der Kern-Zielgruppe, da diese spitzer definiert ist und eine schärfere Titel- und Umfeld-Auswahl ermöglicht. Ergänzend wird die Medienauswahl dann aber auch noch anhand der Leistungswerte in der erweiterten Zielgruppe überprüft, was dazu führen kann, dass zusätzlich noch andere Werbträger einbezogen werden.

Kernzielgruppe und erweiterte Zielgruppe

4.4.4 Zeitliche Schwerpunkte und Saisonalität:

Innerhalb des gesamten Werbezeitraums, der in der Regel ein Kalender-Jahr beträgt, ist produktspezifisch folgende Frage zu beantworten:

In wie vielen Monaten/Zeiträumen sollte insgesamt geworben werden?

Anzahl notwendiger Werbezeiträume sollte sich aus dem Briefing ergeben

Die Beantwortung dieser Frage ist davon abhängig, ob das Produkt mehr oder weniger kontinuierlich beworben werden soll, ob es spezielle saisonale Absatzschwerpunkte gibt (z.B. kurz vor Weihnachten) und ob z.B. Produktdiversifikationen eingeführt werden sollen (in unserem Beispiel Shampoo eventuell mit neuen Inhalten oder Inhaltsstoffen). Die Anzahl der notwendigen Werbezeiträume wird in der Regel im Briefing vorgegeben. Der Mediaplaner hat aber die Aufgabe, diese Vorgaben kritisch zu überprüfen und gegebenenfalls die Frage zu beantworten, in wie vielen Monaten mit dem definierten Budget überhaupt geworben werden kann.

Saisonale Produkte

Einen wichtigen Aspekt stellt hier auch die gerade schon angesprochene Saisonalität des zu bewerbenden Produkts dar. Für saisonale Produkte ist es unabdingbar, in dem jeweiligen Zeitraum werblich präsent zu sein. So werden Sonnenschutzmittel dominant im Frühjahr und Sommer gekauft, während der Absatzschwerpunkt von Sekt und Champagner nach wie vor eindeutig vor Weihnachten liegt. Des Weiteren ist zu berücksichtigen, wie sich die Konkurrenten voraussichtlich verhalten werden und ob oder wie man darauf reagieren muss. Generell ist auch zu entscheiden, ob man sich vielleicht antizyklisch verhalten sollte und zum Beispiel versucht, seine Sektmarke im Sommer anzupreisen – als prickelndes Erfrischungsgetränk oder Mix-Zutat für andere Drinks.

Media-Strategie: Saisonalität und zeitliche Schwerpunkte

- Wie viele Monate sollte geworben werden?
- Wie viele Monate kann mit dem definierten Etat geworben werden?
- Wie verhält sich die Konkurrenz?
- Wie reagieren wir?
  - zyklisch
  - antizyklisch

Abb. 4.18: Zeitliche Strategiemöglichkeiten

Das Budget wird meist ein begrenzender Faktor sein

Die Anzahl der Werbezeiträume pro Jahr ist von unterschiedlichen Faktoren abhängig, die es zu überprüfen gilt. Dabei ist die eindeutig determinierende Variable meist das Budget. Mit einem sehr hohen Media-Budget lässt sich quasi alles realisieren und ein kontinuierlicher werblicher Auftritt ist möglich. In der Realität wird aber das Budget begrenzt sein, eine kontinuierliche Präsenz mit gleichem Werbedruck ist deshalb kaum zu verwirklichen.

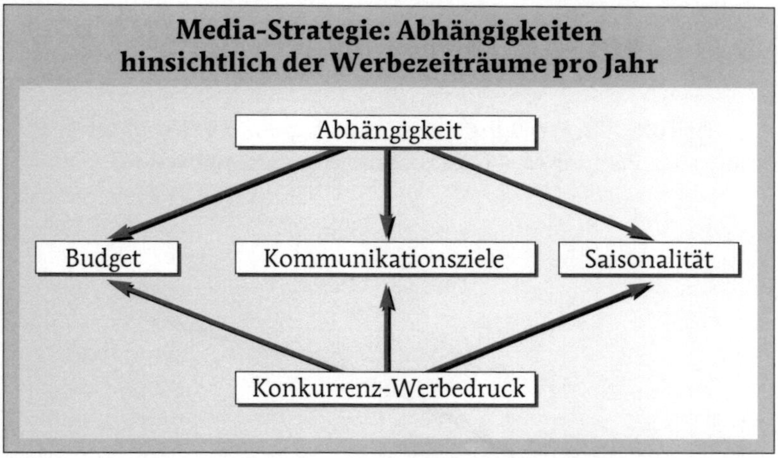

Abb. 4.19: Abhängigkeiten der zeitlichen Strategie

4.4.5 Media-Ziele

Ziele werden meist als Reichweiten und Kontakthäufigkeiten definiert

Media-Ziele sind relativ eindeutig definiert als angestrebte Netto-Reichweite (Anzahl Zielpersonen, die über eine Kampagne erreicht werden sollen) und die Kontakthäufigkeit (Anzahl Kontakte, mit denen diese Zielpersonen erreicht werden sollen). Oftmals hört man in diesem Zusammenhang von der Zielsetzung, optimale Reichweite bei optimaler Kontaktdosis. Dies ist in der Realität kaum zu verwirklichen. Denn:

Optimale Reichweite bei optimaler Kontaktdosis ist in der Realität selten, da nicht getrennt steuerbar

Es gibt einen Zusammenhang zwischen der Reichweite und der Kontaktdosis, der bei fast allen Planungen zu beobachten ist.

Die Erzielung einer bestimmten Reichweite erfordert eine bestimmte Kontaktdosis und umgekehrt. So ließe sich z.B. ein Media-Ziel wie „80 % Reichweite bei nur einem Kontakt" überhaupt nicht realisieren. Der Zusammenhang zwischen Reichweite und Kontaktdosis, wie er in der Praxis meistens aussieht, ist in Abb. 4.20 dargestellt.

Man sieht also, dass sich in der Realität eine hohe Reichweite nur mit einer entsprechend hohen Kontaktzahl realisieren lässt. Im Normalfall wird man bei seiner Planung immer eine relativ hohe Reichweite anstreben, da es in den meisten Kampagnen darum geht, so viele Zielpersonen wie möglich zu erreichen.

Fälle, wo geringe Kontaktdosis (bis zu einem Kontakt hinunter) ausreicht

Andererseits gibt es Fälle, bei denen entweder ein Kontakt genügt oder viele Kontakte notwendig sind. Bei responseorientierten Maßnahmen, bei denen die Zielpersonen direkt auf das Werbemittel reagieren sollen (mit Bestellungen, Anrufen oder der Teilnahme an einem Preisrätsel), genügt meist ein einzigerKontakt.

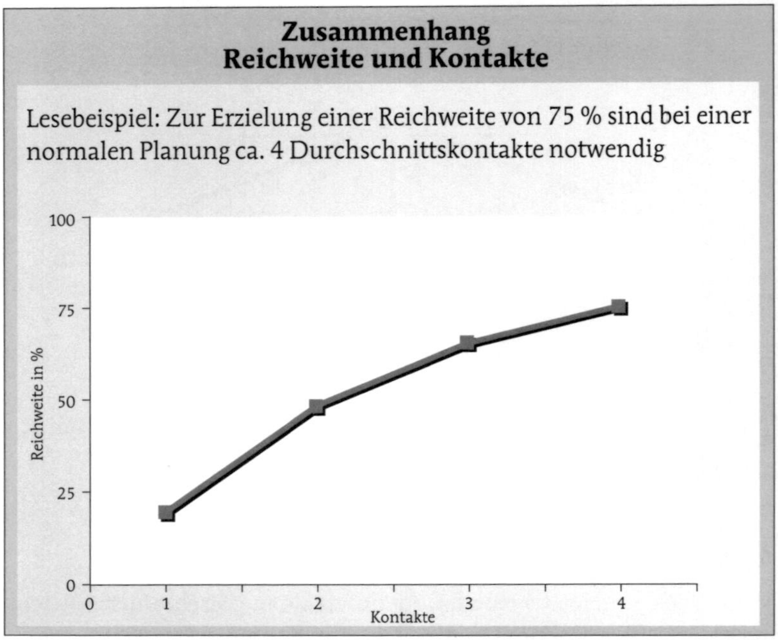

Abb. 4.20: Kontaktdosis und Reichweite im Zusammenhang

Die Menschen, die offen für solche Art von Werbung sind, reagieren oft sehr schnell darauf. Wir wissen aus der Praxis, dass hier jeder weitere Kontakt nur zu einem minimalen Anstieg der Reaktionen führt. Entweder, man reagiert auf den ersten Kontakt, oder man reagiert überhaupt nicht. Analog verhält es sich übrigens mit Warenproben, die einer Print-Anzeige beigeklebt werden.

Recency Planning: letzter Kontakt vor Kauf entscheidet

Dass ein Kontakt pro Zielperson genügt, impliziert auch der so genannte Recency-Ansatz. **Recency Planning** geht davon aus, dass der letzte Kontakt, mit dem wir einen potenziellen Käufer vor dem Kauf erreichen, der kaufentscheidende Kontakt ist. Dementsprechend ist also das „wann“ viel wichtiger als das „wie oft“ bzw. Reichweite ist wichtiger als die Kontaktdosis.

Diese Annahme mag bei vielen schnell drehenden Konsumgütern zutreffen, vernachlässigt aber den Zusammenhang zwischen Reichweite und Kontaktdosis, wie oben dargestellt. Denn, wenn es in bestimmten Produktbereichen so ist, dass die Produkte theoretisch von jeder Zielperson in jeder beliebigen Woche gekauft werden können, dann sollte man auch eine relativ hohe Reichweite in dieser Woche erzielen – was automatisch zu einer höheren Kontaktdosis führt.

Wenn man andersherum nur 20 – 25 % der Zielpersonen pro Woche erreicht, könnten es immer gerade die falschen Personen sein, die z.B. erst vor kurzem gekauft haben und deshalb zurzeit keine Kaufbereitschaft mehr zeigen.

Hohe Kontaktdosen sind dagegen notwendig, wenn ein neues Produkt eingeführt wird und es darum geht, sehr schnell eine aktive Bekanntheit zu schaffen.

Fälle hoher Kontaktdosis

Aus der Lernforschung wissen wir, dass mit zunehmenden Lerndurchgängen das Erinnern besser wird. Je schwieriger die Botschaft ist, desto mehr Lerndurchgänge, also Kontakte, sind erforderlich. Erklärungsbedürftige Produkte und komplexe Werbebotschaften müssen häufiger gesehen werden als einfache Produkte. Ebenso erfordert ein hoher Konkurrenzwerbedruck auch die häufige Präsenz unserer Werbebotschaft, da man sich durch das Rauschen der anderen Werbebotschaften durchsetzen muss.

Auf der anderen Seite wissen wir auch, dass jüngere und gebildetere Zielpersonen weniger Kontakte brauchen, um etwas zu lernen. Aus der Anforderung des Media-Ziels, als Definition der Netto-Reichweite und der Kontaktdosis ergibt sich terminologisch der Begriff Gross Rating Point (GRP)

Verbindung Reichweite und Kontakt in einer Kennziffer: GRP

NETTO-REICHWEITE IN % x DURCHSCHNITTSKONTAKTE = GRP

Da der Planer im Normalfall weiß, was ein oder hundert GRP in den einzelnen Mediengattungen je nach Zielgruppe kosten, lässt sich daraus auch relativ einfach eine Budget-Anforderung ableiten.

Beispiel

Angenommen, wir wollen 75% der Zielgruppe durchschnittlich viermal erreichen und 100 TV-GRP würden in der Zielgruppe rund 0,7 Mio. € kosten:

75% Netto-Reichweite x 4 Durchschnittskontakte	= 300 GRP
und damit dann	
0,7 Mio.€ pro 100 GRP x 3	= 2,1 Mio. €

Also ergäbe sich ein notwendiges Budget von 2,1 Mio. €.

4.4.6 Zeitliche Werbedruckverteilung

Die zeitliche Werbedruckverteilung definiert die Vorgehensweise, wie der Werbedruck optimal verteilt werden kann. Dabei differenziert man generell nach vier Möglichkeiten:

Optimierung der zeitlichen Verteilung – vier Ansätze

- Frontloading,
- Backloading,
- Flighting/Pulsing und
- Kontinuität.

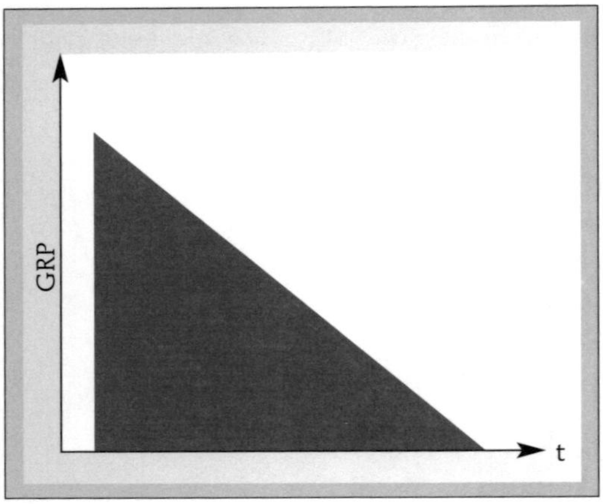

Abb. 4.21: Frontloading

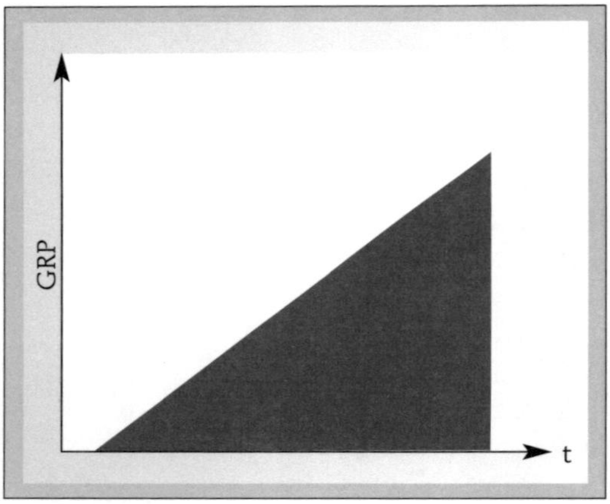

4.22: Backloading

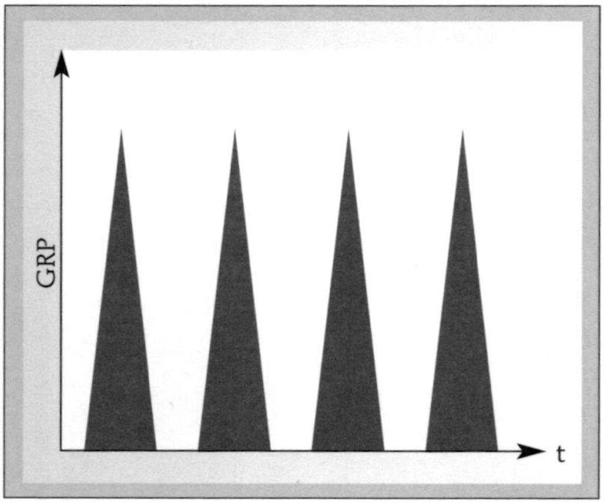

Abb. 4.21: Flighting

Frontloading bedeutet, dass man den Kampagnenstart mit hohem Werbedruck beginnt und diesen dann entweder kontinuierlich reduziert oder auf generell niedrigerem Werbedruck-Level weiterfährt.

Diese Strategie wird bei den meisten Einführungskampagnen angewendet, um schnell eine Bekanntheit aufzubauen. Es gibt allerdings auch Gründe, gerade nicht so zu verfahren.

Bei **Backloading** macht man das Gegenteil. Man beginnt mit einem niedrigen Werbedruck und baut diesen dann weiter aus. Diese Vorgehensweise kann z.B. damit zusammenhängen, dass sich die Distribution des Produkts noch in der Aufbauphase befindet, oder dass der Werbeauftritt ein Angebot zunehmend dramatisieren soll. Im Fall des Distributionsaufbaus geht es primär darum, langsam, aber sicher eine steigende Nachfrage zu wecken, auf die dann die Handelspartner reagieren müssen. Der Aspekt Dramatisierung des Werbeauftritts kann bedeuten, dass zum Beispiel ein Produkt angekündigt wird, welches es zu Beginn der Kampagne noch gar nicht im Handel gibt (z.B. wird dies nicht selten bei neuen PKW-Modellen so gehandhabt) oder auf einen speziellen Event (z.B. eine Messe) hinweist, indem man den Werbedruck erhöht, je näher dieser Event rückt.

Mit **Flighting** bezeichnet man eine Vorgehensweise, bei der man abwechselnd werblich aktiv und passiv ist. Dies kann beispielsweise bedeuten, dass man ein Produkt einige Wochen lang bewirbt und danach wieder einige Wochen abstinent ist, bis wieder einige Wochen geworben wird und so weiter.

Pulsing meint in etwa dasselbe wie Flighting, nur dass bei dieser Vorgehensweise generell ein kontinuierlicher Basiswerbedruck vorhanden ist, auf den dann noch einzelne Flights, also Perioden mit deutlich höherem Werbedruck, draufgesetzt werden.

Die Werbedruckverteilung nach **Kontinuität** beinhaltet einen etwa gleichmäßigen Werbedruck über den ganzen Werbezeitraum (z.B. das Kalenderjahr).

Dies wenden vor allem Anbieter an, die regelmäßig neue Angebote vorstellen wollen. Denken Sie dabei beispielsweise an den Lebensmitteleinzelhandel, der wöchentlich seine speziellen (Sonder-)Angebote präsentiert, oder auch an ein wöchentlich erscheinendes Medium, das seine aktuellen redaktionellen Inhalte vorstellt.

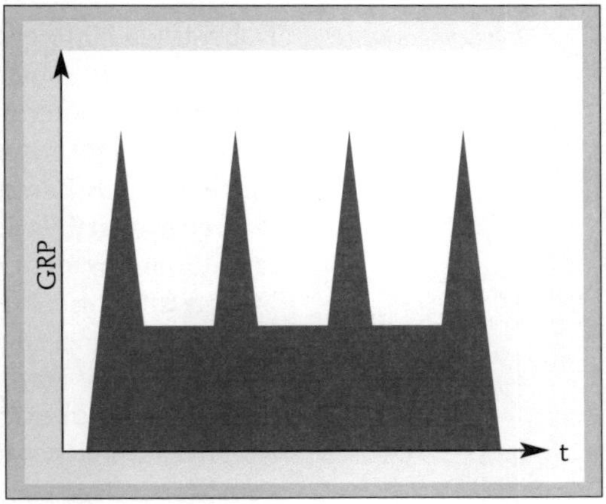

Abb. 4.24: Pulsing

Zeitliche Verteilung nach Werbewirkung

Andererseits kann man über die zeitliche Werbedruckverteilung auch unter dem Aspekt der Werbewirkung nachdenken. Dann stellt sich die Frage, ob sich bei identischem Budgeteinsatz bestimmte Vorgehensweisen besser oder schlechter eignen.

Eine Modellrechnung auf der Basis der ARD/ZDF-Studie „Qualitäten der Fernsehwerbung" hat dabei ergeben, dass mit Flighting und Frontloading deutlich höhere Wirkungszuwächse zu erzielen waren als mit Kontinuität, siehe Auszug aus den Ergegnissen in Abb. 4.26 unten.

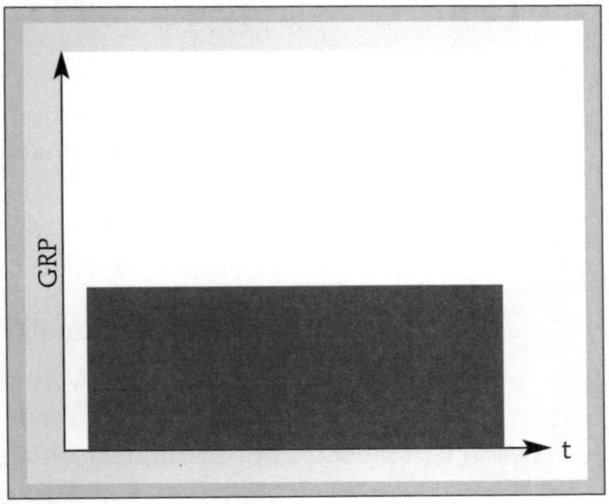

Abb. 4.25: Kontinuität

Modell-Rechnung am Beispiel 12 Kontakte in 4 Monaten

	Wirkungs-Index nach Monaten ...			
	1. Monat	2. Monat	3. Monat	4. Monat
1. Frontloading (6,2,2,2)	155	161	175	192
2. Kontinuität (4 x 3 Kontakte)	113	124	136	144
3. Pulsing (6,–,6,–)	155	147	228	216

In Klammern: Anzahl der Kontakte in den einzelnen Monaten ; Beispiel Frontloading: 6 Kontakte im ersten Monat und jeweils 2 Kontakte im zweiten bis vierten Monat

Abb. 4.26: Modellrechnung (Quelle: ARD/ZDF „Qualitäten der Fernsehwerbung"/1993)

Zur Diskussion zwischen den Ansätzen

Dabei ist zu berücksichtigen, dass es sich um Durchschnittswerte von über 30 verschiedenen Marken handelt und der Wirkungsindex auf der Kampagnenerinnerung beruht. Generell zeigt uns das Beispiel aber, dass mit Flighting im ersten Monat schon ein Wirkungszuwachs von 55% zu erzielen ist (z.B. Kampagnenerinnerung von 20% auf 31%), der dann im zweiten Monat über die Werbepause etwas zurückgeht, um dann im dritten Monat bzw. dem zweiten Flight wieder deutlich anzusteigen. Frontloading führt im ersten Monat zu derselben Steigerung wie Flighting und kann die Erinnerungswerte dann kontinuierlich ausbauen. Über die kontinuierliche Werbedruckverteilung nimmt die Erinnerung von Monat zu Monat nur marginal zu und erreicht selbst nach vier Monaten nur ein Niveau, welches unter dem der anderen Vorgehensweisen nach einem Monat liegt. Diese generelle Darstellung sollte allerdings vorsichtig behandelt werden, da es in speziellen Marktsegmenten zu ganz anderen Verläufen kommen kann.

HEUTE VERSUCHT MAN DIE ZEITLICHE WERBEDRUCKVERTEILUNG FÜR EINZELNE MARKEN VIA MODELLING IN DEN GRIFF ZU BEKOMMEN, INDEM MAN ALLE AKTIVITÄTEN IM NACHHINEIN ANALYSIERT.

Die Wirkungsparameter sind neben der Werbeerinnerung auch u.a. die Marktanteilsverläufe.

4.4.7 Regionaler Werbedruck

Regionaler Werbedruck leitet sich von der Distribution ab

Die regionale Werbedruckverteilung ist zunächst eindeutig davon abhängig, wie ein Produkt distribuiert ist. Ein Produkt, das beispielsweise nur in Süddeutschland erhältlich ist, wird normalerweise auch nur da beworben. Eine Ausnahme würde etwa dann bestehen, wenn man unbedingt national verbreitete TV-Sender dafür einsetzen will, da man sich von TV eine höhere Wirkung erhofft oder die national distribuierte Konkurrenz ebenfalls im Fernsehen wirbt (dies kann man übrigens bei vielen Biermarken beobachten).

Andererseits weisen nationale Marken oft auch regionale Schwerpunkte auf, was dann bedeuten kann, dass man eventuell in bestimmten Regionen einen höheren Werbedruck erzielen will. Dabei gibt es zwei Möglichkeiten der Vorgehensweise, wobei die relevante eindeutig vom Kunden festgelegt werden muss:

... oder kann zwei Ansätzen folgen

- „**Advertising follows sales**", das heißt, der Werbedruck soll da höher sein, wo auch mehr verkauft wird. Diese Vorgehensweise basiert auf dem Analogieschluss, dass in diesem Gebiet auch in Zukunft mehr abgesetzt werden wird.
- „**Advertising against sales**", also das Produkt wird da stärker beworben, wo es bisher schlechter verkauft wird. Basis bildet hier die Zielsetzung, dass der Absatz auch in bisher unterdurchschnittlich vertretenen Gebieten forciert werden soll.

In beiden Fällen kann dies bedeuten, dass man zusätzlich zu den national eingesetzten Werbeträgern weitere regionale Medien berücksichtigen muss.

Der ausschließlich regionale Medieneinsatz findet übrigens auch dann statt, wenn man ein bestimmtes regionales Gebiet als **Testmarkt** einsetzen will. Bei einem Testmarkt wird ein Produkt nur in einem begrenzten Gebiet probeweise verkauft, da man vor einer flächendeckenden Einführung zunächst einmal feststellen will, wie die generellen Marktchancen des Produkts aussehen.

Testmarkt als Probemarkt

Eine andere Art von Testmarkt liegt vor, wenn man den vorhandenen nationalen Werbedruck in einer speziellen Region zusätzlich erhöht, um so die Auswirkungen eines höheren Werbedrucks auf dem Absatz zu messen. Dann sprechen wir von einem High Spending-Test.

Testmarkt für High Spending-Test

4.4.8 Selektion der Mediengattungen

Die Auswahl der geeigneten Medien für den Werbemitteleinsatz stellt einen ziemlich komplexen Prozess innerhalb der Mediaplanung dar und basiert auf dem Briefing und den einzelnen zu berücksichtigenden Aspekten der Media-Strategie (z.B. Zielgruppe, Regionalität). In der Realität ist dies allerdings oft sehr einfach zu bewerkstelligen, da auf Basis der Kreation und der kundenspezifischen Vorstellungen die relevanten Mediengattungen oft vorherbestimmt sind. Medien, von denen man weiß, dass sie bisher sehr gut funktionierten, werden folgerichtig auch für die Zukunft eingesetzt. Andererseits ergibt sich dadurch das Phänomen, dass über andere Mediengattungen gar nicht mehr nachgedacht wird und man deshalb eventuell geeignete Werbeträger völlig außen vor lässt.

In der Praxis schränken vielfach Kreation und Kundenwünsche die Wahl ein

Gefahr: andere geeignete Werbeträger werden nicht mehr beachtet

Abb. 4.27

GENERELL STELLT DIE SELEKTION DER „RICHTIGEN“ MEDIEN EINE HOHE ANFORDERUNG AN DEN MEDIAPLANER DAR, DA ER MIT ALLEN SPEZIFIKA DER MEDIENGATTUNGEN VERTRAUT SEIN MUSS, WAS LANGJÄHRIGE ERFAHRUNG VORAUSSETZT.

Speziell muss sich die Planung mit einer Vielzahl quantitativer, qualitativer und formaler Kriterien beschäftigen, um die Mediengattungen zielsetzungsadäquat selektieren zu können. Diese Aspekte werden in den folgenden Abschnitten genauer erläutert.

4.4.8.1 Qualitative Aspekte bei der Auswahl der Mediengattungen

Die qualitativen Aspekte sind bei der Selektion der Mediengattungen insofern vorgelagert, als sie eine wichtige Voraussetzung für die Bewertung der quantitativen Aspekte darstellen.

Kommunikations-Ziel

In Abhängigkeit von den Kommunikations-Zielen können sich deutlich unterschiedliche Anforderungen an den Einsatz der Medien ergeben, was die zur Verfügung stehenden Mediengattungen einschränken kann. Dazu einige Beispiele:

- Die schnelle Bekanntmachung einer neuen Marke erfordert tagesaktuelle Medien oder zumindest wöchentlich erscheinende Publikumszeitschriften, während z.B. die kontinuierliche Erhöhung der Markenbekanntheit einer hochwertigen Spirituosenmarke zum Teil ganz anderer Medien bedarf.
- Die Veränderung von Einstellungen zu einem erklärungsbedürftigen Produkt oder eine entsprechende Profilierung über eine angestrebte Imageveränderung bedarf nachhaltig wirksamer Werbeträger.
- Eine Marken-Aktualisierung, die ad hoc die Zielpersonen zum Kauf motivieren soll, muss über aktuelle und schnell wirksame Medien erfolgen.
- Response-orientierte Promotions können über elektronische Medien und Telefonnummern genauso erfolgen wie über Printmedien mit Telefonnummern, Adressen, Coupons oder Postkartenbeikleber. Allerdings wissen Unternehmen, die viel Direct Response-Werbung einsetzen (z.B. Versandhändler) aus der Analyse ihrer Bestellungen sehr genau, welche Medien und welche Werbeträger bessere Resultate erzeugen als andere.

Diese Erfahrungen schlagen sich natürlich im Briefing nieder, sodass bereits im Vorhinein feststeht, welche Mediengattungen dafür eingesetzt werden sollten. Auch die Art der Produkte hat einen Einfluss auf die selektierten Mediengattungen: So wird auf Kataloganforderungen für hochwertige Designermöbel eher in Wohnzeitschriften aufmerksam gemacht werden, während der breite Versandhandel sich via TV präsentieren kann.

Die Beispiele verweisen darauf, dass es letztlich nicht nur ein spezieller Aspekt ist, der ausschlaggebend für die Wahl der Werbeträger ist, sondern dass alle Faktoren zusammen betrachtet werden müssen. Das Beispiel von den Versendern von Designermöbeln zeigt z.B. auch eindeutig den zusätzlichen Einfluss der avisierten Zielgruppe auf die Medienauswahl.

Werbliches Kommunikations-Angebot

Das Kommunikations-Ziel und die werbliche Umsetzung stehen naturgemäß in engem Zusammenhang. So benötigen erklärungsbedürftige Produkte normalerweise andere Werbemittel und Medien als schnell drehende Konsumgüter im Lebensmitteleinzelhandel. Die Werbemittel-Gestaltung kann aber die Auswahl der Werbeträger auch insofern determinieren, als ein bestimmtes Werbemittel, z.B. ein TV-Spot, zur Verfügung steht und eingesetzt werden muss.

Media-Zielgruppe

Auf diesen Aspekt sind wir oben schon kurz eingegangen. Allgemein kann hier festgestellt werden, dass unterschiedliche Zielgruppen über die verschiedenen Mediengattungen unterschiedlich gut angesprochen werden. Dies hat plausiblerweise mit der jeweils speziellen Mediennutzung zu tun.

Qualitative Aspekte: Media-Zielgruppe und Mediennutzung

Unterschiedliche Zielgruppen können über unterschiedliche Mediengattungen optimal angesprochen werden

TV: Primär ältere Personen (40 Jahre+), bietet aber Umfelder für fast alle Zielgruppen; problematisch: jüngere Personen 14–19 Jahre und gehobene Berufe	**Tageszeitungen:** Die Durchschnittsbevölkerung wird bei den regionalen Abo-Zeitungen erreicht; allerdings werden jüngere Personen immer weniger erreicht
Radio: Je nach Musikformat, Angebot für jüngere oder ältere Personen	**Plakat:** Überdurchschnittliche Erreichbarkeit jüngerer und mobiler Personen
Kino: Das Medium für die Zielgruppe 14 – 29 Jahre	**Online:** Eher höher gebildete, berufstätige Personen, und überdurchschnittliche Erreichbarkeit jüngerer Segmente und Männer
Publikumszeitschriften: Angebot für alle Zielgruppen vorhanden; die höchsten Affinitätindices können erreicht werden	

Abb. 4.28

Generell erreichen z.B. bestimmte Publikumszeitschriften spezielle Zielgruppen mit deutlich höherer Affinität als elektronische Medien. Dies korreliert mit der Angebotsbreite der Zeitschriften, die je nach Titelgattung die breite Bevölkerung, spezielle Zielgruppen (etwa Jugendliche, Frauen, Männer) oder Personen mit speziellen Interessen erreichen (z.B. Biker, Jäger, Golfspieler).

Kanalqualität und Impact

Wir haben festgestellt, dass sich je nach kommunikativer Zielsetzung unterschiedliche Medien besser oder schlechter für den Werbemittel-Einsatz eignen. Dies korrespondiert auch mit der Kanalqualität (auch als Kommunikationsqualität bezeichnet), also der Möglichkeit, Informationen auditiv, visuell oder audiovisuell vermitteln zu können.

Lerntheorie bietet Ansätze, muss aber - z.B. hinsichtlich Involvement - differenziert werden

Aus der Lerntheorie wissen wir, dass audiovisuell dargestellte Informationen generell besser erinnert werden als visuelle Inhalte und diese wiederum besser als nur auditiv vermittelte Botschaften. Dieser Sachverhalt mag zwar generell richtig sein, lässt sich aber nicht direkt auf Werbung übertragen. Werbung für Low Interest-Produkte über TV wird oftmals nur kurzfristig erinnert, während erklärungsbedürftige High Interest-Produkte, die über Publikumszeitschriften beworben werden, eher im Langzeitgedächtnis verankert werden. Das audiovisuelle Medium TV bietet zwar die Möglichkeit optimaler Kommunikationsqualität und kann gut emotionale Inhalte vermitteln. Allerdings dürfen die vermittelten Informationen nicht zu komplex und ausführlich sein. Für Werbung für erklärungsbedürftige Produkte bieten sich dann eher Zeitschriften oder Zeitungen an, über die der geneigte Leser die Chance hat, das Kommunikations-Angebot ausführlich und konzentriert zu nutzen.

ALS FAZIT KANN FESTGEHALTEN WERDEN, DASS SICH JE NACH ZU VERMITTELNDEM KOMMUNIKATIONS-INHALT ANDERE GESTALTUNGSMÖGLICHKEITEN UND DAMIT ANDERE MEDIENGATTUNGEN ANBIETEN.

Qualitative Aspekte:
Vermittlungsqualität der Mediengattungen

Kanalqualität	TV	Hörfunk	Kino	Print*	Plakat
Bild	+	–	+	+	+
Ton/Musik	+	+	+	–	–
Argumentation	+	(+)	+	+	(+)
Bewegung	+	–	+	–	–

+: Print = Publikumszeitschriften und Tageszeitungen
(+): eingeschränkt möglich

Abb. 4.29: Kanalqualität der Mediengattungen

Redaktionelles Umfeld

Wenn man davon ausgeht, dass spezielle Zielpersonen bei der Nutzung bestimmter Medien auch spezielle redaktionelle Präferenzen haben, ergibt sich die Anforderung, entsprechende Werbemittel auch in speziellen Umfeldern zu platzieren. Als Umfeld versteht man in der Mediaplanung den redaktionellen Inhalt, in dessen Nähe das Werbemittel platziert ist.

BEI ZEITSCHRIFTEN SIND REDAKTIONELLE UMFELDER ETWA RUBRIKEN UND THEMEN, BEIM FERNSEHEN WERDEN DIE TV-SENDUNGEN, IN DENEN DER BELEGTE WERBEBLOCK EINGEBETTET IST, ALS PROGRAMM-UMFELDER BEZEICHNET.

Das optimale redaktionelle Umfeld ist mehr ein intramediales Kriterium

Die Selektion des optimalen redaktionellen Umfelds stellt hier aber weniger ein intermediales Entscheidungskriterium dar als vielmehr eine intramediale Anforderung. Bei der Detailplanung werden dann intramedial die relevanten redaktionellen Angebote als produktadäquates Werbeumfeld definiert.

4.4.8.2 Quantitative Aspekte bei Auswahl der Mediengattungen

Die quantitativen Aspekte beschäftigen sich einerseits mit dem zur Verfügung stehenden Media-Budget und andererseits mit den kampagnenspezifisch notwendigen Leistungswerten.

Media-Budget

Das vorgegebene Media-Budget kann die Gattungsentscheidung mit beeinflussen, da je nach Zielsetzung, Werbezeitraum und einsetzbarer Mediengattung andere Budgets notwendig sind. Während z.B. ein relativ niedriges Budget in einem Zeitraum von vier Wochen noch einigermaßen sinnvoll in hoch affinen Zeitschriften eingesetzt werden kann, reicht mitunter dasselbe Budget bestenfalls für einen Wochen-Flight im TV. Der kurzfristige Einsatz von Tageszeitungen kann zwar zielsetzungsadäquat sein, die Kosten für eine einmalige, nationale Einschaltung sprengen aber oft das zur Verfügung stehende Budget.

Media-Ziel und Werbedruck/Zeit

Unterscheidung: tagesaktuelle und längerfristige Wirksamkeit

Das Media-Ziel definiert die anzustrebende Reichweite und die notwendige Kontaktdosis in einem bestimmten Werbezeitraum (z.B. einem Vierwochen-Flight). Dies setzt voraus, dass die Reichweiten- und Kontaktkumulation der einzusetzenden Mediengattung(en) das Erreichen dieser Zielsetzung in dem definierten Zeitraum auch garantiert. Hierbei ist primär zwischen **tagesaktuellen und längerfristig wirkenden Mediengattungen** zu unterscheiden. Während Erstere prinzipiell fast jede beliebige Leistung in kurzen Zeiträumen erreichen können, schaffen es z.B. Zeitschriften generell nur, einen deutlich geringeren Werbedruck in der vergleichbaren Zeit zu realisieren.

Kosten-Leistungs-Verhältnisse

In Abhängigkeit von der Zielgruppen-Definition erzielen die verschiedenen Mediengattungen stark unterschiedliche Kosten-Leistungs-Verhältnisse (bezogen auf die Kontakte). So können beispielsweise Entscheidungsträger (wie Selbstständige, Manager, leitende Angestellte und Beamte etc.) relativ günstig über Wirtschaftsmagazine und Nachrichtenmagazine erreicht werden. Diese Kontakte wären mit TV zwar ebenfalls möglich, müssten aber (von wenigen Ausnahmen abgesehen) ziemlich teuer erkauft werden.

Letztlich korrelieren die gattungsspezifischen Kosten-Leistungs-Verhältnisse mit den zielgruppenspezifischen Affinitätsindices, sodass es Medien gibt, die spezielle Zielgruppen deutlich affiner erreichen als andere Gattungen.

Bezogen auf die Gesamtbevölkerung weisen übrigens die klassischen Mediengattungen TV, Hörfunk, Publikumszeitschriften und Außenwerbung ähnliche Kosten-Leistungs-Verhältnisse auf.

4.4.8.3 Formale Kriterien bei Auswahl der Mediengattungen

Es gibt formale Kriterien, welche die Medienauswahl von vorneherein einschränken, da einige Medien nur begrenzt verfügbar sind. Solche Einschränkungen beziehen sich meist auf die Region oder den Termin.

Regionalität

Regionalität schränkt die Auswahl der Medien entsprechend ein

Der regionale Einsatz von Medien beschränkt die Auswahlmöglichkeit auf die regional zur Verfügung stehenden Werbeträger. Dies sind unter den klassischen Medien die regionalen Abo-Zeitungen (in einigen Städten auch regionale Kaufzeitungen oder Teilbelegungen von „Bild“), regionale Hörfunksender (nur in einigen Bundesländern gibt es auch lokale Sender, sonst wird in der Regel landesweit gesendet), Außenwerbung und Kino. TV spielt selbst in den wenigen Ballungsräumen, in denen es eigene lokale Fernsehsender gibt, nur eine sehr untergeordnete Rolle.

(Kurzfristige) Verfügbarkeit

Nicht alles ist kurzfristig überhaupt buchbar oder realisierbar

Ab und zu kommt es vor, dass ein Werbungtreibender kurzfristig einen zusätzlichen Flight realisieren will, um z.B. den Absatz weiter zu forcieren oder an ein aktuelles Ereignis anzuknüpfen. Die Agentur ist dann aufgefordert, kurzfristig bestimmte Mediengattungen vorzuschlagen. Der Realisierung solcher kurzfristigen Einsätze stehen zum Teil unterschiedliche Probleme entgegen:

- Buchungsfristen,
- spezielle Verfügbarkeit,
- Vorhandensein bestimmter Werbemittel,
- Werbemittel-Produktion.

Bei den Buchungsfristen kann es primär bei Zeitschriften zu Problemen kommen, wenn es um kurzfristige Einschaltungen geht. Denn Teile von Zeitschriften werden oft schon lange vor dem Erscheinungstermin gedruckt, sodass kurzfristige Änderungen nur begrenzt möglich sind.

SPEZIELLE VERFÜGBARKEIT BEDEUTET, DASS MAN VON DEM WERBETRÄGER AUCH DAS ANGEBOT ERHÄLT, WELCHES MAN NACHFRAGT.

Hier gibt es z.B. Probleme bei TV, da es vorkommen kann, dass zum Nachfragezeitpunkt alle „guten" Werbeplätze schon ausgebucht sind. Man kann TV zwar innerhalb von einigen Tagen disponieren, erhält dann aber nur die Werbeumfelder, die noch zur Verfügung stehen und die nicht unbedingt zielgruppenaffin oder reichweitenstark sind. Ähnliche Probleme kann es auch bei Tageszeitungen geben, wenn es um spezielle Platzierungen geht oder bei Plakaten mit speziell ausgewählten Stellen.

Voraussetzung für eine kurzfristige Buchung ist das Vorhandensein der entsprechenden Werbemittel (Anzeigen, Spots, Plakate). Sofern diese noch speziell entwickelt und/ oder produziert werden müssen, muss gewährleistet sein, dass sie rechtzeitig zur Verfügung stehen. Aus der Praxis kennen wir Beispiele, wo dies bei TV nicht rechtzeitig geklappt hat, da der Werbespot noch umgeschnitten und freigegeben werden musste. Oder ein Kunde wollte innerhalb einiger Tage eine Plakatkampagne realisieren, was deshalb nicht funktionierte, weil die Plakate nicht so schnell gedruckt und an die Plakatpächter verteilt werden konnten.

Voraussetzung für Kurzfristigkeit ist ferner, dass die Werbemittel in der Fristigkeit realisierbar sind

Insgesamt betrachtet, kommt es im Alltag eines Mediaplaners immer wieder vor, dass auf Grund formaler Kriterien eine bestimmte Mediengattung nicht eingesetzt werden kann und eine andere davon profitiert. Allerdings verursacht der technische Fortschritt hier allgemein einen Trend zu schnelleren Produktions- und Dispositionsfristen, weshalb diese Beschränkungen der Verfügbarkeit mitunter an Bedeutung noch verlieren werden.

4.4.8.4 Mediamix

Oftmals ist es angebracht, mehrere Mediengattungen parallel in einer Kampagne einzusetzen. In einem solchen Fall spricht man vom Mediamix.

Der Mediamix ist Teil des Kommunikations-Mixes, zu dem auch die anderen Kommunikationskanäle neben der klassischen Mediawerbung gehören (etwa Verkaufsförderung, Direkt-Marketing, Sponsoring, Public Relations etc.). In diesem Abschnitt wollen wir kurz behandeln, warum es sinnvoll sein kann, mehrere Mediagattungen einzusetzen, welche strategischen Einsatzmöglichkeiten es gibt und welche Planungsgrundlagen bei der Mediamix-Entscheidung helfen.

Begriffe

Es gibt zahlreiche Begriffe im Zusammenhang mit dem Mediamix, die manchmal im alltäglichen Sprachgebrauch nicht klar unterschieden werden.

Ein solches Allerweltswort mit unterschiedlichster Bedeutung ist etwa der Begriff **„Multimedia“**. Spricht man im englischen Sprachraum etwa von einer „multimedia campaign“ , so meint man damit oft einfach eine Mediamix-Kampagne, d.h. eine klassische Werbekampagne, bei der zwei oder mehr Mediagattungen als Werbeträger eingesetzt werden. In Deutschland wird der Begriff „Multimedia“ ohne klare Definition verwendet und dient als Sammelbezeichnung für sehr unterschiedliche Arten technischer Kommunikation (z.B. Online-Werbung).

Ein anderer schillernder Begriff, der in den vergangenen Jahren schon inflationär verwendet wurde, ist **„Cross Media“**. Unter diesem Schlagwort vermarkten Medienanbieter Werbemöglichkeiten über mehrere Angebote verschiedener Mediengattungen hinweg. Wenn z.B. die Zeitschrift „Fit for Fun“ ein Paket für Werbekunden anbietet, das neben Anzeigen in der Printausgabe auch Banner auf der „Fit for Fun“-Webiste, ein Programm-Sponsoring der „Fit for Fun“-Fernsehsendung und die Präsenz bei einem „Fit for Fun“-Event beinhaltet, so handelt es sich um ein „Cross Media Package“. Solche Angebote werden immer zahlreicher, da Medienunternehmen heute in einer Vielzahl von Bereichen aktiv sind und deshalb erfolgreiche Medienmarken (wie z.B. die Marke SPIEGEL, STERN oder „Gute Zeiten, Schlechte Zeiten“) in verschiedenen Medien einsetzen: Aus der erfolgreichen Zeitschrift wird ein TV-Magazin, aus der erfolgreichen TV-Serie eine Zeitschrift. Als Mediaplaner sollte man solche Angebote jedoch sehr genau prüfen, da nicht selten versucht wird, in einem solchen Paket neben einem attraktiven Werbemedium auch ein oder zwei Ladenhüter unterzubringen, die alleine keine Werbekunden finden würden.

Ein wichtiger Fachbegriff in der Mediaplanung heißt **„Intermedia“**. Er wird im Zusammenhang mit der Evaluierung verschiedener Mediengattungen gebraucht. So spricht man z.B. von einer Intermedia-Studie (eine Untersuchung, bei der Leistungswerte für verschiedene Mediengattungen erhoben werden) oder vom Intermedia-Vergleich (bei dem verschiedene Mediagattungen auf ihre Eignung überprüft werden).

Im Gegensatz dazu handelt es sich bei bei der Auswahl von geeigneten Werbeträgern innerhalb einer Mediengattung um eine „Intramediale Planung“.

Ein anderer Begriff, auf den wir später genauer eingehen werden, ist die **„integrierte Kommunikation“**. Der Marketing-Professor Manfred Bruhn definiert sie wie folgt: „Integrierte Kommunikation ist ein Prozess der Analyse, Planung, Organisation, Durchführung und Kontrolle, der darauf ausgerichtet ist, aus den differenzierten Quellen der internen und externen Kommunikation von Unternehmen eine Einheit herzustellen, um ein für die Zielgruppen der Unternehmenskommunikation konsistentes Erscheinungsbild über das Unternehmen zu vermitteln.“ (BRUHN, 1997, S. 96). Der integrierte Einsatz sollte den gesamten Kommunikationsmix umfassen. Das gilt natürlich erst recht für den Mediamix: Wenn der Werbeauftritt im Fernsehen total verschieden ist von dem Auftritt in Printanzeigen, führt das beim Konsumenten zu Verwirrung und einer schlechteren Erinnerung der Gesamtkampagne. Wie schwierig es jedoch ist, immer das Gebot der integrierten Kommunikation über verschiedene Medien hinweg zu verwirklichen, zeigt z.B. die Autobranche. Den hochwertigen Marken-Spots der Autohersteller, die im TV laufen, stehen oft weniger hochwertige Schwarz-Weiß-Anzeigen in lokalen Tageszeitungen entgegen, die von den Vertragshändlern vor Ort geschaltet und nicht selten auch gestaltet wurden.

Warum Mediamix?

Wenn für eine Werbekampagne nur eine Mediagattung eingesetzt wird, also beispielsweise nur im Fernsehen geworben wird, spricht man von einer mono-medialen Kampagne (**Mono-Strategie**). Im Gegensatz dazu können auch mehr als eine Mediagattung innerhalb der gleichen Kampagne genutzt werden, was als **Mix-Kampagne** bezeichnet wird.

MIX-KAMPAGNEN SIND HEUTZUTAGE ZUMINDEST FÜR GROSSE MARKEN EHER DIE REGEL ALS DIE AUSNAHME. DOCH IST DER EINSATZ VERSCHIEDENER MEDIENGATTUNGEN FÜR EINE WERBEKAMPAGNE WEIT DAVON ENTFERNT, EINE SELBSTVERSTÄNDLICHKEIT ZU SEIN.

Den Gründen für den Mix steht gegenüber, dass differenzierte Werbemittel produziert werden müssen

Mehrere Mediengattungen erfordern auch mehrere kreative Ausführungen: Ein TV-Spot muss produziert werden, außerdem ein Radiospot, für Printmedien müssen Anzeigen gestaltet und deren Druckvorlagen hergestellt werden, wobei sich die Anzeigen für Zeitschriften und Zeitungen durchaus in Format und Farbausstattung unterscheiden können. Ein Mediamix ist also mit höheren Produktionskosten verbunden. Auch der Planungs-, Abstimmungs- und Kontrollaufwand aufseiten des Kunden und seiner Agenturen ist erheblich. Mediamix-Kampagnen kosten also Zeit und Geld. Was spricht also für einen Mediamix?

Gründe für den Mix

Wie bereits in der Einleitung erläutert, differenziert sich das Medienangebot immer weiter aus. Der Rezipient hat also mehr Auswahl, wenn es darum geht, seine Zeit, seine Aufmerksamkeit und sein Geld auf unterschiedliche Medienangebote zu verteilen. Aber Zeit, Aufmerksamkeit und auch Geld lassen sich nicht beliebig steigern – mehr als 24 Stunden hat ein Tag nicht. Die Ausgaben für Mediennutzung, Unterhaltung und Information sind in den vergangenen Jahrzehnten kontinuierlich gestiegen, doch die Ausgabebereitschaft der Konsumenten hat irgendwann ein Ende. Zeit, Aufmerksamkeit und Geld bleiben also konstant oder steigen nur gering, während das Medienangebot im gleichen Zeitraum geradezu explodiert ist und wohl auch noch weiter wachsen wird.

DIE FOLGE IST, DASS ES IMMER SCHWIERIGER WIRD, EINEN KONSUMENTEN MIT NUR EINEM MEDIUM ZU ERREICHEN. AUS MASSENMEDIEN SIND ZIELGRUPPENMEDIEN GEWORDEN.

Mitunter gibt es sogar einen Verdrängungswettbewerb unterschiedlicher Mediengattungen. Historisches Beispiel: In den 50er-Jahren ging man häufig ins Kino, mit der Verbreitung des Fernsehens sanken die Besuche. Ähnliche Entwicklungen befürchtet man langfristig auch hinsichtlich Internet und klassischer Medien. Für die moderne Mediaplanung bedeutet das: Es kann für bestimmte Zielgruppen durchaus ein **Reichweitenproblem** geben, wenn man nur eine Mediagattung einsetzt. Ein Mediamix ist also notwendig, um gesteckte Leistungsziele zu erreichen.

Doch selbst, wenn man eine ausreichende Reichweite über nur ein Medium bekommen kann, so empfiehlt sich mitunter dennoch ein Mediamix, nämlich, wenn mit zwei oder mehr Medien **die gleiche Reichweite für weniger Geld** zu bekommen ist. Trotz der höheren Produktionskosten kann es also durchaus effizient sein, mehrere Medien einzusetzen.

Werbewirkung als Grund für den Mix

Ein weiterer wichtiger Grund für einen Mediamix argumentiert nicht über Reichweite oder Kosten, sondern über **Werbewirkung**. Jede Mediengattung hat ein spezifisches Wirkungspotenzial, das sich von anderen unterscheidet. Wir bezeichnen dies als die **Kanalqualität** einer Mediagattung. Die Psychologie hat gezeigt, dass der Lernerfolg höher ist, wenn Botschaften über mehrere Wahrnehmungskanäle aufgenommen werden. Doch jedes Medium hat nur ein eingeschränktes Repertoire an einsetzbaren Wahrnehmungskanälen. So kann ein TV-Spot – ebenso wie ein Kino-Spot – seine Botschaft nicht nur durch statische Logos, Illustrationen oder Fotografien, sondern auch durch bewegte Bilder und Sprache und Töne (Geräusche und/oder Musik) vermitteln. Printanzeigen können keine Bewegung und keinen Ton einsetzen, aber sie können Texte abdrucken, mitunter auch große Mengen davon. Radiospots wiederum müssen sich auf Ton beschränken. Eine mehrkanalige Ansprache im Sinne von Multimedia kann etwa das Internet bieten: Text, Bild, Film, Ton sind möglich. Da das Internet aber andere Beschränkungen hat (Reichweite, Werbemöglichkeiten etc.), kann man eine Werbekampagne, eine im Wortsinn multimediale – d.h. mehrkanalige – Ansprache nur verwirklichen, wenn mehrere Medien eingesetzt werden. Neben den Möglichkeiten eines Mediums, verschiedene Wahrnehmungskanäle anzusprechen (die Medienwissenschaft spricht in diesem Zusammenhang übrigens von der „**Media Richness**"), werden unterschiedliche Medien auch in unterschiedlichen Situationen und Rezeptionsverfassungen genutzt.

Spezifika der Medien

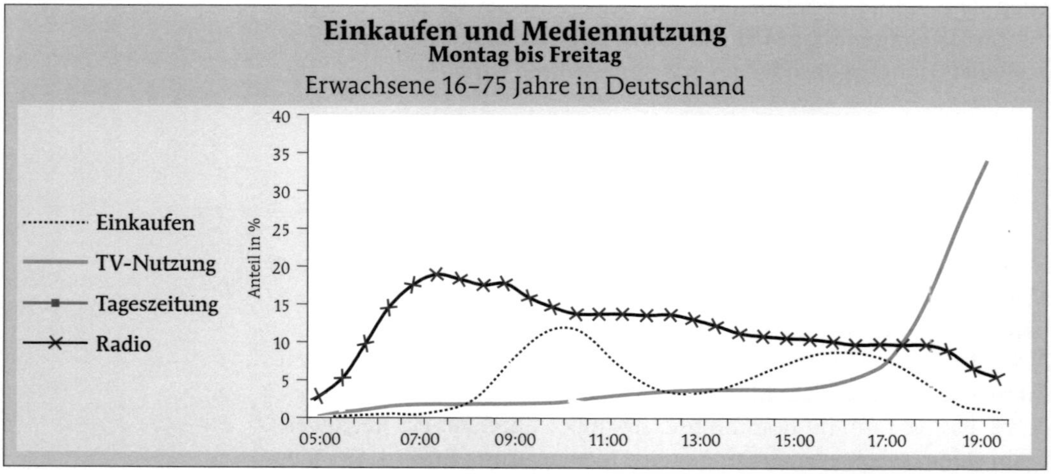

Abb. 4.30: Einkaufen und Mediennutzung (Quelle: Media in Mind)

So gibt es Medien, bei denen eine eher aufmerksame Nutzung vorherrscht (z.B. die Tageszeitung) und andere, die nur oberflächlich oder nebenbei rezipiert werden (wie etwa tendenziell das Radio).

Auch Nutzungsort und Zeitpunkt der Nutzung sind von Bedeutung. Wenn ein Werbeimpuls direkt vor dem Einkauf stattfinden soll, damit dem Verbraucher die emotionale Image-Werbung im TV vom Vortag wieder ins Gedächtnis gerufen wird, wenn er seine Kaufentscheidung trifft, bieten sich Medien wie Tageszeitung und Radio an. Sie werden zeitlich vor dem Einkaufen genutzt. Ebenfalls sinnvoll kann der Einsatz von Plakaten sein, da sie auf dem Weg zum Einkaufen oder in der direkten Nähe der Einkaufsstätte gesehen werden. Hier haben verschiedene Medien spezifische Funktionen in der Kampagne: Das Fernsehen dient der Imagebildung und der klaren Positionierung, Radio, TZ und/oder Plakat liefern kurzfristige Erinnerungshilfen direkt vor dem Einkauf.

Überblick über Mediamix-Strategien

- **Reminder-Strategie**: TV wird als starkes, visuell-auditives Medium zum Imageaufbau eingesetzt und dann TZ oder Plakat als kurzer Reminder vor dem Einkauf, um einen kurzfristigen Kaufimpuls auszulösen.
- **Reichweitensteigerung**: Durch eine zweite oder dritte Mediagattung wird die Reichweite in der Zielgruppe gesteigert.
- **Kontaktsteigerung**: Mit mehreren Mediengattungen können mehr Bruttokontakte generiert werden als bei Monostrategie.
- **Flight-Verlängerung**, Beispiel: Direkt im Anschluss an einen TV-Flight folgt eine, meistens wesentlich günstigere, Print- oder Radio-Kampagne, um die Wirkung der TV-Spots noch auf einen längeren Kampagnenzeitraum zu verlängern.
- **Multiplying-Strategie**: Ziel ist, die zu kontaktenden Personen gleichzeitig über zwei oder mehr Medien anzusprechen (qualitative Leistungssteigerung).
- **Zusätzliche Kommunikationsziele**: Neben dem Hauptkampagnenziel werden nachgeordnete Kommunikationsziele mit der Kampagne verfolgt, für die zusätzliche Mediengattungen eingesetzt werden.
  Beispiel: Eine TV-Kampagne zur Produktneueinführung soll beim Endverbraucher Bekanntheit und Interesse aufbauen, gleichzeitig will man den Einzelhandel über das neue Produkt informieren und ihn überzeugen, dass es ein Erfolg wird. Ergänzend zur TV-Werbung werden Anzeigen in Fachzeitschriften des Handels geschaltet.
- **Ergänzungsstrategie**: Mit weiteren Mediengattungen werden neue Zielgruppen bzw. Segmente zusätzlich angesprochen, die wegen speziellen Mediennutzungsverhaltens generell schwer zu erreichen sind.
- **Regionale Aussteuerung**: Um den Werbedruck in ausgewählten Regionen – in denen z.B. Vertriebsschwerpunkte liegen – zu erhöhen, wird eine nationale Kampagne in den betreffenden Gebieten durch regional aussteuerbare Medien ergänzt.
- **Taktische Ergänzung**: Eine Kampagne (z.B. Image- oder Unternehmenswerbung) wird zeitweise durch aktuelle Werbung ergänzt, die sich in Inhalt und Ziel von der Dachkampagne unterscheidet, aber trotzdem nicht völlig lösgelöst von ihr ist. Zum Beispiel kann eine Imagekampagne in TV oder Zeitschriften zu bestimmten Zeiten (z.B. Messen, Schlussverkauf, Promotionsaktionen) durch verkaufsorientierte Anzeigen in Tageszeitungen ergänzt werden.

Zwei der in der umstehenden Übersicht kurz vorstellten Strategien möchten wir noch etwas näher erläutern.

Reichweiten- und Kontaktsteigerung

Zielgruppen, die schwer über nur ein Medium erreichbar sind

Es gibt Zielgruppen, die schwerer über ein einzelnes Medium erreicht werden können. Hier dient ein Mediamix zur Steigerung der Reichweite und/oder der Kontaktdosis. Mitunter lassen sich auch Kosten sparen, wenn einige der Kontakte durch eine günstigere Mediagattung realisiert werden. Ein Beispiel für eine solche Media-Strategie sieht man in Abbildung 4.31, darin werden vier Pläne miteinander verglichen. Jeder dieser Pläne erzielt die gleiche GRP-Zahl von 50. Plan 1 umfasst einen Mix aus Primetime und Daytime auf großen und kleineren Sendern. Wird etwa TV reduziert und stattdessen die Bild-Zeitung belegt, steigt die Reichweite bei gleichem GRP-Level an. Wird anstatt der Bild-Zeitung die Bild am Sonntag belegt, zeigt sich ein ähnliches Bild. Der beste Plan ist der vierte: Hier wird TV weiter reduziert und dafür sowohl Bild-Zeitung wie auch Bild am Sonntag belegt. Dann ist sowohl die Reichweite am höchsten wie auch die Kosten am niedrigsten.

Mix-Strategien zur Optimierung von TV-Plänen

Zielgruppe: Erwachsene 14 Jahre+

	Belegungsfrequenz			
Werbemittel	**TV Mono**	**TV + BILD**	**TV + BamS**	**TV + BILD + BamS**
ARD 1 Sa 17-20	1	1	1	
ZDF Mo-Fr 13-17	1	1	1	1
ZDF Sa 13-17	1	1	1	1
ZDF Sa 17-20	1		1	
Kabel 1 Mo-Fr 20-23	2		2	2
Kabel 1 Sa 20-23	2	2	2	1
ProSieben So 13-17	1	1	1	1
RTL Mo-Fr 17-20	2	2	1	1
RTL Mo-Fr 20-23	1			
RTL Sa 13-17	1	1	1	1
RTL Sa 20-23	1	1	1	
RTL So 17-20	1	1	1	1
SAT.1 Mo-Fr 17-20	3	1	1	
SAT.1 Mo-Fr 20-23	1	1	1	1
SAT.1 So 13-17	1	1	1	
BILD am SONNTAG			1	1
BILD GESAMT		1		1
Kosten in Euro	**272.392**	**252.822**	**236.655**	**226.124**
Reichweite %	**34,5**	**38,0**	**37,7**	**38,1**
Reichweite Mio.	**22,14**	**24,39**	**24,23**	**24,50**
Kontakte Mio.	**32,06**	**32,11**	**32,16**	**32,13**
Euro pro 1000 Kontakte	**8,50**	**7,87**	**7,36**	**7,04**
GRP	**49,9**	**50,0**	**50,1**	**50,0**
Kontakte pro Nutzer	**1,4**	**1,3**	**1,3**	**1,3**

Abb. 4.31: Tabelle Planvergleich Mono vs. Mix (Beispiel), Basis: VA 2002

Kampagnen lassen sich also dadurch optimieren, dass man anstelle einer Mono-Kampagne einen Mediamix fährt. Dabei werden aber etliche Zielpersonen nur durch ein Medium erreicht. Ein Synergie-Effekt durch eine mehrkanalige Ansprache kann sich nur bei einem Teil der Zielgruppe entfalten. Doch Wirkungsaspekte stehen bei einer solchen Strategie nicht im Vordergrund. Das ist bei der nächsten Strategie anders.

Multiplying Media

Zusatzeffekte aus der Aufteilung auf Medien

Aus der Forschung wissen wir, dass der Einsatz von zwei oder mehr Mediengattungen bei identischem Budgetaufwand zu höherer Werbewirkung führen kann als eine Mono-Kampagne. Es werden dann zwei oder mehr Mediengattungen entweder parallel oder zeitlich nacheinander eingesetzt. Als Beispiel bieten sich hier Kampagnen aus dem Pkw-Markt an, über die zunächst das neue Modell via TV bekannt gemacht wird, um dann über Zeitschriften detaillierte Informationen zu den einzelnen Modellen zu erhalten.

WICHTIG BEIM MULTIPLYING-ANSATZ IST ES, DASS JEDE ZIELPERSON ÜBER ALLE EINGESETZEN MEDIEN ANGESPROCHEN WIRD. FÜR EINE SOLCHE KAMPAGNE BENÖTIGT MAN ALSO OFT EINEN HÖHEREN WERBEDRUCK BEI DEN EINGESETZTEN MEDIEN.

Dadurch ist eine Multiplying-Strategie oftmals teurer als eine Mono-Strategie.

Zu diesem Thema sind bis heute zahlreiche experimentelle Studien und Felduntersuchungen publiziert worden. Trotzdem ist es schwierig, hier generalisierbare Erkenntnisse abzuleiten. Dementsprechend werden je nach zielsetzungsspezifischer Eignung eine oder mehrere Mediengattungen eingesetzt. Andererseits bieten auch hier kundenspezifische Modelling-Analysen natürlich die Möglichkeit der Feststellung der Wirkungsrelevanz zusätzlicher Medien.

4.4.8.5 Stärken-Schwächen-Analyse

Orientierung über die Vor- und Nachteile von Mediengattungen

Zur umfassenden Orientierung der Vor- und Nachteile von Mediengattungen wie den formalen Kriterien, die zu beachten sind, bieten sich so genannte SWOT-Analysen oder Intermedia Checklisten an.

UNTER EINER SWOT-ANALYSE VERSTEHT MAN IN DIESEM ZUSAMMENHANG EINE AUFLISTUNG DER STÄRKEN UND SCHWÄCHEN EINER MEDIAGATTUNG.

S = Strenghts (Stärken)
W = Weaknesses (Schwächen)
O = Opportunities (Chancen)
T = Threats (Gefahren)

Intermedia Checklist

Intermedia Checklist

Bewertungskriterien	**Publikumszeitschriften**	**Tageszeitungen**
1. Wirkungskomponenten des Mediums	Unterhaltung Information Lebenshilfe Expertenstatus Leser-Blatt-Bindung Heftumfang Anzeigenumfang	Information Aktualität Unterhaltung Glaubwürdigkeit Leser-Blatt-Bindung
des Werbemittels	Format Farbe Bildanteil	Format Farbe Platzierung: Textteil/Anzeigenteil - Anzeigenteil
Nutzung des Werbemittels Ort	beliebig, vorwiegend zu Hause	beliebig, vorwiegend zu Hause und am Arbeitsplatz
Zeitpunkt	beliebig, vorwiegend abends	beliebig, vorwiegend morgens
mögliche Nutzungsdauer	unbeschränkt	während eines Tages
Nutzungschance	von Produktbereich und Gestaltung abhängig	von Produktbereich und Gestaltung abhängig
Häufigkeit	wiederholbar	wiederholbar
2. Kommunikationsfähigkeit Inhalte	rationale und/oder emotionale Übermittlung von Sachverhalten und Argumentationen	rationale Übermittlung von Sachverhalten und Argumentationen
Lernerfolg	langfristig und nachhaltig wirksam, Imageaufbau	kurzfristig stimulierend und informierend
3. Leistung und Kosten Nettoreichweiten Bevölkerung 14+	155 Titel 94% 11 Aktuelle Zeitschriften 48% 16 Programmzeitschriften 62% 50 Frauenzeitschriften 42% 5 Motorzeitschriften 31% 10 Wirtschaftszeitschriften 8%	Liste reg. Abozeitungen 66,30% 8 Kaufzeitungen 22,40%
Nettoreichweite Ges.-Bev. nach 12 Einschaltungen	je nach Zeitschrift bis 33,4%	Liste reg. Abozeitungen 78,90% Kaufzeitungen 38,10%
Kontakte pro Nutzer nach 12 Einschaltungen	je nach Zeitschrift bis zu 9,9 %	Liste reg. Abozeitungen 10,7% Kaufzeitungen 7,4%
durchschnittliche 1000-Kontakt-Preise für Gesamtbevölkerung	1/1 Seite 4c 9,78 € üb. alle MA-Zeitschriften	1/4 Seite sw. Abozeitungen 11,04 € Kaufzeitungen 5,54 €
Produktionskosten	niedrig	niedrig
4. Selektionsmöglichkeit	nach Zielgruppen	regional (Orte, Regionen)
5. Verfügbarkeit Menge	nicht beschränkt	nicht beschränkt
Zeitpunkt	–	–
Disposition	4–8 Wochen vor Erscheinen	2–3 Tage vor Erscheinen

Quelle: MA 2002 II *Ausnahme öffentlich-rechtliche Sender ** Quelle: MA Intermedia 2002
1) 18:00–20:00 Uhr 2) 17:30–20:00 Uhr 3) manueller Ø 15:00–24:00 Uhr 4) 15:00–24:00 Uhr

Abb. 4.32: Intermedia Checkliste (Quelle: GWA: Zahlen und Daten für die

Intermedia Checklist

Fernsehen	Hörfunk	Plakat
Realitätsnähe Aktualität Glaubwürdigkeit Aktualität Information Unterhaltung	Aktualität Information Unterhaltung	Standortqualität
Spotlänge, Farbe, Bewegung, Musik, Ton, Sprache, Geschwindigkeit, Kontrast zum Umfeld	Spotlänge, Musik, Ton, Sprache, Geschwindigkeit	Format, Farbe, Textmenge
beliebig, vorwiegend zu Hause	beliebig	außer Haus
innerhalb des Sendezeitraums	innerhalb des Sendezeitraums	vorwiegend während der Helligkeit
eine Spotlänge	eine Spotlänge	bis 10 Tage
unabhängig von Produktbereich und Gestaltung		nur abhängig von der persönlichen Mobilität
einmal	einmal	wiederholbar
rationale und emotionale Handlungsabläufe, Demonstrationen, Argumentationen	rationale und emotionale Handlungsabläufe, Argumentationen	rationale und emotionale Produktdarstellung, Schlagworte
kurzfristig aktualisierend und informierend, Imageaufbau	kurzfristig aktualisierend und unterstützend	kurzfristig aktualisierend und unterstützend
ARD: 8,9% pro Ø 1/2 Stunde** ZDF: 9,4% pro Ø 1/2 Stunde RTL: 8,0% pro Ø 1/2 Stunde SAT1: 5,9% pro Ø 1/2 Stunde PRO7: 4,2% pro Ø 1/2 Stunde n-tv: 0,4% pro Ø 1/2 Stunde Seher pro Tag: 85,2%	Werbefunk gesamt 27,3% pro Ø Stunde Hörer pro Tag: 78,8%	Großflächen Quote 1:3 TEW 58,0% Ganzstellen Quote 1:10 TEW 35,2% CLP (Hauptanbieter am Ort) 51,6%
86,2% Ø 1/2 Stunde öffentl.-rechtl. u. private MA-Sender	75,6% Ø Stunde, Werbefunk gesamt	Großflächen Quote 1:3 TEW 86,5% Ganzstellen Quote 1:10 TEW 48,6% CLP (Hauptanbieter am Ort) 68,5%
5,1 Ø 1/2 Stunde öffentl.-rechtl. u. private MA-Sender	5,1 Ø Stunde, Werbefunk gesamt	Großflächen Quote 1:3 TEW 172 Ganzstellen Quote 1:10 TEW 176 CLP (Hauptanbieter am Ort) 179
30 sec. Ø 1/2 Std. ARD:[1] € 3,43 SAT.1:[3] 2,68 € ZDF:[2] € 3,02 Pro 7:[3] 6,26 € RTL: € 1,97 n-tv:[4] 4,83 €	30 sec. Ø Std. Werbefunk gesamt 1,86 €	Großflächen Quote 1:3 TEW 2,78 € Ganzstellen Quote 1:10 TEW 1,59 € CLP (Hauptanbieter am Ort) 2,66 €
hoch	niedrig	mittel
ARD und Ballungsraumsender regional (Sendegebiete)	regional (Sendegebiete) und nach Zielgruppen (durch Zeit- und Senderwahl)	regional, lokal und einzeln
20% der Sendestunde*	je nach Sender verschieden	nicht beschränkt
03:00–03:00 Uhr*	–	–
Empfehlung bis Ende September des Folgejahres für das Folgejahr	Empfehlung bis Ende September des Folgejahres für das Folgejahr	4–6 Wochen vor Erscheinen

Mediaplanung 2003)

Solche SWOT-Analysen erstellt jede Agentur normalerweise für den eigenen Gebrauch, wobei es durchaus zu unterschiedlichen Einschätzungen von ein und derselben Mediagattung durch unterschiedliche Agenturvertreter kommen kann. SWOT-Analysen oder ähnlich gestaltete Checklisten sollen den Planern eine schnell zur Verfügung stehende umfassende Informationsbasis an die Hand geben.

Beispiele von SWOT-Analysen (beispielsweise zu den Mediengattungen TV und Publikumszeitschriften) finden sich in Kapitel 7 bei den betreffenden Mediengattungen.

Intermedia Checklisten verdichten die Informationen noch weiter. Ein Beispiel kann man in der jährlich erscheinenden GWA-Broschüre „Zahlen und Daten für die Mediaplanung“ finden (siehe vorstehende Doppelseite).

4.4.8.6 Intermediale Gewichtungsfaktoren

Wie im Kapitel Werbeträgerforschung und Kontaktdefinitionen dargestellt, sind die aktuell definierten Kontakte intermedial nicht vergleichbar. Während TV- und Printkontakte auf der Ebene Werbemittelkontakt zur Verfügung stehen, ist es bei Hörfunk nur die Werbemittelkontaktchance und bei Plakat (auf Basis der Plakat-Media-Analyse PMA) nur der Werbeträgerkontakt. Gleichzeitig sind die TV-Anbieter der Meinung, dass ihr Werbemittelkontakt, die durchschnittliche Sehbeteiligung im Werbeblock, eine härtere „Währung“ darstellt als der „Leser pro werbungführende Seite (LpwS)“ der Printmedien.

Die Praxis der Agenturen ist auf Vergleichbarkeit angewiesen

Für die Arbeit in der Agentur ist es aber notwendig, dass intermedial vergleichbare Kontaktniveaus verwendet werden, da es sonst nicht sinnvoll wäre, z.B. die Kosten-Leistungs-Verhältnisse der einzelnen Mediengattungen zu vergleichen.

Man versucht, zum Teil über Erkenntnisse aus der Grundlagenforschung, die bestehenden Kontaktdefinitionen auf das Niveau Werbemittel-Kontakt hin zu gewichten.

Ein Beispiel dazu zeigt Abb. 4.33. Die planungsrelevante Gewichtung würde dabei TV, Publikumszeitschriften und Tageszeitungen auf der Ebene Werbemittelkontakt gleichsetzen (1,0). Dasselbe gilt auch für Plakat, aber nur, wenn man mit dem G-Wert der GfK-Plakatforschung arbeitet.

Hörfunk wird nicht nur deshalb deutlich heruntergewichtet, weil es nicht die härteste Kontaktebene ist, sondern, weil man aus Erfahrung weiß, dass man zur Erzielung bestimmter Erinnerungswerte (Awareness) deutlich höhere Kontaktdosen benötigt als in den anderen Mediengattungen. Das korrespondiert mit den Erkenntnissen aus der Mediennutzungsforschung, die zeigen, dass Radio oft nur flüchtig und nebenbei gehört wird.

Gewichtungsfaktoren zum Werbemittel-Kontakt

Medien	Angebotene Kontaktebene 1 Werbeträgerkontakt	2 Werbemittel-Kontaktchance	3 Werbemittelkontakt	Zusätzliche Gewichtungsfaktoren der Planungsbasis	WM-Kontakt-Gewicht
TV	MA	–	[GfK]	–	1,00
Hörfunk	MA	[MA]	–	Wahrnehmung (25 %)	0,25
Kino	[MA]	–	[FFA]	Anwesenheit (90 %)	0,90
PZ	MA	–	[MA]	–	1,00
TZ	MA	–	[MA]	–	1,00
Plakat	–	PMA	[G-Wert]	–	1,00

[ ] Angebotene Kontaktebene als Planungsbasis, Kino MA und FFA identisch

Abb. 4.33

Planungsrelevante Gewichtung im Intermedia-Vergleich

Medien	Planungsdaten	Gewichtung zum WM-Kontakt	Intermedialer GRP-Vergleich*
TV	GfK-Einschaltquoten	1,00	100
Hörfunk	MA/Ø 1/4 Std.	0,25	400
Kino	MA/Besucher pro Woche	0,90 (Anwesenheit)	111
Publikumszeits.	MA/LpwS	1,00	100
Tageszeitungen	MA/LpwS	1,00	100
Plakat	GfK	1,00	100

* Notwendige GRP auf Planungsbasis,um 100 gew. GRP u erzielen

Abb. 4.34: Planungsrelevante Gewichtung im Intermedia-Vergleich

Das Medium Kino, auf Basis MA zwar als Werbeträgerkontakt definiert, weist in den Jahresstatistiken etwa die Besucherzahlen aus, die auch über die MA erhoben werden. Wer Werbung im Kino gesehen hat, erinnert sich in der Regel auf höchstem Niveau. Deshalb kann man davon ausgehen, dass der qua Konvention definierte Werbeträgerkontakt eigentlich einen Werbemittel-Kontakt darstellt. Allerdings kommen schätzungsweise 10% der Besucher zu spät (teilweise explizit mit der Absicht, der

Werbung zu entgehen) und deshalb kann man davon ausgehen, dass ca. 10 % der Besucher die Werbung nicht oder teilweise nicht sehen.

Aus den Gewichtungsfaktoren leiten wir entsprechende Werbedruck-Anforderungen ab, um auf ähnliche Wirkungslevels zu kommen. Um vergleichbare Werbewirkung zu erzielen, benötigen wir in TV 100 GRP, in Hörfunk aber 400 GRP. Dementsprechend vergleichen wir auch die Kosten-Leistungs-Verhältnisse.

Dass dies alles nicht hundertprozentig der Realität entspricht und es von Kampagne zu Kampagne oder von Zielgruppe zu Zielgruppe anders sein kann, ist uns allen klar. Aber pragmatisch betrachtet, brauchen wir Vergleichsmaßstäbe, um Entscheidungen zu treffen. Und dass die elektronischen Medien Kino und TV trotzdem letztlich über die gewichteten Kontakte höhere Awareness-Levels erreichen als die Printmedien oder Hörfunk, soll unser letztes Schaubild zum Abschnitt „Selektion der Mediengattungen" (Abb. 4.35) aufzeigen. Aber Vorsicht: auch dies stellt nur Durchschnitte dar, die zwar plausibel sind, aber von Kampagne zu Kampagne, von Zielsetzung zu Zielsetzung, von Zielgruppe zu Zielgruppe anders verlaufen können.

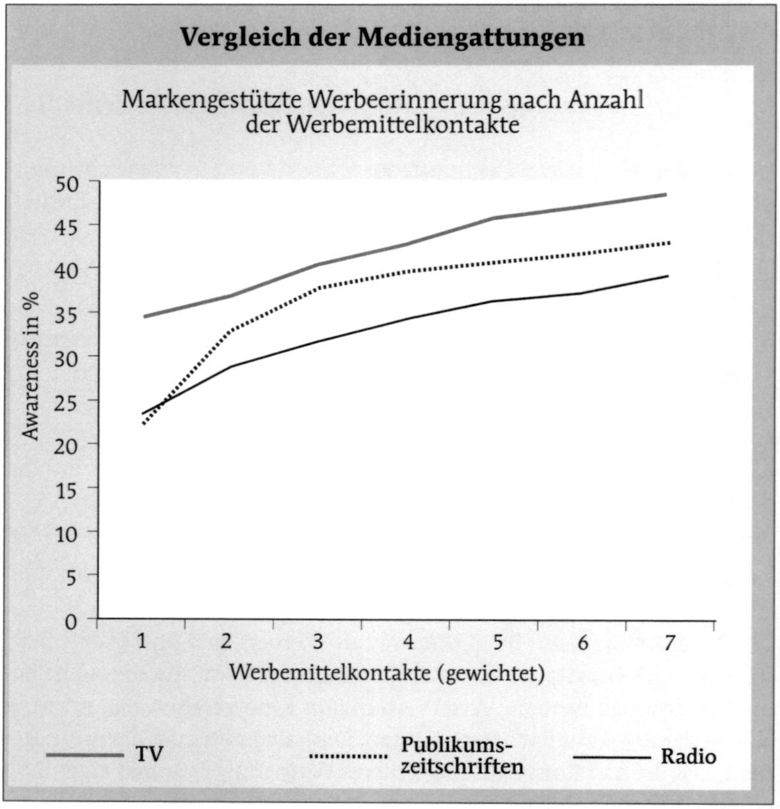

Abb. 4.35: Vergleich der Mediengattungen

4.5 Media-Detailplanung

Die strategischen Vorgaben sind festgelegt, die relevanten Mediengattungen definiert.

Im nächsten Schritt geht es nun gattungsspezifisch um die Umsetzung der Mediastrategie, was man auch als Detailplanung bezeichnet.

Manchmal wird in diesem Zusammenhang auch von **Media-Taktik** gesprochen: das Gewollte (die Strategie) wird richtig umgesetzt (Taktik). Wir möchten den Begriff Taktik aber eher da anwenden, wo es um kurzfristiges Reagieren geht.

Strategie = das Gewollte und Taktik = kurzfristiges Reagieren

Unter einer taktischen Kampagne versteht man eine Werbekampagne, die im Rahmen einer Gesamtstrategie (manchmal auch ausserhalb dieser) ein kurzfristiges Ziel erreichen soll.

Ein Beispiel ist der schnelle Abverkauf des Restbestandes eines Automodells. Während die Strategie langfristige, übergeordnete Ziele verfolgt, dienen taktische Maßnahmen dazu, kurz- und mittelfristig spezielle Ziele zu verwirklichen. Dieses Verständnis von Media-taktischen Maßnahmen hat sich mehr oder minder in der Agenturszene durchgesetzt. Deshalb plädieren wir dafür, Media-Taktik und Detailplanung nicht synonym zu verwenden. Detailplanung ist also die operative Umsetzung der mediastrategischen Vorgaben.

Detailplanung ist operativ

Die Detailplanung basiert maximal auf einem Kalenderjahr und wird normalerweise im Herbst des Vorjahres (für das Folgejahr) angegangen.

Auch wenn es im Laufe des Planungsjahres noch zu unzähligen Neuplanungen, Umplanungen, Stornierungen und Buchungen kommen wird, ist es notwendig, die Detailplanung so früh wie möglich zu beginnen. Gründe dafür sind vor allem zwei Aspekte, über die die Agentur im Vorfeld mit den Medienanbietern verhandelt:

- **Rabatte (Sonderkonditionen)**: Wie viel Preisnachlass auf Tariflistenpreise gewährt ein Medienanbieter oder Vermarkter einem Kunden?
- **Platzierungen**: Nicht jede Platzierung in einer Zeitschrift oder in einem TV-Werbeblock ist gleich beliebt bei Planern und Kunden. Aus der Wirkungsforschung wissen wir, dass bestimmte Platzierungen eine bessere Wirkung bringen, bzw. die Reichweite kann am Anfang eines Werbblocks eine höhere sein als in dessen Mitte. Bevorzugte Platzierungen sind z.B. die Umschlagseiten einer Zeitschrift. Jede Agentur versucht, für ihren Kunden die besten Platzierungen zu bekommen.

Sonderkonditionen und Platzierungen sind verhandelbar, hängen aber auch vom Budget ab

Gute Sonderkonditionen und Platzierungen sind nicht nur vom Verhandlungsgeschick der Gegenseite abhängig, sondern auch von der Budgethöhe, die der Kunde im kommenden Jahr voraussichtlich ausgeben wird. Deshalb kann mit den Medienanbietern über Rabatte erst dann verhandelt werden, wenn man auch weiß, was der Kunde im nächsten Jahr bei den einzelnen Werbeträgern disponieren will. Je nach Volumina, kann man auch über spezielle Platzierungen (Umschlagseiten bei Publikumszeitschriften, Eckplatzierungen im TV-Werbeblock) sprechen.

Überbuchungen sind üblich und führen dann zu Zuteilungen

Im TV-Bereich geht es gleichzeitig darum, die nachgefragten (meist sehr ausgebuchten) Werbeblock-Umfelder auch zu erhalten. Optimale Umfelder, bestimmte in der Vergangheit gut laufende Serien oder neue Programmangebote, die von der TV-Optimierung positiv eingeschätzt werden) werden in der Ersteinbuchungsphase im Herbst oft um ein Vielfaches überbucht. Die Sender müssen die vorhandenen Werbezeiten in diesen Umfeldern den Nachfragern zuteilen. Dabei können Commitments nach Abnahmemengen mit den Sendern eine große Rolle spielen.

Konkretisierung anhand eines (Fall-)Beispiels

Als Beispiel zur Veranschaulichung der Media-Detailplanung werden wir eines zur Mediengattung Publikumszeitschriften heranziehen, da dort die Vorgehensweise einfacher und plastischer ist als die Selektion von Werbeblöcken in TV oder halben Stunden im Hörfunk. Auf planungsspezifische Besonderheiten anderer Mediengattungen wird im Kapitel 7 über Werbeträger näher eingegangen.

Bleiben wir bei unserem wiederkehrenden Illustrationsbeispiel, der Planung einer Kampagne für ein Männershampoo. Im Folgenden wird also einerseits theoretisch auf den Prozess der Detailplanung bei Publikumszeitschriften eingegangen und andererseits anhand des Fallbeispiels Männershampoo dargestellt, wie dies dann konkret in der Praxis aussieht. Für unser pragmatisches Fallbeispiel liegt folgendes Kurz-Briefing vor, das auf dem Kunden-Briefing und der Media-Strategie basiert:

Kurz-Briefing Mediaplanung: Shampoo-Marke A

Kommunikationsziel: Nationale Einführung der neuen hochwertigen Shampoomarke für den Mann, mit speziellen haarmedizinischen Vorteilen; Erzielung einer hohen Bekanntheit in der (Kern-)Zielgruppe

Media-Budget: 1,5 Mio. €

Werbezeitraum: 3 Monate

Zielgruppe: Männer 20-40 Jahre, Mittlere Reife oder Abitur, HHNE 2000 + (6,19 Mio. Personen)

Kern-Zielgruppe: Verwender der Marke Guhl (1,97 Mio. Personen)

Media-Ziel: Optimale Reichweite bei ca. 6 OTS. Wirksame Kontakte 4-6, da vier verschiedene Motive eingesetzt werden. Ca. 450-500 GRP im Werbezeitraum

Mediengattung: Publikumszeitschriften, da informationsorientiertes Kommunikationsangebot zu Markenspezifika.

4.5.1 Planerstellung

Zur Feststellung der günstigsten, reichweitenstarken und zielgruppen-affinen Werbeträger werden **Rangreihen** (Rankings) gebildet, in denen alle Werbeträger enthalten sind, die uns in der jeweiligen Mediengattung interessieren.

Die konkrete Planerstellung erfolgt in Schritten mithilfe von Rankings

DIE RANGREIHEN WERDEN IMMER ZIELGRUPPENSPEZIFISCH ANGELEGT UND LIEFERN UNS DIE UMFASSENDEN LEISTUNGSWERTE DER DARIN ENTHALTENEN WERBETRÄGER.

Sie können im Prinzip nach den unterschiedlichen Leistungswerten aufsteigend (z.B. vom günstigsten zum ungünstigsten) oder absteigend (z.B. von der höchsten zur niedrigsten Reichweite) sortiert werden. Rangreihen können heutzutage die meisten Planer selbst leicht am eigenen PC erstellen. Die gängige Planungssoftware (in der Regel MDS) greift auf die Originaldaten der Media- oder Markt-Media-Studien zu und ermöglicht schnelle und flexible Berechnung der Rangreihen. Das Ergebnis kann am Bildschirm betrachtet, auf Papier ausgedruckt oder als Excel-Datei elektronisch gespeichert werden.

Die Realisierung erfolgt PC-gestützt

Die wichtigsten quantitativen Selektionskriterien zur Auswahl der geeigneten Medien sind:

- Reichweite (% und absolut)
- Kosten-Leistungs-Verhältnis (Tausend-Kontakt-Preis)
- Affinitätsindex

Die Rangreihen können anhand der Bewertungskriterien gerangreiht werden, um festzustellen, welche Werbeträger sich am besten für die Zielsetzung eignen. Dabei werden die Rangreihen normalerweise nach dem Kosten-Leistungs-Verhältnis sortiert (der günstigste Werbeträger steht auf Platz 1, der teuerste auf dem letzten Platz) und die einzelnen Selektionskriterien parallel bewertet. Dies könnte, bezogen auf unser Fallbeispiel, dann die Tabelle in Abb. 4.36 liefern (nächste Seite).

Die Gesamtübersicht, nach Kosten-Leistung sortiert, danach erfolgt die Auswahl

Auf Platz 1 steht der günstigste Titel in der Zielgruppe: „Sport Bild" mit 107,72 Euro pro 1.000 Nutzer oder Kontakte. Dieser Titel weist mit 11% gleichzeitig eine relativ hohe Reichweite auf. Der Afffinitätsindex 121 verweist auf eine etwas überdurchschnittliche Erreichbarkeit der Zielgruppe über diesen Titel.

Im Vergleich dazu kosten 1.000 Nutzer bzw. Kontakte bei dem Titel auf Platz 24 schon fast dreimal so viel (288,22 Euro), der Titel erzielt nur eine Reichweite von 3,2%, erreicht die Zielgruppe aber schon deutlich affiner, mit Index 150.

So werden alle einzelnen Werbeträger durchgegangen und festgelegt, welche Werbeträger auf jeden Fall berücksichtigt werden sollten (Titel erster Wahl) und welche Werbeträger eventuell auch noch infrage kommen (Ergänzungstitel).

Verbraucher Analyse 2002/4

Zielgruppe Verwender Guhl Men Potenzial: 3.1 %, 937 Fälle, 1.97 Mio.
Vergleichs-Zielgruppe: Männer Potenzial: 47.8 %, 14601 Fälle, 30.71 Mio.
2003er-Preise 14.3.2003 - Netto

Medien Werbeträger	Farbe	Kosten Euro	Euro pro 1.000 Nutzer	Reichweite %	Reichweite Mio.	Affinität
1 SPORT BILD	4c	23.450	107,72	11,0	0,22	121
2 COMPUTER BILD	4c	22.064	108,87	10,3	0,20	117
3 Kicker Sportmagazin	4c	17.941	119,64	7,6	0,15	114
4 PC Welt	4c	16.160	131,79	6,2	0,12	119
5 BILD am SONNTAG	4c	60.075	138,53	22,0	0,43	105
6 DER SPIEGEL	4c	47.500	148,82	16,2	0,32	130
7 Focus	4c	41.500	153,58	13,7	0,27	105
8 BILD GESAMT	4c	74.559	155,21	24,4	0,48	103
9 Stern	4c	48.700	157,56	15,7	0,31	117
10 TV TODAY	4c	18.700	166,07	5,7	0,11	118
11 TV Spielfilm	4c	46.700	174,34	13,6	0,27	113
12 AUTO BILD	4c	31.700	181,69	8,9	0,17	107
13 TV Movie	4c	47.724	187,58	12,9	0,25	108
14 Süddeutsche Zeitung Gesamtausgabe	4c	12.200	189,33	3,3	0,06	154
15 auto motor und sport	4c	31.500	216,94	7,4	0,15	118
16 Capital	4c	24.360	220,90	5,6	0,11	162
17 Hörzu	4c	41.160	228,30	9,1	0,18	110
18 Praline	4c	7.950	240,06	1,7	0,03	87
19 DIE WELT Gesamt Deutschl.-Ausgabe	4c	6.650	245,27	1,4	0,03	115
20 Coupé	4c	10.835	253,44	2,2	0,04	103
21 AUTO ZEITUNG	4c	16.900	282,71	3,0	0,06	130
22 Frankfurter Allgemeine Gesamtausgabe	4c	12.400	283,18	2,2	0,04	132
23 TV Hören und Sehen	4c	31.650	285,34	5,6	0,11	105
24 Men's Health	4c	18.250	288,22	3,2	0,06	150
25 Neue Revue	4c	14.240	300,51	2,4	0,05	66
26 Playboy	4c	20.800	322,84	3,3	0,06	123
27 Euro am Sonntag	4c	12.240	331,43	1,9	0,04	188
28 Finanzen	4c	11.739	334,31	1,8	0,04	155
29 MOTORRAD	4c	15.000	338,58	2,2	0,04	102
30 Fit for Fun	4c	22.200	339,18	3,3	0,07	141
31 SUPER illu	4c	19.660	361,97	2,8	0,05	75
32 Sport Auto	4c	8.620	366,53	1,2	0,02	87
33 SelberMachen	4c	15.510	370,20	2,1	0,04	137
34 Selbst ist der Mann	4c	16.100	391,56	2,1	0,04	88
35 Focus Money	4c	12.500	412,65	1,5	0,03	111
36 MAX	4c	14.000	423,69	1,7	0,03	162
37 Guter Rat!	4c	11.120	428,69	1,3	0,03	81
38 mot Die Autozeitschrift	4c	7.000	463,15	0,8	0,02	90
39 AUTO/Straßenverkehr	4c	14.450	479,32	1,5	0,03	85
40 BUNTE	4c	27.354	481,23	2,9	0,06	77
41 Börse online	4c	12.900	482,73	1,4	0,03	157
42 Geldidee	4c	13.000	493,25	1,3	0,03	116
43 Cinema	4c	12.800	506,47	1,3	0,03	107
44 BRAVO Sport	4c	12.780	516,16	1,3	0,02	102
45 Wochenend	4c	6.014	602,86	0,5	0,01	59
46 Eltern	4c	28.400	867,86	1,7	0,03	119
47 Blitz-Illu	4c	9.546	895,04	0,5	0,01	59
48 Bravo	4c	33.600	923,74	1,8	0,04	77
49 PRINZ	4c	20.440	1.713,30	0,6	0,01	86
50 super TV	4c	8.740	1.868,66	0,2	0,00	23

Abb. 4.36: Rangreihe alle Titel nach Kosten-Leistungs-Verhältnissen (Quelle: VA 2002)

Zur Verdeutlichung der Vorgehensweise werden wir im Folgenden die Anforderungen an die Werbeträger operationalisieren und schrittweise vorgehen.

Angenommen, wir würden die Bewertungskriterien einzeln betrachten. Dann würde es zunächst Sinn machen, alle Werbeträger nach Affinitätsindex zu sortieren. Damit wäre gewährleistet, dass nur Werbeträger in die Auswahl gelangen, mit denen die Zielgruppe überdurchschnittlich erreicht werden kann. Dazu ist wieder für unser Fallbeispiel die entsprechend sortierte Liste abgedruckt (Abb. 4.37).

Auf Platz 1 steht der Titel mit dem höchsten Affinitätsindex (=188) „Euro am Sonntag". Nun sortieren wir alle Titel mit einer durchschnittlichen oder unterdurchschnittlichen Affinität aus.

Verbraucher Analyse 2002/4

Zielgruppe Verwender Guhl Men Potenzial: 3.1 %, 937 Fälle, 1.97 Mio.
Vergleichs-Zielgruppe: Männer Potenzial: 47.8 %, 14601 Fälle, 30.71 Mio.
2003er-Preise 14.3.2003 - Netto

Medien Werbeträger	Farbe	Kosten Euro	Euro pro 1.000 Nutzer	Reichweite %	Reichweite Mio.	Affinität
1 Euro am Sonntag	4c	12.240	331,43	1,9	0,04	188
2 MAX	4c	14.000	423,69	1,7	0,03	162
3 Capital	4c	24.360	220,90	5,6	0,11	162
4 Börse online	4c	12.900	482,73	1,4	0,03	157
5 Finanzen	4c	11.739	334,31	1,8	0,04	155
6 Süddeutsche Zeitung Gesamtausgabe	4c	12.200	189,33	3,3	0,06	154
7 Men's Health	4c	18.250	288,22	3,2	0,06	150
8 Fit for Fun	4c	22.200	339,18	3,3	0,07	141
9 SelberMachen	4c	15.510	370,20	2,1	0,04	137
10 Frankfurter Allgemeine Gesamtausgabe	4c	12.400	283,18	2,2	0,04	132
11 AUTO ZEITUNG	4c	16.900	282,71	3,0	0,06	130
12 DER SPIEGEL	4c	47.500	148,82	16,2	0,32	130
13 Playboy	4c	20.800	322,84	3,3	0,06	123
14 SPORT BILD	4c	23.450	107,72	11,0	0,22	121
15 PC Welt	4c	16.160	131,79	6,2	0,12	119
16 Eltern	4c	28.400	867,86	1,7	0,03	119
17 TV TODAY	4c	18.700	166,07	5,7	0,11	118
18 auto motor und sport	4c	31.500	216,94	7,4	0,15	118
19 Stern	4c	48.700	157,56	15,7	0,31	117
20 COMPUTER BILD	4c	22.064	108,87	10,3	0,20	117
21 Geldidee	4c	13.000	493,25	1,3	0,03	116
22 DIE WELT Gesamt Deutschl.-Ausgabe	4c	6.650	245,27	1,4	0,03	115
23 Kicker Sportmagazin	4c	17.941	119,64	7,6	0,15	114
24 TV Spielfilm	4c	46.700	174,34	13,6	0,27	113
25 Focus Money	4c	12.500	412,65	1,5	0,03	111
26 Hörzu	4c	41.160	228,30	9,1	0,18	110
27 TV Movie	4c	47.724	187,58	12,9	0,25	108
28 AUTO BILD	4c	31.700	181,69	8,9	0,17	107
29 Cinema	4c	12.800	506,47	1,3	0,03	107
30 TV Hören und Sehen	4c	31.650	285,34	5,6	0,11	105
31 Focus	4c	41.500	153,58	13,7	0,27	105
32 BILD am SONNTAG	4c	60.075	138,53	22,0	0,43	105
33 BILD GESAMT	4c	74.559	155,21	24,4	0,48	103
34 Coupé	4c	10.835	253,44	2,2	0,04	103
35 MOTORRAD	4c	15.000	338,58	2,2	0,04	102
36 BRAVO Sport	4c	12.780	516,16	1,3	0,02	102
37 mot Die Autozeitschrift	4c	7.000	463,15	0,8	0,02	90
38 Selbst ist der Mann	4c	16.100	391,56	2,1	0,04	88
39 Praline	4c	7.950	240,0	1,7	0,03	87
40 Sport Auto	4c	8.620	366,53	1,2	0,02	87
41 PRINZ	4c	20.440	1.713,30	0,6	0,01	86
42 AUTO/Straßenverkehr	4c	14.450	479,32	1,5	0,03	85
43 Guter Rat!	4c	11.120	428,69	1,3	0,03	81
44 BUNTE	4c	27.354	481,23	2,9	0,06	77
45 Bravo	4c	33.600	923,74	1,8	0,04	77
46 SUPER illu	4c	19.660	361,97	2,8	0,05	75
47 Neue Revue	4c	14.240	300,51	2,4	0,05	66
48 Blitz-Illu	4c	9.546	895,04	0,5	0,01	59
49 Wochenend	4c	6.014	602,86	0,5	0,01	59
50 super TV	4c	8.740	1.868,66	0,2	0,00	23

Abb. 4.37: Rangreihe nach Affinitätsindices (Quelle: VA 2002)

Das geschieht, indem wir alle Titel mit einem Index unter 105 abschneiden (dargestellt durch die schwarze Linie in der Abbildung). Dann bleiben insgesamt 32 Titel für die weitere Selektion übrig.

Im zweiten Schritt bewerten wir das Kosten-Leistungs-Verhätnis, das heißt, der Titel mit den günstigsten Kosten pro 1.000 Kontakte (TKP) steht auf Rangplatz 1 (Tabelle in Abb. 4.38). „Sport Bild" erreicht unsere Zielgruppe am günstigsten (107,72 Euro) gefolgt von „Computer Bild" (108,87 Euro) und „Kicker Sportmagazin" (119,64 Euro). Hier beschränken wir die weitere Titelauswahl auf die ersten 22 Publikumszeitschriften, da der Titel auf Platz 22 etwa das Dreifache pro 1.000 Kontakte kostet als Sport Bild auf Platz 1. Alle weiteren Titel können deshalb als zu teuer aussortiert werden.

Verbraucher Analyse 2002/4

Zielgruppe: Verwender Guhl Men | **Potenzial: 3,1%, 937 Fälle, 1,97 Mio.** | **2003er-Preise (14.3.2003)**
Vergleichs-Zielgruppe: Männer | **Potenzial: 47,8%, 14601 Fälle, 30,71 Mio.**

	Medien Werbeträger	Farbe	Kosten Euro	Euro pro 1.000 Nutzer	Reichweite	Reichweite Mio.	Affinität
1	SPORT BILD	4c	23.450	107,72	11,0	0,22	121
2	COMPUTER BILD	4c	22.064	108,87	10,3	0,2	117
3	Kicker Sportmagazin	4c	17.941	119,64	7,6	0,15	114
4	BILD am SONNTAG	4c	60.075	138,53	22,0	0,43	105
5	PC Welt	4c	16.160	131,79	6,2	0,12	119
6	DER SPIEGEL	4c	47.500	148,82	16,2	0,32	130
7	Focus	4c	41.500	153,58	13,7	0,27	105
8	Stern	4c	48.700	157,56	15,7	0,31	117
9	TV TODAY	4c	18.700	166,07	5,7	0,11	118
10	TV Spielfilm	4c	46.700	174,34	13,6	0,27	113
11	AUTO BILD	4c	31.700	181,69	8,9	0,17	107
12	TV Movie	4c	47.724	187,58	12,9	0,25	108
13	Süddeutsche Zeitung Gesamtausgabe	4c	12.200	189,33	3,3	0,06	154
14	auto motor und sport	4c	31.500	216,94	7,4	0,15	118
15	Capital	4c	24.360	220,90	5,6	0,11	162
16	Hörzu	4c	41.160	228,30	9,1	0,18	110
17	DIE WELT Gesamt Deutschl.-Ausgabe	4c	6.650	245,27	1,4	0,03	115
18	AUTOZEITUNG	4c	16.900	282,71	3,0	0,06	130
19	Frankfurter Allgemeine Gesamtausgabe	4c	12.400	283,18	2,2	0,04	132
20	TV Hören und Sehen	4c	31.650	285,34	5,6	0,11	105
21	Men's Health	4c	18.250	288,22	3,2	0,06	150
22	Playboy	4c	20.800	322,84	3,3	0,06	123
23	Euro am Sonntag	4c	12.240	331,43	1,9	0,04	188
24	Finanzen	4c	11.739	334,31	1,8	0,04	155
25	Fit for Fun	4c	22.200	339,18	3,3	0,07	141
26	SelberMachen	4c	15.510	370,20	2,1	0,04	137
27	Focus Money	4c	12.500	412,65	1,5	0,03	111
28	MAX	4c	14.000	423,69	1,7	0,03	162
29	Börse Online	4c	12.900	482,73	1,4	0,03	157
30	Geldidee	4c	13.000	493,25	1,3	0,03	116
31	Cinema	4c	12.800	506,47	1,3	0,03	107
32	Eltern	4c	28.400	867,86	1,7	0,03	119

Abb. 4.38: Rangreihe nach Kosten-Leistungs-Verhältnissen (Quelle Ausgangsdaten: VA 2002)

Verbraucher Analyse 2002/4

Zielgruppe: Verwender Guhl Men | **Potenzial: 3,1%, 937 Fälle, 1,97 Mio.** | **2003er-Preise (14.3.2003)**
Vergleichs-Zielgruppe: Männer | **Potenzial: 47,8%, 14601 Fälle, 30,71 Mio.**

	Medien Werbeträger	Farbe	Kosten Euro	Euro pro 1.000 Nutzer	Reichweite %	Reichweite Mio.	Affinität
1	BILD am SONNTAG	4c	60.075	138,53	22,0	0,43	105
2	DER SPIEGEL	4c	47.500	148,82	16,2	0,32	130
3	Stern	4c	48.700	157,56	15,7	0,31	117
4	Focus	4c	41.500	153,58	13,7	0,27	105
5	TV Spielfilm	4c	46.700	174,34	13,6	0,27	113
6	TV Movie	4c	47.724	187,58	12,9	0,25	108
7	SPORT BILD	4c	23.450	107,72	11,0	0,22	121
8	COMPUTER BILD	4c	22.064	108,87	10,3	0,2	117
9	Hörzu	4c	41.160	228,30	9,1	0,18	110
10	AUTO BILD	4c	31.700	181,69	8,9	0,17	107
11	Kicker Sportmagazin	4c	17.941	119,64	7,6	0,15	114
12	auto motor und sport	4c	31.500	216,94	7,4	0,15	118
13	PC Welt	4c	16.160	131,79	6,2	0,12	119
14	TV TODAY	4c	18.700	166,07	5,7	0,11	118
15	TV Hören und Sehen	4c	31.650	285,34	5,6	0,11	105
16	Capital	4c	24.360	220,90	5,6	0,11	162
17	Süddeutsche Zeitung Gesamtausgabe	4c	12.200	189,33	3,3	0,06	154
18	Playboy	4c	20.800	322,84	3,3	0,06	123
19	Men's Health	4c	18.250	288,22	3,2	0,06	150
20	AUTOZEITUNG	4c	16.900	282,71	3,0	0,06	130
21	Frankfurter Allgemeine Gesamtausgabe	4c	12.400	283,18	2,2	0,04	132
22	DIE WELT Gesamt Deutschl.-Ausgabe	4c	6.650	245,27	1,4	0,03	115

Abb. 4.39: Rangreihe nach Reichweite (Quelle Ausgangsdaten: VA 2002)

Das dritte Bewertungskriterium ist die Reichweite. Dieses Kriterium ist deshalb wichtig, weil man über die Werbeträgerselektion einen bestimmten Reichweiten-Aufbau (z.B. 75%) erzielen will. Deshalb benötigt man auch Werbeträger mit eher hoher Reichweite in der Zielgruppe. Würde man z.B. Werbeträger mit hoher Affinität belegen, die aber nur Reichweiten um 1% erzielen, so müsste man sehr viele verschiedene Titel belegen, um überhaupt eine einigermaßen hohe Reichweite zu erzielen. Eventuell könnte man mit einem solchen Plan das angestrebte Ziel auch mit einer Vielzahl von einzelnen Titeln nicht erreichen.

Berücksichtigt man nun für den Planaufbau nur die Titel, die mindestens eine Reichweite von 4% aufweisen, bleiben 16 Titel übrig, die sich über alle drei Merkmale qualifiziert haben (Abb. 4.39). Zusätzliche qualitative Merkmale, wie das redaktionelle Kommunikations-Angebot, werden selbstverständlich parallel berücksichtigt.

Diese operationalisierte Vorgehensweise hat nur Werbeträger erster Wahl berücksichtigt. Selbstverständlich können weitere Titel einbezogen werden, die eventuell nur auf Grund von einem oder zwei Merkmalen, in denen sie gut abschneiden, sich als weitere Titel qualifizieren.

Weitere Einflussfaktoren

Bei der konkreten Planerstellung müssen weitere Einflussfaktoren berücksichtigt werden. Analog Briefing für die Shampoo-Marke z.B.:

- Erscheinungsweise: ein monatlicher Titel kann im Quartal dreimal belegt werden, ein wöchentlicher Titel dagegen 12-mal,
- Werbezeitraum (im Fallbeispiel: 3 Monate),
- vorhandenes Media-Budget (1,5 Mio. €),
- Media-Ziel (optimale Reichweite und 6 bis 7 OTS).

Dabei werden Planvarianten gebildet, um festzustellen, mit welcher Vorgehensweise man quantitativ die besten Leistungswerte erzielen kann. Generell sind die Pläne auf identischer Budgethöhe zu entwickeln. Die Planvarianten sollten auch abweichende Werbeträgerkombinationen beinhalten und nicht nur die Frequenzen eines Ausgangsplans variieren.

4.5.2 Plan-Evaluierung und -Bewertung

Die Erstellung der Planvarianten erfolgt anhand der Rangreihen der maximal möglichen Frequenzen im Werbezeitraum und auf Basis des festgelegten Budgets. Das Budget kann sowohl Brutto als auch Netto sein. Die Plan-Evaluierung kann auf der Ebene Werbeträgerkontakt (LpA) oder Werbemittelkontakt (LpwS) erfolgen, wobei einige Agenturen die härtere Werbung Werbemittelkontakt bevorzugen. Auch die Plan-Evaluierung kann leicht über MDS oder eine andere Planungssoftware am eigenen PC errechnet werden.

Bewertungskriterien Evaluierung

- Kosten in Euro
- Reichweite in %
- Reichweite in Mio.
- Euro pro 1000 Nutzer
- Kontakte Mio.
- Euro pro 1.000 Kontakte
- GRP
- Kontakte pro Nutzer (OTS)

Wichtigste Kriterien sind Reichweite (in Prozent) und Durchschnittskontakte (hier: Kontakte pro Nutzer), wie im Media-Ziel definiert.

Unter der Voraussetzung in etwa gleicher Budgets bietet der Werbedruck (GRP) ein wichtiges Maß, um festzustellen, welcher Plan der bessere ist. Das Kosten-Leistungs-Verhältnis (€ pro 1.000 Kontakte) müsste dann mit den GRP korrelieren: je mehr GRP ein Plan bei identischen Budgets erzielt, umso günstiger erreicht er die Zielpersonen und umgekehrt. Das Merkmal € pro 1.000 Nutzer ist am ehesten zu vernachlässigen, da es sich auf die Reichweite bezieht und damit mit dieser korreliert.

Verbraucher Analyse 2002/4

Zielgruppe Verwender Guhl Men Potenzial: 3.1 %, 937 Fälle, 1.97 Mio.
2003er-Preise 14.3.2003 - Netto

Werbemittel	Format	Farbe	Plan 1	Plan 2
DER SPIEGEL	1/1 S.	4c	6	6
Stern	1/1 S.	4c	6	6
TV Spielfilm	1/1 S.	4c	6	
TV Movie	1/1 S.	4c	6	
SPORT BILD	1/1 S.	4c	6	
COMPUTER BILD	1/1 S.	4c	6	
Kicker Sportmagazin	1/1 S.	4c	6	
PC Welt	1/1 S.	4c	3	
BILD am SONNTAG	1/1 S.	4c	4	6
Focus	1/1 S.	4c	5	6
Kosten in Euro			1.482.582	1.492.439
Reichweite %			80,3	82,6
Reichweite Mio.			1,58	1,63
Euro pro 1000 Nutzer			937,26	916,47
Kontakte Mio.			9,99	11,78
Euro pro 1000 Kontakte			148,42	126,66
GRP			506,9	597,9
Kontakte pro Nutzer			6,3	7,2

Abb. 4.40: Evaluation von zwei Planvarianten, Basis: VA 2002 (MDS)

Zu den Planvarianten ist anzumerken, dass Plan 1 aktuelle Zeitschriften, Nachrichtenmagazine und die „jungen" Programmzeitschriften „TV Spielfilm" und „TV Movie" enthält. Bei Plan 2 wurde stur nach dem Ranking der Kosten-Leistungs-Verhältnisse vorgegangen und nur die günstigsten Titel belegt. Der Vergleich der beiden Pläne zeigt deutliche Vorteile für Plan 2. Plan 2 erreicht eine höhere Reichweite (82,6% vs. 80,3%), einen höheren Werbedruck (598 vs. 507 GRP) und ein entsprechend günstigeres Kosten-Leistungs-Verhältnis (127 vs. 148 Euro).

Unter quantitativen Bewertungsaspekten müsste man sich eindeutig für Plan 2 entscheiden, der keine Sport-, Programm- und Computerzeitschriften enthält. Ein weiteres quantitatives Kriterium wäre noch die Kontaktverteilung, über die man feststellen kann, ob man auch wirklich die meisten Personen in den avisierten Kontaktklassen (im Shampoo-Beispiel: 4 – 6 Kontakte) erreicht.

Zuletzt geht die Planempfehlung an den Kunden, der mittels der quantitativen und qualitativen Kriterien davon überzeugt werden muss, dass der nach Meinung des Planers optimale Plan realisiert werden sollte. Mitunter kommt es nun noch zu weiteren Veränderungen des Planes, die nicht systematisiert werden können. Manchmal empfiehlt es sich etwa, in bestimmten Prestige-Titeln präsent zu sein, auch wenn diese sich nicht nach quantitativen Kriterien qualifiziert haben (z.B. werben Mode- und Kosmetikmarken oft in hochpreisigen Frauenmagazinen wie „VOGUE", auch wenn sich die nicht streng rechnet).

Beispiel Optischer Plan (Streuplan)

Streuplan 2003/Nr. 1

Firma: **Unternehmen X GmbH**
Geschäfts-/Unterbereich: **n.n.**
Projekt/Maßnahme: **Shampoo-Marke A**

Projektnummer: **n.n.**

Status: **Planung**

Kreativagentur: **n.n.**

Monat				Juni				Juli				August					September				Oktober					November				Dezember			
Kalenderwoche				23	24	25	26	27	28	29	30	31	32	33	34	35	36	37	38	39	40	41	42	43	44	45	46	47	48	49	50	51	52
Datum Wochenstart (Montag)				2	9	16	23	30	7	14	21	28	4	11	18	25	1	8	15	22	29	6	13	20	27	3	10	17	24	1	8	15	22
Feiertage					9	19	3																										W
Werbeträger	Ew.	Freq.	Kosten in Tsd.																														
Publikumszeitschriften																																	
Nachrichtenmagazine/aktuelle Illustrierte																																	
BILD am SONNTAG	wö./so.	4	235,3									X	X	X	X	X																	
DER SPIEGEL	wö./mo.	6	262,2									X		X		X		X		X		X											
Focus	wö./mo.	5	201,3										X		X		X		X		X												
Stern	wö./do.	6	265,9									X		X		X		X		X		X											
TV-Zeitschriften																																	
TV Movie	14tg.	6	265,7									X		X		X		X		X		X											
TV Spielfilm	14tg.	6	252,2									X		X		X		X		X		X											
Computerpresse																																	
COMPUTER BILD	14tg.	0	0,0																														
PC WELT	mtl.	0	0,0																														
Sportzeitschriften																																	
Kicker Sportmagazin	wö./Mo.	0	0,0																														
Sport Bild	wö./Mi.	0	0,0																														
Summe PZ Gesamt			**1.483,0**																														
Summe Planung			**1.483,0**																														
Summe Freigabe			**0,0**																														
Summe Einkauf			**0,0**																														
Summe Gesamt			**1.483,0**																														

Abb. 4.41: Beispiel für den optischen Plan, Basis: VA 2002 (MDS)

Im so genannten optischen Plan werden die Titel dann nach den geplanten Frequenzen in den speziellen Erscheinungswochen dargestellt. Damit hat man einen prägnanten Überblick zum zeitlichen Medieneinsatz.

4.5.3 Weiterer Ablauf im Media-Prozess

Mit der Freigabe eines Mediaplans durch den Kunden beginnt in der Agentur die Arbeit der Einkäufer und Optimierer.

Während im TV-Bereich zunächst die TV-Optimierer die optimalen Umfelder für die Werbespots selektieren, die dann vom Einkauf disponiert werden, wird bei den anderen Mediengattungen direkt eingekauft. Die Funktion des TV-Optimierers ist in der Agentur aus dem Grund so wichtig, weil hier Prognosen über zukünftig erwartbare Einschaltquoten gemacht werden. Diese Prognosen werden nicht nur für bisher gesendete und deshalb bekannte Formate und Umfelder (z.B. Serien) erstellt, sondern auch für neue.

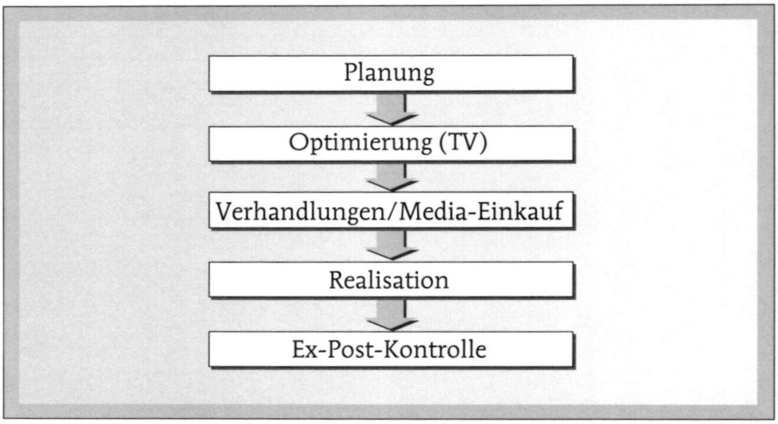

Abb. 4.42: Weiterer Ablauf im Media-Prozess

Jahresgespräche

Mindestens einmal jährlich werden Gespräche mit den Medienanbietern geführt, bei denen es um spezielle Konditionen geht, wie z.B.

- spezielle Rabatte,
- Leistungsabsicherungen bzw. Garantien und
- Freischaltungen.

Auf Basis dieser Konditionen erfolgt dann der Media-Einkauf. Spätestens nach Beendigung einer Kampagne oder eines Flights wird die Ex-Post-Kontrolle durchgeführt. Dabei werden mittels Belegexemplaren Platzierungen und die Druckqualität bei Printmedien überprüft. Im TV-Bereich geht es zusätzlich um die nachträgliche Feststellung der tatsächlich erreichten Leistung, also letztendlich darum, festzustellen, ob die agenturspezifische Prognose und Optimierung auch zum entsprechenden Erfolg (= Werbedruck) geführt hat.

Kapitel 5

Erforschung und Kontrolle der Werbewirkung

Das Ziel jeder Werbung ist es, eine Wirkung auf das Verhalten von Konsumenten zu erzielen: Sie sollen das beworbene Produkt kaufen oder die beworbene Dienstleistung in Anspruch nehmen. Doch die Erforschung, Messung, Prognose und das gezielte Hervorrufen von Werbewirkungen gehört zu den schwierigsten Bereichen in dem gesamten Prozess der Marketing- und Werbeplanung.

Auch die Mediaplanung muss sich mit Werbewirkung auseinander setzen. In diesem Kapitel sollen einige Grundlagen der Beschäftigung mit Werbewirkungen erörtert werden. Es soll gezeigt werden, welche Modelle und Theorien der Medienwirkungsforschung bei der Mediaplanung relevant und hilfreich sind. Außerdem wollen wir die Möglichkeiten der Werbewirkungs- und Werbeerfolgskontrolle aufzeigen. Die Befunde der Werbewirkungsforschung sind umfangreich und manchmal nicht einfach auf einen Nenner zu bringen. Deshalb müssen wir hier auf eine umfassende Darstellung von Befunden verzichten und stattdessen auf die spezielle Literatur zu diesem Themenkomplex hinweisen (dazu eine ausführlichere Literaturempfehlung im Anhang). Beginnen wollen wir mit einigen grundsätzlichen Überlegungen, die helfen sollen, das oft sehr unspezifische Phänomen Werbewirkung näher einzugrenzen.

5.1 Einige grundsätzliche Überlegungen zum Thema Werbewirkung

Wirkung = kausale Einflussnahme einer Variablen auf eine andere

Probleme: nicht immer isolierbar, Richtung schwierig

Generell ist eine Wirkung eine kausale Beziehung zwischen mindestens zwei Variablen. Ein ganz einfaches Beispiel ist die Anzahl der gefahrenen Kilometer und ihre Wirkung auf den Neuwagenkauf. Es ist oft schwer, einen solchen eindeutigen Zusammenhang bzw. dessen kausale Richtung festzustellen, da meist zahlreiche andere Faktoren ebenfalls einen Einfluss auf die Zielvariable haben bzw. es nicht immer klar ist, welche Variable die Ursache und welche die Wirkung ist.

Schwache Wirkungen

Was viele Menschen irritiert, ist die Schwäche von Werbewirkungseffekten. Manche Effekte, die sich in experimentellen Laborstudien haben beobachten lassen, zeigen oft nur eine geringe Stärke auf einige Teilaspekte der Markenwahrnehmung und -beurteilung. Dass solche schwachen Effekte trotzdem verhaltenswirksame Folgen haben, soll folgendes Bild verdeutlichen: Angenommen, man hat zwei absolut gleich schwere Gewichte auf einer Waage, die exakt ausbalanciert ist. Wenn jetzt auf die eine Waagschale eine Feder gelegt würde, kann sich die Waage in diese Richtung neigen. So leicht die Feder auch ist, bei genau gleichen Gewichten kann sie einen Unterschied machen. Stellen wir uns dies übertragen vor: Jemand muss eine Entscheidung zwischen zwei absolut identischen Produkten treffen. Beide unterscheiden sich nicht in ihrer Qualität,

Funktion und ihrem Preis. Wenn jetzt eine Werbung erreichen würde, das eine Produkt mit einem wie auch immer aussehenden kommunikativen Mehrwert zu versehen – sei es ein gutes zusätzliches Argument oder vielleicht nur eine flüchtige Assoziation mit positiven Bildern oder Erinnerungen – dann kann sich die Waage ebenfalls zu Gunsten dieses Produktes neigen. Unsere Entscheidung, die uns eventuell gar nicht klar ist oder zufällig erscheint, wurde verändert, allerdings durch eine schwache Wirkung. Geschieht eine solche schwache Wirkung gleichzeitig bei vielen Menschen, kann sie durchaus einen beobachtbaren Unterschied in den Verkaufszahlen des beworbenen Produktes hervorrufen.

Auch schwache Wirkungen können bei gleichen oder ähnlichen Produkten den Ausschlag geben

Heutzutage haben sich viele Produkte angeglichen und besitzen oft nur wenige klare Produkteigenschaften, die zu einer Differenzierung beitragen. Man denke nur an Waschmittel: Ob das eine Mittel besser ist als das andere, kann der normale Konsument heute kaum beurteilen. Oder die oft gemachte Erfahrung der Marktforschung, dass bei einem Blindtest selbst überzeugte Markenverwender ihre Lieblingszigarette oder das Lieblingsbier nicht von Konkurrenzprodukten unterscheiden können.

VIELE UNTERSCHIEDE, DIE BEI EINEM KAUFAKT AUSSCHLAGGEBEND SEIN KÖNNEN, WERDEN DURCH KOMMUNIKATION (ALSO DIE WERBUNG) GESCHAFFEN.

Es spielt dafür keine Rolle, ob das den Konsumenten bewusst ist oder nicht. Doch gibt es auch Kaufentscheidungen, die sehr gründlich überlegt werden, wo viele Informationen gesammelt und wohl abgewogene, rationale Urteile getroffen werden.

Konsumenten nehmen nicht immer Unterschiede wahr, die von Werbung geschaffen wurden

Klassisches Beispiel: Autokauf

Dafür nehmen sich viele Menschen bis zu zwei Jahre Zeit. Die Produkte sind weit davon entfernt, austauschbar zu sein. Welchen Einfluss können schwache Werbewirkungen hier haben? Im Grunde ist die Situation ähnlich: Auf der einen Waagschale ist ein Produkt mit zahlreichen Eigenschaften, denen vom Konsumenten eine jeweilige Bedeutung bzw. Gewichtung zugewiesen wird. Auf der anderen Waagschale ist ein anderes Produkt mit einem ganz anderen Bündel von Eigenschaften. Auto A verbraucht z.B. wenig Benzin, fährt aber nicht schnell, bei Auto B ist das umgekehrt. Sowohl Geschwindigkeit als auch Benzinverbrauch sind für den Konsumenten wichtig, weshalb die beiden unterschiedlichen Automodelle für ihn gleichwertig sind. Wenn jetzt die Werbung für Marke A einen potenziellen Käufer auch nur ein bisschen davon überzeugt, dass geringer Benzinverbrauch wichtiger sei als hohe Geschwindigkeit, ist das nur eine schwache Wirkung auf eines von vielen Beurteilungskriterien. Doch diese Veränderung führt zu einer verbesserten Beurteilung von Marke A (mit dem geringen Verbrauch). Die geringe Wirkung liefert den entscheidenden Impuls für die letztendliche Kaufentscheidung.

Dies gilt auch für hochwertige Produkte, über die sich Konsumenten intensiv informieren

Wirkungen auf Mikro- und Makroebene

Psychologen beschäftigen sich in der Regel mit den Wirkungen von Kommunikation auf das Individuum, und dessen Verhalten ist nicht kausal vorhersagbar. Aber jedes Phänomen lässt sich auf einer Mikro- und einer Makro-Ebene beschreiben und analysieren.

> EINE MIKRO-EBENE BESCHREIBT EINZELNE ELEMENTE ODER INDIVIDUEN, WÄHREND DIE MAKRO-EBENE GRÖSSERE KOMPLEXE VON ELEMENTEN ODER POPULATIONEN UMFASST.

Mit jeder neuen Makro-Ebene kommen Erkenntnisse hinzu, die auf den unteren Ebenen nicht zu erkennen sind (analog dem alten Grundsatz der Gestaltpsychologie: „Das Ganze ist mehr als die Summe seiner Teile"). Allerdings müssen zahlreiche Detail-Informationen bei jeder Analyse auf höherer Ebene ausgeblendet werden.

Auf der Makro-Ebene kumulieren sich die im Einzelnen nicht vorhersagbaren Ergebnisse der Mikro-Ebene zu beobachtbaren Trends

Auch wenn die Medienwirkungen auf einzelne Individuen nicht vorhersagbar sind und von Fall zu Fall völlig unterschiedlich sein können, gibt es jedoch gewisse Übereinstimmungen, Häufungen und Regelmäßigkeiten auf der Makro-Ebene, die zu gesellschaftlichen Trends oder quantitativ beobachtbaren Kennzahlen (z.B. Absatz und Marktanteile eines Produktes) führen.

Die Erforschung dieser Wirkungen von Massenkommunikation erfordert eher quantitative Methoden (repräsentative Befragungen, quantitative Inhaltsanalyse großer Mengen von Medieninhalten, Vergleiche mit externen Daten).

5.2 Die Ebenen der Werbewirkung

Werbung zielt immer auf eine Wirkung ab: Eine Verhaltensänderung soll bewirkt werden. Um eine solche Verhaltensänderung zu erreichen, muss Werbung zuvor erst andere Ziele erreichen.

Eine klassische Darstellung dieses Prozesses liefert die so genannte (vielen Leser/innen möglicherweise auch aus der Verkaufspraxis bekannte) AIDA-Formel. Nach ihr muss Werbung nacheinander die folgenden Ziele beim Konsumenten erreichen:

Noch immer gültiges Modell: die AIDA-Formel

A = Attention (Aufmerksamkeit)
I = Interest (Interesse)
D = Desire (Verlangen)
A = Action (Handeln)

Verschiedene Wissenschaftler haben ähnliche Stufenmodelle aufgestellt, die komplexer, aber unanschaulicher sind und meistens mehr als vier Stufen haben.

5.2.1 Der Prozess der Werbewirkung und seine Elemente

Die grundlegende Abfolge wirksamer Werbung vom Erreichen des Konsumenten bis zum Kauf

Fast alle dieser Modelle enthalten zumindest die folgenden Stufen:
1. Ich muss mit meiner Werbung den Konsumenten **erreichen.**
2. Ich muss mit meinem Werbemittel die **Aufmerksamkeit** des Konsumenten **erregen.**
3. Meine Werbebotschaft muss **ins Gedächtnis** des Konsumenten **gelangen** und dort **gespeichert** werden.
4. Die Werbebotschaft **beeinflusst** die Einstellung des Konsumenten zu meinem Produkt in **positiver** Weise.
5. Diese positive Einstellung führt zu einer **Verhaltensänderung**, d.h. zu einem Kaufakt.

Die Zwischenstufen können u.U. schwer messbar sein

Einige Forscher vertreten die These, dass Werbung unter Umständen auch direkt eine Verhaltensänderung erzeugen kann, ohne die Stufen drei und vier zu durchlaufen. Allerdings ist das eher ein Problem der Messung dieser Stufen. Denn auch bei einem durch Werbung verursachten Impulskauf kann es zuvor beim Rezipienten zu einer Speicherung im Gedächtnis und einer Urteilsbildung kommen, die vielleicht nur nicht ins Bewusstsein gelangt ist. Solche „unbewussten" Verarbeitungsprozesse sind natürlich schwer oder gar nicht messbar.

Aber auch der bewusst verlaufende Werbewirkungsprozess ist sehr komplex und kann nicht in allen seinen Fassetten beobachtet und gemessen werden. Ebenso gibt es keine Garantie, dass der Werbungtreibende die angestrebte Wirkung wirklich erzielt: Seine Werbung kann ebenso wirkungslos sein oder andere, im schlimmsten Fall sogar gegenteilige Wirkungen hervorrufen.

Beeinflussende Elemente der Werbewirkung

Es gibt vier Elemente, die den Werbewirkungsprozess beeinflussen:
- Das **Werbemittel** bzw. die **Werbebotschaft**: Über die Wirkung verschiedener Gestaltungsmerkmale von Werbemitteln und -botschaften gibt es eine umfangreiche Forschung. Da wir als Mediaplaner auf die Gestaltung eines Werbespots oder einer Anzeige aber in der Regel keinen Einfluss haben, werden wir diesen Teil der Werbewirkungsforschung hier nicht behandeln. Wer sich damit intensiver beschäftigen will, findet im Anhang einige Literaturhinweise.
- Das beworbene **Produkt**: Auch jeder Kontakt mit dem Produkt/der Marke (Sichtkontakt im Laden, Verwendung, Erfahrungen anderer mit dem Produkt etc.) oder dem Unternehmen und seiner Mitarbeiter (Berichterstattung in den Medien, Erfahrungen mit anderen Produkten des Unternehmens, Kontakt mit Verkaufs- und Servicepersonal etc.) kann die Einstellung und das Kaufverhalten des Konsumenten beeinflussen, meistens sogar in wesentlich stärkerem Maße, als es ein bloßer Werbekontakt vermag. Alle Aspekte des **Marketing-Mix** (Produkt, Preis, Distribution, Kommunikation) und des **Kommunikations-Mix** (Verkaufsförderung, Public Relations, Direktmarketing,

Sponsoring etc.) wirken oft parallel zu den Werbemaßnahmen. Ihr Erfolg kann von denen der Werbung selten getrennt werden.

- Der **Rezipient**: Jeder Mensch hat andere Erfahrungen mit Produkten gemacht, hat andere Erwartungen und Bedürfnisse, nutzt und verarbeitet Medieninformationen anders. Eine generelle Werbewirkung gibt es nicht, aber aus vielen individuellen Einzel-Wirkungen auf einer Mikroebene entstehen allgemeine Regelmäßigkeiten, Häufungen und Trends auf einer Makroebene. Je nach gewählter Analyseebene interessieren sich Werbewirkungsforscher für individuelle Veränderungen beim Rezipienten oder sie blenden sie völlig aus und betrachten nur aggregiertes Verhalten oder ökonomische Kenngrößen (z.B. Abverkäufe).
- Das **Umfeld**, in dem der Werbekontakt stattfand: In welchem Zusammenhang es zu einem Werbekontakt kam, kann sehr bedeutsam für die Wirkung sein. Lenkt die Umwelt von der Verarbeitung der Werbebotschaft ab oder wird sie gefördert? Umfeld meint sowohl die Situation, in der sich der Rezipient befindet (Nebenbeschäftigungen, Stimmung, Anwesenheit von anderen etc.), als auch das mediale Umfeld (Zeitschrift, Zeitung, Artikel neben den Anzeigen, TV-Sendung, andere Werbespots im Block etc.). Nur auf Letzteres können wir als Mediaplaner mitunter versuchen, gezielt Einfluss zu nehmen.

Das mediale Umfeld ist das einzige, auf dem Mediaplaner Einfluss haben – die anderen können nur mitbedacht werden

5.2.2 Das Fünf-Ebenen-Modell für Wirkungsanalysen

Das Schema in Abb. 5.1 verdeutlicht, welche Ebenen des Werbewirkungsprozesses für Werbungtreibende von Interesse sind und wie diese miteinander verflochten sind. Es sind die Analyseebenen der verschiedenen Ansätze der Werbewirkungsforschung. Wie viele und welche Ebenen miteinander in Beziehung gebracht werden, ist von Ansatz zu Ansatz unterschiedlich.

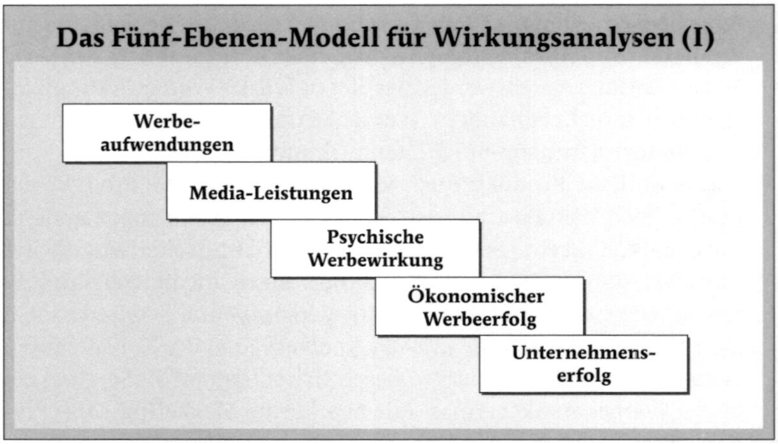

Abb. 5.1: Das Fünf-Ebenen-Modell für Wirkungsanalysen (I)

1. **Werbeaufwendungen:** Wie viel Geld wurde in Werbung investiert und für welche Medien? Dies ist die Ausgangsbasis für alle weiteren Ebenen. Wie viel der eigene Kunde ausgegeben hat, ist der Agentur bekannt. Wie viel die Konkurrenz ausgab, erfährt man aus der Werbestatistik von A.C.Nielsen S+P.

   Ausgangsbasis: Rechnerische Summe der Aufwendungen

2. **Medialeistung:** Für dieses Geld wurde eine bestimmte Medialeistung erkauft (Reichweite, Kontaktzahl, GRP). Jede Agentur muss für ihre Kunden eine Analyse von Werbeaufwendungen und Medialeistung aufstellen (Reporting, Rating-Kontrolle etc.). Die Daten dazu werden von den Werbeträgern oder gemeinsamen Studien geliefert. Über Werbewirkung ist damit noch nichts gesagt.

   Welche Medialeistung wurde für den Betrag erworben?

3. **Werbewirkung:** Hat diese Werbung und die erkaufte Medialeistung nun etwas in den Köpfen der Rezipienten (= Empfänger) bewirkt? Können sich nach der Schaltung mehr Menschen an meine Werbung, an meine Marke und ihre Eigenschaften erinnern? Hat sich das Image meiner Marke verbessert? Ist die Kaufbereitschaft gestiegen? Alle diese Fragen lassen sich in der Regel nur mit eigenen Untersuchungen klären. Ob solche psychischen Effekte aber tatsächlich zu einer Verhaltensänderung geführt haben, darüber kann auf dieser Ebene noch keine Aussage getroffen werden. (Die psychische Werbewirkung wird auch als vor-ökonomische Werbewirkung bezeichnet.)

   Was hat die Medialeistung in den Köpfen der Verbraucher bewirkt?

4. **Werbeerfolg:** Wurden von dem beworbenen Produkt nun mehr Einheiten verkauft? Hat sich mein Marktanteil verbessert? Wie viele Bestellungen kamen durch eine Coupon-Werbung zu Stande? Wie viele Verträge wurden abgeschlossen? Diese Fragen befassen sich nicht mit den psychischen Werbewirkungen, sondern mit dem ökonomischen Erfolg von Werbemaßnahmen. Auch hier handelt es sich natürlich um Wirkungen, um sie aber von den psychischen Wirkungen abzugrenzen (mit denen sie nicht gleichzusetzen sind!), sprechen wir hier von Werbeerfolg. Die Daten für eine Werbeerfolgskontrolle liefert mir mein eigenes Unternehmen (Aufträge, Lieferungen, Einzahlungen, Vertragsabschlüsse, Bestellungen) oder Marktforschungsinstitute (Marktanteile, z.B. aus dem GfK-Handels- und Haushaltspanel, Nielsen-Single-Source, etc.).

   Hat sich die Wirkung auf die Verbraucher in die Veränderung von ökonomischen Größen umgesetzt?

5. **Unternehmenserfolg:** Ein Werbeerfolg führt aber noch nicht zwangsläufig auch zu einer positiven Bilanz für das werbende Unternehmen. Werbung ist nur ein Faktor für unternehmerischen Erfolg, allerdings kann sich nur ein erfolgreiches Unternehmen auf Dauer Werbung leisten.

   Führt die ökonomische Umsetzung auch zu einem unternehmerischen Erfolg?

   Ein umfassendes Marketing- und Kommunikations-Controlling ist deshalb für ein Unternehmen notwendig: Daten über Werbewirkung und Werbeerfolg werden mit den Kosten (Werbeaufwendungen, Produktionskosten, variable und fixe Kosten) und absatzbezogenen Daten (Abverkauf nach Volumen und Wert, Umsatz, Gewinn) in Verbindung gebracht (Deckungsbeitragsrechnung etc.).

FÜR VIELE KLEINE BETRIEBE REICHT DIE ANALYSE DER EIGENEN WERBEAUFWENDUNGEN UND DES ÖKONOMISCHEN BETRIEBSERFOLGS AUS.

Kleine Unternehmen können Erfolg oft unmittelbar messen

Beispielsweise für einen lokalen Bauunternehmer, der in den Lokalzeitungen Werbung geschaltet hat, rechnen sich die Werbeausgaben mitunter schon, wenn er dadurch nur wenige lukrative Aufträge bekommen hat. Fragen wie Medialeistung oder Werbewirkung sind für ihn deshalb irrelevant.

GROSSE MARKENARTIKLER SOLLTEN JEDOCH MÖGLICHST VIELE DER FÜNF EBENEN IN IHRE WIRKUNGS- UND ERFOLGSKONTROLLEN MIT EINBEZIEHEN.

Große Unternehmen sind auf Grund komplexeren Geschehens auf die detaillierte Analyse angewiesen

Diese fünf Stufen müssen nicht zwangsläufig aufeinander folgen. Produkte können erfolgreich sein, auch wenn ihre Werbung wirkungslos ist (Gründe können z.B. sein: Verkaufsförderung, äußere Faktoren, Wettbewerbsaktivitäten). Einem Unternehmen kann es insgesamt schlecht gehen, auch wenn eine Kampagne erfolgreich lief (z.B. Preiskampf, Verluste durch andere Produkte etc.). Medialeistung muss nicht zwangsläufig zur Werbewirkung führen (z.B. Streuverlust, Fehler in der Planung, Ansprache der falschen Zielgruppe, Wirkungslosigkeit des Werbemittels).

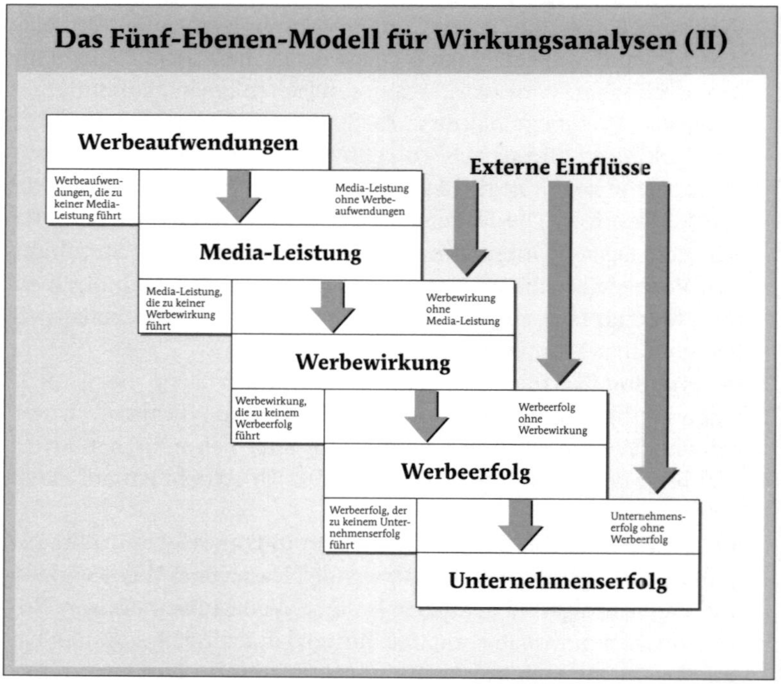

Abb. 5.2: Das Fünf-Ebenen-Modell für Wirkungsanalysen (II)

Auf der anderen Seite kann Werbung aber auch Effekte haben, die nicht in meinem Interesse liegen (z.B. fördert meine Werbung die gesamte Produktgattung und hilft damit auch meiner Konkurrenz oder es kann negative Wirkungen geben). Das Schaubild 5.2 soll dies alles noch einmal systematisch verdeutlichen.

Negative Effekte sind ebenso möglich

Wichtig ist bei allen Ebenen das Einbeziehen der Konkurrenz-Aktivitäten. Für die einzelnen Ebenen gibt es Kennziffern:

Auf allen Ebenen muss die Konkurrenz mit betrachtet werden

1. Werbeaufwendungen: **Share of Advertising** (SoA) – Anteil der Werbeaufwendungen eines Unternehmens/Marke an den Gesamtwerbeaufwendungen in der relevanten Kategorie (in Prozent)
2. Medialeistung: **Share of Voice** (SoV) – Anteil der einzelnen Werbungtreibenden an den Kontakten in der relevanten Zielgruppe, die durch die Gesamtwerbeaufwendungen in der relevanten Kategorie erreicht wurden (in Prozent)
3. Werbewirkung: **Relative Markenbekanntheit** in der relevanten Zielgruppe (in Prozent) und/oder Werbeerinnerung
4. Werbeerfolg: **Share of Market** (SoM) – Anteil der einzelnen Marken an allen verkauften Einheiten (bei Dienstleistern: Anteil der Unternehmen an der Gesamtkundenzahl) in der relevanten Kategorie (in Prozent)
5. Unternehmenserfolg: Es gibt in der Betriebs- und Volkswirtschaftslehre zahlreiche Möglichkeiten, die Leistung von Unternehmen zu vergleichen. Dies kann hier nicht erörtert werden. Eine wichtige Methode ist aber das **Benchmarking**: Man vergleicht die eigenen Ergebnisse mit optimalen Zahlen (in der Regel die Werte anderer, sehr erfolgreicher, Unternehmen), um sich daran zu orientieren.

Nun soll gezeigt werden, welche Analyse-Ansätze welche Ebenen des Wirkungsprozesses mit einbeziehen.

Welche Analyseansätze beziehen welche Ebenen der Wirkung mit ein?

1. Werbeaufwendungen und Medialeistung → Situationsanalysen, Rating-Kontrollen, Kampagnen-Reporting,
2. Reine Werbewirkungsuntersuchungen → Werbemittel-Tests, Kampagnen-Pretests, Grundlagenforschung),
3. Werbeaufwendungen, Medialeistung und Werbewirkung → Kampagnenkontrollen, Tracking-Studien, High-Spending-Tests, Werbewirkungsprognosen (wenn psychische Werbeindikatoren erhoben),
4. Werbeaufwendugen, Medialeistung und Werbeerfolg→ wie 3., jedoch statt psychischen nur ökonomische Indikatoren,
5. Eine Kombination von 3. und 4. → Es werden also sowohl psychische wie ökonomische Indikatoren mit den Aufwendungen und der Medialeistung in Beziehung gesetzt. Solche Analysen werden, wenn überhaupt, meist nur für den internen Gebrauch angefertigt und nicht veröffentlicht. Verlage und Fernsehsender veröffentlichen allerdings gelegentlich generalisierende Ergebnisse aus solchen Studien.
6. Werbeaufwendungen, Werbeerfolg und/oder Unternehmenserfolg.

Werbeaufwendungen und betriebliche Kenngrößen lassen sich in Beziehung setzen

Es gibt zahlreiche Modelle, die Werbeaufwendungen mit anderen betriebswirtschaftlichen Kenngrößen in Beziehung setzen. Sie dienen u.a. dazu, Werbebudgets festzusetzen. Solche Deckungsbeitragsrechnungen oder Return of Investment-Analysen sind in erster Linie für die strategische Unternehmensplanung und das Finanzcontrolling relevant und werden deshalb hier nicht weiter behandelt.

5.2.3 Arten von Untersuchungsansätzen

Es gibt drei Klassen von Untersuchungen zur Werbewirkung, die unterschiedliche Funktionen besitzen:

Oft nicht marken- bzw. kampagnenspezfisch, aber öffentlich zugänglich, nicht unbedingt widerspruchsfrei

- **Grundlagenforschung**: Studien, die generalisierende Ergebnisse produzieren sollen. Auftraggeber sind z.B. Universitäten, Medienanbieter etc. Diese Daten sind oft nicht marken- und kampagnenspezifisch, werden dafür aber veröffentlicht und stehen deshalb allen zur Verfügung. Allerdings widersprechen sich viele dieser Studien. Da Werbewirkung ein sehr komplizierter Prozess ist, ist es kaum möglich, einfache Wirkungsgesetze zu formulieren.

	Reine Wirkungsstudien	**Werbeaufwendungen, Medialeistung und Werbewirkung**	**Werbeaufwendungen, Medialeistung und Werbeerfolg**
Grundlagenforschung	Experimentelle Studien, Blick-Aufzeichnungsexperimente	„Qualitäten der Fernsehwerbung“(ARD/ZDF), „Qualitäten der Radiowerbung“ (ARD/RMS), TIME-Seagram-Studie, AdTrend (SAT.1), Werbewirkungskompass (IP)	J.P. Jones: „When Ads Work“, ökonometrische Studien, Werbewertformel
Kontrolle	Copytests	Tracking-Studien (z.B. GfK-Werbeindikator, NIKO-Werbeindex)	Interne Analyse von Abverkäufen, Marktanteilen etc., Responsekontrolle
Prognose	Pretests, Gruppendiskussionen	Motiv-Tests (z.B. Feldexperimente), High-Spending-Tests, Mediamix-Tests	Testmärkte, elektronische Mikromarkt-Tests (z.B. GfK-BehaviourScan), Werbewertformel, ökonometrische Prognosemodelle, agentureigene Prognose-Tests

Abb. 5.3: Analyse-Ansätze

- **Kampagnenkontrollen**: Eine tatsächliche Kampagne wird begleitend untersucht, um ihren Erfolg zu kontrollieren. Diese Analysen beziehen sich nur auf die konkrete Kampagne und werden deshalb von Agenturen oder Kunden in Auftrag gegeben (Tracking-Studien), gelegentlich auch von Medienanbietern, um einen bestimmten Kunden von der Leistungsfähigkeit der eigenen Werbeträger zu überzeugen (z.B. Copytests, Resonanz-Analysen). Ihre Ergebnisse stehen nur in Ausnahmen der Öffentlichkeit zur Verfügung. Sie werden parallel zur laufenden Kampagne oder danach (auch Ex-Posttest oder Posttest genannt) durchgeführt.

Meist nicht öffentlich, sondern z.B. als Tracking-Studie nur für die Auftraggeber bestimmt

- **Prognosemodelle**: Diese Studien und Analysen sollen helfen, den Erfolg einer geplanten Kampagne vorherzusagen. Dies geschieht entweder, indem das Werbemittel vor dem Beginn der eigentlichen Kampagne (auch Ex-Ante-Test genannt) experimentell getestet wird (Pretests, Testmärkte) oder eine spezielle Media-Strategie kurzzeitig bzw. in einem begrenztem Gebiet eingesetzt wird, um in Erfahrung zu bringen, ob sich ein umfassenderer Einsatz lohnt (z.B. High-Spending-Test, Mediamix-Test).

Erfolgsvorhersage von Kampagnen durch Pretests oder auf Testmärkten

In der Tabelle in Abb. 5.3 sind die wichtigsten Untersuchungsansätze der Werbewirkungsforschung und einige Grundlagenstudien bzw. Standardinstrumente aufgeführt.

5.2.4 Wesentliche Untersuchungsformen

Während für Werbeaufwendungen (A.C.Nielsen S+P) und Medialeistung (MA, AGF/GfK-Fernsehforschung) allgemein zugängliche Daten vorliegen und jedes Unternehmen über Daten zum Werbeerfolg verfügt (Abverkäufe, Bestellungen, Verträge) bzw. diese von Marktforschungsinstituten (Marktanteile, Käufe im Haushalt etc.) kaufen kann, benötigt man für die Werbewirkung zusätzliche Daten. Diese müssen von Marktforschungsinstituten erhoben werden, entweder in Einzelstudien (auch Ad-Hoc-Studien genannt, die nur für einen Kunden durchgeführt werden), oder regelmäßig stattfindenden Wellen-Befragungen.

Daten zur Werbewirkung sind oft nicht allgemein verfügbar, sondern müssen erhoben werden

WELLEN-BEFRAGUNGEN WERDEN AUCH TRACKING-STUDIEN GENANNT.

5.2.4.1 Tracking-Studien

Zahlreiche Marktforschungsinstitute bieten regelmäßige repräsentative Wellen-Befragungen (so genannte Tracking-Studien) an, bei denen standardmäßig Werbeindikatoren (siehe unten) für diverse Produktgattungen abgefragt werden. Werbungtreibende können sich an diesen Studien beteiligen. Die Daten werden nur den zahlenden Kunden zur Verfügung gestellt. Die Intervalle, in denen die Wellen durchgeführt werden, sind von Institut zu Institut unterschiedlich. Für eine Werbewirkungskontrolle benötigt man Daten vor Kampagnenbeginn als Basismessung

Regelmäßige Abfrage von Werbeindikatoren für zahlende Kunden von Mafo-Instituten

(Nullmessung), außerdem Daten während der Kampagne und eventuell danach. Die Basismessung ist notwendig, da kaum eine Marke bei Null anfängt, d.h. die Marke ist bereits bekannt, und Ziel der Werbung ist es, z.B. diese Markenbekanntheit (bzw. andere Indikatoren) zu erhöhen. Die wichtigsten Standard-Tracking-Studien sind:

Wichtigste Tracking-Studien

- GfK-Werbeindikator,
- ICON Tracking,
- IVE-Werbemonito und
- NIKO-Werbeindex (in Zusammenarbeit mit EMNID)

Grundlagenstudien zu Produktgruppen

Der TV-Vermarkter IP Deutschland bietet, ebenso wie der SAT.1-Vermarkter SevenOneMedia, eine eigene Tracking-Studie an. Hier entscheiden die Auftraggeber, welche Produktgruppen erhoben werden. Bei diesen Studien handelt es sich in erster Linie um Grundlagenstudien, deren generalisierte Ergebnisse (ohne Nennung von Marke und Kampagne) veröffentlicht werden. Allerdings werden nur Daten für eine begrenzte Anzahl von Marken erhoben. Werbungtreibende haben offiziell keinen Einfluss darauf, ob ihre Marken erhoben werden. Wenn eine Marke aber in die Untersuchung aufgenommen wird, bieten die Auftraggeber spezielle Präsentationen für die betreffenden Werbungtreibenden an (wobei die Namen der ebenfalls erhobenen Konkurrenzmarken nicht preisgegeben werden). Die Studien sind:

- Der **IP-Werbewirkungskompass WWK**: Hier werden nur wenige Produktbereiche (die dafür möglichst vollständig) abgefragt.
- **AdTrend von SevenOneMedia**: Die Anzahl der Produktbereiche ist größer, allerdings werden pro Bereich nur wenige (zwei bis drei) Marken aufgenommen. Eine vollständige Abbildung des Marktes wird damit nicht erreicht.

5.2.4.2 Panel-Untersuchungen und Single-Source-Daten

Single Source bedeutet primär, dass verschiedene Daten bei den denselben Befragten erhoben werden

Single-Source-Studien bilden Ausnahmen. Der Begriff „Single Source" bedeutete ursprünglich nur, dass Informationen zu verschiedenen Bereichen bei denselben Befragten erhoben werden, so sind auch Markt-Media-Studien (VA, TdW etc.) Single-Source-Erhebungen, da Konsum- und Media-Informationen gleichzeitig abgefragt werden.

> Mittlerweile hat sich der Begriff „Single Source" auch bei Studien eingebürgert, die Mediennutzung und Werbewirkungsindikatoren bei den gleichen Befragten erheben.

Solche Studien sind sehr aufwändig und werden deshalb selten durchgeführt. Berühmtheit erlangte eine amerikanische Studie im Auftrag von TIME und dem Getränkehersteller Seagram. Im deutschen Markt lieferten die Studien „Qualitäten der Fernsehwerbung" und „Qualitäten der Radiowerbung" allgemeine Erkenntnisse über Kontaktzahl und Werbewirkung.

Eine andere Möglichkeit (wie sie bei AdTrend von SevenOneMedia genutzt wird), besteht in einer Fusion von AGF/GfK-TV-Daten und Befragungsdaten.

Ein anderer Ansatz verwendet ebenfalls Single-Source-Daten, erhebt aber anstatt psychischer Indikatoren tatsächliche Käufe. Hier wird in der Analyse ein Zusammenhang von Medialeistung und Werbeerfolg hergestellt. Die Basis ist aber nicht mehr der einzelne Befragte, sondern der Haushalt. D.h., es wird erhoben, ob es in dem Haushalt zu Werbekontakten kam und ob die beworbenen Produkte für den Haushalt gekauft wurden.

Erhoben werden psychische Indikatoren oder auch Käufe

Erkenntnisse, die mithilfe dieses Single-Source-Ansatzes ermittelt wurden, findet man in den Büchern von John Philip Jones („When Ads Work“, „Mediawerbung contra Verkaufsförderung“). Seine Forschungen zum so genannten „Recency Planning“ beruhen auf solchen Daten von A.C.Nielsen. Auch andere amerikanische Forscher verwenden Single-Source-Daten.

In Deutschland bietet A.C.Nielsen Werbeerfolgskontrollen mithilfe des Nielsen-Single-Source-Panels an. Noch vor einigen Jahren hatte auch die GfK in ihrem elektronischen Mikro-Testmarkt in Haßloch ein Single-Source-Panel (zusammen mit dem TV-Vermarkter MGM unter der Bezeichnung „MediaScan“ vermarktet). Doch aus methodischen und finanziellen Gründen wurde dieses Panel eingestellt.

In Deutschland bietet A.C. Nielsen Werbeerfolgskontrollen mit Panels an

Einen noch anderen Ansatz verfolgt die GfK im Zusammenhang mit den privaten TV-Sendern: Sie entwickelten unter dem Namen MOVE ein Konzept, bei dem Daten aus dem AGF/GfK-Fernsehpanel mit Daten aus dem GfK-Haushaltspanel fusioniert werden. Damit werden Single-Source-Daten simuliert. Neben Werbeerfolgsanalysen dient der MOVE-Datensatz zur Zielgruppendefinition für die TV-Planung: Mit MOVE, so versprachen es die Erfinder, kann man TV-Planung und -Optimierung mit tatsächlichen Käufer-Zielgruppen machen. Allerdings hat sich MOVE bisher nicht in der Mediapraxis durchsetzen können.

Die GfK funsioniert Daten aus dem Fernsehpanel mit Daten des Haushaltspanels

Diese tatsächlichen oder simulierten Single-Source-Studien bringen zahlreiche Probleme und Einschränkungen bei der Anwendung mit sich. Diese stehen in der folgenden Übersicht.

Probeme und Einschränkungen der Single-Source-Studien

Probleme von Single-Source-Studien

- Der Werbewirkungsprozess wird als „Black-Box“ behandelt: Alle Aspekte der psychischen Werbewirkung werden ausgeblendet.
- Analyseeinheit ist der einzelne Haushalt. Wer in diesem Haushalt den Kontakt mit der Werbung hatte und wer beim Einkauf und der Kaufentscheidung beteiligt war, bleibt ungeklärt. Deshalb kann man zwar einen Zusammenhang feststellen, doch eine kausale Beziehung lässt sich damit streng genommen nicht überprüfen.

- Die Qualität der Untersuchungen hängt von der Sorgfalt der Panel-Teilnehmer ab, die ihre Einkäufe mithilfe von elektronischen Scannern erfassen müssen. Die Handhabung der modernen Scanner-Geräte ist zwar heutzutage sehr einfach und benutzerfreundlich und damit wesentlich zuverlässiger als die früher üblichen Haushaltsbuch-Erhebungen. Trotzdem kann es zu einem Overreporting kommen (es werden Käufe angegeben, die gar nicht getätigt wurden). Ein Grund dafür kann die soziale Erwünschtheit sein, z.B. bei Produkten der Körperpflege. Oder es kommt zu einem Underreporting (es werden weniger Käufe angegeben, als tatsächlich getätigt wurden). Auch hier ist die soziale Erwünschtheit ein wichtiger Einflussfaktor, z.B. bei als ungesund verschrienen Süßigkeiten.
- Nicht für alle werberelevanten Produktgattungen sind Informationen möglich. Daten liegen nur für solche Einkäufe vor, die nach Hause gebracht werden und Verbrauchsgüter des täglichen Bedarfs sind. Der Auto- oder Möbelkauf fällt hier ebenso heraus wie das Eis am Stil oder der Schokoriegel, der an der Tankstelle gekauft und gleich verzehrt wird.
- Für diese Single-Source-Panels gelten auch die gleichen Probleme wie für alle Panel-Untersuchungen. Einige Kritiker befürchten, dass die Panel-Teilnehmer durch Gratifikationen und Incentives (Geschenke, Preisausschreiben, Bonus-Punkte etc.), mit denen sie zur ordentlichen und regelmäßigen Erhebung motiviert werden sollen, ihr Konsumverhalten ändern könnten, wodurch eine realistische Verhaltensbeobachtung verzerrt wird.

5.2.5 Indikatoren für Werbewirkung und Werbeerfolg

Werbewirkungen sind nicht direkt, sondern nur über Indikatoren messbar

Da der gesamte Wirkungsprozess sehr vielschichtig ist, lassen sich Werbewirkungen nicht direkt beobachten und messen. Man kann aber einzelne Indikatoren messen, die auf Teile des Wirkungsprozesses hinweisen und die sich mithilfe der Methoden der Umfrageforschung erheben lassen. Solche Indikatoren können auch verwendet werden, um konkrete Kommunikationsziele zu definieren und deren Erreichung zu messen.

5.2.5.1 Indikatoren für psychische Werbewirkung

Psychisch = vor-ökonomisch oder auch kommunikativ

Diese werden in einigen Lehrbüchern auch vor-ökonomische oder kommunikative Werbeindikatoren genannt. Die wichtigsten Werbewirkungsindikatoren sind:

Markenbekanntheit ist ein Basisziel

- **Markenbekanntheit** (= Brand Awareness): Ist die Marke im Bewusstsein der Befragten präsent? Denn nur, wenn die Marke überhaupt bekannt ist, hat sie die Chance, auch gekauft zu werden.
  Es wird zwischen aktiver und passiver Markenbekanntheit unterschieden.

- Bei der **aktiven Markenbekanntheit** erinnert sich der Befragte ohne Antwortvorgaben an die Marke, d.h., es wird mit einer offenen Frage danach gefragt (z.B. „Welche Spirituosen-Marken kennen Sie, wenn auch nur dem Namen nach?"). Man spricht auch von ungestützter Markenerinnerung. Die Reihenfolge, in der die Marken genannt werden, kann dabei bedeutsam sein.
  Die Marken, die ein Befragter spontan nennen kann, gehören zu seinem „Relevant Set". Die erstgenannte Marke bezeichnet man als „Top of Mind".

Erinnerung ohne Antwortvorgabe

- Bei der **passiven Markenbekanntheit** wird den Befragten eine Liste von allen Marken gegeben und er muss angeben, welche Marken er davon kennt. Dies wird auch als gestützte Markenbekanntheit bezeichnet. Hier muss der Befragte nicht spontan die Marken erinnern, sondern nur anhand des Namens wieder erkennen. In der Regel ist die Zahl der Marken, die bei der gestützten Abfrage wieder erkannt wird, größer als jene, die bei der ungestützten frei erinnert wird.
  Ein anderes Verfahren ist die Recognition-Messung. Dabei werden den Befragten die Original-Anzeigen gezeigt. Sie müssen dann angeben, ob sie diese Anzeigen schon einmal gesehen haben. Dieses Verfahren wird vor allem für Copytests verwendet.

Abfrage mithilfe einer Liste

Recognition-Messung = Wieder erkennen vorgelegter Anzeigen

• **Werbeerinnerung** (= Ad Awareness): Wurde die Marke in letzter Zeit in der Werbung gesehen oder gehört? Dabei unterscheidet man zwischen medienspezifischer („In welchem Medium wurde die Werbung gesehen?") und pauschaler Werbeerinnerung. Auch hier gibt es analog zur Abfrage der Markenbekanntheit die ungestützte Abfrage (auch „unaided recall" genannt) und die gestützte (= „aided recall"). Außerdem gibt es das Verfahren der Recognition: Dabei wird dem Befragten das Werbemittel (im Original, zum Teil ohne Hinweis auf die Marke) noch einmal gezeigt und gefragt, ob es schon einmal gesehen wurde.

Erinnerung an Werbung der Marke in der letzten Zeit

- Die **ungestützte Abfrage** führt immer zu geringeren Erinnerungswerten als die gestützte Abfrage bzw. die Recognition-Messung. Einige Experten meinen, die ungestützte Abfrage sei die „härteste" Methode, da nur langfristig im Gedächtnis gespeicherte Marken/Werbung auch eine Verhaltensrelevanz nach sich ziehen.
- Andere Experten halten **gestützte Methoden** für besser, da bei einer solchen Abfrage der Kontakt mit den Produkten dem gleicht, den der Konsument am Point of Sale hat.

Vor- und Nachteile von ungestützter und gestützter Abfrage werden nicht einheitlich gesehen

• **Detail-Erinnerung**: An welche Einzelheiten des Werbemittels bzw. der Werbebotschaft kann sich der Befragte erinnern? Hier kann ebenfalls gestützt und ungestützt abgefragt werden. Solche Detail-Erinnerungen liefern mitunter härtere und aussagekräftigere Daten.
Ein Beispiel: Ein Kreditkarten-Anbieter hat vor mehreren Jahren einen sehr erfolgreichen Werbespot mit einer jungen Frau im Badeanzug eingesetzt. Obwohl dieser Spot seit etlichen Jahren nicht mehr

Abfrage der Erinnerung von Details der Werbemittel – dies gilt als härteste Datenerhebung

ausgestrahlt wurde, ist er bei vielen Menschen noch präsent. Bei einer pauschalen Abfrage erinnern sich viele an Werbung des Unternehmens, die Detailabfrage fördert aber zu Tage, dass nicht die aktuelle Kampagne, sondern diese alte Badeanzug-Werbung in den Köpfen der Rezipienten ist.
Über die Wirkungsleistung der aktuellen Kampagne kann man nur Aussagen treffen, wenn man sich anschaut, wie viele Menschen sich korrekt an Details der laufenden Kampagne erinnern.

- **Einstellungen zur Marke**: Ist die Marke sympathisch, modern, attraktiv? Welche Einstellungsdimensionen für die Befragung relevant sind, hängt von den Kommunikations- und Marketing-Zielen ab.
- **Einstellungen zum Werbemittel/Gefallen der Werbung**: Hat dem Befragten die Werbung gefallen? Einige Studien belegen, dass dies ein wichtiger Aspekt im Wirkungsprozess ist, der zuverlässige Vorhersagen über den Markterfolg der beworbenen Produkte ermöglicht (z.B. Jones: „When Ads Work"). Allerdings gibt es auch Forscher, die das Gefallen der Werbung für weniger bedeutsam halten.
- **Kaufbereitschaft/Markenpräferenz**: Würde der Befragte die beworbene Marke beim nächsten Mal kaufen? Auch hier handelt es sich nur um einen Indikator, da zwischen verbal geäußerter Kaufbereitschaft und tatsächlichen Kaufentscheidungen kein automatischer Zusammenhang bestehen muss.
- **Positionierung der Marke:** Wie wird die Marke gegenüber anderen Marken wahrgenommen und bewertet? Hier gibt es zahlreiche Abfragemethoden, die mitunter Daten für sehr komplexe Analyseverfahren (Conjoint-Measurement, multidimensionale Skalierung, Korrespondenzanalyse) liefern.
- **Markenverwendung**: Dies ist zwar kein klarer Indikator für Werbewirkung, aber eine wichtige Basismessung. Neuere Studien weisen nach, dass die Verwendung einen wichtigen Einfluss auf den Werbeerfolg und die Werbewirkung hat. Es ist also bei zahlreichen Produkten einfacher, mit Werbung bei bestehenden Kunden Kaufakte auszulösen.
- **Fragen zu Produktfaktoren und Produktrisiken**: Welche Aspekte eines Produktes sind für den Befragten wichtig? Auch die Rangfolge ist hier bedeutsam. Wie werden Risiken eingeschätzt? Neben diesen allgemeinen Fragen wird in der Regel erhoben, welche Eigenschaften die beworbene Marke hat. Mithilfe aufwändiger multivariater Analyseverfahren können die Forscher feststellen, wie attraktiv das Produkt für den Befragten ist.
- **Fragen zum Preis**: Ist das beworbene Produkt seinen Preis wert? Welchen Preis wäre man bereit, dafür zu zahlen? Die Bereitschaft, für ein Produkt einen hohen Preis zu bezahlen, ist ebenfalls eine wichtige Dimension der Werbewirkung.

5.2.5.2 Indikatoren für ökonomischen Werbeerfolg

Weniger komplex sind die Indikatoren für Werbeerfolg. Sie werden entweder von den werbungtreibenden Unternehmen selbst erhoben oder von externen Datenlieferanten gekauft.

Unternehmensinterne Daten

Bei Vertriebsformen mit Zwischenstufen stellen Verkäufe an diese keine Abverkäufe dar

- Abverkäufe – nicht alle Unternehmen haben Daten dazu, da ihre Produkte über Handelspartner vertrieben werden und das Unternehmen deshalb nicht weiß, wie viel der Handel auch tatsächlich verkauft hat; in so einem Fall müssen auch diese Daten von externen Datenlieferanten bezogen werden,
- Lieferungen an Handelspartner – diese sagen nichts über Abverkäufe aus, da der Handel auch etliche Einheiten auf Lager halten kann,
- Bestellungen,
- Umsatz mit dem beworbenen Produkt,
- Vertragsabschlüsse,
- Sammlung von Adressen,
- Bei Handelsunternehmen: Umsatz in Filialen,
- Response auf Werbemaßnahmen (Teilnahme an Preisausschreiben, Rücksendung von Coupons, Anforderung von Info-Material etc.)

Je nach Produkt können weitere Parameter herangezogen werden

Externe Daten:

Wenn Informationen im eigenen Unternehmen nicht vorliegen oder auch Informationen über Konkurrenzprodukte erhoben werden sollen, benötigt man externe Daten. Diese werden von Marktforschungsinstituten erhoben, z.B. durch Erfassung in Handels- oder Verbraucher-Panels (bei Verbrauchsgütern des täglichen Bedarfs) oder durch Befragungen (bei dauerhaften Konsumgütern, Dienstleistungen, z.B. Autobesitz, Versicherungen etc.). Für einige Branchen gibt es auch allgemein verfügbare Statistiken von Verbänden. Mitunter werden Daten über die Konkurrenz geschätzt. Die wichtigsten so verfügbaren Indikatoren sind:

Externe Daten müssen meist erhoben werden, teils bieten Branchen generelle Statistiken

- Markenverwendung: Welche Marke wird zurzeit verwendet?
- Verbrauchsintensität / Kauffrequenz: Wie oft wird die Marke verwendet?
- Verbrauchte/gekaufte Menge: Wie viele Einheiten wurden von dem Produkt gekauft? Wie groß ist die durchschnittliche Menge pro Einkauf? Wie groß ist die pro Kopf verbrauchte / gekaufte Menge?
- Marktanteile: Der Anteil des Produkts/Unternehmens am Absatz aller Unternehmen der Branche; erhoben durch Handels- oder Verbraucher-Panels oder -Befragungen. Man kann Marktanteile nach Wert (Geld) oder Volumen (verkaufte Einheiten) berechnen.
- Kaufakte im Haushalt: Wie oft wurde die Marke tatsächlich gekauft? Die Daten kommen in der Regel aus den Haushalts-Panels der Marktforschungsinstitute.
- Anzahl der Wiederholungskäufe.

Diese Informationen werden nicht nur für die eigenen Produkte, sondern auch für Konkurrenzprodukte erhoben. Damit kann auch die Größe des Gesamtmarktes abgeschätzt werden.

Die Verbindung psychischer und ökonomischer Indikatoren versucht die Forschung zum Markenwert (Brand Equity).

Monetäre Bestimmung der Marke

Man versucht, den Wert einer Marke monetär zu bestimmen, d.h., „weiche“ Faktoren wie Image und Markensympathie werden in ökonomischen Größen (d.h. in Geld) ausgedrückt. Markenwert-Analysen gewinnen mehr und mehr an Wichtigkeit, nicht nur im Marketing. Gerade bei der Übernahme von Unternehmen kann der Markenwert wichtig sein.

5.2.6 Die Analyse von Zusammenhängen

Die Analyse von Zusammenhängen ist eine wichtige Aufgabe der Sozial- und Wirtschaftswissenschaften, natürlich auch für die Erforschung und Kontrolle von Werbewirkung.

Ein Zusammenhang ist dann gegeben, wenn eine Variable gemeinsam mit einer anderen Variable auftritt, d.h., es besteht eine „je...desto“-Beziehung.

Es ist angebracht, hier kurz einige Grundzüge der Analyse von Zusammenhängen zu erörtern.

5.2.6.1 Die Korrelationsanalyse

Korrelation ist ein statistischer Zusammenhang

Ein Zusammenhang wird auch als Korrelation bezeichnet. Für die Marketing-Kommunikation sind Zusammenhänge zwischen Variablen oft sehr wichtig: Gibt es einen Zusammenhang zwischen Werbeaufwendungen und Abverkäufen? Korreliert das Alter mit der Verwendung eines bestimmten Produktes?

Das Rechenverfahren hängt u.a. von der Art der Skalen ab

Der Korrelationskoeffizient liegt zwischen -1 (negativer Zusammenhang) und +1 (positiver Zusammenhang)

Es gibt zahlreiche Verfahren, mit denen man die Stärke einer Korrelation berechnen kann. Welches Verfahren angewendet werden darf, hängt von der Anzahl der Variablen und deren Datenniveau ab. So genannte Korrelations-Koeffizienten drücken in einer Zahl aus, wie stark ein Zusammenhang zwischen zwei Variablen ist. Der bekannteste Korrelations-Koeffizient von Pearson und Bravais lässt sich nur berechnen, wenn beide Variablen auf metrischem Datenniveau sind. Alle Korrelations-Koeffizienten liegen in einem Wertebereich zwischen -1 und +1. Wenn der Wert +1 ist, so liegt ein absoluter Zusammenhang vor: Das Merkmal x tritt immer zusammen mit dem Merkmal y auf. Ein negativer absoluter Zusammenhang hat den Wert –1: Merkmal y tritt nur auf, wenn Merkmal x nicht auftritt. Bei dem Wert 0 liegt überhaupt kein Zusammenhang vor. In der Realität gibt es kaum absolute Zusammenhänge, d.h., die Werte streuen zwischen -1 und 1.

Korrelation und Kausalität

Der Korrelationskoeffizent sagt nur aus, ob ein Zusammenhang besteht, d.h., die Variablen y und x treten gleichzeitig auf. Es wird aber nichts darüber ausgesagt, ob die Variable x die Ursache von Variable y ist oder umgekehrt. Eine Ursache-Wirkungs-Beziehung wird als Kausalität bezeichnet. Korrelation und Kausalität werden im Alltag oft gleichgesetzt. Dies ist aber gefährlich, da es sich bei vielen Korrelationen um so genannte Scheinkorrelationen handelt. D.h.: Es besteht zwar ein Zusammenhang zwischen zwei Variablen, aber beide Variablen werden von einer dritten Variablen (die bisher nicht bei der Analyse berücksichtigt wurde), der intervenierenden Variablen, beeinflusst. Weder ist x die Ursache für y, noch umgekehrt; vielmehr werden x und y von der Variablen z bestimmt.

Die Korrelation ist nicht zwangsläufig kausal bedingt

Ein Beispiel für eine Scheinkorrelation: Unter den Menschen, die viel fernsehen, sind mehr Brillenträger als unter jenen, die wenig TV schauen. Wenn man diesen Zusammenhang als Kausalität interpretieren würde, käme man zur folgenden Schlußfolgerung: „Hoher TV-Konsum führt zu schlechteren Augen und deshalb zum Tragen einer Brille.“ Diese kausale Hypothese ist aber falsch, da es eine Drittvariable gibt, die sowohl das Tragen einer Brille wie auch den hohen TV-Konsum ursächlich erklärt: Das Alter.

Bei einer Drittvariablen-Kontrolle werden aus einer Kreuztabelle zwei. Bei unserem Beispiel würde sich dann ergeben, dass bei jungen Menschen zwischen dem TV-Konsum und dem Tragen einer Brille kein Zusammenhang besteht. Das Gleiche gilt bei alten Menschen.

Drittvariablenkontrolle klärt Kausaliäten

Die Entscheidung, ob eine Variable eine andere ursächlich beeinflusst, kann nicht rechnerisch geklärt werden, sondern muss durch Plausibilität oder gezielte Tests entschieden werden. Wenn eine ursächliche Beziehung angenommen wird, so spricht man von einer unabhängigen Variablen (d.h., diese Variable ist die Ursache) und einer abhängigen Variablen (d.h., diese Variable drückt die Wirkung aus). Es gibt Variablen, die immer als unabhängige Variablen gelten können, z.B. das Geschlecht (das nicht durch andere Variablen geändert werden kann). Wenn Frauen eine andere Einstellung zu einem Produkt haben, dann ist die Wirkungsrichtung klar: Da das Produktverhalten nicht das Geschlecht ändern kann, so muss das Geschlecht zu einer unterschiedlichen Produktaffinität führen (allerdings nur, wenn keine Scheinkorrelation vorliegt!). Die Unterscheidung zwischen unabhängigen und abhängigen Variablen ist für viele höhere Analyseverfahren (z.B. Regression, Faktorenanalyse, Varianzanalyse etc.) wichtig.

Unabhängige und abhängige Variable

5.2.6.2 Die Regression

Bei der Regressionsanalyse handelt es sich um einen Sonderfall einer Korrelationsanalyse. Eine Regression liegt vor, wenn sich eine abhängige Variable durch eine unabhängige Variable erklären lässt. Voraussetzung ist, dass das Datenniveau metrisch ist. Die so genannte Regressionsglei-

Sonderfall der Korrelation, bei der sich eine abhängige durch unabhängige Variablen erklären lässt

chung ist ein mathematischer Ausdruck dieses Zusammenhangs. Mit ihrer Hilfe lassen sich die Werte der abhängigen Variablen vorhersagen, wenn die Werte der unabhängigen bekannt sind. Ist zum Beispiel der Werbedruck die unabhängige Variable und die Werbe-Awareness die abhängige, so kann man mit einer Regression prüfen, ob ein Zusammenhang besteht. Formuliert man diesen Zusammenhang in eine Regressionsgleichung, so kann man z.B. die Veränderung der Werbe-Awareness bei verändertem Werbedruck prognostizieren. Eine kurze schematische Darstellung, wie eine Regression funktioniert, findet sich in dem Buch „Mediaplanung für Märkte“ (siehe Literaturangabe im Anhang).

Die Regressionsanalayse erlaubt Prognosen auf Basis der Kenntnis unabhängiger Variablen

Eine einfache Regressionsgleichung lässt sich grafisch darstellen. Die so genannte Regressionsgerade stellt den Zusammenhang von unabhängiger und abhängiger Variable idealisiert dar. Die tatsächlichen Werte liegen in der Realität zumeist nicht direkt auf der Regressionsgeraden, sondern streuen stärker.

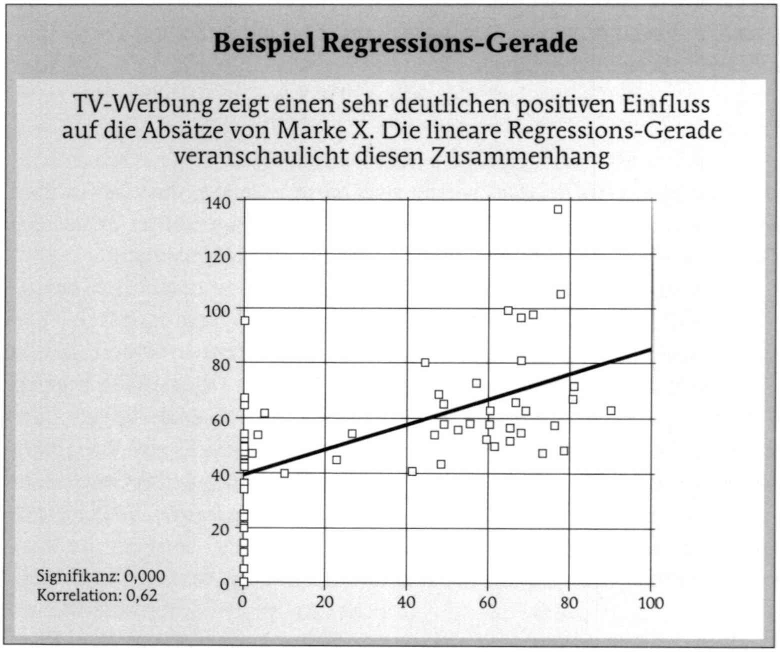

Abb. 5.4: Regressionsgerade

Hat man nur eine unabhängige und eine abhängige Variable, spricht man von einer einfachen Regression. Bei mehr als einer unabhängigen Variablen wird eine multiple Regression angewendet. Mit ihr ist man in der Lage, den Anteil jeder unabhängigen Variablen an der Erklärung einer abhängigen (= „erklärte Varianz“) zu ermitteln. Wenn man beispielsweise die Einstellung zu einem Werbespot (gemessen auf einer Intervall-Skala der Zustimmung) als abhängige Variable hat, sagt eine

Mehr als zwei unabhängige Variablen = multiple Regression, sie erlaubt die anteilsweise Erklärung (erklärte Varianz)

multiple Regression, wie groß jeweils der Einfluss der unabhängigen Variablen Alter, Geschlecht, Schulbildung und Menge des Fernsehkonsums ist. In der Regel bleibt immer ein (oft großer) Rest, der sich nicht durch die untersuchten unabhängigen Variablen erklären lässt. Hier sind andere Einflüsse im Spiel, die noch nicht identifiziert sind und man hat den Anteil nicht erklärter Varianz.

Regressions- und Korrelationsberechnungen gehören zu den Verfahren, die z.B. im so genannten Modelling bei der Analyse von Werbewirkung und Werbeerfolg eingesetzt werden.

Es bleibt in der Regel ein nicht erklärbarer Anteil (nicht erklärte Varianz)

5.2.7 Modelling

Indikatoren für Werbewirkung und -erfolg können auf unterschiedlichem Niveau analysiert werden. Oft werden nur Kurven von Werbeaufwendungen und GRP-Levels im Zeitverlauf mit Indikator-Daten auf einer Grafik dargestellt und heuristisch analysiert. Feinheiten sind so nicht erkennbar, auch Prognosen sind dadurch nicht möglich. Dafür benötigt man umfassendere statistische Analysen. Diese Art der statistischen Erforschung von Werbewirkung und Werbeerfolg hat sich auch in Mediaagenturen etabliert. Man spricht vom so genannten Modelling. Auch wenn Modelling hohes Expertenwissen und entsprechende agentureigene Tools oder Standardanalyse Software (z.B. das Statistikprogramm SPSS) erfordert, schadet es nichts, wenn ein Mediaplaner mit einigen Grundlagen des Modellings vertraut ist.

Heuristische Gegenüberstellung von Variablen in einfachen Kurven lässt keine Prognose zu

ERKENNTNISSE AUS MODELLING-ANALYSEN DIENEN ALS INPUT FÜR DIE SITUATIONSANALYSE UND DIE STRATEGISCHE MEDIAPLANUNG.

Beim Modelling werden anhand von Vergangenheitsdaten Modelle entwickelt, die auch Prognosen bei unterschiedlichen Szenarien zulassen. Dabei ist es auch möglich, nicht nur reine Werbe-Indikatoren miteinander in Beziehung zu setzen, sondern auch externe Faktoren mit einzubeziehen. Externe Faktoren sind dabei:

Erst Modelling entwickelt Prognosen aus Vergangenheitsdaten

- Veränderungen im Preis,
- Veränderungen in der Distribution,
- weitere Instrumente der Kommunikationspolitik (z.B. Verkaufsförderungsaktivitäten, Direct Mails etc.).
- Werbung für andere Marken des Unternehmens (so kann z.B. die Werbung für Maggi-Tütensuppen auch auf den Werbeerfolg von Maggi-Fertiggerichten ausstrahlen – man spricht hierbei von Ausstrahlungs- bzw. Halo-Effekten).

Die Daten für diese Faktoren werden meist auch von den großen Marktforschungs-Panels erhoben, bzw. der Kunde hält diese Daten im eigenen Haus vorrätig. Wichtig ist, dass alle Daten nicht nur für die eigene Marke (oder Marken), sondern auch für die Konkurrenz vorliegen und in die Analyse mit einfließen. Es hat sich bei vielen solcher Analysen gezeigt,

Konkurrenzwerbung ist in das Modelling mit einzubeziehen

dass Konkurrenzwerbung nicht nur einen negativen Einfluss auf den eigenen Werbeerfolg haben kann, sondern manchmal auch einen positiven: Die Werbung der Mitbewerber hat der ganzen Produktkategorie genutzt, sodass es einen Halo-Effekt auch auf die eigene Marke gab. Dazu gibt es eine Reihe von Beispielen, die man in der Literatur findet.

Datenqualität

Daten sammeln und bewerten

Ein erster Schritt beim Modelling besteht darin, die notwendigen Daten zu sammeln und deren Qualität zu beurteilen. Bei Awareness-Daten aus Tracking-Studien müssen Befragungsintervall, Fallzahl und die jeweilige konkrete Fragestellung, bzw. die erhobenen Wirkungsindikatoren beurteilt werden. Gleiches gilt für die Überprüfung der Güte der ökonomischen Indikatoren: Wie wurden sie konkret erhoben und in welchen Intervallen (Tag, Woche, Monat, Quartal, Jahr) liegen sie vor.

Daten angleichen

Die Analyse braucht einen kompletten und intakten Datensatz

Damit Daten aus unterschiedlichen Quellen zusammen analysiert werden können, müssen sie angeglichen werden, z.B. indem die Messzeitpunkte an ein einheitliches Intervall angeglichen werden (Wochen, Monate). Der Datensatz muss auf fehlende Werte untersucht und Ausreißer müssen interpretiert werden. Diese Aufbereitung der Daten ist notwendig, aber oft zeitaufwändig. Erst, wenn ein kompletter und intakter Datensatz vorliegt, kann mit den Analysen begonnen werden. Unvollständige oder unbrauchbare Daten können nicht analysiert werden, weshalb ein Modelling nicht in jedem Falle möglich oder sinnvoll ist.

Steigerung der Awareness

Steigerungen müssen immer vom Niveau des letzten Messzeitpunkts her betrachtet werden

Zu beachten ist auch, dass die Steigerung der Marken- oder Werbe-Awareness immer von dem Niveau des letzten Messzeitpunktes abhängt. Erfahrungsgemäß ist eine Steigerung der Awareness von 10 % auf 20 % im Allgemeinen leichter zu erreichen als die von 40 % auf 50 %. Da hierbei die wirksamen Steigerungsindices branchen- und markenspezifisch berechnet werden müssen, bedarf es umfangreicher Vergangenheitsdaten für die untersuchte Marke und die ihrer Mitbewerber. Dabei gilt, je mehr Datenpunkte es aus der Vergangenheit gibt, umso genauer können saisonale Einflüsse und Ausstrahlungseffekte beachtet werden und umso präziser ist der berechnete Steigerungsindex.

Analyse des optimalen Mediamix

Erkennen der Wirkung einzelner Beiträge des Mediamix

Eine wichtige Aufgabe des Modellings ist es, die Wirkungsbeiträge der einzelnen Medien in einem Mediamix zu erkennen und in Zukunft optimal zu nutzen. Voraussetzung dafür ist, dass bei den untersuchten Vergangenheitsdaten auch mehrere Medien eingesetzt wurden, am besten in unterschiedlicher Kombination. Mit zu beachten ist, wie schnell die jeweiligen Medien wirken. So können tagesaktuelle Medien wie TV, Radio und Tageszeitungen ihre Werbewirkung häufig schon am Tag der Schaltung empfangen. Die Wirkung von Publikumszeitschriften setzt erst mit einer zeitlichen Verzögerung ein, was zum einen an der langsameren Reichweiten-Kumulation liegt, zum anderen an den spezifischen Kanalqualitäten der Printwerbung. Wegen des relativ schnellen Wirkens von TV-Werbung ist es bei dieser Gattung möglich, die jeweils aufgebauten Werbedepoteffekte nachzuweisen.

Wirkungsfristen müssen beachtet werden

UNTER WERBEDEPOT ODER ADSTOCK VESTEHT MAN DEN ANTEIL DER WERBEWIRKUNG, DER AUCH NACH EINER ODER MEHREREN WOCHEN NOCH ANDAUERT.

Auch wenn Adstocks in der Werbewissenschaft nicht unumstritten sind, haben sie sich beim Modelling bewährt. In diesem Zusammenhang spricht man häufig von der so genannten „Rate of Decay“ oder Vergessensrate, welche den Rückgang der Werbeerinnerung von einer auf die nächste Zeiteinheit (je nach Datenlage Tag, Woche oder Monat) beschreibt.

Adstock als längerfristige Wirkung

Rate of Decay/ Vergessensrate

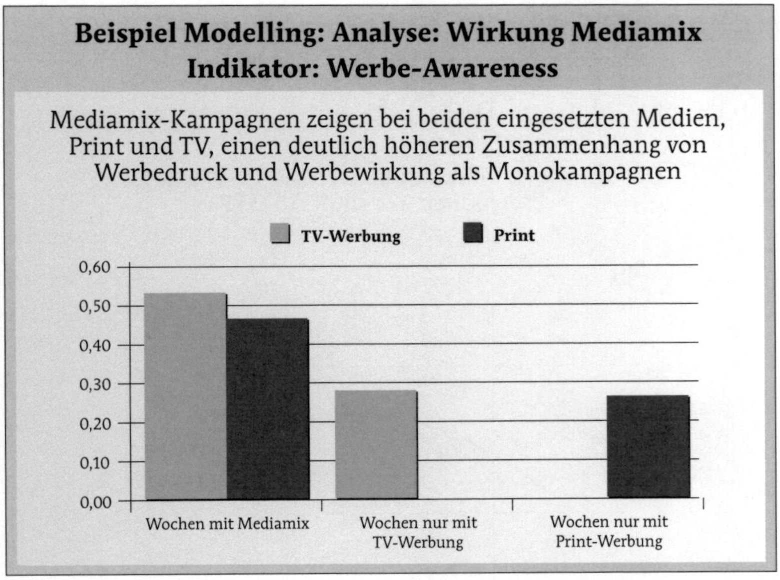

Abb. 5.5: Wirkung Mediamix (Quelle: Universal McCann)

Modelling von Absatz- und Umsatzzahlen

Absatz und Umsatz hängen, wie erwähnt, von einer Vielzahl von Faktoren ab und nur bis zu einem gewissen Teil von Werbemaßnahmen. Alle diese Faktoren müssen bei einer Analyse berücksichtigt werden und ihre Einflussgrößen lassen sich mit Korrelationsanalysen identifizieren.

Absatz und Umfang hängen von vielen Faktoren ab, zunächst sind diese Einflussgrößen zu identifizieren

Erst nach der Bestimmung und Berechnung der relevanten Einflussgrößen kann die eigentliche Wirkungsanalyse erfolgen.

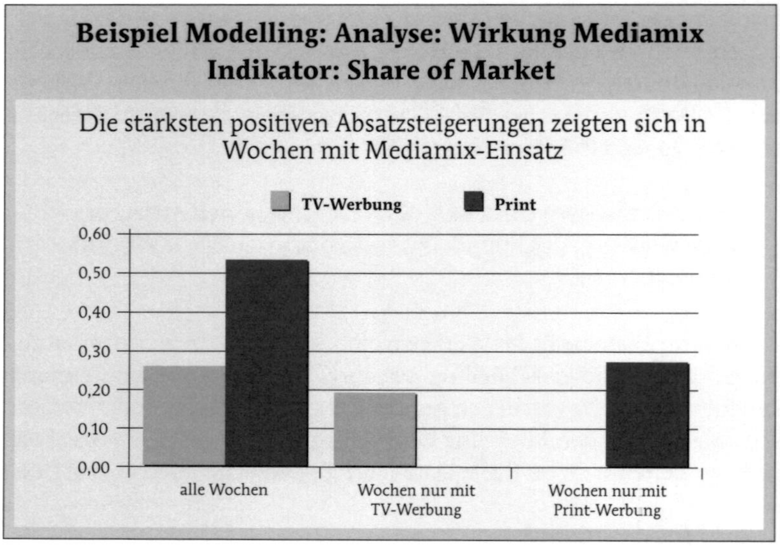

Abb. 5.6: Beispiel Abverkauf (Quelle: Universal McCann)

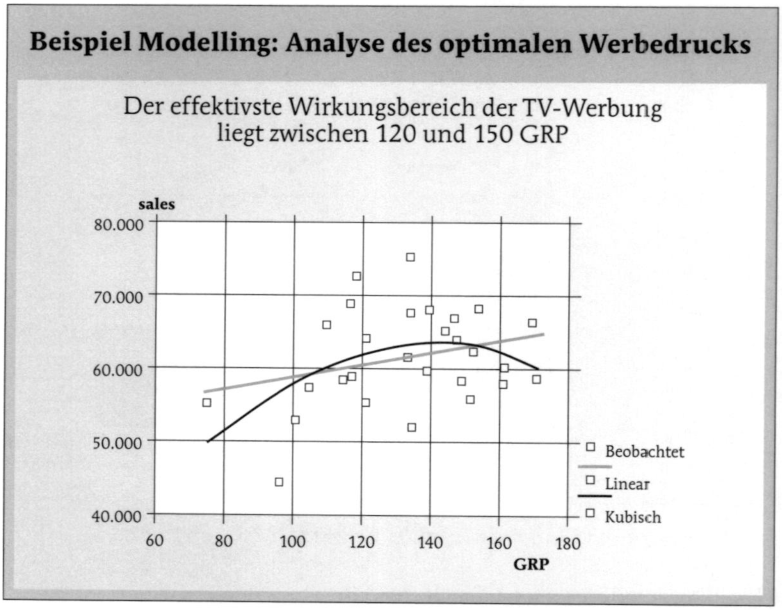

Abb. 5.7: Analyse des optimalen Werbedrucks (Quelle: Universal McCann)

Die so entwickelten Modelle erlauben Prognosen unter verschiedenen Bedingungen: Sie zeigen z.B., wie sich die Absatzzahlen bei einer Senkung des Preises oder der Erhöhung des TV-Werbedrucks verändern würden. Diese Prognosen helfen, den notwendigen Werbedruck zur Erreichung der angestrebten Marketing-Ziele abzuleiten.

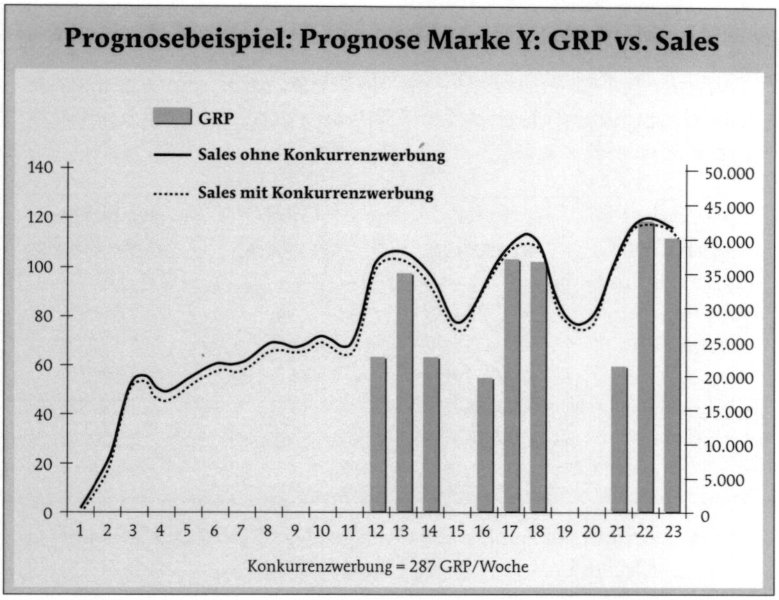

Abb. 5.8: Prognose Marke Y: GRP vs. Sales

Die markenspezifische Wirkungsanalyse mit statistischen Verfahren ermöglicht noch weitere Erkenntnisse, die für die Planung künftiger Kampagnen wertvoll sind. So ist es zum Beispiel möglich, Overspendings in der Vergangenheit zu identifizieren.

OVERSPENDING BEDEUTET: ES WURDE MEHR ALS NOTWENDIG FÜR WERBUNG INVESTIERT.

Bei der Werbung gilt nämlich nicht der Satz „Viel hilft viel“. Wie im Kapitel 4 im Zusammenhang mit der Bestimmung des optimalen Werbedrucks erörtert wurde, gibt es bei Werbung einen abnehmenden Grenznutzen:

DIE WERBEWIRKUNG WÄCHST NICHT LINEAR MIT DER KONTAKTDOSIS, SONDERN AB EINER BESTIMMTEN KONTAKTDOSIS WIRD EIN NUR NOCH GERINGER WIRKUNGSZUWACHS MIT HOHEN WERBEINVESTITIONEN ERKAUFT.

Overspending liegt in den Perioden vor, in denen zu viel Geld ausgegeben wurde und die Spendings deshalb ineffizent waren. Bei zukünftigen Kampagnen kann dann ein solches Overspending vermieden werden. Abb. 5.9 zeigt ein Beispiel, in dem die nachträgliche rechnerische Auswertung innerhalb eines Zeitraums von drei Jahren nur fünf solcher Wochen auswies.

Beispiel Modelling: Analyse von Overspend-Perioden

Overspended Times sind Wochen, in denen, unter rein statistischen Gesichtspunkten, die erreichen GRPs über den rechnerisch notwendigen liegen

Im Zeitraum 1999 bis 2001 gab es nur fünf Wochen in denen die GRPs über dem notwendigen Level lagen.

Fallnummer	GRP Marke X	vorhergesagte GRPs
KW 22/99	151	126,49
KW 01/00	169	137,05
KW 43/00	161	128,77
KW 46/00	170	129,55
KW 16/01	161	130,62

Abb. 5.9: Beispiel zur Analyse der Overspend-Perioden (Quelle: Universal McCann)

Return on Investment (ROI)

Der ROI dient nicht nur der unternehmerischen Erfolgsrechnung, sondern auch der Budgetbemessung

Bei der Analyse der Umsatzzahlen lässt sich durch ein Modelling auch herausfinden, wie sich die eingesetzten Werbegelder in steigenden Umsätzen auszahlen. Man spricht hier von einer Return on Investment-Rechnung. Diese Analysen interessieren nicht nur das Finanzcontrolling des Kunden, sondern helfen auch bei der Festsetzung eines optimalen Mediabudgets. In Zeiten knapper Werbegelder ist eine sorgfältige Return on Investment-Rechnung wichtig für die Marketing-Planung.

Abschließende Bemerkung

Soviel zum Thema Modelling. Es handelt sich sicherlich um ein Spezialistenthema und nicht jede Mediaagentur kann heute einen solchen Service ihren Kunden anbieten. Der Nutzen eines Modellings geht weit über die Mediaplanung hinaus, denn die Erkenntnisse über den Einfluss von Preis, Distribution und anderen Kommunikationsmaßnahmen gibt wichtigen Input für die Marketing- und Finanzplanung des Kunden. Doch ist es offensichtlich, dass kundenspezifisches Modelling sich über kurz oder lang als Standardleistung von Mediaagenturen etablieren wird.

5.3 Kurzes Zwischen-Resümee zum Thema Kontrolle von Werbewirkung

Die hier vorgestellten Überlegungen über Ebenen der Wirkungsanalyse, Indikatoren und Modelling sollten schon bei der Kampagnen-Planung berücksichtigt werden.

- Es sollten klare Kommunikationsziele formuliert werden. Im zweiten Schritt müssen die für diese Ziele relevanten Analyse-Ebenen und Indikatoren identifiziert werden.
- Es muss dafür Sorge getragen werden, dass diese Indikatoren auch für die künftigen Kampagnen vorliegen. Bei psychischen Indikatoren müssen gegebenenfalls entsprechende Untersuchungen in Auftrag gegeben werden. Wichtig ist dabei die Null-Messung, also eine Messung der Indikatoren vor Beginn der Kampagne.
- Andere relevante Einflussfaktoren müssen sich in Daten abbilden lassen. Wenn also der Preis wichtig für den Abverkauf ist, müssen die Preisinformationen für Analysen bereitliegen.
- Die relevanten Daten müssen sorgfältig aufbereitet und analysiert werden. Im Idealfall besteht die Möglichkeit zu einem umfangreichen Modelling mit statistischen Analysen.
- Die so gewonnenen Erkenntnisse müssen sorgfältig und unter Berücksichtigung des gesamten branchen- und markenspezifischen Know-hows interpretiert werden.
- Aus diesen Erkenntnissen sollten klare Aussagen über die Zielerreichung ableitbar sein. Dies liefert den Input zur Optimierung der laufenden Kampagne oder die Planung künftiger Kampagnen.

NUR DURCH EINEN KLAREN PROZESS VON ZIELSETZUNG, MESSUNG, ANALYSE UND LEARNINGS LÄSST SICH EFFEKTIVE UND EFFIZIENTE KONTROLLE VON WERBEWIRKUNG UND WERBEERFOLG GEWÄHRLEISTEN.

5.4 Modelle und Theorien der psychologischen Werbewirkungsforschung

Im Folgenden werden Modelle und Theorien zur Werbewirkung vorgestellt. Begriffe wie Theorie oder Modell werden in der Alltagssprache oft mit sehr unterschiedlichen Bedeutungen verwendet. Es ist sinnvoll, diese Begriffe für unsere Zwecke zunächst zu klären.

- **Theorie**: In der Wissenschaft versteht man unter einer Theorie ein System von Begriffen, Definitionen und Hypothesen, das dazu dienen soll, die Erkenntnisse über einen Bereich von Sachverhalten zu ordnen, Tatbestände zu erklären und vorherzusagen.

Theorie: Erklärung und Vorhersage

- **Hypothese**: Eine Hypothese ist eine vorläufige Aussage über Regelmäßigkeiten in einem untersuchten, klar umrissenen Gegenstandsbereich.

Hypothese: zu überprüfende Aussage

- **Modell**: Ein Modell ist eine vereinfachte Darstellung eines komplexen Sachverhaltes, das sich auf wenige Einflussfaktoren konzentriert.

Modell: vereinfachte Darstellung

- **Heuristik**: In der Alltagspraxis existieren oft zahlreiche, unwissenschaftliche Faustregeln und Annahmen (Heuristiken), die oft fälschlicherweise als Theorien, Konzepte oder Modelle bezeichnet werden.

Heuristik: vor-/unwissenschaftliche Annahme

Mit Theorien erfolgen Beschreibung, Diagnose, Prognose und Entscheidungsfindung

Theorien dienen uns in der Praxis der Marketing-Kommunikation dazu
a) ...einen Sachverhalt zu beschreiben und dessen Elemente zu ordnen (deskriptive Funktion),
b) ...die Ursachen eines bestimmten Zustands zu erklären und zu verstehen (diagnostische Funktion),
c) ...Vorhersagen für die Zukunft zu ermöglichen (prognostische Funktion),
d) ...Verhaltensanweisungen für die Alltagspraxis zu liefern, die eine Entscheidungsfindung vereinfachen (praktische Funktion).

In der Marketing-Kommunikation bedeutet das: Theorien helfen, Mediennutzung und Werbewirkung zu verstehen, zu erklären, vorherzusagen und für die eigenen Ziele systematisch einzusetzen. Um es mit einem oft zitierten Spruch zu beschreiben: „Nichts ist so praktisch wie eine gute Theorie."

Beginnen wir mit dem Klassiker unter den Wirkungsmodellen, dem so genannten Stimulus-Response-Modell.

Das klassische Stimulus-Response-Modell

S-R-Modell: Ein Stimulus löst eine Reaktion aus

Das Stimulus-Response-Modell (= Reiz-Reaktions-Modell, kurz: S-R-Modell) geht davon aus, dass ein bestimmter Reiz (= Stimulus = S) unmittelbar eine entsprechende Reaktion (= Response = R) auslöst. Seine Ursprünge hat dieses Modell in psychologischen Lerntheorien, z.B. die klassische Konditionierung von PAWLOW oder der amerikanische Behaviorismus. Die Behavioristen lehnten es ab, sich mit Gedanken und Gefühlen wissenschaftlich zu beschäftigen. Stattdessen erlaubten sie nur beobachtbares Verhalten als Gegenstand der Psychologie. Alles, was der direkten Beobachtung nicht zugänglich ist, wurde als „Black Box" angesehen, d.h., es konnten keine wirklich wissenschaftlichen Aussagen darüber getroffen werden.

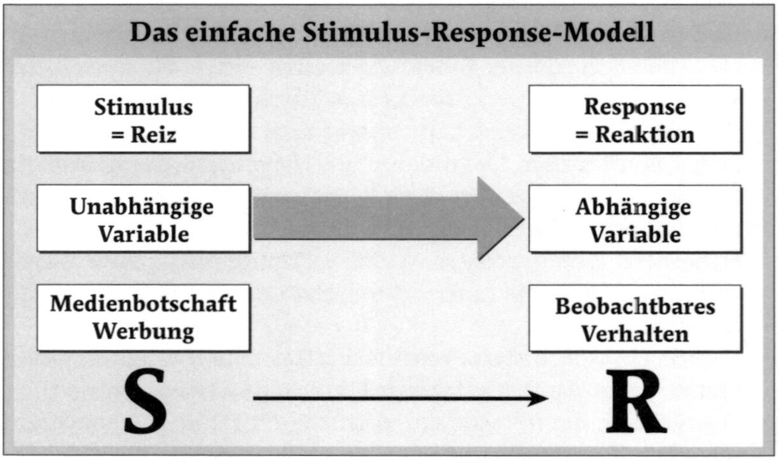

Abb. 5.10: Einfaches S-R-Modell

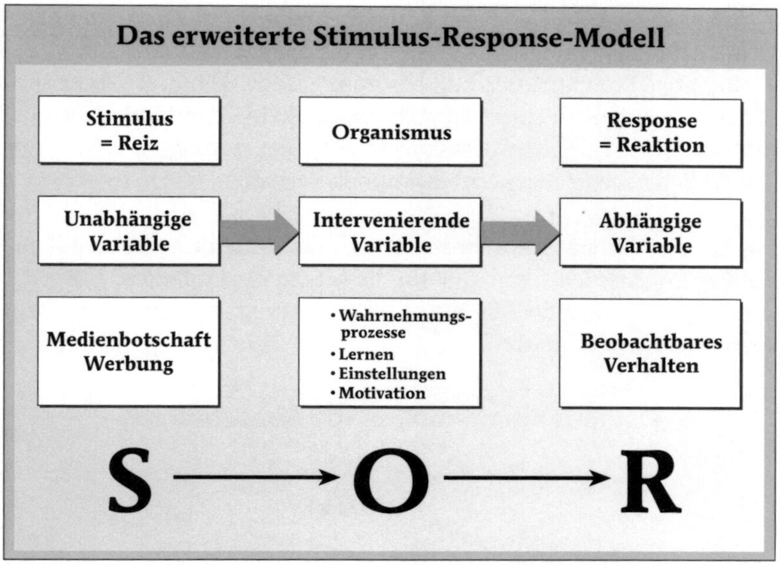

Abb. 5.11: Erweitertes S-R-Modell

Gängige Forschungsmethode der Behavioristen waren Lernexperimente mit Tieren, durch die dann auch für den Menschen gültige Erkenntnisse gewonnen werden sollten.

Das erweiterte Modell berücksichtigt auch vermittelnde Variablen

Als viele Psychologen sich wieder den nicht direkt beobachtbaren psychischen Aktivitäten (Denken, Fühlen, Wahrnehmen) zuwandten, wurde das S-R-Modell um intervenierende (= vermittelnde) Variablen erweitert. Man spricht von dem Stimulus-Organism-Response-Modell (abgekürzt S-O-R-Modell, O = Organismus): Prädispositionen (Eigenschaften, Einstellungen und Persönlichkeitsmerkmale) der Rezipienten formen die Art und Weise, wie auf einen Reiz reagiert wird. Dadurch kommt es zu unterschiedlichen Reaktionen bei verschiedenen Individuen auf den gleichen Reiz.

Einstellungsveränderungen

Einstellungen gehören zu vermittelnden Variablen

Wichtige intervenierende Variablen sind Einstellungen (allgemeine Einstellungen, Einstellungen gegenüber den Medien bzw. den Inhalten).

EINSTELLUNGEN SIND GEDANKLICHE KONSTRUKTE, DIE EINE ALLGEMEINE HALTUNG GEGENÜBER DEM EINSTELLUNGSOBJEKT (Z.B. EINEM PRODUKT ODER EINEM POLITISCHEN SACHVERHALT) AUSDRÜCKEN.

Anders als Meinungen sind sie schwer zu verbalisieren

Einstellungen werden aus der Erfahrung gebildet. Sie sind für den Einzelnen schwer zu verbalisieren (in Worte zu fassen) und unterscheiden sich dadurch von Meinungen. Vor allem haben Einstellungen drei Komponenten:

Komponenten von Einstellungen

- Affektive (= gefühlsmäßige) Komponente, d.h., im Zusammenhang mit dem Einstellungsobjekt treten emotionale Reaktionen auf.
- Kognitive Komponente, d.h., bestimmte Gedanken und Wissensbestände werden mit einem Einstellungsobjekt in Verbindung gebracht.
- Konative (= verhaltenswirksame) Komponente, d.h., sie beinhalten eine Bereitschaft zu einem bestimmten Verhalten.

Ein Beispiel: Eine positive Einstellung zu der Waschmittelmarke X besteht darin, dass ich Sympathie für die Marke hege (affektiv), über die guten Eigenschaften der Marke Bescheid weiß (kognitiv) und regelmäßig die Marke kaufe (konativ).

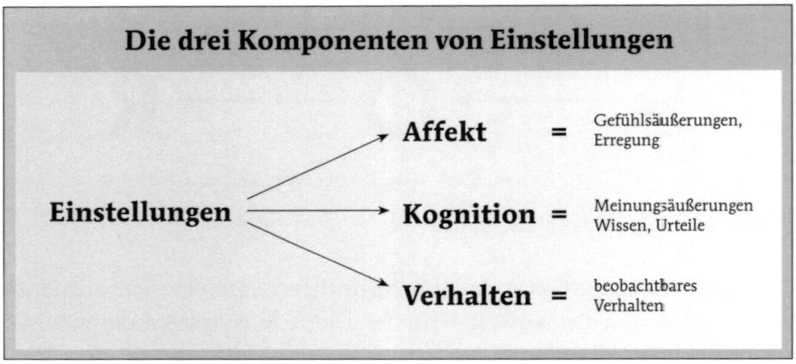

Abb. 5.12: Komponenten von Einstellungen

Einstellungen sind nicht beobachtbar, aber durch Indikatoren messbar

Einstellungen lassen sich zwar nicht direkt beobachten, aber durch Indikator-Fragen messen. Einige gängige Messmethoden sind:

1. Die abgestufte Zustimmung oder Ablehnung zu mehreren Aussagen über das Einstellungsobjekt (sog. **Likert-Skalen**).

Beispiel aus einem Fragebogen:

	1	2	3	4	5
Ich kaufe nicht gerne in Kaufhäusern ein	o	o	o	o	o

1 =stimme voll zu
2 = stimme noch zu
3 = weder noch
4 = stimme weniger zu
5 = stimme überhaupt nicht zu

2. Die Beschreibung eines Einstellungsobjektes durch mehrere gegensätzliche Begriffe, z.B. angenehm versus unangenehm (so genannte **semantische Differenziale** oder **Polaritätenprofile**.

Bei dem Stimulus-Response-Modell gibt es eine ganz klare Wirkungsrichtung, die vom Reiz (also der Medienbotschaft) ausgeht. Die Rezipienten sind dem Reiz ausgesetzt und haben keine Möglichkeit, sich ihm zu entziehen. Dieses Konzept spiegelt sich bei der bevorzugten Untersuchungsmethode, dem sozialwissenschaftlichen Experiment, wider. Eine Gruppe von Versuchspersonen wird einem Medien-Stimulus (auch als unabhängige Variable bezeichnet) ausgesetzt, während einer Kontrollgruppe dieser Stimulus nicht gezeigt wird. Unterscheiden sich diese Gruppen in ihrem Verhalten, Wissen oder ihren Einstellungen (auch als abhängige Variablen bezeichnet), lässt sich dies auf den Medien-Stimulus zurückführen (es besteht ein kausaler Zusammenhang). Eine Veränderung der Einstellung wird dabei als wichtige abhängige Variable (d.h. als Response) gewertet. Ziel der Marketing-Kommunikation ist es oft, solche Einstellungsänderungen gegenüber einer Marke oder einem Unternehmen herbeizuführen.

Beim S-R-Modell gibt es eine klare Wirkungsrichtung

Das Listen-Konzept

Ein anderes, einfaches, aber in der Mediapraxis bewährtes Wirkungsmodell ist das so genannte Listen-Konzept. Es wurde bereits im Kapitel 4 im Zusammenhang mit Kommunikationszielen erörtert. Das Listen-Konzept ist deshalb so hilfreich für die Mediapraxis, weil es zwar auf individuellen Medienwirkungen beruht, jedochVorhersagen auf einer Makro-Ebene (quantitativ messbare Veränderungen in der Markenbekanntheit etc.) zulässt.

Individuelle Medienwirkungen auf Makroebene zu messbaren Wirkungen „hochkumulieren"

Wirksame Reichweite

Wie viele Kontakte sind notwendig, um(z.B. lateinische) Vokabeln zu lernen? Wenn man sich an seine Schulzeit erinnert, weiß man, das es etliche sind, je nach Interesse und Fleiß des Schülers vielleicht zwischen drei und zehn. Und wie viele Kontakte benötigt ein Kind, um zu lernen, dass man nicht auf eine heiße Herdplatte fassen soll? Im ungünstigsten Fall einen Kontakt, und zwar mit der heißen Herdplatte – ein zweites Mal wird das Kind sie nicht berühren.

Die Anzahl der notwendigen Kontakte ist ein wichtiges Forschungsfeld der Werbewirkungsforschung. Im Kapitel 4 wurde bereits darüber berichtet, da diese notwendige Kontaktzahl wichtig für die Bestimmung des Werbedrucks ist. Man spricht auch von der wirksamen Reichweite: Wenn man beispielsweise zum Lernen einer Werbebotschaft im Durchschnitt drei Kontakte benötigt, muss man mit seinem Mediaplan eine ausreichend große Anzahl von Menschen in der Zielgruppe mindestens dreimal erreichen. Eine wirksame Reichweite von 50 % ist also in diesem Fall eine 3+-Reichweite: 50 % der Zielgruppe sollten mindestens drei Kontakte mit der Kampagne haben.

Notwendige Kontaktzahl ermitteln/Werbedruck bestimmen

Hinter den Überlegungen zur wirksamen Reichweite steht eine umfangreiche Forschungstradition, beginnend mit den Lern- und Verges-

Ausgangspunkt sind allgemeine Lernkurven

senskurven der allgemeinen Psychologie, die bereits im 18. Jahrhundert beobachtet wurden. In der Werbewirkungsforschung konnten sich zwei idealtypische Kurvenverläufe identifizieren lassen.

Die Kurve in Abb. 5.13 liegt analog zum Lernen von Vokabeln: Es gibt einen Schwellenwert bei der Kontaktzahl, der erreicht werden muss, damit überhaupt eine Wirkung zu Stande kommen kann. Alle Kontakte unter diesem Schwellenwert sind im Grunde wirkungslos. Dieser Wirkungsverlauf steht hinter dem Konzept der wirksamen Reichweite.

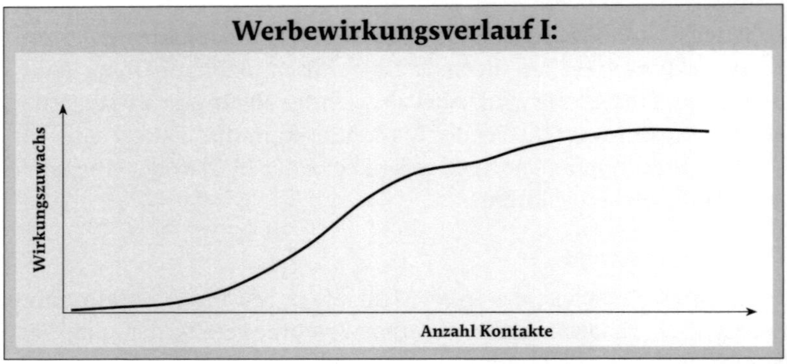

Abb. 5.13: Werbewirkungsverlauf I: Schwellenwert muss erst überschritten werden.

Die Kurve in Abb. 5.14 ähnelt hingegen eher dem Fall mit der heißen Herdplatte: Bereits der erste Kontakt entfaltet einen großen Teil der Wirkung. Mit jedem weiteren Kontakt schwächt sich der Wirkungszuwachs ab.

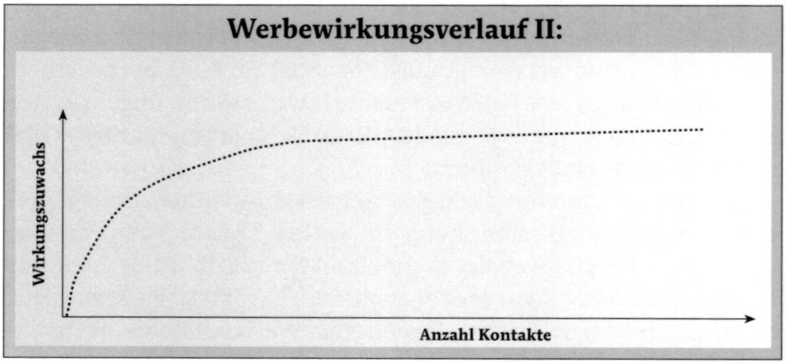

Abb. 5.14: Werbewirkungsverlauf II: Kontinuierlicher Wirkungsaufbau, der sich mit der Zeit und der Kontaktzahl abschwächt

Zusammenhang mit Recency Planning

Dieser Wirkungsverlauf wird mit dem Ansatz des Recency Plannings in Verbindung gebracht, wie bereits im Kapitel 4 kurz erörtert. Seine Verfechter bringen das auf die prägnante Aussage: „Ein Kontakt ist genug“.

In der Planung führt der Recency-Ansatz zu einer völlig anderen Strategie als das Konzept der wirksamen Reichweite.

Beim Recency Planning versucht man, so kontinuierlich wie möglich zu werben, dabei aber die Netto-Reichweite zu optimieren und nicht die Anzahl der Kontakte. Kontaktklassen ab 2+ sollen vermieden werden.

Recency: Kontinuierlich werben für optimale Netto-Reichweite

Verfolgt man die Fachdiskussionen von Werbeforschern und Praktikern, so werden diese beiden Ansätze oft wie Glaubensbekenntnisse behandelt. Man vertritt entweder die eine oder andere Richtung. In der Werbeforschung hat man allerdings beide Wirkungsverläufe empirisch beobachten können, weshalb es eher angebracht wäre, die Bedingungen zu identifizieren, wann der eine oder der andere Wirkungsverlauf eher wahrscheinlich ist.

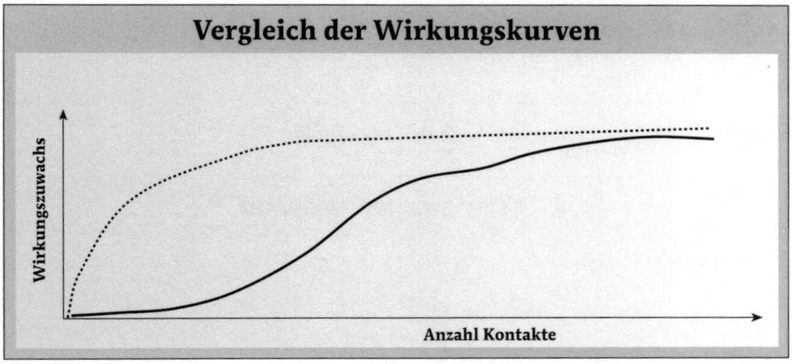

Abb. 5.15: Vergleich der Wirkungskurven

Es zeigt sich, **dass der Recency-Ansatz bestimmte Grenzen** hat, die auch der Erfinder John Phillip Jones in seinen Originalpublikationen erwähnt, die allerdings von vielen seiner Nachfolger ignoriert wurden. Ein Kontakt reicht nur aus, wenn es sich bereits um bekannte und etablierte Marken handelt, die dem Verbraucher bereits präsent sind und die durch eine einmalige Werbebotschaft kurz vor dem eigentlichen Kaufakt noch einmal aktualisiert werden. In solch einem Fall kann sicherlich ein Kontakt ausreichen.

Ein Kontakt reicht nur bei bekannten Marken aus

Bei Neueinführungen, erklärungsbedürftigen Produkten oder Image-Werbung eignet sich der Recency-Ansatz jedoch nicht.

Auch die Zielgruppe beeinflusst die notwendige Kontaktzahl: Bei eher jungen und gebildeten Zielgruppen werden weniger Kontakte benötigt als bei älteren, ungebildeteren Zielgruppen. Für sie ist eher der Ansatz der wirksamen Reichweite sinnvoll, ebenso für Neueinführungen, Werbung mit vielen und komplexen Informationen und Image-Werbung.

Die notwendige Kontaktzahl hängt ferner von der Zielgruppe ab

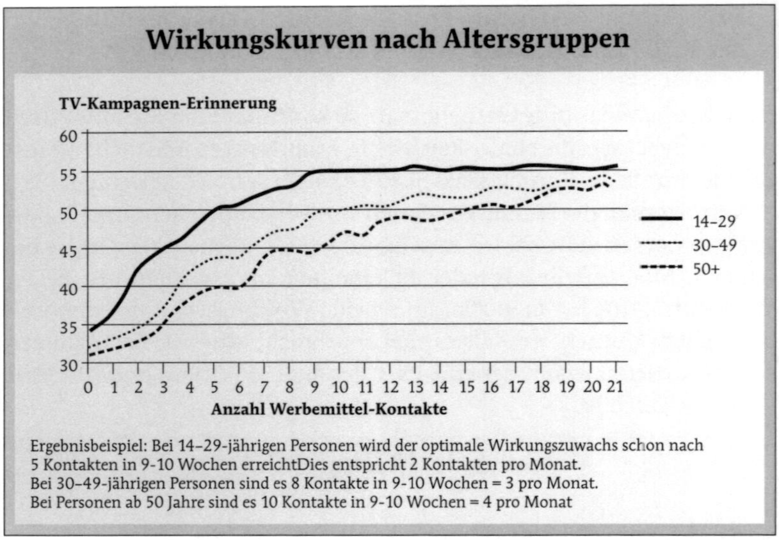

Abb. 5.16: Wirkungskurven nach Altersgruppen

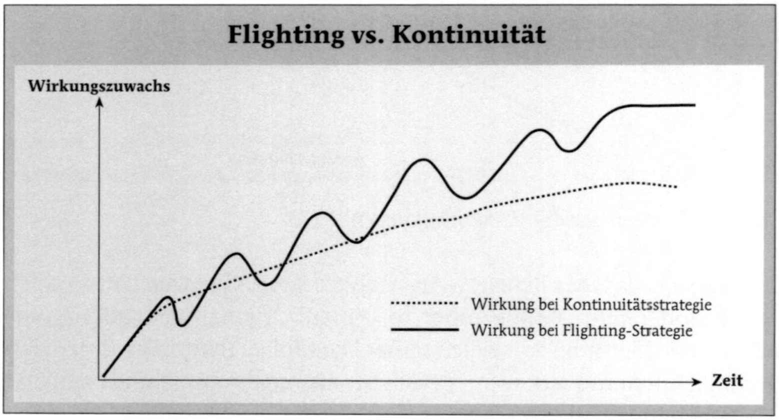

Abb. 5.17: Flighting versus Kontinuität (vgl. dazu Kapitel 4, S. 197)

Eine andere steuernde Variable ist das Produktinteresse: Menschen, die sich stark für eine Produktgruppe interessieren, benötigen weniger Kontakte als Menschen, die nur gering involviert sind. Das führt uns zu dem wichtigen, aber schwierigen Begriff des Involvements.

Behelfsweise Übersetzung: Involvement = Ich-Beteiligung

Der Begriff des „Involvement"

Einer der wichtigsten Begriffe in der Werbewirkungs- und Konsumentenforschung ist der des „Involvement". Er wird in der Regel nicht ins Deutsche übersetzt, der deutsche Begriff, der am nächsten kommt, ist „Ich-Beteiligung", zum Beispiel, wenn sich ein Rezipient besonders stark mit einer Werbebotschaft beschäftigt.

Schlüsselkonstrukt, jedoch ohne einheitliche Definition

Mit dem Involvement wollen wir uns etwas näher beschäftigen, da es sich um ein Schlüsselkonstrukt der Marketing- und Kommunikationsforschung handelt. Der Begriff selbst wurde von dem amerikanischen Werbeforscher Herbert E. KRUGMAN geprägt. Abgesehen von der schwierigen Übersetzung ins Deutsche gibt es auch keine einheitliche Definition, weshalb der Begriff für Kommunikations- und Wirtschaftswissenschaftler, Sozial- und Kognitionspsychologen, Konsumentenforscher und Praktiker etwas Unterschiedliches bedeuten kann.

Diese Diskussion wollen wir hier nicht nochmals nachvollziehen, deshalb nur so viel:

> INVOLVEMENT IST DER GRAD DER PERSÖNLICHEN VERBUNDENHEIT MIT EINEM THEMA BZW. DER BESCHÄFTIGUNG MIT EINER BOTSCHAFT.

Es gibt verschiedene Arten von Involvement im Zusammenhang mit der Rezeption einer Werbebotschaft (vgl. TROMMSDORFF 1998):

Höhere Kosten und höheres Risiko = mehr Informationswunsch, deshalb genauere Verarbeitung der Botschaft

- **Produktinvolvement**: Der Kauf des beworbenen Produktes ist für mich mit bestimmten Risiken verbunden. Je höher die Kosten und Risiken, desto mehr Informationen möchte ich haben, weshalb die Werbebotschaft stärker verarbeitet wird. Die klassischen Beispiele sind Schokoriegel (= low involvement product) und Bausparvertrag (= high involvement product). Doch so einfach ist das natürlich nicht: Wenn ein hungriger Schokoliebhaber abnehmen will, kann der Riegelkauf leicht zur High involvement-Situation werden. Auf der anderen Seite ist der 16-jährige Lehrling, der die vermögensbildenden Leistungen seines ersten Arbeitgebers anlegen will, nicht automatisch hoch involviert, wenn er sich auf Drängen seiner Eltern für einen Bausparvertrag entscheidet.

Motive, Einstellungen, Werte können auf Involvement wirken

- **Personenspezifisches Involvement**: Bestimmte Motive, Einstellungen und Werte, die stark in der Persönlichkeit des Rezipienten verankert sind, führen zu einer verstärkten Beschäftigung mit einer Botschaft – sie wird für mich relevant.

Die Art des Mediums kann Involvement beeinflussen

Man spricht von Kontaktqualität

- **Medieninvolvment**: Es gibt Medien, die ein hohes Involvement fördern (z.B. Zeitungsanzeigen), während andere nur beiläufig verarbeitet werden (z.B. Plakate). Diese Idee findet in den betriebswirtschaftlichen Lehrbüchern eine gewisse Verbreitung, aus kommunikationswissenschaftlicher Sicht ist dieses Konzept etwas zu oberflächlich. Eine Zeitung kann man auch gelangweilt durchblättern, während der eine oder andere bei einer ästhetisch ansprechenden Plakatkampagne vielleicht doch genauer hinguckt. Ähnlichkeiten zum Konzept des Medieninvolvements fand man bereits vor 20 Jahren bei den Forschungen rund um die „Kontaktqualität", die Wirkungsvariablen im direkten Zusammenhang mit dem Werbeträgerkontakt untersuchte (vgl. BEIKE 1981).

Flow-Erlebnis

Ein interessantes neueres Konzept ist auch die Idee des „Flow"-Erlebnisses während der Lektüre von Zeitschriften, die der Mediaforscher Ekkehard Pfister aus der Psychologie in die Mediaforschung übertrug.

Wirkung von Inhalt und Gestaltung

- **Botschaftsinvolvement**: Die Gestaltung und der Inhalt einer Werbebotschaft hat auch einen Einfluss darauf, wie involviert man beim Kontakt mit ihr ist. Dazu gibt es eine umfassende Forschung, die hier aber links liegen gelassen wird. Nicht, das die Gestaltung nicht wichtig wäre (sie ist oft sogar entscheidend!), aber als Mediaagentur hat man auf die Kreation kaum einen Einfluss.
- **Situationsinvolvement**: Nun sind die eben aufgeführten Involvement-Arten aber nicht unbedingt über die Zeit konstant, sondern oft von Situationen abhängig. Dazu nur einige Beispiele: Wenn ich abends Hunger habe, bin ich für die Werbung des lokalen Pizza-Services sehr empfänglich, morgens beim Frühstück lässt sie mich jedoch kalt. Werktags sitze ich spätabends müde vor dem Fernseher und die Werbespots rauschen an mir vorbei, Samstagabend bei „ran" bin ich jedoch konzentriert und beachte auch die Autowerbung zwischendurch. Es macht ebenfalls einen Unterschied, ob ich beim Fernsehen oder Radiohören alleine bin oder mit anderen zusammen, ob ich nebenbei etwas anderes mache oder mich ausschließlich dem jeweiligen Medium widme. Involvement ist also von Situation zu Situation verschieden und die Wirkungschancen der Werbebotschaft auch.

Situationsgebundene Interessenlage

DIESES SITUATIONSSPEZFISCHE INVOLVEMENT IST THEORETISCH HOCHINTERESSANT. DENIS MCQUAIL SPRICHT VON KONTEXTUELLEN BEDINGUNGEN FÜR MEDIENWIRKUNGEN (MCQUAIL 2000).

Sie sorgen dafür, dass die gleiche Medienbotschaft bei unterschiedlichen Menschen zu unterschiedlichen Zeiten mitunter ganz unterschiedliche Wirkungen hervorruft. Selbst in der rein betriebswirtschaftlichen Werbewirkungsforschung, wie sie von amerikanischen Wissenschaftlern wie John Philip JONES und Erwin EPHRON vertreten wird (vgl. JONES 1995), finden sich dazu Anknüpfungspunkte. Das Stichwort heißt „Recency Planning", doch interpretieren wir es etwas entgegen der gängigen Deutung. „Recency planning starts with the idea that when is more important than how many. If, whether a consumer is in the market is the critical variable, then advertising effects are controlled by when the message is received." (EPHRON 1997). Der Kontakt mit der Werbung muss also im richtigen Augenblick erfolgen.

Der Zeitpunkt des Werbekontakts ist entscheidend

Versuche der Operationalisierung von Involvement

Operationalisierung bedeutet in diesem Zusammenhang, ein theoretisches Konstrukt wie Involvement empirisch messbar und für die Mediapraxis planbar zu machen. Eine wissenschaftlich fundierte Erörterung kann hier nicht geleistet werden, aber es sollen zumindest einige Ideen genannt werden, wie man auch als Mediaplaner die Wirkungschancen einer Kampagne unter Berücksichtigung des Involvement-Konzeptes erhöhen kann.

Ideen zur Erhöhung der Wirkungschance auf Basis des Involvement-Konzepts

- **Produktinteresse**: Das Produktinteresse hat sich in vielen Forschungszusammenhängen als eine zentrale Variable im Wirkungsprozess dargestellt. Deshalb sollte es durchaus bei der Mediaplanung berücksichtigt werden.

  ENTWEDER WIRD PRODUKTINTERESSE IN DIE ZIELGRUPPENDEFINITION MIT AUFGENOMMEN, ODER ES WERDEN ZUMINDEST ERGÄNZEND ZUR EIGENTLICHEN ZIELGRUPPE NOCH EINMAL RANGREIHEN MIT PRODUKTINVOLVIERTEN ZIELGRUPPEN GERECHNET.

  Die sich so qualifizierenden Titel und Umfelder können bei der Detailplanung mit berücksichtigt werden. Auch die konkrete Auswahl von Umfeldern und Titeln, deren redaktionelle Inhalte nah am beworbenen Produkt sind (z.B. Autowerbung in einer Auto-Zeitschrift), kann eine plausible Strategie sein.
- **Aufmerksamkeit**: Wenn man eine TV-Sendung mit hoher Aufmerksamkeit nutzt, ist man involvierter als bei einer eher beiläufigen Nutzung. Erkenntnisse über Aufmerksamkeit, die sich mitunter für die Mediaplanung anwenden lassen, liefert die psychologische Forschung. Universal McCann ist außerdem in der Lage, mit der Studie „Media in Mind“ die Aufmerksamkeit bei der **Mediennutzung im Tagesverlauf** zu identifizieren (die Studie wurde am Ende von Kapitel 3 kurz vorgestellt).
- **Stimmung**: Die positive Stimmung oder emotionale Verfassung bei der Medienrezeption kann einen positiven Einfluss auf Erinnerung und Bewertung des beworbenen Produktes haben. In den vergangenen Jahren gab es einige Ansätze, die versucht haben, dies für die Planung nutzbar zu machen.
  - Zu nennen ist etwa das Konzept des „Flow“, das von Ekkehard Pfister vom Olympia-Verlag propagiert wurde: Danach ist ein Leser bei der Lektüre seiner Lieblings-Zeitschrift (z.B. dem Kicker) in einer besonders gehobenen Stimmung, die auch eine generell höhere Aufmerksamkeit für alle Informationen (inklusive Werbung) nach sich zieht.
  - Ein anderer Ansatz geht davon aus, dass eine Werbung möglichst zum Umfeld emotional passen soll, weil dann ein Transfer vom positiv wahrgenommenen Umfeld auf das beworbene Produkt stattfinden kann.
  - Ein weiterer Ansatz geht davon aus, dass Stimmungen von Medieninhalten unabhängig sind und eher durch Routinen im Tagesablauf (Mahlzeiten, Arbeit, Feierabend) bestimmt werden.

Mithilfe von Tagesablauf-Studien wie „Media in Mind“ lassen sich Häufigkeiten bei den Stimmungen im Alltag identifizieren. In den entsprechend günstigen Zeitschienen kann dann die Werbung eingesetzt werden. Die Berücksichtigung von Stimmungen und Emotionen in der Mediaplanung ist immer noch mit vielen Unsicherheiten behaftet, weshalb weiterführende Forschungen notwendig sind.

- **Point of Relevance** (P.O.R.): Ableitend aus den Forschungen mit der Studie „Media in Mind“ und qualitativen Gruppenexplorationen haben wir das Konzept des Point of Relevance entwickelt.

DER POINT OF RELEVANCE IST DER AUGENBLICK, IN DEM DIE WERBUNG FÜR DIE ZIELPERSON RELEVANT IST, UND GLEICHZEITIG DIE SITUATION, IN DER DIE BOTSCHAFT ENTSPRECHEND AUF OFFENE OHREN TRIFFT.

Für fast jedes Produkt und jede Zielgruppe lässt sich mit etwas Forschung und plausiblem Nachdenken ein solcher Point of Relevance finden, der dann für die Mediaplanung genutzt werden kann. Der richtige Zeitpunkt für einen Werbekontakt ist während des oder in zeitlicher Nähe zum spezifischen P.O.R. Die geeigneten Medien sind jene, die während des oder zeitlich nahe zum P.O.R. genutzt werden. Das P.O.R.-Konzept ist eine systematische und konsequente Anwendung der Erkenntnisse über das Situationsinvolvement. Die Daten der Tagesablauf-Studie „Media in Mind“ machen so das Konzept des Situationsinvolvements praktisch planbar.

Kapitel 6

Media-Terminologie und andere Fachbegriffe

Die in diesem Buch verwendeten mediaspezifischen Fachbegriffe werden in diesem Kapitel definiert, erläutert und im pragmatischen Zusammenhang dargestellt. Im Sachregister werden außerdem alle wichtigen Begriffe aufgeführt und auf die jeweils wichtigste Erläuterung im Buchtext verwiesen. Berücksichtigt sind primär Begriffe aus dem Mediabereich, darüber hinaus auch häufig im Rahmen der Mediaplanung benötigte Begriffe aus anderen Disziplinen, wie z.B. Marketing, Marktforschung oder Kommunikationsforschung.
Auf die wichtigsten Mediabegriffe wird in den bisherigen Kapiteln im jeweiligen Sachzusammenhang eingegangen, ohne sie jedoch präzise zu definieren und auch ohne die rechnerischen Zusammenhänge darzustellen. Wir haben bewusst auf pragmatische Anwendung und Redundanz gesetzt und stellen die Definitionen und Berechnungen in diesem vorliegenden Kapitel geschlossen zusammen.

Die wichtigsten Begriffe für die tägliche Arbeit des Mediaplaners

- Reichweite und Kontakte
- Durchschnitts-Kontakt (OTS/OTH)
- Kontaktsumme und GRP
- Affinität und Affinitätsindices
- Kosten-Leistungs-Verhältnisse:
  - Tausend-Nutzer-Preis
  - Tausend-Kontakt-Preis
  - CPM (Cost per Mille)
  - CPR (Cost per Rating)
  - Tausender-Preis

Ein Verständnis dieser Begriffe ist notwendig, um

- Strukturzählungen zu analysieren,
- die relevanten Werbeträger anhand von Rangreihen auszuwählen,
- Mediapläne zu erstellen und
- sie im Vergleich zu bewerten.

DARÜBER HINAUS STELLT DER BEGRIFF **GRP (Gross Rating Point)** EIN ZENTRALES MASS FÜR DIE BESTIMMUNG DES WERBEDRUCKS UND DAMIT DER DEFINITION VON MEDIA-BUDGETS DAR.

Dieser Aspekt wird später noch ausführlich aufgegriffen.

Rekapitulierender Überblick über den Ablauf der Mediaplanung

(vgl. im Einzelnen Kapitel 4)

1. Aufgabe der Mediaplanung ist die zielgruppenspezifisch optimale Selektion von Werbeträgern zur Übermittlung von Werbebotschaften.

Das bedeutet, dass wir
- zunächst die Zielgruppe definieren und
- dann den Werbedruck festlegen, mit dem wir die Zielpersonen kontaktieren wollen.

Die Kernfrage lautet in Fachbegriffen:
Welchen Anteil der Zielgruppe (= Reichweite) wollen wir wie oft (Kontaktdosis) erreichen?
Diese Festlegung findet innerhalb der Media-Strategie statt.

2. Die Werbeträger-Selektion basiert dann anschließend auf Rangreihen, die die quantitativen Leistungskriterien der jeweils zur Auswahl stehenden Medien – Tausend-Kontakt-Preis, Reichweite und Affinitätsindex – beinhalten.

3. Bei der Erstellung des Mediaplans und evtl. von Varianten müssen anschließend weitere Einflussfaktoren wie Media-Budget, Erscheinungsweisen und selbstverständlich auch qualitative Kriterien berücksichtigt werden.

6.1 Reichweite (Netto-Reichweite)

Wenn man von Reichweite spricht, meint man normalerweise immer die Netto-Reichweite und diese ist wie folgt definiert:

Definition (Netto-)Reichweite

Anzahl der Zielpersonen, die von einem Werbeträger oder einer Werbeträgerkombination mindestens 1x erreicht werden. Die Häufigkeit der Kontakte bleibt unberücksichtigt.

Reichweite in %:
z.B. 10% von 60 Mio. Personen

Reichweite absolut:
z.B. 6 Mio. Personen

REICHWEITE MEINT ALSO DEN ANTEIL PERSONEN, DEN MAN INNERHALB DER DEFINIERTEN ZIELGRUPPE ERREICHT.

Bei den meisten Kampagnen versucht man ca. 70 – 75% der Zielpersonen zu erreichen. Dieses Reichweiten-Ziel stellt oft schon ein Optimum dar, da es meist unverhältnismäßig teuer wird, eine deutlich höhere Reichweite zu erzielen.

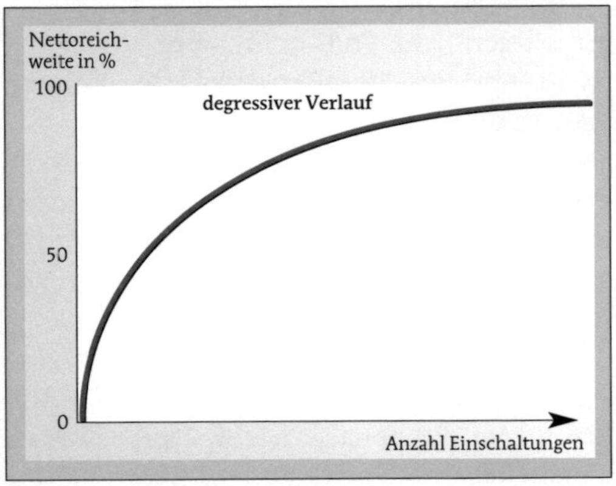

Abb. 6.1: Reichweiten-Kumulation

Das hängt mit dem degressiven Verlauf der Reichweiten-Kumulation zusammen, wo mit jeder weiteren Einschaltung immer auch Personen erreicht werden, die man vorher schon erreicht hatte. Weitere Einschaltungen führen dann eher zu höherer Kontaktdosis als zu zunehmender Reichweite.

Reichweiten- und Kontakt-Kumulation

MIT REICHWEITEN- UND KONTAKT-KUMULATION BEZEICHNET MAN DEN ZUWACHS AN REICHWEITE ODER KONTAKTEN, DEN MAN DURCH MEHRERE WERBEEINSCHALTUNGEN ERZIELT.

Dieser Zuwachs korreliert mit den Überschneidungsverhältnissen, entweder eines bestimmten Werbeträgers, den man mehrmals belegt, oder zwischen verschiedenen Werbeträgern. Im ersten Fall spricht man von **interner** Überschneidung, im zweiten Fall von **externer** Überschneidung.

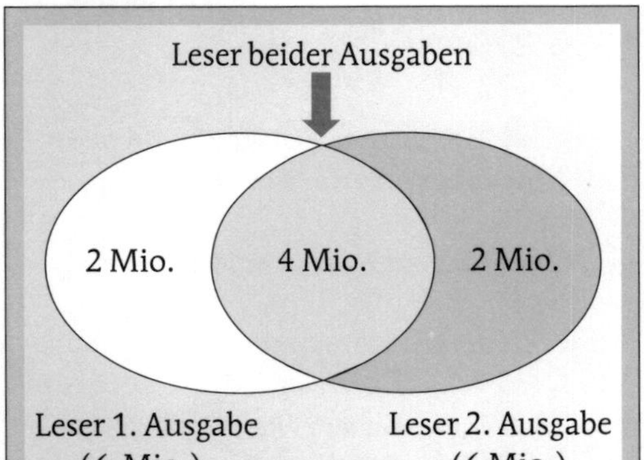

Abb. 6.2: Beispiele interner Überschneidung

Angenommen, ein Werbeträger hat eine Reichweite von 6 Mio. Lesern pro Ausgabe, dann werden im obigen Beispiel nach zwei Ausgaben 4 Mio. Personen zweimal erreicht (nämlich über beide Ausgaben) und jeweils 2 Mio. Personen (= 4 Mio.) einmal erreicht (über eine Ausgabe).

Die ersten zwei Mio. Personen lesen nur die erste Ausgabe, die zweiten zwei Mio. Personen lesen nur die zweite Ausgabe.
Die Netto-Reichweite bezieht sich entsprechend auf 8 Mio. verschiedene Personen, die mindestens einmal erreicht werden.
Die interne Überschneidung korreliert mit der eher regelmäßigen oder eher gelegentlichen Nutzung von Medien. Würde z.B. jede Ausgabe einer Zeitschrift von immer denselben Personen gelesen, dann ergäbe sich keine Reichweiten-Kumulation, die Reichweite bliebe auch nach mehreren Ausgaben konstant, es gäbe nur eine Kontaktkumulation.

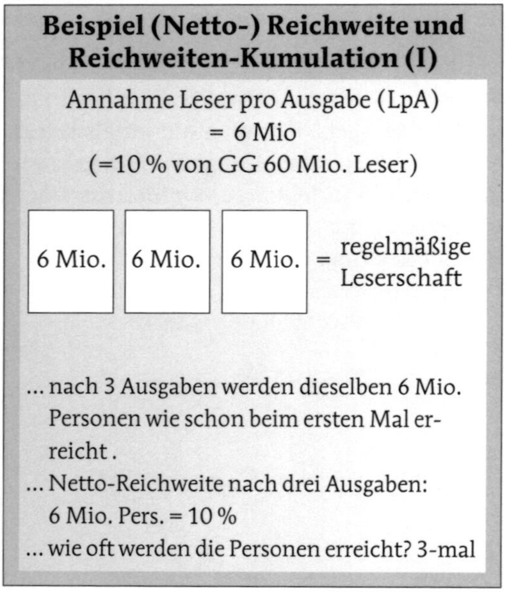

Abb. 6.3 Beispiel: Keinerlei Reichweiten-, sondern nur Kontakt-Kumulation

Diese Situation gibt es in der Realität allerdings nicht, da jeder Werbeträger ebenso gelegentliche wie regelmäßige Nutzer erreicht.
Das andere Extrem, was in der Praxis ebenfalls nicht auftritt, wäre, dass jede Ausgabe einer Zeitschrift von immer wieder ganz anderen Personen genutzt wird. Dann hätten wir eine maximale Reichweiten-Kumulation und keine Kontakt-Kumulation.

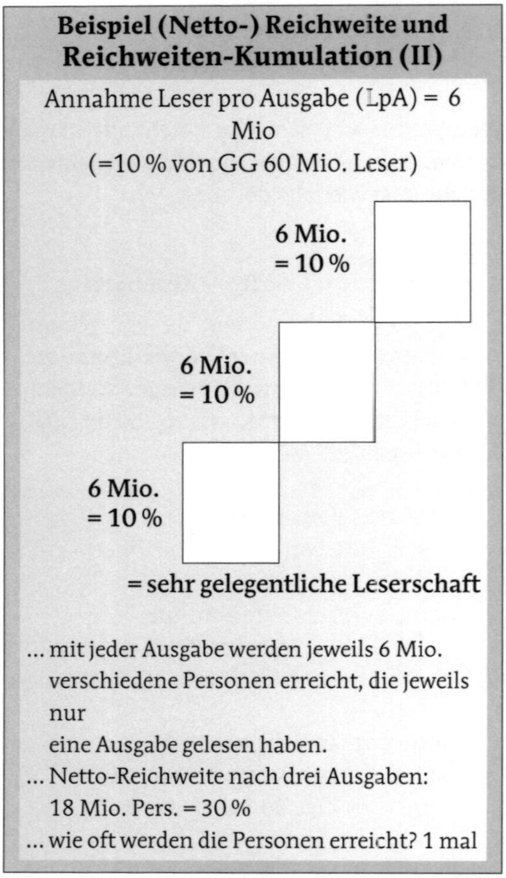

Abb. 6.4: Beispiel: Komplette Reichweiten-, aber keine Kontakt-Kumulation

Faktisch verhält es sich so, dass jeder Werbeträger gelegentliche und regelmäßige Nutzer erreicht, und zwar in unterschiedlicher Zusammensetzung.
Die Reichweiten- und Kontakt- Kumulation kann dabei nicht von uns berechnet werden, sondern wird über ein Zählprogramm am PC bestimmt. Was dabei im Hintergrund geschieht, veranschaulicht Abb. 6.5.
Würden wir drei Ausgaben des Werbeträgers aus diesem Beispiel belegen, der durchschnittlich 6 Mio. Personen erreicht, ergäbe sich in diesem Beispiel eine (Netto-) Reichweite von 10 Mio. Personen.

Andererseits erreichen wir aber insgesamt 3 x 6 = 18 Mio. Kontakte mit den 10 Mio. Personen (die Aufteilung zeigt Abb. 6.5).
Daraus folgt plausiblerweise, dass wir durchschnittlich (!) jede der – verschiedenen – Personen 1,8-mal erreichen müssten:

$$\frac{\text{18 Mio. Kontakte}}{\text{10 Mio. Personen.}} = \text{1,8 Durchschnittskontakte}$$

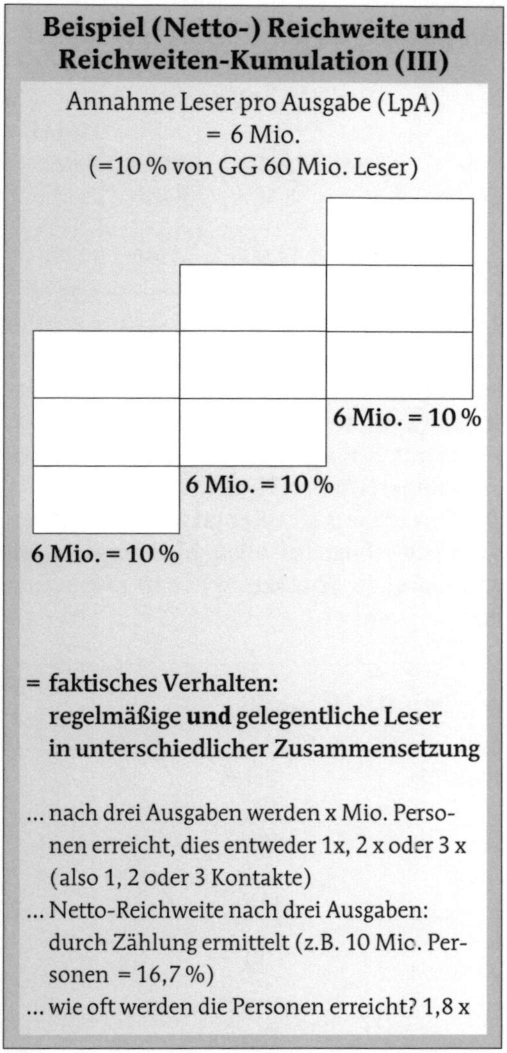

Abb. 6.5: Beispiel: Faktische Reichweiten- und Kontakt-Kumulation

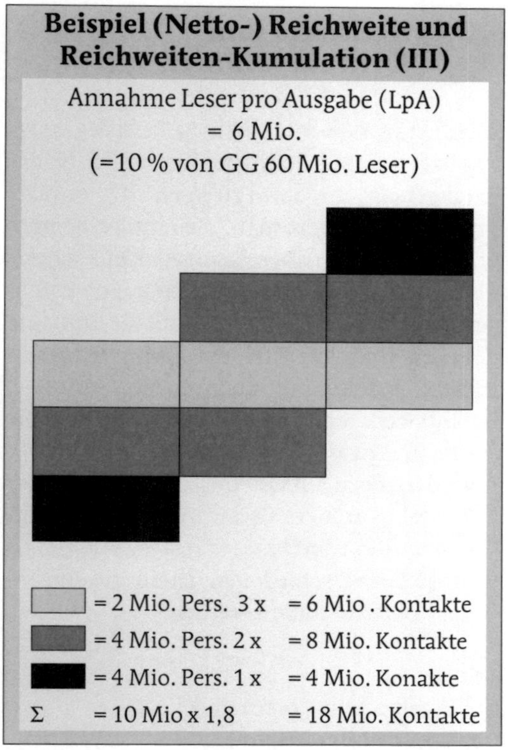

Abb. 6.6: Veranschaulichung der Mehrfacherreichung/Mehrfachkontakte

Externe Überschneidungen werden analog berechnet, nur dass es hier Überschneidungen zwischen verschiedenen Werbeträgern sind.

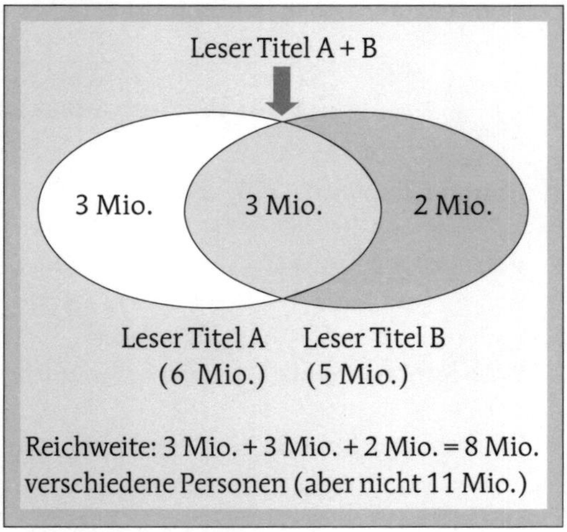

Abb. 6.7 Beispiel externer Überschneidung

6.2 Kontakte und Kontaktsummen

(Werbeträger-)Kontakte sind z.B. in der Leserschaftsforschung definiert über „Titel in der Hand gehabt, um darin zu lesen oder zu blättern". D.h. alle Personen, die eine bestimmte Zeitschrift lesen, haben damit auch einen Kontakt. Daraus folgt, dass, bezogen auf eine Ausgabe, die absolute Reichweite und die Kontakte identisch sind. Ein Titel, der 3 Mio. Personen erreicht, erzielt damit auch 3 Mio. Kontakte. Erst mit weiteren Ausgaben verändern sich die Werte, und zwar

- wird bezogen auf einen Titel die Anzahl der Kontakte immer mit der Anzahl der Ausgaben multipliziert bzw.
- muss bei verschiedenen Titeln die Anzahl der Kontakte addiert werden.

Beispiel
Titel A mit 6 Mio. Lesern und
Titel B mit 5 Mio. Lesern
erzielen zusammen
6 Mio. + 5 Mio. = 11 Mio. Kontakte

Die Reichweite mehrerer Ausgaben oder Titel kann dagegen nicht selbst berechnet werden, da wir die Überschneidungsverhältnisse nicht kennen (letztes Beispiel in Abschnitt 6.1).

DEN BEGRIFF KONTAKTSUMME VERWENDET MAN SYNONYM ZUM BEGRIFF KONTAKTE.

Also können wir gleichermaßen gut sagen: „Der Mediaplan erzielt insgesamt 30 Mio. Kontakte" wie „Die Kontaktsumme beläuft sich auf 30 Mio.". Wir betrachten ein kleines Rechenbeispiel:

Beispiel Kontaktsumme
Summe Kontakte bei mehrmaliger Belegung eines und/oder Belegung mehrer Titel/Werbeträger

	Ausgabe			
	1	2	3	Gesamt
Titel A	6 Mio.	6 Mio.	6 Mio.	18 Mio.
Titel B	8 Mio.	8 Mio.	8Mio.	24 Mio.
Gesamt	14 Mio.	14 Mio.	14 Mio.	42 Mio.

Kontakte sind je nach Mediengattung differenziert definiert und werden auf der Basis unterschiedlicher Niveaus definiert. Dabei unterscheiden wir zwischen Werbeträger-Kontakt, Werbemittel-Kontaktchance und Werbemittel-Kontakt. (Abb. 6.8)
Die Berechnung der Kontakte und Kontaktsummen erfolgt bei allen Mediengattungen und auf allen Kontaktniveaus in identischer Weise.

Vom Werbeträger- zum Werbemittelkontakt

Kontaktebenen	TV	Hörfunk	Print
Werbeträger-Kontakt	Mind. 1 Minute in der 1/2 Stunde TV gesehen	Hörer pro Stunde	Heft in der Hand gehabt, um darin zu blättern oder zu lesen
WM-Kontaktchance	Durchschnittliche 1/2 Std.	Hörer pro 1/4 Stunde	–
Werbemittel-Kontakt	Werbeblock-Ratings	–	Lesemenge (Anzeigen)

Abb. 6.8

Durchschnittskontakte (OTS/OTH)

DER DURCHSCHNITTSKONTAKT IST DEFINIERT ALS DIE ANZAHL KONTAKTE, DIE DURCHSCHNITTLICH AUF JEDE EINZELNE PERSON, DIE ERREICHT WURDE, ENTFALLEN.

Er berechnet sich entsprechend aus der Kontaktsumme dividiert durch die absolute Reichweite:

$$\text{Durchschnittskontakt} = \frac{\text{Kontaktsumme}}{\text{(Netto-) Reichweite}}$$

Beispiel
9 Mio. Kontakte bei 6 Mio. erreichten Personen führt zu 1,5 Durchschnittskontakten:

$$\frac{\text{9 Mio. Kontakte}}{\text{6 Mio. Personen}} = 1{,}5$$

Im Beispiel wird also jede Person durchschnittlich 1,5-mal erreicht. Tatsächlich ist es selbstverständlich so, dass bei den zwei Titeln, die zu den obigen Werten führten, ein bestimmter Anteil Personen beide Titel liest und jeweils ein bestimmter Anteil Titel A oder Titel B.

Im englischen Sprachraum nennt man den Durchschnittskontakt entweder

- **OTS** (= Opportunity to see) bei visuellen Medien oder
- **OTH** (= Opportunity to hear) beim Hörfunk.

Innerhalb der Mediaplanung kann der Durchschnittskontakt, also die Anzahl Kontakte, die wir pro Person erreichen wollen, als Media-Ziel definiert werden. Oft bedienen wir uns in diesem Zusammenhang des Begriffs Kontaktkorridor. D.h., wir definieren einen Korridor notwendiger Kontaktmengen pro Person (z.B. 3 – 5 Kontakte) und versuchen über die Mediapläne dieses Ziel zu optimieren.
Um den Kontaktkorridor festzustellen, bedient man sich der Kontaktverteilung. Die Kontaktverteilung zeigt letztlich, wie viel Prozent der erreichten Personen wie oft erreicht wurden.

Das Beispiel in Abb. 6.9 greift auf ein Fallbeispiel aus dem Abschnitt 4.12 zurück.

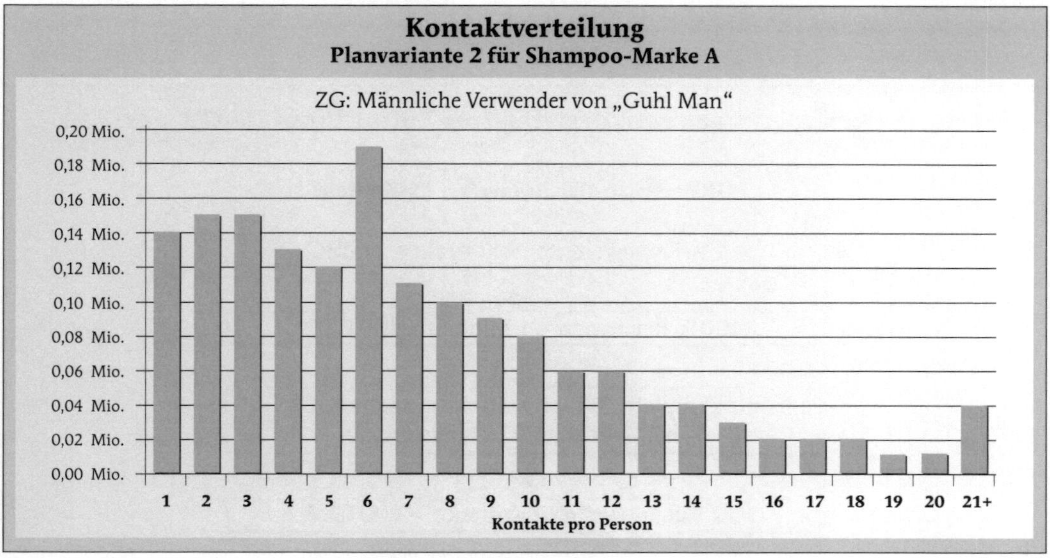

Abb. 6.9: Kontaktverteilung, Basis: VA 2002 (MDS)

6.3 GRP oder Brutto-Reichweite in Prozent

Ebenso, wie wir Kontakte addieren können und die Kontaktsumme erhalten, können wir auch die prozentualen Reichweiten addieren. Als Ergebnis erhalten wir Gross Rating Points (GRP) oder die Brutto-Reichweite in %.

GRP (ODER BRUTTO-REICHWEITE IN %) SIND ENTSPRECHEND DEFINIERT ALS SUMME DER PROZENTUALEN EINZELREICHWEITEN BEI MEHRMALIGER BELEGUNG EINES TITELS ODER DER BELEGUNG VERSCHIEDENER WERBETRÄGER.

Auch in Deutschland wird normalerweise mit dem Begriff GRP operiert (und nur gelegentlich mit Bruttoreichweite).

Veranschaulichung der Definition der GRP am Beispiel

	Ausgabe			
	1	2	3	Gesamt
Titel A	10 (%)	10 (%).	10 (%)	30 (%)
Titel B	13 (%)	13 (%)	13 (%)	39 (%)
Gesamt	23 (%)	23 (%).	23 (%)	69 (%)

Im Beispiel erreicht Titel A mit einer Belegung 10% der Zielgruppe, während Titel B 13% erreicht.

Beide Werte können genauso addiert werden wie bei der mehrmaligen Einschaltung eines Werbeträgers die Einzelreichweiten addiert oder multipliziert werden können. Wenn Titel A und Titel B zusammen mit einer Belegung 23 GRP oder eine Brutto-Reichweite von 23% aufweisen, dann sind es nach jeweils drei Einschaltungen in diesen Titeln insgesamt 69 GRP (23 GRP x 3). Das Maß GRP drückt damit nichts anderes aus als die Kontaktsumme, allerdings nicht absolut sondern relativ, nämlich in Prozent.

Wenn Titel A 10% von z.B. 60 Mio. Personen erreicht, dann sind das in Kontakten ausgedrückt 6 Mio. Kontakte. Und 69 GRP sind entsprechend 69 % von 60 Mio. Personen, gleich 41,4 Mio. Kontakte. Würden wir nun den Titel A zehn Mal belegen, ergäben sich 10 x 10% gleich 100 GRP. 100 % vom Zielgruppenpotenzial (hier: 60 Mio. Personen) entsprechen wiederum 60 Mio. Kontakten.

ANDERS FORMULIERT: 100 GRP ENTSPRECHEN IMMER DEM ZIELGRUPPENPOTENZIAL!

Erläuterungen zum Begriff Gross Rating Point (GRP)

GRP = Netto-Reichweite % · ∅-Kontakt

1 % Reichweite % · 1 Kontakt = 1 GRP

100 % Reichweite · 1 Kontakt = 100 GRP

d.h., die komplette ZG wird einmal erreicht = 100 GRP
(aber: faktisch nicht realisierbar)

50 % Reichweite · 2 Kontakte = 100 GRP

In der Realität erreichen wir mit 100 GRP aber nicht die komplette Zielgruppe, sondern nur etwa eine Reichweite von 50% bei zwei Durchschnittskontakten. Analog der Dreisatzberechnung über die Kontaktsummen, ergibt sich hier folgende Formel (in der wir OTS für Durchschnittskontakte gesetzt haben):

$$\frac{\text{GRP}}{\text{(Netto-)Reichweite \%}} = \text{OTS}$$

oder

$$\text{(Netto-)Reichweite \%} \cdot \text{OTS} = \text{GRP}$$

Beispiel: $50\% \cdot 2 = 100$ GRP

Da es einen generellen Zusammenhang zwischen Netto-Reichweite und Kontaktdosis gibt, weiß der Planer immer in etwa, mit welcher Anzahl GRP er welche Netto-Reichweite und Kontakte erzielen kann.

Reichweite und Kontaktdosis

Lesebeispiel: zur Erzielung einer Reichweite von 75 % sind bei einer normalen Planung ca. 4 Durchschnittskontakte notwendig.

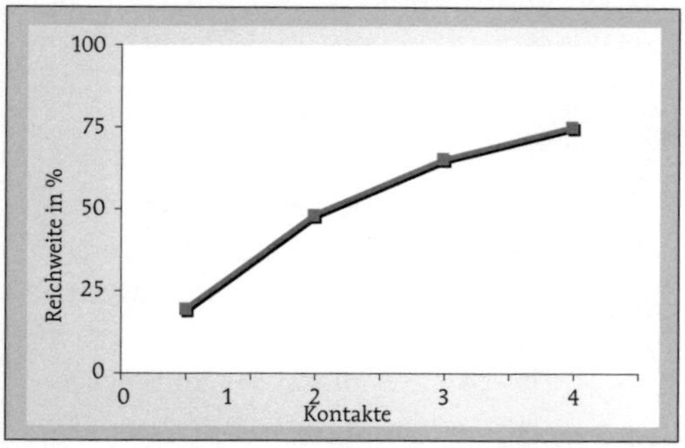

Abb. 6.10: Zusammenhang Reichweite und Kontaktdosis

Hier liegt u.a. auch die Relevanz des Kriteriums GRP für die Mediaplanung. Der Begriff GRP ist für den Planer aus folgenden Gründen von großer Bedeutung:

- GRP stehen gattungsspezifisch immer für potenziell mögliche Reichweiten und Durchschnittskontakte.
- Die Definition der Medialeistung (Reichweite und Durchschnittskontakte bzw. Kontaktdosis) führt automatisch zum notwendigen Werbedruck, den GRP-Anforderungen.
- Der notwendige Werbedruck führt zur Definition des dafür notwendigen Budgets.
- Oder umgekehrt: Die Budget-Vorgabe ermöglicht eine schnelle Abschätzung des damit möglichen Werbedrucks.
- Beim Leistungsvergleich von Mediaplänen erzielt, bei in etwa identischen Budgets, der Plan den höchsten Werbedruck, der am meisten GRP aufweist. Damit ist er auch der günstigste Plan.

Jeder Planer kennt im Normalfall die Tausend-Kontakt-Preise (TKP) oder Cost per Rating (CpR, das sind die Kosten für einen GRP) oder Kosten für 100 GRP in der Gesamtbevölkerung und in den für ihn relevanten Zielgruppen und Mediengattungen. Über den Anhaltspunkt TKP kann er darüber hinaus problemlos berechnen, was ein oder 100 GRP in einer speziellen Zielgruppe etwa kosten werden.

Berechnung über TKP

$$\frac{\text{TKP} \cdot \text{Zielgruppenpotenzial}}{1.000}$$

$= \text{Kosten pro 100 GRP}$

Beispiel:

$$\frac{10\,€ \cdot 60\text{ Mio. Pers.}}{1.000} = 600.000\,€$$

Im Beispiel würden also 100 GRP in der Gesamtbevölkerung ab 14 Jahren etwa 600 .000 Euro kosten. Der Cost per Rating ergibt sich zu 600.000/100 = 6.000 € (Kosten pro GRP).

Zur weiteren Veranschaulichung; Mit dem Wissen, dass in einem speziellen Planungsfall z.B. eine Reichweite von 75% bei 4 Durchschnittskontakten erzielt werden soll und mit den Kenntnissen der Kosten-Leistungs-Verhältnisse, kann nun problemlos berechnet werden, was die 300 GRP in etwa kosten würden. Bei der Variante, dass vom Kunden ein Budget vorgegeben ist, kann der Planer schnell abschätzen, welchen Werbedruck er dafür erhalten kann, also wie viel GRP für das Budget zu realisieren sind. Dabei spielt die Zielgruppendefinition an der Stelle gar nicht die große Rolle, da es genügt, die GRP-Kosten oder Tausend-Kontakt-Preise für Personen ab 14 Jahre zu kennen.

Denn es besteht folgender Zusammenhang: 100 GRP kosten, unter der Voraussetzung, dass die betreffenden Zielgruppen mit durchschnittlicher Affinität (= 100) erreicht werden, immer dasselbe.

Wir greifen hier etwas vor und verwenden schon einmal den Begriff Affinität bzw. Afinitätsindex, was unten gleich erläutert (und im nächsten Abschnitt 6. 4 präzisiert) wird. Erst über die zielgruppen-spezifisch höheren Affinitätsindices der selektierten Werbeträger werden die GRP-Kosten günstiger. Angenommen, wir wissen, dass z.B. 100 GRP in der Gesamtbevölkerung 600 T Euro kosten und wir eine spezielle Zielgruppe mit einem durchschnittlichen Affinitätsindex von 200 erreichen. Dann können wir berechnen, dass 100 GRP in der Zielgruppe nur ca. 300 T Euro kosten. Dies ist so, weil in diesem Fall der Affinitätsindex (hier: 200) ausdrückt, dass die Reichweiten der eingesetzten/einzusetzenden Werbeträger doppelt so hoch sind wie deren Reichweite in der Gesamtbevölkerung.

Bei doppelt so hohen Reichweiten in der Zielgruppe erreichen wir auch doppelt soviel GRP bei identischem Budget (oder haben das halbe Budget bei gleichen GRP).

Ein Beispiel dazu sehen Sie im Kasten unten auf dieser Seite.

Über die GRP-Kosten für die Gesamtbevölkerung und die Annahme oder die Kenntnis des zielgruppenspezifischen Affinitätsindexes kann also problemlos berechnet werden, wie viel eine bestimmte Menge GRP in der Zielgruppe kosten.

Zur Verdeutlichung der Zusammenhänge wollen wir zum Abschluss des vorliegenden Abschnitts noch einmal auf die absolute und die relative Betrachtung der Leistungsmerkmale eingehen.

Beispiel

Reichweite % bzw. GRP (1 x bzw. 6 x)

Werbeträger	Gesamt 1 x	Gesamt 6 x	Zielgruppe 1 x	Zielgruppe 6 x	Affinitätsindex ZG
A	5	30	12	72	240
B	10	60	20	120	200
C	15	90	30	180	200
D	10	60	18	108	180
Summe GRP	40	240	80	480	200

Angenommen, wir belegen in einem Mediaplan vier verschiedene Werbeträger mit bestimmten Reichweiten jeweils 1 x und 6 x. Dann ergäben sich durch die Addition der Einzelreichweiten eine bestimmte Menge GRP in der Gesamtbevölkerung ab 14 Jahren. Wenn dieselben Werbeträger eine spezielle Zielgruppe mit einem durchschnittlichen Affinitätsindex von 200 erreichen, ergibt sich in der Summe exakt die doppelte Menge GRP.

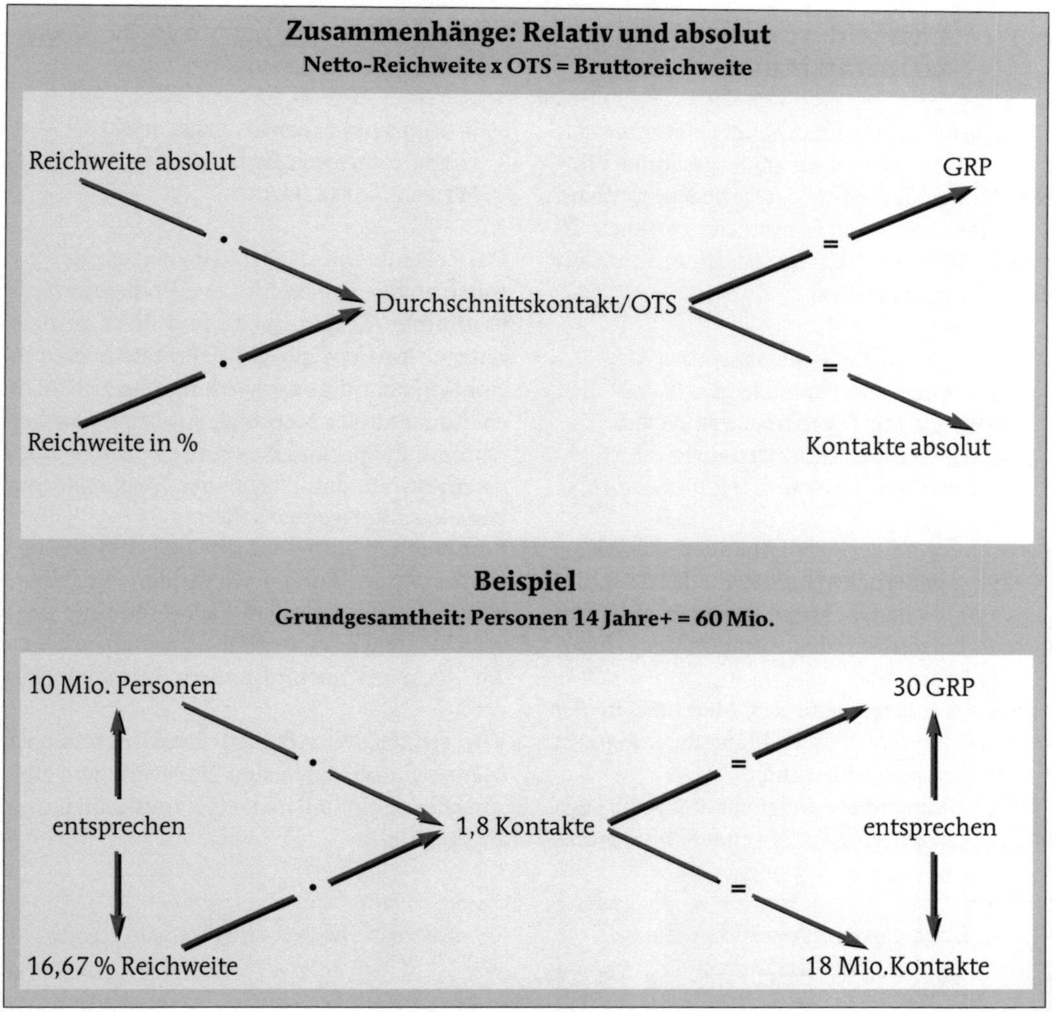

Abb. 6.11

Die Vorgehensweisen bzw. Zusammenhänge sind identisch, nur dass wir im einen Fall mit absoluten Zahlen rechnen und im anderen Fall mit relativen Werten.

Der Vorteil des Terms GRP liegt dabei auf der Hand, da er einfacher anwendbar ist als die Kontaktsumme:

- 100 GRP entsprechen immer dem kompletten Zielgruppenpozenzial.
- 100 GRP sind im generellen Planungsfall immer etwa 50% Reichweite mal zwei Durchschnittskontakte. D.h., Werbedruckanforderungen werden über GRP definiert, tatsächlich stehen aber immer die Media-Ziele Reichweite und Durchschnittskontakte dahinter.
- Tausend-Kontakt-Preise können problemlos in GRP-Kosten umgerechnet werden.
- Werbedruck-Anforderungen führen zur Definition des notwendigen Budgets und umgekehrt.

6.4 Affinität und Affinitätsindex

Der Begriff Affinität beinhaltet den prozentualen Anteil der Zielgruppe an der gesamten Nutzerschaft eines Mediums. Das bedeutet: Wenn 20% der Leser einer Zeitschrift zwischen 20 und 39 Jahren sind, dann ist die Affinität für diese Altergruppe 20%.

VON RELEVANTEM INTERESSE IST DER AFFINITÄTSINDEX, EIN VERHÄLTNISMASS, DAS AUSDRÜCKT, OB EIN BESTIMMTER WERBETRÄGER EINE SPEZIELLE ZIELGRUPPE ÜBER- ODER UNTERDURCHSCHNITTLICH ERREICHT.

Berechnet wird der Affinitätsindex entweder

- über das Verhältnis prozentualer Zielgruppenanteil in der Leserschaft eines Mediums zum entsprechenden Anteil in der Grundgesamtheit oder
- über die Reichweite des Mediums in der Zielgruppe im Vergleich zur Reichweite in der Gesamtbevölkerung.

Der Affinitätsindex ermöglicht damit die Feststellung zielgruppenspezifischer Schwerpunkte eines Werbeträgers und somit eine Aussage über dessen Zielgruppennähe.

JE HÖHER DER INDEX IST, UMSO BESSER WIRD DIE SPEZIELLE ZIELGRUPPE VON DEM WERBETRÄGER ERREICHT.

Das bedeutet umgekehrt, dass bestimmte Personen aus speziellem Interesse Präferenzen für bestimmte Medien haben und diese deshalb nutzen. Insofern gilt der Affinitätsindex, obwohl ein quantitatives Merkmal, eigentlich als eher qualitatives Merkmal, das zeigt, dass bestimmte Zielpersonen spezifische Medien bevorzugen, die deshalb bei der Mediaplanung berücksichtigt werden sollten.

Kommen wir zurück zu den Berechnungsmethoden. Angenommen, wir wollten feststellen, welche demografischen Schwerpunkte zwei verschiedene Zeitschriften aufweisen, was tun wir dann bei nachfolgendem Beispiel (Abb. 6.13)?

Wir vergleichen z.B. den Strukturanteil bei Männern und den beiden Titeln mit dem entsprechenden Anteil in der Gesamtbevölkerung ab 14 Jahren.

Berechnungsmodi für den Affinitätsindex

Affinitätsindex =

$$\frac{\text{Reichweite in Zielgruppe}}{\text{Reichweite in Grundgesamtheit}} \cdot 100$$

oder

$$\frac{\text{Strukturanteil Zielgruppe}}{\text{Strukturanteil Grundgesamtheit}} \cdot 100$$

Index = 100 → Durchschnitt
Index > 100 → überdurchschnittlich
Index < 100 → unterdurchschnittlich

Abb. 6.12

Beispiel: Leserschaftsstrukturen

Merkmale	Struktur Bev. (%)	Leserschafts-strukturen (%) Titel A	Titel B
	Geschlecht		
Männer	47	55	37
Frauen	53	45	63
Alter			
14-19	7	6	4
20-29	17	20	14
30-39	18	21	15
40-49	15	18	15
50-59	18	18	22
60 +	25	17	31

Abb. 6.13

Der Anteil von 55% Männern bei Titel A ist höher als 47% Männeranteil in der Gesamtbevölkerung. Titel A erreicht also Männer leicht überdurchschnittlich. Rechnerisch: Die Berechnung des Affinitätsindexes:

$$\text{Titel A: } \frac{55\%}{47\%} \cdot 100 = 117$$

$$\text{Titel B: } \frac{37\%}{47\%} \cdot 100 = 79$$

Titel B erreicht dagegen Männer unterdurchschnittlich.

Über den Affinitätsindex erkennen wir die Schwerpunkte auf Anhieb und müssen nicht weiterhin jeweils zwei Zahlen miteinander vergleichen.

Qua Definition ist der Affinitätsindex immer dann gleich 100, wenn die spezielle Zielgruppe exakt durchschnittlich erreicht wird. Er wird größer 100, wenn die Zielgruppe überdurchschnittlich erreicht wird und kleiner 100, wenn sie den Werbeträger nur unterdurchschnittlich nutzt.

Beide Vorgehensweisen bei der Berechnung des Affinitätsindexes führen zu denselben Ergebnissen. Lediglich über Rundungsdifferenzen kann es passieren, dass die Indices minimal abweichen. Angenommen, die Bevölkerung ab 14 Jahren beläuft sich auf 60 Mio. Personen und die Zielgruppe 14- 29-jähriger Personen auf 12 Mio. Personen. Ein Werbeträger erreicht nun 15% der Gesamtbevölkerung und 30% der jungen Zielgruppe (14 - 29 Jahre). Daraus ergibt sich über die Reichweitenformel ein Affinitätsindex von 200.

Betrachten wir nun die Strukturwerte, so kommen wir exakt auf denselben Index, da beide Berechnungsweisen zusammenhängen. Der Zielgruppenanteil des Werbeträgers beträgt 40% bei 14- bis 29-jährigen Personen (nämlich 3,6 Mio. Personen von insgesamt 9 Mio. Personen, die erreicht werden), während in der Bevölkerung nur 20% aller Personen zwischen 14 und 29 Jahren alt sind (12 Mio. von 60 Mio. Personen).Also ergibt sich auch auf diese Weise der Affinitätsindex 200.

Die Berechnungen sind noch einmal übersichtlich in Abb. 6.15 auf der folgenden Seite zusammengestellt.

Affinität und Affinitätsindices

Merkmale	Struktur Bev. (%)	Leserschaftsstrukturen (%) Titel A	Affinitätsindex	Titel B	Affinitätsindex
Geschlecht					
Männer	47	55	117	37	79
Frauen	53	45	85	63	119
Alter					
14-19	7	6	86	4	57
20-29	17	20	118	14	82
30-39	18	21	117	15	83
40-49	15	18	120	15	100
50-59	18	18	100	22	122
60+	25	17	68	31	124

Abb. 6.14

Berechnung des Affinitätsindex
Verfahren I

$$\text{Affinitätsindex I} = \frac{\text{Reichweite ZG}}{\text{Reichweite gesamt}} = \frac{30\,\%}{15\,\%} \cdot 100 = 200$$

	Potenziale (Mio)	Potenziale (%)	Reichweiten Titel X (Mio.)	Reichweiten Titel X (%)	Affinitäts-index
Grundgesamtheit (Personen 14 J. +)	60,0	100	9,0	15	100
Zielgruppe (Personen 14 - 29 J.)	12,0	20	3,6	30	200

Verfahren II

$$\text{Affinitätsindex II} = \frac{\text{ZG-Anteil an der Leserschaft}}{\text{ZG-Anteil in GG}} = \frac{40\,\%}{20\%} \cdot 100 = 200$$

	Potenziale (Mio.)	Potenziale (%)	Reichweiten Titel X (Mio.)	Reichweiten Titel X (%)	Aff.-Ind. I	Struktur Titel X	Aff.-Ind. II
Grundgesamtheit (Personen 14 J. +)	60,0	100	9,0	15	100	100	100
Zielgruppe (Personen 14 - 29 J.)	12,0	20	3,6	30	200	40	200

Abb. 6.15

6.5 Kosten-Leistungs-Verhältnisse

Es gibt unterschiedliche Möglichkeiten der Berechnung von Kosten-Leistungs-Verhältnissen. Letztlich dienen alle den Zielsetzungen, festzustellen, welche Werbeträger in Rangreihen die Zielgruppen am günstigsten erreichen, welche Planvariante die günstigste ist oder welches Budget man für einen bestimmten Werbedruck benötigt.

DAS WICHTIGSTE MASS IN DEUTSCHLAND IST DER TAUSEND-KONTAKT-PREIS.

Er bezieht sich in Rangreihen oder Mediaplänen darauf, wie viel Geld man für 1.000 Kontakte mit den Zielpersonen aufwenden muss.

Tausend-Kontakt-Preis (TKP)

$$\frac{\text{Einschaltkosten in Euro} \cdot 1000}{\text{Kontaktsumme}} = \text{TKP}$$

Cost per Mille (CpM)

Der im englischen Sprachraum verwendete Begriff Cost per Mille (CpM) meint exakt dasselbe wie der TKP.

Tausend-Nutzer-Preis (TNP)

$$\frac{\text{Einschaltkosten in Euro} \cdot 1000}{\text{Reichweite absolut}} = \text{TNP}$$

DER TAUSEND-NUTZER-PREIS BEZIEHT SICH AUF DIE (NETTO-)REICHWEITE UND NICHT AUF DIE KONTAKTE.

Dies bedeutet, dass der TKP und der Tausend-Nutzer-Preis (TNP) bei einer Einschaltung identisch sind. Denn, wenn wir z.B. drei Millionen verschiedene Personen über einen Werbeträger erreichen, dann erreichen wir sie jeweils einmal und erhalten damit auch drei Millionen Kontakte.

ERST NACH ZWEI UND MEHR EINSCHALTUNGEN STIMMEN TKP UND TNP NICHT MEHR ÜBEREIN.

Da die Reichweiten-Kumulation auf geringerem Niveau stattfindet als die Kontakt-Kumulation, wird der TNP im Vergleich zum TKP teurer. Er korreliert mit der Reichweiten-Kumulation. Wenn wir z.B. denselben Werbeträger zweimal belegen, dann erreichen wir eine doppelt so hohe Kontaktsumme wie bei einmaliger Belegung, die Netto-Reichweite liegt aber irgendwo zwischen der Reichweite nach einmaliger Belegung und der Kontaktsumme nach den zwei Einschaltungen.

DER TAUSEND-NUTZER-PREIS IST DER ÜBERBEGRIFF DER GATTUNGSSPEZIFISCH DEFINIERTEN TERMINI TAUSEND-LESER-PREIS, TAUSEND-HÖRER-PREIS UND TAUSEND-SEHER-PREIS.

Cost per Rating (CpR)

Cost per Rating wird eher im angloamerikanischen Raum gebraucht und bezeichnet die Kosten für einen GRP.

$$\frac{\text{Einschaltkosten in Euro}}{\text{GRP}} = \text{Cost per Rating}$$

Tausender-Preis

$$\text{Tausender-Preis} = \frac{\text{Einschaltkosten in Euro} \cdot 1.000}{\text{verbreitete / verkaufte Auflage}}$$

MIT DEM BEGRIFF TAUSENDER-PREIS MEINT MAN IM MEDIABEREICH NICHT DEN BEZUG ZU IRGENDWELCHEN NUTZERSCHAFTEN (SEHER, HÖRER, LESER), SONDERN IMMER ZUR AUFLAGE.

D.h., der Tausender-Preis wird fast nur bei der Fachzeitschriften-Planung verwendet, da hier so gut wie keine Leserschaftsdaten bzw. Reichweiten zur Verfügung stehen.

Kapitel 7

Werbeträger in Deutschland

Medien begleiten uns durch unseren gesamten beruflichen und privaten Alltag. Sie sind Quellen für Unterhaltung, Zerstreuung, Information und Bildung. Mediaplaner haben auf diese Vielfalt des Medienangebots einen etwas eingeschränkten Blick. Für sie sind Medien in erster Linie Werbeträger, die Transportmittel für die Werbebotschaften ihrer Kunden. Die Sprache der Mediaplaner erscheint außen Stehenden mitunter etwas befremdlich: Der spannende Hollywood-Spielfilm am Samstagabend wird als „Werberahmenprogramm" oder einfach als „Umfeld" - nämlich für Werbespots - bezeichnet. Doch das alles bedeutet nicht, dass Mediaplaner nicht an den inhaltlichen Dimensionen von Fernsehsendungen und Zeitschriften interessiert sind. Medien sind ja nur dann als Werbeträger attraktiv, wenn sie die Menschen erreichen, die man mit seiner Werbebotschaft ansprechen will. Und die Medien erreichen diese Menschen nur, wenn sie ihnen etwas Interessantes zu bieten haben, nämlich Information, Unterhaltung, Bildung, Lebenshilfe, etc.

> JE BESSER EIN MEDIUM DIE BEDÜRFNISSE DES PUBLIKUMS BEFRIEDIGT, UMSO GEEIGNETER IST ES ALS WERBETRÄGER.

In den Köpfen mancher Zeitgenossen (nicht wenige Journalisten eingeschlossen!) stehen Werbung und seriöse Berichterstattung unversöhnlich gegenüber. Das ist aber aus Sicht der Mediaplanung falsch:

> JOURNALISTISCHE QUALITÄT IST EINE BEDINGUNG FÜR ERFOLG BEI DEN LESERN, DER WIEDERUM BEDINGUNG FÜR ERFOLG DES MEDIUMS ALS WERBETRÄGER IST.

Allerdings definiert sich Qualität nicht nach allgemeinen Regeln oder dem Geschmack der Planer, sondern nach den Bedürfnissen der Leser, Hörer und Zuschauer. Wenn sie sich für den neusten Skandal im Königshaus oder für „20 intime Beichten von..." interessieren, steht es den Mediaplanern nicht an, darüber die Nase zu rümpfen. Wie sagt das Sprichwort: Der Wurm muss nicht dem Angler schmecken, sondern dem Fisch.

Aufbereitungsraster der Abschnitte

In diesem Kapitel werden wir uns nacheinander mit den wichtigsten Werbeträgergattungen in Deutschland beschäftigen. Wir werden für jedes Medium folgende Punkte beleuchten:

- Status, Historie und aktuelle Entwicklung
- Definition des Werbeträgers und Abgrenzung zu anderen Medien
- Bedeutung der Gattung und Media-Leistung
- Nutzung des Werbeträgers durch das Publikum
- Stärken und Schwächen des Mediums
- Verfügbare Werbemöglichkeiten
- Marktpartner
- Datenquellen
- Besonderheiten bei der Mediaplanung
- Ausblick: Wie wird sich das Medium künftig entwickeln?

Für einige Medien wurden bereits (Kapitel zur Mediaforschung und zum Planungsprozess) detaillierte Informationen geliefert. Das gilt vor allem für die Publikumszeitschriften und das Fernsehen. Der genaue Planungsablauf für diese Medien wird deshalb in diesem Kapitel nicht mehr wiederholt.

Bei anderen Medien wird erläutert, wie die Planung dieser Werbeträger von den in Kapitel 4 beschriebenen Prinzipien abweicht. Wir wollen aber den in einigen Büchern anzutreffenden „Datenfriedhof" mit Zahlen und Tabellen vermeiden, der wahrscheinlich zum Zeitpunkt der Veröffentlichung bereits wieder veraltet wäre und danach ständig weiter an Aktualität verliert.

Wer wissen will, wie viele Publikumszeitschriften es in Deutschland gibt oder wie die aktuellen Einschaltpreise bei RTL aussehen, dem nennen wir regelmäßig aktualisierte Publikationen oder Internet-Adressen, wo er solche Informationen finden kann.

Die Zahlen, die wir in den jeweiligen Abschnitten dieses Kapitels präsentieren, sollen eher **Langzeitentwicklungen** oder **grundsätzliche Merkmale und Zusammenhänge** veranschaulichen. Selbstverständlich haben wir jene Datenquellen verwendet, die bei Redaktionsschluss am aktuellsten waren. Die Reihenfolge folgt einer gewissen, aber nicht zwingenden Systematik.

Eine herausragende Rolle spielen auf Grund ihrer Bedeutung im Mediamix der meisten großen Werbungtreibenden TV und Publikationszeitschriften, die auch in diesem Kapitel mehr Platz einnehmen als andere Medien. Auf die anderen klassischen Medien wie Zeitung, Radio, Kino und Plakat wird entsprechend knapper eingegangen. Für alle diese klassischen Medien wird am Ende jedes Abschnitts eine **Kurzdarstellung der Stärken und Schwächen (S.W.O.T.-Analyse)** geliefert, die bei einem Intermedia-Vergleich helfen kann.

Eine Sonderstellung nehmen die Fachzeitschriften und die Online-Werbung ein – sie sind mit anderen Medien schwer vergleichbar, da ihr Einsatz von ganz anderen Faktoren abhängt. Hier gehen wir auf die Planungsspezifika etwas genauer ein, verzichten aber auf die S.W.O.T.-Analyse.

Ergänzend wird abschließend noch kurz auf einige spezielle Werbeträger (etwa Lesezirkel oder Adressbücher) eingegangen.

Quellen zum Thema Werbeträger in Deutschland

Wer sich intensiver mit Werbeträgern in Deutschland beschäftigen will, dem sei das von Wolfgang Michael Reiter herausgegebene Buch „Werbeträger – Handbuch für die Mediapraxis" empfohlen. Auf über 500 Seiten wird von angesehenen Experten jede einzelne Werbeträgergattung ausführlich beschrieben. Wir werden in diesem Kapitel gelegentlich auf dieses Buch verweisen. „Werbeträger" wird im Abstand von einigen Jahren aktualisiert; während wir dies schreiben, liegt die 9. Auflage aus dem Jahr 1999 vor.

Aktuelle Auflagen für Zeitungen, Fach- und Publikumszeitschriften können in den Quartalsbänden der IVW nachgeschlagen werden. Im Internet findet man ebenfalls Auflagenzahlen bei www.ivw.de und www.pz-online.de. Die meisten planungsrelevanten Informationen (Auflage, Einschaltpreise, Adressen, etc.) für fast alle Werbeträger finden sich in den Bänden des Media Daten-Verlages, die sechsmal im Jahr aktualisiert werden und im Abonnement zu beziehen sind. Sie liegen in allen Agenturen vor. Ein abgespecktes, dafür aber kostenfreies Angebot wird im Internet unter www.media-daten.de angeboten. Informationen über Werberichtlinien und Gesetze, aber auch die jährliche Veröffentlichung der Netto-Werbeeinnahmen der Medien, findet man im ZAW-Jahrbuch, das der Zentralausschuss der Werbewirtschaft jedes Frühjahr herausbringt. Eine reiche Sammlung unterschiedlichster Daten über Angebot und Nutzung von Medien liefert der jährlich erscheinende Band „Basis-Daten", der von der Fachzeitschrift Media Perspektiven herausgegeben wird. Weitere medienspezifische Datenquellen werden in den Abschnitten über die jeweilige Werbeträgergattung aufgeführt.

7.1 TV

7.1.1 Entwicklung und Status

Im Dezember 1952 beginnt die erste offizielle Ausstrahlung eines deutschen Fernsehprogramms durch den Nordwestdeutschen Rundfunk (NWDR). Die anderen Landesrundfunkanstalten, die zur Arbeitsgemeinschaft der öffentlich-rechtlichen Rundfunkanstalten der Bundesrepublik Deutschland (ARD) gehören, begannen ihre regionalen Sendungen erst im Jahr 1954. Der erste Werbespot wurde 1956 durch das Bayerische Fernsehen ausgestrahlt. Erst im April 1963 begann die bis heute bestehende zweite öffentlich-rechtliche Fernsehanstalt, das Zweite Deutsche Fernsehen (ZDF). Basis dafür war ein Staatsvertrag zwischen den Bundesländern und der Wunsch, ein zweites, aber national empfangbares Fernsehprogramm anzubieten. Den regionalen ARD-Anstalten entstand dadurch eine starke Konkurrenz. 1964 begann die Etablierung der dritten ARD-Programme, wie z.B. NDR 3, WDR 3, HR 3, die allerdings mit der Auflage, ein werbefreies Programm zu senden, on-air gingen.

Bis zum Empfang und zur Etablierung privater TV-Anbieter in Deutschland sollte es noch 20 Jahre dauern. RTL-plus begann im Jahr 1984 mit der terrestrischen Ausstrahlung eines deutschsprachigen Programms von Luxemburg aus. Dieses Fernsehprogramm konnte allerdings nur im Saarland sowie in Teilen von Nordrhein-Westfalen und von Rheinland-Pfalz empfangen werden. Parallel dazu startete am 1. Januar 1984 das erste Kabelpilotprojekt in Ludwigshafen. Im Unterschied zur terrestrischen Verbreitung ermöglichte der Einsatz der Kabeltechnologie die parallele Verbreitung von deutlich mehr Programmangeboten.

Ein zweites Kabelpilotprojekt startete im April 1984 in München. Dort wurden zunächst 16 Fernseh- und 23 Hörfunkprogramme via Kabel angeboten. Gleichzeitig begann die erste offizielle Verbreitung über Satelliten. Die Sendungen der Programmgesellschaft für Kabel- und Satellitenrundfunk (PKS) in Ludwigshafen wurden über den ECS1-Satelliten zum Münchner Kabelpilotprojekt übertragen. Anfang 1985 beginnt SAT.1 zunächst mit der Verbreitung via Satellit zur Einspeisung in die vorhandenen Kabelnetze.

Zu diesem Zeitpunkt werden Fernsehprogramme also entweder terrestrisch, wie bei ARD und ZDF, oder über Kabelnetz empfangen

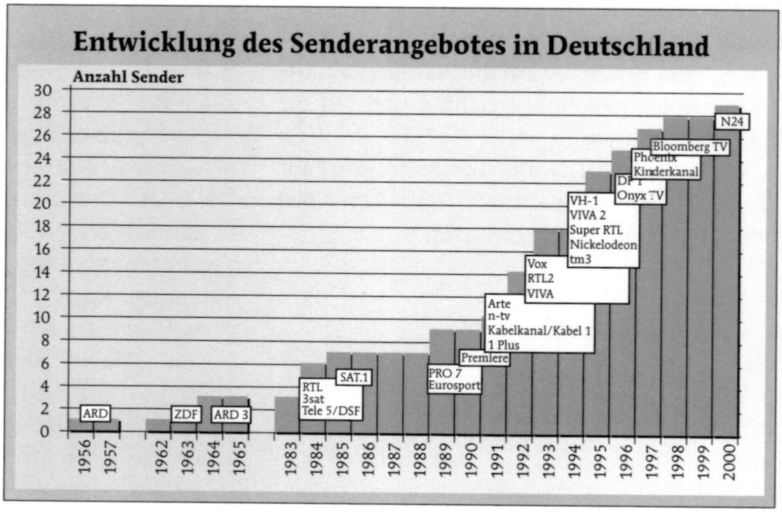

Abb. 7.1: Entwicklung des Senderangebotes in Deutschland (Quelle: AGF/GfK)

(Privatsender und öffentlich-rechtliche Sender).

Das bedeutet aber auch, dass die öffentlich-rechtlichen Sender in 1985 jeden TV-Haushalt erreichen konnten, während die Privatsender auf die zunehmende Verkabelung und den erst später etablierten direkten Satellitenempfang angewiesen waren. Dieser begann Ende 1989 mit dem Satelliten ASTRA, der von Luxemburg aus betrieben wurde und u.a. RTL plus, SAT.1 und Pro7 übertrug.

Mit der kontinuierlich zunehmenden Verkabelung und der Möglichkeit des Satelliten-Direktempfangs wurden immer mehr Sender in Deutschland gegründet und gleichzeitig international bzw. pan-europäisch sendende und einzelne ausländische TV-Anbieter zugelassen.

Aktuell können rund 30 deutschsprachige Fernsehsender via Kabel empfangen werden. Dazu kommen einige ausländische Angebote, wie z.B. TV5 (Frankreich), TRT (Türkei) oder CNN (USA).

Wer seine TV-Sender über Satellit empfängt, kann je nach Satellitenanbieter noch deutlich mehr Programme sehen. Lediglich einige wenige nur territistisch angebundene TV-Haushalte können je nach Empfangsort nur die öffentlich-rechtlichen Sender und bestenfalls einige Privatsender, die dort terrestrisch übertragen werden, empfangen.

Der TV-Empfang nach Empfangsebenen sieht aktuell wie folgt aus:

Kabel	55,7%	aller TV-Haushalte
Satellit	37,2%	aller TV-Haushalte
Terrestrik	7,1%	aller TV-Haushalte

Die Möglichkeit der digitalen Übertragung von Fernsehangeboten gibt es zwar seit einigen Jahren, sie hat aber bis heute nicht die Bedeutung, die ihr seit langem zukommen sollte. Der Vorteil der digitalen Angebote liegt vor allem in der deutlich besseren technischen Übertragungs- und Empfangsqualität und der technischen Möglichkeit, dass viel mehr Sender bzw. Programme gleichzeitig über einen Satelliten ausgestrahlt werden können.

Die digitale Technik wird primär von dem Pay-TV-Sender Premiere genutzt, der auf Basis der d-Box empfangen werden kann. Dabei muss die d-Box im Haushalt installiert werden, um die digitalen Signale zu empfangen und sie in analoge Zeichen für das Fernsehempfangsgerät umzusetzen.

Aktuelle Schätzungen gehen davon aus, dass in rund 2,5 Mio. Haushalten eine d-Box steht, also die Möglichkeit des digitalen Rundfunkempfangs gegeben ist. Dies wird sich aber in den kommenden Jahren ändern, da der Deutsche Bundestag beschlossen hat, dass bis Ende 2010 eine Umstellung auf die digitale Fernsehübertragung zu erfolgen hat.

7.1.2 Definition und Differenzierung

Der Rundfunkbegriff ist im Staatsvertrag der Länder (1968) wie folgt definiert: Rundfunk ist die für die Allgemeinheit bestimmte Veranstaltung und Verbreitung von Darbietungen aller Art in Wort, in Ton und in Bild unter Benutzung elektrischer Schwingungen ohne Verbindungsleitungen oder längs oder mittels eines Leiters.

Rundfunk (also damit Hörfunk und Fernsehen) werden also mittels elektrischer Funkfrequenzen drahtlos verbreitet. Wir sprechen in diesem Zusammenhang von der terrestrischen Verbreitung.

Diese Definition ist inzwischen veraltet, da die Mehrzahl der TV-Haushalte, siehe Tabelle, die Sender via Kabel oder Satellit empfängt. Zwei weitere zentrale Aspekte neben der terrestrischen Übertragung sind aber in der Begriffserläuterung enthalten: die **Publizität** und die **Universalität**. Kennzeichnend sind also die Übermittlung an ein potenziell unbegrenztes Publikum (Publizität) und die theoretische Unbeschränktheit der Themen (Universalität). Differenziert man nun TV vom generellen Rundfunkbegriff, so kann Fernsehen wie folgt definiert werden:

Fernsehen ist die aktuelle und periodische Übertragung von audiovisuellen Informationen an ein unbegrenztes Publikum.

Je nach Sender und Tageszeit wenden sich die Anbieter inzwischen mit unterschiedlichen Kommunikationsangeboten an spezifische Zielgruppen. Zusätzlich differenzieren wir aktuell nach Voll- und Spartenprogrammen. Während die öffentlich-rechtlichen TV-Anstalten und eine Vielzahl der Privatsender (i.e. RTL, SAT.1, Pro7, RTL2, Kabel1) im Großen und Ganzen Vollprogramme anbieten, gibt es andererseits auch immer mehr Spartensender im deutschen Markt. Die Spartensender besetzen dabei primär die vier Themenangebote: Musik, Nachrichten, Sport und Kindersendungen:

- Musik: MTV, Viva
- Nachrichten: n-tv, N24
- Sport: DSF, Eurosport
- Kinder: Super RTL, Kinderkanal

In diesem Zusammenhang erwartet man seit Jahren eine Vielzahl weiterer Spartenprogramme, die dann auch die speziellen Themenbereiche abdecken könnten, die heute z.B. von Special Interest-Zeitschriften angeboten werden.

Die Kommunikationsangebote könnten sich entsprechend dominant auf Sport- und Freizeitaktivitäten konzentrieren: Vom Surfen und Biken bis zum Golf, vom (zu Hause) Handwerken und Gärtnern bis zur Wohnungseinrichtung. Die Etablierung derartiger Sender und Angebote setzt einerseits eine kostengünstige Übertragung voraus, die inzwischen gegeben ist. Andererseits sind aber die Programmkosten bis heute zu hoch, um derartige Angebote wirtschaftlich betreiben zu können.

Im Zuge der wirtschaftlichen Internationalisierung und Globalisierung, verbunden mit der gleichzeitigen Digitalisierung der TV-Angebote, werden sich in Zukunft internationale Spartensender aber zunehmend verbreiten.

Eine andere Differenzierung der TV-Sender kann nach demografischen Merkmalen erfolgen. So wendet sich ein Sender wie Pro7 vorwiegend an jüngere Personen, während Kabel1 mit seinem Programmangebot überdurchschnittlich ältere Personen erreicht.

7.1.3 Bedeutung und Media-Leistung

Die große Bedeutung des Werbeträgers TV lässt sich an der Entwicklung der Brutto-Werbeaufwendungen ausmachen. So lagen diese in 1985 lediglich bei rund 0,9 Mrd. Euro und bei einem Anteil von ca. 17% für TV. Dabei kamen die 0,9 Mrd. Euro fast ausschließlich den öffentlich-rechtlichen Sendern ARD und ZDF zu.

Im Jahr 2002 beliefen sich die Brutto-Werbeaufwendungen in TV dagegen auf über 7,2 Mrd. Euro und einem Share of Market von 44%.

Die höchsten Einnahmen erzielten in der Reihenfolge RTL, gefolgt von Pro7 und SAT.1. Die drei „großen“ Privatsender verzeichneten damit insgesamt 71% der Werbeaufwendungen, die in TV geflossen sind.

Betrachtet man die Haushaltsabdeckung, so zeigt sich aktuell, dass alle Privatsender heute mehr oder weniger national empfangen werden können. Während die „kleineren“ Sender, wie z.B. Kabel 1 bei rund 89% liegen, können fast 97% der deutschen Fernsehhaushalte RTL oder SAT.1 empfangen.

Der terrestrische Empfang reduziert sich immer mehr zu Gunsten des Satellitenempfangs, wodurch immer mehr Haushalten das breite Senderangebot zur Verfügung steht.

Andererseits führte diese zunehmende Konkurrenzsituation zu einer teilweise dramatischen Fragmentierung der Fernsehnutzerschaften. Vor einigen Jahren lagen die Werbeblock-Reichweiten der „großen“ Privatsender bei mindestens 3 Mio. (bis teilweise 5 Mio.) Zuschauer in der Prime Time (20-23 Uhr). Inzwischen liegt nur noch RTL über der 3 Mio.-Marke und die anderen beiden „großen“ Sender (Pro7, SAT.1) deutlich darunter.

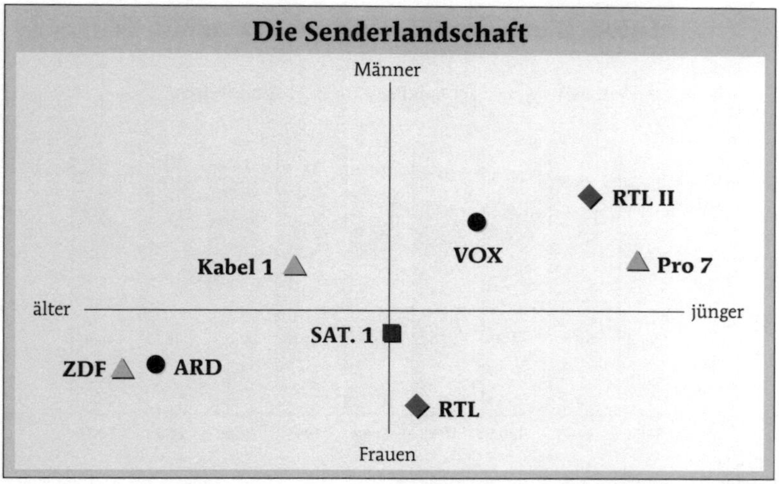

Abb. 7.2: Die Senderlandschaft

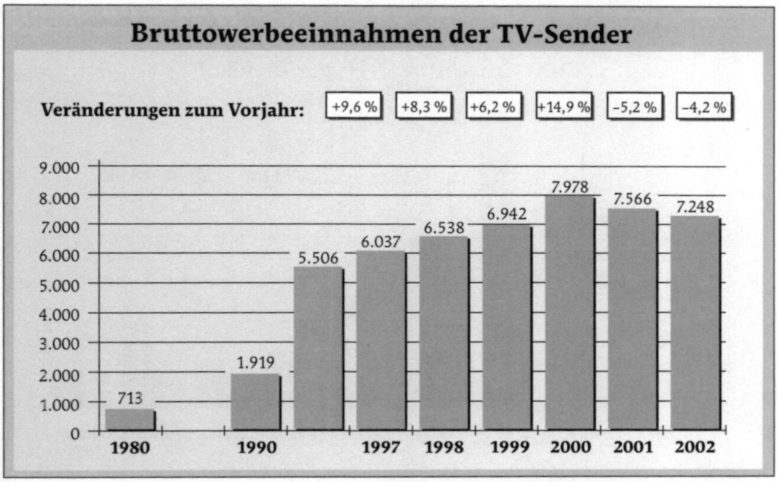

Abb. 7.3: Bruttowerbeeinnahmen der TV-Sender (Quelle: A.C. Nielsen S+P)

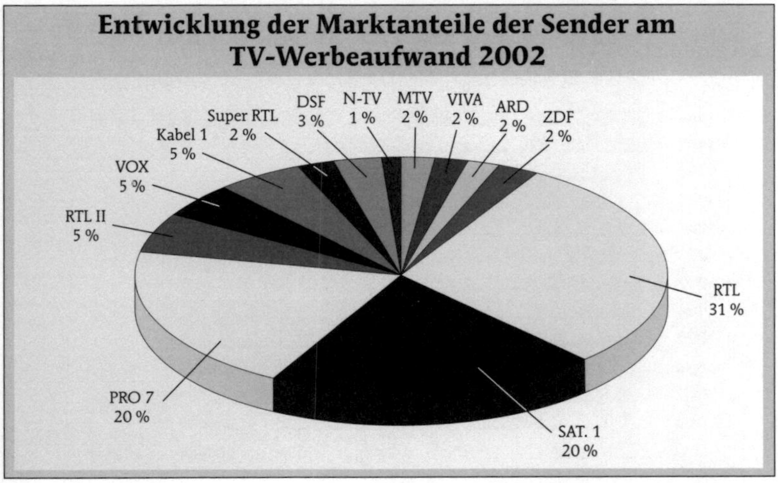

Abb. 7.4: Entwicklung der Marktanteile der Sender (Quelle: A.C. Nielsen S+P)

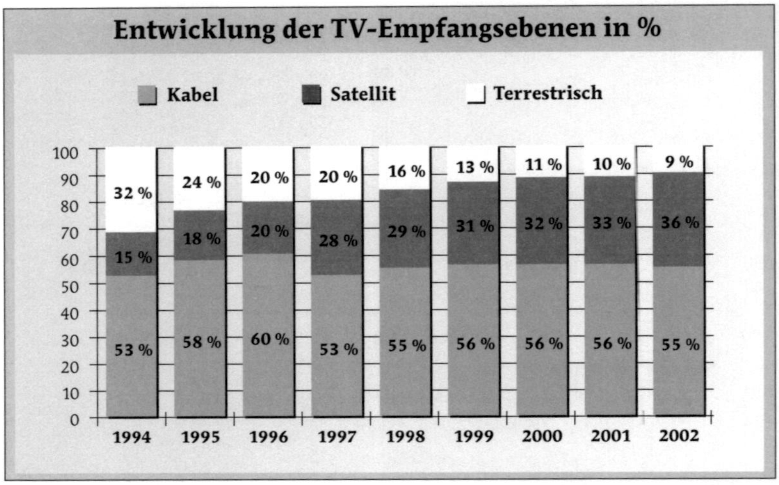

Abb. 7.5: Entwicklung der TV-Empfangsebenen (Quelle: AGF/GfK)

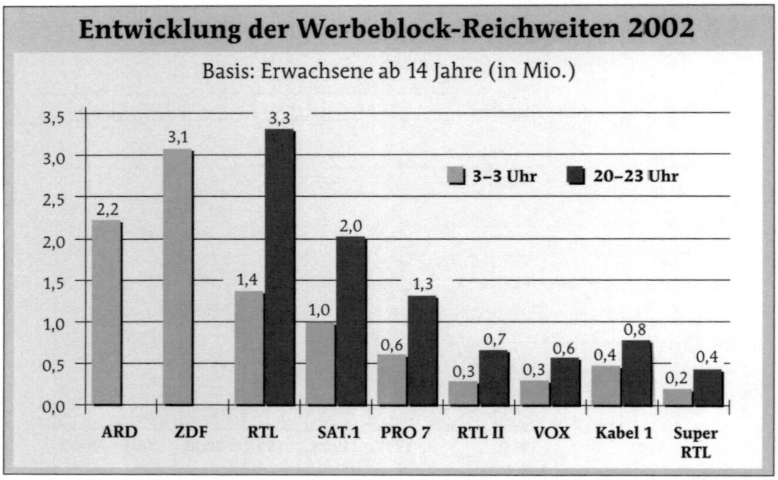

Abb. 7.6: Entwicklung der Werbeblock-Reichweiten 2002 (Quelle: AGF/GfK)

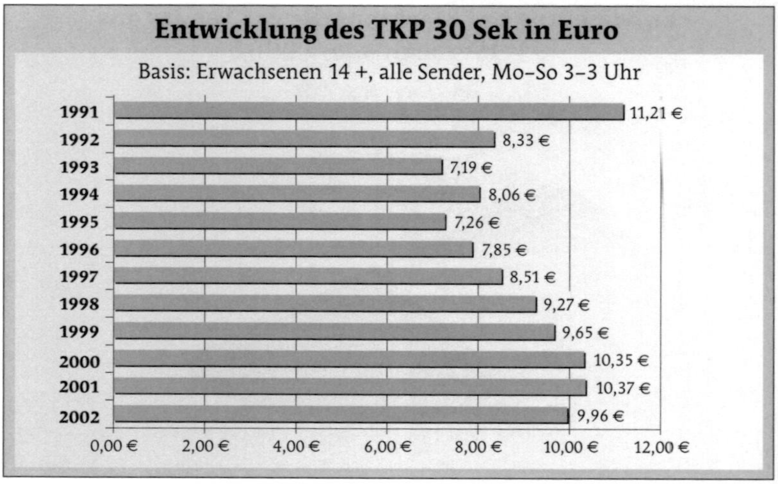

Abb. 7.7: Entwicklung TKP (Quelle: AGF/GfK)

Auf Grund dieser negativen Entwicklungstendenzen mussten die TV-Sender immer wieder mit Preisreduzierungen für Werbeeinschaltungen reagieren. Diese Situation führte inzwischen dazu, dass der durchschnittliche Tausend-Kontakt-Preis (für 30-Sekunden-Spots) im TV in 2002 günstiger war als im Jahr 1991. Allerdings ist hier zu berücksichtigen, dass sich der Tausend-Kontakt-Preis von 1991 nur auf West-Deutschland bezog, da die fünf neuen Bundesländer zwar beim TV-Empfang schon einbezogen waren, nicht aber bei der Erhebung der TV-Einschaltquoten durch die GfK-Fernsehforschung.

Diese Integration erfolgte erst 1992, was, bei ähnlichen Einschaltpreisen wie 1991, plötzlich zu einem deutlich günstigeren Kosten-Leistungs-Verhältnis führte.

Die Fernsehsender haben also das neue Seherpotenzial in ihrer Kostenkalkulation nicht berücksichtigt. Seitdem ist aber eine kontinuierliche Medien-Inflation zu beobachten, die sich erst vor dem Hintergrund eines härteren Verdrängungswettbewerbs in 2002 umkehrte. Die rückläufigen Werbeaufwendungen seit 2001 führten dazu, dass etliche TV-Sender mit Preisreduzierungen reagierten.

7.1.4 Media-Nutzung

Seit der Etablierung der Privatsender ist eine kontinuierliche Zunahme der **Sehdauer** festzustellen. Waren es in 1987, also kurz nach dem Start der ersten Privatsender, nur 148 Minuten pro Tag, so stieg die tägliche Nutzungsdauer auf inzwischen 215 Minuten in 2002, siehe dazu Abb. 1.15 in Kapitel 1.

Diese Entwicklung kam zwar primär den Privatsendern zugute, andererseits profitierten aber auch die dritten ARD-Programme davon. Den nach Sehdauer höchsten Marktanteil weisen abwechselnd ARD und RTL auf, mit im Jahresdurchschnitt 2002 jeweils 15%, gefolgt von ARD 3 mit 14% und SAT.1 (siehe Abb. 7.8 auf der folgenden Seite). Die Werte beziehen sich auf Personen ab 14 Jahre.

Betrachtet man nun verschiedene demografische Teilgruppen, so zeigt sich, dass der mit Abstand höchste Wert bei älteren Personen ab 50 Jahre liegt.

Diese haben im Jahr 2003 durchschnittlich 263 Minuten pro Tag ferngesehen. Kinder zwischen 3 und 13 Jahren sehen dagegen am wenigsten fern (97 Minuten/Tag). Die **Altersverteilung** ist in Abb. 7.9 dargestellt.

Generell bedeutet dies aber nicht, dass bestimmte Zielgruppen über TV nur schwer erreicht werden. Denn je nach Zielgruppen-Definition wird man die adäquaten TV-Sender und -Umfelder belegen. So gibt es eine Vielzahl von Kinder- und Jugend-Sendungen, über die diese Zielgruppe, trotz unterdurchschnittlichem Fernsehkonsum sehr gut erreicht werden kann. Am schwersten tut man sich mit der Ansprache von Personen mit hoher Formalbildung, entsprechendem Beruf und sehr hohem Einkommen.

„Entscheidungsträger", also leitende Angestellte und Beamte, Geschäftsführer und Inhaber, etc. werden über das Fernsehen relativ schlecht erreicht, da sie es sehr selektiv nutzen.

Bei der Betrachtung des **Tagesablaufs** der TV-Nutzung (Abb. 7.10) zeigen sich relativ geringe Einschaltquoten am Vormittag, die am Nachmittag und in Richtung Feierabend kontinuierlich zunehmen und ihren Peak gegen 20 Uhr erreichen. Die Zeit mit der höchsten Fernsehnutzung bzw. Sehdauer am Tag nennt man deshalb Prime Time, sie liegt qua Definition zwischen 20 Uhr und 23 Uhr. Lediglich sonntags ergibt sich ein etwas anderes Bild, da an diesem Tag auch schon morgens und nachmittags deutlich mehr ferngesehen wird als unter der Woche.

Je nach Programmangebot erreichen die TV-Sender zum Teil deutlich abweichende Zuschauerstrukturen.

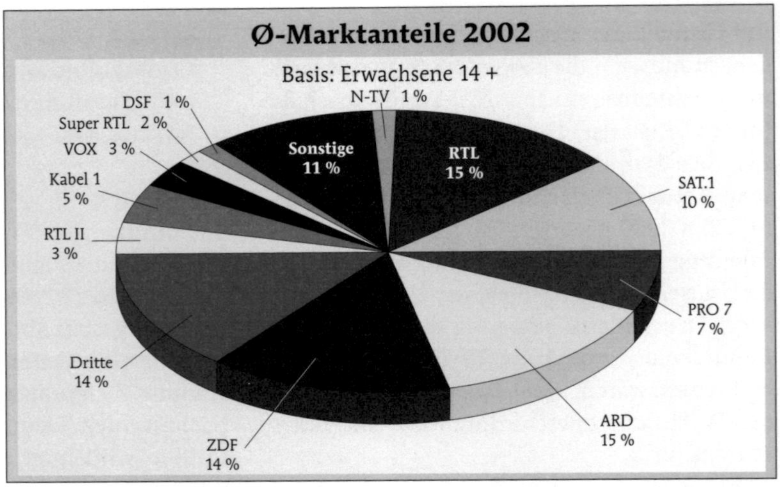

Abb. 7.8: Marktanteile nach Sehdauer 2002 (Quelle: AGF/GfK)

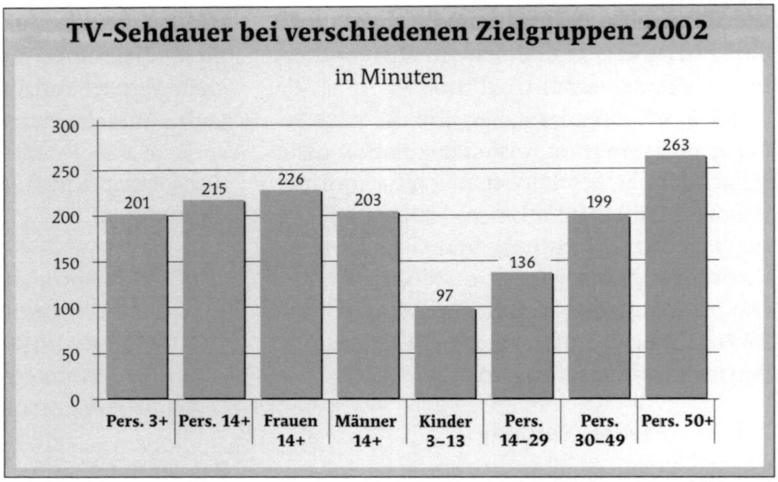

Abb. 7.9: TV-Sehdauer in verschiedenen Zielgruppen 2002 (Quelle: AGF/GfK)

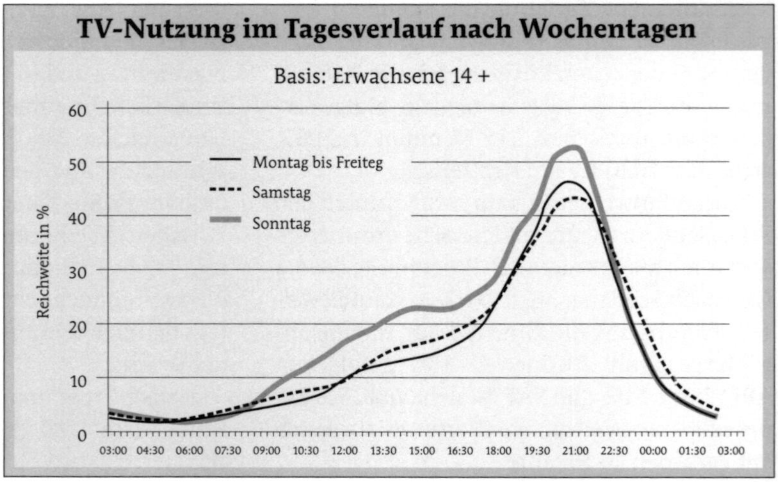

Abb. 7.10: TV-Nutzung im Tagesverlauf (Quelle: AGF/GfK/ Jan–Mai 2003)

Selbst unter den „großen" Sendern (ARD, ZDF, RTL, SAT.1, Pro7) ergeben sich erhebliche Differenzen., allein, was die Altersstrukturen betrifft. Pro7 erreicht den mit Abstand höchsten Anteil an 14-29 und 30-49-jährigen Personen. Die öffentlich-rechtlichen Sender erreichen die höchsten Anteile an älteren Personen. Dennoch gelingt es, wie schon oben gesagt, spezielle Zielpersonen über spezifische Angebote fast aller TV-Sender zu erreichen. Je nach Zielgruppen-Definition wird allerdings der eine oder andere Sender mehr oder weniger adäquate Umfelder aufweisen und entsprechend berücksichtigt werden.

7.1.5 Stärken und Schwächen des Mediums

Fernsehen weist auf Grund der audiovisuellen Informationsvermittlung neben Kino den höchsten Impact (hier in etwa mit Beeindruckungserfolg zu übersetzen) auf.

Verbale, also gesprochene Informationen, die gleichzeitig illustriert und z.B. in einen Handlungsablauf integriert werden können, werden nachweislich besser erinnert als visuelle (i.e. Anzeige, Plakat) Informationen. Die Berücksichtigung von Musik (Jingle) und weiterer dramaturgischer Effekte hilft dabei zusätzlich.

TV IST DAMIT ALS BASISMEDIUM FÜR FAST ALLE KOMMUNIKATIONSZIELE GEEIGNET.

Lediglich bei der Vermittlung komplexer und detaillierter Informationen haben die Printmedien einen Vorteil. TV avanciert andererseits immer mehr zum Begleit- und Hintergrundmedium. Das Fernsehgerät läuft zwar im Haushalt, aber niemand nutzt es bewusst bzw. es läuft, ähnlich wie es bei Hörfunk oft der Fall ist, nur im Hintergrund.

Optimale Werbeblöcke, mit hoher Zielgruppenaffinität und/oder günstigem Kosten-Leistungs-Verhältnis sind im Fernsehen oft maßlos überbucht. D.h., man erhält nur einen Teil der entsprechend nachgefragten Werbeblöcke und muss diese auch am besten bis Ende September des Vorjahres buchen.

Da in den neuen Bundesländern deutlich mehr ferngesehen wird, hat man beim nationalen TV-Einsatz immer den Nachteil, dass der Werbedruck im Osten viel höher ist als im Westen. Dasselbe trifft übrigens auch auf Westdeutschland zu und hier im Vergleich

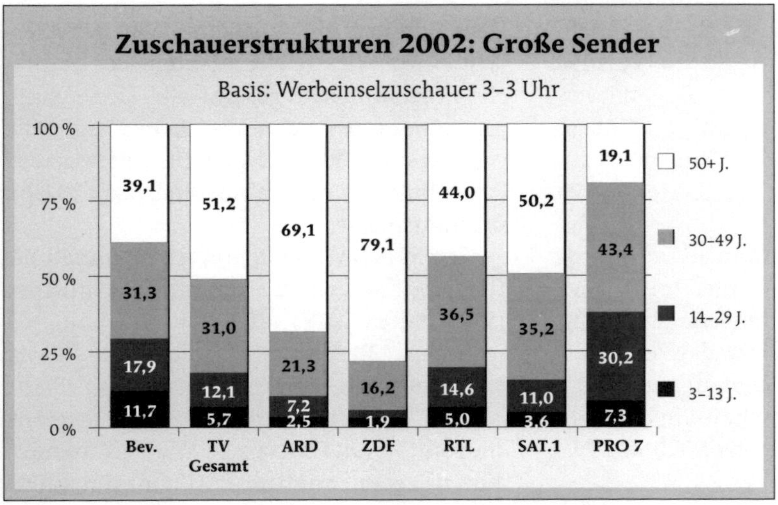

Abb. 7.11: Zuschauerstrukturen 2002 für die großen Sender (Quelle: AGF/GfK)

Nord- zu Süddeutschland. In Süddeutschland wird weniger TV gesehen als im Norden, was u.a. am Klima und unterschiedlichen Tagesabläufen liegen kann.

Da die „kleineren" TV-Sender (i.e. RTL2, Kabel1, Vox) bis heute günstigere Kosten-Leistungs-Verhältnisse aufweisen, sollten diese im Sender-Mix verstärkt berücksichtigt werden. Der Anteil dieser Sender sollte trotzdem eine bestimmte Marge nicht überschreiten, da sonst die Reichweiten-Kumulation oft auf zu niedrigem Niveau abbricht und nur noch Kontakte generiert werden. Je nach Zielsetzung können analog auch Spartensender eingesetzt werden.

Eine Chance zur Erhöhung des Werbedrucks und des Impacts sehen wir im Einsatz von Programm-Sponsoring, das jeweils 5 – 7 Sekunden vor und nach einer bestimmten Sendung ausgestrahlt wird. Der Vorteil liegt vor allem in der Alleinstellung der Werbemaßnahme, die unabhängig vom Werbeblock stattfindet. Kürzere Werbespots bieten ebenfalls die Chance zu höherem Werbedruck bei identischen Budgetmitteln. Beide Maßnahmen setzen voraus, dass die eigentliche kommunikative Zielsetzung über Programm-Sponsoring oder kürzere Werbespots erreicht werden kann.

Das generelle Problem beim Einsatz von TV als Werbeträger ergibt sich durch eine zunehmende Anzahl von Sendern, die pro Haushalt empfangen werden können, und die damit verbundene weitere Fragmentierung der Nutzerschaften. Gleichzeitig wird TV immer selektiver genutzt bzw. dient als Begleit- oder Hintergrundmedium.

Immer mehr Werbung und dadurch bedingt auch immer mehr Sonderformen im TV können dazu führen, dass die Tendenz der flüchtigen Werbeblock-Nutzung bzw. das Vermeiden von Werbung (z.B. über Zapping) zunimmt. Die generelle Gefahr besteht also in einer abnehmenden Werbeeffizienz des Mediums TV.

7.1.6 Werbemöglichkeiten

Standard-Werbemöglichkeiten im Fernsehen sind Werbespots, die in ihrer Länge normalerweise zwischen 5 Sekunden und 90 Sekunden variieren können. Die Einschaltpreise bezogen sich vor einigen Jahren noch auf Sekunden, d.h. Berechnungsgrundlage war der Sekundenpreis, der mit der Dauer des Werbespots (Anzahl Sekunden) multipliziert werden musste.

HEUTE GIBT ES VORWIEGEND DISPROPORTIONALE PREISE BEI DEN PRIVATSENDERN.

Diese preispolitische Maßnahme wurde von den Sendern bzw. Vermarktungsgesellschaften eingeführt, um die zunehmende Anzahl kürzerer Spots zu unterbinden. Das früher übliche Standardformat 30 Sekunden beläuft sich heute nur noch durchschnittlich auf 23 Sekunden. Disproportionale Preise bedeutet, dass kürzere Spots im Verhältnis zum 30 Sekunden-Spot überproportional teuer sind. So kostet z.B. ein 10 Sekunden-Spot im Verhältnis zum 30 Sekunden-Spot nicht ein Drittel (10/30), sondern fast die Hälfte (14/30).

PROGRAMM-SPONSORING KANN INZWISCHEN AUCH ALS STANDARDWERBEFORM BETRACHTET WERDEN.

Dabei können mit Ausnahme von speziellen Sendungen, wie z.B. Nachrichten oder kirchliche Programmbeiträge, fast alle TV-Sendungen gesponsert werden. Das Sponsoring stellt vor allem bei ARD und ZDF eine interessante Werbeform dar, da dies dort auch nach 20 Uhr stattfinden darf.

Gemäß den Werberichtlinien im Rundfunk Staatsvertrag dürfen die öffentlich-rechtlichen TV-Anstalten (ARD, ZDF) nur Werbung bis spätestens 20 Uhr ausstrahlen und jeweils nicht mehr als 20 Minuten pro Tag. Dazu kommt noch ein Werbeausstrahlungsverbot an Sonn- und Feiertagen. Die Privatsender dürfen dagegen rund um die Uhr maximal 20%

(=12 Minuten) pro Stunde mit Werbung füllen. Insgesamt dürfen es pro Tag allerdings nur 15% der Gesamtsendezeit sein. Sponsoring ist davon generell ausgenommen und kann deshalb auch bei ARD und ZDF nach 20 Uhr und an Sonn- und Feiertagen erfolgen. Die dritten ARD-Programme dürfen im Übrigen überhaupt keine Werbung senden.

In der Zwischenzeit entstanden eine Vielzahl von Sonderwerbemöglichkeiten im Fernsehen, die entweder der Zielsetzung erhöhter Aufmerksamkeit dienen oder den TV-Sendern ermöglichen, Werbung auch in bisher nicht üblichen oder zugelassenen Umfeldern auszustrahlen.

Dies sind z.B.

- Redaktionell gestaltete Splitscreens am Ende des Werbeblocks, also nach dem Programmtrailer, direkt vor dem Wiedereinstieg ins Programm
- Werbeuhr bzw. Splitscreen im Nachrichtenumfeld (20-30 Sek.)
- Splitscreen im Abspann einer Sendung (20-30 Sek.)
- Splitscreen mitten im Format, d.h., im Hauptfenster läuft der Werbespot, im Nebenfenster die eigentliche Sendung
- Exklusiv-Werbung, also Einzelspot (20-30 Sek.)
- Label Sponsoring, d.h., ein Programm wird über einen längeren Zeitraum von einem Sponsoren präsentiert (7 Sek.)
- Telepromotion, redaktionell gestaltete Dauerwerbesendung (mind. 90 Sek.)

7.1.7 Marktpartner

Marktpartner der Werbungtreibenden und Agenturen auf der TV-Vermarktungsseite sind bei den öffentlich-rechtlichen Anbietern die ARD-Werbung für die ARD und das ZDF Werbefernsehen. Die Privatsender werden dominant über zwei Vermarktungsgesellschaften betreut, die IP und Seven One. Die IP ist exklusiv für Werbemöglichkeiten in RTL, RTL2, Super RTL, n-tv und Vox zuständig. Seven One vermarktet Pro7, SAT.1, N24 und Kabel1. Das DSF, das gerade an Karstadt/Quelle verkauft wurde, hat sich bislang noch auf keine Vermarktungsstruktur festgelegt.

7.1.8 Datenquellen

Informationen zur TV-Nutzung werden in Deutschland offiziell von der GfK-Fernsehforschung bereitgestellt. Die GfK arbeitet dabei im Auftrag der Arbeitsgemeinschaft Fernsehforschung (AGF), der die meisten deutschen Fernsehsender angehören und einige kleinere und ausländische Sender assoziiert sind.

Die Daten basieren auf dem kontinuierlich stattfindenden TV-Panel, über das Sekunde für Sekunde die faktische TV-Nutzung gemessen und auf Programmteile verdichtet, hochgerechnet wird. Über das GfK-Panel können somit Einschaltquoten für jede Sendung und jeden Werbespot errechnet und bereitgestellt werden. Weitere angesprochene Indikatoren wie die Sehdauer, senderspezifische Marktanteile oder Empfangspotenziale basieren ebenfalls auf dem System der GfK Fernsehforschung.

Ein zweites deutsches Panel wird von Nielsen unter dem Begriff „Nielsen Single Source" geführt. Der Ansatz von Nielsen dient aber weniger der Ermittlung von Einschaltquoten, sondern der Feststellung von Zusammenhängen zwischen (TV-) Werbekontakten und Einkaufsverhalten. D.h., das Nielsen Single Source-Panel misst einerseits Einschaltquoten und damit individuelle Werbekontakte und andererseits das Einkaufsverhalten derselben Personen über einen Handscanner.

Die Daten von Nielsen Single Source sollen zwar hoch mit denen der GfK Fernsehforschung korrelieren, werden aber von den TV-Sendern in der AGF nicht akzeptiert.

7.1.9 Besonderheiten bei der Mediaplanung

Im Unterschied zu anderen Mediengattungen liegen im Fernsehbereich vollständige Ex Post-

Daten vor. D.h., man weiß im Nachhinein (ex post) ganz genau, wie viele Personen eine spezielle Sendung oder einen bestimmten Werbeblock gesehen haben.

Auf Basis dieser Ex Post-Daten werden in den Agenturen Prognosen zu Einschaltquoten zukünftig auszustrahlender Sendungen und Werbeblöcke erstellt. Dabei müssen gleichzeitig spezielle Highlights und Gegenprogramme, die das spezifische Angebot eines Senders beeinflussen, berücksichtigt werden.

Der TV-Markt wird also kontinuierlich beobachtet und über quantitative Aspekte (Ex Post-Analyse) und qualitative Gesichtspunkte (i.e. spezielles Programmangebot, Gegenprogramm, Trends) ex ante prognostiziert. Auf Basis dieser Prognosen werden Sender und Sendezeiten selektiert und unter Aspekten wie Reichweitenkumulation und wirksame Kontaktdosis optimiert. Daraus entsteht zunächst der Sender- und Sendezeiten-Mix, der zur Erzielung spezieller Leistungsvorgaben notwendig bzw. optimal ist.

Zum Beispiel müssen mindestens zwei der drei großen Privatsender und mindestens ein Anteil von 50% Prime Time eingeplant werden, um eine Reichweite von 70-75% zu generieren.

Das Sender- und Zeitzonen-Mix korreliert selbstverständlich auch mit dem notwendigen Werbedruck.

Spezielle TV-Optimierer selektieren auf Basis des Sender- und Zeitzonen-Mix die einzelnen Programmumfelder, die belegt bzw. nachgefragt werden sollen. Im besten Fall werden die gewünschten Programmumfelder von den Sendern bestätigt, was meist nicht der Fall ist, auf Grund der Überbuchungssituation „guter" Umfelder. Im Nachhinein kann dann festgestellt werden, ob der Werbedruck und die Leistungsanforderungen Netto-Reichweite und Kontakte auch erzielt wurden bzw., ob es gelungen ist, kosteneffizient einzukaufen.

In vielen Fällen werden vor allem die Einkaufsergebnisse unter Kosten-Leistungs-Aspekten ex post betrachtet. Hat die Agentur dann günstiger eingekauft als der Durchschnitt, der in dem jeweiligen Sender in einem speziellen Zeitraum stattfand (z.B. RTL in der Prime Time), so hat sie für den Kunden einen monetären Mehrwert geschaffen. Werden z.B. für eine Million Euro statt 200 GRP (= Durchschnitt) 220 GRP erreicht, ergibt sich ein Mehrwert von 10%. Oder anders formuliert, es wurde für 1 Mio. Euro eine Medialeistung von 1,1 Mio. Euro erreicht.

Dieser Feedback-orientierte Planungs- und Einkaufsprozess ist heute bei allen größeren Agenturen üblich und wird von allen größeren Werbungtreibenden gewünscht und kontrolliert.

7.1.10 Ausblick

Die TV-Landschaft wird sich mittel- bis langfristig enorm erweitern. Voraussetzung ist die umfassende Digitalisierung der Angebote und die haushaltsspezifische Möglichkeit des digitalen Empfangs.

Dies wird allerdings nicht von heute auf morgen gehen. Und die staatliche Verordnung zur Digitalisierung qua Gesetz bleibt bis zur entsprechenden Realisierung fraglich. Doch die Digitalisierung wird kommen und damit ein deutlich zunehmendes Angebot an TV-Sendern und vor allem Programmen. Pay-TV oder vielleicht Pay per view werden zunehmend in die Haushalte einziehen. Der totalen Fragmentierung der TV-Nutzerschaften wird damit Vorschub geleistet. Welche Auswirkungen das auf Werbemöglichkeiten und Werbeformen hat, auf die Erreichbarkeit von Massen wie von speziellen Zielgruppen, bleibt abzuwarten. In den Agenturen sieht man das Problem und ist optimistisch, dass man rechtzeitig notwendige und optimale Mittel und Wege entwickeln wird.

Schon heute werden immer mehr Programmangebote von Werbungtreibenden selbst produziert und ans Fernsehen vermittelt. Product Placement und ähnliche Werbemaßnahmen finden in fast allen TV-Sendungen statt.

S.W.O.T. TV

Stärken:

- Geeignet als Basismedium für alle Kommunikations-Ziele, mit Ausnahme der Darstellung detaillierter Informationen
- Schneller Awareness - Aufbau
- Multisensorische Kanalqualität führt zu hohem Impact (Bild - Bewegung - Ton - Musik)
- Möglichkeit der Selektion zielgruppenspezifischer Programm-Angebote mit überdurchschnittlicher Affinität
- Hohe Reichweiten-Kumulation
- Breite Ansprache der Bevölkerung
- Durchschnittlicher Tausend-Kontakt-Preis im intermedialen Vergleich

Schwächen:

- Detaillierte technische oder andere Informationen schwer darstellbar
- Unterdurchschnittliche Erreichbarkeit jüngerer Personen in rating-starken Zeiten (Prime Time)
- „Gute" Werbeblöcke sind extrem überbucht und werden zugeteilt
- Lange Vorlaufzeiten für optimale Werbeblöcke
- Bei nationalem Einsatz unterschiedlicher Werbedruck in den einzelnen Bundesländern, der nicht durch regionale Einschaltungen kompensiert werden kann

Chancen:

- Einschaltungen in kleineren Sendern / Spartenkanälen für spezielle Zielgruppen
- Programm - Sponsoring
- Einsatz kürzerer Spots zur Erhöhung des Werbedrucks
- Alleinstellung durch Sonderwerbemöglichkeiten

Gefahren:

- TV - Nutzung wird immer selektiver, d.h. flüchtige Nutzung bzw. Einsatz als Hintergrundmedium
- Weitere Fragmentierung der Nutzerschaften
- Werbeflut führt zu Werbemüdigkeit
- Zunahme von Sonderwerbeformen (z. B. Programm-Sponsoring) kann mittelfristig zur Ablehnung führen
- Abnehmende Werbeeffizienz und damit ungünstigeres Kosten-Leistungs-Verhältnis

Dass TV als Massenmedium in naher Zukunft nicht mehr existieren wird, kann man sich aktuell gar nicht vorstellen. Spezielle Events erzielen noch heute superbe Einschaltquoten. Dies wird auch in der Zukunft so sein. Und die spezielle Seherschaft, die schon seit langem auf die Übertragung des Kinofilms im Fernsehen wartet, z.B. als Pay per view, wird sich ab dem Tag, an dem der Film im TV angeboten wird, auf ihn stürzen und nicht erst Wochen darauf warten.

7.2 Radio

7.2.1 Entwicklung und Status

Das Radio begann seinen Siegeszug in der ersten Hälfte des 20. Jahrhunderts und war einige Jahrzehnte lang ein wichtiges Massenmedium, bevor es vom Fernsehen in seiner Bedeutung überholt wurde. Die bedeutenden Sendungsformen, die das Fernsehen noch heute bestimmen, wurden zuerst im Radio entwickelt: Nachrichten, Soap Operas (Serien, die ihren Namen bekamen, weil sie von der bekannten Seifenmarke Lux gesponsert wurden), Talk Shows und Musiksendungen. Das Radio war von Anfang an in den USA ein wichtiger Werbeträger und half mit, die amerikanische Werbebranche zu formen. Die gängige Werbeform war damals die, dass Werbungtreibende zusammen mit Agenturen eigene Sendungen mit beliebten Stars produzierten und die Sendung für Werbebotschaften genutzt haben. Werbeagenturen hatten somit einen prägenden Einfluss auf die Kultur. So war z.B. die Agentur McCann-Erickson dafür verantwortlich, dass Musiker wie Benny Goodman und Elvis Presley zum ersten Mal einem nationalen Publikum in den USA vorgestellt wurden - der Startschuss für die Weltkarriere von Swing und Rock'n'Roll.

Im Vergleich zu diesen goldenen Zeiten fristet die Radiowerbung heute ein eher kümmerliches Dasein. In Deutschland empfinden viele Zuhörer Radiowerbung als störend, viele Spots sind lieb- und einfallslos produziert, das Radio ist in Deutschland nur ein Randmedium, zumindest verglichen mit den Werbeträgergattungen Zeitschrift, Zeitung und dem allmächtigen Fernsehen.

Radiowerbung in Deutschland ist erst relevant geworden, als privater Rundfunk (der Begriff Rundfunk meint immer Radio und Fernsehen) in Deutschland eingeführt wurde. Das duale Rundfunksystem, bei dem öffentlich-rechtlicher und privater Rundfunk nebeneinander existieren, ermöglichte auch die Gründung privater und somit werbefinanzierter Radiosender. Dabei hat sich in den Ländern, die als Erstes die Rundfunkordnung liberalisierten, auch die reichhaltigste Radiolandschaft entwickelt: In Baden-Württemberg, Bayern und Nordrhein-Westfalen. Auch in den Metropolen Hamburg und Berlin gibt es ein großes Senderangebot. In anderen Bundesländern und Städten ist das Angebot hingegen nach wie vor begrenzt, sodass meist ein öffentlich-rechtlicher Sender und ein Privatsender sich den Markt aufteilen.

INSGESAMT GIBT ES HEUTE IN DEUTSCHLAND 190 PRIVATE UND 61 ÖFFENTLICH-RECHTLICHE SENDER, BZW. PROGRAMME.

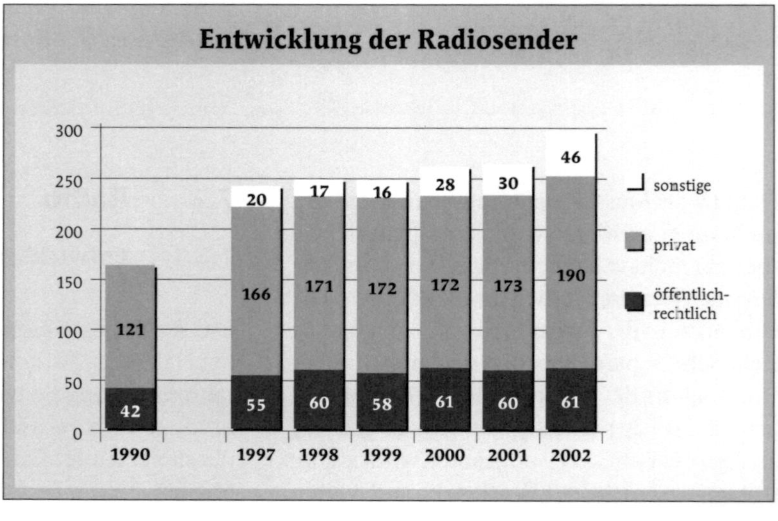

Abb. 7.12: Entwicklung Anzahl Radiosender (Quelle: MA/ARD-Werbung)

Mit dem Aufkommen der Privatsender haben sich auch die öffentlich-rechtlichen Sender verändert: Sie strahlen heute mehr Programme aus und in der Regel auch mehrere werbeführende. Der Hörfunkmarkt in Deutschland ist nach wie vor regional strukturiert: Es gibt nur wenige nationale Sender, die aber völlig bedeutungslos sind. Das duale System und das erweiterte Angebot hatten einen langfristigen Einfluss auf die Nutzungsgewohnheiten – die durchschnittliche tägliche Hördauer ist seit Einführung des Privatfunks gestiegen. Vergleichen Sie dazu Abb. 1.6 in Kapitel 1.

7.2.2 Definition und Differenzierung

DAS PROGRAMMANGEBOT DER RADIOSENDER, ZUMINDEST DER WERBEFÜHRENDEN, IST VOR ALLEM DURCH MUSIK BESTIMMT.

Unterbrochen wird die Musik durch Service-Sendungen wie Nachrichten, Wetterberichte und Verkehrshinweise. Andere Programmteile sind Interviews, Call-in-Sendungen (bei denen die Zuhörer anrufen können), Gewinnspiele, Ratgeber-Beiträge und Tipps, sowie Comedy-Einlagen – diese Programmteile werden zumeist häppchenweise präsentiert und ändern an der Dominanz der Musik nichts. Eine herausragende Stellung hat die Live-Berichterstattung über die Fußball-Bundesliga, die von vielen Fußball-Fans auf Grund ihrer Aktualität geschätzt wird. Eine wichtige Funktion haben die Moderatoren, die eine Bindung zum Sender herstellen sollen. Allerdings ist der Trend zu beobachten, dass mehr und mehr Sendungen oder ganze Sender auf Moderatoren völlig verzichten, um noch mehr Musik auszustrahlen.

7.2.3 Bedeutung und Media-Leistung

Auch das Radio gehört zu den kleineren Mediengattungen, ähnlich wie Plakat und Kino, betrachtet man die Brutto-Werbeeinnahmen. Die Radiosender erwirtschafteten in 2002 ca. 897 Mio. Euro (Brutto-Werbeaufwendungen nach A.C.Nielsen), was einem Marktanteil von rund 7 % am Werbemarkt entspricht. Dieser Anteil ist seit Jahren relativ konstant.

DAS MEDIUM RADIO ERREICHT IN DEUTSCHLAND EINEN GROSSTEIL DER BEVÖLKERUNG.

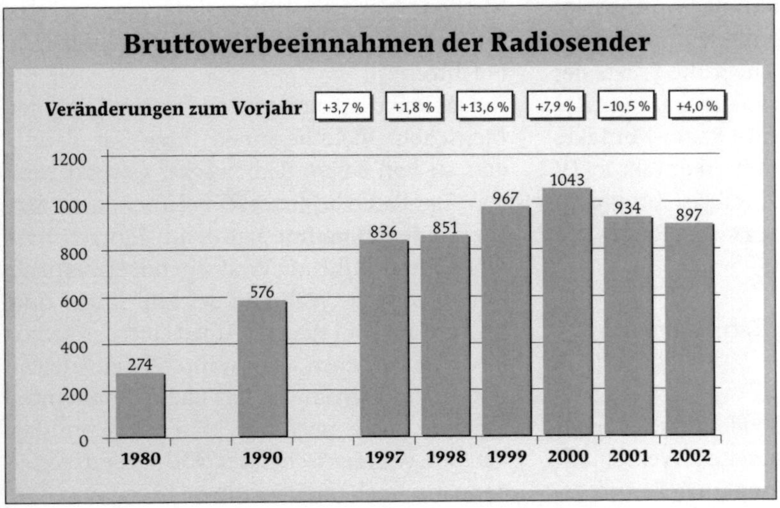

Abb. 7.13: Bruttowerbeeinnahmen der Radiosender (Quelle: A.C. Nielsen S+P)

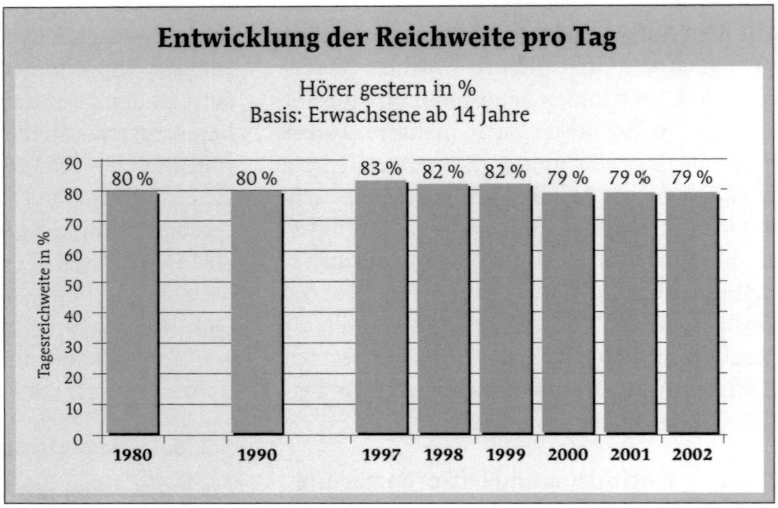

Abb. 7.14: Entwicklung der Reichweite pro Tag (Quelle: MA/ARD-Werbung/seit 2000 Erhebung über Telefoninterviews CATI)

An einem Durchschnittstag schalten 79 % der Deutschen das Radio ein. Radio ist deshalb in der Lage, **schnell Reichweiten** aufzubauen.

Da die Produktionskosten für einen Radiospot deutlich geringer sind als für einen TV-Spot, hat Radio den Ruf, ein günstiges Medium zu sein. Der Tausend-Kontakt-Preis für Radiowerbung ist auf den ersten Blick ebenfalls im Durchschnitt deutlich geringer als bei anderen Medien. Allerdings muss man davon ausgehen, dass durch die eher beiläufige Nutzung ein Kontakt im Radio weniger wert ist als ein Kontakt im Fernsehen oder mit Printmedien. Deshalb werden Radio-Kontakte in den meisten Agenturen gewichtet (über die Praxis der intermedialen Gewichtung wird im Kapitel 4 berichtet). Grob gesagt, sind 4 Radio-Kontakte in etwa mit einem Werbemittelkontakt in TV oder Print zu vergleichen. Berücksichtigt man dieses Verhältnis, so gleicht sich der Radio-TKP an die anderen Medien an.

RADIO IST ALS MEDIUM REGIONAL STEUERBAR.

So lassen sich je nach Senderangebot auch kleinteilige Gebiete mit gezielten Werbemaßnahmen bearbeiten. Regionale Lücken in einem Mediaplan können durch Radiowerbung mitunter gezielt ausgefüllt werden.

7.2.4 Media-Nutzung

Die Deutschen verbringen viel Zeit mit Radiohören – oder besser gesagt: sie verbringen viel Zeit beim laufenden Radio. Denn ob wirklich immer hingehört wird, ist nicht sicher. Fakt ist, dass die durchschnittliche Hördauer pro Tag bei 202 Minuten liegt. Allerdings ist die Messung von Radioreichweiten extrem methodensensibel, weshalb eine Veränderung der Methode (von Face-to-face-Interviews zu Telefon-Interviews) höhere Reichweiten mit sich brachte.

Das Radio hat einen festen Platz im Alltag der Menschen. Viele beginnen ihren Tag damit, dass sie von einem Radiowecker geweckt werden. Das Radio begleitet seine Hörer durch den Tag. Seine **Primetime** hat es am Morgen zwischen 7 und 9 Uhr, am Wochenende etwas nach hinten versetzt. Während des Frühstücks und im Auto auf dem Weg zur Arbeit läuft das Radio, in vielen Betrieben auch während der Arbeitszeit. In der Daytime ist das Radio dominantes Medium, wird aber am späten Nachmittag langsam vom Fernsehen abgelöst. Abends hat es dann nur noch untergeordnete Bedeutung.

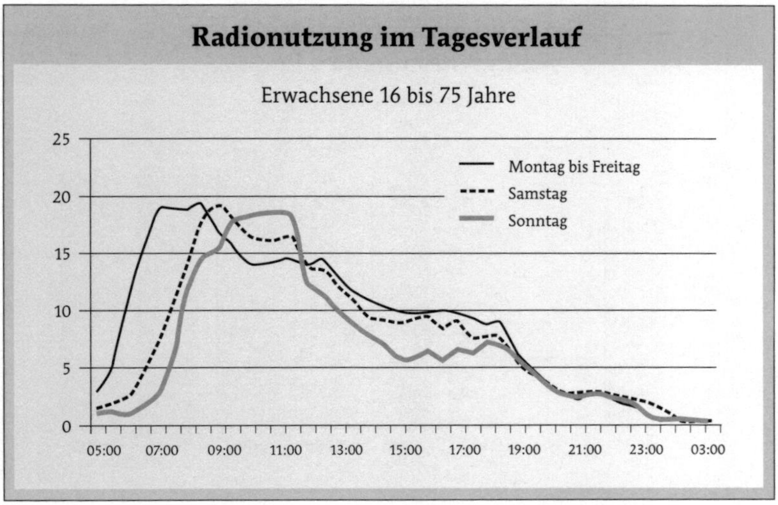

Ab. 7.15: Radionutzung im Tagesverlauf (Quelle: Media in Mind)

Die wenigen öffentlich-rechtlichen Programme, die keine Werbung senden, haben zusammen nur einen geringen Marktanteil. Die werbeführenden Programme von Privaten und Öffentlich-Rechtlichen teilen sich auf Gesamtdeutschland bezogen den Markt, allerdings gewinnen die Privaten stetig Marktanteile dazu. Von Land zu Land kann die Situation unterschiedlich aussehen: In vielen Regionen haben die Privaten bereits die einstigen Monopolisten auf die Plätze verwiesen.

Im Gegensatz zum Fernsehen selektieren Zuhörer beim Radio keine Sendungen, sondern Sender. Der meist-genutzte Sender wird selten gewechselt. Im Durchschnitt nutzt ein Deutscher nur 1,5 Sender regelmäßig, d.h. ein großer Teil bleibt seinem Lieblingssender treu (Abb. 7.17).

Auch wenn das Radio ein Massenmedium mit breiter Hörerschaft ist, kann man doch in gewissem Maße zielgruppenaffin planen. Die Sender der ARD haben eine eher ältere Nutzer-

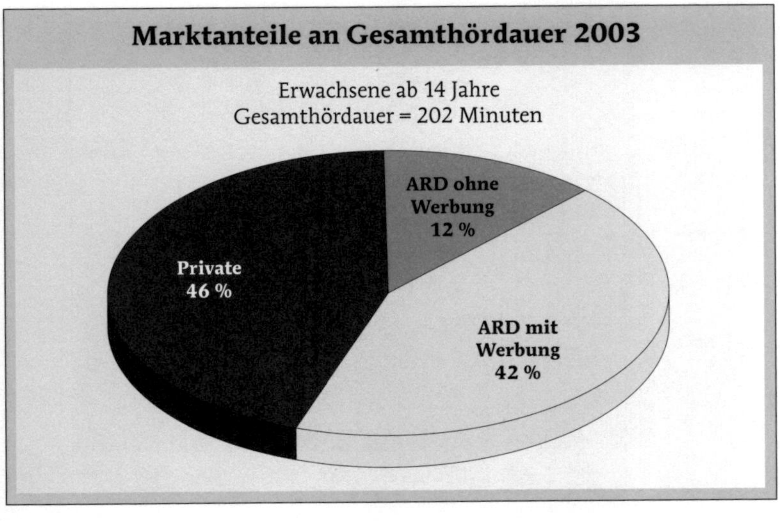

Abb.7.16: Marktanteile an Gesamthördauer 2003 (Quelle: MA Radio 2003)

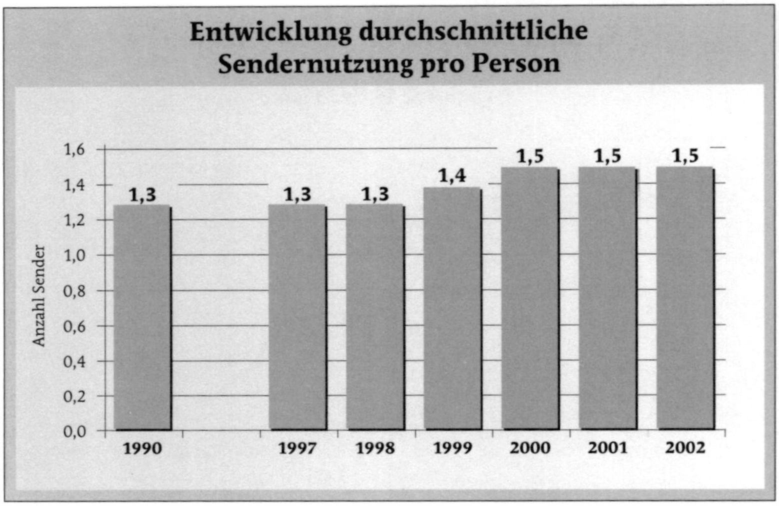

Abb. 7.17: Entwicklung durchschnittliche Sendernutzung pro Person (Quelle: MA/ARD-Werbung)

schaft. Bei den Privaten schalten tendenziell mehr Männer als Frauen ein, der Altersschwerpunkt liegt bei eher Jüngeren. In den vergangenen Jahren haben sich sowohl öffentlich-rechtliche wie private Sender etabliert, die sich ausschließlich an jüngeres Publikum wenden.

Radio ist ganz klar ein Nebenbei-Medium. Es wird in der Regel parallel zu anderen Tätigkeiten genutzt – Essen, Autofahren, Arbeiten, Zeitung- und Zeitschriften-Lektüre, Unterhaltungen mit anderen. Das zeigt sich auch in der geringen Aufmerksamkeit, mit der das Medium genutzt wird. Dies wissen wir aus der Studie „Media in Mind", bei der die Aufmerksamkeit während der Mediennutzung im Tagesablauf erhoben wird. Nur ein kleiner Bruchteil hört mit hoher Aufmerksamkeit zu. Die aufmerksamste Zeit ist am Morgen: Hier sind immerhin 20 % der Zuhörer hoch aufmerksam. Die Werte des Fernsehens sind im Vergleich dazu durchgehend höher. Diese und andere Studien, bei denen die Werbewirkung von Radio-

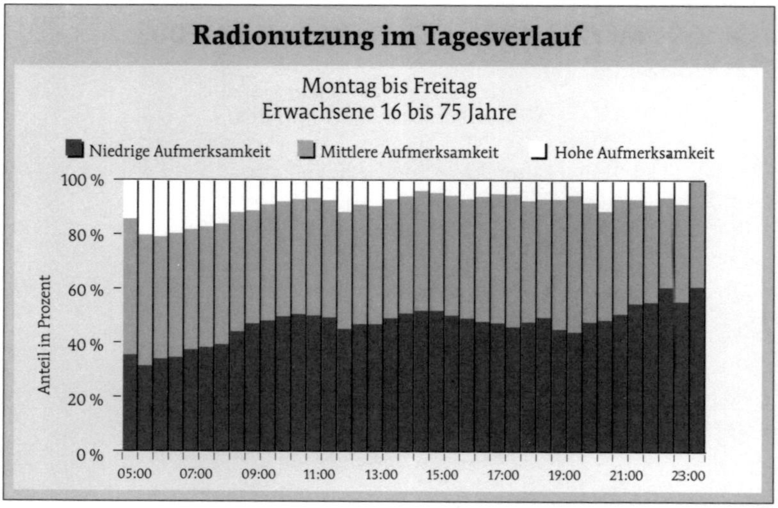

Abb. 7.18: Radionutzung und Aufmerksamkeit (Quelle: Media in Mind)

und anderen Kampagnen untersucht wurde, zeigen klar, dass ein Radio-Kontakt flüchtiger ist als ein TV- oder Print-Kontakt, was sich in der Gewichtung bei intermedialen Vergleichen niederschlägt.

7.2.5 Stärken und Schwächen des Mediums

Dem Radio fehlt die Möglichkeit, Produkte und Bilder zu zeigen. Auch komplexe Botschaften lassen sich rein auditiv schwerer vermitteln als durch einen Lesetext. Deshalb kommt das Radio für viele Produkte als Werbemedium nicht infrage. So vermissen zum Beispiel Kosmetik-Hersteller bei Radiowerbung die Darstellungsmöglichkeit von Schönheit, die Bilder benötigt. Auch Image-Werbung ist dadurch schwierig.

Wenn es jedoch darum geht, schnell einen Markennamen bekannt zu machen, **kurze Botschaften** zu penetrieren oder auf Sonderangebote, Veranstaltungen oder Sonderaktionen hinzuweisen, ist das Radio wegen seines **schnellen Reichweitenaufbaus** durchaus als Basis- oder Zusatzmedium geeignet. Der Einsatz von Musik (Jingles und Erkennungsmelodien) kann dabei genutzt werden. Auch eine zeitliche Aussteuerung anhand des Tagesablaufs ist eine Stärke des Mediums – so kann man etwa Haushaltsführende direkt vor dem Einkauf über eine Werbebotschaft via Radio erreichen. Lediglich Plakate am Point of Sale sind noch näher an der Kaufentscheidung. Bei dem Ansatz des Recency Plannings, das dem Kontakt direkt vor dem Kauf eine besondere Bedeutung zuweist, ist Radio ein geeignetes Medium.

Ein Befund aus der Medienwirkungsforschung kann ebenfalls für die effektive Radiowerbung eingesetzt werden. Nimmt ein Radiospot Elemente aus bekannten TV-Spots auf (Musik, bekannte Stimmen, prägnante Slogans), rufen sie bei dem Zuhörer Eindrücke hervor, die dem Kontakt mit dem TV-Spot an Intensität gleichen. Wenn zum Beispiel Joe Cocker „Sail Away“ singt, erscheint vor dem geistigen Auge der Zuhörer das Beck's-Segelschiff mit grünen Segeln. Man nennt dies auch Visual Transfer.

DURCH VISUAL TRANSFER IST ES MÖGLICH, BEKANNTE KAMPAGNEN AUS TV UND PRINT DURCH RADIOWERBUNG KOSTENGÜNSTIG ZU VERLÄNGERN.

Eine regionale Belegung ist mit dem Radio genauso möglich wie eine nationale Ausstrahlung. Bei Letzterem müssen Kombis gebucht werden, was einen bestimmten Vorlauf erfordert. Bei der Belegung von Einzelsendern sind die Vorlaufzeiten sehr kurz, was auch ein Vorteil sein kann. Eine regionale Aussteuerung ist etwa sinnvoll, wenn man den Werbedruck einer nationalen TV- oder Print-Kampagne in einigen Regionen verstärken will. Auch bei regional begrenzten Test-Märkten kann Radio eingesetzt werden, allerdings sollte bei der Auswahl des Testmarkt-Gebietes das dortige Radioangebot mit berücksichtigt werden.

7.2.6 Werbemöglichkeiten

Radiowerbung ist ziemlich klar – es überwiegt die **Spot-Werbung** innerhalb von kurzen Werbeblöcken. Eine Vielfalt von Sonderformen, wie sie im Fernsehen besteht, gibt es bisher kaum.

Sponsoring findet vereinzelt statt – in einigen Programmen ist es z.B. möglich, Verkehrsmeldungen und Wetterbericht zu sponsern. Wenig genutzt und nicht überall angeboten wird die Werbeform, bei dem ein Moderator einen Werbetext vorliest, oft Live-Spot genannt. Da viele Radiosender als Sponsoren und Veranstalter von Events auftreten (Konzerte, Festivals, etc.), kann es durchaus überlegenswert sein, Kooperationen rund um solche Events zu vereinbaren.

Viele Sender, nicht nur die Privaten, sind heute offen für neue Ideen und Sonderwerbeformen, es lohnt sich also, über kreative Lösungen nachzudenken.

7.2.7 Marktpartner

Der Radiomarkt ist ähnlich wie der Zeitungsmarkt aufgesplittet in eine Vielzahl von Anbietern und Angeboten. Doch im Gegensatz zur Zeitungsplanung hat dies keine nennenswerten negativen Auswirkungen auf die Planung.Denn es gibt zahlreiche **Werbekombis**, die eine überregionale und nationale Belegung ermöglichen, ohne den Aufwand von Einzelbelegungen. Auf öffentlich-rechtlicher Seite bietet die Vermarktungsgemeinschaft der ARD-Sender bestimmte Kombis an. Auf privater Seite vermarktet die RMS fast alle privaten Programme. ARD und RMS betreiben auch **Gattungsmarketing**, entwickeln neue Werbeformen, versuchen durch Wettbewerbe die kreative Qualität der Radiospots zu erhöhen, bieten Planungshilfen und Software an und führen Studien über Werbewirkung durch.

7.2.8 Datenquellen

Die Daten der Media Analyse bilden die Basis der Radioplanung. Es gibt ein eigenes Planungsprogramm („Radio Plan“), mit dem diese Daten ausgewertet werden können und womit Tarifinformationen verknüpft sind. Wie die MA-Daten erhoben werden, wurde in Kapitel 3 beim Thema Mediaforschung erörtert.

7.2.9 Besonderheiten bei der Planung

Wie schon erwähnt, ermöglichen Kombis auch überregionale oder nationale Kampagnen ohne großen Buchungsaufwand. Sie gewinnen mehr und mehr an Bedeutung. Dabei gibt es auch Kombis, die eher Sender mit junger Nutzerschaft bündeln, sodass eine gewisse zielgruppenaffine Aussteuerung möglich ist. Auch die nationale Belegung von bestimmten Umfeldern (z.B. Sport) ist heute machbar. Verantwortungsvolle Mediaplaner sollten aber auch bei Radiokombis (wie auch gebündelte Angebote bei anderen Medien) genau prüfen, ob die Kombi die gewünschte Abdeckung liefert. Meistens müssen Sender in einigen Gebieten ergänzt werden. Bei Kombis besteht auch die Gefahr, dass sie unnötige „Ladenhüter“ enthalten, die man für den Plan eigentlich nicht braucht, aber mitbezahlt. Auch das muss vom Radioplaner überprüft werden.

Da die Radionutzer Sender und nicht einzelne Sendungen hören, gibt es in der Radioplanung nicht die beim TV übliche Umfeldselektion. Geplant wird auf Basis von Zeitintervallen (durchschnittliche Stunde oder Viertelstunde). Für eine flächendeckende Abdeckung ist es dabei notwendig, sowohl private als auch öffentlich-rechtliche Sender zu belegen.

Bei der Definition des notwendigen Werbedrucks muss die geringe Aufmerksamkeit bei der Nutzung des Nebenbei-Mediums Radio berücksichtigt werden.

Studien zeigen, dass ungefähr vier Kontakte die gleiche Wirkung hervorrufen wie ein Werbemittelkontakt in TV oder Print.

Um einen mit TV und Print vergleichbaren Werbedruck zu bekommen, müssen also viermal so viel GRP eingeplant werden wie bei einem TV- oder Print-Flight. Früher Faktor 3, seit die MA-Daten für Radio durch Telefon-Interviews erhoben werden, haben sich die Reichweiten erhöht, ohne das sich die tatsächliche Nutzung verändert hat. Die MA-Währung für Radio ist dadurch „weicher“ geworden, sodass 3 Kontakte vor 2000 (Jahr der Methodenumstellung) ungefähr vergleichbar sind mit 4 Kontakten heute.

7.2.10 Ausblick

In einigen Ländern wie Italien ist die Radio-Nutzung in der Daytime auf dem gleichen geringen Niveau wie die des Fernsehens. Langfristig besteht auch in Deutschland die Gefahr, dass das Fernsehen das Radio als Nebenbei-Medium ablöst. In jungen Zielgruppen haben Musik-Sender wie MTV und Viva („bebildertes Radio“) schon eine größere Bindungsstärke als Radiosender. Diese Entwicklung kann langfristig die Stellung des Radios bei den nachwachsenden Generationen beeinträchtigen. Auch eine Ausweitung des Angebots durch neue Sender (inklusive Spartensender) wird zu einer wachsenden Fragmentierung der Nutzerschaften führen, allerdings ergeben sich dadurch auch Chancen für eine bessere zielgruppenaffine Aussteuerung.

Wichtiger Faktor für die Zukunft des Werbeträgers ist die Technik. Kabel- und Satelliten-Sender haben die Gewohnheiten der Radiohörer nicht verändert, da sie meist nur zu Hause gehört werden können. Web-Radios, die über das Internet empfangen werden, haben wahrscheinlich auch nur einen marginalen Einfluss auf die Radionutzung. Die digitale Übertragung von Radiosignalen wird eine Vermehrung der Frequenzen und eine Ausweitung des Angebots mit sich bringen. Die Fragmentierung wird dabei zunehmen, die Marketing-Maßnahmen der Sender werden im gleichen Maße steigen. Schon jetzt versucht man, mit Events, Gewinnspielen, Clubs und Plakat- und Print-Werbung Hörer an den Sender zu binden.

Interessante Entwicklungen gibt es auch im methodischen Bereich: Da die Messung der Radionutzung extrem methodensensibel ist, denkt man über neue Erhebungsmethoden nach, welche die Radionutzung direkt messen anstatt sie in einem Interview abzufragen („Radio Watch", siehe Kapitel 3.3.3.1). Noch gibt es Probleme mit der Stichprobe und der Uhr, doch vielleicht verändert sich langfristig wieder die Datenlage für Radioplanung.

S.W.O.T. Radio

Stärken:	**Schwächen:**
• Je nach Ziel geeignet als Basis- oder Zusatzmedium • Bekanntheit, Erinnerungswerbung und Möglichkeit des Visual Transfer • Starkes Promotion-Medium • Monodimensionale Qualität (akustisch), aber starke Verbindung mit musikalischen Themen (Jingles) möglich • Zeitliche Aussteuerung im Tagesablauf • Hohe Reichweiten-Kumulation • Breite Ansprache der Bevölkerung • Durchschnittlicher Tausend-Kontakt-Preis • Möglichkeit der regionalen Belegung (u.a. Ausgleich von TV-Leistung) • Kurze Vorlaufzeiten bei Einzelsendern	• Begrenzte Möglichkeiten, detaillierte Informationen zu kommunizieren • Image-Werbung nur begrenzt möglich • Unterdurchschnittlicher Impact • Nutzung oft als Hintergrund-Medium, ohne hohe Aufmerksamkeit • Frühzeitige Buchung für nationale Kampagnen erforderlich (Kombinationen)
Chancen:	**Gefahren:**
• Kooperationen, z.B. Event-Sponsoring • Visual Transfer • Kurzfristige Ansprache vor Einkauf (Recency)	• TV (u.a. Musiksender) ersetzt das Radio • Weiter zunehmendes Angebot führt zu weiterer Fragmentierung

7.3 Kino

7.3.1 Entwicklung und Status

Seit der Erfindung des Films hat dieses Massenmedium die Menschen fasziniert. Das Kino war das erste universal verbreitete Unterhaltungsmedium, ungebunden an sprachliche Grenzen. Es hat unsere Kultur wie kein anderes Medium geprägt. Schon früh wurde das Kino auch für Werbezwecke genutzt: Vor Beginn des eigentlichen Films wurden Werbefilme gezeigt, neben Zeichentrickfilmen und der Wochenschau. Eine eigene Industrie entwickelte sich im vergangenen Jahrhundert, wobei die Produkte aus der amerikanischen Filmmetropole Hollywood den Weltmarkt und die Köpfe der Menschen beherrschten. Mit dem Aufkommen des Fernsehens sahen viele Filmfreunde das Kino in Gefahr: Wer geht schon noch ins Kino, wenn er seine Unterhaltung frei Haus geliefert bekommt?

Tatsächlich hat das Fernsehen die Funktion des Kinos verändert: Ging früher die ganze deutsche Bevölkerung fast wöchentlich ins Kino, so ist die Besucherfrequenz heute deutlich geringer. Kino ist heute ein reines Unterhaltungsmedium, die Wochenschau hat die aktuellere Konkurrenz des Fernsehens nicht lange überlebt. Der Besuch von Filmtheatern ist heute eher eine Beschäftigung von jungen Menschen. Und die deutsche Filmwirtschaft war ebenfalls ein Verlierer der medialen Konkurrenz mit dem Fernsehen: Heute überwiegen amerikanische Produktionen das Angebot, deutsche Filme haben eine Randposition.

Wir wollen uns mit dem Kino nur als Werbeträger beschäftigen. Die Kinobetreiber haben es gelernt, die Stärken ihres Mediums weiter auszubauen. Kinos bieten heute mit großen Leinwänden und ausgeklügelten Soundsystemen ein ganzheitliches Filmerlebnis und ein attraktives Umfeld für die Freizeitgestaltung. Seit einigen Jahren ist der Bestand an Filmtheatern in Deutschland recht konstant. Filmtheater dürfen allerdings nicht mit Kinosälen oder Leinwänden gleichgesetzt werden, da es mehr und mehr Kinos gibt, die über mehrere Säle verfügen. Deshalb gibt es mehr Säle als Filmtheater, wobei auch hier die Zahl relativ konstant in den vergangenen Jahren war.

Bei den Besucherzahlen kann man schon größere Schwankungen von Jahr zu Jahr beobachten. Anfang der 80er-Jahre war ein regelrechter Kinoboom zu verzeichnen, die Zahl der verkauften Eintrittskarten stieg auf über 140 Millionen. In den 90ern ging die Entwicklung wieder zurück. Seit einigen Jahren gibt es wieder mehr Kinobesucher, wobei es einen deutlichen Peak im Jahre 2001 gab. Die Besucherzahl ist stark abhängig von so genannten Blockbuster-Filmen, die eine große Zahl von Kinogängern in kurzer Zeit anziehen, wie etwa „Titanic", „Der Herr der Ringe" oder „Harry Potter". In Jahren, in denen solche Film-Highlights fehlen, sind die Zuschauerzahlen geringer.

7.3.2 Definition und Differenzierung

Es gibt unterschiedliche Arten von Filmtheatern mit sehr unterschiedlicher Bedeutung für die Schaltung von Werbung.

> Das normale Kino mit aktuellen Filmen wird auch als Familienkino oder Normalkino bezeichnet.

Die größeren unter ihnen haben mitunter mehr als einen Saal (Kino-Center). Trotzdem kann man sie klar von den so genannten Multiplexen abgrenzen:

> Multiplexe haben meist eine Vielzahl von Sälen und Leinwänden (mindestens 7, oft auch 12 und mehr) und einen Foyer- /Aufenthaltsbereich mit Verkauf von Snacks und Getränken.

Die Leinwände sind groß, die Sitze komfortabel.

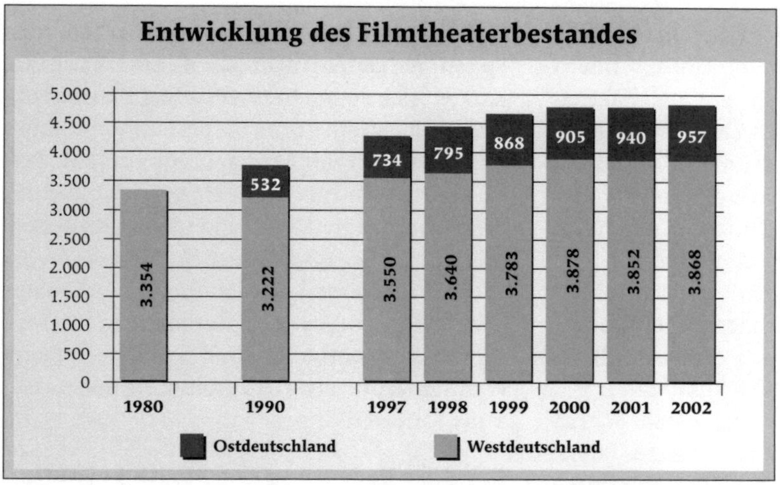

Abb. 7.19: Entwicklung des Filmtheaterbestandes (Quelle: FFA Berlin)

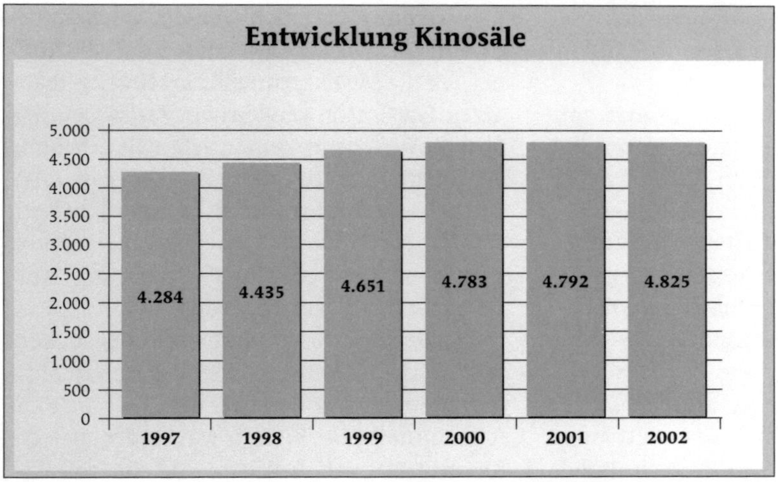

Abb. 7.20: Entwicklung Kinosäle (Quelle: FFA Berlin)

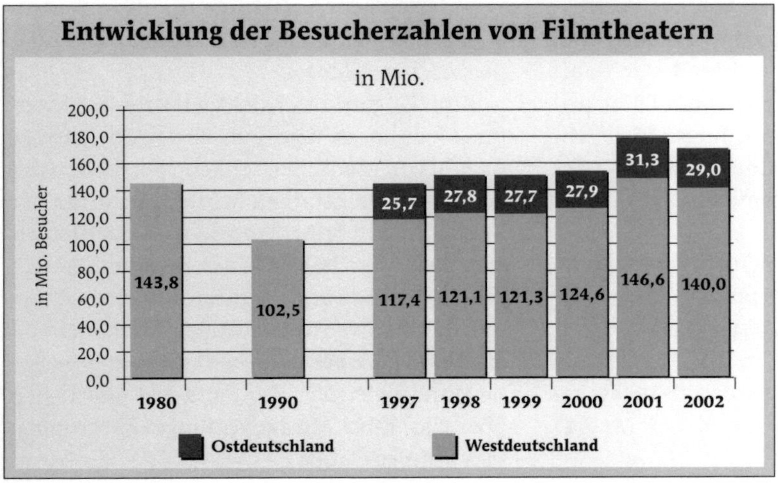

Abb. 7.21: Entwicklung der Besucherzahlen von Filmtheatern (Quelle: FFA Berlin)

Diese Großkinos bieten nicht nur ein reichhaltigeres Angebot als „normale" Kinos, sondern sind oft auch technisch sehr gut ausgestattet. Multiplexe haben sich seit den 90er-Jahren stark ausgebreitet, mit steigendem Marktanteil an den Besuchern. Zählen wir der Vollständigkeit halber einige weitere Kinoarten auf, die eine geringere Bedeutung im Markt haben:

- **Programmkinos** konzentrieren sich auf Nischenprogramme und aktuelle Filme mit künstlerischem Anspruch (eher in Großstädten mit studentischem Publikum).
- **Filmkunstkinos** gehen hier einen Schritt weiter und haben ein noch elitäreres Publikum, indem auch Filmreihen, Kurzfilme und Filmkunstklassiker gezeigt werden.
- **Truppenkinos** (an Bundeswehr-Standorten und in Soldatenheimen),
- **Autokinos** (Freiluftkinos, in die man mit dem eigenen Auto hineinfahren kann und wo man den Film auch im Auto ansieht) und Mehrzweckkinos (Veranstaltungssäle, die nur gelegentlich für Filmvorführungen genutzt werden), können wegen ihrer geringen Anzahl getrost vernachlässigt werden.
- **Pornokinos** mit eindeutigem Filmangebot führen keine Werbung.
- Wachsende Bedeutung bekommen so genannte **IMAX-Kinos**, in denen meist kurze Dokumentarfilme mit hoher technischer Qualität (360 Grad Leinwand, Stereoeffekte, 3-D-Projektion) gezeigt werden, und **Open-Air-Kinos**, die während der Sommermonate als besonderer Event Filme unter freiem Himmel vorführen. Vielleicht werden diese beiden Kinoarten mittel- oder langfristig für Werbung interessant.

> WENN WIR VON KINOWERBUNG REDEN, SO MEINT MAN IN DER REGEL DIE WERBUNG, DIE AUF DER LEINWAND ZU SEHEN IST.

Plakate und Displays sind damit nicht gemeint, diese werden aber (**Ambient-Media**) auch gezielt vermarktet.

Auch werbliche Elemente innerhalb der Spielfilme gelten nicht als Kinowerbung. Es handelt sich vielmehr um **Product Placement,** eine eigene Werbeform, die bei Filmproduktionen gar nichts mit Mediaplanung zu hat. Auf sie können wir hier nicht eingehen. Auch alle Promotion-Aktivitäten rund um das Kino und seine Besucher (Gewinnspiele, Verteilen von Warenproben etc.) werden hier nicht behandelt, auch wenn es dabei durchaus zu interessanten Kooperationen und Synergieeffekten kommen kann, etwa in Verbindung mit klassischer Kinowerbung.

7.3.3 Bedeutung und Media-Leistung

Kinowerbung wird nicht von der Werbestatistik von A.C.Nielsen S+P erfasst, deshalb können wir die Mediagattung Kino schwer mit anderen Gattungen vergleichen. Anhaltspunkte über die Werbeeinnahmen liefert die Erhebung der Netto-Werbeeinnahmen, die der ZAW jährlich durchführt und in seinem Jahrbuch veröffentlicht. Danach hat die Kinowerbung eine eher untergeordnete Bedeutung, vergleichbar mit Plakat und Radio.

Es gibt eine offizielle **Statistik der Besucherzahlen**, die allerdings keine weiteren qualifizierten Informationen über die Zuschauer liefern können. Hier hilft die MA, in der auch die Kinonutzung erhoben wird. Sie gibt den Planern verlässliche Strukturen für die Kinobesucher pro Woche an die Hand (Abb. 7.25, 7.27, übernächste Seite).

Kino ist ganz offensichtlich kein Reichweiten-Medium, es wird nur eine relativ geringe Anzahl von Menschen erreicht, verglichen mit den reichweitenstarken Mediengattungen wie TV, Radio und Print. Trotzdem ist das Kino als Werbemedium beliebt: Zum einen wird durch die große Leinwand, den verdunkelten Raum und die positive Stimmung der Zuschauer und die hohe, gerichtete Aufmerksamkeit eine hohe Wirkung erzielt. Zum anderen lassen sich über das Kino attraktive junge Zielgruppen sehr affin erreichen.

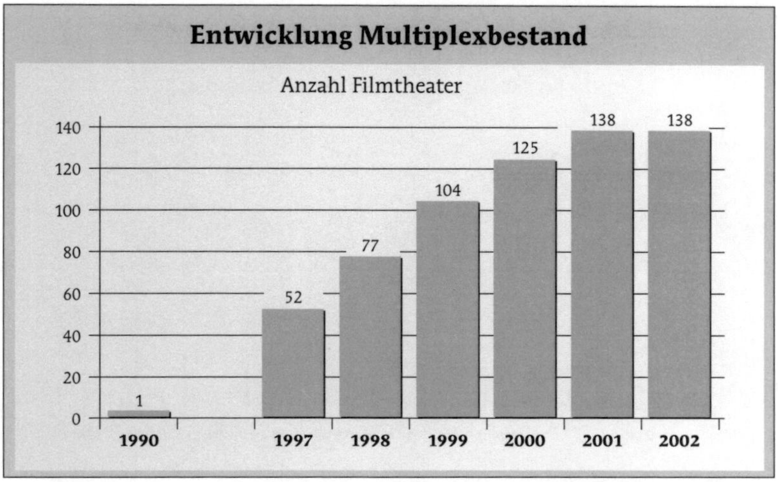

Abb. 7.22: Entwicklung Multiplexbestand (Quelle: FFA Berlin)

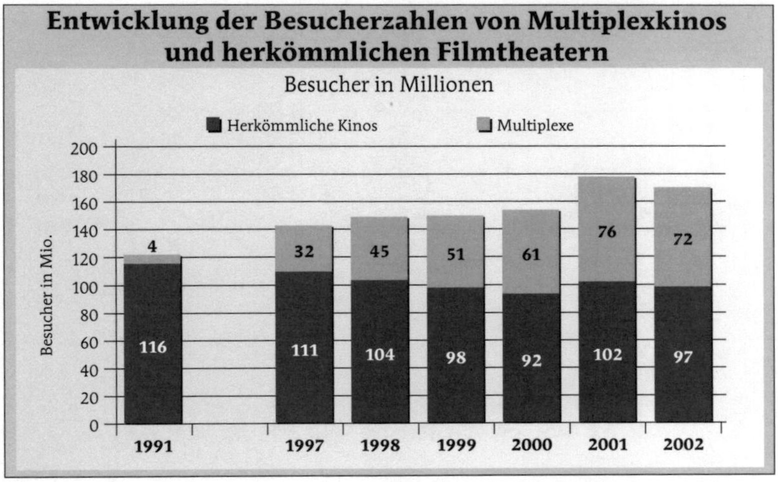

Abb. 7.23: Entwicklung der Besucherzahlen von Multiplexkinos und herkömmlichen Filmtheatern (Quelle: FFA Berlin)

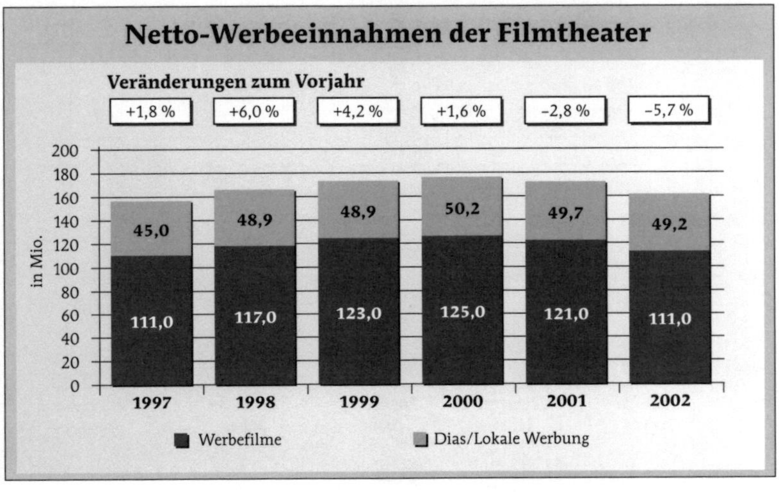

Abb. 7.24: Netto-Werbeeinnahmen der Filmtheater (Quelle: ZAW)

Abb. 7.25: Entwicklung der Kinogänger pro Woche (Quelle: MA)

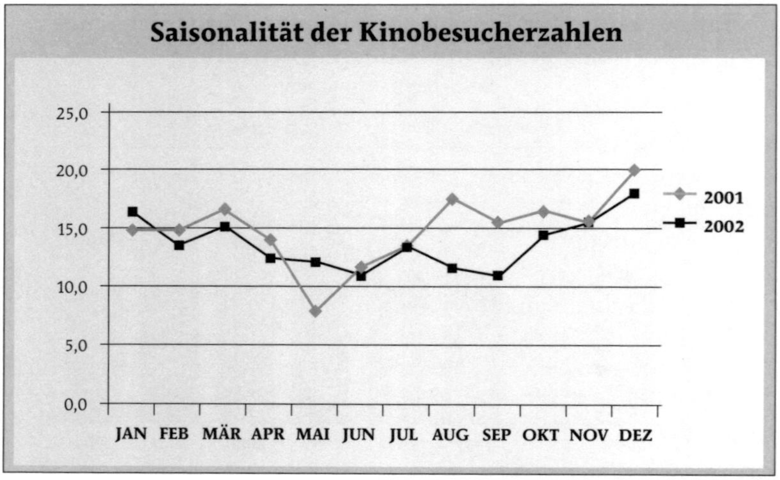

Abb. 7.26: Saisonalität der Kinobesucherzahlen (Quelle: FFA Berlin)

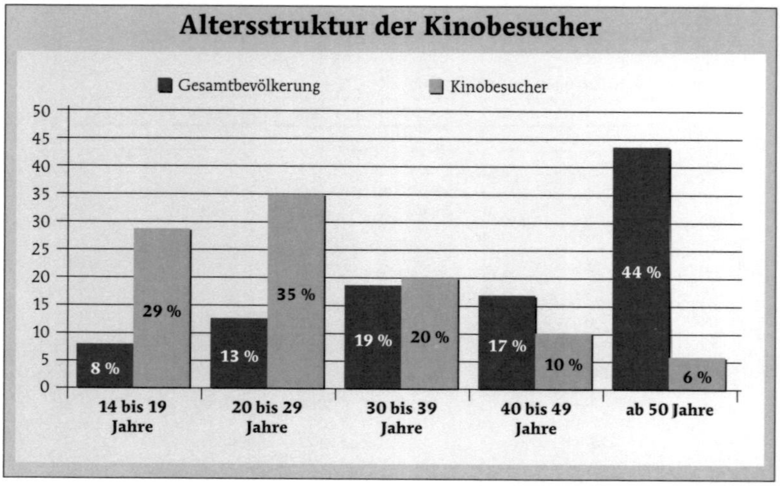

Abb. 7.27: Altersstruktur der Kinobesucher (Quelle: MA 2002)

Allerdings sind die Produktionskosten für Werbefilme sehr hoch. Eine günstigere Variante sind **Dias**, die ebenfalls vor dem Hauptfilm gezeigt werden. Allerdings hat diese Werbeform wegen ihrer beschränkten Technik eine weit geringere Akzeptanz bei Werbungtreibenden und Zuschauern als die aufwändigen Werbefilme. Dias werden zumeist nur von kleinen, lokalen Kunden (z.B. Restaurants, Fitness-Center oder Autoreparatur-Werkstätten) genutzt.

7.3.4 Media-Nutzung

Die Kinobesuche verteilen sich nicht gleichmäßig übers Jahr und die Woche. Im Sommer geht man deutlich seltener ins Kino als während des restlichen Jahres, da hier andere Freizeitaktivitäten attraktiver erscheinen. Vor und nach Weihnachten ist die Kino-Boomzeit, was damit zusammenhängt, dass viele Familien gemeinsam Zeit verbringen wollen und zusammen ins Kino gehen. Die großen Filmverleihfirmen trugen in der Vergangenheit dem Rechnung, indem die attraktiven Familienfilme in Deutschland im Dezember gestartet wurden (was in den USA so nicht der Fall ist). Mittlerweile versucht man durch eine geschickte Veröffentlichungspolitik auch in den saisonal schwächeren Monaten die Leute mit Blockbustern in die Kinos zu locken.

Im **Wochenverlauf** kann man zwei Muster erkennen: Die ganz jungen Zielgruppen bevorzugen die Tage Donnerstag und Freitag, da hier die neuen Filme starten und viele Jugendliche einen neuen Film so schnell wie möglich sehen wollen. Die älteren Zielgruppen bevorzugen die Tage Samstag und Sonntag.

Die **Struktur der Kinobesucher** zeigt seit Jahren ein einheitliches Bild: Kinozuschauer sind überdurchschnittlich jünger und haben ihren Schwerpunkt zwischen 14 und 29 Jahren.

Unter ihnen gibt es mehr Männer als Frauen und Schulbildung und Einkommen sind höher als der Bevölkerungsschnitt. Ebenfalls zu berücksichtigen ist, dass die höchsten Kinoreichweiten in Großstädten mit mehr als 500.000 Einwohnern zu finden sind.

7.3.5 Stärken und Schwächen des Mediums

Kino ist das Medium mit der höchsten **Affinität für junge Zielgruppen**, weshalb der Einsatz bei Kampagnen für Jugendmarken sich anbietet. Die besondere Qualität der Darbietung ist bei Werbefilmen einmalig: Bild und Sound in höchster technischer Perfektion, eine gerichtete Aufmerksamkeit und ein positiv eingestelltes Publikum. Kinowerbung genießt eine sehr hohe Akzeptanz in der jungen Zielgruppe. Das liegt allerdings auch daran, dass die Werbeblöcke im Kino sehr affine Kampagnen enthalten und außerdem auch Trailer für neue Filme gezeigt werden, was auf ein hohes Interesse bei den Zuschauern trifft. Kinowerbung ist prinzipiell geeignet für alle Kommunikationsziele außer der Erzielung von Bekanntheit, da die Reichweite selbst in jungen Zielgruppen geringer ist als in den anderen klassischen Medien. Auch die Kumulation im Zeitverlauf ist nur gering. Deshalb wird Kino meist nur als Ergänzungsmedium eingesetzt.

Ein Vorteil der Kinowerbung ist auch die regionale und **lokale Aussteuerbarkeit**, da man einzelne Filmtheater, Städte oder Gebiete selektieren kann. Die Kosten für eine nationale Kinokampagne sind hoch, wenn man sie auf die Gesamtbevölkerung bezieht. Der TKP in bestimmten (jungen) Zielgruppen kann aber durchaus konkurrenzfähig sein.

7.3.6 Werbemöglichkeiten

Kinowerbung findet in einem oder zwei Blöcken vor dem Film statt. Wie schon erwähnt, gibt es verschiedene Werbeformen für Kinowerbung.

- **Dia-Werbung**: Diese Werbeform wird hauptsächlich von lokalen und regionalen Werbungtreibenden genutzt. Sie laufen mindestens einen Monat, oft aber auch länger. Das Dia wird für ca. 10 Sekunden auf die Leinwand projiziert. Beim Ton-Dia wird auch noch ein Text dazu abgespielt. Heutzutage gibt es auch so genannte Dias auf Film, in denen eine kurze Abfolge mit statischen Bildern und Ton dargeboten wird.

- **Kinospots**: Für den Zuschauer sind sie vom Werbefilm kaum unterscheidbar. In der Regel sind sie kürzer als ein Werbefilm und einfacher produziert. Sie werden ebenfalls von lokalen Kunden eingesetzt.
- **Werbefilm**: Wenn man von Kinowerbung redet, meint man in der Regel Werbefilme. Sie werden aufwändig produziert (35 mm, die gleiche Qualität wie auch die eigentlichen Spielfilme) und wöchentlich gebucht.

7.3.7 Marktpartner

Der Kinomarkt ist mittelständisch geprägt. Es gibt eine Vielzahl von meist lokalen Theaterbesitzern. In den vergangenen Jahren gab es einen Konzentrationsprozess, sodass heute mehr Kinos im Besitz von großen Ketten sind, doch das hat an der grundsätzlichen Struktur nichts geändert. Der technische und organisatorische Aufwand bei Kinowerbung ist hoch: Die Werbefilme müssen kopiert und für jedes Theater in die Werbeblock-Rolle hineingeschnitten werden. Hinzu kommt eine technische Kontrolle (ist die Lautstärke richtig etc.) und eine Abnahme durch die Freiwillige Selbstkontrolle. Wie jeder Film, so muss auch Kinowerbung für eine bestimmte Altersgruppe freigegeben werden. Damit sowohl die Kinobetreiber wie auch die Mediaplaner diesen Aufwand handhaben können, gibt es Spezialmittler, die für die reibungslose Durchführung einer Kinokampagne sorgen.

7.3.8 Datenquellen

Diese Spezialmittler stellen den Agenturen auch Basisinformationen über die Werbeträgergattung Kino zur Verfügung. Da die technischen und organisatorischen Besonderheiten bei Kinowerbung vielfältig sind, sollte man sich an geeigneter Stelle darüber informieren. Reichweiten und Struktur-Daten sind in der MA zu finden und auswertbar.

7.3.9 Besonderheiten bei der Planung

Bei der Kinoplanung werden im Allgemeinen nicht Filme, wie im Fernsehen, sondern Säle gebucht. Einzelfilmbelegungen sind eher selten und teuer und erfordern vom Kunden ein Höchstmaß an Flexibilität, sodass sie im Planungsalltag nur selten vorkommen. Der Werbungtreibende weiß also in der Regel nicht, vor welchem Film sein Spot gezeigt wird, da die Entscheidung darüber, welcher Film in welchem Kino gezeigt wird, vom Kinobetreiber erst kurzfristig gefällt wird. Das hat auch zur Folge, dass man im Vorfeld nicht weiß, ob der Blockbuster im ausverkauften Saal oder ein Flop mit wenigen Besuchern als Umfeld für den Werbefilm dient. Durch den hohen technischen Aufwand sind auch kurzfristige Buchungen schwierig. Die Preise für Kinowerbung ergeben sich aus den Besucherzahlen pro Jahr: Je mehr Zuschauer registriert wurden, desto höher ist der Preis für die wöchentliche Belegung eines Saals. Die Säle werden eingeteilt in die so genannte IVW-Staffel: Jede Staffel-Stufe bezieht sich auf eine bestimmte Anzahl von Besuchern und hat einen bestimmten Preis für eine Sekunde pro Woche. Früher wurden die Preise in Meter berechnet, die erst in Sekunden umgerechnet wurden, mittlerweile werden sie schon in Sekunden ausgewiesen. Die Besucherzahlen werden von der IVW überprüft (ähnlich wie die Print-Auflagen und Online-Reichweiten), daher der Begriff IVW-Staffel.

7.3.10 Ausblick

Das Kino wurde schon oft totgesagt, erfreut sich aber in den vergangenen Jahren wieder wachsender Beliebtheit. Durch die Ausbreitung der Multiplexe wurde ein Kinoabend für viele Rezipienten wieder attraktiver (bessere Qualität, mehr Auswahl, gutes Parkplatzangebot etc.). Mittlerweile ist die Mulitplex-Dichte in den Städten hoch, weshalb hier keine neuen Impulse mehr erwartet werden können. Interessant ist die Entwicklung der IMAX-Kinos zu beobachten, die noch keine werbliche Relevanz besitzen. Der wichtigste Aspekt für die Zukunft betrifft die technische Aufrüstung der bestehenden Kinos. Durch digitale Technik wird es in Zukunft einfacher, Werbefilme in einen Kinosaal zu übertragen. Dann sind auch kurzfristige Buchungen möglich, was faktisch zur Möglichkeit einer gezielten Belegung bestimmter Filme führt. Dies ist für eine zielgruppenaffine Planung wünschenswert und kann die Bedeutung der Kinowerbung noch steigern.

S.W.O.T. Kino

Stärken:	Schwächen:
• Geeignet für alle Kommunikationsziele außer Bekanntheit (zu geringe Reichweite!) • Multisensorische Kanalqualität • Höchster Impact aller Medien • Hohe Aufmerksamkeit bei Werbung und Film • Höchste Affinität bei jüngeren Zielgruppen (bis 29 Jahre) • Regionale Selektion möglich	• Nur geeignet als Ergänzungsmedium (Reichweite!) • Nicht geeignet für Marken- bzw. Kampagnen-Bekanntheit (Reichweite!) • Niedrige kumulierte Reichweite (Maximum pro Monat ca. 30% bei 14-19-Jährigen) • Sehr hoher Tausend-Kontakt-Preis • Belegung eines speziellen Filmes nicht möglich
Chancen:	**Gefahren:**
• Beteiligung an Kino-Events • Kreative Highlights (Buzz) • Einzelfilm-Belegung bei digitaler Ausstrahlung	• Pay-TV führt zum Home-Kino • Starke Fragmentierung zwischen TV- und Kino-Nutzern

7.4 Publikumszeitschriften

Wenn es einen Standard für Mediaplanung gibt, ist er eng mit dem Medium Publikumszeitschriften verbunden. In den Kapiteln dieses Buches, die sich mit dem Planungsprozess und der Forschung als Grundlage der Mediaplanung befassen, sind wir hauptsächlich auf die Planung bei Publikumszeitschriften eingegangen, da sie das Modell dafür bilden, wie man mit anderen Werbeträgern umgeht. In diesem Abschnitt ist es nicht erforderlich, dies zu wiederholen. Deshalb entfällt hier der Abschnitt über gattungsspezifische Mediaplanung, stattdessen wird ein allgemeiner Überblick gegeben.

7.4.1 Entwicklung und Status

Die Inhalte von Publikumszeitschriften haben sich seit dem ersten Auftreten der Gattung im 18. Jahrhundert zwar erweitert, aber einige Themen lassen sich bis heute finden: Unterhaltung, Ratschläge und Lebenshilfe, aber auch aktuelle Geschehnisse und Informationen, die für ein breites Publikum von Interesse sind. Einer der Stars der Zeitschriftengeschichte ist die „Gartenlaube", die Ende des 19. Jahrhunderts Rekordauflagen erzielte. Auch wenn sie wegen ihres biedermeierlichen Namens heute belächelt wird, handelt es sich bei dem Blatt um eine verlegerische Erfolgsstory, die den Grundstein legte für die Blätter unserer Zeit. Beispielsweise „GEO“, „Das Beste“ oder „BUNTE“ sind vom redaktionellen Konzept gar nicht so weit entfernt von der „Gartenlaube“, die in ihrer Zeit ein breites Publikum mit Bildung, kurzweiliger Literatur und Bildern fesselte.

Verbesserung im Druckgewerbe und im Postwesen ermöglichten mit der Zeit immer niedrigere Heftpreise und damit auch höhere Auflagen. Nach dem 2. Weltkrieg war das Interesse sowohl an politischer Information wie auch an heiler Welt und schönem Schein besonders groß, weshalb in den Nachkriegsjahren etliche neue Zeitschriften gegründet wurden. Einige davon sind bis heute die Spitzenreiter in der Publikumsgunst: Etwa der „SPIEGEL“, der „STERN“ oder die „BUNTE“ (damals noch „Die bunte Illustrierte“). Andere kamen in den 50er-Jahren hinzu, etwa die „Hörzu“ (wie der Name noch heute ahnen lässt, handelte es sich damals um eine Programmzeitschrift für Radiohörer). Auch die 60er-Jahre waren ein ungemein erfolgreiches Jahrzehnt für die Zeitschrift. Neue Formate wurden entwickelt, die bis heute unsere Lesegewohnheiten bestimmen. Auch die meisten Verlage, die sich heute den Markt in Deutschland untereinander aufteilen, wurden in dieser Zeit gegründet oder in ihrer modernen Form ausgerichtet: Axel Springer Verlag, Gruner+Jahr, Heinrich Bauer Verlag, Burda Verlag. Diese vier Verlagshäuser, ursprünglich meist von sehr individualistischen Einzelpersönlichkeiten gegründet und bis heute zu großen Teilen in Familienbesitz, haben heute zusammen einen Marktanteil von rund 60 %. Und nicht nur hier zu Lande, auch im Ausland sind diese Verlage aktiv, am erfolgreichsten wohl der Gruner+Jahr-Verlag, der in Frankreich und den USA eine ähnlich bedeutsame Stellung wie in Deutschland hat und 50 % seines Umsatzes im Ausland erwirtschaftet. Auf dem deutschen Zeitschriftenmarkt gibt es noch weitere wichtige Unternehmen, neben den vier Großen bilden sie sozusagen die zweite Liga (z.B. Jahreszeiten Verlag, Motorpresse Stuttgart etc.).

Im rasanten Mediengeschäft ist der Konzentrationsprozess noch lange nicht abgeschlossen. Wer die Tagespresse verfolgt, findet immer wieder Meldungen über Joint Ventures, Übernahmen, strategische Allianzen oder Verkäufe. So ist anzunehmen, dass sich auch im Zeitschriftenmarkt nach dem Druck dieses Buches vieles verändern wird, weshalb es ratsam (und für professionelle Planung unabdingbar) ist, immer aktuelle Quellen heranzuziehen.

Entwicklung der Gattung

Nachdem der Zeitschriftenmarkt in den 70er- und 80er-Jahren trotz zahlreicher Neugründungen, Einstellungen und Veränderungen ein doch eher stabiler Markt war, hat sich seit den späten 80er-Jahren einiges verändert. Verbesserungen in Druck und Vertrieb machen es heute leichter, eine Zeitschrift auf den Markt zu bringen. Das führte zu einem starken Anstieg der Titelanzahl.

Doch eine größere Titelanzahl führt nicht dazu, dass mehr gelesen wird. Auch hier gilt das Prinzip: Nutzer folgen nicht automatisch dem Angebot, sondern das Angebot muss den Nutzern folgen. Der Langzeittrend ist hier eine weniger steil ansteigende Auflagenzahl, die in den vergangenen Jahren sogar stagnierte. Das gleiche Bild zeigt sich noch deutlicher in den Reichweiten. Die Folge ist natürlich, dass die durchschnittliche Reichweite und Auflage pro einzelnen Werbeträger sinkt.

7.4.2 Definition und Differenzierung

Emil Dovifat, einer der Gründerväter der deutschen Zeitungswissenschaft, definiert Zeitschriften wie folgt: „Fortlaufend und in regelmäßiger Folge erscheinende Druckwerke, die einem umgrenzten Aufgabenbereich oder einer gesonderten Stoffdarbietung (Bild, Unterhaltung) dienen. Danach bestimmt sich ihre Öffentlichkeit, ihre Tagesbindung, ihr Standort, die Mannigfaltigkeit ihres Inhalts und die Häufigkeit ihres Erscheinens (vgl. DOVIFAT / WILKE 1976).

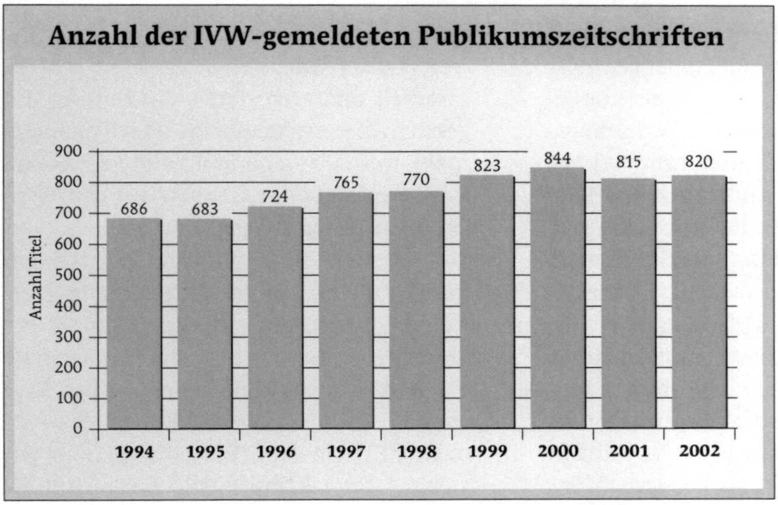

Abb. 7.28: Schaubild: Anzahl der IVW-gemeldeten Titel

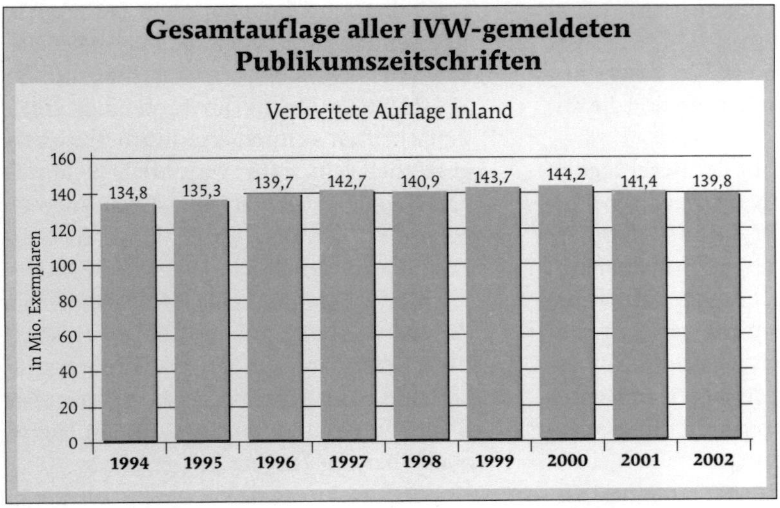

Abb. 7.29: Schaubild: Gesamtauflage aller IVW-gemeldeten Titel

Die etwas verstaubt klingende Sprache muss wohl für heutige Leser übersetzt werden:

> Zeitschriften erscheinen in regelmässigen Intervallen über einen längeren Zeitraum, werden auf Papier gedruckt, haben bestimmte thematische Schwerpunkte bzw. stellen bestimmte Themen auf eine spezielle Art und Weise dar.

Durch diese Schwerpunkte bei der Themenauswahl und -aufbereitung sprechen Zeitschriften bestimmte Segmente der Bevölkerung an, die je nach Schwerpunkt größer oder kleiner sind. Einige dieser Merkmale teilt die Zeitschrift auch mit anderen Medien, weshalb es sinnvoll ist, die Gemeinsamkeiten und Unterschiede einmal hervorzuheben.

Die Publikumszeitschriften haben verschiedene Schwestern in der Medienwelt.

Da wäre zum einen die **Zeitung**: Sie erscheint ebenfalls regelmäßig, wird auf Papier gedruckt und richtet sich zumeist an eine allgemeine Leserschaft. Auch viele Inhalte, vom Fernsehprogramm über politische Hintergrundberichte bis zum Kreuzworträtsel, finden sich in beiden Gattungen. Wie schwierig die Abgrenzung ist, zeigt schon der allgemeine Sprachgebrauch. Beim Begriff „Publikumszeitschrift" handelt es sich um ein Fachwort, das in der Alltagssprache nicht bekannt ist. Die Menschen auf der Straße sprechen von Zeitschriften, Illustrierten, Magazinen, aber nicht selten auch nur einfach von „Zeitungen". Auskünfte wie „Das stand in den Zeitungen" hört man als Forscher öfters bei qualitativen Interviews und Gruppendiskussionen, wobei diese „Zeitungen" mitunter den SPIEGEL oder den STERN meinen.

Die offensichtlichsten Unterschiede zwischen einer Zeitschrift und einer Zeitung sind die folgenden:

- Die **Zeitung erscheint** in der Regel **täglich** (d.h. an zumeist 6 Tagen in der Woche), während die Zeitschrift eine seltenere Erscheinungsweise hat: Es überwiegen wöchentlich, 14-tägig und monatlich erscheinende Zeitschriften (längere Intervalle finden sich auch noch gelegentlich).
- **Zeitschriften** haben in der Regel ein **kleineres Format** als Zeitungen. Allerdings existiert eine Vielfalt an Formaten: Von kleinen Formaten, die eher an Bücher erinnern (z.B. der Klassiker „Das Beste aus Reader's Digest"), bis hin zu Übergrößen (z.B. der „Computerwoche").
- **Zeitschriften** sind oft **hochwertiger in der Produktion:** Das Papier ist dicker und besser als bei der Zeitung, die Zeitschrift ist im Gegensatz zur Zeitung geheftet (mit Klammer- oder Klebebindung), die Druckqualität ist zumeist besser und heutzutage sind alle Zeitschriften durchgängig farbig. Diese bessere Ausstattung spiegelt sich auch im Nutzungsverhalten wider: Zeitschriften hebt man oft längere Zeit auf, manche Titel werden auch von ihren Lesern regelrecht gesammelt und archiviert – die Zeitung von gestern interessiert sprichwörtlich niemand mehr, weshalb man mit ihr ohne schlechtes Gewissen auch das Gemüse auf dem Wochenmarkt einschlagen kann.
- Ein Nachteil dieser aufwändigen Herstellung ist die mangelnde Aktualität. Im Vergleich zur Schwester Zeitung benötigt der Druck einer Zeitschrift mehr Zeit, weshalb der **Redaktionsschluss** bereits einige Tage vor dem Erscheinungstermin liegt. Ein Problem, mit dem der STERN zum Beispiel seit vielen Jahren kämpft: Alle Ereignisse, die nach Montag Nachmittag passieren, können in der am Donnerstag an den Kiosken liegenden Ausgabe nicht mehr berücksichtigt werden – und seien sie noch so bedeutsam, wie etwa der Terroranschlag auf das World Trade Center im September 2001. Zeitschriften können also nur begrenzt tagesaktuell sein, dafür verschreiben sie sich der Themenaktualität: Es werden Themen behandelt, die über einen längeren Zeitraum (von einer Woche bis mehrere Monate) für die Leser aktuell sind. Dabei liefern Zeitschriften das, was die Zeitung (bisher) nicht liefern konnte: Längere Hintergrundberichte, zumeist farbige und großformatige Bilder, Serien und Rubriken, die ein Thema auch über eine längere Zeit verfolgen.

Die Publikumszeitschrift hat noch eine kleine Schwester, mit der sie manchmal verwechselt wird: Die **Fachzeitschrift**. Da beide Gattungen ähnliche Produktionsstandards haben, ist hier der **Unterschied ein inhaltlicher**:

> PUBLIKUMSZEITSCHRIFTEN RICHTEN SICH AN PRIVATPERSONEN UND DEREN INTERESSEN,

Fachzeitschriften liefern hingegen Informationen für den Beruf. Es sind dabei nicht unterschiedliche Personen, die durch Fach- und Publikumszeitschriften angesprochen werden, sondern unterschiedliche Rollen: Der Ingenieur, der tagsüber im Büro das Fachblatt „Der Konstrukteur" liest, greift in der Pause zum Beispiel zum „STERN". Für die Mediaplanung haben Fachzeitschriften auf Grund dieser speziellen Rezeptionsbedingungen eine andere Funktion als Publikumszeitschriften und werden in einem eigenen Kapitel behandelt. .

Klassifikation

Vom Rätselblatt bis zum politischen Nachrichtenmagazin reicht das Spektrum der Publikumszeitschriften. Deshalb ist eine etwas feinere Klassifikation der Zeitschriftentitel notwendig. Die folgende Einteilung hat sich in der Media- und Verlagsbranche durchgesetzt:

General Interest-Titel

Wie der Name schon sagt, liefern diese Zeitschriften Inhalte, die von allgemeinem Interesse sind, d.h., die sich an eine breite Leserschaft richten. Thematisch sind diese Blätter nicht festgelegt, sie berichten über eine Vielzahl von Themen (was Emil Dovifat als „Mannigfaltigkeit ihres Inhalts" bezeichnete). Paradebeispiel für diese Kategorie ist nach wie vor der „STERN": Er liefert Bilder und Texte, aktuelle Kurzberichte und aufwändige Hintergrundreportagen, Unterhaltung, Witze, Kreuzworträtsel, Cartoons, ein Fernsehprogramm, Wirtschaftsthemen, Klatsch und Tratsch, Kultur und Showbusiness, Kochrezepte, eine Kinderseite („Kinder haben Sternchen gern, Sternchen ist das Kind vom Stern"), einen Fortsetzungsroman, und und und....

GENERAL INTEREST-ZEITSCHRIFTEN SIND DEM NIKOLAUS-PRINZIP VERPFLICHTET: „WER VIELES BRINGT, WIRD JEDEM ETWAS BRINGEN".

Andere General Interest-Titel sind eingeschränkter in ihrem Themenspektrum: im „SPIEGEL" wird man lange nach der Witzseite und den Kochrezepten suchen, während in der „Hörzu" wohl auch in Zukunft nur wenige politische Hintergrundberichte zu lesen sein werden. Doch auch Nachrichtenmagazine sind General Interest-Titel, da sie Berichte über viele Bereiche (Politik, Wirtschaft, Kultur, Sport, Wissenschaft, Ausland) liefern. Selbst Programmzeitschriften gehören eindeutig in die General Interest-Kategorie, schließlich richtet sich auch das Fernsehen an alle, außerdem beinhalten sie neben dem TV-Programm auch noch andere redaktionelle Teile (oft mit einem Schwerpunkt auf Klatsch und Tratsch, Lebenshilfe, Verbrauchertipps und Unterhaltung). Nicht selten nennt man General Interest-Titel auch Massen- oder Reichweiten-Titel. Diese Bezeichnungen passen zwar sicherlich auf die wichtigsten Vertreter dieser Gattung, sind aber trotzdem irreführend: Nicht jeder General Interest-Titel hat eine hohe Reichweite oder eine Massenauflage.

Special Interest-Titel:

Im Gegensatz zur Gattung der General Interest-Zeitschriften haben diese Titel einen eingeschränkten Blickwinkel: Ihre Inhalte kreisen um wenige Themen, manchmal sogar nur um eins. Doch diese Themen werden dafür umso ausgiebiger behandelt. Special Interest-Zeitschriften gehen also nicht in die Breite, sondern in die Tiefe. In diese Schublade gehören zum Beispiel die Wirtschafts- und Finanzzeitschriften (etwa die „Wirtschaftswoche", das „Manager Magazin", „Impulse", „Börse Online" und viele andere). Auch wenn manchmal die Grenzen fließend sind (so hat z.B. die „Wirtschaftswoche" eine gewisse Nähe zu den General Interest-Titeln „SPIEGEL" und „Focus"), so ist doch eine klare redaktionelle Schwerpunktbildung erkennbar. Die führt dazu, dass sich diese Zeitschriften nicht automatisch an „alle" richten, sondern nur an Leser, die sich für diese Themen besonders interessieren. Auch alle Zeitschriften rund um Hobbys und Freizeitbeschäftigungen gehören in die Special Interest-Kategorie: Von der Anglerpostille „Fisch und Fang" bis zum „Kicker". Aber auch so unterschiedliche Zeitschriften wie „Öko-Test-Magazin", „Bild der Wissenschaft" und „Computer Bild" gehören dazu. Dabei ist auch die Abgrenzung zu Fachzeitschriften manchmal schwierig, denn auch sie sind monothematisch und gehen in die Tiefe. Doch meist kann man bei allen Zeitschriften klar zwischen einem Schwerpunkt auf berufliche Fachinformation und private Sachinformationen unterscheiden.

Zielgruppen-Zeitschriften:

Lange Zeit unterschied man in der einschlägigen Fachliteratur nur zwischen General- und Special Interest-Zeitschriften. Aber schon damals gab es tatsächlich Zeitschriften, die irgendwo zwischen diesen beiden Kategorien eingeordnet sind. Nehmen wir als Beispiel die „Brigitte": Handelt es sich um Special Interest (schließlich wird nur ein Teilsegment der Bevölkerung angesprochen, nämlich die Frauen) oder General Interest (schließlich ist die Themenpalette des Heftes sehr breit)? Heute ist man dazu übergegangen, Zeitschriften wie „Brigitte" einer dritten Kategorie zuzuordnen: den Zielgruppen-Zeitschriften. Sie richten sich an eine eingegrenzte Zielgruppe, liefern ihr aber ein breites, natürlich zielgruppenspezifisches Spektrum an Inhalten.

Die wichtigste Subkategorie sind dabei die **Frauenzeitschriften**, die in Sachen Titelzahl, Reichweite und Auflagen sicherlich eines der wichtigsten Segmente des ganzen Zeitschriftenmarktes sind.

Eine andere Subkategorie bilden **Jugendzeitschriften**, am besten repräsentiert durch den Klassiker des Genres, die „Bravo".

Etwas schwieriger zu fassen ist die Subkategorie **Männermagazine**, denn Männer haben anscheinend nicht das gleiche Bedürfnis nach breiten zielgruppenaffinen Themen wie Frauen. Einige bezeichnen Wirtschaft-, PC- und Hobby-Zeitschriften (also bestimmte Special Interest-Titel) als die „wahren" Männermagazine. Schwierig ist auch die Einteilung von jenen Titeln, die man landläufig als Männer- oder Herrenmagazine bezeichnet, nämlich Erotik-Zeitschriften. Der „Playboy" kommt wahrscheinlich noch recht nahe an eine Zielgruppenzeitschrift für Männer heran, schließlich bietet er ein sehr breites Spektrum an Themen (laut Verlagswerbung eben „alles, was Männern Spaß macht"), wobei den meisten Berichten wohl im Vergleich zum „Playmate des Monats" nur wenig Beachtung geschenkt wird. Andere dieser Männer-Magazine sind dann doch eher monothematisch, weshalb sie eher als Erotik-Zeitschriften bezeichnet werden sollten und somit in die Special Interest-Ecke gehören (manche Zeitgenossen umschreiben dieses Segment auch als „Very Special Interest"; allerdings sollte man als Mediaplaner vermeiden, die Leseinteressen der avisierten Zielgruppe moralisch zu bewerten). In den vergangenen Jahren gab es in Deutschland eine Reihe von Neugründungen (oft lizenzierte Titel aus den USA oder England), die sich als Männermagazine ohne (oder mit wenig) Erotik positionieren: Etwa Titel wie „GQ", „Maxim" oder „FHM". Während letzterer Titel eher in die Erotik-Schublade passt, so wurde „GQ" mit seinen Pflege- und Mode-Tipps schon mal spöttisch als „Frauenzeitschrift für Männer" bezeichnet. Auch wenn diese Titel hier zu Lande nicht die gleichen Auflagen erreichen wie in anderen Ländern, so scheint sich dieses Segment doch auch in Deutschland etabliert zu haben.

Supplements:

Eine Sonderkategorie muss noch erwähnt werden. Es gibt Zeitschriften, die nicht eigenständig an Kiosken gekauft oder im Abonnement bezogen werden, aber trotzdem die Charakteristika einer Zeitschrift haben: So genannte Supplements, die Tageszeitungen beigelegt werden.

Am verbreitetsten sind dabei die **Programmsupplements** (wie „rtv“, „Prisma“ und die „Telestunde“). Sie erscheinen in eigenen Verlagen, werden aber über die Tageszeitungen vertrieben, wobei die Tageszeitungsverlage dafür Geld an die Supplement-Verleger zahlen.

Es gibt und gab auch Versuche mit Supplements, die andere Themen als Fernsehen behandelten (etwa Gesundheit), doch dies sind eher Randerscheinungen. Eine andere Subkategorie der Supplements war einst bedeutsam, ist aber heute fast völlig verschwunden: Die beigelegten **Magazine** der Qualitätszeitungen „F.A.Z.“, „Süddeutsche Zeitung“ und „Die Zeit“. Einst nicht zuletzt deshalb gegründet, um den nationalen Werbekunden attraktive Vierfarbanzeigen im Zeitungsumfeld zu ermöglichen, haben sie sich trotz hohem gestalterischen und journalistischen Niveaus für die Muttermedien nicht mehr gerechnet. Während wir dieses schreiben, existiert nur noch das Magazin der „Süddeutschen“, allerdings auch hier gibt es immer wieder Gerüchte über dessen Einstellung. Dafür sind andere Supplements entstanden, etwa „Leben“ in der „Zeit“ (zwar vierfarbig, aber im gleichen Format und in der gleichen Druckqualität wie das Muttermedium). Verschwunden ist dagegen „jetzt“, das viel gerühmte Jugendmagazin der „Süddeutschen“.

Klassifikation nach MA

Die MA teilt alle von ihr erhobenen Titel in ein eigenes Schema ein. Da die Zuordnung bei manchen Titeln alles andere als selbstverständlich ist und jeder Verlag mitunter seine eigenen Vorstellungen hat, benutzt man dazu ein wissenschaftliches Verfahren. Einmal im Jahr wird eine Studie durchgeführt, die mithilfe einer quantitativen Inhaltsanalyse bei allen MA-Titeln erhebt, welchen Anteil welche Themen am gesamten redaktionellen Teil eines durchschnittlichen Heftes haben. Die „Funktionsanalyse Zeitschriften“ wird übrigens nicht von der ag.ma, sondern vom Jahreszeitenverlag durchgeführt. Die erhobenen Daten werden mithilfe multivariater statistischer Verfahren analysiert und jede Zeitschrift einer bestimmten Kategorie zugeordnet.

Zeitschriftenkategorien nach MA:

1. Aktuelle Zeitschriften / Magazine zum Zeitgeschehen
2. Programmpresse
   a. Supplements
3. Frauenzeitschriften, nochmals unterteilt nach Erscheinungsweise in:
   a. Wöchentliche Frauenzeitschriften
   b. 14-tägige Frauenzeitschriften
   c. Monatliche Frauenzeitschriften
4. Familienzeitschriften, nochmals unterteilt nach redaktionellen Schwerpunktthemen in:
   a. Elternzeitschriften
   b. Rätselzeitschriften
5. Jugendzeitschriften
6. Zeitschriften für Wohnen und Leben, nochmals unterteilt nach redaktionellen Schwerpunktthemen in:
   a. Wohnzeitschriften
   b. Do it yourself-Zeitschriften
   c. Ess-Zeitschriften
   d. Gesundheitszeitschriften
7. Erotik-Zeitschriften
8. Lifestyle-Magazine / Stadtmagazine
9. Motorpresse
10. Sportzeitschriften
11. Zeitschriften für Kultur / Natur / Wissenschaft, nochmals unterteilt nach redaktionellen Schwerpunktthemen in:
    a. Ökologie und Umwelt
    b. Tiermagazine
    c. Wissenschaft / Technik / Kultur
    d. EDV-Zeitschriften
12. Wirtschaftspresse

Abb. 7.30 zeigt, wie hoch der Anteil der jeweiligen Zeitschriftengattung an den in der MA erhobenen Zeitschriften ist.

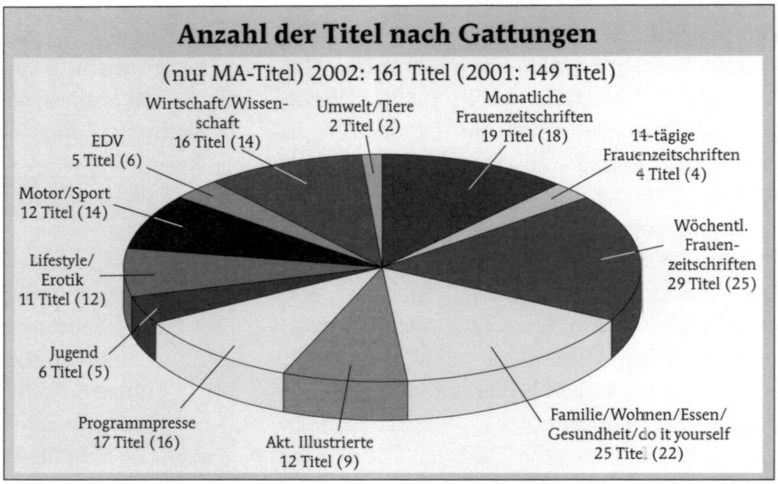

Abb. 7.30: Anzahl der Titel nach Gattungen (Quelle: MA 2003/Press I)

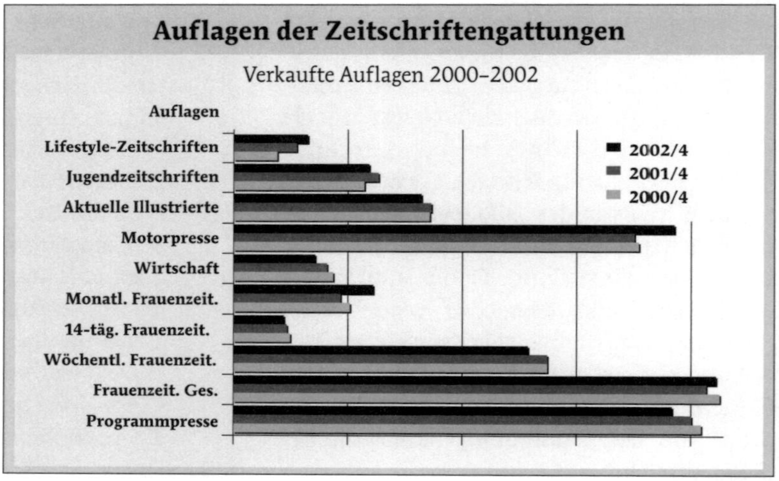

Abb. 7.31: Auflagen der Zeitschriftengattungen (Quelle: IVW, jeweils 4. Quartal)

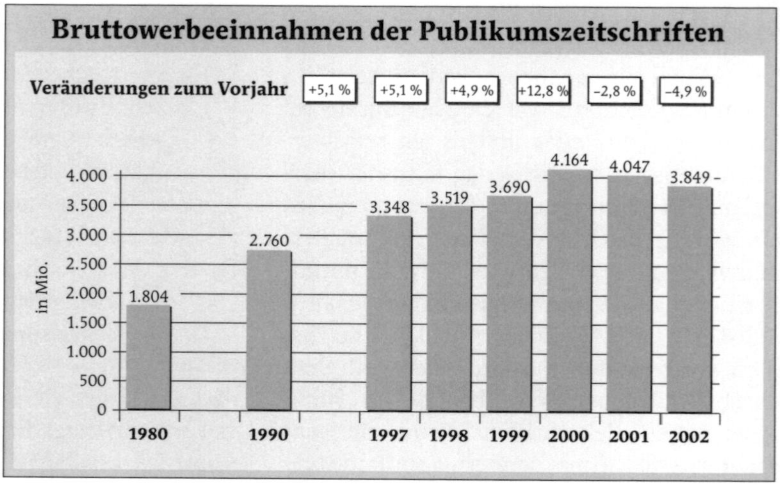

Abb. 7.32: Bruttowerbeeinnahmen der Publikumszeitschriften (Quelle: A.C. Nielsen S+P)

Die Bedeutung der Segmente zeigt sich in den Auflagen aller Titel der jeweiligen Gattung. Hier sieht man noch einmal, wie wichtig Frauen- und Programmzeitschriften sind.

Diese Einteilung in Gattungen wird auch von der IVW übernommen, wobei sie alle Titel, die nicht von der MA und der „Funktionsanalyse“ erhoben werden, nach eigenem Gutdünken den Subkategorien zuordnet. Doch kein Planer sollte so naiv sein und im blinden Vertrauen diese Klassifikation als Vorfilter der Titelselektion benutzen.

7.4.3 Bedeutung und Media-Leistung

Ein entscheidender Einschnitt für die Zeitschriftenverlage war die Einführung des privaten Fernsehens. Dies veränderte nicht nur das Medienverhalten der Deutschen, sondern auch die Summe an Geld, die Werbungtreibende in die einzelnen Medien investieren. Haben in den 60er- und 70er-Jahren noch die Publikumszeitschriften das größte Stück vom Werbekuchen abbekommen, so wurde dieses nach Einführung des dualen Rundfunksystems von Jahr zu Jahr kleiner. Heute ist laut der Werbestatistik von A.C. Nielsen S+P das Fernsehen der wichtigste Werbeträger für Markenwerbung. Wirft man einen Blick auf die absoluten Zahlen, so sind auch ihre Werbeeinnahmen kontinuierlich gestiegen, allerdings nicht so steil wie die des privaten Fernsehens. Der Höhepunkt war das Jahr 2000 mit jeweils rund 4,2 Milliarden Euro. Das folgende Jahr 2001 führte dann aber zu den ersten Einbußen seit langer Zeit.

Im Gegensatz zum kommerziellen Fernsehen haben die Verlage aber zwei Säulen für ihre Erlöse: Neben der Werbung nehmen sie Geld durch den Vertrieb ein, d.h. durch den Verkauf an den Leser. Der Anteil von Vertriebs- und Anzeigenerlösen ist von Titel zu Titel unterschiedlich, es gibt sogar reine Vertriebsobjekte (z.B. Rätsel- oder Strickmagazine), die ganz ohne Werbeeinnahmen rentabel sind. Doch hat sicherlich der Wettbewerb um die Werbegelder der Kunden zu verstärkten Marketing-Bemühungen der Verlage geführt.

Neben dem Startschuss für das private Fernsehen gab es ein anderes wichtiges Datum, das für die Verlage entscheidend war (und nicht nur für die!): Der 9. November 1989. Mit dem Fall der Mauer und der Wiedervereinigung einige Zeit später hat sich mit einem Schlag der Markt für Zeitschriften um 17 Millionen potenzielle Leser vergrößert. Deshalb findet man in den Zeitreihenuntersuchungen einen so starken Zuwachs Anfang der 90er-Jahre. In den neuen Bundesländern gab es ein immenses Interesse an westlichen Massenmedien. Allerdings darf man die Vorlieben und Abneigungen der Ostdeutschen nicht unterschätzen, noch gibt es trotz vieler Gemeinsamkeiten einige Unterschiede im Medienverhalten zwischen Ost und West. Dabei haben sich kaum speziell ostdeutsche Titel etablieren können; einzige Ausnahmen sind hier „Super Illu“und „Super TV“, deren Stellung in den neuen Ländern gar nicht hoch genug eingeschätzt werden kann. Andere etablierte Titel wie der „Stern“ haben (zur Überraschung der Verlage) im Osten nicht die gleiche Akzeptanz wie im Westen.

7.4.4 Media-Nutzung

Publikumszeitschriften sind im Gegensatz zu Radio, Zeitung und Fernsehen keine tagesaktuellen Medien, was Auswirkungen auf die Nutzungsgewohnheiten hat. Radio und TV werden zeitgleich mit der Ausstrahlung genutzt. Auch die Tageszeitung wird überwiegend zeitnah zu ihrem Erscheinen gelesen. Bei der Nutzung von Zeitschriften nehmen sich die Leser viel mehr Freiheiten. Manche Menschen kaufen eine Zeitschrift zwar direkt am Erscheinungstag, aber lesen sie häppchenweise in den darauf folgenden Tagen. Selbst Ausgaben von wöchentlichen Titeln werden oft noch gelesen, wenn bereits ein neues Heft am Kiosk erhältlich ist. Eine Zeitschrift wird im Gegensatz zur Tageszeitung in der Regel auch mehrfach in die

Hand genommen, sodass ein Leser mitunter mit einer Anzeige im selben Exemplar mehrere Kontakte haben kann. Dieses Verhalten hat natürlich Auswirkungen für die Mediaplanung: Das Medium Zeitschrift sammelt seine Kontakte über eine längere Zeit ein. Auch die Reichweite baut sich erst mit der Zeit auf, Phänomene wie gedehntes und gehäuftes Lesen kommen hinzu (zu diesen Stichworten und ihrer Bedeutung bei der Reichweitenmessung siehe Kapitel „Mediaforschung").

Bei der Zeitschriftennutzung findet man weder im Wochen- noch im Tagesverlauf auffällige Muster. Während der Morgen Radio und Tageszeitung gehört und der Abend dem Fernsehen, gibt es für Publikumszeitschriften keine besonderen Zeiten. Zeitschriften sind also eher ein „Zwischendurch-Medium" ohne ein dominantes Nutzungsmuster. Tendenziell kann man zwar am Wochenende eine intensivere Zeitschriftennutzung beobachten, allerdings lässt sich das nicht durchgehend für alle Zielgruppen sagen. Wie Zeitschriften an Werk- und Wochenendtagen genutzt werden, zeigt Abb. 7.33 aus unserer Studie „Media in Mind" (genauere Informationen über die Studie siehe Kapitel 3).

Die **Anzahl** der IVW gemeldeten Publikumstitel hat sich seit 1992 bis einschließlich heute um mehr als 40 % **erhöht**. Parallel dazu entwickelten sich die verbreiteten Auflagen pro Titel in der Summe unterproportional, das relativ stabile Gesamtauflagenvolumen wird auf deutlich mehr Titel verteilt. Es gibt also einen allgemeinen Trend zu sinkenden Auflagen pro Titel. Trotzdem werden immer mehr neue Titel auf den Markt gebracht, die immer spitzere Zielgruppen ansprechen sollen.

Auch bei den Reichweiten kann man eine ähnliche Entwicklung beobachten.

DIE DURCHSCHNITTLICHE REICHWEITE PRO TITEL GEHT ZURÜCK.

Die Daten der MA, die halbjährlich veröffentlicht werden, werden von allen Verlagen und Mediaplanern mit Spannung erwartet. Sie zeigen, ob sich der eine oder andere Titel verbessern konnte oder ob er Leser verloren hat.

In den nebenstehenden Tabellen werden die reichweitenstärksten Zeitschriften-Titel vorgestellt. An dieser Stelle ist es sinnvoll, sich die Top 15 der Reichweitentitel auch getrennt nach Männern und Frauen anzuschauen.

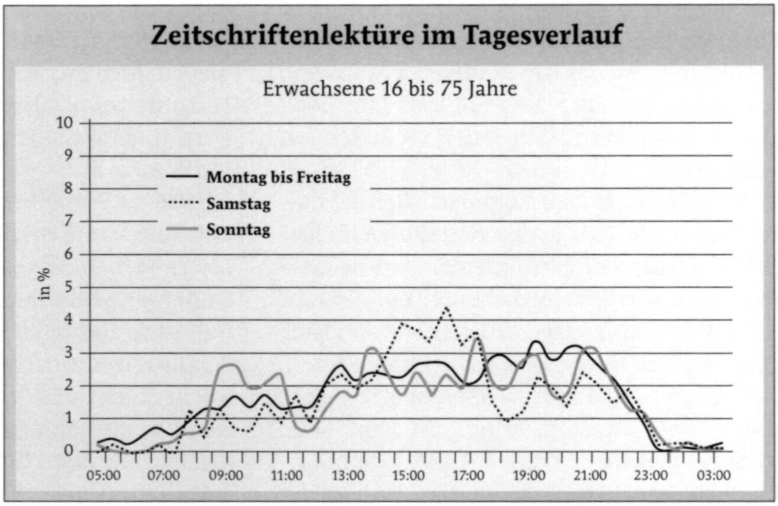

Abb. 7.33: Zeitschriftenlektüre im Tagesverlauf (Quelle: Media in Mind)

(Quelle der Top 15 auf S. 323: MA 2003/Presse I)

Top 15 Reichweiten-Titel in der Gesamtbevölkerung

(Erwachsene ab 14 Jahre) **MA 2003/I**

	Medien Werbemittel	Kosten Euro	RW %	RW Mio.	Affinität	Euro pro 1.000 Kont.
1	ADAC motorwelt	95.448	20,2	13,00	100	7,34
2	rtv	65.692	13,5	8,67	100	7,57
3	BILD am SONNTAG	60.075	13,2	8,49	100	7,08
4	prisma	56.089	11,3	7,23	100	7,76
5	Stern	48.700	8,4	5,38	100	9,05
6	TV Movie	47.724	7,7	4,95	100	9,64
7	TV Spielfilm	46.700	7,6	4,87	100	9,58
8	BILD der FRAU	39.950	6,9	4,45	100	8,97
9	Hörzu	41.160	6,4	4,10	100	10,04
10	Focus	41.500	6,4	4,09	100	10,16
11	DER SPIEGEL	47.500	6,1	3,94	100	12,06
12	BUNTE	27.354	5,1	3,30	100	8,28
13	auf einen Blick	32.750	4,7	3,03	100	10,80
14	Tina	30.767	4,4	2,86	100	10,76
15	TV Hören und Sehen	31.650	4,4	2,80	100	11,29

Top 15 Reichweiten-Titel in der Zielgruppe Frauen ab 14 Jahre

MA 2003/I (Filter: Affinitätsindex in der ZG 110)

	Medien Werbemittel	Kosten Euro	RW %	RW Mio.	Affinität	Euro pro 1.000 Kont.
1	BILD der FRAU	39.950	11,8	3,95	170	10,12
2	Tina	30.767	7,7	2,57	172	11,97
3	Brigitte	46.900	7,4	2,47	177	18,99
4	BUNTE	27.354	7,1	2,38	138	11,49
5	freundin	32.388	5,9	1,97	184	16,41
6	auf einen Blick	32.750	5,9	1,96	124	16,68
7	NEUE POST	14.440	5,4	1,82	153	7,95
8	Für Sie	25.700	5,3	1,77	177	14,54
9	Freizeit Revue	14.940	4,9	1,64	121	9,13
10	TV Hören und Sehen	31.650	4,8	1,60	110	19,74
11	Frau im Spiegel	13.700	4,5	1,50	172	9,10
12	DAS NEUE BLATT	11.860	4,3	1,45	159	8,19
13	IWZ Illustrierte Wochenz.	25.760	4,2	1,41	113	18,23
14	Journal für die Frau	15.660	4,0	1,34	174	11,65
15	Lisa	14.600	3,9	1,30	178	11,26

Top 15 Reichweiten-Titel in der Zielgruppe Männer ab 14 Jahre

MA 2003/I (Filter: Affinitätsindex in der ZG 110)

	Medien Werbemittel	Kosten Euro	RW %	RW Mio.	Affinität	Euro pro 1.000 Kont.
1	ADAC motorwelt	95.448	29,6	9,08	146	10,51
2	BILD am SONNTAG	60.075	16,7	5,14	127	11,69
3	Stern	48.700	9,6	2,94	114	16,57
4	Focus	41.500	8,9	2,73	140	15,21
5	DER SPIEGEL	47.500	8,4	2,59	137	18,37
6	TV Spielfilm	46.700	8,3	2,56	110	18,27
7	SPORT BILD	23.450	7,3	2,23	196	10,52
8	AUTO BILD	31.700	6,1	1,89	188	16,82
9	COMPUTER BILD	22.064	5,9	1,80	163	12,27
10	Kicker Sportmagazin	17.941	5,3	1,63	200	11,01
11	auto motor und sport	31.500	4,6	1,42	188	22,12
12	GEO	34.400	3,8	1,16	125	29,68
13	Premiere	33.000	3,7	1,14	129	29,05
14	PC Welt	16.160	3,4	1,05	161	15,34
15	TV Today	18.700	3,3	1,01	113	18,45

DIE REZEPTIONSVERFASSUNG UND DIE KONTAKTINTENSITÄT KÖNNEN BEI ZEITSCHRIFTEN STARK SCHWANKEN.

Jeder kennt das allein schon aus seiner eigenen Erfahrung: Die neueste Ausgabe der Lieblingszeitschrift wird geradezu verschlungen, gleich nachdem man sie aus dem Briefkasten geholt hat. Hingegen werden im Wartezimmer beim Arzt die ausgelegten Illustrierten eher lustlos durchgeblättert. Mediaforscher haben versucht, die Bedingungen, die zu einer aufmerksamen oder weniger aufmerksamen Nutzung führen, näher zu erforschen und für die Mediaplanung fruchtbar zu machen. Das Stichwort hierzu ist die Kontaktqualität – Kontakt ist eben nicht gleich Kontakt. In einem umfangreichen Forschungsprojekt in den 80er-Jahren wurde der Kontaktqualität auf den Zahn gefühlt. Verschiedenste Hypothesen wurden getestet, unterschiedliche Einflussfaktoren analysiert. Die meisten haben sich allerdings in Hinsicht auf die Werbewirkung als wenig bedeutsam oder als nicht handhabbar für die Planung erwiesen. Allerdings hat sich gezeigt, dass zumindest die Heftmenge (ob eine Ausgabe viele Seiten oder wenige hat) einen Einfluss hat, weshalb diese Variable in die Berechnung des „Leser pro werbeführende Seite“ mit einfließt.

7.4.5 Stärken und Schwächen des Mediums

Verglichen mit Fernseh- und Kinowerbung hat Printwerbung einen geringeren Impact (auf Deutsch: Wirkung, Einfluss, Eindruck) als diese. Ihr fehlen das bewegte Bild und der Ton. Doch stellt man PZ-Werbung der Radiowerbung und Anzeigen in Zeitungen gegenüber, so ist der Impact größer, da schließlich farbige Bilder in hoher Druckqualität möglich sind. Rein technisch gesehen können Anzeigen in Publikumszeitschriften sowohl farbige Bilder wie auch umfangreichere Texte enthalten. Es ist also durchaus möglich, detaillierte Produktinformationen und -darstellungen zu zeigen, wie auch emotional ansprechende Bilder und Motive in hoher drucktechnischer und ästhetischer Qualität.

Auch die Nutzungsbedingungen sprechen klar für PZ-Werbung: Menschen lesen die Zeitschriften, die sie interessieren, oft sogar sehr intensiv und mehrfach. Werbung in Zeitschriften liefert deshalb dem Mediaplaner die Möglichkeit, Zielgruppen ohne größere Streuverluste zu erreichen. Dementsprechend ist das Kosten-Leistungs-Verhältnis bei guter Planung günstig. Außerdem bieten Zeitschriften verschiedenste Anzeigenformate: Von der Doppelseite oder ganzen Anzeigenstrecken über mehrere Seiten, bis hin zu kleinen Rubrikenanzeigen, die nicht viel mehr als einen Coupon zum Ausschneiden enthalten. Dazu kommen Sonderinsertionsformen, außerdem kann man Warenproben, CD-ROMs, Response-Postkarten oder andere Fremdelemente auf der Anzeige platzieren.

Es gibt also vielfältige Möglichkeiten, Anzeigenkampagnen in Zeitschriften einzusetzen.

DESHALB EIGNEN SICH PUBLIKUMSZEITSCHRIFTEN HERVORRAGEND ALS BASISMEDIUM FÜR UNTERSCHIEDLICHSTE KAMPAGNEN.

Die Erfahrung zeigt, dass man mit Zeitschriften Marken aufbauen kann. Eine originelle Demonstration der Print-Wirkung hat der Verband der Zeitschriftenverleger (VDZ) im Jahr 2000 geliefert: Er schaltete mehrere Monate lang in einer Vielzahl von Titeln mysteriöse Anzeigen, die kein Produkt oder Unternehmen bewarben, sondern nur die Ansichten und das Bild eines bis dato völlig unbekannten Durchschnittsmenschen zeigten. Stefan Kappers, so sein Name, mauserte sich vom Nobody zur Berühmtheit mit einer Bekanntheit von 26 % in der Gesamtbevölkerung und hohen Sympathiewerten (nachzulesen in der VDZ-Broschüre „Stefan Kappers und die Zeitschriften“).

Als Nachteile muss man den langsamen Reichweitenaufbau betrachten. Durch gedehntes und kumuliertes Lesen dauert es gewisse Zeit, bis der Leser einen Kontakt mit der Kampagne hat. TV, Radio und Tageszeitung entfalten ihre Wirkung direkt oder nahe zur Einschaltung. Auch benötigt die Schaltung von Anzeigen längere Vorlaufzeiten, sodass kurzfristige Kampagnen zwar möglich, aber schwieriger sind als z.B. in Tageszeitungen. Gefahren bestehen natürlich in der Weiterführung des Trends, den wir an anderer Stelle beschrieben haben: Die Fragmentierung der Leserschaften (immer mehr Titel mit einer immer kleiner werdenden durchschnittlichen Reichweite).

Doch es ergeben sich auch Chancen aus der immer noch wachsenden Titel-Flut: Neueinführungen locken mit attraktiven Konditionen für Werbekunden. Wenn man bedenkt, dass die erste Ausgabe einer neuen Zeitschrift meist auf ein großes Interesse und Neugier stößt und außerdem mit einer hohen Startauflage an die Kioske kommt, so empfiehlt sich Werbung in solchen Newcomer-Blättern.

Zeitschriften richten sich in Deutschland an ein nationales Publikum und werden in ganz Deutschland vertrieben. Zwar gibt es durchaus Zeitschriften, die in bestimmten Regionen erfolgreicher sind als in anderen. Nicht nur die bereits erwähnte „Super Illu" ist hier zu nennen, auch die klassischen Fernsehzeitschriften haben in ihrer Leserschaft regionale Schwerpunkte, die historisch bedingt sind. Für regionale Werbung eignet sich Zeitschriftenwerbung trotzdem schlecht, obwohl einige Verlage regionale Teilbelegungen anbieten, d.h. eine Anzeige erscheint nicht in der Gesamtausgabe, sondern nur in einem Teil der Auflage, dessen Verbreitung regional eingeschränkt ist. In der Regel ist die kleinste Einheit für eine Teilbelegung ein Nielsengebiet. Eine andere Möglichkeit einer regionalen Aussteuerung ist der Anzeigensplitt: Unterschiedliche Teilauflagen beinhalten unterschiedliche Anzeigenmotive desselben Werbekunden.

7.4.6 Werbemöglichkeiten

Auf Grund der hohen Zielgruppenaffinität vieler Titel lassen sich Mediapläne mit geringen Streuverlusten realisieren. Dies führt zu einem guten Preis-Leistungs-Verhältnis. Die Preispolitik der Verlage war in der Vergangenheit eher moderat, die Einschaltpreise wurden nur leicht von Jahr zu Jahr erhöht. Betrachtet man allerdings die Mediainflation, also die Veränderungen im Preis-Leistungs-Verhältnis, so macht sich hier der Trend der stagnierenden Reichweiten, bzw. sinkenden Durchschnittsreichweiten pro Titel, bemerkbar, sodass man alles in allem eine ähnliche Verteuerung wie bei den anderen Mediengattungen feststellen kann. Im Gegensatz zum Fernsehen mit nur beschränkten Werbezeiten, ist Anzeigenplatz in Zeitschriften nahezu immer vorhanden und kann – je nach Buchungssituation – auch erhöht werden. So ist etwa die Ausgabe der Computer-Zeitschrift „CT", die zur CEBIT erscheint, so dick wie ein Telefonbuch einer größeren Stadt.

Preisinformationen für Zeitschriften findet man in den **Tarifkarten**, die von den Verlagen an ihre Werbekunden ausgegeben werden. Auch die Bände des Media-Daten-Verlages sammeln Tarifinformationen und stellen sie den Planern und Einkäufern in den Agenturen zur Verfügung.

Die Preisberechnung der Verlage geht von dem Standard einer 1/1 (also ganzen) Seite in Schwarz-weiß aus. Je nach Größe der Anzeige (in der Regel bis hinunter zu einer 1/32 Seite) verringert sich der Preis. Für jede verwendete **Farbe** erhöht sich der Preis, heutzutage überwiegt in der Zeitschriftenwerbung allerdings die volle Farbigkeit (was als 4c bezeichnet wird; 4c steht für vier Farben, nämlich die Grundfarben Rot, Blau und Gelb plus Schwarz; aus diesen Farben setzt sich das gesamte Farbenspektrum zusammen).

Zu beachten ist auch noch der so genannte **Anschnitt**, d.h., soll das Anzeigenmotiv über den normalen Satzspiegel des Blattes hinausgehen. Einfach ausgedrückt: Reicht die Anzeige bis zur Kante der Seite, oder bleibt ein weißer Rand rund um die Anzeige. Früher haben die Verlage dafür Mehrkosten berechnet, was heutzutage allerdings eher unüblich geworden ist.

Ein wichtiger Punkt bei Planung und Einkauf sind die **Rabatte**. Es gibt die so genannte Mengenstaffel (je mehr Anzeigenseiten gebucht werden, desto größer wird der Preisnachlass) und Malstaffeln (je öfter Anzeigenbuchungen getätigt werden, desto größer der Preisnachlass). Für Großkunden und Konzerne mit einer Vielzahl von beworbenen Marken gibt es gesonderte Abschlüsse, die von Verlag zu Verlag unterschiedlich ausfallen und in nicht geringem Maße von der wirtschaftlichen Bedeutung des Kunden und dem Verhandlungsgeschick seiner Agentur abhängen. Alle Rabatte sind aber natürlich an den Kunden gebunden.

Niemand weiß im Vorfeld, wie viele Leser oder Käufer eine bestimmte Ausgabe einer Zeitschrift finden wird. Die Auflage der Hefte schwankt im Jahresverlauf. Neben einer allgemeinen **Saisonalität**, die mit dem unterschiedlichen Freizeitverhalten in den jeweiligen Jahreszeiten und Feiertagen zusammenhängen, gibt es auch titelspezifische Schwankungen. Zeitschriften, die überwiegend im Abonnement bezogen werden, zeigen geringere Schwankungen als Titel, die ihre Attraktivität jede Woche neu am Kiosk in der direkten Konkurrenz aller anderen Angebote behaupten müssen. Bei Zeitschriften wie „Stern" oder „Focus" hängt viel vom Titelthema ab. Ähnliches gilt bei Frauenzeitschriften, die oft eine eigene Saisonalität haben (z.B. die Vorstellung der neuen Frühjahrsmode oder der Geschenkideen zum Weihnachtsfest). Lange Zeit waren die Auflagen der einzelnen Hefte eine Information, die nur exklusiv den Verlagen zur Verfügung stand. Agenturen und Werbungtreibende bekamen von der IVW nur quartalsweise durchschnittliche Auflagen geliefert. Auf Druck der Werbungtreibenden weisen mittlerweile aber viele Verlage auch Heftauflagen aus. Der Traum der Agenturen, anhand dieser Daten bestimmte Regelmäßigkeiten festzustellen und damit Prognosen für Auflage und Reichweite entwickeln zu können, hat sich jedoch nur sehr eingeschränkt verwirklicht. Zum einen ist ein klarer Zusammenhang zwischen Auflage und Reichweite nicht zu beobachten, zum anderen sind die Schwankungen in den Heftauflagen zufällig oder hängen von redaktionellen Themen ab, die im Vorfeld nicht bekannt und deshalb für Prognosen untauglich sind. Der tödliche Unfall von Prinzessin Diana bescherte vielen Frauenzeitschriften wochenlang hohe Auflagen, doch solche Ereignisse lassen sich schwer im Voraus vorhersagen. Doch bei Anzeigenbuchungen müssen starke Abweichungen in der verkauften Auflage trotzdem berücksichtigt werden. In der Regel garantieren die Verlage eine Mindestauflage. Wird diese unterschritten, muss der Verlag den Anzeigenkunden einen Teil der Buchungssumme rückvergüten.

Sonderformate

Sonderformate, d.h. Formate, die in irgendeiner Weise **von dem normalen Seitenspiegel abweichen**, werden immer häufiger angeboten. Damit entsprechen die Verlage den Wünschen der Agenturen nach immer ausgefalleneren Platzierungen, um immer kreativere Kampagnenideen verwirklichen zu können. So attraktiv diese Sonderformate auch sind (besonders für die Kreativen der Werbeagentur), so vorsichtig muss man als Mediaplaner mit ihnen umgehen. Sie sind nämlich teurer als normale Anzeigen, sodass genau abgeschätzt werden muss, ob die erwartete höhere Aufmerksamkeit, die durch sie erregt werden soll, diesen Preis rechtfertigt. Manche Formate werden auch nicht von allen Verlagen angeboten, was bei der Kampagnenplanung berücksichtigt werden muss. Grundsätzlich sollte man solche Formate nur verwenden, wenn die Kampagnenidee dies unbedingt erfordert. Oder andersherum formuliert: Man muss schon eine gute Idee haben, wie man solche Formate nutzt, damit sie ihr ganzes Wirkungspotenzial im Dienste der Werbebotschaft entfalten können.

Beiprodukte

Eine Besonderheit bei Zeitschriftenwerbung ist die Möglichkeit, der Anzeige quasi einen „Fremdkörper" beizufügen: Eine Postkarte, eine CD-ROM oder eine kleine Packung eines Shampoos. Hier erfindet das Anzeigen-Marketing der Verlage immer neue Varianten, und die moderne Technik ist heutzutage in der Lage, viele dieser Varianten auch zu verwirklichen. Selbst auf der Titelseite wurden schon vereinzelt **Warenproben** platziert. Alle Varianten verursachen Mehrkosten, die sich oft nach dem Gewicht der Fremdobjekte berechnen. Die gängigen Formen sind:

- **Beilagen**: Beilagen sind lose Blätter oder mehrseitige Prospekte, die in das fertige Heft eingelegt werden, aber nicht mit diesem durch Heftklammern oder Klebstoff verbunden werden. Beilagen gibt es auch in Zeitungen. Bei Beilagen in Abo-Zeitschriften fallen zusätzlich erhöhte Postzustellgebühren an, die der Anzeigenkunde tragen muss. In der Regel werden Beilagen nicht vom Verlag gedruckt, sondern der Kunde liefert die fertigen Exemplare an, die dann in der Druckerei nur noch in das Heft integriert werden.
- **Beihefter**: Hier handelt es sich im Grunde um mehrseitige Prospekte, die allerdings fest mit dem Heft verbunden sind. Auch hier liefert der Kunde die Prospekte an. Wenn es sich bei dem Beihefter um Postkarten bzw. ganze Pappseiten mit mehreren Postkarte handelt, spricht man von Postkarten-Beihefter (aber nur, wenn sie ebenfalls als Seiten mit dem Heft mitgeheftet werden).
- **Beikleber**: Alle „Fremdobjekte", die auf eine normale Anzeigenseite geklebt werden, nennt man Beikleber. Die häufigste Variante ist der Postkarten-Beikleber, andere Beikleber sind CD-ROMs, Warenproben, kleinformatige Broschüren oder Briefumschläge.

Weitere Sonderwerbeformen

Doch damit hat sich der Reichtum an Sonderwerbeformen noch nicht erschöpft. Werber wollen mit ihren Botschaften immer näher an das redaktionelle Angebot heran und die Verlage sind heute mehr und mehr bereit, diesem Drängen nachzugeben. So lassen sich in Zeitschriften beigeklebte Musik-CDs von Werbungtreibenden sponsern, es gibt besondere Beihefter (z.B. Sammlung Kochrezepte), die zwar von der Redaktion gestaltet werden, aber einem Kunden einen klaren werblichen Auftritt ermöglichen. Preisausschreiben und Sonderaktionen werden mit Werbungtreibenden zusammen veranstaltet und dem entsprechend auf den redaktionellen Seiten behandelt. Sogar Product Placement im redaktionellen Teil ist vereinzelt möglich. Aus medienethischer Sicht sind solche Zwischenformen von Printwerbung nicht unproblematisch, schließlich gibt es das klare Gebot der Trennung von redaktionellem Inhalt und Werbung. Bei aktuellen Nachrichten und politischer und wirtschaftlicher Berichterstattung verbietet sich eine Vermischung mit Werbung von selbst. Wenn es aber um Unterhaltung geht, bzw. der Leser einen handfesten Nutzen davon hat (z.B. einen schönen Preis bei einem Preisausschreiben oder eine Musik-CD, die ohne Sponsor als Beikleber zu teuer wäre), erscheinen solche redaktionellen Kooperationen akzeptabel und bieten interessante Chancen für zielgruppenaffine Kampagnenideen.

7.4.7 Marktpartner

Was das Vermarkten der eigenen Werbeträger betrifft, so ist die Zeitschriftenbranche heutzutage sicherlich am professionellsten. Besonders die Großverlage (aber nicht nur die) haben es in der Konkurrenz zum mächtigen Privatfernsehen geschafft, immer besser auf die Bedürfnisse der Werbekunden und Agenturen einzugehen. Hier können sich andere Werbeträger sicherlich eine Scheibe abschneiden.

Die großen Verlage haben in den wichtigsten Agenturstädten eigene **Verlagsbüros**, die sich um die Kunden vor Ort kümmern, wobei der persönliche Kontakt zwischen Verlagsrepräsentanten und Mediaplanern sehr wichtig ist, um flexibel auf die Wünsche der Anzeigenkunden eingehen zu können.

Kleinere Verlage, die sich keine eigenen Niederlassungen in anderen Städten leisten können, geben den Anzeigenverkauf vor Ort zu Verlagsbüros und Repräsentanten, die quasi als Subunternehmer für die Vermarktung zuständig sind, wobei sie mitunter auch Objekte (damit sind in der Verlagssprache Zeitschriftentitel gemeint) verschiedener Verlage betreuen. Unterstützt werden die lokalen Repräsentanzen natürlich von der zentralen Anzeigenabteilung am Stammsitz des Verlages. Diese Abteilungen haben sich in den vergangenen Jahrzehnten zu hochprofessionellen Service-Anbietern entwickelt, deren Aufgabe es ist, Mediaplaner und Werbungtreibende zu unterstützen. Dazu gehört auch die Durchführung von großen Studien, deren Ergebnisse den Planern in der Regel kostenfrei zur Verfügung gestellt werden.

Die großen **Markt-Media-Studie**n werden zum Beispiel von einzelnen oder mehreren Verlagen zusammen in Auftrag gegeben und finanziert. Auswertungen dieser Studien (sowie der MA und anderer Datenquellen) können bei den Verlagen in Auftrag gegeben werden. Dafür stehen eigene Abteilungen zur Verfügung, die in der Regel Media- oder Zähl-Service heißen. Aber die Daten der Studien werden großen Agenturen auch als Datensatz mit entsprechender Analysesoftware kostengünstig zur Verfügung gestellt. Seit einiger Zeit sind auch bei einigen Verlagen online Auswertungen über das Internet möglich. In Deutschland sind diese Dienstleistungen in der Regel für Agenturen und Werbekunden kostenfrei. Das ist übrigens in anderen Ländern nicht üblich: Oft werden dort Studien (wie etwa die britische TGI, eine mit der deutschen Verbraucher-Analyse vergleichbare Markt-Media-Studie) von kommerziellen Marktforschungsunternehmen durchgeführt und die Agenturen müssen für deren Nutzung bezahlen.

7.4.8 Datenquellen

Die wichtigsten Datenquellen wurden bereits an anderer Stelle behandelt (siehe das Kaptitel „Forschung als Grundlage der Mediaplanung").

WICHTIGSTE DATENQUELLEN SIND DIE REICHWEITEN DER MA, DIE AUFLAGENZAHLEN DER IVW UND DIE DIFFERENZIERTEN STRUKTUR- UND VERBRAUCHERDATEN DER MARKT- MEDIA-STUDIEN.

Letztere sind ein Beispiel für die hohe Leistungsfähigkeit der Service-Abteilungen der Verlage. Die Verlage bieten auch noch eine Reihe anderer Forschungsergebnisse an. Da sind zum einen Grundlagenstudien, die den Planern in Form von Broschüren und Booklets zur Verfügung gestellt werden. Sie reichen von generalisierten Copytest-Ergebnissen, über Wirkungsstudien zum Mediamix bis hin zu Publikationen über Kontaktqualitäten. Diese Materialien sind oft sehr informativ und eine kostengünstige Quelle für Ergebnisse der Wirkungsforschung. Allerdings sollte man immer kritisch alle Verlagsveröffentlichungen lesen. Während die Methodik und Präsentation bei den großen Markt-Media-Studien sehr objektiv und zurückhaltend ist, kommt bei anderen Verlagspublikationen schon einmal eine verengte Sichtweise zum Vorschein. Heikel wird dies, wenn Verlage über Intermedia-Themen berichten und sie zum Beispiel die Leistungsfähigkeit von Printkampagnen mit denen von TV-Kampagnen vergleichen – wobei zu erwarten ist, dass Print- bzw. Mediamix-Kampagnen immer besser abschneiden. Die Ergebnisse müssen deshalb nicht falsch sein, aber als kritischer Mediaplaner muss man bei deren Lektüre zumindest den „Print-Bias" mit berücksichtigen. Dies gilt im verstärkten Maße für Veröffentlichungen des Verbands der Zeitschriftenverleger (VDZ). Ein Konzept wie die „Werbewert-Formel" als Basis für die Bestimmung des Mediamixes muss schon mit Vorsicht genossen werden (dazu mehr im Kapitel „Werbewirkungsforschung"). Grundsätzlich muss man den Herausgebern unterstellen, sie wollen in erster Linie das eigene Medium gegenüber anderen aufwerten. Das Gleiche gilt natürlich nicht nur für Verlage, sondern für alle Medienanbieter und ihre Interessenvertreter. Jeder Planer sollte so viel methodisches Wissen und kritische Urteilskraft haben, dass er nicht leichtfertig den Verkaufstricks der Medienanbieter auf den Leim geht. Kritisches Nachfragen ist immer angebracht, eine methodische Beurteilung der verwendeten Quellen durch die Forschungsabteilung der Mediaagentur sollte selbstverständlich sein.

7.4.9 Ausblick

Die Inhalte der Medien hängen immer mit der Kultur und dem Befinden einer Gesellschaft zusammen. Sie spiegeln die gesellschaftliche Situation wider und formen diese auch. Doch manchmal kommt es vor, dass die Verlage die Leserbedürfnisse falsch einschätzen, d.h., es existiert eine Nachfrage, die nicht von den angebotenen Verlagsprodukten gedeckt wird – vielleicht, weil den Lesern dieser Mangel selbst noch gar nicht bewusst ist.

Wie bereits gesagt, war der Zeitschriftenmarkt viele Jahre eher stabil, was dazu führte, dass sich einige große Verlage nicht auf die veränderten Bedürfnisse der Leser einstellten. Sie ruhten sich eher auf den Lorbeeren des in der Vergangenheit Erreichten aus. So „verschliefen" alte Flaggschiffe wichtige Trends, die von Wettbewerbern und Newcomern aufgegriffen wurden. Ein gutes Beispiel sind die Programmzeitschriften.

Die Ausdifferenzierung des Programmangebots durch die privaten Sender wurde von der klassischen Programmpresse nicht ernst genommen, da kam die Verlagsgruppe Milchstraße mit „TV Spielfilm", der ersten 14-tägigen Fernsehzeitschrift, die sich außerdem auf das Spielfilmangebot spezialisierte (und Spielfilme waren und sind nun mal mit die attraktivsten TV-Angebote). Ein neues Segment in der Programmpresse entstand. Mit „TV Today" und „TV Movie" gab es sogleich Nachahmer des Erfolgsrezeptes aus der Milchstraße. Anderen Lesern wiederum waren sowohl die etablierten wie die 14-tägigen TV-Programmzeitschriften zu umfangreich und teuer, wodurch ein zusätzliches Segment von kostengünstigen Fernsehtiteln entstand (z.B. mit „TV klar" oder „TV neu"). Die neuen Wettbewerber nahmen den etablierten Titeln wie „Hörzu", „Gong" und „TV Hören und Sehen" Leser und Käufer weg, allerdings gehören diese Blätter trotzdem noch zu den Spitzenreitern der Gattung.

Lange Zeit hatte auch niemand geglaubt, dass man in Deutschland ein weiteres Nachrichtenmagazin neben dem „Spiegel" positionieren könne (tatsächlich waren alle, zum Teil eher politisch motivierten Versuche, einen Gegen-SPIEGEL zu etablieren, gescheitert). Doch mit „Focus" brachte der Burda-Verlag 1993 ein Magazin auf den Markt, das sich seitdem etabliert hat und mit dem „SPIEGEL" in der gleichen Liga spielt.

Auch der Bedarf nach immer ausdifferenzierteren Special Interest-Titeln, der ja nur die immer komplexer werdenden Lebensstile und Freizeitgewohnheiten der Deutschen dokumentiert, wurde zuerst von vielen kleinen Verlagen gesehen und befriedigt. In den vergangenen Jahren beeinflusste das starke Interesse an Aktien und damit an Finanz- und Wirtschaftsthemen den Zeitschriftenmarkt und führte zu einer wahren Flut an Neuerscheinungen. Einige von ihnen verschwanden wieder so schnell,

S.W.O.T. Publikumszeitschriften

Stärken:	Schwächen:
• Geeignet als Basismedium für alle Kommunikations-Ziele • Darstellung detaillierter Produktinformationen • Durchschnittlicher Impact (zwischen TV und Hörfunk) • Sehr hohe Affinität durch zielgruppenspezifische Titelauswahl • Hohe Reichweiten-Kumulation • Durchschnittlicher TKP in der Gesamtbevölkerung und günstiger Tausend-Kontakt-Preis bei Zielgruppen-Titeln • Zum Teil regionale Split-Belegung möglich (aber vergleichsweise teuer)	• Langsamer Reichweitenaufbau (in Abhängigkeit vom Erscheinungsintervall) • Bekanntheitssteigerung benötigt mehr Zeit als bei TV oder Funk
Chancen:	**Gefahren:**
• Anzeigen in neuen Titeln mit hohen Startauflagen • Nutzung von Einführungsangeboten • Nutzung aufmerksamkeitsstarker Werbeformen (Warenproben etc.) • Redaktionelle Einbindung	• Zunehmende Titelauswahl führt zu weiterer Fragmentierung • Dicke Hefte mit zu hohem Werbeangebot

wie sie gekommen waren, als die Börseneuphorie der Deutschen abkühlte.

MAN KANN ALSO ERWARTEN, DASS SICH DER ZEITSCHRIFTENMARKT AUCH WEITERHIN DYNAMISCH VERÄNDERN WIRD.

Weder Internet noch Fernsehen haben bisher an der Bedeutung der Zeitschriften etwas ändern können.

ALS WERBEMEDIUM BLEIBEN DIE ZEITSCHRIFTEN AUCH IN ZEITEN DER SINKENDEN DURCHSCHNITTSREICHWEITE ATTRAKTIV, DA KAUM EIN ANDERES MEDIUM EINE SO GENAUE ZIELGRUPPENAFFINE PLANUNG GEWÄHRLEISTEN KANN.

7.5 Tageszeitungen

Kennen Sie folgende Meinung: Tageszeitungsplanung gilt als mühsam und langweilig, so farblos wie die Anzeigen selbst und so provinziell wie der Name der belegten Heimatblättchen? Dieses Vorurteil ist schlicht falsch.

Vielmehr ist die Planung und das Handling von großen Tageszeitungsetats eine ständige Herausforderung, die ohne Expertenwissen, intensive Forschung und moderne Planungstools schier unmöglich wäre. Agenturen, die sich auf Tageszeitungen spezialisiert haben, müssen extrem flexibel und kreativ sein, um diese Aufgabe bewältigen zu können.

Gerade im Handel hat das Werbemedium Tageszeitung eine herausragende Bedeutung. In Deutschland ist eine regionale und lokale

Aussteuerung von Mediaplänen mit dem Medium Fernsehen nicht möglich, und auch beim Radio sind kleinteilige Belegungen in vielen Bundesländern nicht vorhanden. Umso bedeutsamer ist die Rolle der Tageszeitungen, zum einen als Anzeigenmedium, zum anderen als Träger von Beilagen und Beiklebern.

7.5.1 Entwicklung und Status

Der Tageszeitungsmarkt in Deutschland ist geprägt von lokalen und regionalen Zeitungen. Die Anzahl national verbreiteter Zeitungen ist im internationalen Vergleich eher gering. Es handelt sich außerdem um einen eher statischen Markt - ein Großteil der Titel wurde kurz nach dem zweiten Weltkrieg gegründet oder ist noch älter. Seit den 50er-Jahren gab es nur wenige Neugründungen, in den vergangenen Jahrzehnten z.B. nur die taz und Financial Times Deutschland.

Auch die Wiedervereinigung hat daran wenig geändert: In der DDR hatten die so genannten Bezirkszeitungen, die nach dem Krieg gegründet wurden, eine starke Verbreitung, was sich nach der Wende im Prinzip nicht geändert hat - lediglich die Besitzer der Zeitungen haben gewechselt, allerdings sind die Auflagen auch gesunken. Trotz aller Konstanz kann man nach wie vor einen Trend zur Konzentration beobachten: Der eher mittelständische Zeitungsmarkt wird mehr und mehr von Großverlagen wie dem Axel Springer Verlag und der Zeitungsgruppe WAZ geprägt. Nach der Wende gab es in Ostdeutschland auch einige unabhängige Neugründungen, die sich am Markt jedoch nicht durchsetzen konnten.

HEUTE LIEGT DIE ANZAHL BEI 442 TITELN INSGESAMT, ALLERDINGS MIT EINER VIELZAHL VON UNTER- UND LOKAL-AUSGABEN.

7.5.2 Definition und Differenzierung

Einige der Charakteristika von Zeitungen wurden bereits oben im direkten Vergleich mit der Publikumszeitschrift behandelt. Die Zeitungswissenschaft hat fünf Merkmale für die Definition identifiziert: Aktualität, Periodizität (kurze Erscheinungsintervalle, in der Regel täglich bzw. 6 Tage in der Woche), Publizität (zugänglich für und gerichtet an ein breites Publikum), Universalität (breites Themenspektrum) und Vertrieb (Einzelverkauf und Abonnement). Damit grenzen sich Zeitungen von anderen Medien ab:

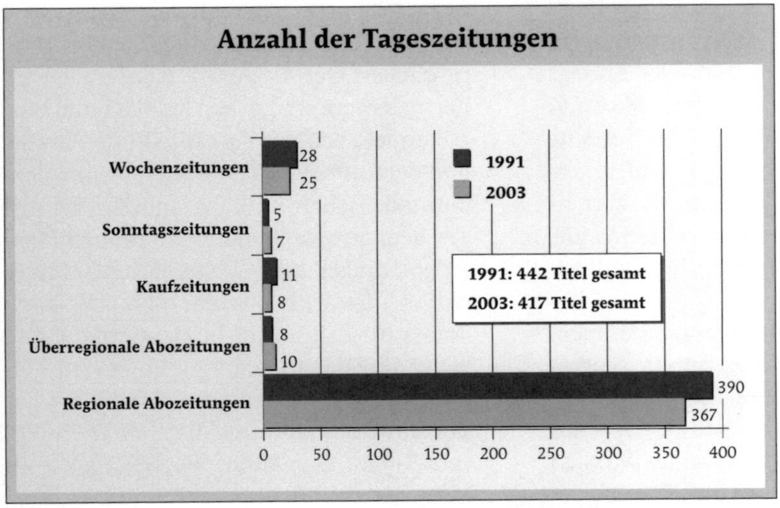

Abb. 7.34: Anzahl der Tageszeitungen (Quelle: IVW)

- **Anzeigenblätter**: In Druckqualität und Format den Zeitungen ähnlich, doch handelt es sich um kostenlose Publikationen mit einem eher eingeschränkten redaktionellen Teil und damit keiner wirklich breiten Themenpalette. Sie finanzieren sich ausschließlich über Werbeeinnahmen und werden den Empfängern ungefragt in den Briefkasten gesteckt.
- **Gratis-Zeitungen**: In anderen Ländern haben solche Blätter durchaus eine Bedeutung. Wie Anzeigenblätter werden sie ausschließlich aus Werbung finanziert. Sie werden allerdings an anderen Orten verteilt, z.B. in öffentlichen Verkehrsmitteln. Attraktiv sind sie, um ein mobiles, berufstätiges Publikum in großen Städten zu erreichen. Alle Versuche, in Deutschland solche Gratis-Zeitungen zu etablieren, sind bisher gescheitert.

Zeitungen lassen sich wiederum in verschiedene Kategorien einteilen.

- **Lokale oder regionale Abonnement-Zeitungen:** Sie sind von der Titelzahl und der Auflage die wichtigste Zeitungsart in Deutschland. Ihr Vertriebsgebiet ist geografisch beschränkt auf eine Gemeinde, eine Stadt, einen Kreis oder eine Region.
  Inhaltlich liegt ein Schwerpunkt auf der Berichterstattung über lokale Angelegenheiten – Lokalpolitik, Sport, Veranstaltungen, Vereinsleben, etc. Rund 90 % der Auflage wird im Abonnement bezogen. Mitunter gibt es eine Hauptausgabe und verschiedene Unterausgaben, die durchaus auch unterschiedliche Namen haben können, aber einen gemeinsamen Mantel (also Seiten, die in allen Ausgaben identisch sind) aufweisen.
- **Überregionale Abonnement-Zeitungen**: Sie richten sich im Prinzip an ein geografisch nicht eingegrenztes Publikum, weshalb die Lokal-Berichterstattung wegfällt. In Deutschland gibt es nur wenige wirklich nationale Zeitungen, etwa die „Frankfurter Allgemeine“, die „taz“ oder „Die Welt“. Doch selbst diese Blätter haben einen regionalen Schwerpunkt rund um ihren Erscheinungsort und oft für diese Region auch einen zusätzlichen Lokalteil, der an nationale Abonnenten und den Einzelhandel außerhalb der Region nicht ausgeliefert wird.
  Andere Zeitungen, am bekanntesten die „Süddeutsche Zeitung“ und die „Frankfurter Rundschau“, sind in erster Linie Regionalzeitungen, die aber einen großen Anteil Leser außerhalb ihrer Heimatregion haben und die deshalb zu den überregionalen gezählt werden.
  Eine Sonderstellung haben die **Wirtschaftszeitungen** „Handelsblatt“ und „Financial Times Deutschland“ – sie sind thematisch etwas eingegrenzter (Schwerpunkt Wirtschaft und Finanzen), richten sich aber klar an ein nationales Publikum. Sie werden deshalb meist zu den überregionalen Abo-Zeitungen gezählt. Wegen dem hohen journalistischen Anspruch nennt man sie auch Qualitätszeitungen, auch in Abgrenzung zu der nächsten Kategorie.
- **Kaufzeitungen**: Im Gegensatz zu Abo-Zeitungen müssen sich die Kaufzeitungen jeden Tag am Kiosk bewähren. Ihre Leser beziehen sie nicht im Abonnement, sondern kaufen sie mehr oder minder regelmäßig – weshalb Kaufzeitungen auch mehr gelegentliche Leser als Abo-Zeitungen haben. Vertriebswege sind neben Kiosken und Einzelhandel auch der Verkauf auf der Straße. Von der Aufbereitung der Themen und dem journalistischen Konzept sind Kaufzeitungen dem entsprechend mehr auf den Massengeschmack und Unterhaltung ausgerichtet. Deshalb nennt man sie auch Boulevard-Zeitungen. In Deutschland gibt es nur die BILD als nationale Boulevard-Zeitung. Lediglich in einigen Großstädten hat sich ein reichhaltigeres Angebot an Boulevard-Titeln etablieren können, etwa in München oder Berlin.

- **Sonntagszeitungen**: Sie erscheinen, wie der Name schon sagt, am Sonntag. Während in anderen Ländern der Sonntag der wichtigste Zeitungstag ist und eine Vielzahl von speziellen Sonntagstiteln auf dem Markt ist, so hat dieses Segment in Deutschland nur eine untergeordnete Bedeutung.
  Die wichtigsten Sonntagszeitungen sind die „Welt am Sonntag" und die „Frankfurter Allgemeine Sonntagszeitung", die beide ein eigenständiges redaktionelles Konzept haben und nicht mit „Welt" und „F.A.Z." in einen Topf geschmissen werden können. Ähnliches gilt für „BILD am Sonntag", wobei dieser Titel viele seiner Merkmale mit den Publikumszeitschriften teilt, weshalb er auch oft im Zuge der Mediaplanung in diese Mediengattung eingeordnet wird.
  Eine Sonderstellung haben in diesem Zusammenhang Zeitungen wie „Sonntag Aktuell", die quasi als zusätzliche Beigabe zu werktäglich erscheinenden Abo-Zeitungen verschickt wird.
- **Wochenzeitungen**: Man könnte sie getrennt abhandeln, aber es handelt sich hier um ein Segment, das in Deutschland keine große Bedeutung hat. Deshalb widmen wir ihnen kein eigenes Kapitel. Wochenzeitungen erscheinen einmal in der Woche, im Grunde handelt es sich auch bei Sonntagszeitungen um Wochenzeitungen. Sie sind in der Aufmachung an Zeitungen angelehnt, doch ein Titel wie die „Zeit" (als wichtigster Vertreter dieses Segments) hat auch viele Gemeinsamkeiten mit Publikumszeitschriften.
- **Supplements**: Wie schon im Zusammenhang mit Publikumszeitschriften erwähnt, handelt es sich bei Supplements um eigenständige Titel, die Tageszeitungen beigelegt werden. Sie werden aus planerischer Hinsicht wie Publikumszeitschriften behandelt, auch wenn der Leser sie als integralen Bestandteil seines Zeitungsabonnements ansieht.

7.5.3 Bedeutung und Media-Leistung

Bezogen auf die **Bruttowerbeeinnahmen** laut Nielsen S+P ist die Tageszeitung eine der größten Werbeträgergattungen, auf gleichem Niveau wie die Publikumszeitschriften, aber deutlich hinter dem Fernsehen (Abb. 7.35).

Doch hier gibt die Werbestatistik von Nielsen ein verzerrtes Bild: Sie erhebt nicht alle Unterausgaben, sondern nur repräsentative Gesamtausgaben, weshalb die Zeitungswerbung nicht vollständig erhoben wird. Hinzu kommt, dass es in Tageszeitungen auch Werbearten gibt, die nicht erfasst werden: Privat- und Kleinanzeigen, Rubrikenwerbung, lokale Werbung, Stellenanzeigen, Heirats- und Todesanzeigen, Beilagen in Unterausgaben etc. Der ZAW veröffentlicht einmal im Jahr eine Aufstellung der **Netto-Werbeeinnahmen** der Zeitungen, die auch diese Anzeigen mit berücksichtigt. Legt man diese Zahlen zu Grunde, so ist die Tageszeitung nach wie vor der größte Werbeträger in Deutschland, noch vor dem Fernsehen (Abb. 7.36).

Die **Reichweite** der Gattung Tageszeitung in der Gesamtbevölkerung ist sehr hoch. 66 % der Deutschen werden täglich durch eine Lokalzeitung erreicht, 22 % durch die BILD oder eine andere Kaufzeitung, nur 5 % durch eine überregionale Abo-Zeitung (Abb. 7.37).

Die Reichweiten haben sich in den vergangenen Jahren kaum verändert, allerdings ist ein langfristiger und langsamer **Trend zu sinkenden Auflagen und Reichweiten** zu beobachten (Abb. 7.38).

Diese Entwicklung besorgt Verlage und Mediaplaner, da der **Verlust überproportional in den jungen Zielgruppen** liegt. Die Struktur der Zeitungsleser ist in vielen Merkmalen sehr nah am Durchschnitt. So ist das Geschlechterverhältnis auf den ersten Blick ausgeglichen, bricht man es aber auf die verschiedenen Zeitungstypen herunter, so haben Kaufzeitungen einen etwas stärkeren männlichen Schwerpunkt, während regionale Abo-Zeitungen etwas mehr weibliche Leser haben (Abb. 7.39).

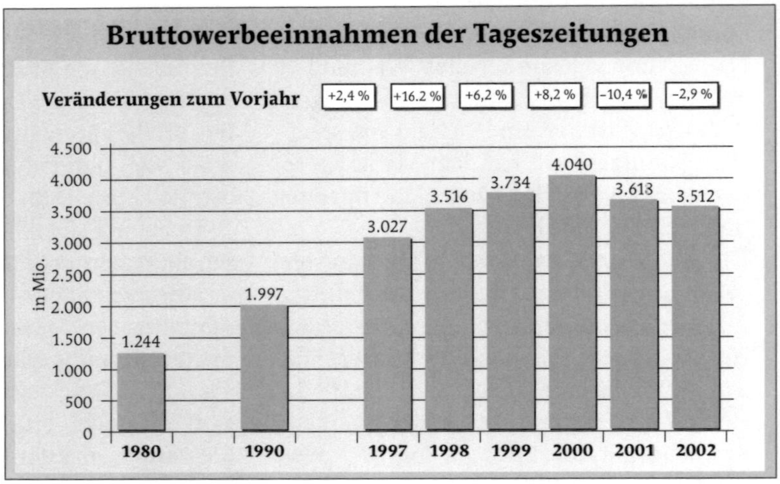

Abb. 7.35: Brutto-Werbeeinnahmen der Tageszeitungen (Quelle: A.C. Nielsen S+P)

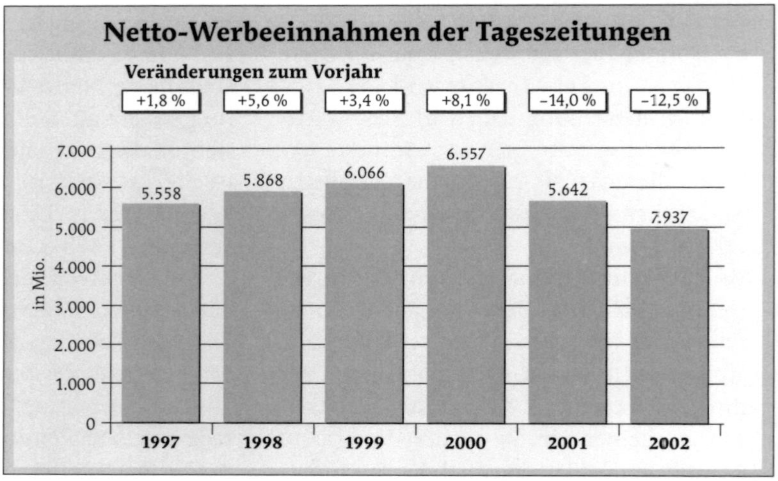

Abb. 7.36: Netto-Werbeeinnahmen der Tageszeitungen (Quelle: ZAW)

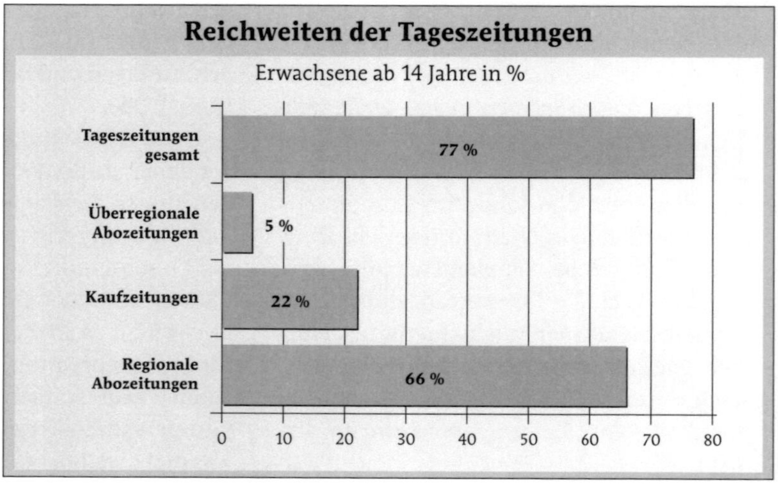

Abb. 7.37: Reichweiten der Tageszeitungen (Quelle: MA 2003/ Presse I)

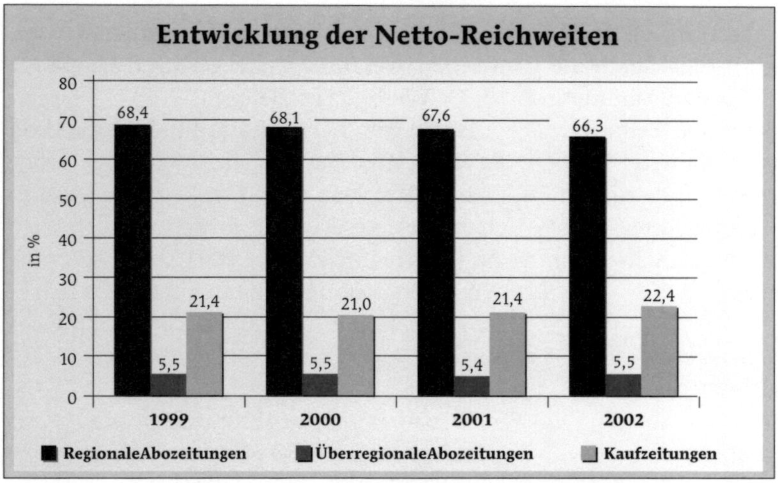

Abb. 7.38 Entwicklung der Netto-Reichweite (Quelle: MA)

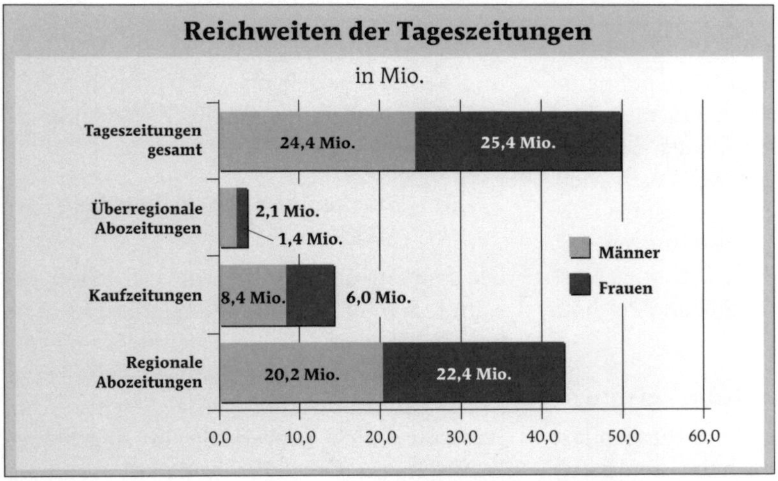

Abb. 7.39: Reichweiten der Tageszeitungen nach Geschlecht (Quelle: MA 2003/ Presse I)

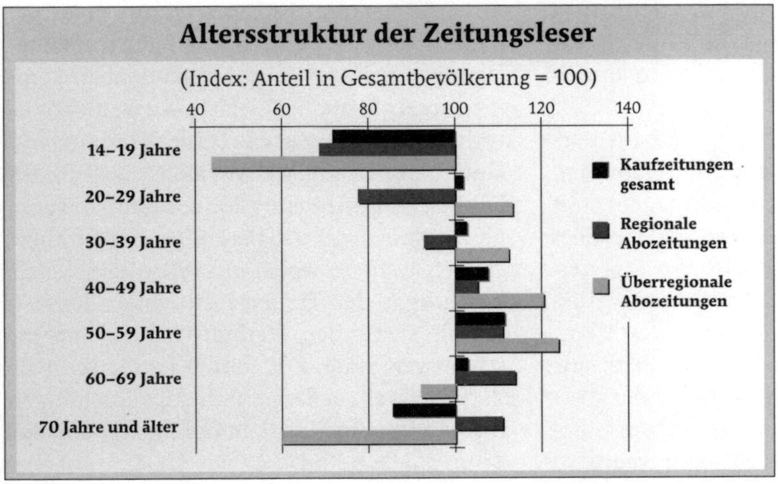

Abb. 7.40: Altersstruktur der Zeitungsleser (Quelle: MA 2003/ Presse I)

Beim Alter sieht man klar, dass jüngere Bevölkerungsteile unterdurchschnittlich durch die Zeitung erreicht werden. Was den Bildungsgrad betrifft, so liegen lokale Abo-Zeitungen genau auf dem Durchschnitt, während Kaufzeitungen eher Menschen mit niedrigerem Schulabschluss erreichen und überregionale Qualitätszeitungen erwartungsgemäß mehr Abiturienten und Akademiker.

DURCH DIE TÄGLICHE ERSCHEINUNGSWEISE UND DIE AKTUELLE BERICHTERSTATTUNG WERDEN TAGESZEITUNGEN TÄGLICH GELESEN UND SCHAFFEN ES SOMIT, SCHNELL REICHWEITE AUFZUBAUEN.

Da die regelmäßigen Leser bei Abo-Zeitungen überwiegen, findet allerdings keine nennenswerte Reichweitenkumulation bei mehreren Einschaltungen statt, während die Zahl der Kontakte wächst. Trotzdem vertrauen viele Werbungtreibende auf eine regelmäßige (z.B. wöchentliche) Präsenz in Tageszeitungen, z.B. Einzelhandelsketten wie Aldi, Lidl oder Norma, die jede Woche ihre aktuellen Angebote kommunizieren wollen.

7.5.4 Bedeutung und Media-Leistung

In Deutschland erscheinen die Zeitungen fast alle morgens. Dem entsprechend werden sie auch morgens genutzt, oft beim Frühstück oder auf dem Weg zur Arbeit. Im Laufe des Tages werden dann eher andere Medien konsumiert.

Dieses Nutzungsmuster hat durchaus Vorteile für die Mediaplanung: Damit kann man davon ausgehen, dass man die Verbraucher mit Zeitungsanzeigen erreicht, bevor sie tagsüber einkaufen gehen. Deshalb wird die Tageszeitung auch stark vom Einzelhandel als Werbemedium eingesetzt.

Die Deutschen sind ein Volk von Zeitungslesern, was sich auch in der Akzeptanz der Werbung in diesem Medium zeigt. In keinem anderen Land in Europa wird Zeitungswerbung so positiv gesehen, was noch deutlicher wird, wenn man es mit der eher geringen Sympathie für TV-Werbung vergleicht.

Hinzu kommt eine starke Bindung der Leser an ihre Abo-Zeitung. Ihr wird eine hohe Glaubwürdigkeit und Kompetenz zugesprochen, viele Leser geben in Befragungen auch an, dass sie ihre Zeitung stark vermissen würden. Dies gilt übrigens nicht nur für den redaktionellen Inhalt, sondern auch für die Werbung.

WERBUNG WIRD ALS BESTANDTEIL DER LEISTUNG GESEHEN UND NICHT WIE BEI TV UND RADIO ALS EINE STÖRUNG.

Viele Haushaltsführende nutzen Anzeigen und Beilagen gezielt als Quelle für ihre Einkaufsinformation, wodurch TZ-Werbung einen hohen Nutzwert für sie hat.

7.5.5 Stärken und Schwächen des Mediums

Die Stärken der Zeitung wurden schon erwähnt: Schneller Reichweitenaufbau in breiten Zielgruppen, dadurch schneller Awareness-Aufbau, eine hohe Glaubwürdigkeit und Akzeptanz der Werbung, hohe Eignung für Promotion-Ziele (Abverkauf von Angeboten, Traffic in die Geschäfte bringen), regionale Aussteuerbarkeit. Letzteres kann man gar nicht hoch genug einschätzen: Durch **Teilbelegung** von Unter- und Lokalausgaben kann man auch kleinteilige Gebiete mit wenig Streuverlust abdecken, was z.B. bei der Werbung von Unternehmen mit vielen Filialen wichtig ist. Die Belegungseinheiten können dann mit dem Einzugsgebiet der Filiale einigermaßen abgeglichen werden, wobei eine allzu kleinteilige Belegung in den Tarifen nicht vorgesehen ist, obwohl sie für den Werbungtreibenden wünschenswert wäre. Ein Vorteil ist die schnelle Verfügbarkeit, sodass kurzfristige Buchungen bei Anzeigen auch von einem Tag auf den anderen möglich sind.

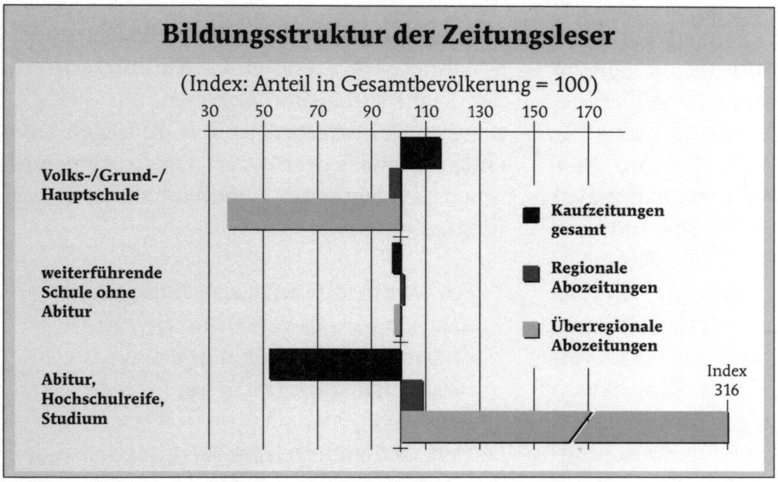

Abb. 7.41: Bildungsstruktur der Zeitungsleser (Quelle: MA 2003/ Presse I)

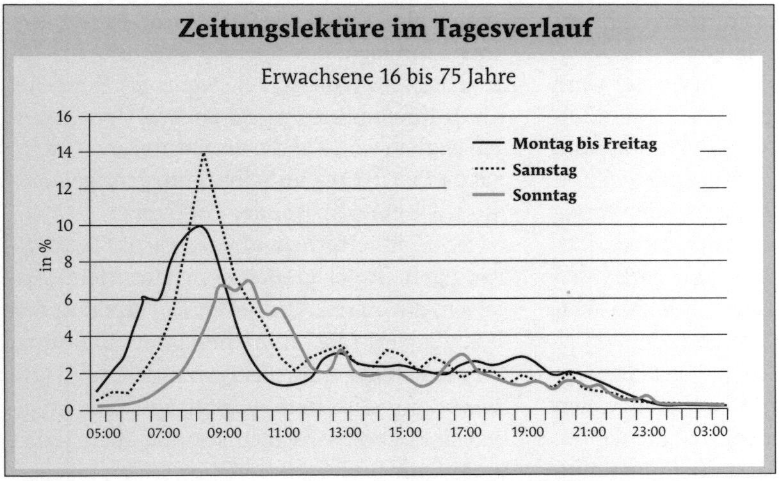

Abb. 7.42 Zeitungslektüre im Tagesverlauf (Quelle: Media in Mind)

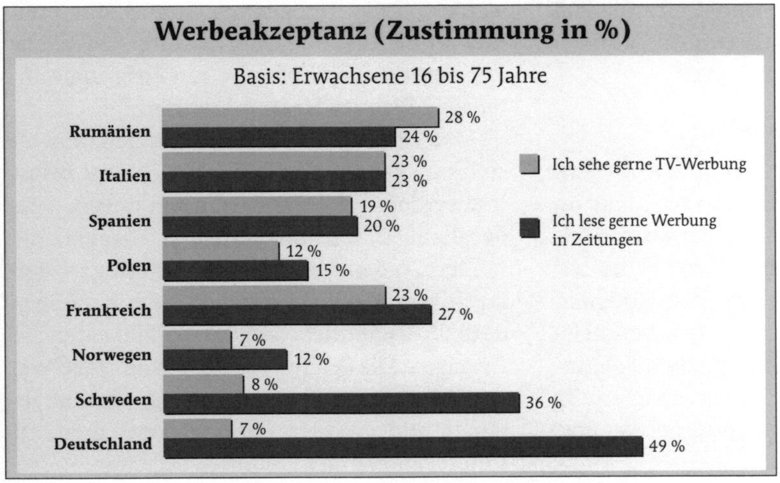

Abb. 7.43: Werbeakzeptanz (Quelle: Media in Mind)

Einen Nachteil haben wir schon erwähnt: Die unterdurchschnittliche Affinität in jungen Zielgruppen. Weiterer Nachteil sind die Kosten: Eine nationale Abdeckung durch eine TZ-Kampagne führt zu hohen relativen und absoluten Kosten. Deshalb werden bei nationalen Kampagnen eher Medien wie Publikumszeitschriften, Fernsehen und Radio eingesetzt. Sobald aber eine regionale Aussteuerbarkeit notwendig ist, kommt die Tageszeitung wieder in den Mediamix. Man muss bedenken, dass viele große Marken auch eine lokale Basis haben, z.B. Händler vor Ort. Für solche Unternehmen sind Tageszeitungen wichtige Ergänzungsmedien. Für Einzelhändler (vor allem Kaufhäuser, Elektronik-Märkte, Lebensmitteldiscounter) ist die Tageszeitung oft das Basismedium.

Ein massives Problem ist der **hohe Aufwand bei der Planung**. Da es eine Vielzahl von Zeitungsverlagen gibt, erfordern Planung und Einkauf einer nationalen Kampagne viel Zeit und Personal. Hinzu kommt, dass jeder Verlag eigene Formate, Tarife, Konditionen etc. hat, wodurch alleine die Pflege der Tarifdaten schwierig ist. Teilbelegungen und lokale Aussteuerung müssen oft mühsam mit den Verlagen in speziellen Verhandlungen geklärt werden. Selbst die Belegkontrolle ist bei den vielen unterschiedlichen Platzierungsmöglichkeiten und -beschränkungen umständlich. Das alles führt dazu, dass einige Werbungtreibende sich vor einer TZ-Kampagne scheuen und einfach abzuwickelnde Medien bevorzugen.

7.5.6 Werbemöglichkeiten

Die Platzierungsmöglichkeiten und Anzeigengrößen sind vielfältig, weshalb hier nicht im Detail darauf eingegangen werden kann. Weiterführende Informationen liefern z.B. die Zeitungs-Marketing-Gesellschaft ZMG und man findet das Thema in Lehrbüchern, beispielsweise für Verlagskaufleute (vgl. auch Schnetter/ Wendt, Konzeption und Mediaplanung für Werbe- und Kommunikationsberufe, Berlin, 2003).

Hier sei nur so viel gesagt: Der Anzeigenpreis errechnet sich durch einen **Millimeterpreis**, der Spaltenzahl und Anzeigenhöhe berücksichtigt. Zusatzfarben und 4c-Anzeigen sind entsprechend teurer, wobei aus drucktechnischen Gegebenheiten Farben nicht immer verfügbar sind.

EINE WICHTIGE UNTERSCHEIDUNG BESTEHT DARIN, DASS MAN WERBUNG SOWOHL IM ANZEIGENTEIL, WIE AUCH IM REDAKTIONELLEN TEIL SCHALTEN KANN.

Letztere ist für die meisten Werbungtreibenden interessanter, während der Anzeigenteil eher von lokalen Kunden gebucht wird. Es gibt aber auch Kampagnen, wo eine Platzierung im Anzeigenteil sinnvoll ist, z.B., wenn ein Hersteller für Autoreifen im Umfeld anderer Pkw-Anzeigen werben will. Auf die Beachtung der Anzeige hat die Platzierung im Schnitt nur geringen Einfluss, wie eine Analyse der ZMG zeigt.

Eine Sonderform sind so genannte **Textteil-Anzeigen**. Dabei handelt es sich um kleine Anzeigen, die im redaktionellen Teil direkt in den Text platziert (aber mit einer klaren Kennung, dass es sich um eine Anzeige handelt) sind und die von mindestens drei Seiten von Text umgeben sind. Diese Anzeigen können auch gezielt in Ressorts und redaktionellen Teilen platziert werden und ermöglichen somit eine themenaffine Aussteuerung, da unterschiedliche Zeitungsteile von Zielgruppe zu Zielgruppe unterschiedlich stark genutzt werden.

Eine wichtige Werbeform sind Beilagen, also Prospekte, die als Ganzes der Zeitung beigelegt werden. Viele Handelsfirmen nutzen diese Möglichkeit, um ihre aktuellen Angebote detailliert an den Konsumenten zu bringen. Beilagen werden vorproduziert und benötigen deshalb wesentlich längere Vorlaufzeiten als Anzeigen. Die Beilagen werden in der Regel von dem Werbungtreibenden fertig produziert geliefert und dann in der Druckerei den Zeitungsexemplaren maschinell beigefügt.

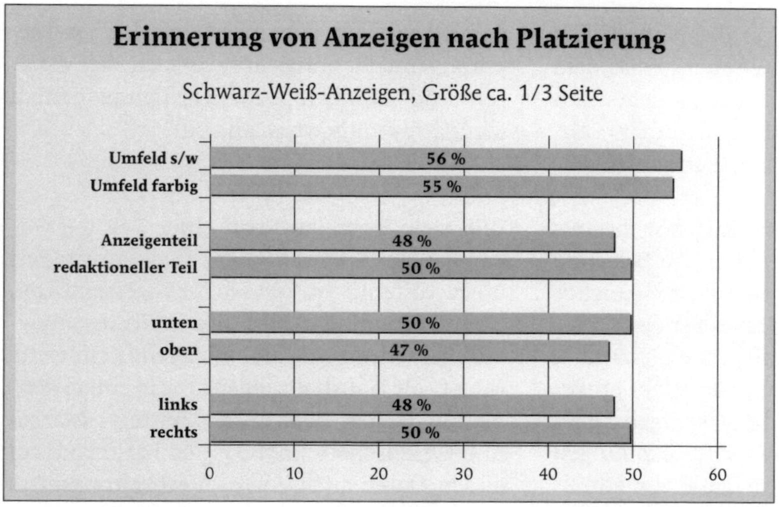

Abb. 7.44: Erinnerung von Anzeigen nach Platzierung (Quelle: ZMG Anzeigen-Copytext-Datenbank)

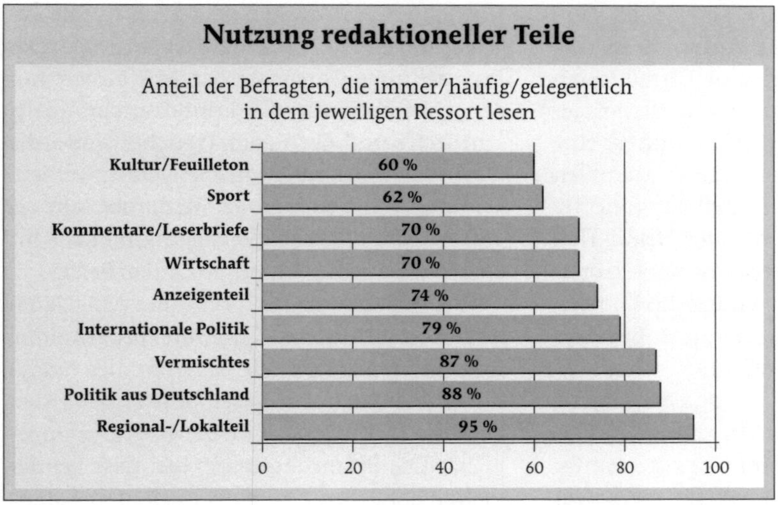

Abb. 7.45: Nutzung redaktioneller Teile (Quelle: ZMG Mehrthemenumfrage 2001)

7.5.7 Martkpartner

Im Gegensatz zum Fernsehen- und Publikumszeitschriften-Markt ist die Zahl der Zeitungsverlage sehr hoch. Wenn man eine nationale Kampagne schalten will, muss man also Buchungen an über 100 Verlage verschicken, ebenso muss man die Tarife für mehr als 1.000 Belegungseinheiten und Unterausgaben ständig aktualisieren. Hier wären Kombi-Angebote, wie sie die RMS für regionale Hörfunksender anbietet, wünschenswert.

Doch leider gibt es grundsätzlich keine Anzeigenkombi oder Vermarktungseinheit, die eine nationale Abdeckung anbietet.

Einziger Anbieter für eine überregionale Belegung sind die **Nielsen Ballungsraum-Zeitungen (NBRZ)**. Dabei handelt es sich um einen Zusammenschluss von Verlagen in den wichtigsten 13 Ballungsraumzentren Deutschlands (die vom Marktforschungsinstitut A.C.Nielsen definiert wurden, daher der Name). Die Argumentation der NBRZ-Vermarkter ist, dass in diesen Gebieten ein Großteil der deutschen Bevölkerung zu finden ist, weshalb eine Abdeckung dieser Gebiete einer nationalen Abdeckung nahe kommt.

Viele Planer nutzen dieses Angebot, da einige Punkte klar dafür sprechen: Die Belegung der NBRZ-Zeitungen ist eine kostengünstige Alternative zu einem flächendeckenden nationalen Plan, bei der zwar nicht die Gesamtbevölkerung erreicht wird, aber doch ein großer Teil der Deutschen mit relativ wenigen Titeln abgedeckt werden kann. Anstatt Buchungen und Aufträge an eine ganze Reihe von einzelnen Verlagen zu schicken, bieten die NBRZ-Vermarkter einen einfachen Service, bei dem Mediaplaner viel Zeit und Aufwand sparen. Dies ist sicherlich ein wichtiger Grund (auch wenn das von Mediaplanern nicht offen zugegeben wird), warum die Entscheidung für eine NBRZ-Belegung und gegen einen nationalen Plan leicht fällt. Schließlich gibt es monetäre Vorteile: Bei einer Belegung aller NBRZ-Titel wird ein Rabatt von 20% gewährt. Auf regionaler Ebene gibt es übrigens zahlreiche Kombis, die mitunter auch große Gebiete oder Bevölkerungsteile abdecken (z.B. ACN).

Wer eine tatsächliche nationale Belegung haben will, muss also mit allen relevanten Verlagen in Kontakt treten. Um dies zu vereinfachen, arbeiten die Zeitungsverlage mit so genannten **Verlagsbüros** zusammen, die einen oder mehrere Verlage vor Ort gegenüber Agenturen und Kunden vertreten. Diese Verlagsbüros bieten einen umfassenden Media- und Planungsservice an, der oft die Defizite der Verlage in der Betreuung der Agenturpartner ausgleicht.

Es gibt außerdem noch die **Zeitungs-Marketing-Gesellschaft (ZMG)**. Sie ist im Grunde ein Verein, bei dem viele Verlage Mitglied sind, und widmet sich dem Gattungs-Marketing und zentralen Forschungsprojekten. Anders als der RMS beim Radio, vermarktet die ZMG keine Angebote. Sie investiert aber in Forschung und Planungs-Software, die den Verlagen und Agenturen zur Verfügung gestellt wird (Infos unter www.zmg.de).

7.5.8 Datenquellen

Wie viele Exemplare von einer Zeitung verkauft werden, wird von der IVW kontrolliert und veröffentlicht. Speziell für Tageszeitungen gibt es die umfangreiche **„Verbreitungsanalyse Tageszeitungen“**, die zusätzliche Kennwerte wie z.B. die Haushaltsabdeckung in einem definierten Gebiet liefert. Die Zeitungs-Marketing-Gesellschaft (ZMG) gibt basierend auf diesen Daten auch einen **„Verbreitungsatlas Tageszeitungen“** heraus. Die in der MA veröffentlichten Reichweiten sind auch für die Tageszeitungen die „Standard-Währung“. Der Tageszeitungs-Datensatz der MA basiert auf den Umfragen für die Print-Tranche (Zeitschriften) und der Radio-Tranche, wobei die Daten für drei Jahre zusammengefasst werden. Dadurch steht eine große Stichprobe von ca. 150.000 Interviews zur Verfügung, die auch für kleinere Gebiete noch valide Zahlen liefert.

Zur Auswertung der IVW- und MA-Daten gibt es verschiedene **Computerprogramme**, die dem Mediaplaner die eigenständige Analyse ermöglichen. In dieser Software werden auch die Tarifdaten der Zeitungsverlage eingepflegt. Die Erfahrung zeigt aber, dass bei der Vielfalt der Belegungsmöglichkeiten und ständigen Preisänderungen eine agentureigene und manuell gepflegte Tarifdatenbank unerlässlich ist. Bei der Planungssoftware gibt es zwei Anbieter: Regio-MDS und GTI, die beide Ähnliches leisten.

Diese Planungsprogramme sind auch in der Lage, Karten zu erstellen, bei denen mediarelevante Daten gebietsweise dargestellt werden können. Agenturen verknüpfen solche Informationen dann auch noch mit kundenspezifischen Gebietsdaten.

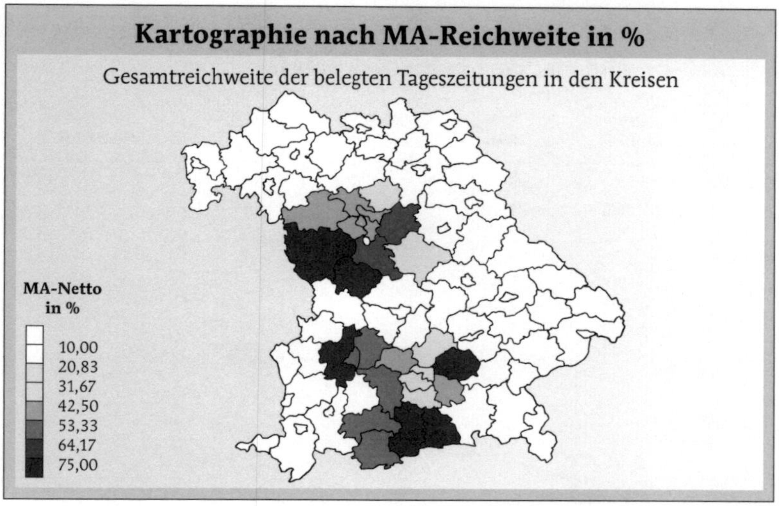

Abb. 7.46: Kartografie nach MA-Reichweite (Quelle: MA/GTI/ Universal McCann)

Weitere Daten liefern die Untersuchungen der ZMG. So gibt es u.a. die Broschüre „Zeitungsqualitäten“, die noch einmal die Vorzüge des Mediums Zeitung demonstriert, eine große vergleichende Studie über die Funktionen von unterschiedlichen Mediengattungen („Konturen“), und eine Tracking-Studie, welche Werbewirkungsindikatoren für spezielle Kampagnen erhebt („Zeitungs-Monitor“).

7.5.9. Besonderheiten bei der Planung

Innerhalb der Tageszeitungsplanung stellt die verkaufte Auflage den wichtigsten Leistungsmaßstab dar, da nur über diese Information präzise entschieden werden kann, ob noch ein weiterer Titel im Einzugsgebiet belegt werden soll oder welche Unterausgaben infrage kommen. Zur Bewertung der Tageszeitungen über die einzelnen Auflagenzahlen gibt es die IVW-Verbreitungsanalyse, die selbst Tageszeitungen bzw. Unterausgaben enthält, die in Gemeinden/Gebieten unter 3.000 Einwohnern verbreitet sind. Reichweitendaten, die es zwar für ca. 1.500 Belegungseinheiten gibt, sind dazu oft zu ungenau, da sich hinter den Leistungswerten mitunter eine minimale Anzahl von Befragungspersonen verbirgt. Selbst im großen MA-Tageszeitungsdatensatz, wo es insgesamt rund 150.000 Fälle gibt, beträgt der Hochrechnungsfaktor 1:533. Erst auf Kreisebene ist mit statistisch einigermaßen brauchbaren Ergebnissen (auf Basis von rund 100 Befragungspersonen) zu rechnen.

Die **Zielgruppendefinition** ist bei regionalen Kampagnen oft recht einfach: Man betrachtet die Gesamtbevölkerung (also die Haushalte) im definierten Gebiet. Anspruchsvoller ist dann schon die Definition des richtigen Gebietes. Hier gibt es zahlreiche Möglichkeiten. Interessant wird es, wenn z.B. das Einzugsgebiet einer Filiale nicht mit dem Verbreitungsgebiet der Tageszeitungen übereinstimmt. Dann muss die Agentur eine Gebietsoptimierung vornehmen: Durch die genauere Eingrenzung des Filialeinzugsgebietes werden entweder neue Kundenpotenziale erreicht (was in der Regel eine Hinzunahme von zusätzlichen Belegungseinheiten erfordert) oder die Streuung in nicht-relevante Gebiete kann minimiert werden (was in der Regel zu einer kleinteiligeren Belegung führt). Dabei liegt ein beachtliches Optimierungspotenzial vor allem in einer detaillierten Analyse des Standortes und des Einzugsgebietes einer Filiale. Hier werden alle vorhandenen Informationen genutzt: Kundenspezifische Daten über die Filiale, deren Umsatz und Besucher, genauso wie

Beispiel-Tabelle aus Verbreitungsanalyse

	Einwohner	Haushalte	Auflage	Auflage	Haushaltsabdeckung %
Augsburger Allgemeine Hauptausgabe			115.873		
Augsburg	181.976	109.693		49.187	44,8
Königsbrunn	20.209	10.308		4.567	44,3
Münchner Merkur Großraumausgabe			206.555		
Erding	23.169	11.632		4.132	35,5
Freising	29.867	16.741		5.473	56,1
Fürstenfeldbruck	25.088	13.748		4.031	29,3
München	812.429	514.324		27.707	5,4

Basis: IVW Verbreitungsanalyse

Lesebeispiel:

Die Augsburger Allgemeine hat insgesamt eine verbreitete Auflage in Höhe von 115.873 Exemplaren, wovon 49.187 Exemplare in der Stadt Augsburg verbreitet sind. Bezogen auf 109.693 Haushalte in Augsburg entspricht dies einer Haushaltsabdeckung von 44,8 %. Bei der Tageszeitungsplanung rechnet man mit der Haushaltsabdeckung und nicht mit den Einwohnern, da man davon ausgeht, dass alle (erwachsenen) Mitglieder des Haushalts die Zeitung nutzen. Evaluiert man nun mit der Media-Analyse statt mit der Verbreitungsanalyse, dann ergeben sich ebenso Reichweiten, Durchschnittskontakte und GRP, wie bei anderen Mediengattungen. Zur Selektion der einzelnen Titel pro Gebiet ist also eher die Verbreitungsanalyse geeignet, während man zur Planbewertung dann auch die MA hinzuziehen kann.

Beispiel Planevaluierung (Gebietsreichweiten)

	Plan 1	Plan 2	Plan 3	Plan 4
Augsburger Allgemeine Hauptausgabe	6	6	6	6
Münchner Merkur Großraumausgabe	6	0	6	3
Nürnberger Nachrichten 01 GA	6	6	6	6
Süddeutsche Zeitung GA	6	6	0	3
Brutto [€]	227.970	180.988	130.784	155.886
Reichweite [%]	63,9	56,2	41,5	61,4
Nutzer [Tsd]	986	868	641	948
Tausend-Leser-Preis [€/Tsd]	231,19	208,44	204,08	164,41
GRP [%]	327	278	209	244
Kontakte [Tsd]	5.047	4.298	3.229	3.764
Tausend-Kontakt-Preis [€/Tsd]	45,17	42,11	40,50	41,42
Kontakte pro Nutzer	5,1	4,9	5,0	4,0

Basis: MA/GTI

Informationen über Einkaufspendler aus der MA-Zeitungstranche und andere Erkenntnisse aus der Analyse von Mikro-Marketing-Datenbanken. So kann sich z.B. herausstellen, dass die Einzugsgebiete von bestimmten Filialen nicht mit dem Vertriebsgebiet der Tageszeitungen übereinstimmen. Hier gibt es nun verschiedene Möglichkeiten, wie man darauf reagieren kann. Als Erstes versucht man, die Belegungseinheit neu zu definieren, indem man mit dem betreffenden Zeitungshaus über eine im Tarif nicht vorgesehene Teilbelegung verhandelt. Bei der richtigen Verhandlungsstrategie von Agentur und Kunde sind hier durchaus Erfolge möglich. Notfalls muss man jedoch überlegen, ob nicht andere Medien die gewünschte Flexibilität liefern können, etwa Anzeigenblätter oder eine gezielte Auswahl von Plakatstellen bzw. von Verteilungsgebieten bei Haushaltsdirektverteilern.

Manchmal kann eine Optimierung auch in der Vergrößerung des Verbreitungsgebietes resultieren. Wenn sich die Einzugsgebiete verschiedener Filialen in dem Vertriebsgebiet einer Zeitung überschneiden, ist es mitunter kostengünstiger, die Gesamtauflage zu belegen, anstatt die Summe verschiedener Teilauflagen zu buchen und zu bezahlen.

7.5.10 Ausblick

Nach einem sehr erfolgreichen Werbejahr 2000 gerieten die Zeitungsverlage in eine regelrechte Krise. Sinkende Erlöse bei Vertrieb, Werbung und Privat- und Rubrikenanzeigen führten zu massiven Einsparungen beim Personal und redaktionellen Angeboten. Trotz hoher Werbeausgaben des Handels hatte sich dies bis Drucklegung des vorliegenden Buches nicht geändert.

S.W.O.T. Tageszeitung

Stärken:
- Basis- oder Ergänzungsmedium für alle Kommunikationsziele
- Durchschnittlicher Impact
- Schneller Awareness-Aufbau und starkes Promotion-Medium
- Hohe Reichweiten-Kumulation in breiten Zielgruppen
- Genießt höchste Glaubwürdigkeit als Werbeträger
- Medium, das regional ausgesteuert werden kann
- Kürzeste Vorlaufzeiten

Schwächen:
- Anzeigen im redaktionellen Teil nur im Mindestformat möglich (min. ca. 1/4 Seite)
- Unterdurchschnittliche Affinität in jüngeren Zielgruppen
- Regionale Tageszeitungen (und Kino) sind die teuersten Medien in Deutschland
- Nationale Belegung mit großen Formaten sind absolut sehr teuer
- Aufwändiges Handling bei nationalem Einsatz

Chancen:
- Produktlaunches (Bekanntheit + Aktualität)
- Aktuelle Promotions
- Nutzung von speziellen Formaten (z.B. Textteilanzeigen)

Gefahren:
- Neue Medien (Online-Angebote etc.) verdrängen Tageszeitung als aktuelles Medium
- Jüngere Personen greifen auch mit zunehmendem Alter nicht mehr zur Tageszeitung

Der **Rubrikenmarkt** wandert zunehmend ins Internet – Kauf oder Verkauf eines Gebrauchtwagens scheint online bequemer und einfacher zu sein. Hinzu kommt weiterhin ein sinkendes Interesse der jungen Menschen an dem Medium Zeitung.

In dieser Situation sollten die Verlage mehr in **Service** investieren, um den Werbekunden und den Mediaplanern die Arbeit weiter zu erleichtern. Nach wie vor ist Preis und aufwändige Handhabung von TZ-Kampagnen ein Nachteil der Gattung. Ein Trend ist der zunehmende Einsatz von **Mikro-Marketing-Daten**, der sich in den nächsten Jahren noch verstärken wird. Dies hilft nicht automatisch der Zeitung, da es mit Plakat, Anzeigenblättern und Haushaltsdirektverteilung von Prospekten durchaus Alternativen im regionalen Marketing gibt. Verschiedene Studien zeigen, dass es den Verbrauchern egal ist, wie sie ihr Prospekt bekommen – ob über die Zeitung, ein Anzeigenblatt oder direkt im Briefkasten. Die Intermedia-Konkurrenz wird für die Tageszeitungen zunehmend härter, weshalb sie flexibler im Service und günstiger im Preis werden muss.

7.6 Plakatwerbung

7.6.1 Entwicklung und Status

Das Medium Plakat gab es schon im frühen Altertum, um etwas bekannt zu machen. Bis vor einigen Jahren verband man die Litfaßsäule mit Plakatwerbung. Ernst Litfaß stellte 1855 in Berlin die ersten Litfaßsäulen auf. Heute sind diese in ihrer klassischen Form, nämlich als **Allgemeinstellen**, fast komplett verschwunden. Die klassische Allgemeinstelle („Litfaßsäule“) hatte mehrere, unterschiedliche Kleinplakate auf sich vereint. Aktuell findet man im öffentlichen Raum fast ausschließlich **Ganzsäulen** , die mit nur einer Werbefläche (eines Werbungtreibenden) beklebt sind.

Der zum Teil heute noch bestehende Aufbau der Plakatstellen begann nach dem zweiten Weltkrieg. Neben Litfaßsäulen wurden vor allem **Großflächen** aufgebaut. Damit gab es Anfang der 80er-Jahre rund 70.000 Allgemeinstellen, und zwar als Großflächen und Säulen mit jeweils mehreren Plakaten; 12.000 Ganzsäulen, also Säulen mit jeweils nur einem Motiv bzw. Plakat und 125.000 Großflächen. Mit Ausnahme der Allgemeinstellen wurden die beiden anderen Anschlagarten kontinuierlich ausgebaut. Mitte der 80er-Jahre wurde dann eine neue Anschlagart entwickelt und im öffentlichen Raum etabliert: Das **City Light Poster** (Format 176 cm x 120 cm, hinterleuchtet , meist an Wartehallen öffentlicher Verkehrsmittel oder auf der Rückseite von Stadtinformationsanlagen angebracht).

Ab Anfang 1990 wurden die neuen Bundesländer von den Plakatpächtern erschlossen. Dies führte noch einmal zur Zunahme des bundesdeutschen Bestandes an Großflächen, Ganzsäulen und City Light Postern.

Inzwischen werden vor allem neue Anschlagarten aufgebaut, während die klassische Großfläche gerade dort, wo sie eine eher schlechte Medialeistung aufweist, langsam, aber sicher abgebaut wird.

Als neue Anschlagsarten sind primär die **hinterleuchtete Großfläche** (sog. **City Light Board**), zum Teil mit Wechselmotiven, die beleuchtete Großfläche und eine Vielzahl von elektronischen Außenwerbungsanlagen zu nennen. So gibt es z.B. **Infoscreen** auf U- und S-Bahnhöfen oder **Videoboards** auf Häuserwänden. Beide werden elektronisch gesteuert und können Bewegtbilder, also z.B. auch Werbespots, allerdings ohne Ton, zeigen.

Selbst die gute alte Litfaßsäule gibt es inzwischen hinterleuchtet.

Eine weitere Anschlagart mit zunehmender Bedeutung ist das **Riesenposter**. Das sind von der Größe her variable Riesenplakate, die bis zu 1000 m^2 groß sein können und bisher primär vor Gerüsten und an Baustellenstandorten angebracht werden. Inzwischen werden auch schon Feststandorte an Hauswänden angeboten.

Übersicht : die Formen der Plakatwerbung

Großflächen sind Plakattafeln im 18/1-Bogen-Format (ca. 360 cm x 260 cm), die jeweils nur für ein Motiv bzw. einen Werbungtreibenden zur Verfügung stehen.

Großflächen sind meist flächendeckend über ein Stadtgebiet verbreitet, können einzeln gebucht werden und stellen von der Anzahl her das größte Plakatangebot dar (ca. 210.000 Stellen in Deutschland). Die Formate im Plakatbereich werden generell nach dem Vielfachen des 1/1-Bogens benannt. Der 1/1-Bogen meint dabei das Format DIN A1, also 84 cm x 59 cm.

Ganzsäulen sind Werbeflächen auf Litfaßsäulen, die ebenfalls nur von jeweils einem Werbungtreibenden mit einem Motiv belegt werden können. Sie befinden sich oft an hoch frequentierten Straßen und weisen unterschiedliche Höhen und Umfänge auf. Die Ganzsäulen sind bevorzugt in Großstädten zu finden und werden meist in Ergänzung zur Großfläche belegt.

City Light Poster sind hinterleuchtete Vitrinen, 4/1-Bogen-Format (176 cm x 120 cm).

Sie sind meistens in der Nähe von Wartehallen des öffentlichen Nahverkehrs frei stehend angebracht. Inzwischen gibt es immer mehr Stellen, die an Hauswänden angebracht sind, z.B. neben Zeitungskiosks. Die CLP's, oft auch Cityflächen benannt, können nur im Netz belegt werden, es ist also nicht möglich, einzelne Stellen zu belegen, wie bei den Großflächen. Meist gibt es pro Ort zwei bis drei Netze, die jeweils einzeln belegt werden müssen. Da dies, national betrachtet, zu sehr hohen Einschaltkosten führt, wurden inzwischen einzelne Markenartikelnetze entwickelt, die eine geringere Menge an CLP's aufweisen als in normalen Netzen

Allgemeinstellen sind Großflächen oder Säulen, auf denen mehrere Plakate verschiedener Werbungtreibender zu sehen sind. Das Mindestformat beträgt 1/1-Bogen, also DIN A1 oder 84 cm x 59 cm. Allgemeinstellen in Großstädten und auf Großflächen sind meist in U- und S-Bahn-Stationen zu sehen.

Superposter sind die größten, herkömmlichen Anschlagarten in Deutschland. Im 40/1-Bogen-Format (526 cm x 372 cm) befinden sie sich meist an Häuserwänden in einiger Höhe, sind oft beleuchtet und meist schon von weitem zu sehen. Auf Grund der eher geringen Verbreitung werden sie normalerweise nur in Ergänzung zu anderen Werbeträgern belegt.

City Light Boards sind hinterleuchtete Großflächen (18/1-Bogen) und befinden sich an hoch frequentierten Standorten. Oft gibt es sie mit Mehrfachwechslern, also mehreren Motiven (2-3), die rotieren, pro Stelle. Ihre herausragende Qualität beweisen sie bevorzugt dann, wenn es dunkel ist. Die bisher eher geringe Verbreitung lässt dieser Anschlagsart auch nur als Ergänzungsmedium Raum. Gleichzeitig stehen die extrem hohen Einschaltkosten einer nationalen Belegung im Weg. Analog den CLP's, gibt es auch hier nur die Möglichkeit der Netzbelegung.

Riesenposter, oft auch als Blow up's im Angebot, sind speziell bedruckte Großformate, die je nach Situation variieren können. Die bis zu 1000 m^2 großen Plakatflächen werden meist an Baustellen angebracht.
Ein sehr schönes Beispiel war in diesem Zusammenhang die Verhüllung der Gedächtniskirche in Berlin, während ihre Fassade renoviert wurde (Abb. 7.47).

Abb. 7.47: Verhüllung der Gedächniskirche (Quelle: Jost von Brandis/Universal McCann)

Abb. 7.48: Vergleich Anschlagarten

Vergleich der Anschlagsarten als Werbeträger

Großflächen:	Größtes Stellenangebot, einzeln selektierbar, BASISMEDIUM
Ganzsäulen:	Überwiegend in Innenstädten von Großstädten, einzeln selektierbar, eher ERGÄNZUNG von Großflächen
City-Light-Poster:	Kontinuierlich zunehmendes Stellenangebot, bisher nur in größeren Städten (100 TEW), nur NETZBELEGUNG; normalerweise zwei bis drei Netze pro Ort, als BASIS-MEDIUM geeignet, HINTERLEUCHTET
Allgemeinstellen:	Stellen werden eher abgebaut, maximal 6/1 Bogen-Format im Umfeld anderer Kleinplakate (oft 1/1 Bogen)
Superposter:	analog Ganzsäulen, ERGÄNZUNG
City Light Boards:	City Light Poster im 18/1-Format. Als Ergänzung zu Großflächen einsetzbar

Fotos auf Seite 347: Vorlagen für Befragung Plakat-Media-Analyse (PMA)

Allgemeine Plakatanschlagstellen

Viele verschiedene Plakate in unterschiedlichen Größen:

... auf Säulen

Ganz-Säulen

Eine ganze Säule zeigt Plakate für nur ein Produkt oder eine Firma

Große Plakattafeln

Auf jeder Tafel nur ein Plakat:

... entweder einzeln stehend

... oder mehrere nebeneinander

Plakate hinter Glas und meistens beleuchtet

... an Wartehäuschen

... oder in Schaukästen

AKTUELLES THEMA IN DER BRANCHE IST SEIT EINIGEN JAHREN AMBIENT MEDIA.

Diese Sonderformen der Außenwerbung sind oft aufmerksamkeitsstärker als herkömmliche Anschlagarten und bieten die Chance, spezielle Zielgruppen am Point of Relevance zu erreichen.

Dabei besteht das Angebot aus einer Vielzahl unterschiedlicher Werbeträger und Werbemittel, hier seien einige interessante Beispiele genannt:

- Floorgraphics im Einzelhandel,
- Gratispostkarten in der (Szene-)Kneipe,
- bedruckte Mouse-Pads und Pizza-Kartons.

Dies ist ein Angebot, das zumindest als Begleitung klassischer Kampagnen immer mehr an Bedeutung gewinnt.

In diesem Zusammenhang muss noch erwähnt werden, dass es schon seit langem **Plakatflächen am Point of Sale** gibt. Das sind zum Beispiel Großflächen auf Parkplätzen der Verbrauchermärkte oder Mobildisplays und Prismatons im Eingangsbereich von Verbrauchermärkten (beide meist im City Light Poster-Format).

7.6.2 Definition und Differenzierung

PLAKATWERBUNG IST EIN TEIL DER AUSSENWERBUNG, DIE NEBEN PLAKATEN NOCH LEUCHTWERBUNG, VERKEHRSMITTELWERBUNG, ELEKTRONISCHE WERBUNG IM ÖFFENTLICHEN RAUM UND AKTUELL AMBIENT MEDIA UMFASST.

Außenwerbung kann entsprechend nicht als Werbung außerhalb geschlossener Gebäude definiert werden, sondern als **Werbung im öffentlichen Raum.**

Das Medium **Plakat** bezeichnet dem entsprechend einen feststehenden (d.h. stationären) Werbeträger, der im öffentlichen Raum mit wechselnden Motiven (Plakaten) bestückt werden kann. Auf diesen Teilbereich der Außenwerbung wollen wir nachfolgend fokussieren.

ZUR PLAKATWERBUNG GEHÖREN ANALOG GROSSFLÄCHEN, GANZSÄULEN, CITY LIGHT POSTER, ALLGEMEINSTELLEN, SUPERPOSTER, CITY LIGHT BOARDS UND RIESENPOSTER.

7.6.3 Bedeutung und Media-Leistung

Plakat gehört eher zu den „kleineren" Mediengattungen, wie Hörfunk und Kino, und erwirtschaftete in 2002 Brutto-Werbeaufwendungen von 464 Mio. Euro laut Nielsen S+P. Dies entspricht einem Marktanteil von 3% unter allen klassischen Mediengattungen, exklusive Kino (Abb. 7.49).

Betrachtet man die Werbeaufwendungen nach Branchen, so sind wieder einmal die Massenmedien auf Platz 1, die von Nielsen S+P unter der Produktkategorie Ausbildung und Medien geführt werden. Mit deutlichem Abstand folgen die Bekleidungsindustrie bzw. der Handel, Werbung für Bier und alkoholfreie Getränke (Abb. 7.50).

Wichtig zu wissen ist, dass bei dieser Betrachtung die gesamte Tabakindustrie fehlt, deren Zahlen von den Plakatanbietern nicht an Nielsen S+P gemeldet werden.

Das Plakatangebot weist mit wenigen Ausnahmen kontinuierliche Zuwächse auf. Lediglich qualitativ minderwertige Großflächen werden zum Teil abgebaut, während Allgemeinstellen oft in Großflächen umgerüstet werden.

Vor allem hinterleuchtete und beleuchtete Stellen legten deutlich zu. Dabei entfalten be- und hinterleuchtete Plakatstellen ihre optimale Wirkung nur in der dunklen Jahreszeit, während umgekehrt Großflächen im Sommer, auch unbeleuchtet, viel länger zu sehen sind als im Winter (Abb. 7.51).

Aktuell gibt es rund 210.000 Großflächen, 90.000 CLP's und schon fast 10.000 City Light Boards.

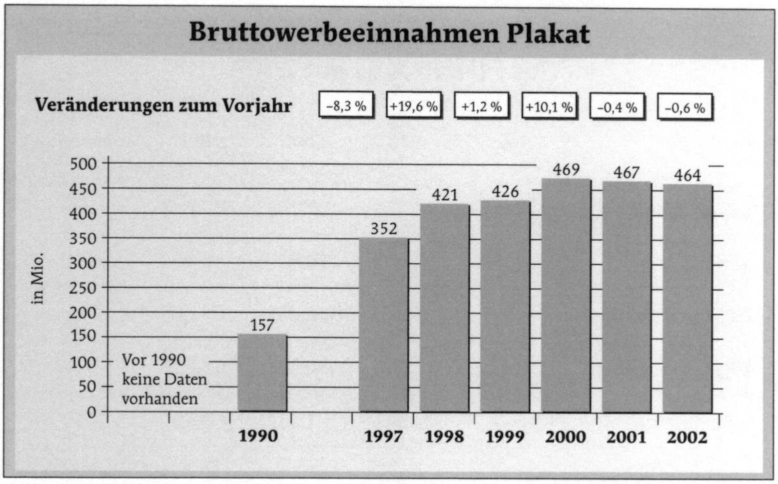

Abb. 7.49: Bruttowerbeeinnahmen Plakat (Quelle: A.C. Nielsen S+P)

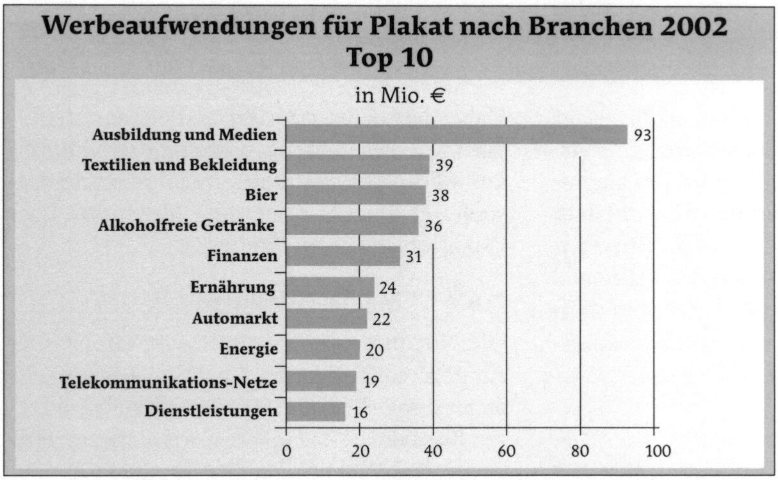

Abb. 7.50: Werbeaufwendungen für Plakat nach Branchen (Quelle: A.C. Nielsen S+P)

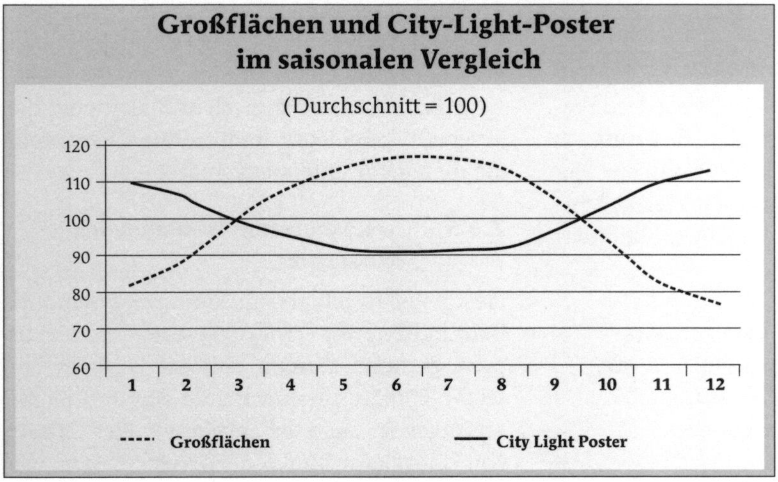

Abb. 7.51: Großflächen und City Light Poster im saisonalen Vergleich (Quelle: GfK)

Abb. 7.52: Das Plakat-Angebot 2003

Das Plakat-Angebot 2003

Anschlagart	Format (Bogen)	1990	2002	2003	Veränderung 2002/2003
Großflächen	18/1	181.724	215.463	209.693	-3,0
Ganzsäulen	3 x 6/1	13.505	16.915	16.928	+0,1
City Light Poster	4/1	41.376	86.051	89.604	+4,1
Allgemeinstellen	1/1	62.340	50.121	48.936	-2,4
Superposter	40/1	1.262	1.272	1.265	-0,5
City Light Boards	18/1	-	7.349	9.724	+32,3

Generell gibt es ein Stadt-Land-Gefälle bei der Plakatwerbung. So ist in Großstädten eine viel höhere Stellendichte vorhanden als in kleineren Städten. Dies korrespondiert aber mit dem Pendelverhalten der Bevölkerung. Personen aus kleineren Orten machen zum Beispiel mehr Plakatkontakte in größeren Städten als in ihrem Wohnort. Umgekehrt werden Großstädter in kleineren Orten via Plakat nur marginal erreicht.

JE NACH TEILBELEGUNG UND ANSCHLAGSART WERDEN ÜBER PLAKAT UNTERSCHIEDLICHE REICHWEITEN ERZIELT.

Dabei bietet Plakat die Möglichkeit der lokalen, regionalen und nationalen Belegung. In Abhängigkeit von der Anforderung an das Medium und den kommunikativen Zielen, können beliebige Verbreitungsgebiete definiert und belegt werden.

DIE KOSTEN-LEISTUNGS-VERHÄLTNISSE VON PLAKAT SIND AUF BASIS DES G-WERTS MIT DENEN DER MEDIENGATTUNGEN TV UND PUBLIKUMSZEITSCHRIFTEN VERGLEICHBAR.

Dabei darf daran erinnert werden, dass der G-Wert die gegenwärtig härteste Werbemittelkontakt-Währung im Intermedia-Gefüge darstellt (Näheres dazu im Abschnitt über Plakatforschung im Kapitel 3).

7.6.4 Media-Nutzung

Die Nutzung von Plakatwerbung erfolgt eher zufällig, beiläufig und flüchtig. Andererseits bietet gerade Plakat die Chance zu vielen weiteren Kontakten, da Plakate normalerweise entweder eine Woche oder eine Dekade (10 oder 11 Tage) lang hängen. Und wenn man jeden Tag daran vorbeikommt, gibt es auch jedes Mal die Chance zu einem (Kampagnen-)Kontakt. Allgemein betrachtet, erreicht Plakat eher die jüngeren, gebildeten und mobilen Personen, die eben mehr unterwegs sind.

7.6.5 Stärken und Schwächen des Mediums

Plakat eignet sich primär für kurze, prägnante Botschaften, die großzügig und bestenfalls bunt gestaltet werden sollten. Deshalb bezeichnet man entsprechende Kommunikationsangebote auch als „plakativ". Der Einsatz von Plakat kann analog als Teaser erfolgen, wie er für die Schaffung von Bekanntheit, der Aktualisierung einer Marke oder gar Imagewerbung geeignet ist. Herausragende Beispiele sind oft saisonale Angebote, wenn z.B. im Sommer für Eiscreme geworben oder kurz vor dem Urlaub noch daran erinnert wird, dass man einen Film zur Kamera braucht. In Abhängigkeit von der Anzahl belegter Stellen kann die Reichweite bis zum Optimum variiert werden.

Jüngere und gebildete Personen werden von Plakat allgemein besser erreicht, wie dies auch generell für mobile Personen gilt. Der eher günstige Tausend-Kontakt-Preis in der Gesamtbevölkerung, auch auf Basis G-Wert, kann in speziellen Zielgruppen dann noch optimiert werden.

Der Nachteil der eher beiläufigen Wahrnehmung des Mediums kann evtl. durch die hohen Kontaktchancen wettgemacht werden, die man mit einer einzelnen Plakatstelle hat. Befolgt man die gestaltungsspezifische Anforderung der „Plakativität", dann kann sich auch der Nachteil der Konzentration auf eine kurze, prägnante Werbebotschaft ins Gegenteil verkehren. Leider gibt es keine vergleichbaren intermedialen Wirkungsstudien, in denen auch Plakat enthalten ist.

Es ist aber davon auszugehen, dass Plakat im Vergleich zu den audiovisuellen Medien und evtl. auch zu den Printmedien Publikumszeitschrift und Tageszeitung einen eher geringeren Impact aufweist. Dies liegt vermutlich aber nicht am Werbeträger selbst, sondern an vielen plakatierten Motiven, denen das Prädikat „plakativ" leider völlig fehlt.

Ein großes Problem stellen die langen Vorlaufzeiten bei Plakat dar und die Festbuchung bei City Light Postern. City Light Boards werden dagegen wie Großflächen behandelt, das heißt, im Normalfall gibt es keine Festbuchung und die Laufzeit beträgt eine Dekade.

Vielfältige neue Chancen bieten die neuen Angebote im Plakatbereich. Auch wenn hier die absolut hohen Einschaltkosten noch hinderlich sind.

7.6.6 Werbemöglichkeiten

Die Werbemöglichkeiten in Plakat sind durch den Werbeträger selbst, die Plakatstelle, vorgegeben.

Alle dargestellten Anschlagsarten können jeweils mit einem bedruckten Motiv im entsprechenden Format belegt werden.

Werbezeitraum ist normalerweise die Dekade oder die Woche. Die Dekade umfasst entweder 10 oder 11 Tage und gilt bis heute für Großflächen, Ganzsäulen, Allgemeinstellen und Superposter als Mindestbelegungszeitraum.

City Light Poster sind seit kurzem dazu übergegangen, die Woche als Mindestbelegung anzubieten, was aber für die City Light Boards nicht gilt. Diese werden wie Großflächen für eine Dekade gebucht.

7.6.7 Marktpartner

Marktpartner der Werbungtreibenden und Agenturen im Plakatbereich sind zunächst die **Spezialmittler**. Diese beauftragen dann die Plakatpächter.

Der Status der Spezialmittler erklärt sich einfach dadurch, dass Plakat von vielen Agenturen in dem einen Jahr evtl. gar nicht belegt wird, während man im anderen Jahr einige Kunden hat, die das Medium belegen wollen. Für die meisten Agenturen lohnt es sich also gar nicht, einen Plakatspezialisten zu beschäftigen, der sich um alles, was mit Plakat zu tun hat, kümmert. Allein die Pflege der Plakatdateien, in denen jede einzelne Stelle mit einer Vielzahl von Merkmalen verzeichnet ist, erfordert viel Arbeit. Deshalb haben sich generell im Bereich Außenwerbung die Spezialmittler etabliert, die jeweils für mehrere Agenturen und Kunden zugleich arbeiten.

Die Agentur brieft dementsprechend im Kundenauftrag dem Spezialmittler, der alle relevanten Informationen à jour hält und eine Plakatplanung durchführen kann. Letztlich wird derselbe Mittler dann auch die Plakatpächter beauftragen.

Als **Plakatpächter** werden die Plakatanbieter bezeichnet, weil sie (meist) im öffentlichen Raum Standorte akquiriert und gepachtet haben, auf denen die Plakatstellen aufgestellt werden. Es gibt ca. 75 – 80 Plakatpächter in Deutschland. Während einige große Pächter zusammen über 60% der Plakatstellen besitzen, gibt es viele kleine Pächter, die nur in regionalen Räumen Bedeutung haben. Bei einer national flächendeckenden Kampagne müssen diese kleinen Anbieter aber mit berücksichtigt werden.

7.6.8 Datenquellen

Daten zum Plakatmarkt werden von allen Spezialmittlern bereitgehalten und kontinuierlich aktualisiert. Dies ist sehr wichtig, da jeden Tag irgendwo eine Plakatstelle aufgebaut wird und an einem anderen Ort eine abgebaut wird.

Das Standardwerk für die Plakatplanung ist die **Plakat-Media-Analyse (PMA)**, die vom Fachverband Außenwerbung beauftragt und herausgegeben wird. Sie enthält alle relevanten Leistungsmerkmale, die für die Plakatplanung benötigt werden. Es liegt auch eine Auswertungs- und Planungssoftware dazu vor.

EIN WEITERES WICHTIGES LEISTUNGSMERKMAL WIRD DURCH DIE GFK-PLAKATFORSCHUNG ERHOBEN, DER G-WERT.

Der G-Wert gibt für jede einzelne gemessene Plakatstelle in Deutschland an, wie viele Personen sich theoretisch nach der Passage an ein plakatiertes Motiv erinnern können müssten. Dieser erinnerungswirksame Werbemittelkontakt dient den Plakatpächtern primär zur Differenzierung der Einschaltpreise.

7.6.9 Besonderheiten bei der Mediaplanung

Im Unterschied zu anderen klassischen Mediengattungen, wie Publikumszeitschriften oder Hörfunk, bei denen innerhalb des Planungsprozesses zunächst Rangreihen erstellt werden, anhand derer Titel und Sendezeiten selektiert werden und Planzählungen die Leistungswerte evaluieren, stellt die Plakatplanung eine deutlich größere Herausforderung für die Planung dar. Denn hier gilt es zunächst eine optimale Leistungsanforderung für das Medium Plakat zu definieren. Diese muss dann in Teilbelegungsquoten oder Anzahl Flächen für Großstädte und nach Ortsgrößenklassen für die einzelnen Bundesländer umgesetzt werden. Gleichzeitig geht es z.B. bei einer nationalen Planung darum, flächendeckend gleichmäßig vertreten zu sein. Es nützt z.B. nichts, wenn in einer größeren Stadt zwar die besten der vorhandenen Großflächen belegt werden, diese aber nur einen Teil der Stadtbevölkerung erreichen. Letztlich sollten auf Basis G-Wert oder ähnlichen stellenbezogenen Leistungsmaßen doch die leistungsstärksten Stellen in den notwendigen Gebieten selektiert werden. Diesen gesamten Planungsprozess übernehmen bei vielen Agenturen die Spezialmittler.

Bei größeren Agenturen, die zudem öfters mit Plakatplanung zu tun haben, kommt es zur Arbeitsteilung zwischen Agentur und Spezialmittler. Die Agentur definiert die notwendige Medialeistung und damit die Anzahl Stellen oder die Belegungsquote, die dafür notwendig ist. Quotenplanung meint dabei die Festlegung, wie viel Einwohner pro Stelle theoretisch erreicht werden sollen. Diese „klassische" Vorgehensweise führte jahrzehntelang zu Normquoten wie 1:3000 für die Großfläche. Das bedeutet, dass z.B. in einer Stadt pro 3.000 Einwohner eine Stelle zu belegen sei. Also bei 600.000 Einwohnern in einer Großstadt z.B. 200 Großflächen. Dem entsprechend kann man in das Zählprogramm der Plakat-Media-Analyse (PMA) entweder die Quote (1:3000) oder die Anzahl Stellen (hier: 200) eingeben.

Heute geht es eher darum, notwendige Leistungsanforderungen, in Form von GRP's, Netto-Reichweiten und Durchschnittskontakten zu definieren, die dann entsprechend umgesetzt werden.

Bis hier werden die Aufgaben von den größeren Agenturen übernommen. Die eigentliche Detailplanung, also die Selektion spezieller Flächen, die Berücksichtigung der Flächendeckung oder der optimale Einkauf von Stellen unter dem Aspekt Kosten-Leistungs-Verhältnisse übernimmt dann der Spezialmittler. Während die größeren Agenturen also vorwiegend mit der PMA arbeiten, hält der Spezialmittler ein ausgefeiltes Tool zur Detailplanung bereit. Jede einzelne Stelle ist darin ausführlich beschrieben. Mittels des City-Mappings können alle selektierten Plakatstellen in jedem ausgewählten Ort kartographisch dargestellt werden. Damit gelingt z.B. auch eine optimale Flächendeckung oder die Optimierung um ein Zielgebiet.

7.6.10 Ausblick

Im Plakatbereich ist von zunehmender Qualitätsverbesserung auszugehen. Neue Stellen weisen generell technisch und umfeldspezifisch höhere Standards auf als vorhandene. Qualitativ hochwertige vorhandene Stellen werden umgerüstet auf Be- oder Hinterleuchtung. Elektronische Angebotsformen (City Light Boards mit Wechselmotiven und Video Boards) werden zunehmend installiert. Hier kann die Steuerung zentral und in der Zukunft evtl. zielgruppenspezifisch stattfinden (z.B nachmittags eher Motive für Schüler und Jugendliche, morgens und zum Feierabend eher für Berufstätige). Plakat macht damit einen Schritt nach vorn in Richtung Zielgruppenorientierung.

S.W.O.T. Plakat

Stärken:

- Geeignet für Kommunikationsziele wie Erinnerungswerbung, Bekanntheit und Image
- Höhere Nutzung bei jungen und mobilen Personen
- Durchschnittliche bis hohe kumulierte Reichweite, abhängig von belegter Stellenanzahl
- Durchschnittliches Kosten-Leistungs-Verhältnis (Gesamt)
- Günstiger Tausend-Kontakt-Preis bei jüngeren Zielgruppen
- Regionales Medium, regionale Verstärkung im Mediamix

Schwächen:

- Konzentration auf kurze Werbebotschaft (z.B. Headline, Logo, Slogan)
- Unterdurchschnittlicher Impact
- Sehr beiläufige Wahrnehmung
- Lange Vorlaufzeiten

Chancen:

- Neue Plakat- und Außenwerbeformen mit vielen interessanten Möglichkeiten
- Plakativität
- Plakat als Event (z.B. Gedächtniskirche)
- Elektronische Angebotsformen mit zielgruppenspezifischen Einsatzmöglichkeiten

Gefahren:

- Sehr hohe Einschaltkosten bei zunehmender Etablierung von City Light Boards und elektronischen Sonderformen

7.7 Fachzeitschriften

In den bisherigen Abschnitten dieses Kapitels haben wir uns mit Mediengattungen beschäftigt, die sich alle in erster Linie an Endverbraucher richten und deshalb in vielen Fällen auch alternativ eingesetzt werden können.

Fachzeitschriften fallen etwas aus dem Rahmen: Für bestimmte Kommunikationsaufgaben kommt man gar nicht an Fachzeitschriften vorbei. Es gibt auch keine Gattung, die in solchen Fällen Fachzeitschriften ersetzen könnte (eine Ausnahme sind eventuell spezielle Online-Angebote, aber dazu mehr im nächsten Abschnitt).

FACHZEITSCHRIFTEN SIND EIN MEDIUM FÜR DIE GESCHÄFTSKOMMUNIKATION, ALSO DEN BUSINESS-TO-BUSINESS -BEREICH (KURZ B2B).

Wenn man mit einer Kampagne **Entscheider in Unternehmen** erreichen will, um sie in ihrer beruflichen Funktion anzusprechen, eignen sich die klassischen Mediengattungen kaum. Vielleicht mit Ausnahme von Wirtschaftsmagazinen und überregionalen Abo-Zeitungen wäre der Streuverlust bei einer Belegung von klassischen Medien zu groß und damit der Einsatz zu teuer. Wenn man die Zielgruppe weiter eingegrenzt, z.B. nur die Entscheider in einer bestimmten Branche, kann auch die Wirtschaftspresse zu breit und zu teuer sein. In so einem Fall kommt man automatisch auf Fachzeitschriften.

Die Aufgaben und Abläufe der Business-to-Business-Mediaplanung sind in vielen Bereichen anders als bei der Business-to-Consumer-Kommunikaiton, mit der wir uns in den bisherigen Kapiteln dieses Buches beschäftigt haben. Wir können jedoch nicht im Detail auf sie eingehen, weshalb in diesem Abschnitt nur einige kurze Bemerkungen zu den Besonderheiten erwähnt werden.

7.7.1 Entwicklung und Status

Die Zahl der Fachzeitschriften hat in den vergangenen Jahren und Jahrzehnten kontinuierlich zugenommen. Die IVW weist seit einigen Jahren die Auflagen für etwa tausend Titel aus.

Allerdings sind nicht alle Fachzeitschriften auch Mitglied der IVW. Obwohl die Auflagenprüfung der IVW eine Art Gütesiegel ist und eine wichtige Funktion bei der Planung hat, sparen sich zahlreiche Verlage den Aufwand und verzichten auf eine Ausweisung der Auflagen durch die IVW. Schätzungsweise gibt es alles in allem 4.000 Fachzeitschriften in Deutschland. Hinzu kommen zahlreiche internationale Publikationen, die auch in deutschen Betrieben gelesen werden.

Beschränken wir uns nun einmal auf die IVW-Titel. Ihre Aufteilung nach Branchen kann man aus dem Schaubild entnehmen.

Berücksichtigt man nun auch noch die Auflage, zeigen sich zwei Segmente mit einer überdurchschnittlichen Bedeutung: Wirtschaft (Management, Marketing, Controlling, Personal, Finanzen etc.) und Medizin. Manager und Ärzte sind sicherlich die am meisten umworbenen Personen in Unternehmen. Doch jede Branche hat ihre Fachzeitschriften und als Mediaplaner kann man jederzeit mit allen Branchen konfrontiert werden. Einen Überblick über 4.000 Titel zu bekommen, ist sicherlich schwieriger, als wenige TV-Sender zu beobachten, was sich natürlich auf die Planungsabläufe auswirkt.

7.7.2 Definition und Abgrenzung

Wie schon im Kapitel über die Publikumszeitschrift berichtet, haben Fach- und Publikumszeitschriften ähnliche Produktionsstandards und unterscheiden sich deshalb nur inhaltlich voneinander:

PUBLIKUMSZEITSCHRIFTEN RICHTEN SICH AN PRIVATPERSONEN UND DEREN INTERESSEN, FACHZEITSCHRIFTEN LIEFERN HINGEGEN INFORMATIONEN FÜR DEN BERUF.

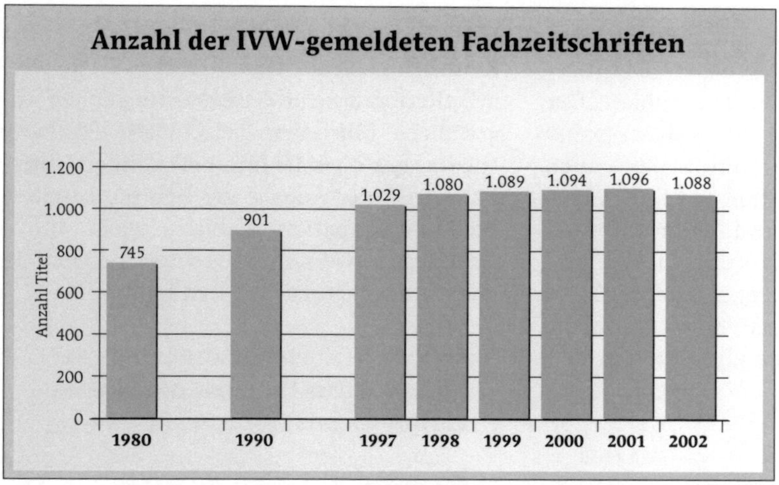

Abb. 7.53: Anzahl IVW-gemeldeter Fachzeitschriften (Quelle: IVW)

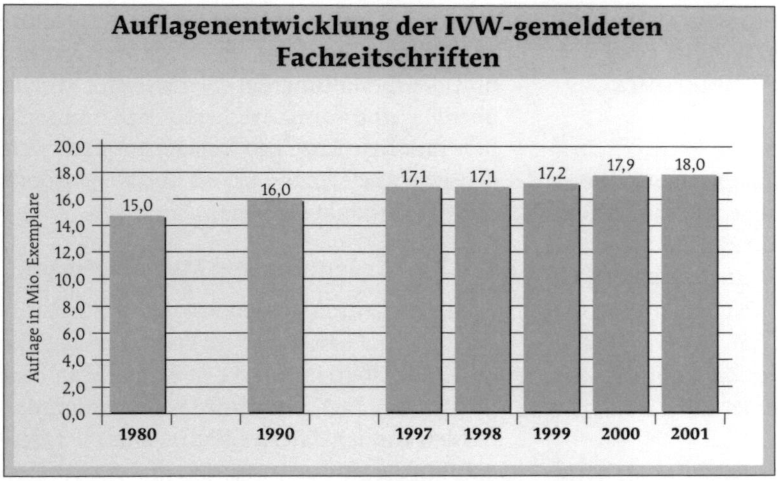

Abb. 7.54: Auflagenentwicklung der IVW-gemeldeten Fachzeitschriften (Quelle: IVW)

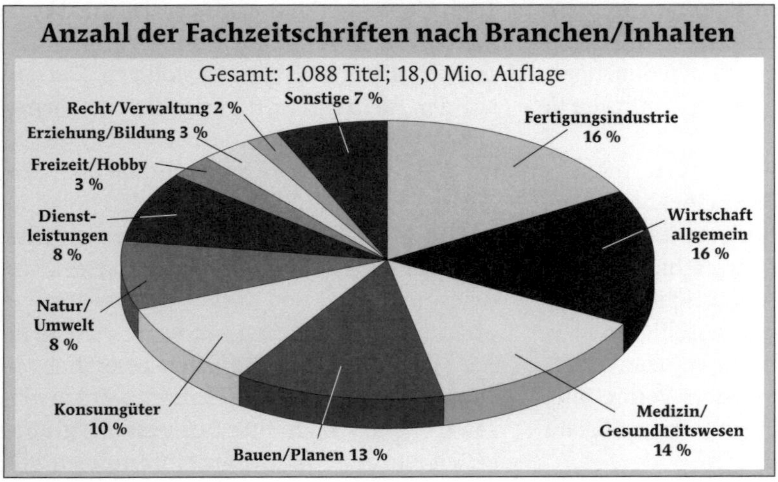

Abb. 7.55: Anzahl der Fachzeitschriften nach Branchen (Quelle: IVW)

Die gleichen Personen werden in ihren unterschiedlichen Rollen angesprochen: Der Ingenieur, der tagsüber im Büro das Fachblatt „Der Konstrukteur" liest, greift in der Mittagspause dann vielleicht doch lieber zum „Kicker". Auch Special-Interest-Zeitschriften (wie z.B. Computer- und Wirtschaftstitel) liefern Informationen, die sich beruflich nutzen lassen und manchmal aus beruflichem Interesse gelesen werden. Doch überwiegen eher allgemeine Themen, die sich an Laien und Experten gleichermaßen richten.

Fachzeitschriften sprechen immer nur Experten an. In der Regel werden sie nicht von einer Privatperson abonniert, sondern von einer Firma oder einer Abteilung eines Unternehmens.

Es gibt verschiedene Arten von Fachzeitschriften. Man kann sie nach inhaltlichen Kriterien oder nach der angesprochenen Zielgruppe einteilen. Es gibt Fachzeitschriften, die sich an die Mitarbeiter einer ganzen **Branche** richten (z.B. das Baugewerbe), egal, in welcher Position diese sich befinden. Sie haben ein eher breites Spektrum an Themen, die sich mit den verschiedensten Aspekten der jeweiligen Branche beschäftigen.

Dann gibt es auch Titel, die sich nur an Personen in einer **bestimmten Funktion** richten, z.B. Architekten. Manche dieser funktionsorientierten Titel sind auch branchenübergreifend, d.h., sie richten sich z.B. an Controller in allen Unternehmen.

Fachtitel werden meist abonniert, manchmal bekommen die Mitglieder eines Berufsverbandes oder einer Standesorganisation eine bestimmte Fachzeitschrift zugeschickt, die sie mit der Mitgliedschaft automatisch mit abonniert haben. Andere Verlage verschicken viele Freistücke an relevante Personen oder Unternehmen, um so auf eine größere Verbreitung zu kommen, die sie benötigen, um genügend Anzeigenkunden zu akquirieren.

Eine Besonderheit sind die so genannten **Kennzifferzeitschriften**. In diesen Titeln werden alle Beiträge und Anzeigen mit Kennziffern versehen. Mit einer beigefügten Postkarte (heute auch über das Internet) können Unternehmen unter Angabe der Kennzahl weitere Produktinformationen relativ leicht anfordern. Das verweist uns auf einen Sachverhalt, den wir noch einmal betonen sollten:

Bei Fachzeitschriften gehören Informationen über Produkte oder Dienstleistungen integral zum Angebot.

Sie werden, anders als bei vielen Publikumsmedien, von dem Lesern weniger als eine Störung angesehen. Das wirkt sich auch auf den Stil und die Gestaltung der Werbemittel aus: Es überwiegen informative, textlastige und sachlich-rationale Anzeigen. Image-Anzeigen werden zwar auch eingesetzt, oft überwiegt jedoch die reine Produktwerbung.

7.7.3 Bedeutung und Media-Leistung

Fachzeitschriften werden von der Werbestatistik von A.C. Nielsen S+P im Prinzip erfasst. Bei ca. 4.000 Titeln im Markt ist es aber klar, dass nicht alle Fachzeitschriften aufgenommen werden können. Nielsen konzentriert sich deshalb auf die auflagenstärksten und wichtigsten Titel. Genauere Analysen über das Werbeverhalten von Unternehmen und Branchen lassen sich damit nicht bewerkstelligen. Der Anteil der Fachzeitschriften an den erhobenen Gesamtwerbeaufwendungen liegt heute bei etwa 2 %, womit es sich um die kleinste von Nielsen erhobene Gattung handelt.

Die Medialeistung von Fachzeitschriften lässt sich schwer ermitteln. Quantitative Kriterien sind Auflage und Kosten, Reichweiten liegen nur für wenige Titel vor, wenn diese in einer der wenigen Branchen-Leseranalysen erfasst wurden. Fachzeitschriften werden eingesetzt, wenn man eine Business-Zielgruppe gezielt und ohne Streuverlust informieren will.

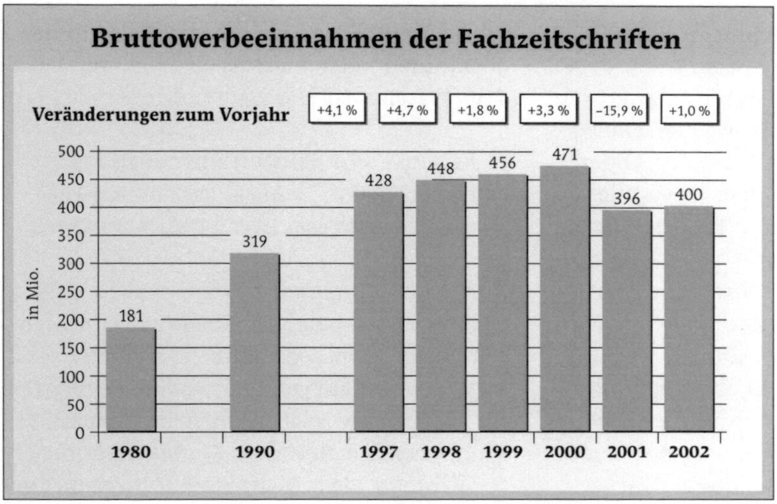

Abb. 5.56 Bruttowerbe-einnahmen der Fachzeitschriften (Quelle: A.C. Nielsen S+P)

DAMIT STEHEN FACHZEITSCHRIFTEN WENIGER IN KONKURRENZ ZU KLASSISCHEN MEDIENGATTUNGEN ALS ZU ANDEREN FORMEN DER GESCHÄFTSKOMMUNIKATION.

Eine Studie im Auftrag der Deutschen Fachpresse (der Interessenorganisation der Fachzeitschriften-Verleger) erforschte das Informationsverhalten von Entscheidern. Es zeigt sich, dass von den klassischen Medien lediglich die Wirtschaftspresse noch als relevante Infoquelle für berufliche Themen angesehen wird. Die anderen Ressourcen sind Direktwerbung und der persönliche Kontakt mit Außendienstmitarbeitern und auf Messen. Lediglich das Internet wird noch genannt, wobei hier nicht nur werbeführende Websites gemeint sind, sondern auch Seiten von Universitäten, Unternehmen oder Organisationen. Die Fachzeitschrift ist jedoch die Infoquelle, welche die größte Bedeutung und weiteste Verbreitung hat.

Das hat sich auch in den vergangenen Jahren nicht geändert, obwohl mit dem Internet eine neue Informationsmöglichkeit in die deutschen Büros Einzug gehalten hat.

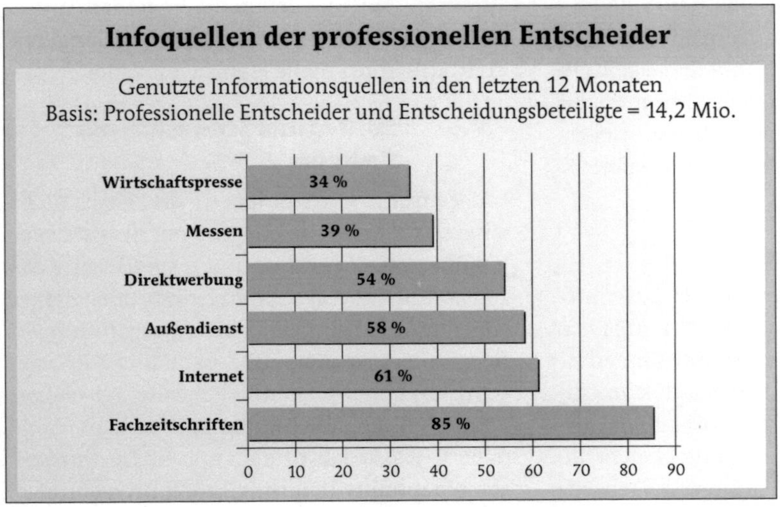

Abb. 7.57: Infoquellen der professionellen Entscheider (Quelle: Leistungsanalyse Fachmedien 2001)

Die Leistungsanalyse Fachmedien im Jahr 1995 hat noch keine Fragen zum Internet gestellt, erst die Nachfolgeuntersuchung von 2001 berücksichtige Online-Medien. Die Veränderungen 1995 auf 2001 bei den anderen Infoquellen lassen erkennen, dass alle an Reichweite verloren haben, mit Ausnahme der Fachzeitschriften. Man kann also davon ausgehen, dass Internet und Fachzeitschriften unterschiedliche Funktionen erfüllen und sich nicht gegenseitig ersetzen können. Schnelle und aktuelle Informationen, die gezielt nachgefragt werden, findet man mitunter leichter im Internet. Einen Überblick oder vertiefende Hintergrundberichte sind durch Fachzeitschriften besser zu bekommen. Deshalb beeinträchtigte die vermehrte Nutzung des Internets nicht die Reichweiten der Fachzeitschriften, aber sehr wohl die Nutzung anderer Quellen.

Untersucht man die Nutzung von Internet und Fachzeitschriften auf unterschiedlichen Entscheidungsebenen, sind Letztere in ihrer Reichweite auf allen Ebenen immer noch höher als das Internet. Allerdings nimmt der Abstand ab, je höher die Position des Entscheiders ist. (Vgl. Abb. 7.58 und 7.59)

Fachzeitschriften können auch für Mediaplaner relevant sein, die Endverbraucher-Kampagnen planen. Bei vielen Konsumgütern ist es auch wichtig, den Handel über laufende Produkte und Kampagnen zu informieren. Deshalb werden die wichtigen Branchen-Fachzeitschriften oft in die Planung aufgenommen. Bei Nahrungsmitteln ist z.B. die „Lebensmittelzeitung" wichtig, die zu den größten Fachzeitschriften überhaupt zählt.

7.7.4 Media-Nutzung

Details über die Nutzung von Fachzeitschriften gibt es leider wenig. Anhand von Angaben, die in der Leistungsanalyse Fachmedien erhoben wurden, kann man auf die durchschnittliche Nutzungsdauer schließen. An einem normalen Arbeitstag wendet ein Entscheider im Schnitt 13 Min. mit der Lektüre von Fachzeitschriften auf. Das ist geringer als das Internet, aber immer noch mehr als die Nutzungsdauer der Wirtschaftspresse während der Arbeit.

Es gibt einige Besonderheiten bei der Nutzung von Fachmedien, die auch bei der Planung beachtet werden müssen.

Zum einen kann man davon ausgehen, dass in vielen Betrieben **mehrere Personen** eine Fachzeitschrift lesen. Das aktuelle Exemplar wird oft in den **Umlauf** gegeben, wodurch einige Leser erst relativ spät nach dem Erscheinungstag mit dem Heft in Kontakt kommen.

Während viele Menschen Zeitungen und Zeitschriften gleich nach der Lektüre dem Altpapier übergeben, werden Fachzeitschriften eher aufgehoben oder sogar **systematisch archiviert**.

Das gehäufte und gedehnte Lesen, das wir im Zusammenhang mit der Reichweitenkumulation kennengelernt haben, kommt hier in starkem Masse zum Tragen:

Einige Leser sammeln mehrere Exemplare, die dann zusammen gelesen werden, wenn genügend Zeit vorhanden ist oder über ein bestimmtes Thema recherchiert werden muss. Andere Exemplare werden über einen längeren Zeitraum öfters in die Hand genommen.

7.7.5 Stärken und Schwächen des Mediums

Fachzeitschriften werden in der Regel nicht eingesetzt, um breite Zielgruppen zu erreichen. Je spitzer die Zielgruppe und je spezifischer das zu bewerbende Angebot sind, desto eher eignen sie sich. Auf Grund der Überlegungen zum Leseverhalten ist klar, dass man mit Fachzeitschriften keine großen Reichweiten erreichen kann und der Reichweitenaufbau sehr lange dauert. Dafür kann man mit einem **interessierten und involvierten Publikum** rechnen.

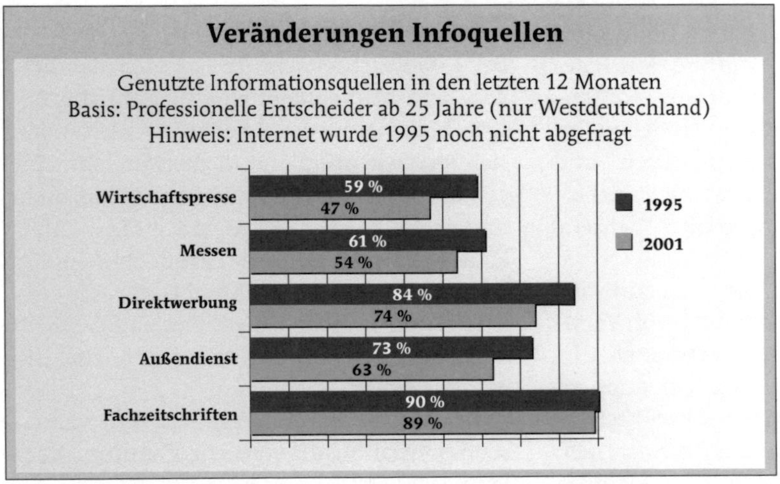

Abb. 7.58: Veränderungen bei den Infoquellen (Quelle: Leistungsanalyse Fachmedien 1995/2001)

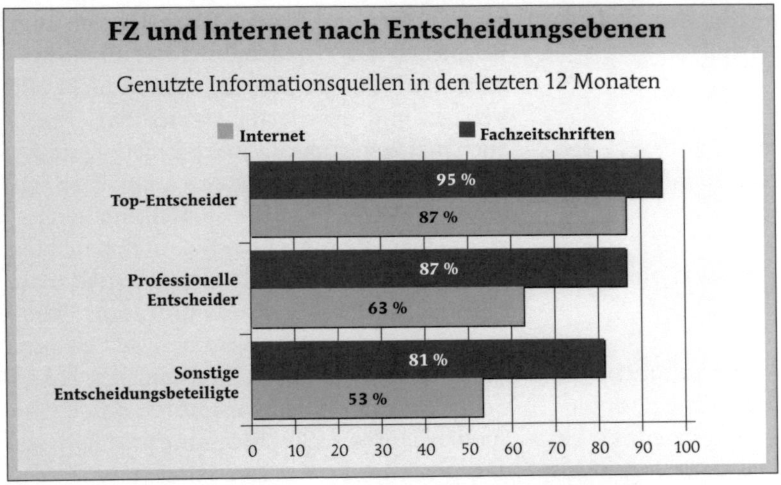

Abb. 7.59: Fachzeitschriften und Internet nach Entscheidungsebenen (Quelle: Leistungsanalyse Fachmedien 1995/2001)

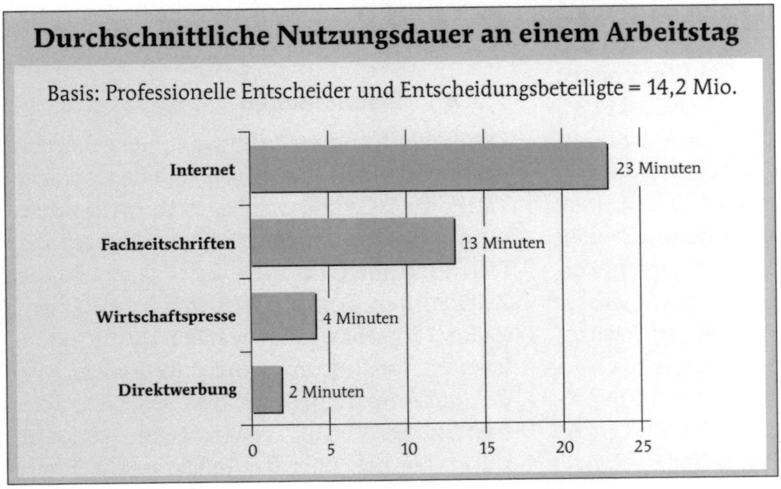

Abb. 7.60: Durchschnittliche Nutzungsdauer an einem Arbeitstag (Quelle: Leistungsanalyse Fachmedien 2001/eigene Berechnungen)

Bei dem reichhaltigen Angebot an Titeln kann man eine gute, zielgruppenaffine Aussteuerung nach Themen und (falls Daten vorhanden sind) nach Leserstrukturen erreichen. Im Vergleich zu Wirtschaftszeitschriften und überregionalen Abo-Zeitungen sind Entscheider auch relativ kostengünstig über Fachzeitschriften ansprechbar.

Ein wichtiger Nachteil liegt in der aufwändigen Planung. Die Professionalität von Verlagen und deren Vermarktern schwankt sehr stark, ebenso die verfügbaren Informationen. Recherche und Abwicklung einer Fachtitelplanung nimmt dann oft viel Zeit in Anspruch, zumindest beim ersten Mal. In nicht wenigen Fällen sinkt der Aufwand mit der Zeit, da dann die relevanten Titel bekannt sind.

7.7.6 Werbeformen

Die Vielzahl an Werbeformen, wie sie in den Publikumsmedien vorzufinden sind, kennt man in den Fachverlagen kaum.

In Fachzeitschriften dominiert die normale Anzeige.

Beihefter, Beileger und Beikleber kommen zum Einsatz, doch kann nicht jeder Titel sie anbieten. Kreative Media-Ideen sind vereinzelt zu finden (etwa ein Röntgenbild als Beilage in einer Ärzte-Zeitschrift). Sponsoring oder redaktionelle Kooperationen kommen mitunter vor. Die erwähnten Kennzifferzeitschriften bieten eine besondere Art von Werbung, indem sie alle Anzeigen, aber auch redaktionelle Beiträge, mit den entsprechenden Kennziffern versehen. Wenn ein Leser unter dieser Ziffer weitere Informationen bestellt, wird dies direkt vom Verlag an das anbietende Unternehmen weitergeleitet. Interessant können auch **Cross-Media-Angebote** sein, etwa die gleichzeitige Belegung des Printtitels und des eigenen Online-Angebotes (bzw. der Integration in einen E-Mail-Newsletter), doch auch hier sind nicht alle Verlage bereit, solche Pakete anzubieten.

7.7.7 Marktpartner

Bei 4.000 Fachzeitschriften ist offensichtlich, dass dem Mediaplaner eine Vielzahl von Ansprechpartnern gegenübersteht. Auch wenn sich hier, wie überall im Mediengeschäft, eine gewisse Konzentration entwickelt und mehr und mehr kleine Verlage von großen aufgekauft werden, so bleibt die Lage doch weiterhin extrem unübersichtlich. Kombis gibt es für viele Titel und Branchen, die aber niemals alle für den jeweiligen Kunden relevanten Titel abdecken werden.

Die Deutsche Fachpresse ist eine Interessenorganisation, die versucht, Gattungs-Marketing zu betreiben und Serviceleistungen für Mediaplaner anzubieten. Das zeigt sich zum Beispiel in der Bereitstellung der **Planungssoftware FIPS**. Da aber bei weitem nicht alle Verlage mit ihr zusammenarbeiten, findet auch hier keine umfassende Bündelung statt.

Angesichts dieser komplexen Situation haben sich auf Agenturseite Spezialisten herausgebildet. Es gibt zum einen Fachtitelplaner, die sich auf nationale und/oder internationale Business-to-Business-Kommunikation konzentrieren. In großen Agenturen gibt es dazu ganze Fachabteilungen. Zum anderen haben sich gerade viele kleine Agenturen durch eine Spezialisierung auf Fachplanung profiliert, sodass dies eine der wenigen Nischen ist, in der auch kleine Mediaagenturen noch Erfolg haben können.

7.7.8 Datenquellen

Die Beschaffung von Informationen gehört bei der Fachtitelplanung zu den zeitaufwändigen Tätigkeiten. Gesammelt liegen sie im Fachzeitschriften-Band des Media-Daten-Verlags vor. Der erscheint (wie auch die anderen Bände: Zeitschriften, Zeitungen/Anzeigenblätter und Radio/Fernsehen) alle zwei Monate mit aktualisierten Tarifinformationen. Außerdem werden die Ansprechpartner und Adressen/Telefonnummern auf Medienseite genannt, Informationen über das redaktionelle Profil,

Auflagenzahlen und – wenn vorhanden – weitere Strukturdaten aufgeführt.

Reichweiten-Daten liegen für die meisten Fachzeitschriften nicht vor. Für einige werbeintensive Branchen gibt es jedoch vereinzelte Media-Studien, die für eine speziell definierte Grundgesamtheit Reichweiten und Strukturen der wichtigsten Titel erheben. So befragt die LA MED, eine der größten dieser Leseranalysen, Ärzte nach ihrer Zeitschriftennutzung. Zusätzlich werden andere für die Branche interessante Merkmale erhoben. Solche Analysen gibt es aber nur für wenige Branchen und sie werden nur alle paar Jahre durchgeführt. Sie sind sehr speziell auf die Bedürfnisse der Branche ausgerichtet, weshalb eine Erörterung von Untersuchungsanlage und -methode hier zu weit führen würde. Nur ein Beispiel: Die AGRI MA befragt Landwirte und ermöglicht eine Planung nach Hektar – welche Titel erreichen eine bestimmte Anzahl von Landwirten, die wiederum für eine bestimmte landwirtschaftlich genutzte Fläche stehen. Neben LA MED und AGRI MA gibt es u.a. noch die folgenden Analysen:

- LA BAU (Baugewerbe)
- LA-Pharm (Apotheker)
- LA Dent (Zahnärzte)
- LA SHK (Sanitär, Heizung, Klimatechnik)
- Agla a + b (Architekten und Bauingenieure)

Die wichtigsten Informationen müssen die Verlage selbst liefern. Da Mediaplaner an Strukturdaten über die Leserschaft interessiert sind und es oftmals keine titelübergreifenden Reichweiten-Analysen gibt, befragen die Verlage selbst ihre Leser bzw. die Empfänger ihrer Zeitschrift. Damit ein Mindestmaß an Vergleichbarkeit realisiert werden kann, gibt es für solche Leser- bzw. Empfänger-Strukturanalysen gewisse methodische Vorgaben, die im so genannten ZAW-Rahmenschema zusammengefasst sind. Das Rahmenschema liefert aber nur Mindeststandards, die möglichst nicht unterschritten werden dürfen.

Dennoch unterscheiden sich die verschiedenen Studien der Verlage mitunter stark, sodass keine wirkliche Transparenz erreicht wird. Mediaplaner und Mediaforscher sollten alle Studien von Verlagen genau prüfen, ob sie methodisch einwandfrei erhoben wurden, zulässige Schlussfolgerungen getroffen wurden und planungsrelevante Informationen liefern.

Die Ergebnisse aus Reichweitenstudien, eigenen Strukturanalysen und den Tarifinformationen werden von den Verlagen auf den so genannten **Tarifkarten** zusammengestellt, die auf Anfrage an Werbekunden und Agenturen verschickt werden. Jede Agentur sammelt diese Karten und sorgt für immer aktuellen Stand.

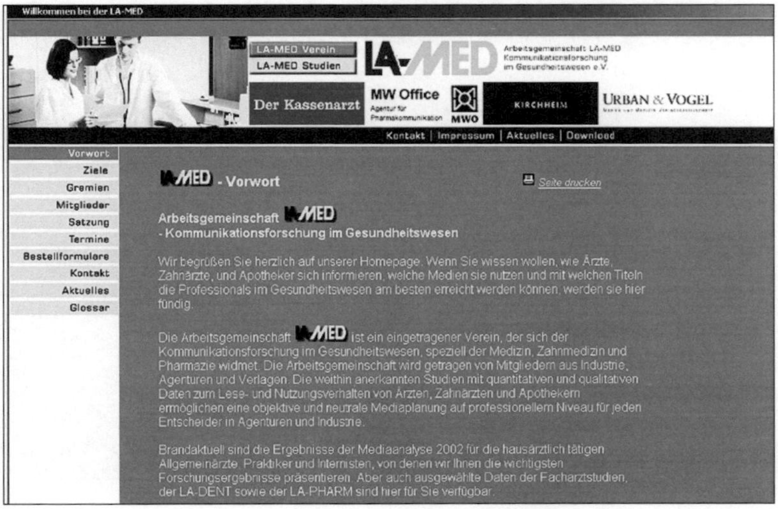

Abb. 7.61: LA MED-Website (Quelle: www.la-med.de)

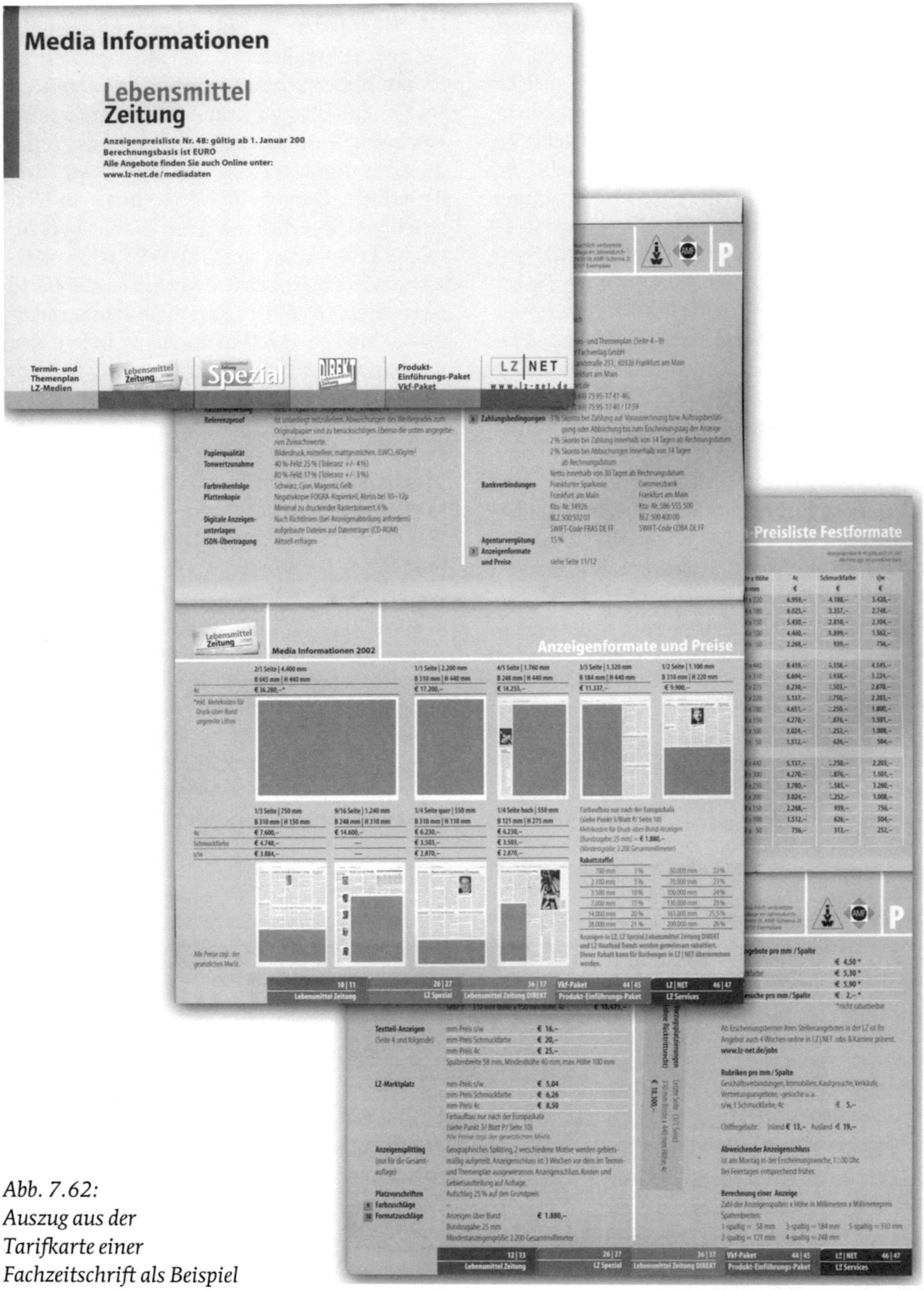

Abb. 7.62: Auszug aus der Tarifkarte einer Fachzeitschrift als Beispiel

DIE TARIF-INFORMATIONEN WERDEN NACH DEM SO GENANNTEN AMF-STANDARD AUFGEBAUT.

AMF steht für die Kommission Anzeigen-Marketing Fachzeitschriften, die einst diesen Standard definiert hat. Jede Karte folgt dem AMF-Schema, sodass der Nutzer alle Informationen an den gleichen Stellen findet. Dazu gehören:

- Anzeigenpreisliste, Termine, Formatangaben, Zahlungsbedingungen etc.
- Termin- und Themenplan für das laufende Jahr
- Angaben zu Redaktion und Verlag: Anschrift, Ansprechpartner, Erscheinungsweise, Bezugspreis etc.
- Umfangsanalyse (Anteil redaktioneller Teil versus Anzeigenteil),
- Inhaltsanalyse des redaktionellen Teils (Themenschwerpunkte, Umfang bestimmter Themen und Rubriken)
- Auflagen, geografische Verbreitung
- Empfänger-Analyse (z.B. Anteil wechselnder bzw. ständiger Empfänger)
- Reichweiten (wenn vorhanden)

Eine Sammlung von eher oberflächlichen Tarifinformationen liefert auch die Deutsche Fachpresse auf ihrer Website. Außerdem gibt es für registrierte Nutzer ein eigenes Planungsprogramm, in dem zurzeit für rund 2.000 deutsche Fachzeitschriften detaillierte Daten hinterlegt sind. FIPS, so der Name des Programms, kann ebenfalls über die Website angesteuert werden. (www.media-info.net)

Für internationale Fachzeitschriften gibt es ein ähnliches, kommerzielles Angebot von www.planitmedia.com, in dem auch die Daten für Zeitschriften und Zeitungen gesammelt sind. Die Nutzung ist kostenpflichtig.

Ergänzende Informationsquellen gibt es noch vereinzelt. Die Leistungsanalyse Fachmedien wurde bereits zitiert. Auch die Leseranalyse-Entscheidungsträger kann bei der Fachplanung helfen, da sie Informationen über Branchen, berufliche Positionen, Entscheidungswege und Informationsverhalten von Entscheidern liefert. Eine andere interessante Studie, die jedoch keine Mediadaten im engeren Sinne enthält, ist eine Befragung von Entscheidern in mittelständischen Unternehmen mit dem Titel MIND (herausgegeben von der Zeitschrift „Impulse").

7.7.9 Besonderheiten bei der Planung

Der Arbeitsablauf bei der Fachtitelplanung verläuft selbstverständlich im Prinzip ähnlich, wie der im Kapitel 4 vorgestellte Planungsprozess, doch gibt es einige Besonderheiten.

EIN WICHTIGER ZUSÄTZLICHER SCHRITT BEI EINER FZ-MEDIAPLANUNG IST DIE TITELRECHERCHE.

Ein Planer muss erst einmal herausfinden, welche Fachtitel überhaupt in dem relevanten Segment existieren. Hier helfen die oben aufgeführten Datenquellen, aber viel wichtiger ist der enge Kontakt zum Kunden. Da es sich oft um sehr spezifische Fachinformationen handelt, von denen ein Mediaplaner meist wenige Kenntisse besitzt, benötigt er das Know-how der Fachleute auf Kundenseite. Sie müssen sagen, welche Zeitschriften von ihren Kollegen gelesen werden, wie sich die Branche strukturiert, welche Produkte von welchen Personen eingekauft werden.

Nicht selten sollen auch internationale Märkte abgedeckt werden, wodurch internationale Titel oder Fachzeitschriften anderer Länder relevant sind. Hier ist der Rechercheaufwand natürlich noch größer. Bei internatonalen Titeln muss man auch beachten, wie groß der Anteil der Leser in den unterschiedlichen Ländern ist. Von Land zu Land sind dabei die Standards der Verlage und Vermarkter unterschiedlich, sodass nicht immer alle relevanten Informationen vorliegen oder leicht zugänglich sind. Allerdings gibt es auch analoge Standards wie das AMF-Schema in anderen Ländern.

Im einfachsten Fall weiß der Kunde sehr genau, welche Titel belegt werden müssen. Dann hat oft der Mediaplaner wenig Spielraum, da die Experten auf Kundenseite sehr genaue Vorstellungen haben. Im aufwändigsten Fall muss man nach einer aufwändigen Recherche aus einer Vielzahl von Titeln die relevantesten selektieren. Dies geschieht anhand von Auflage, Kosten und – wenn vorhanden – zusätzlichen Informationen über Empfänger und Leser. Mitunter muss auch die redaktionelle Qualität eingeschätzt werden, da auch sie ein Kriterium sein kann.

Sonderfall: Business-to-Consumer

Ein Sonderfall, der bisher eher selten anzutreffen ist, liegt vor, wenn Fachzeitschriften auch zur Business-to-Consumer-Kommunikation eingesetzt werden. Da man mit Fachzeitschriften Entscheider durchaus kostengünstig erreichen kann, kann man auch Endverbraucher-Kampagnen für hochwertige Produkte in Fachtiteln schalten. Hier muss man aber berücksichtigen, dass der Nutzungszusammenhang von Fachmedien und Publikumszeitschriften sehr unterschiedlich ist. Leser erwarten keine „normale" Werbung bei der Lektüre einer Fachzeitschrift, es ist deshalb ungewiss, wie so etwas wahrgenommen wird. Auf der anderen Seite würde die geringe Reichweite der einzelnen Titel zu einer großen Titelpalette führen, die wiederum in der Abwicklung extrem aufwändig ist. Hier können mitunter Kombis über verschiedene Branchen hinweg hilfreich sein. Im Augenblick kann man diesen Aspekt der Fachzeitschriftenplanung jedoch noch vernachlässigen.

7.7.10 Ausblick

Fachzeitschriften werden immer gebraucht und es gibt kaum Alternativen für Business- to-Business-Kampagnen. Allerdings hat das Internet an Reichweite und Bedeutung in den vergangenen Jahren gewonnen. Wie wir oben gezeigt haben, scheinen Online-Medien und Fachzeitschriften aber unterschiedliche Funktionen zu erfüllen, weshalb sie sich nicht gegenseitig ersetzen können. Vielmehr ist es ratsam, beide Medien gezielt einzusetzen.

Es ist zu hoffen, dass sich die Fachtitelplanung noch weiter professionalisieren wird. Besonders zusätzliche Leser-Analysen für werbeaktive Branchen wären wünschenswert. Auch Kombis und die Teilnahme aller Verlage an den gemeinsamen Service-Leistungen (z.B. dem Planungsprogramm FIPS) werden hoffentlich in Zukunft häufiger anzutreffen sein. Nichtsdestotrotz wird Fachtitelplanung immer viel Handarbeit, Erfahrung und Flexibilität erfordern, was nach wie vor eine Chance bietet für Planer und Agenturen, die bereit sind, sich darauf einzulassen.

7.8 Online-Medien

Neue Medien verdrängen alte Medien nicht, wie manche Kulturpessimisten befürchten. Das Fernsehen hat dem Radio nicht den Todesstoß gegeben, doch seine Nutzung grundlegend verändert: Von dem „magischen Kasten", vor dem man in stiller Demut andächtig lauschend saß, zu einem omnipräsenten Nebenbeimedium.

Auch das Internet wird wohl kein Medium verdrängen, aber die gesamte Mediennutzung der Menschen tangieren. Schon jetzt gibt es Zielgruppen, bei denen die Internet-Nutzung eine höhere Bedeutung als beispielsweise die Zeitschriftenlektüre hat.

Die Herausforderung der Online-Mediaplanung liegt gerade in dem integrierten Einsatz verschiedener Medien. Das Internet ergänzt klassische Spots oder Anzeigen durch ein interaktives Element, die eingeblendete Webadresse ermöglicht ein direktes Feed-back. Online-Medien sind deshalb ein Ergänzungsmedium für eine klassische Kampagne oder verfolgen eigene Kommunikationsziele, wie z.B. Besucher auf die Website des Kunden zu führen, Adressen zu sammeln oder Waren direkt über das Internet zu verkaufen (E-Commerce). Online-Mediaplanung folgt dabei ihren eigenen Regeln. In diesem Abschnitt wollen wir in groben Zügen beschreiben, wie Online-Mediaplaner heute vorgehen. Die nach wie vor rasante technische Entwicklung führt allerdings dazu, dass alle Aussagen über Online-Werbung immer nur vorläufig sind und jederzeit ihre Gültigkeit verlieren können. Deshalb werden hier eher grundsätzliche Vorgehensweisen erörtert, während die einsetzbaren Werbeformen nicht im Detail vorgestellt werden, da hier mit weiteren Veränderungen nach Redaktionsschluss dieses Buches zu rechnen ist.

An diesem Abschnitt arbeitete unser Kollege ***Martin Rieß*** *mit, Client Service Director Universal Interactive und ein ausgewiesener Experte für alle Bereiche der Online-Werbung.*

7.8.1 Entwicklung und Status

Das Internet ist das jüngste Medium, mit dem wir uns hier beschäftigen. Es hat sich seit Mitte der 90er-Jahre schnell verbreitet und gilt schon jetzt als etabliert. Die Zahl der Online-Nutzer ist kontinuierlich gestiegen (auch wenn unterschiedliche Studien zu unterschiedlichen Zahlen kommen, was aber durch die jeweilige Studien-Methodik zu erklären ist).

Man kann davon ausgehen, dass rund die Hälfte der deutschen Erwachsenen regelmäßig das Internet nutzt. Auch die durchschnittliche Nutzungsdauer ist in den vergangenen Jahren weiter gewachsen (Abb. 7.64, nächste Seite).

Größere Wachstumsraten sind in nächster Zeit allerdings nicht mehr zu erwarten. Eine Verbreitung wie Fernsehen oder Radio wird das Internet nicht bekommen, da das Interesse in den älteren Bevölkerungssegmenten zwar weiter steigt, aber sich trotzdem immer auf einem eher geringen Niveau bewegen wird.

7.8.2 Definition und Abgrenzung

Gemeinsame Plattform für die allgemeine Nutzung des Internets ist das so genannte World Wide Web, eine unstrukturierte Ansammlung von Websites und Online-Dienstleistungen. Wenn von „dem Internet" gesprochen wird, ist damit das World Wide Web gemeint. Wichtigstes Kommunikationsmittel im Internet ist die E-Mail, eine Art elektronischer Brief. Außerdem kann theoretisch jeder Nutzer, der die technischen Voraussetzungen hat, eine Website ins Netz stellen, die weltweit für alle Web-User frei zugänglich ist und frei gestaltet werden kann.

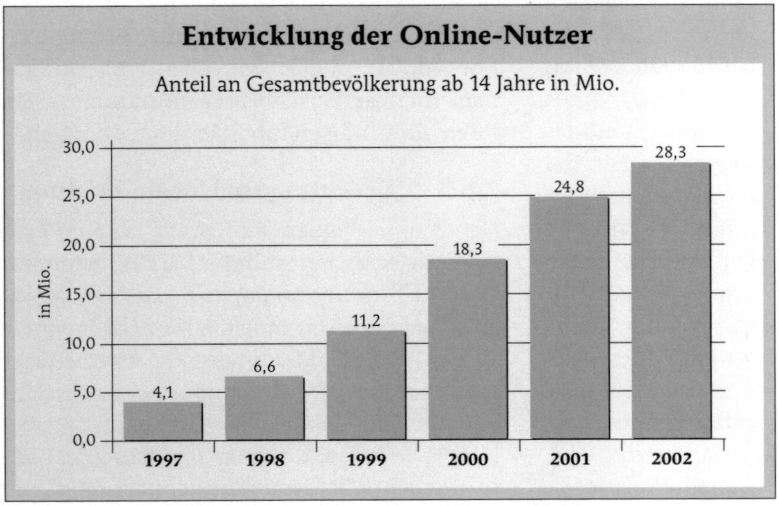

Abb. 7.63: Entwicklung der Online-Nutzer (Quelle: ARD/ZDF-Online-Studie 1997/2002)

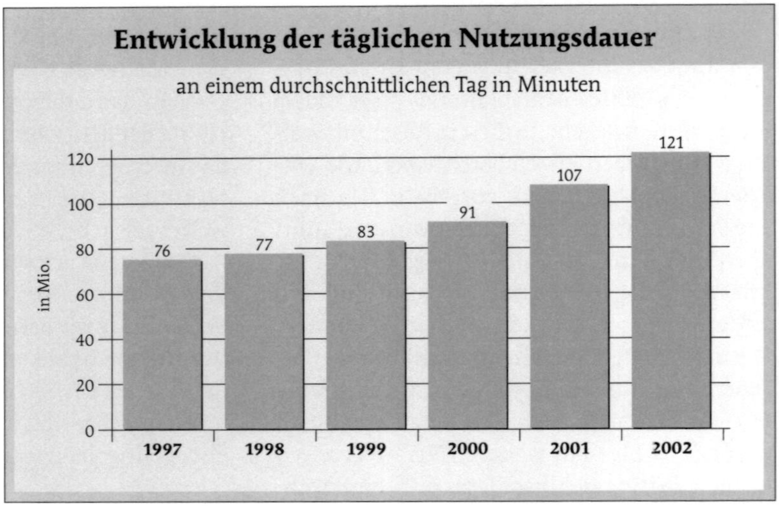

Abb. 7.64: Entwicklung der täglichen Nutzungsdauer (Quelle: ARD/ZDF-Online-Studie 1997/2002)

Unternehmen nutzen das WWW grundsätzlich auf zwei Wegen: Sie haben zum einen eigene Websites (**Online-Angebote**) und werben zum anderen auf den Websites fremder Anbieter (**Online-Werbeträger**) für sich und ihr eigenes Online-Angebot.

Bei der Online-Mediaplanung kümmert man sich in der Regel um Werbung auf fremden Websites (also Online-Werbeträger).

Gestaltung und Aufbau des eigenen Online-Angebotes fällt nicht in den Aufgabenbereich der Online-Mediaplanung.

Um einen Zugang zum World Wide Web zu bekommen, benötigt man einen Einwählknotenpunkt, der früher nur von einem Online-Dienst zur Verfügung gestellt werden konnte. **Online-Dienste** geben ihren Abonnenten einen **strukturierten Zugang** zum Internet: Sie haben eine einheitliche Benutzeroberfläche und bieten neben dem Zugang zum WWW spezielle Dienstleistungen exklusiv für Abonnenten an (z.B. Homebanking). Mittlerweile können aber auch so genannte **Provider** einen Einwählknotenpunkt ins Internet bereitstellen, der unstrukturiert, aber kostengünstiger ist. Ein Internetzugang über einen Provider ist ein Abenteuerurlaub ins Internet, während der über einen Online-Dienst eine bequeme Pauschalreise ist.

Die wichtigsten Online-Dienste sind: AOL (American Online, weltweit größter Online-Dienst) und T-Online (gehört zur Deutschen Telekom, Marktführer in Deutschland). Es gibt aber noch weitere Online-Dienste, etwa das Microsoft Network (msn) und zahlreiche regionale Anbieter mit geringen Abonnentenzahlen. Wir vermuten, dass die Online-Dienste ihre Marktposition weiter verfestigen können. Sie verdienen durch ihre Abonnenten Geld, das in redaktionelle und technische Qualität gesteckt werden kann. Andere Online-Anbieter, die sich rein über Werbeeinnahmen finanzieren, haben es da schwerer, sich ihren aufwändigen Inhalt leisten zu können.

7.8.3 Bedeutung und Media-Leistung

Der Online Werbemarkt ist seit 1996 im Aufbau und expandiert ständig. Da eine werbestatistische Messung analog zu klassischen Medien schwierig bis unmöglich ist, existieren nur Zahlen, die auf Meldungen der Werbeträger selbst beruhen. Sie sind nur schwer vergleichbar mit den Zahlen der Werbestatistik von Nielsen S+P. Eine jährliche Schätzung der Netto-Werbeumsätze veröffentlicht der ZAW.

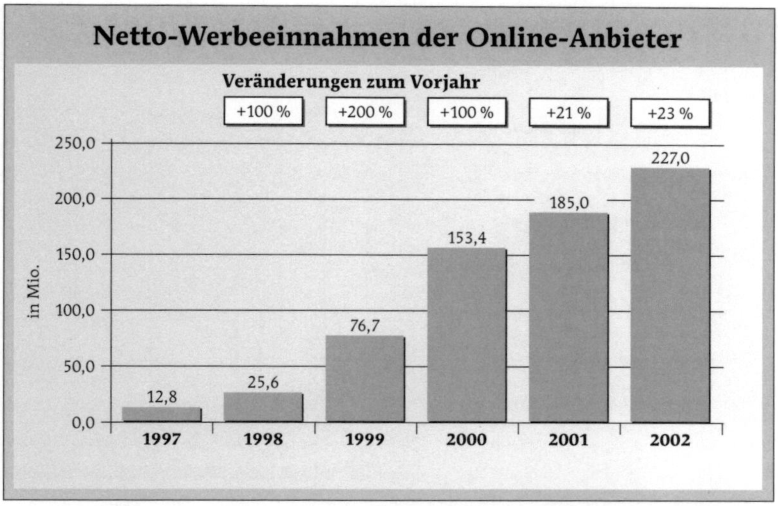

Abb. 7.65: Netto-Werbeeinnahmen der Online-Anbieter (Quelle: ZAW)

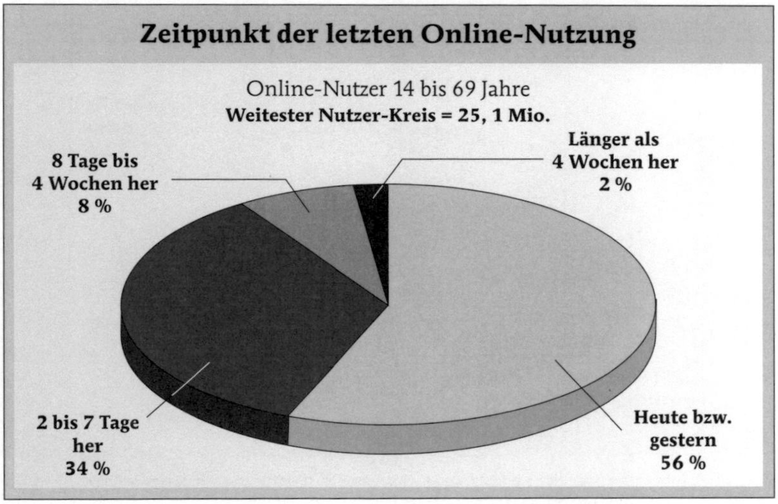

Abb. 7.66: Zeitpunkt der letzten Online-Nutzung (Quelle: AGOF (AGIREV) Online-Reichweiten-Monitor 2003/I

Im Vergleich zu dem Gesamt-Nettowerbevolumen der ZAW-Statistik von 20 Milliarden handelt es sich beim Internet also um einen Werbeträger mit einer im Verhältnis geringeren Bedeutung. Bisher schaffen es noch nicht alle Anbieter, ihre Angebote allein durch Werbeeinnahmen zu finanzieren. Für viele Schaltungen fließt kein Geld, sondern sie werden durch Gegengeschäfte finanziert.

7.8.4 Media-Nutzung

Wer das Internet für sich entdeckt hat, nutzt es auch regelmäßig. Der überwiegende Teil der Online-Nutzer geht täglich oder zumindest einmal in der Woche ins Netz.

Damit ist die Online-Nutzung in die täglichen Routinen eingebunden. Während vor einigen Jahren noch viele Menschen nur über ihren Arbeitsplatz mit dem Internet in Berührung gekommen sind, so sind heute die eigenen vier Wände der wichtigste Ort für den Internet-Zugang.

Auch die Nutzung aus rein beruflichen Gründen ist zu vernachlässigen. Viele Menschen nutzen allerdings das Internet sowohl für berufliche wie auch für private Zwecke.

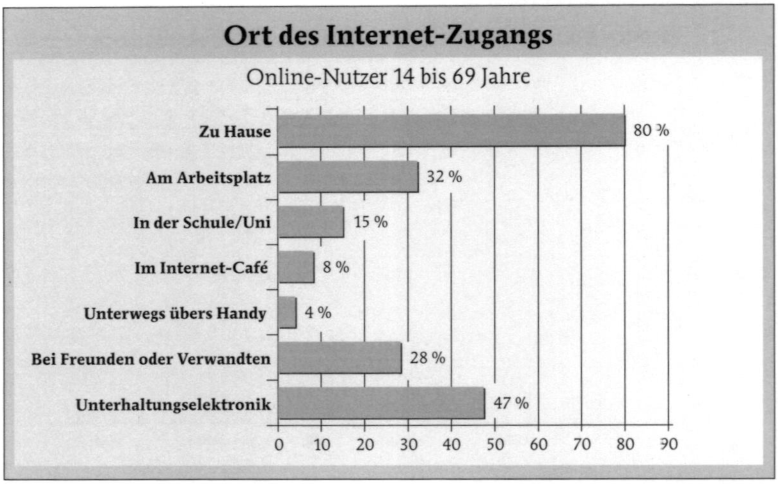

Abb. 7.67: Ort des Internet-Zugangs (Quelle: AGOF (AGIREV) Online-Reichweiten-Monitor 2003/I)

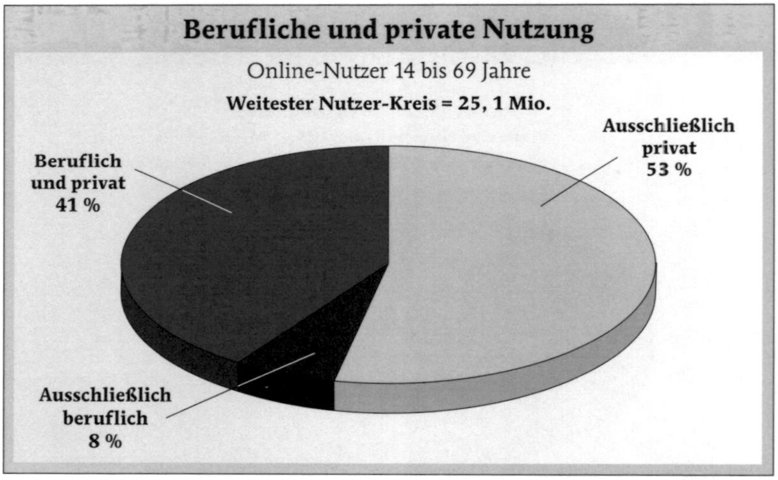

Abb. 7.68: Berufliche und private Nutzung (Quelle: AGOF (AGIREV) Online-Reichweiten-Monitor 2003/I)

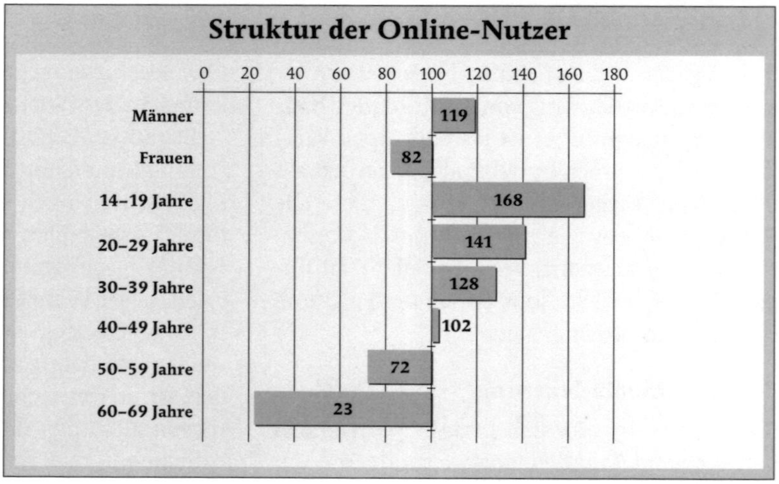

Abb. 7.69: Struktur der Online-Nutzer (Quelle: AGOF (AGIREV) Online-Reichweiten-Monitor 2003/I)

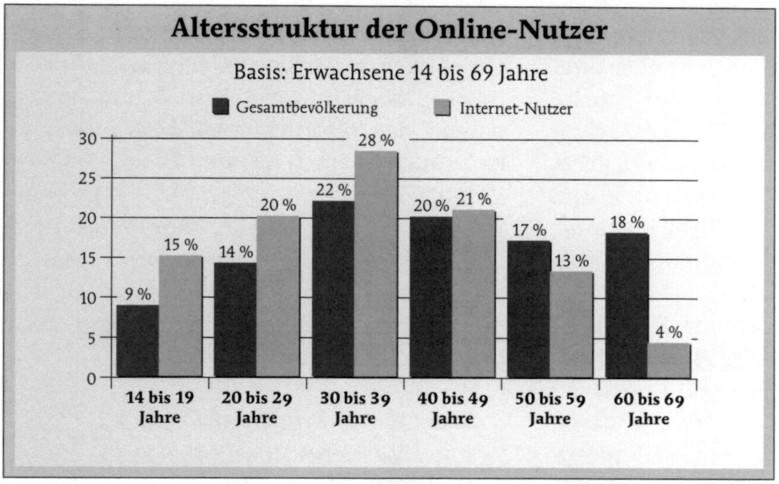

Abb. 7.70: Altersstruktur der Online-Nutzer (Quelle: AGOF (AGIREV) Online-Reichweiten-Monitor 2003/I)

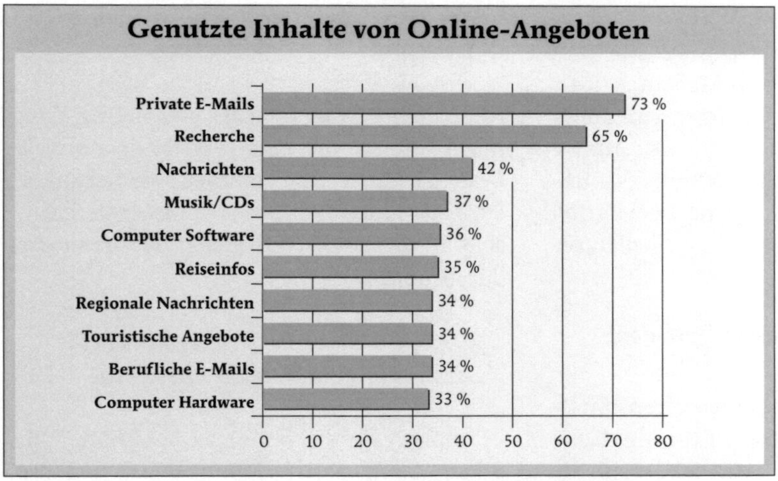

Abb. 7.71: Genutzte Inhalte von Online-Angeboten (Quelle: AGOF (AGIREV) Online-Reichweiten-Monitor 2003/I)

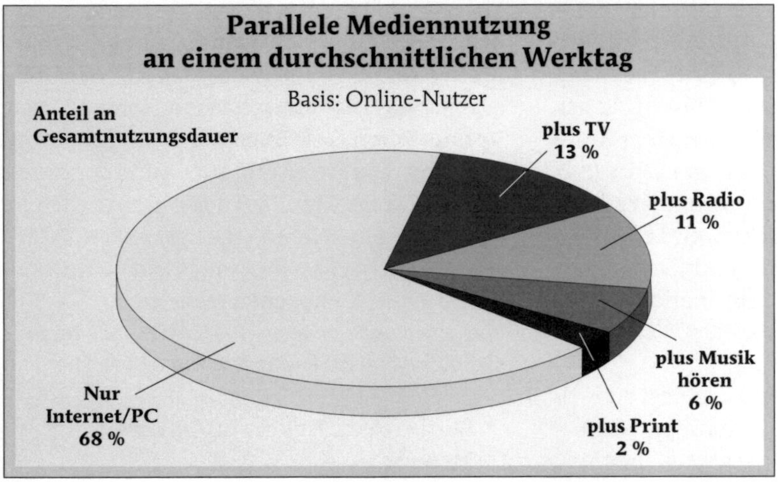

Abb. 7.72: Parallele Mediennutzung an einem durchschnittlichen Werktag (Quelle: Media in Mind)

Die Online-Nutzer sind nicht, wie ursprünglich vermutet, ausschließlich männlich und jung. 41 % der Online-Nutzer sind Frauen, mehr als zwei Drittel ist über 30 Jahre, auch in der Altersgruppe zwischen 40 und 59 gibt es noch zahlreiche Nutzer. Grundsätzlich sind Onliner eher berufstätig oder in Ausbildung, haben eine höhere Schulbildung und ein höheres Einkommen (Abb. 7.70).

Das Versenden und Lesen von E-Mails ist nach wie vor die wichtigste Funktion des Internets, gefolgt von Recherchen. Ein Vorteil des Mediums aus Sicht der Nutzer besteht darin, dass es eine unendliche Themenvielfalt liefert, was sich auch in den Nutzungspräferenzen von Inhalten widerspiegelt (Abb. 7.71).
Viele Experten befürchten, dass das Medium Internet parallel mit anderen Medien genutzt wird und deshalb Aufmerksamkeit von anderen Medien abzieht (oder umgekehrt: Andere Medien beeinträchtigen die Nutzung des Internets). Tatsächlich wird im Schnitt zwei Drittel der Zeit das Internet ohne andere Medien genutzt (Abb. 7.72).

7.8.5 Stärken und Schwächen des Mediums

Mit Online-Werbung werden oft eigenständige Ziele verfolgt, die abseits der Planung klassischer Kampagnen liegen. Dazu gehört z.B. die Generierung von Traffic (d.h., es sollen mehr Nutzer auf die Website des Werbekunden kommen), eine Ergänzung zu einer Fachkampagne oder die kontinuierliche Präsenz auf den wichtigen Foren und Plattformen einer Branche. Auch zur Unterstützung von Events (z.B. Messen wie die CEBIT) kann Online-Werbung eingesetzt werden. Nicht selten wird eine klassische Kampagne durch eine Online-Kampagne flankiert. Vertiefende Informationen oder ein Gewinnspiel laufen über die Website der Werbungtreibenden.

Vorteile der Online-Werbung liegt zum einen in Attraktivität der Zielgruppe Online-Nutzer, die tendenziell jünger, gebildeter und wohlhabender als der Durchschnitt ist. Das Internet ist ein interaktives Medium: Der Nutzer kann selbst die Informationstiefe und die Aufnahme der Informationen bestimmen. Er kann auch in einen direkten Dialog mit dem Website-Betreiber einsteigen. Eine klare Trennung zwischen **Individualkommunikation** und **eingleisiger Massenkommunikation** ist bei Online-Medien schwierig, es handelt sich oft um eine Zwischenform, die aber auch Chancen mit sich bringt.

Wer Online-Medien nur als klassisches Massenmedium oder nur als ein Direkt-Marketing-Tool verwendet, verschenkt die jeweils andere Funktion.

Außerdem ist das Internet gleichzeitig Kommunikations- wie auch Vertriebskanal (z.B. Bestellen über das Internet, Homebanking etc.), der Nutzer kann also ohne Medienbruch sich informieren und gleich Transaktionen durchführen.

Online-Medien erlauben natürlich auch eine multimediale Ansprache.

Es können für die werbliche Botschaft Texte, Bilder, Animationen, Filme, Musik und Ton, bis hin zu Datenbanken etc. verwendet werden. Die Werbung ist **ständig aktualisierbar**, Motive können schnell ausgetauscht oder zielgruppenspezifisch ausgesteuert werden. Auch **Vorlaufzeiten** bei Buchung und Schaltung sind **kurz**. Die Preise sind auf Grund der geringen Nachfrage vonseiten der Werbekunden in den vergangenen Jahren stark gesunken. Es lassen sich auch schon für wenig Geld interessante und affine Kampagnen realisieren.
Natürlich gibt es auch Nachteile, der hauptsächliche Nachteil wurde schon erörtert:

Das Internet ist kein Reichweiten-Medium.

Bestimmte Zielgruppen lassen sich über dieses Medium nur schwer erreichen. Die Werbung wird oft nur beiläufig oder gar nicht wahrgenommen, was sich an geringen Adclick-Raten zeigt (0,1 bis 0,5% sind nicht ungewöhnlich).

DER BEITRAG VON BANNER-WERBUNG ZUR BEKANNTHEITSSTEIGERUNG UND IMAGEBILDUNG IST NACH WIE VOR UMSTRITTEN.

Dies gilt, obwohl sich schon verschiedene Studien damit beschäftigt haben. Für klassische Kommunikationsziele ist deshalb der Einsatz des Internets fraglich. Was die Datenlage betrifft, so vermissen wir nach wie vor klare Standards und valide Planungsdaten. Allerdings haben sich die Online-Mediaplaner damit abgefunden und frönen einem Methodenpluralismus. Trotzdem muss sich der Markt auf eine einheitliche Währung einigen, damit die Mediaplanung für Online-Medien den gleichen professionellen Level erreicht wie bei anderen Werbeträgern.

7.8.6 Werbemöglichkeiten

Häufigstes Werbemittel ist eine mit einem Hyperlink versehene Tafel (**Banner** genannt), die auf einer Seite eines Online-Werbeträgers platziert ist und die ein Nutzer anklicken kann, um dadurch auf die Website des Werbungtreibenden zu gelangen.

BANNER WERDEN NICHT IN MILLIMETER BESCHRIEBEN, SONDERN IN PIXEL.

Es gibt zahlreiche Standard- und Sonderformate für Banner und andere Formen der Online-Werbung. Von einem einfachen Textlink in einem E-Mail-Newsletter bis zum aufwändigen Online-Spiel oder einem interaktiven Werbefilm ist alles möglich.

Die voranschreitende Technik und die Kreativität der Website-Betreiber und Multimedia-Agenturen führen zu immer neuen Werbeideen im Internet. Eine Darstellung all dieser Möglichkeiten wäre wahrscheinlich schon veraltet gewesen, bevor dieses Buch die Druckerei verlassen hätte. Deshalb verzichten wir hier auf weitere Darstellungen der Werbemöglichkeiten.

IM INTERNET GIBT ES ZAHLREICHE WEBSITES, AUF DENEN AKTUELLE ONLINE-WERBEFORMEN PRÄSENTIERT WERDEN.

Auf der Homepage des Deutschen Multimedia-Verbandes (www.dmmv.de) findet man unter der Rubrik „Werbeformen“ die Standardgrößen und viele Beispiele für kreative Online-Ideen. Auch der Online-Vermarkter Quality Channel zeigt auf seiner Seite (www.qualitychannel.de), ebenfalls in der Rubrik „Werbeformen“, verschiedene Lösungen.

7.8.7 Marktpartner

Nach dem Abflauen des großen Internet-Booms sind viele Dotcom-Unternehmen wieder vom Markt verschwunden. Darunter waren zahlreiche Werbe- und Design-Agenturen, die sich auf Online-Werbung und Websitegestaltung spezialisiert hatten. Die Mulitmedia-Agenturen, die überlebt haben, bieten zum Teil neben Kreation auch Online-Mediaplanung an. Hinzu kommen Spezialagenturen für Online-Media, etwa das Münchner Unternehmen Plan.net. Die Zeiten, als viele Werbungtreibende den großen Media-Agenturen die Kompetenz bei interaktiven Medien absprachen, sind vorbei. Heutzutage wissen die meisten, dass nur ein umfassendes Media-Knowhow über alle Gattungen eine erfolgreiche Kampagnensteuerung gewährleistet. Spezialagenturen, die eigentlich eher mono- als multimedial ausgerichtet sind, haben zwar große Internet-Erfahrung, aber nicht selten Defizite bei der strategischen Planung und bei dem Abstimmen mit den restlichen Kommunikationsinstrumenten. Das Internet benötigt aber die gleiche professionelle Behandlung wie die so genannten klassischen Medien.

Die Zahl der Betreiber von werbeführenden Websites ist immer noch groß. Trotzdem fand in den vergangnen Jahren eine starke Konzentration statt, sodass heute immer mehr Online-Werbeträger bei wenigen Vermarktern gebündelt werden. Das hat auch zu einer Professionalisierung der Vermarktung geführt, welche die Mediaplanung sehr erleichtert. Da nach wie vor die Einnahmen durch Werbung nur spärlich sind, bemühen sich diese Vermarkter sehr stark um die Mediaplaner und ihre Kunden, weshalb bei Preis, Kooperationen und der Verwirklichung kreativer Ideen ein großes Entgegenkommen bei den Vermarktern zu beobachten ist.

Hier sollte auch noch einmal auf den Deutschen Multimedia-Verband hingewiesen werden, der sich um ein Gattungs-Marketing bemüht und in dem sowohl Website-Betreiber wie Agenturen und andere Dienstleister Mitglied sind. Außerdem gibt es noch die AGOF (Arbeitsgemeinschaft Online Forschung, früher AGIREV), die sich um die Erhebung valider Reichweiten und Strukturdaten kümmert. Mittelfristig soll die AGOF unter dem Dach der ag.ma arbeiten.

7.8.8 Datenquellen

Zur Optimierung der Online-Mediaplanung gibt es zahlreiche Analyse-Tools und Studien. Die wichtigsten sind:

- **Markt-Media-Studien**: Sie fragen die Online-Nutzung nur grob ab, setzen sie aber in Zusammenhang mit anderen Medien, Psychografie und Konsumgewohnheiten. Studien wie MarkenProfile, ACTA und Communication Networks leisten einen unverzichtbaren Beitrag für integrierte Kampagnenplanung.
- **Offline-Studien**: Sie werden Face-to-face oder per Telefon erhoben, beschäftigen sich aber hauptsächlich mit der Online-Nutzung. Wichtigste Studie: Der Online-Reichweiten-Monitor der AGOF (früher AGIREV).
- **Online-Studien**: Das Internet ist nicht nur Forschungsgegenstand, sondern auch das Medium für die Befragung. Pionier war die Studie W3B von Fittkau & Maas, mittlerweile haben aber auch andere Institute und Agenturen eigene Online-Panels. Vor einigen Jahren haben diese Studien eine wichtige Funktion gehabt, da sie aktuell Trends in der Online-Nutzung erfassen konnten, für die die klassische Marktforschung zu langsam war. Mittlerweile ist ihre Bedeutung jedoch zurückgegangen.
- **Log-File-Analysen**: Auf jedem Webserver wird protokolliert, was die Besucher einer Website genutzt haben. Die Auswertung dieser Protokolle (Log-Files) ermöglicht viele Rückschlüsse auf die Interessen der Nutzer und die Effektivität der Site (z.B. „Return of Ad-Invest"-Tracking: Haben die Banner zu Buchungen, Bestellungen etc. geführt?)
- **Ad-Server-Analysen**: Eine zentrale Kampagnensteuerung über einen Adserver bietet ebenfalls flexible Analysen: Wie viele Leute haben den Banner gesehen, wo und wann wurde er gesehen, welche Motive haben zu mehr Klicks geführt? Näheres dazu berichten wir weiter unten.
- **PC-Meter-Messungen**: Ein Messgerät im PC beobachtet bei einem Panel detailliert, welche Websites genutzt wurden. Dadurch sind im Prinzip auch Nettoreichweiten von einzelnen Online-Werbeträgern möglich. International der führende Anbieter ist Nielsen NetRatings, der auch in Deutschland ein Panel betreibt. Es gibt durchaus Aspekte der Online-Nutzung, die sich durch eine solche Messung untersuchen lassen. Andere Aspekte wiederum werden durch andere Methoden besser erfasst.
- **IVW Online-Daten**: Anhand von technischen Messungen auf dem Server des Website-Betreibers können Daten über die Bruttonutzung eines Online-Werbeträgers ermittelt werden. Seit 1997 werden deshalb zwei Leistungswerte nach einheitlichem Standard (organisiert und geprüft über die IVW) erhoben und freiwillig veröffentlicht:

Leistungswerte nach einheitlichem Standard

- **Visits:** Ein zusammenhängender Nutzungsvorgang (Besuch) eines Online-Angebotes.
- **Page Impressions** (früher Page Views): Die Anzahl der Sichtkontakte beliebiger Nutzer mit einer potenziell werbeführenden Seite eines Online-Angebotes.

Die Summen aller Visits und Page Impressions während eines Monats werden zu Beginn des Folgemonats von der IVW veröffentlicht. Sie sind auf den Websites der IVW (www.ivw.de) und des Verbandes der Zeitschriftenverleger (www.pz-online.de) frei zugänglich.

Ein wichtiger Wert, der nicht veröffentlicht wird, ist der **Adclick**, d.h., ein Werbebanner wird angeklickt und der Nutzer landet auf der Seite des Werbetreibenden. Adclicks werden vom Online-Anbieter den Werbekunden nach Schaltungsende mitgeteilt. Zur Bewertung einer Platzierung ist die Adclick-Rate (Click-Through-Ratio) wichtig.

DIE ADCLICK-RATE SAGT, WIE VIEL PROZENT DER NUTZER, DIE EIN WERBEBANNER GESEHEN HABEN, DIESES AUCH ANGEKLICKT HABEN. DIE ADCLICK-RATE LIEGT IN DEN MEISTEN FÄLLEN ZWISCHEN 0,2 UND 2 %.

Bei den beiden von der IVW ausgewiesenen Leistungswerten handelt es sich um Konventionen, die den kleinsten gemeinsamen Nenner zwischen den Anbietern und den Werbungtreibenden/Agenturen darstellen. Es gibt zahlreiche Kritikpunkte an dem Vorgehen der IVW, die seit Jahren diskutiert werden. Die Branche wartet auf ein verbessertes, konsensfähiges Verfahren, was bis zum Redaktionsschluss dieses Buches noch nicht vorlag.

7.8.9 Besonderheiten bei der Planung

Mediaplanung für das Internet ist nicht leichter oder schwerer als für andere Medien, sie ist nur anders. Die Betreuung einer Online-Kampagne ist sehr umfassend und geht weit über den reinen Planungsprozess hinaus. Der Verlauf einer typischen Kampagne besteht dabei aus folgenden Komponenten:

1. Phase: Beratung und Briefing

Die Beratungsphase ist Grundlage aller nachfolgenden Maßnahmen und bestimmt entscheidend deren Erfolg. Auf Grund der vielen möglichen Zielsetzungen und Ausrichtungen einer Online-Kampagne ist die spezifische Beratung der Kunden sehr wichtig und zeitaufwändig. Für Kunden, die mit den Werbemöglichkeiten im Internet noch wenig vertraut sind, bieten gute Agenturen eine umfassende Beratung rund um alle Fassetten der „Werbung online" an. In diesem Gespräch können Fragen geklärt werden, die sich im Umgang mit dem neuen Medium und adäquaten Werbemaßnahmen aufgetan haben. Hierbei werden auch die Ziele einer Kampagne thematisiert. Die Möglichkeiten sind hier sehr vielfältig und selbstverständlich je nach Branche unterschiedlich. Über das Anfordern von kostenlosen Probe-Abonnements, Katalogen, Kosmetik-Proben, die Teilnahme an Gewinnspielen bis hin zu der Bewerbung von günstigen Krediten oder attraktiven Festgeldzinsen ist alles denkbar. Steigende Bedeutung hat bei vielen Kunden auch der Aufbau einer Kundendatenbank, in die durch Online-Werbemaßnahmen gewonnene Adressen eingespielt werden.

Allen diesen Benefits ist gemein, dass der Werbetreibende unmittelbar schon während der Kampagne die Resonanz auf seiner eigenen Website verfolgen kann. So kann der Werbeerfolg prinzipiell täglich überprüft und die Kampagne bei Bedarf kurzfristig optimiert werden.

OFTMALS SPIELT AUCH DAS ENGAGEMENT DER KONKURRENZ IM INTERNET EINE WICHTIGE ROLLE BEI DEN ENTSCHEIDUNGEN, OB UND IN WELCHEM RAHMEN IN DIESES MEDIUM INVESTIERT WERDEN SOLL.

Ein hilfreiches Instrument, das Kunden für Basis-Analysen zur Verfügung steht, ist **„Lemonad“**. Dabei handelt es sich um ein **Konkurrenzbeobachtungstool**, mithilfe dessen das Engagement der Konkurrenz auf allen größeren deutschen Websites festgestellt werden kann.

Die Analyse umfasst hierbei Zeitraum, Platzierungen sowie Werbemotive vergangener und aktueller Kampagnen im Internet. Überdies sind Budgetschätzungen möglich, sodass man einen guten Überblick über die Online-Aktivitäten der Mitbewerber bekommt. Nicht zuletzt ist auch das Zusammenspiel mit anderen Werbemaßnahmen selbstverständlich und spielt insbesondere bei der Gestaltung und Bewertung crossmedialer Kampagnen eine große Rolle.

2. Phase: Planung

Wurden alle allgemeinen Fragen zur Kampagne beantwortet, erfolgt das eigentliche Briefing. Je detaillierter das Briefing, umso präziser die Auswahl der Platzierungen und Werbeformate. Eine wichtige Planungsquelle ist dabei der „Online-Reichweiten-Monitor“, der wichtige Informationen über Reichweiten und Nutzerstrukturen einzelner Websites bietet. Jedoch spielt die große Erfahrung von professionellen Onlineplanern auch eine bedeutende Rolle, zumal die existierenden Planungsquellen viele Zielgruppen nicht vollständig abbilden.

Ein weiteres Kriterium für die Auswahl der Platzierungen bildet das Angebot von Werbeformaten.

Je nach Kampagnenziel kann es sein, dass sehr aufmerksamkeitsstarke Werbemittel oder Sonderformate angebracht sind, deren technische Umsetzung nicht für jeden Anbieter selbstverständlich ist. Hier ist es die Aufgabe des Planers, die technischen Möglichkeiten und Spezifikationen des Anbieters zu erfragen und das Preis-Leistungsverhältnis mit anderen Anbietern zu vergleichen.

Am Ende dieses Prozesses entsteht ein Mediaplan, aus dem sowohl die Seiten als auch einzelne Platzierungen sowie Werbeformate hervorgehen.

In diesem Zusammenhang ist es wichtig, auf die Funktion des **Adservers** einzugehen.

Der Adserver liefert an die gebuchten Werbeträger jedes einzelne Werbemotiv bei jedem Aufruf des Werbeträgers aus und sorgt dafür, dass die User die Werbung sehen können.

Durch Einbindung des gewünschten Motivs und der entsprechenden Ziel-URL in das Adserver-System ist eine weitaus genauere Kampagnenkontrolle möglich, als es viele Website-Betreiber normalerweise Kunden anbieten. Tagtäglich können innerhalb weniger Minuten komplette Reportings aller Platzierungen erstellt werden. Bei einem Motivtausch hat der betreuende Mediaplaner die Möglichkeit, minutengenau auf allen gebuchten Platzierungen einen Bannertausch vorzunehmen. Visuelle Kontrollen der Platzierungen sind nicht mehr zwingend notwendig, da über das Adserver-System alle Platzierungen auf einen Blick kontrolliert werden können. Auf Wunsch können auch die Kunden ein eigenes Login bekommen, damit sie selbstständig jederzeit Zugriff zu diesen Informationen haben.

Darüber hinaus ist durch Einbindung in den Adserver eine Postclick-Analyse möglich. Natürlich kann der Werbungtreibende auf Grund seiner eigenen Zahlen z.B. leicht feststellen, wie viele Prospekte pro Tag von den Besuchern seiner Website kostenlos angefordert wurden. Durch den Einsatz des Adservers ist es darüber hinaus auch noch möglich, genau zu spezifizieren, über welche Banner-Platzierung der Besteller auf die Website kam. Gerade bei der Analyse der Kampagne kann man hier interessante Kennzahlen errechnen. Hierzu später mehr.

3. Phase: Kampagnenstart

Wenn sich der Kunde für den Einsatz des Adservers entschieden hat, werden die Motive in der Regel acht Tage vor Kampagnenstart von der Kreativagentur angeliefert, vom betreuenden Mediaplaner eingebunden und die entsprechenden Informationen an die Techniker der Seitenbetreiber weitergeleitet.

Der termingerechte Start wird von den Mediaplanern durch visuelle Kontrolle (d.h. durch den Aufruf der Platzierung im Internet) sichergestellt und gegenüber den Kunden dokumentiert.

4. Phase: Kampagnenoptimierung

Nach 7 bis 14 Tagen wird vom Mediaplaner in der Regel ein Zwischenreporting erstellt, das alle nötigen Kampagnen-Informationen enthält. Auf Grund der ausgewiesenen Kennzahlen ist es möglich, Umplatzierungen innerhalb eines Werbeträgers vorzunehmen oder Motive zu tauschen. Dies kann kurzfristig (je nach Kampagnengröße innerhalb von Stunden) geschehen. Je nach Dauer der Kampagne und ihrem Verlauf wird alle zwei Wochen ein einfaches Zwischenreporting erstellt, um weitere Optimierungen vorzunehmen.

Kennzahlen für den Online-Mediaerfolg

- **Page Impressions** (gebuchte vs. ausgelieferte): Die gebuchten Sichtkontakte werden mit den tatsächlich ausgelieferten Sichtkontakten ins Verhältnis gesetzt. Da bei der Planung im Medium Internet sämtliche Seitenabrufe vorab geschätzt werden müssen, ist es möglich, dass eine Platzierung nicht die ursprünglich erwarteten Sichtkontakte erzielen kann. In diesem Falle ist in der Regel eine Verlängerung der Platzierung bis zur Auslieferung der gebuchten Leistung möglich. Selbstverständlich ist es immer möglich, die Kampagnen fristgerecht zu stoppen und über die fehlende Leistung eine Gutschrift zu erhalten.
- **Clicks**: Die absolute Zahl der Clicks repräsentiert die unmittelbare Resonanz der User auf ein Werbemittel. Wurde die Aufmerksamkeit der Zielgruppe mit der Platzierung angesprochen? War der im Werbemittel integrierte Benefit interessant genug, um den User zu einem Click auf das Banner zu bewegen?

* **Click-Rate**: Die Click-Rate setzt die ausgelieferten Page Impressions ins Verhältnis zu den gelieferten Clicks. Auf 1.000 Sichtkontakte eines Banners kommen in der Regel 2 bis 3 Clicks, was einer Click-Rate von 0,2 bis 0,3% entspricht. Hierbei muss man beachten, dass 1.000 Sichtkontakte nicht zwingend von 1.000 verschiedenen Usern generiert werden. Click-Raten variieren je nach Werbeformat zwischen 0,1% bis 5%.

* **Cost per Click**: Um die Kosten für einen interessierten User zu berechnen, der auf das Werbemotiv geklickt hat, wird der Cost per Click berechnet. Anhand dieser Kennzahl kann man erkennen, wie viel ein Click auf einer Einzelplatzierung bzw. im Rahmen der Kampagne den Werbetreibenden gekostet hat. Diese Kennzahl schwankt sehr in Abhängigkeit des Werbeziels. Eine reine Brandingkampagne wird tendenziell weniger Clicks generieren als eine Kampagne, die mit einem außerordentlichen Benefit auf sich aufmerksam macht. Dies sollte man jedoch zu Beginn der Kampagne bedenken. Cost per Clicks schwanken in der Regel zwischen 0,5 und 10 Euro, je nach Kampagnenziel und Kampagneninhalt.

- **TKP**: Um festzustellen, welche monetären Vorteile durch die Agentur erwirtschaftet werden konnten, wird am Ende einer Kampagne ein Tausend-Kontakt-Preis (TKP) errechnet, der sich an der ausgelieferten Leistung orientiert. Auf Grund geschickter Verhandlungen liegt er in der Regel weit unter dem Listenpreis des Vermarkters.

5. Phase: Endreporting

Nach Abschluss der Kampagne wird vom betreuenden Mediaplaner ein Endreporting erstellt, das die umseitig zusammengestellten, teils schon im Zwischenreporting genutzten Kennzahlen enthält.

Mit diesen Kennzahlen ist es dann möglich, grafische Analysen zu erstellen, die über die Effizienz der einzelnen Platzierung Aufschluss geben können. In den Abb. 7.73 und 7.74 ist eine kombinierte Betrachtung für die Analyse von Click-Raten und Cost per Click dargestellt.

Diese detaillierte Kampagnenanalyse bietet eine wertvolle Grundlage für die Erarbeitung von Folgekampagnen und ermöglicht stetige Effizienzverbesserungen. Doch Online-Mediaplanung ist ein komplexer Prozess und hört nicht damit auf, dass die Banner im Internet erscheinen.

7.8.10 Spotlight-Reporting – Die Messbarkeit hört nicht nach dem Bannerklick auf!

Mittlerweile ist es fast durchgehend Standard, Online-Werbemittel über Adserver-Systeme auszuliefern. Adserver bieten vielerlei Möglichkeiten, die Bannerschaltungen unserer Werbekunden auszuwerten und dem entsprechend zu optimieren.

Das normale Reporting sagt uns, über welches Werbemittel, welches Motiv und welchen Werbeträger der User auf die Unternehmenswebseite gekommen ist. Doch was der User dann auf der Webseite gemacht hat, das liegt noch im Dunkeln. Dabei wird es jetzt erst aus Unternehmenssicht richtig interessant;

- Für welche Produkte haben sich die User interessiert,
- wann wurde ein Kaufprozess abgebrochen,
- wo stiegen die User wieder aus der Website aus?

Auch hier kann man mit dem Adserver-System weitere Auskünfte geben. Diese Art von Detail-Analyse heisst Spotlight-Reporting.

Vorher müssen aber einige technische Vorkehrungen getroffen werden:

1. Der Werbungtreibende legt fest, welche Webseiten seines Unternehmensauftrittes gemessen werden sollen (z.B. die Homepage, bestimmte Produktseiten, Startseite zur Infomaterialbestellung, Dankeschön-Seite der Infomaterialbestellung, Newsletter-Bestellseite etc.).
2. Für sämtliche gewünschten Seiten wird im Adserver-System ein Zählpixel (Spotlight) angelegt.
3. Diese Zählpixel werden von den Programmierern der Unternehmenswebseite auf den entsprechenden Seiten implementiert. (Die Adserver-Messung erfolgt analog dem oben vorgestellten Beispiel; die Kundenwebseite wird über den Server des Kunden ausgeliefert, währenddessen das Zählpixel vom Adserver gesendet wird. Dadurch kann gemessen werden, wie oft die entsprechende Seite aufgerufen wurde).

Ein weiterer wichtiger Bestandteil dieses Messvorganges stellen **Cookies** dar.

> COOKIES SIND KLEINE MINI-DATEIEN, DIE SICH AUF DEM RECHNER DES NUTZERS BEFINDEN. IN IHNEN WIRD DETAILLIERT AUFGEFÜHRT, BEI WELCHEM BESUCH ER WELCHE SEITEN AUFGERUFEN HAT.

Nutzer bekommen von diesen Cookies in der Regel nichts mit (sie müssen jedoch eine Option einstellen, ob diese zugelassen sind und/oder ob die Zulassung im Einzelfall bestätigt werden muss). Cookies unterliegen hohen Datenschutzbestimmungen, die vor einem Missbrauch schützen.
Welche Informationen können durch ein Spotlight-Tracking erhalten werden?
Dazu im Folgenden ein Beispiel, bei dem zwei Werbeschaltungen auf unterschiedlichen Websites (X und Y) miteinander verglichen werden (Abb. 7.75).

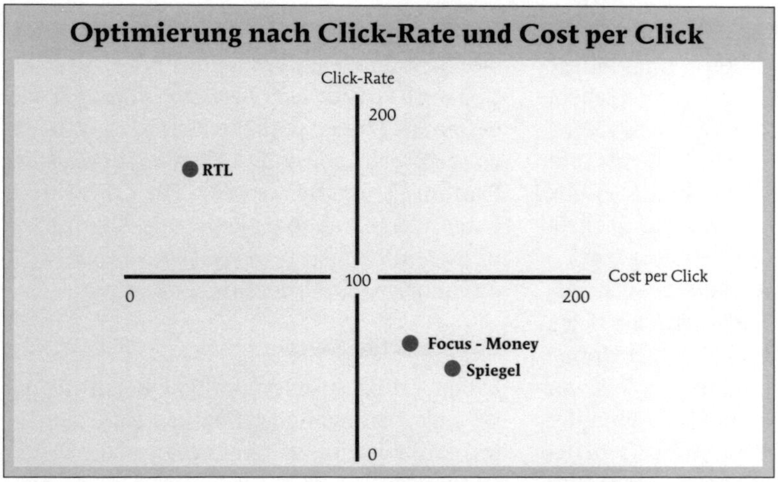

Abb. 7.73: Optimierung nach Click-Rate und Cost per Click (Quelle: Universal McCann Interactive)

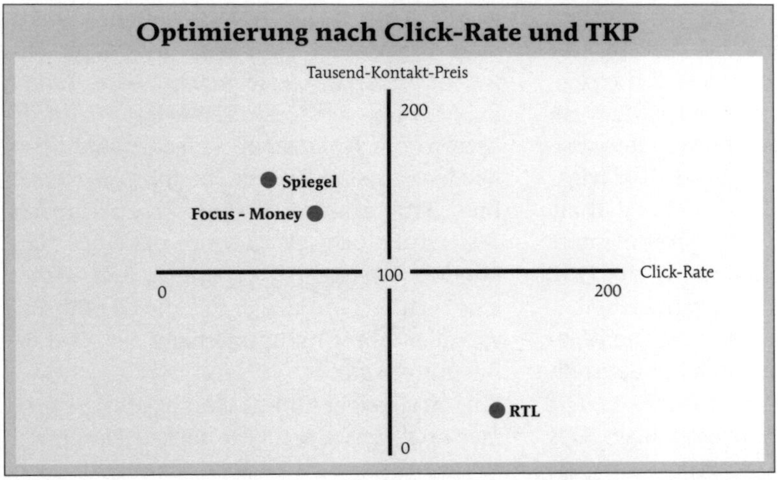

Abb. 7.74: Optimierung nach Click-Rate und TKP (Quelle: Universal McCann Interactive)

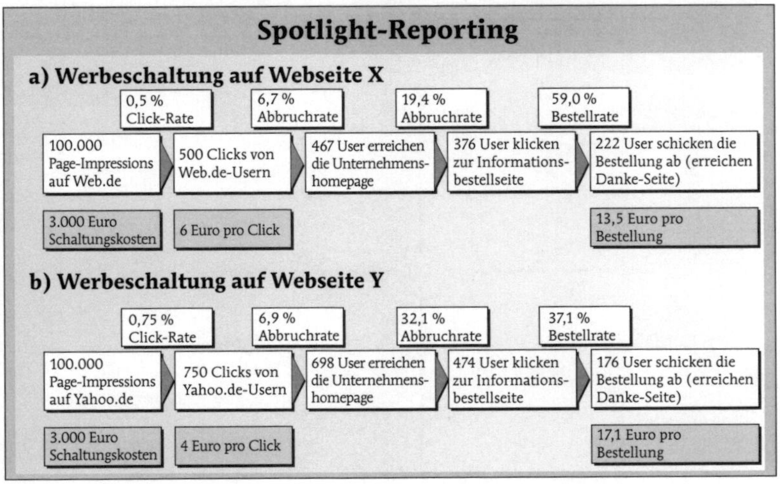

Abb. 7.75: Spotlight-Reporting (Quelle: Universal McCann Interactive)

Beispielbetrachtung (Abb. 7.75)

Auf Grund eines einfachen Reportings würde die Analyse der beiden Schaltungen ergeben, dass die Werbeschaltung auf Webseite X eine niedrigere Click-Rate und höhere Costs pro Click erzielten als auf der Webseite Y. Logische Optimierung und Learnings für die nächste Kampagne wäre eine stärkere Belegung von Y.

Das Spotlight-Reporting liefert noch **zusätzliche Daten**. Zwischen dem Click des Users auf den Banner und dem Erreichen der Unternehmenswebseite geht immer ein Teil an Usern verloren, sei es, dass die Ladezeiten der Seite zu lang sind oder der User nur versehentlich auf den Banner geklickt hat und deshalb zu seiner Ursprungsseite zurückkehrt. Es fällt auf, dass die User, von Webseite Y kommend, eine deutlich höhere Abbruchquote aufweisen. Aber auch auf Webseite X wandern fast ein Fünftel aller User nicht bis zur Infomaterialbestellung. Es stellt sich die Frage, ob die Navigation etwas unübersichtlich ist und es deshalb vielleicht sinnvoll wäre, eine prominentere Einbindung der Infomaterialbestellseite (z.B. direkt auf der Homepage) zu gewährleisten.

Nächste Erkenntnis ist, dass User, von Webseite X kommend, eine deutlich höhere Bestellrate aufweisen. Im Verhältnis zu den Kosten ist eine Bestellung von diesen Usern billiger. Das Fazit des Spotlight-Reportings lautet, dass zwar die Click-Raten auf Webseite Y höher sind, die Conversion-Rate auf Webseite X jedoch viel besser ist. Ohne Spotlight-Reporting wäre der vermeintlich schlechtere Werbeträger aus der Planung genommen worden. Die Conversion-Rate kann mit anderen Reporting-Kennzahlen in Beziehung gesetzt werden und erlaubt eine differenzierte Optimierung der Kampagne.

Zusammenfassung

Es bleibt zu sagen, dass Spotlight-Reportings eine äußert sinnvolle Maßnahme sind, um Informationen zu erhalten, inwiefern die Unternehmenswebseite noch optimaler gestaltet werden kann. Sie liefern Aussagen zur Attraktivität bestimmter Produkte und dafür, für welche mehr Interesse bezeugt wird. Durch die Messung der **Conversion-Rate** kann der Return on Investment besser quantifiziert werden. So sind Kosten für Infopaketbestellung, Probefahrtanmeldung, Produktprobenversendung oder gar Gewinnung eines Neukunden errechenbar. Diese Kosten stellen eine valide Grundlage für die Einführung variabler Abrechnungsmetriken bei Online-Buchungen dar.
Eine erfolgreiche Online-Kampagne liefert immer auch Hinweise für die nächste Planung.

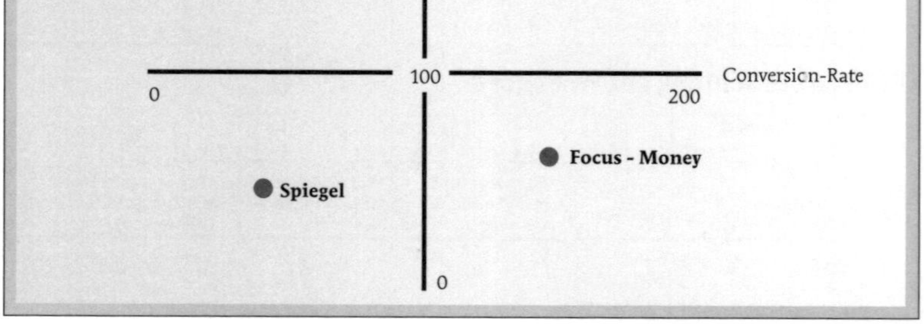

Abb. 7.76: Click-Rate vs. Conversion-Rate (Quelle: Universal McCann Interactive)

7.8.11 Ausblick

Vorhersagen, wie sich das Internet und der Online-Werbemarkt verändern werden, sind heikel. Es existieren im Markt die unterschiedlichsten Szenarien. Wir wollen uns an diesen Spekulationen nicht beteiligen. Sicherlich wird neue Technik (Verschmelzen von TV-Gerät und PC; Internet-Anwendungen über Mobiltelefone; Kostenpflichtige Service-Leistungen über Breitbandkabel) das Online-Nutzungsverhalten beeinflussen. Der Online-Werbemarkt steigt weiter und wird sich zunehmend professionalisieren. Dadurch werden sich auch Online-Planer in Mediaagenturen etablieren, genauso, wie die Online-Kenntnisse der klassischen Planer steigen werden.

7.9 Sonstige Werbeträger

In den vorhergehenden Abschnitten haben wir die wichtigsten Gattungen von Werbeträgern vorgestellt und planungsspezifsche Informationen geliefert. Allerdings gibt es in Deutschland noch eine Vielzahl weiterer Werbemöglichkeiten. Einige davon sind bedeutsam für viele Kunden und Kampagnen, andere sind eher eine Kuriosität, bei der keiner weiß, wie lange sie noch im Angebot ist. In diesem Abschnitt wollen wir der Vollständigkeit halber weitere Werbeträgergattungen aufzählen, können aber keine vertiefende Darstellung liefern. Hier empfehlen wir wieder das Buch „Werbeträger“ (siehe Anhang), in dem zumindest die wichtigsten dieser „Randmedien“ in eigenen Kapiteln abgehandelt werden.

Verkehrsmittelwerbung

Im öffentlichen Nah- und Fernverkehr (Busse, Bahn, ICE, S- und U-Bahnen) gibt es zahlreiche Werbemöglichkeiten. Zum einen wird Werbung **innerhalb der Verkehrsmittel** platziert (Wände, Seitenfenster, etc.), damit die Fahrgäste kontaktiert werden, zum anderen wird an der **Außenseite** (z.B. bei Linienbussen) Werbung angebracht, damit die Passanten sie sehen. Verkehrsmittelwerbung wird von einigen Branchen durchaus eingesetzt (z.B. Weiterbildungseinrichtungen in großen Städten) oder dient ergänzenden Kommunikationszielen (langfristige Präsenz im Stadtbild, z.B. für Einzelhandel, kurzfristige Präsenz während einer Messe).

Meist ist die Abwicklung auch über Plakatspezialmittler möglich. Für die Verkehrsmittelwerbung gibt es auch vereinzelte Reichweiten- und Wirkungsstudien.

Anzeigenblätter

Über Anzeigenblätter wurde im Zusammenhang mit Tageszeitungen schon kurz berichtet. Es handelt sich um ein wichtiges Medium für **lokale und regionale Werbungtreibende** und Handelsunternehmen. Auch zur Verteilung von Beilagen werden Anzeigenblätter eingesetzt.

Es gibt auch einige Studien, die sich mit der Nutzung von Anzeigenblättern beschäftigen. Weitere Informationen kann der Bundesverband der Deutschen Anzeigenblatt-Verleger (BVDA) liefern.

Kundenzeitschriften

Im Grunde handelt es sich um einen Spezialfall einer Publikumszeitschrift. Unternehmen geben eigene Zeitschriften heraus, die neben der Eigenwerbung und unternehmensrelevanten Informationen auch andere Themen journalistisch aufbereiten. Einige davon werden im Geschäft oder der Filiale verteilt und erzielen beachtliche Reichweiten (z.B. die „Kino News“ von McDonald's), andere werden an Kunden per Post verschickt (z.B. bei Banken, Versicherungen und Krankenkassen).

Nur im seltenen Fall schaffen sie es sogar bis an den Kiosk, wo Leser breit sind, Geld für ein Heft auszugeben (was z.B. bei den Kundenzeitschriften der Automarken Porsche und BMW vorkommt).

Für einige Kundenzeitschriften liegen auch Sturkuranalysen vor.

Teletext

Der Teletext oder Videotext ist im Grunde eine **Sonderform der Fernsehwerbung**. Über die so genannte Austastlücke des Fernsehsignals werden einfache Text- und Bildinformationen zusammen mit dem normalen Fernsehprogramm ausgestrahlt. Durch einen Dekoder, der heute bei den meisten Fernsehgeräten serienmäßig enthalten ist, können diese Informationen in Form von farbigen Texttafeln abgerufen werden.

Die meisten TV-Sender bieten auch einen Teletext-Service an, die erfolgreichsten sind die von ARD, ZDF und SAT.1. Letzteres ist für Werbung am relevantesten. Durch die Technik gibt es bestimmte Begrenzungen, sodass nur sehr grobkörnige und einfache Grafiken darstellbar sind, weshalb das Medium Videotext für viele Kampagnen unattraktiv ist.

Wenn man jedoch Textinformationen hat und Response (z.B. über eine Telefonnummer) generieren will, kann sich das Medium als Ergänzung durchaus eignen. Teletext-Reichweiten und Strukturen werden u.a. in der VA und im AGF/GfK-Fernsehpanel erhoben.

Konfessionelle Presse (Konpress)

Auch Kirchen und Bistümer geben Zeitschriften und Zeitungen heraus. Diese Art von Publikationen hat hier zu Lande eine lange Tradition - nach dem Krieg war der größte Verleger in Deutschland die katholische Kirche. Die Bedeutung nimmt aber kontinuierlich ab.

Reichweiten und Strukturen für konfessionelle Presse werden in der MA zwar titelspezifisch erhoben, aber nur als Gattung (Konpress) ausgewiesen.

Adress- und Telefonbücher

Verzeichnisse von Adressen und Telefonanschlüssen gibt es nicht nur von der Telekom, sondern werden auch von anderen regionalen oder branchenspezifischen Anbietern herausgegeben. Sie können als Werbeträger genutzt werden und sind sind durchaus ein etablierter Werbeträger für bestimmte Unternehmen. So macht man regelmäßig durch hervorgehobene Einträge, bis hin zu Anzeigen, auf sein Unternehmen im lokalen Raum aufmerksam. In der klassischen Mediaplanung haben sie aber nur eine geringe Bedeutung.

Lesezirkel

In einem Lesezirkel teilen sich mehrere Haushalte Zeitschriften. Die Lesezirkel-Anbieter haben dabei gestaffelte Preise – wenn man eine Zeitschrift in der Erscheinungswoche lesen will, ist dies teurer als in den folgenden Wochen.

Durch einen Lesezirkel können Haushalte ein großes Angebot an Zeitschriften regelmäßig nutzen, ohne den vollen Verkaufspreis dafür zu zahlen oder sich durch ein Abonnement an einen Titel fest zu binden. Der Lesezirkel liefert die neuen Hefte aus und sammelt die alten im Haushalt ein. Dabei sind die Zeitschriften in einem Schutzumschlag eingebunden, den man werblich belegen kann. In der MA wird die Reichweite von dieser Werbung auf Umschlägen des Lesezirkels ausgewiesen.

Bei der Lesezirkel-Reichweite handelt es sich also nicht um die Werbung in den Zeitschriften (die ja durch die normale Reichweiten-Erhebung der Zeitschriften automatisch miterfolgt), sondern nur um den Kontakt mit den Schutzumschlägen.

Auch Lesezirkel-Werbung hat eine lange Tradition, aber nur eine geringe Bedeutung bei der Mediaplanung.

Gratispostkarten

An öffentlichen Plätzen, zumeist in der Gastronomie, findet man Ständer mit Gratispostkarten. Diese Postkarten sind Werbemittel, die buchbar sind.

Sie werden oft einfach als EDGAR-Cards bezeichnet, da der Marktführer in Deutschland für diese Werbeform EDGAR heißt. Es gibt aber noch andere Anbieter (wie City Cards oder Boomerang).

Neben rein werblichen Karten werden die Ständer auch mit Kunst- oder Gag-Postkarten ohne Werbebotschaft bestückt, wobei die Anbieter darauf achten, dass ein ausgewogenes Verhältnis besteht, damit das Postkartenangebot auch für die Nutzer noch attraktiv ist. Grundsätzlich sollte man Gratispostkarten nur einsetzen, wenn man auch eine kreative, meistens witzige Idee für ein Motiv hat. Platte Werbebotschaften werden mit Sicherheit ihre Wirkung nicht erzielen.

Mobiles Marketing

> DAMIT IST JEDE ART VON WERBEBOTSCHAFT GEMEINT, DIE ÜBER EIN MOBILTELEFON EMPFANGBAR IST .

Dazu gehören Text-Messages (SMS), Logos etc. Voraussetzung ist, dass der Handybesitzer diese Nachrichten angefordert hat.

Die Reichweite dieser Werbeart ist trotz guter Mobiltelefon-Dichte gering, da nur wenige Nutzer werbeführende Nachrichtendienste anfordern. Allerdings sind auch die Media-Kosten gering und Produktionskosten fallen fast völlig weg.

Für bestimmte Zielgruppen (Jugendliche, eventuell aber auch Geschäftsleute und Vielflieger) kann Mobiles Marketing kampagnenspezifisch und punktuell eingesetzt werden.

Weitere Fortschritte in der Technik und Akzeptanz von mobilen Internet-Diensten können aber mittelfristig zu einer wachsenden Bedeutung dieses Mediums führen.

Ambient-Media

Dieses Schlagwort ist bereits im Zusammenhang mit der Plakatwerbung erwähnt worden. Es ist ein Sammelbegriff für alle Arten von Werbung im öffentlichen Raum, die nicht zur klassischen Plakatwerbung zu zählen ist.
Dazu gehören:

- Plakate und Sonderwerbeformen an bestimmten Orten:
  - Gaststätten, Kneipen, Clubs
  - Universitäten
  - Kinos
  - Geschäfte (Point of Sale)
  - Flughäfen
  - Bahnhöfe
  - Tankstellen
  - etc.

Ebenfalls unter Ambient-Media werden die folgenden Werbeformen gerechnet, wobei dies nur eine kleine Auswahl ist:

- Ständer mit Gratis-Postkarten (siehe Text oben),
- Stundenpläne und Hausaufgabenhefte, die an Schulen verteilt werden,
- mit Werbung bedruckte Einkaufstüten und Tragetaschen, Pizzakartons, Brötchentüten, Papierhandtücher, Bierdeckel, Werbung in Golflöchern, bedrucktes Klopapier und viele andere, mehr oder minder gelungene Werbeideen

Oft werden auch alle Arten von ungewöhnlichen Werbeideen als Ambient-Media bezeichnet, wobei es sich mitunter um einzelne Aktionen handelt, die nur einmalig realisiert wurden. Beispiele sind der Koffer auf dem Laufband am Flughafen, der für Sixt-Autovermietung wirbt, oder der Schriftzug von „Swiss Air“, der auf einem Kornfeld in der Einflugschneise des Münchner Flughafens gemäht wurde.

Bei solchen Aktionen sollte man als Mediaplaner vorsichtig sein. Zum einen sind es originelle Ideen, die kurzzeitig Aufmerksamkeit erregen (und sei es nur bei Kollegen), zum anderen ist deren Effizienz und Effektivität nicht einzuschätzen, sodass Kosten, Leistung und Aufwand oft nicht im richtigen Verhältnis stehen.

Solche Sonderaktionen sollten nur verwirklicht werden, wenn sie in einer engen Beziehung zur Kampagnenidee stehen und die Kommunikationsziele entsprechend unterstützen.

Die Werbeflut in den klassischen Medien und das Sinken der Werbeeffizenz durch ein fragmentiertes Medienangebot führt bei einigen Unternehmern zu der irrigen Annahme, man müsse auch noch die letzten werbefreien Räume mit neuen Werbeideen zupflastern. Dadurch wird der Werbeüberdruss allerdings noch gesteigert. Als Mediaplaner sollte man sich genau überlegen, ob eine solche Werbeform die Kampagnenidee unterstützt und den Kommunikationszielen dient. Nur, wenn die Idee passt, sollte sie dem Kunden präsentiert werden. Sonderwerbeformen nur um ihrer selbst willen einzusetzen, ist wenig professionell.

Kapitel 8

Ausblick

Ein Handbuch wie das vorliegende hat naturgemäß einen wesentlich längeren Bestand als einzelne Ausgaben einer Fachzeitschrift, andere periodische Publikationen oder gar das Internet als ständig aktualiertes Informationsmedium. Alle Aussagen über die Entwicklungstendenzen, die wir als Buchautoren machen, werden von Ihnen als Leser/innen erst in der Zukunft gelesen, sodass Sie aus Ihrer eigenen Erfahrung heraus überprüfen können, was von dem Vorhergesagten bereits eingetroffen ist oder vielleicht auch schon von der Realität widerlegt wurde. So findet man in vielen Büchern über Werbung, die vor dem Jahr 2001 geschrieben wurden, einen ungebremsten Optimismus hinsichtlich des Wachstums der Werbebranche. Danach haben wir aber erlebt, dass die Werbewirtschaft durchaus nicht immer nur wächst und die Mediabudgets nicht immer nur steigen.

Als Handbuch finden Sie in dem vorliegenden Werk Grundlagen und Handwerkszeug, das lange Zeit gültig bleibt. Aber wir möchten, und das ist bei Themen wie beispielweise der Forschung oder der Darstellung der bestehenden Medienlandschaft zwangsläufig, mit unseren Aussagen natürlich bis zum aktuellen „State of the Art" aufschließen. Gerade junge Menschen, die sich jetzt entscheiden, in der Mediabranche eine berufliche Zukunft zu suchen, haben ein Interesse daran zu erfahren, welche Fähigkeiten und Kenntnisse von ihnen künftig erwartet werden. Die Gefahr, dass wir dabei mit Prognosen für die Zukunft falsch liegen können, ist uns durchaus bewusst.

Wir wollen versuchen, ausgehend von langfristigen Trends, die wir seit einigen Jahren in unserer praktischen Arbeit und in der Diskussion mit Kunden, Mediaplanern, Medienvertretern und Wissenschaftlern identifizieren konnten, die Anforderungen an die Mediaplaner von morgen zu skizzieren.

Dynamische Medienentwicklung

Die Mediaplanung hat sich in den vergangenen Jahrzehnten kontinuierlich der sich wandelnden Medienlandschaft angepasst. Auch zukünftig werden neue Techniken das Medienangebot und deren Nutzung verändern. Der technologische Fortschritt wird auch den bestehenden klassischen Medien Vorteile bringen: Verbesserungen werden zu kürzeren Vorlaufzeiten, vereinfachter Distribution, Ausweitung des Angebots und qualitativ hochwertigerer Darstellung führen. Hinzu kommen neue Angebote, die wir uns noch gar nicht genau vorstellen können: Interaktives Fernsehen über Breitbandkabel, Internet-Anwendungen über das Mobiltelefon, eine Konvergenz der Endgeräte, die unterschiedliche Medien miteinander vernetzt. Technisch wird es dann auch möglich sein, eine präzisere Steuerung der Werbebotschaft zu erreichen, genauso wie es einfacher für den Rezipienten werden kann, sich den Werbebotschaften zu entziehen. Neue Medientechnik wird also die Trends von Fragmentierung und sinkender Werbeeffizienz noch weiter verschärfen.

Mediaplaner werden Kommunikations-Planer

Schon jetzt denken viele Marketing- und Medialeute nicht mehr in Medien, sondern in Zielgruppen. Bei jeder neuen Kommunikationsaufgabe, jeder neuen Kampagne wird heute nicht selten das Vorgehen der Vergangenheit infrage gestellt. Jede eingesetzte Maßnahme wird in Sachen Effektivität und Effizienz überprüft, jeder bisher nicht eingesetzte Kommunikationskanal wird auf seine Eignung getestet. Das gilt sowohl für den Mediamix als auch für alle weiteren kommunikativen Möglichkeiten. Es wird weiterhin gefragt, wie sich die Kommunikationsaktivitäten gegenseitig beeinflussen: Unterstützen oder behindern sie sich gegenseitig? Wie kann man alle Marketing- und Kommunikationsinstrumente optimal zusammen einsetzen, sodass das Ganze mehr ist als die Summe seiner Teile (um wieder einmal den alten Leitspruch der Gestaltpsychologie zu zitieren).

Die Anzahl der Kommunikations- und Werbemöglichkeiten wächst, das haben wir an verschiedenen Stellen des Buches gezeigt. Doch wie geht der Rezipient und Medienkonsument mit dieser Flut von kommunikativen Angeboten um, was erwartet er in Zukunft von einer Marke, einem Unternehmen? Was müssen wir tun, um mit ihm eine Beziehung einzugehen, eine besondere Verbindung zu ihm aufzubauen anstatt ihn nur mit Botschaften zu überschütten, die ihn wohlmöglich nicht interessieren und wirkungslos verpuffen? Man könnte mit Recht sagen, dass aus Mediaplanern eigentlich Zielgruppenplaner werden müssen, die genau wissen, wie man Menschen optimal kommunikativ erreichen kann.

Aus diesen hohen Ansprüchen der Werbungtreibenden leiten sich drei zentrale Aufgaben für die Mediaagenturen der Zukunft ab:

- Umfassende Analyse vorhandener Daten unter Berücksichtigung aller Marketing- und Kommunikationsmaßnahmen,
- ein tieferes Verständnis des Konsumenten und Rezipienten, um mit ihm effektiv kommunizieren zu können und
- eine umfassende Kommunikationsberatung, die diese Erkenntnisse in einem ständigen Optimierungsprozess verarbeitet und somit alle Aktivitäten genau aufeinander abstimmt und zu einem optimalen Zusammenspiel führt.

Umfassende Analysen

Wir haben nicht umsonst in diesem Buch über ein so spezielles Thema wie Modelling berichtet, wenn wir uns nicht sicher wären, dass dieses Thema bald kein Brevier von Spezialisten mehr ist, sondern zum Alltag in Mediaagenturen gehören wird. Das bedeutet natürlich nicht, dass jeder Mediaplaner selbst die Verfahren und Methoden des Modellings anwendet, aber er wird mit den Ergebnissen konfrontiert sein, muss sie interpretieren und fruchtbar für seine Arbeit umsetzen. Modelling und statistische Analysen von großen, heterogenen Datensätzen werden in Zukunft mehr und mehr die gesamte Marketing-Planung bestimmen.

So versucht man heute schon, über die Ebene Werbedruck/Werbewirkung hinaus, weitere kommunikative und marketing-spezifische Einflussfaktoren in die Analyse des ökonomischen Werbeerfolgs einzubeziehen. Integrierte Kommunikation wird auch hier zum Schlüsselwort. Mit der analytischen Aufarbeitung versucht man den Wert jeder einzelnen Maßnahme zu erklären. Das Ziel wird es sein, ein umfassendes Budget Allocation Tool zu generieren, das uns auf Knopfdruck den optimalen Kommunikations-Mix und die entsprechende Budget-Verteilung definiert. Viele Kunden erwarten bereits heute so ein Instrument von ihren Agenturpartnern, den Marktforschern und Softwareentwicklern, von Unternehmensberatern und Wissenschaftlern. Nach unserer Meinung wird es aber bis zu einem wirklich einsatzfähigen und verlässlichen Instrument dieser Art noch ein weiter Weg sein. Regressionsanalysen und andere statistische Verfahren liefern uns zwar immer Ergebnisse, doch diese bringen uns nicht weiter, wenn sich dahinter ein nicht nachvollziehbares Black-Box-Modell verbirgt. Der Wert einzelner kommunikativer Maßnahmen muss vielmehr identifizierbar sein, was wiederum voraussetzt, dass die Wirkungsweisen klassischer und nicht-klassischer Kommunikationskanäle operationalisiert werden müssen.

Und da fangen die vielen kleinen Probleme an. So wie jedes Produkt, jede Marke eines spezifischen Werbedrucks bedürfen, um optimale Werbewirkung zu entfalten, wird auch das umfassende komplexe Gebilde der relevanten Marketing- und Kommunikationsaktivitäten von Produkt zu Produkt, von Produktbereich zu Produktbereich, unterschiedlich sein und entsprechend wirken. Fortschritte in der Informations-Technologie und moderne statistische Verfahren (z.B. neuronale Netze, die parallel eine Vielzahl von Informationen verarbeiten und bei jedem Verarbeitungsschritt lernen) liefern uns die analytischen Rahmenbedingungen, sie können aber nicht das wirkliche Verständnis einzelner relevanter Phänomene ersetzen.

Der eigentlichen Zielsetzung, dem Verstehen aller einzelnen Wirkmechanismen, die sich zum Ganzen– dem Markenerfolg – subsumieren, müssen wir uns Schritt für Schritt nähern. Und dies setzt voraus, dass letztlich auch im ganzheitlichen Sinne gedacht wird. Hier kommen wir automatisch zum zweiten Aspekt, der die künftige Mediaarbeit beeinflussen wird.

Das tiefere Verständnis des Konsumenten

Wir sehen uns heute einer sich ständig verändernden Medienlandschaft gegenüber: Es gibt immer mehr Kommunikations-Kanäle und damit einhergehend auch immer mehr Kommunikationsbotschaften, die auf den Konsumenten treffen. Vorbei sind die Zeiten eines einheitlichen Massenpublikums, das standardisierte Medienangebote passiv rezipiert hat. Das Medienpublikum unserer Tage wird zunehmend fragmentierter, die Nutzungsmuster werden immer individueller, wir haben es mit einer

Vielzahl an Lebens- und auch Nutzungs-Stilen zu tun. Für die Werbungtreibenden erschwert sich dadurch ihre Arbeit: Es wird immer schwieriger, die avisierte Zielgruppe zu erreichen und die gewünschte nachhaltige Werbewirkung zu erzielen.

Aus unserer Sicht ist es daher nicht mehr ausreichend, Zielpersonen nur über einen flüchtigen Kontakt anzusprechen, sondern vor diesem neuen Hintergrund wird es immer wichtiger, eine markenspezifische Verbindung oder Beziehung mit den Konsumenten aufzubauen. Die Mediaplanung entwickelt sich vom Selektieren der Werbeträger, über die die Zielpersonen kontaktiert werden sollen, hin zur umfassenden Kommunikationsberatung. Es genügt nicht mehr, Kontaktchancen zu generieren, sondern es geht darum, eine umfassende Beziehung, eine „Connection", zum Verbraucher aufzubauen.

Während es aber relativ leicht ist, jemanden zu kontaktieren, ist es viel schwieriger, eine bedeutungsvolle Beziehung mit ihm zu erreichen. Die klassischen Methoden der Zielgruppenanalyse sind dafür unserer Meinung nach nicht mehr ausreichend. Um zu verstehen, wo und wann wir auf effektive Weise Teil der Welt des Konsumenten werden können, benötigen wir tiefer gehende Insights. Diese Insights werden durch sorgfältige Zielgruppenforschung zu Tage gefördert. Qualitative Methoden wie Tiefeninterviews oder Gruppendiskussionen helfen, die subjektive Sicht der Zielgruppe kennen zu lernen und zu verstehen. Die geschickte Analyse von quantitativen Daten, etwa aus Markt-Media-Studien, bringt Erkenntnisse hervor, die zuvor in der Menge der Zahlen versteckt waren. Die Beschäftigung mit Theorien und Befunden aus anderen Disziplinen (wie Soziologie, Psychologie, Kommunikationswissenschaft) ermöglicht es, neue Sichtweisen und Interpretationsmuster auf bekannte Phänomene anzuwenden.

Umfassende Kommunikationsberatung

Die Erkenntnisse aus Modelling und Consumer Insights liefern damit den Input für eine umfassende Kommunikationsberatung, welche die Ganzheitlichkeit der kommunikativen Maßnahmen berücksichtigt. Hier spricht man heute besser von Kommunikations-Planung oder „Communication Planning", deren Aufgabe es ist, die gesamte Kommunikations-Strategie zu erstellen. Mit dem Wissen über die Fähigkeiten der einzelnen Kommunikations-Kanäle, bestimmte Kommunikations-Ziele zu erreichen, und den Erkenntnissen über die 'Consumer Connection Points' erstellt der Communication Planner eine Leitidee, die dann als Briefing für die ausgewählten Kommunikations-Bereiche dient. Sie bildet ein Verbindungsglied zwischen allen Maßnahmen, ohne in kreative Inhalte einzugreifen. Gleichzeitig ermöglicht sie den ausgewählten Kommunikations-Bereichen, sämtliche Aktivitäten so zu steuern, dass sie die ihnen zugeordneten Kommunikations-Ziele ganzheitlich erreichen können.

Mediaplanung in der Zukunft

Viele Werbungtreibende erwarten ein solches umfassendes Communication Planning, inklusive der Analyse quantitativer und qualitativer Daten. Sie wissen aber oft nicht, welche Agenturpartner hier die richtigen Ansprechpartner sind. Kreativ- und Spezialagenturen, Unternehmensberatungsfirmen und freie Berater, sie alle tummeln sich in diesem Feld. Voraussichtlich werden die Mediaplaner der Zukunft hier eine Schlüsselrolle einnehmen.

Sie werden dafür Sorge tragen, dass alle Aktivitäten miteinander entwickelt, abgestimmt, optimiert und durchgeführt werden. Das Motto ist: „Markenkommunikation aus einer Hand". Dabei kommt jeder einzelnen Maßnahme eine spezielle Funktion zu, die definiert und operationalisiert werden muss. Erst, wenn wir wissen, welche Maßnahme wie funktioniert, können wir auch in der Rückschau analysieren und vor allem interpretieren, wodurch bedingt, sich welcher Erfolg eingestellt hat.

Der Mediaplaner kann oder wird sich entsprechend zum Kommunikationsplaner weiterentwickeln müssen und er ist derjenige, der prädestiniert dafür ist, da er von jeher operationalisiert hat und die einzelnen Aspekte immer qualitativ und quantitativ bewerten musste. Mediaplanung ist an dieser Stelle den anderen Kommunikationsbereichen schon einen Schritt voraus, da diese oft erst am Anfang ihrer umfassenden qualitativen und quantitativen Bewertung stehen.

Die Mediaagenturen müssen es in den nächsten Jahren schaffen, sich als Partner für Communication Planning zu etablieren, und eine selbstbewusste Position innerhalb der Agentur- und Beratungsszene einnehmen. Das ist nur möglich durch Investitionen in Forschung, Software und die Qualifikation der Mitarbeiter. Der Umgang mit Modelling-Ergebnissen muss dem Mediaplaner der Zukunft ebenso vertraut sein wie die Interpretation qualitativer Zielgruppen-Daten oder die Bewertung der Effizienz und Effektivität der einzelnen Kommunikationskanäle. Die Grundlagen der Mediaplanung – verlässliche Forschung, ein stringenter Planungsprozess, Wissen über die Wirkungen und eine differenzierte Bewertung der Werbeträger – werden dadurch nicht ungültig, sie dienen eher als Vorlage für die Bewältigung der neuen Aufgaben. Deshalb ist es unabdingbar, dass die „Basics" beherrscht werden. Dieses Buch will dazu beitragen, diese Grundlagen zu vermitteln und damit auch das Fundament zu legen, die künftigen Herausforderungen zu meistern.

Service

I. Ausgewählte Literatur

In dieser Rubrik finden sich solche Titel, die sich in der Berufspraxis als Nachschlagewerke oder zur Vertiefung der betreffenden Einzelaspekte gut bewährt haben.

Mediaplanung allgemein

MEDIA – Planung für Märkte
Von Jens-Thomas Löffler; 1999, Markt- und Mediaservice Axel Springer Verlag; zu beziehen über www.mediapilot.de
Man kann hier getrost von einem Standardwerk sprechen, das auf keinem Schreibtisch einer Media-Agentur fehlen sollte. Es eignet sich zum Nachschlagen von speziellen Aspekten der Mediaplanung. Der Autor hat in vielen Jahren als Leiter des Media-Services des Axel Springer-Verlages Standards in der Vermittlung von Media-Know-how gesetzt.

Werbeträger: Handbuch für die Mediapraxis
von Wolfgang M. Reiter (Hrsg.); MD Medien Dienste GmbH, ISBN: 3980115755
Dieses Handbuch vermittelt eine detaillierte Bewertung aller Mediagattungen, inkl. solcher Randmedien wie Adressbücher oder Anzeigenblätter, die in unserem Kapitel zum Thema Werbeträger nicht behandelt wurden. Die Beiträge wurden von Experten aus der Mediapraxis verfasst.

Mediaplanung. Methodische Grundlagen und praktische Anwendungen
Von Fritz Unger, Nadia-Vittoria Durante, Enrico Gabrys, Rüdiger Koch, Rainer Wailersbacher; Physica-Verlag, 2002, ISBN: 3790814431
Eine systematische Darstellung der Mediaplanung aus Sicht der Betriebswirtschaftslehre. Auch wenn der Bezug zur Praxis knapp ausfällt, ist dieses Buch eine gute Ergänzung zu den anderen hier genannten Titeln.

Die Leser – Konzepte und Methoden der Printforschung
Von Eva-Maria Hess, BAC Burda Advertising Center GmbH, Center - In Medias res - Kommunikationsforschung aktuell (Rote Reihe); ISBN: 3980446808, zu beziehen über www.bac.de
Dies ist ein als Klassiker „verdächtiges" Werk, das alle wichtigen Begriffe und Verfahren der Mediaforschung fundiert und klar erläutert. Die Autorin beschränkt sich auf die Printforschung, stellt aber damit zugleich auch wesentliche Grundlagen für die Messung anderer Mediagattungen dar.

Konzeption und Mediaplanung für Werbe- und Kommunikationsberufe.
Lehr- und Arbeitsbuch für Fort- und Weiterbildung von Josef Schnettler, Gero Wendt; Cornelsen, 2003; ISBN: 3464492508
In diesem Buch wird der gesamte Prozess der Werbekonzeption und der Werbeplanung umfassend vorgestellt. Mediaplanung wird als Teil dieses Prozesses gesehen. Das Buch bildet zusammen mit den Titeln „Marketing und Marktforschung" sowie „Kommunikationspolitik" ein dreiteiliges Lehrwerk für Ausbildungsberufe (insbesondere Werbekaufleute) und enthält dazu auch umfassendere Übungen und Fallbeispiele.

Standard-Lexikon für Mediaplanung und Mediaforschung in Deutschland
Von Wolfgang J. Koschnick, 1995, Auflage: 2. überarb. u. erw. Aufl., ISBN: 3791011790
Das Werk existiert in unterschiedlichen Ausgaben. Man findet darin auch klare Definitionen seltener Begriffe

Das Fischer Lexikon Publizistik / Massenkommunikation
Von Elisabeth Noelle-Neumann (Herausgeber), Winfried Schulz (Herausgeber), Jürgen Wilke (Herausgeber); Fischer (Tb.), Frankfurt 2002, ISBN: 3596154952
Dieses Werk ist weniger ein Lexikon als ein Sammelband mit Übersichtsdarstellungen zu verschiedenen Themen rund um Massenmedien und Kommunikationsforschung. Besonders die Kapitel über die einzelnen Medien sind lesenswert. Es gibt auch einen eigenen Abschnitt zum Thema Mediaforschung.

Marketing allgemein

Aufgeführt sind einführende Bücher zu Marketing und solche Bände, die eine detaillierte Übersicht über einzelne Kommunikationsinstrumente geben, über die sich (auch) Mediaplaner gezielt informieren sollten bzw. müssen.

Local Marketing
Von Brigitte Arms; Cornelsen, 2001, ISBN: 346449015

Marketing. Grundlagen für Studium und Praxis
Von Manfred Bruhn; Gabler Verlag, 2002, Auflage: 6. Aufl., ISBN: 3409636463

Kommunikationspolitik. Bedeutung – Strategien – Instrumente
Von Manfred Bruhn; Vahlen, 2002, ISBN: 3800627841

Handbuch Trade- Marketing – Konzepte, Instrumente, Organisationsgestaltung und Management
Von Susanne Czech-Winkelmann; Cornelsen, 2002, ISBN: 3464489744

Marketing- Management. Analyse, Planung und Verwirklichung
Von Philip Kotler, Friedhelm Bliemel; Schäffer-Poeschel Verlag , 2001, ISBN: 379101689X
Eines der Marketing-Standardwerke.

Praxishandbuch Direktmarketing – Instrumente, Ausführung und neue Konzepte
Von Horst Löffler, Andreas Scherfke; Cornelsen, 2000, ISBN: 3464489795

Kommunikations-Management. Marketing- Kommunikation vom Briefing bis zur Realisation
Von Werner Pepels; Schäffer - Poeschel Verlag, 1999, Auflage: 3. überarb. u. erw. Aufl., ISBN: 3791015036

Kommunikationspolitik für Werbe- und Kommunikationsberufe. – Lehr- und Arbeitsbuch für die Fort- und Weiterbildung
Von Josef Schnettler, Gero Wendt; Cornelsen, 2003, ISBN: 3464492494

Werbung und Agenturen

Abweichen von der Norm – Enzyklopädie kreativer Werbung
Von Werner Gaede; Wirtschaftsverlag Langen Müller / Herbig, München 2002, ISBN: 3-7844-7416-0
Gut ausgestattetes Werk, das ein Grundprinzip kreativer Werbung erläutert und an vielen Beispielen demonstriert. Der Autor ist Professor an der Universität der Künste (Berlin) und hat die Zusammenfassung aus jahrzehntelanger Arbeit als Kreativer und Lehrer geliefert.

Die Sprüchemacher – Ein Werbetexter berichtet
Von Richard Ganter; Rowohlt TB-V., Reinbeck 1980; ISBN: 3499202468
Bericht vom Leben eines Werbetexters und eigentlich Jugendbuch sowie aus der Zeit vor dem Privatfernsehen. Doch viele der beschriebenen Phänomene sind zeitlos, es werden Strategien analysiert und die Lektüre ist amüsant. Außerdem mit einem sehr guten Glossar der Werbesprache.

Die Werbeagentur – Kompetenz und Kreativität, Werbung als Profession
Von Klaus Hattemer; Econ, München; 1995, ISBN: 343014129X
Gute Einführung in Struktur und Aufgaben einer Agentur. Die unterschiedlichen Berufe in einer Agentur werden anschaulich dargestellt.

1x1 für Pappenträger – Handbuch für angehende Kontakter
Von Anja Hoffmann, Miriam Kern; BoD GmbH, Norderstedt; 2001, ISBN: 3831129991
Die Autorinnen berichten über die Arbeit in einer Kreativagentur, vieles ist für eine Mediaagentur relevant.

Werbung - Lehr-, Studien- und Nachschlagewerk
Von Ingomar Kloos; 3. Auflage, R. Oldenbourg Verlag, München / Wien 2003, ISBN: 3-486-27253-5
Eine systematische Einführung.

Atlas Neue Werbe- und Kommunikationsberufe.
Von Martin Massow; Econ Tb.; 2000, ISBN: 3548700322
Enthält Adressen und bewertende Informationen.

Werbung. Konzepte und Strategien für die Zukunft.
Herausgegeben von Axel Mattenklott und Alexander Schimansky; Vahlen, 2002, ISBN: 3800627825
Aufwändig ausgestatteter Sammelband, in dem Praktiker und Wissenschaftler über Trends in Werbung und Werbeforschung berichten (u.a. Manfred Niesel, Burda-Verlag über Zielgruppen-Typologien und Susanne Paul, Creative Analytics 3000, über Consumer Insights).

Werbung texten – Von Idee und Konzept zur medienwirksamen Botschaft (Pocket Business)
Von Dominik Pietzcker, Cornelsen, Berlin 2003, ISBN: 3-589-21927-0
Kompaktes Taschenbuch, das Grundlagen der Kommunikation erläutert und zur Praxis des Textens anleitet.

Kribbeln im Kopf – Kreativitätstechniken & Braintools für Werbung & Design
Von Mario Pricken; Schmidt, Mainz 2001, ISBN: 3874395820
Auch Mediaplaner müssen kreative Lösungen finden, dieses Buch gibt hilfreiche Anleitungen zu den Kreativitätstechniken.

„Die Mörderfackel"
Von Armin Reins; Verlag Hermann Schmidt, Mainz 2002, ISBN: 3-87439-607-X
Eine amüsante und erhellende Analyse der kreativen Arbeit von Werbetextern, mit anschaulichen Beispielen.

Marktforschung, Statistik, empirische Methoden

Die folgenden drei Titel sind einführend und dabei auf unterhaltsame Weise verfasst:

So lügt man mit Statistik
Con Walter Krämer; Piper, 2000, ISBN: 3492230385

Statistik verstehen – Eine Gebrauchsanweisung.
Von Walter Krämer; Piper; 2001; ISBN: 3492230393

Einladung zur Statistik
Von Gavin Kennedy; Campus Verlag, Frankfurt 1993, Auflage: 2. durchges. Aufl., ISBN: 3593350122
Dieses Buch ist etwas mathematischer gehalten, aber noch immer für Nicht-Mathematiker verständlich und empfehlenswert.

Einführung in die Statistik
Günter Buttler, Reinhold Stroh; Rowohlt TB-V., Reinbeck 1992; ISBN: 349918740X

Alle, nicht jeder – Einführung in die Methoden der Demoskopie
Von Elisabeth Noelle-Neumann, Thomas Petersen; Springer-Verlag Berlin, Heidelberg, 2000, ISBN: 3540674985

Marktforschung – Methodische Grundlagen und praktische Anwendung
Von Ludwig Berekoven, Werner Eckert, Peter Ellenrieder; Gabler Verlag; 2001, Auflage: 9. Aufl., ISBN: 3409369902

Lexikon der Marktforschung
Von Werner Pepels; DTV-Beck, 1997, ISBN: 3423508035

Marktforschung mit einfachen Mitteln
Von Klaus S. Kastin; DTV-Beck, 1999, ISBN: 3423058463

Prognosemodelle zur Vorhersage der Fernsehnutzung
Von Rene Weber; Fischer (Reinhard), München 2000, ISBN: 3889272614
Spezialthema, mit dem sich nicht jeder beschäftigen muss oder will. Es dient aber als Beispiel für das Niveau moderner Mediaforschung. Der Autor schafft es, den komplexen Gegenstand nachvollziehbar darzustellen (bei Vorkenntnisse zu Methoden Statistik).

Werbewirkung

(Lektüreempfehlungen zur vertiefenden Beschäftigung mit der Werbwirkungsforschung und zu Aspekten, die im vorliegenden Buch nicht behandelt werden konnten)

Accountable Advertising. Wie sich Werbung rechnet – Das Handbuch für Budgetentscheidungen im Marketing- Mix
Von Simon Broadbent, Kathrin Haarstick; Econ, 1999, ISBN: 3430115779

Werbewirkung im Fernsehen. Aktuelle Befunde der Medienforschung
Von Hans-Bernd Brosius, Andreas Fahr; Fischer (Reinhard), München 1998, ISBN: 3889271707

Kommunikationstheorie und Werbung.
Von Michael Drabczynski; BAC Burda Advertising Center GmbH, Center – In Medias res - Kommunikationsforschung aktuell (Rote Reihe); ISBN: 3980446808, zu beziehen über www.bac.de

Werbe- und Konsumentenpsychologie.
Von Georg Felser; Spektrum Akademischer Verlag, 2001, ISBN: 3791019449
Eine gelungene und gut lesbare Einführung.

Fernsehwerbung. Theoretische Analysen und empirische Befunde.
Von Mike Friedrichsen (Herausgeber), Stefan Jenzowsky (Herausgeber); Westdeutscher Verlag, 1999, ISBN: 3531133675

When Ads Work
Von John Philip Jones; Simon & Schuster, 1995, ISBN: 0029166624
Die Grundlagen des Recency Plannings (in Englisch)

Strategie und Technik der Werbung – Verhaltenswissenschaftliche Ansätze
Von Werner Kroeber-Riel, Franz-Rudolf Esch; Kohlhammer, 2000, ISBN: 3170165607
Ein Klassiker, der in BWL-Kreisen hoch gehandelt wird.

Werbeeffizienzmessung
Von Werner Pepels; Schäffer - Poeschel Verlag, 1996, ISBN: 379109209X
Eine systematische Übersicht der wichtigsten Verfahren.

Eine Inventur der Inventare - Übersichten zu Effekten von Anzeigen: Eine annotierte Bibliografie
Von Klaus Schönbach; Internationales Centrum für Werbe- und Media-Forschung - Schriften des ICW Bd. 1; Deutscher Fachverlag / Verlagsbereich Planung und Analyse, Hamburg 2002, ISBN: 3-87150-818-7
Aufbereitung des Standes der Anzeigenforschung.

Media-Ver- und einkaufspraxis

Der Verlagskaufmann
Von Reinhard Mundhenke und Martia Teuber; Societätsverlag, Frankfurt 2002, ISBN: 3797307926
Dieses in Abständen neu aufgelegte Werk gilt als Standardwerk für die Ausbildung zum Verlagskaufmann und enthält deshalb auch Mediapraxis, die für die Verkäufer und die Einkäufer von Medialeistungen interessant ist.

II. Weitere im Text verwendete Literatur

ADVERTISING AGE: McCann-Erickson at 100 - A Celebration; 18. Mai 2002, S. C1 - C39

AXEL SPRINGER VERLAG (Hrsg.): Multiplying-Effekte im Wettbewerb; Hamburg 2002; Der Multiplying-Effekt I; Hamburg 2000 - beide zu beziehen über www.mediapilot.de

BEIKE, Peter: Kontaktqualität - Vergleich der aktuellen Forschungskonzepte; Hamburg 1981

BRUHN, Manfred: Kommunikationspolitik - Bedeutung, Strategien, Instrumente; München 1997

BRUHN, Manfred: Marketing. Grundlagen für Studium und Praxis; Wiesbaden 1999

EPHRON, Erwin: Recency planning; in: Journal of Advertising Research; Vopl. 37, 4/1997, S. 61 - 65

FRIERICH, Jürgen: Methoden empirischer Sozialforschung. Opladen 1982

HARTMANN, Peter H.: Lebensstilforschung; Opladen 1999

HERTWIG, Barbara: Werbung Media – Reihe Fachwissen kompakt (Taschenbuch); Berlin 2000

HESS, Eva-Maria: Die Leser - Konzepte und Methoden der Printforschung; Offenburg 1996

HOFMANN, Hellmut W.: Zuwenig – Genug – Zuviel – Kontakte; Broschüre des Hörzu-Service (Axel Springer Verlag) erschienen 1985 (mittlerweile vergriffen)

JONES, John Philip: When ads work - New proof that advertising triggers sales; New York u.a.O. 1995

JOST VON BRANDIS (Hrsg.): Außenwerbung 2003, Hamburg 2003; zu beziehen über www.Jvb.de

KIEFER, Marie-Luise: Medienökonomik - Eine Einführung in eine ökonomische Theorie der Medien; München/Wien 2001

MATTENKLOTT, Axel / SCHIMANSKY, Alexander (Hrsg.): Werbung. Konzepte und Strategien für die Zukunft; München 2002

NIESEL, Manfred: Über den Nutzen psychografischer Zielgruppenmodelle; in: MATTENKLOTT, Axel/ SCHIMANSKY, Alexander (Hrsg.): Werbung. Konzepte und Strategien für die Zukunft; München 2002, S. 334 – 357

NOELLE-NEUMANN, Elisabeth: Der lange Weg zur Zielgruppe mit Musik - Single-Source-Nachweise von Werbewirkung ersetzen keine kreative Mediaplanung; in: NIESEL, Manfred (Hrsg.): Neue Erkenntnisse der Print- und TV-Forschung; Offenburg 1996, S. 67 - 76

PAUL, Susanne: Fishing for Insights - eine Einführung in die Tiefen der Verbraucherseele; in: MATTENKLOTT, Axel / SCHIMANSKY, Alexander (Hrsg.): Werbung. Konzepte und Strategien für die Zukunft; München 2002, S. 408 - 425

PFISTER, Ekkehard u.a.: „Feel the Flow" - EQ, Flow und Markenwert - ein Ansatz zur sensibleren Mediaplanung 11/99 ; „Qualität trägt Werbung"- Lese-Flow und Brand Value - Kriterien für Leser-Blatt-Bindung und Werbewirkung 9/99; „Follow the Flow" - Markenwert und Markentreue 4/99; „Follow the Flow" - Die Kommunikationsleistung von Lektüre-Flow und Markenwert 10/98 ; „Go with the Flow " - Eine Untersuchung zur Werbewirkung von Anzeigen in Publikumszeitschriften 4/98; alle zu beziehen über www.olympia-verlag.de

PFISLER, Ekkehard: Praktische Wege zur Bestimmung des Werbebudgets. O.J. Schriftenreihe der Bauer Verlagsgruppe, Bd. 16

REITER, Wolfgang Michael (Hrsg.): Werbeträger - Handbuch für den Werbeträger-Einsatz; Frankfurt am Main 1994

ROGERS: Everett M.: Diffusion of Innovations; London 1995

ROKEACH, Milton: The nature of human values; New York 1973

SCHELER, Hans-Erdmann: Auf der Suche nach den Wurzeln der Lese-Lust - Kurzgefasste Geschichte der Leserschaftsforschung in Deutschland; in: NIESEL, Manfred (Hrsg.): Neue Erkenntnisse der Print- und TV-Forschung; Offenburg 1996, S. 7 - 17

SCHRÖDER, Susanne: Einen neuen Blick auf vermeintlich Bekanntes werfen - Vom Nutzen eines Wertekonzepts im gesättigten Europäischen Binnenmarkt; in: Planung & Analyse 6 / 1998, S. 16 - 20

SCHULZ VON THUN, Friedemann: Miteinander reden 1; Reinbek 1981

SHANNON, Claude und WEAVER, Warren: Mathematical Theory of Communication; Champaign 1963

SPANIER, Julia: Werbewirkungsforschung und Mediaentscheidung - Förderung des Informationstransfers zwischen Wissenschaft und Praxis; München 2000

TROMMSDORFF, Volker: Konsumentenverhalten; 3. Aufl.; Stuttgart / Berlin / Köln 1998

WATZLAWICK, Paul: Wie wirklich ist die Wirklichkeit? Wahn, Täuschung, Verstehen; München 1995

ZDF WERBEFERNSEHEN / ARD WERBUNG SALES & SERVICES (Hrsg.): Qualitäten der Fernsehwerbung III - Expertenband; Mainz / Frankfurt am Main 1996

III. Weitere Datenquellen

(Wichtigste) Standard-Datenquellen

a) Handbücher des Media-Daten-Verlages:
Sie liefern alle zwei Monate aktuelle Tarifinformationen für Zeitungen, Zeitschriften, Anzeigenblätter, Fachzeitschriften und andere Medien (im Abonnement beziehbar). Informationen über www.mediadaten.de

b) Jährlich erscheinende Publikationen (Auswahl):
- Das ZAW-Jahrbuch „Werbung in Deutschland", herausgegeben vom ZAW und über dessen Webseite zu beziehen: www.zaw.de
- Der Band „Basisdaten" der Zeitschrift Media Perspektiven, der Daten zur Mediensituation in Deutschland liefert. Zu beziehen über: www.ard-werbung.de
- Das Heftchen „Zahlen und Daten für die Mediaplanung", das zum Jahresanfang von vielen Agenturen und Medienunternehmen im Zusammenarbeit mit dem GWA veröffentlicht wird und an Kunden und Geschäftspartner verschickt wird.

Auwahl an Fachzeitschriften und Info-Diensten

(meist mit Internet-Präsenz, auf der viele Informationen kostenlos erhältlich sind)
- Werben & Verkaufen: www.wuv.de
- Horizont: www.horizont.de
- New business: www.newbusiness.de
- Absatzwirschaft: www.absatzwirtschaft.de
- Der Kontakter: www.kontakter.de
- Media & Marketing: ww.mediaundmarketing.de
- Kress Report: www.kress-online.de

Weitere Zeitschriften (Journalismus, Medien):
- Cut: www.cut-online.de
- Medium Magazin: www.mediummagazine.de
- Media Bulletin: www.medienbulletin.de
- E-Market: www.emark.de
- Fachjournalist: www.fachjournalist.de
- Journalist: www.journalist.de
- Message: Internationale Fachzeitschrift für Journalismus: www.message-online.de
- PR Magazin: www.prmagazine.de

Die folgenden Publikationen bieten vertiefende Informationen zum Thema Marketing, Werbung und Marktforschung:
- Media-Perspektiven: www.ard-werbung.de
- Tele Images: Kundenzeitschrift der IP-Deutschland, zu beziehen über: www.ip-deutschland.de
- Marketing Journal: www.marketing-journal.net
- Planung & Analyse Zeitschrift für Marktforschung und Marketing: www.planung-analyse.de
- Transfer - Werbung und Praxis: www.wu-wien.ac.at/werbung/wwg
- Context (Informationsdienst für die Marktforschungsbranche) (keine Internet-Adresse vorhanden)
- Context - Vertraulicher Informationsdienst zu Fragen der Kommunikation in Wirtschaft und Gesellschaft
- Handel im Fokus: www.fashion-base.de/Handel-im-Focus.htm
- Handelsjournal Das Wirtschaftsmagazin für den deutschen Einzelhandel: www.handelsjournal.de
- Lebensmittel Zeitung: www.lz-net.de
- Marketing Zeitschrift für Forschung und Praxis: http://vahlen.beckschе.de/zeitschriften/marketing/main.htm

Weitere Anlaufstellen für Recherchen

Viele Verlage, Sender und Vermarkter haben eigene Abteilungen für die Betreuung von Agenturpartnern. Sie bieten Serviceleistungen an, einige davon auch via Internet: Auftragsabwicklung für Zählungen in Standardstudien und eigene Untersuchungen, Branchenübersichten, Informationen zu Medien allgemein und zu Vermarktungsobjekten, Online- Zählungen (z.B. Zugriff auf Daten der VA über MDS-Online), Download oder Bestellung von Publikationen, etc. Eine Liste aller relevanten Vermarkter wäre zu lang, deshalb beschränken wir uns auf einige der Großen:
- Axel Springer Verlag: www.mediapilot.de
- Heinrich Bauer Verlag: www.bauermedia.com
- Gruner+Jahr: www.gujmedia.de
- Hubert Burda Medien: Burda Advertising Center www.bac.de
- Jahreszeitenverlag: www.jalag.de
- Motorpresse Stuttgart: www.motorpresse.de
- Olympia-Verlag: www.olympia-verlag.de
- Radio Marketing Service: www.rms.de
- IP Deutschland: www.ip-deutschland.de
- SevenOneMedia: www.sevenonemedia.de
- ARD Sales & Services: www.ard-werbung.de
- ZDF Werbefernsehen: www.werbung.zdf.de

Marktforschungs-/ Software-Dienstleister

Marktforschungsinstitute vertreiben Daten kommerziell, auf ihren Websites gibt es deshalb naturgemäß wenig kostenlos, aber man kann sich zunächst über das Leistungsangebot informieren. Mitunter werden auch Publikationen zum Kauf angeboten. Die wichtigsten Marktforschungsinstitute sind:
- Gesellschaft für Konsumforschung GfK: www.gfk.de
- A.C.Nielsen: www.nielsen-mediaresearch.de ; www.acnielsen.de
- NFO Infratest: www.nfo.de

- tns emnid: www.tns-emnid.com
- IFAK: www.ifak.de
- SIGMA - Sozialwissenschaftliches Institut für Gegenwartfragen: www.sigma-online.de
- Rheingold - Institut für qualitative Markt- und Medienanalysen: www.rheingold-online.de
- Creative Analytic 3000: www.creative-analytic.de
- Sinus Sociovision: www.sinus-milieus.de ; www.sociovision.com
- INRA: www.inra.de
- IPSOS: www.ipsos.de
- Media Markt Analyen (MMA): www.mma-frankfurt.de
- Marplan: www.marplan.de

Weitere Institutsadressen beim Arbeitskreis Deutscher Markt- und Sozialforschungsinstitute: www.adm-ev.de

Ausgewählte auf Mediaplanungs-Software spezialisierte Software-Entwickler

- IMMEDIATE - Software für Marketing und Media GmbH: www.immediate.de
- DAP Softwarebüro: www.dap-software.de
- Media Stand-By Gesellschaft für Beratung und Support im Medienbereich mbH: www.media-stand-by.de

Weitere Datenquellen im Internet

- Strukturen von Medienunternehmen, Beteiligungsverhältnise: kek - Kommission www.kek-online.de
- Medialexikon, Datenbank von Print-Anzeigen und Online-Bannern, Studien etc: Focus Medialine www.medialine.de
- Institut für Presseforschung: www.presseforschung.de
- Adressen aus dem Bereich Medien und Werbung: www.medienhandbuch.de
- Allgemeine Media-Daten– Media-Daten-Verlag www.mediadaten.de
- Informationen zu der Studie „Media in Mind": www.universalmccann.de

Fort- und Weiterbildung

(Auswahl von Akademien)

- Akademie für Marketing-Kommunikation in Frankfurt am Main: www.akademie-frankfurt.de (mit Angebot einer Mediaakademie)
- Bayrische Akademie für Werbung und Marketing (BWA): www.baw-online.de
- Düsseldorfer Akademie für Marketing-Kommunikation: www.damk.de
- Hamburger Akademie für Marketing und Kommunikation: www.hamburger-akademie.de
- Hanseatische Akademie für Marketing+Medien in Hamburg: www.hhamm.de
- Westdeutsche Akademie für Kommunikation in Köln: www.wak-koeln.de
- IMK - Privates Institut für Marketing und Kommunikation in Wiesbaden und Berlin: www.imk.de

Interessenorganisationen

Viele Interessenverbände von Medien und anderen Marktpartnern sind auch eine gute Anlaufstelle für Studien, Marktübersichten und Basisdaten. Hier sind die wichtigsten noch einmal mit ihrer Internet-Adresse aufgeführt:

- Die Arbeitsgemeinschaft Media-Analyse (ag.ma): www.agma-mmc.de
- Die Arbeitsgemeinschaft Fernsehforschung (AGF): www.agf.de
- Die Informationsgemeinschaft zur Feststellung der Verbreitung von Werbeträgern (IVW): www.ivw.de
- Zentralverband der deutschen Werbewirtschaft (ZAW): www.zaw.de
- Organisation der Werbungtreibenden im Markenverband (OMW): www.markenverband.de
- Gesamtverband Kommunikationsagenturen GWA: www.gwa.de
- Organisation Mediaagenturen im GWA (OMG): www.omg-online.de
- Verband Privater Rundfunk und Telekommunikation (VPRT): www.vprt.de
- Radio Marketing Service (RMS): www.rms.de
- Bundesverband Deutscher Zeitungsverleger (BDZV): www.bdzv.de
- Verband Deutscher Zeitschriftenverleger (VDZ): www.pz-online.de
- FDW Werbung im Kino: www.fdw.de
- Deutscher Multimedia Verband (DMMV): www.dmmv.de
- Fachverband Außenwerbung (FAW): www.faw-ev.de
- • Bundesverband Deutscher Anzeigenblätter (BVDA): www.bvda.de
- Deutscher Direktmarketing Verband (DDV): www.ddv.de
- Fachverband für Sponsoring und Sonderwerbeformen (FASPO): www.sponsoring-verband.de
- Verband Deutscher Auskunfts- und Verzeichnismedien: www.vdav.de

Stichwortverzeichnis